WISSENSCHAFTLICHE LÄNDERKUNDEN

HERAUSGEGEBEN
VON
WERNER STORKEBAUM

BAND 32

WISSENSCHAFTLICHE BUCHGESELLSCHAFT
DARMSTADT

CAY LIENAU ·

GRIECHENLAND

GEOGRAPHIE EINES STAATES DER EUROPÄISCHEN SÜDPERIPHERIE

VON

CAY LIENAU

Mit 11 Farbkarten im Kartenteil,
19 Abbildungen und 22 Tabellen

WISSENSCHAFTLICHE BUCHGESELLSCHAFT
DARMSTADT

CIP-Titelaufnahme der Deutschen Bibliothek

Lienau, Cay:
Griechenland: Geographie eines Staates der europäischen Südperipherie / von Cay Lienau. –
Darmstadt: Wiss. Buchges., 1989
(Wissenschaftliche Länderkunden; Bd. 32)
ISBN 3-534-02859-7
NE: GT

Bestellnummer 02859-7

Satz: Maschinensetzerei Janß, Pfungstadt
Druck und Einband: Wissenschaftliche Buchgesellschaft, Darmstadt
Printed in Germany
Schrift: Linotype Garamond, 9.5/11

ISSN 0174-0725
ISBN 3-534-02859-7

INHALTSVERZEICHNIS

ANHANG

VERZEICHNIS DER ABBILDUNGEN IM TEXT

VERZEICHNIS DER TABELLEN IM TEXT

VERZEICHNIS DER TABELLEN IM ANHANG

VERZEICHNIS DER FARBKARTEN IM KARTENTEIL

VORWORT DES VERFASSERS

Der für die hier vorgelegte Länderkunde gewählte Untertitel weist bereits darauf hin, daß ein Problemkreis in den Vordergrund gerückt ist und als Leitfaden dient, der nicht nur für Griechenland von existentieller Bedeutung ist, sondern – und das nicht erst seit Griechenlands Beitritt zur EG – auch uns betrifft.

Die Länderkunde will dem Leser nicht nur Informationen liefern über Natur, Wirtschaft, Siedlung und Menschen Griechenlands, deren räumliche Verteilungen und Verknüpfungen, wie es die klassische Länderkunde tat, sondern zum Nachdenken anregen über aktuelle Probleme, über Fragen, für die Antworten z. T. noch ausstehen.

Das Buch möchte damit zum Verständnis des heutigen Griechenlands, eines „Griechenland ohne Säulen" beitragen, möchte das Land und seine Raumstrukturen insbesondere auch denen verständlich machen, die als Touristen das Land bereisen und oft eine einseitige, von Tourismusmanagern, Werbeprospekten oder unseren klassisch-humanistischen Bildungsanstalten geprägte Vorstellung vom Land mit sich herumtragen, die bei der Begegnung mit der Realität immer wieder zu Irritationen führt.

Ich habe Griechenland seit nunmehr über drei Jahrzehnten auf vielen Reisen und längeren Forschungsaufenthalten intensiv kennengelernt. Galt mein Interesse als klassischer Philologe bei den ersten Griechenlandaufenthalten in den 50er Jahren noch v. a. den Zeugnissen der Antike, so sammelte ich doch schon manches heute wertvolle landeskundliche Material. Die intensive wissenschaftliche Beschäftigung als Geograph begann 1972 mit einem längeren Forschungsaufenthalt, der den Fragen nach Zusammenhängen zwischen Bevölkerungsentwicklung und Wirtschaftsstruktur im westlichen Peloponnes (LIENAU 1975) galt. Seither habe ich mehrere Forschungsprojekte in Griechenland durchgeführt, die v. a. den Auswirkungen der Arbeitsmigration nachgingen, Forschungen, die ich zusammen mit meinem langjährigen Mitarbeiter HARTMUT HERMANNS durchführte.

Mit ihm zusammen war auch die Abfassung dieser Länderkunde geplant. Wenn dann eine gemeinsame Länderkunde doch nicht zustande kam, so deswegen, weil HARTMUT HERMANNS durch seine außeruniversitäre Tätigkeit in Berlin zu sehr in Anspruch genommen wurde. Als Berater hat er jedoch zu dem Werk beigetragen.

Dem Historiker P. D. DR. HEINZ RICHTER, Heidelberg, danke ich für die kritische Durchsicht des Abschnittes zur Neueren Geschichte Griechenlands, Herrn Dr. Thomas Raus vom Botanischen Garten und Museum Berlin und Dr. Andreas Vogel, Münster, für die Durchsicht des Kapitels Vegetation, den Kolleginnen und Kollegen Ingrid Henning, Ludwig Hempel und Rolf Thöle für die der Kapitel Klima, Oberflächengestalt und Böden.

Meine wissenschaftlichen Hilfskräfte Rainer Imholze und Michael Hartmann und mein Freund Anastasios Katsanakis investierten viel Zeit in die Durchsicht des Manuskriptes und das Schreiben sowie die Korrektur des Literaturverzeichnisses.

Die Reinzeichnung der Karten besorgten Frau Marianne Michelka, Herr Rudolf Fahnert und Herr Fisterol, die Reinschrift des Manuskriptes Frau Ursula Saarkamp vom Institut für Geographie der Universität Münster.

Der Wissenschaftlichen Buchgesellschaft und besonders Herrn Dr. Storkebaum danke ich für den „Kompositionsauftrag" und die Geduld, mit der sie dessen Fertigstellung abgewartet haben.

Der Stiftung Volkswagenwerk verdanke ich die Finanzierung mehrerer Forschungsprojekte, die vertiefte Einsichten in für die Raumentwicklung Griechenlands evident wichtige Probleme ermöglichten.

1. EINLEITUNG

1.1 Zur Konzeption der Länderkunde

Fast jeder Griechenlandreisende reist mit besonderen Erwartungen in das Land, in dem die abendländische Kultur geboren wurde. So mancher, der sich mit Plato oder Pausanias im Reisegepäck oder verführt durch Prospektbilder von weißen Säulen vor blauem Meer dorthin aufgemacht hatte, kehrte enttäuscht zurück, weil ihm das erlebte Griechenland in schmerzlichem Gegensatz stand zu dem Bild, das er sich von dem Land gemacht hatte – sofern er nicht über all das, was nicht seinem Bild entsprach, ohnehin hinweggesehen hatte.

Die in Zeugnissen höchster Kulturentfaltung überlieferte Antike, die dem Philhellenismus in der „Nacht der Türkenherrschaft" Nahrung gab, sicherte dem Land auch nach der Befreiung ein besonderes Interesse.

Der Autor versucht, den Erwartungen an eine Länderkunde von Griechenland dadurch gerecht zu werden, daß er die Eigenschaften des Landes in den Vordergrund rückt, Akzente setzt, die denjenigen, die sich mit dem Land beschäftigen, Irritationen, wie sie oben angedeutet wurden, erspart. Das Buch will v. a. zum Verständnis des heutigen Griechenlands beitragen, das Interesse des Lesers auf Probleme der gegenwärtigen Raumstruktur lenken, seine Augen für Phänomene öffnen, die er bislang vielleicht übersehen hat, und einer Griechenland-Perzeption entgegenwirken, die einerseits stark von humanistisch-klassischer Bildung, andererseits touristischer Vermarktung bestimmt ist.

Der Verfasser sieht in der Länderkunde primär eine *pädagogische* Aufgabe (vgl. D. Bartels in Bähr und Stewig 1981, S. 45), mit der er sich an *jeden* an Griechenland Interessierten wendet, selbstverständlich auch an Fachkollegen. Daß Länderkunde v. a. ein didaktisches Problem ist, war bereits die Überzeugung von Alfred Hettner, wie Ute Wardenga (1987, S. 195ff.) jüngst nachwies. Länderkunde in diesem Sinn ist auch eine Form „angewandter Geographie".

Wenn die periphere Situation, der Entwicklungsstand des Landes, das einst – wenn auch nur kurz als politische Einheit – den geistigen, kulturellen, politischen und auch wirtschaftlichen Mittelpunkt der Erde bildete, in den Vordergrund dieser Länderkunde gerückt wird, so deshalb, weil sich aus ihr viele Merkmale und Probleme der Raumstruktur des heutigen Griechenlands erklären lassen (vgl. dazu Kap. 2). Ausdruck der Situation sind u. a. die starken innergriechischen Disparitäten, die Kluft zwischen Stadt und Land, Auswanderung nach Übersee und Gastarbeiterwanderung in die Bundesrepublik Deutschland. Eine an diesem Problemkreis orientierte Darstellung ermöglicht es zwanglos, die von einer geographischen Länderkunde erwarteten Informationen zu bringen, d. h. die Präsentation der Palette von Inhalten, die sich mit der Zeit als bindend für eine geographisch-länderkundliche Darstellung herausgebildet haben (vgl. zur länderkundlichen Darstellung u. a. L 210, 259, 604, 352, 55, 697, 27).

Die periphere, von Entwicklungsmängeln gekennzeichnete Situation stellt einen Aufhänger dar für Auswahl und Anordnung des Stoffes und bindet ihn zusammen.

Der Autor folgt damit in dieser Länderkunde von Griechenland demselben Prinzip, dem er auch in der 1981 in dieser Reihe erschienenen Länderkunde von Malawi folgte. Das Prinzip wurde allerdings nicht immer ganz streng durchgehalten, um einerseits dem Informationsbedürfnis des Lesers in möglichst breitem Umfang gerecht zu werden, andererseits den Text durch Darstellung der „Mirabilia", der länderkundlichen Besonderheiten, aufzulockern und Farbe zu geben, auch wenn ein unmittelbarer Bezug zu der o. g. Situation nicht herstellbar ist.

Als wissenschaftlich versteht sich die Länderkunde insofern, als sie auf der Verarbeitung einer großen Fülle wissenschaftlicher Literatur, Auswertung von Statistiken und anderen Primärquellen sowie eigenen Forschungen in Griechenland basiert (vgl. L 697, S. 241).

Der Aufbau ist durch die in den Vordergrund gerückte Problemstellung bestimmt: Im ersten Hauptkapitel wird Griechenland als Staat der europäischen Südperipherie vorgestellt, werden in einer Ouvertüre die aus der Lage und peripheren Situation herrührenden besonderen Merkmale von Bevölkerung, Wirtschaft, Siedlungsstruktur und deren natürliche Voraussetzungen und Bedingungen vorgestellt, auf die später im einzelnen eingegangen wird. Wenn nach dieser Ouvertüre zunächst die Bevölkerung behandelt wird, so, weil es letztlich um sie, um den Menschen geht. Der anthropogeographische Akzent der Länderkunde wird damit unterstrichen.

Die daran anschließende detaillierte Darstellung von Geschichte und Naturraum bildet eine wichtige Grundlage für das Verständnis der gegenwärtigen wirtschaftlichen Aktivitäten und deren räumlicher Verteilung, der Siedlungsstruktur und der Bevölkerungsbewegungen. Die Geschichte ist mehr als ein bloßer Werdegang, der Naturraum mehr als nur physisches Potential. Letzterer ist zugleich Umwelt des Menschen, die ihn und sein Handeln in vielerlei Hinsicht beeinflußt (was nicht deterministisch zu verstehen ist).

Auf diesen Grundlagen baut die Darstellung der Wirtschaft und der Bevölkerungswanderungen, die als Reaktion auf als unzureichend empfundene

Lebensbedingungen zu verstehen sind, sowie der Siedlungen und räumlichen Disparitäten auf.

Auf einen regionalen Teil sollte nicht ganz verzichtet werden. Behandelt werden die griechischen Regionen nach ihrem Entwicklungsstand. Das bindet diesen Teil in die Gesamtdarstellung ein.

Konzeptionen und Maßnahmen griechischer Planungsinstitutionen zur Verbesserung der Raumstrukturen sowie Reflexionen über Auswirkungen des EG-Beitritts auf die wirtschaftliche Entwicklung des Landes bilden den Abschluß.

Umfangreichere Tabellen sind in den Anhang verwiesen. Auf einen Bildteil wurde aus Umfangsgründen verzichtet, bei Hinweisen auf Autoren im Text aus den gleichen Gründen nur auf die Nummer im Literaturverzeichnis verwiesen.

In der leidigen Frage der Umschrift griechischer Namen lehnt sich der Verfasser an den im Griechenlandhandbuch von GROTHUSEN (1980) gemachten Vorschlag an (Tab. A1), auch wenn dieser ebensowenig in allen Punkten befriedigt wie andere Vorschläge. Eine Transliteration *und* Transkription der Namen (wie etwa im Duden-Wörterbuch geographischer Namen), die das Problem der Aussprache und einer unzweifelhaften Rücktranskription lösen, erscheint in diesem Rahmen zu umständlich.

Das hier verwendete System verbindet weitestgehend phonetische Vorteile mit der Möglichkeit einer Rücktranskription. Abgewichen wurde davon nur dort, wo sich die verdeutschte Namensform eingebürgert hat, z. B. Athen (statt Athina oder Athinai), Delphi (statt Delfoi) oder Lesbos (statt Lesvos) und bei Namen von griechischen Autoren, die sich selbst anders transkribierten.

Auch wenn sich dem Philologen die Haare sträuben mögen, habe ich in dieser Länderkunde in einigen Fällen das „falsche“ Genus vorgezogen, wenn es sich im deutschen Sprachgebrauch weitgehend eingebürgert hat (vgl. Duden-Wörterbuch geographischer Namen) und bedeutende Griechenland-Geographen (u. a. A. PHILIPPSON) es benutzten. So wird z. B. von *dem* Peloponnes und *dem* Dodekanes gesprochen.

1.2 Die geographische Griechenlandforschung

Vorläufer der landeskundlichen Forschung in Griechenland sind die v. a. aus dem 18. und 19. Jh. stammenden Reisebeschreibungen, die für uns wichtigste Quellen für die Landeskunde Griechenlands jener Zeit darstellen. Für weiter zurückliegende Zeiten sind wir neben den erhaltenen materiellen Zeugnissen v. a. angewiesen auf die mit vielen Unsicherheiten behaftete Auswertung historischer Quellen, wie z. B. der Reichsbeschreibung des byzantinischen Kaisers KONSTANTIN PORPHYROGENNETOS (905–959), der Ortsbeschreibung der Siedlungen des 1685–1715 durch die Venetianer zurückeroberten Peloponnes durch ANTONIO PACIFICO 1704 (L 560, S. 237ff.) oder Berichte von Gesandten, Militärs etc., wie das Tagebuch des Fähnrichs ZEHE, um nur einige Beispiele zu nennen. Eine knappgefaßte historische Landeskunde des Byzantinischen Reiches legte jüngst JOHANNES KODER (1984) vor.

Waren Berichte aus den ersten Jahrhunderten der Türkenherrschaft noch so rar, daß sich 1573 der Tübinger Universitätsprofessor MARTIN KRAUS in einem Brief an den Patriarchen in Konstantinopel wandte mit der Frage, ob Athen eigentlich noch existiere (vgl. L 260, S. 8), so wurden sie gegen Ende der Türkenzeit und v. a. seit Gründung des neuen Griechenlands reichlicher.

Reisebeschreibungen aus der Zeit der osmanischen Herrschaft in Griechenland sind etwa die des Engländers GEORGE WHELER (1692), des Franzosen POUQUEVILLE (1805) oder des Engländers W. M. LEAKE, der 1804/5 Griechenland bereiste (vgl. Tab. 1).

Mit Entstehung des neuen Griechenlands unter König OTTO VON WITTELSBACH setzt geradezu eine Flut von Landesbeschreibungen in Wort und Bild ein (vgl. u. a. L 509, S. 291ff. und L 636). Sie wurden z. T. im Auftrag der Regierung durchgeführt, wie die des Malers CARL ROTTMANN, der mit seinem Begleiter, dem Architekten LUDWIG LANGE, Griechenland im Auftrag OTTOS 1834/35 bereiste und in Aquarellen festhielt (vgl. L 111), oder die von KARL FIEDLER, der eine geologische Rekognoszierung durchführte, deren Ergebnisse er in einem zweibändigen Werk (1840/41) niederlegte, in dem neben Beobachtungen zu Geologie und Bodenschätzen vieles weitere, zur Landeskunde Interessante mitgeteilt wird.

Die „geographische" Literatur des 19. Jh., die sich mit Griechenland befaßte, war ebenso wie die Reiseberichte noch sehr auf die Antike fixiert, galt der Auffindung der aus der Literatur der Antike bekannten Stätten und deren Beschreibung. Musterbeispiel ist die überaus trockene „Geographie von Griechenland" in 2 Bänden (1868–72) von CARL BURSIAN, die sich fast ausschließlich mit historischer Topographie befaßt.

Einem Gelehrten wie dem aus Lübeck stammenden Historiker, Archäologen und Philologen ERNST CURTIUS (1814–1896) gelangen dabei allerdings auch bemerkenswerte Einsichten in die Landesnatur. ALFRED PHILIPPSON (1892, S. 8) würdigte dessen Landeskunde des Peloponnes: „E. Curtius (Peloponnesos, 2 Bde., Gotha 1851–52), obwohl in erster Linie von archäologischen und historischen Gesichtspunkten ausgehend, hat es in meisterhafter Weise verstanden, auf Grund eigener Anschauung (1837–40), mit Benutzung des wenigen Materials auch ein Bild der physischen Geographie des Peloponnes zu entwerfen und vor allem in geistvoller Art die Geschichte durch die Natur des Landes zu erklären."

Die erste eigentlich wissenschaftlich-geographische Darstellung ist die „Physikalische Geographie von Griechenland mit besonderer Berücksich-

Tab. 1: Ausländische Reisende in Griechenland bis 1835

Name	Date of travel	References
du Loir	1641	*Voyage du Sieur de Loir, contenu en plusieurs lettres écrites du Leuant*, Paris 1654
G. Wheler	1675–6	*A journey into Greece*, London 1682
C. Thompson	1732	*The travels of the late Charles Thompson, Esq; containing his observations on France, Italy, Turkey in Europe, …*, Reading 1745
R. Chandler	1765	*Travels in Greece: or an account of a tour made at the expense of the Society of Dilettanti*, Oxford 1776
J. Sibthorp	1787	'Voyage in the Grecian seas' in R. Walpole (ed.), *Travels in various countries of the East*, Longmans (London) 1820, 7–75
F. Beaujour	1797	*A view of the commerce of Greece, formed after an annual average, from 1787 to 1797*, trans. T. H. Horne, Wallis (London) 1800
E. D. Clarke	1801	*Travels in various countries of Europe, Asia and Africa*, London 1834
E. Dodwell	1801	*A classical and geographical tour through Greece during the years 1801, 1805, and 1806*, Rodwell (London) 1819
		Views in Greece, Rodwell & Martin (London) 1831
W. Walker	1803	F.-M. Tsigakou, *The Rediscovery of Greece*, Thames & Hudson (London) 1981
J. L. S. Barholdy	1803–4	*Voyage en Grèce fait dans les années 1803 et 1804, … traduit de l'allemand*, Dentu (Paris) 1807
W. M. Leake	1804–5	*Travels in Northern Greece*, London 1835
W. Gell	1804–6	*The itinerary of Greece containing routes in Attica, Boeotia, Phocis, Locris, and Thessaly*, London 1819
F. C. H. L. Pouqueville	1805	*Voyage de la Grèce*, Paris 1826
J. C. Hobhouse	1809–10	*A journey through Albania, and other provinces of Turkey in Europe and Asia, to Constantinople*, Cawthorn (London), 2nd edn. 1813
H. Holland	1812–13	*Travels in the Ionian Isles, Albania, Thessaly, Macedonia, etc. during the years 1812 and 1813*, Longman (London) 1815
T. S. Hughes	1813	*Travels in Greece and Albania*, Colburn and Bentley (London), 2nd edn. 1830
W. Forchhammer	1834	*Hellenika: Griechenland im Neuen das Alte*, Berlin 1837
L. Ross	1834	*Wanderungen in Griechenland im Gefolge des Königs Otto und der Königin Amalie*, Halle 1851
K. G. Fiedler	1834–5	*Reise durch alle Theile des Königreiches Griechenland … in den Jahren 1834 bis 1837*, Leipzig 1840

Quelle: O. Rackham, in: The Ann. of the Brit. School at Athens 78, 1983, S. 330.

tigung des Altertums" von NEUMANN und PARTSCH (1885). Es handelt sich um das von JOSEPH PARTSCH auf den neuesten Stand gebrachte Vorlesungsmanuskript seines Lehrers, des Historikers und Geographen CARL NEUMANN, der seinerseits noch ganz unter dem Einfluß CARL RITTERS stand. Für ihn bedeutete die Natur des Landes einen Schlüssel für das Verständnis der Vergangenheit; die physische Geographie war dementsprechend Hilfswissenschaft für die klassische Altertumskunde (vgl. L 576, S. 8). Ihr war die meisterhafte Darstellung ELISÉE RECLUS' in der „Nouvelle géographie universelle. La terre et les hommes" (19 Bde., Paris 1875–94) vorausgegangen.

Anders als die physikalische Geographie von NEUMANN und PARTSCH basiert die wenig später erscheinende Landeskunde des Peloponnes (1892) von ALFRED PHILIPPSON auf eigenen empirischen Arbeiten. Tausende von Kilometern legte er zu Pferd und zu Fuß zurück. Die geographisch-landeskundlichen Grundlagen durch topographische Landesaufnahme (in Karten 1:300000) mußte er sich dafür ebenso selbst schaffen wie in seiner 1897 folgenden Landeskunde von Thessalien und Epirus.

Die antike Topographie wird in dem Buch eher zum Gegenstand beiläufiger Bemerkungen. Dem damaligen Verständnis von Geographie entsprechend beschäftigt es sich v. a. mit der Geomorphologie und der Geologie des Peloponnes. PHILIPPSON entwickelte sich zum unübertroffenen Kenner des Landes, das er in zahlreichen Reisen zu Fuß, auf Esels- oder Pferderücken oder mit anderen Verkehrsmitteln unter Reisebedingungen, die wesentlich strapaziöser als heute waren, bis in die hintersten Winkel erforschte.

1864 geboren, unternahm Philippson, Schüler Ferdinand von Richthofens, bereits mit 23 Jahren seine erste Forschungsreise nach Griechenland, der die o. g. Landeskunde des Peloponnes entsprang. Er blieb dem Land bis zu seinem Tode (1953) in Bonn wissenschaftlich treu. Von 1911–29 dort Ordinarius für Geographie, lebte er auch nach seiner Emeritierung in dieser Stadt, aus der er mit Frau und Tochter u. a. nach vorausgegangenen Hetztiraden E. Banses 1942 (bis Kriegsende) nach Theresienstadt deportiert wurde.

Eine frühe Zusammenfassung der Erkenntnisse über die Gemeinsamkeiten von Natur und Kultur des Mittelmeerraumes stellt sein Buch „Das Mittelmeergebiet" (1904, 4. Aufl. 1922) dar. Wesentliche Anregungen bezog PHILIPPSON u. a. von THEOBALD FISCHER, der als erster die geographische Einheitlichkeit des Mittelmeerraumes in seinen Arbeiten hervorhob und herauszuarbeiten suchte (u. a. „Der Ölbaum" 1904, „Mittelmeerbilder" 1906 und 1908). Auch bei TH. FISCHER dominiert die physische Geographie. Anders als bei PHILIPPSON spielt Griechenland in seinen Arbeiten allerdings keine herausragende Rolle.

Der lebenslangen wissenschaftlichen Beschäftigung PHILIPPSONS mit Griechenland entsprang eine Vielzahl von Publikationen nicht nur zur physischen Geographie, die in seinem Werk allerdings immer dominant blieb, sondern auch zu Bevölkerung, Siedlung und Wirtschaft. Sie gipfelten in der mehrbändigen, z. T. postum durch Ernst Kirsten veröffentlichten Landeskunde „Die griechischen Landschaften" (7 Teile in 4 Bänden 1950–59). Die Würdigung von Person und Lebenswerk Alfred Philippsons durch Herbert Lehmann (1956) enthält im Anhang ein Verzeichnis der Veröffentlichungen dieses bedeutenden geographischen Griechenlandforschers.

Nicht unerwähnt unter den Landeskunden bleiben darf die von Josef Ponten („Griechische Landschaften, ein Versuch künstlerischer Erdbeschreibung" [1914]), auch wenn sie nicht aus der Feder eines Fachgeographen stammt (s. die Würdigung von W. Credner 1943, S. 139).

Eine zusammenfassende Darstellung von geographischer Seite fand Griechenland vor dem Zweiten Weltkrieg in der Länderkunde Südeuropas von Otto Maull (1929) zusammen mit anderen südeuropäischen Ländern. Auch in ihr nimmt die physische Geographie noch breiten Raum ein, die Anthropogeographie gewinnt jedoch gegenüber früheren Darstellungen an Gewicht.

Die englische Forschung brachte das hervorragende dreibändige Griechenland-Handbuch „Greece" der Naval Intelligence Division (1944/45) hervor.

Im Rahmen von länderkundlichen Darstellungen des Mittelmeergebietes oder größerer Teile von diesem erschienen nach dem Zweiten Weltkrieg die Länderkunden von P. Birot und J. Dresch (1956), von J. M. Houston (1964), von A. Blanc, M. Drain und B. Kayser (1967) und von O. Schmieder (1969). In allen Darstellungen wird der Geschichte eine besondere Bedeutung für die Kulturlandschaftsentwicklung zugemessen (zur Länderkunde von Schmieder vgl. H. Achenbach in Bähr und Stewig 1981, S. 11 ff.). Als Landeskunde kann auch der von B. Kayser und K. Thompson bearbeitete Griechenland-Atlas (1964) angesehen werden. Aus ihm ging die knappe anthropogeographische Länderkunde Griechenlands von B. Kayser (1964) hervor. Jüngste Landeskunde ist die von E. M. Pantelouris „Greece, an introduction" (1980).

Zahlreiche geographische Landeskunden widmen sich einzelnen Regionen wie – um nur wenige Beispiele zu nennen – die Makedoniens (nicht nur Griech.-Makedoniens) von L. Schultze-Jena (1927), der Argolis von H. Lehmann (1937), Messeniens von F. Sauerwein (1968) oder Thessaliens von M. Sivignon (1975). Da es eine eigenständige wissenschaftliche Geographie an griechischen Universitäten nicht gibt, fehlen von griechischer Seite geographisch-landeskundliche Arbeiten. Nicht zu den geographischen Landeskunden zu rechnen, aber Sammelwerke mit wichtigen landeskundlichen Informationen sind das von D. Grothusen herausgegebene Griechenland-Handbuch (1980) oder das von B. Hoffmann herausgegebene Reisehandbuch Griechenland (1985). Auch Reiseführer wie die von E. Kirsten und

W. Kraiker (5. Aufl. 1967) oder von de Jongh (3. Aufl. 1980) sind in diesem Zusammenhang zu nennen, auch wenn sich in ihnen die Information v. a. auf die antiken Ausgrabungsstätten, byzantinischen Kirchen und anderen Baudenkmäler konzentriert. Nicht vergessen werden dürfen als Sekundärquellen die Megali Enkyklopaideia von 1926–34 und die Megali Enkyklopaideia Larousse Papyros.

Alle genannten Werke und die mittlerweile große Fülle wissenschaftlicher Arbeiten zu Geologie, Geomorphologie, Klima, Vegetation, Bevölkerung, Siedlung, Wirtschaft, Politik, Geschichte und anderen Gebieten sind hilfreiche Voraussetzungen für die Abfassung dieser Länderkunde.

Als primäre Quellen stützt sie sich v. a. auf die vom Statistischen Amt (Ethniki Statistiki Ypiresia tis Ellados, National Statistical Service of Greece, Athen) veröffentlichten Statistiken sowie auf die bei den eigenen Reisen und Forschungen im Land gewonnenen Erfahrungen.

In kaum einem europäischen Land ist die Kartengrundlage so schlecht wie in Griechenland. Es existieren zwar zahlreiche ältere Kartenwerke für das Land oder Teile des Landes, so eine österreichische Generalkarte des Kgr. Griechenland 1:300000 von 1885, deutsche Heereskarten 1:200000 und 1:100000 von 1940 sowie einige andere (vgl. Sauerwein 1969, S. 239). Aktuelle, großmaßstäbigere Karten sind jedoch nicht auf dem Markt. Die vorhandene TK 1:50000 wird aus militärischen Gründen zurückgehalten. Die im Handel erhältlichen Nomoskarten 1:200000 sind nicht nur mangelhaft in der Kartographie, sondern repräsentieren auch einen überholten Landschaftszustand.

1.3 Griechenland als Staat der europäischen Südperipherie

Das Land, in dem die wissenschaftliche Physik und Medizin ihren Ausgang nahmen, in dem das logische Denken über das mythologische siegte, das Meisterwerke der Architektur und bildenden Kunst schuf, das Kolonien im gesamten Mittelmeerraum gründete und unter Alexander d. Gr. ein Weltreich wurde, gehört heute zu den ökonomisch weniger entwickelten, peripheren Staaten Europas.

Unter *peripher* wird im Sinne der Entwicklungsländerforschung dabei nicht nur die randliche Lage zu den Wirtschaftszentren des heutigen Europas und in der Staatengemeinschaft der EG verstanden, sondern fehlende endogene Dynamik und Fremdsteuerung mit den Folgen von starker Außen- und Binnenwanderung als Reaktion der Bevölkerung auf Entwicklungsdefizite, räumlich disparitäre Entwicklung, wachsendes Entwicklungsgefälle zu den Industrieländern u. a. m.

Bei Bratzel und Müller (1979, S. 145ff.), die die Länder der Erde mit

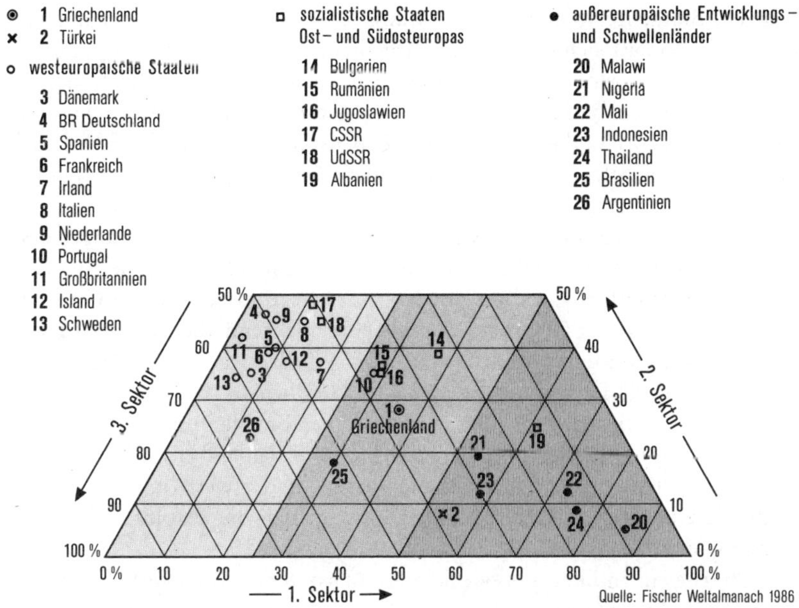

Abb. 1: Erwerbstätige nach Zugehörigkeit zu den Wirtschaftssektoren (1980) in ausgewählten Staaten der Erde.

Hilfe von 52 Variablen, die den wirtschaftlichen Entwicklungsstand und die Höhe des Lebensstandards charakterisieren (sollen) – die Klassifikation ist durchaus umstritten –, erscheint Griechenland zusammen mit den europäischen Ländern Ungarn, Jugoslawien, Spanien, Portugal oder Irland, überseeischen Ländern wie Argentinien und Uruguay in der zweithöchsten von insgesamt fünf Klassen (vgl. L 255, S. 133 ff.). Es rangiert damit hinter Ländern wie der Bundesrepublik Deutschland, Frankreich, Dänemark, Schweden, den Niederlanden und auch der DDR, aber vor Ländern wie Albanien und der Türkei, Mexiko oder Brasilien und weit vor all den Staaten Asiens und Afrikas, die unbestritten zu den Entwicklungsländern zählen. Diese Mittelstellung Griechenlands zeigt sich auch, wenn man die Länder nach der Zugehörigkeit der Erwerbstätigen zu den Wirtschaftssektoren miteinander vergleicht (s. Abb. 1). Hier bildet es zusammen mit Portugal, Rumänien, Jugoslawien und Bulgarien eine Gruppe (vgl. Kap. 5.2).

Gemessen an Indikatoren wie Pro-Kopf-Einkommen, Einwohner/Arzt-Relation (s. Tab. A2), Elektrizitätsverbrauch pro Kopf der Bevölkerung, Anzahl der Pkw, Telefonanschlüsse oder Fernsehapparate pro Einwohner zählt Griechenland durchaus zu den reicheren Staaten der Erde, auch wenn der Abstand zu den Industriestaaten Mittel-, Nord- und Westeuropas noch groß ist. Betrachtet man die Entwicklung der o. g. Indikatoren in den letzten 20 Jahren, so läßt sich eine relative Annäherung an die Werte der Industrieländer erkennen, eine Annäherung, die sich auch z. B. in den Relationen der Ausgaben der Bevölkerung für Nahrungsmittel, Kleidung, Kosmetika etc. ausdrückt: Während die Ausgaben für Lebensmittel ständig abnahmen, nahmen die für nichtlebensnotwendige Güter ständig zu (s. L 255, S. 135 und Tab. II).

Wie groß allerdings die Entwicklungsunterschiede in Europa immer noch sind, wird deutlich, wenn man etwa die Arbeitsstundenkosten in der Industrie und das Bruttoinlandsprodukt pro Kopf der Bevölkerung (1979) Griechenlands mit anderen EG-Ländern vergleicht. Während die Arbeitsstundenkosten in der Bundesrepublik Deutschland 9,2 ECU betrugen, waren es in Italien und in Griechenland nur 3,15 ECU. Ebenso groß sind die Unterschiede im Bruttoinlandsprodukt pro Kopf der Bevölkerung: 9087 ECU in der Bundesrepublik, 4151 in Italien, 2962 in Griechenland (EG-Durchschnitt 6600). Die relativ größere prozentuale Steigerung der Werte in Griechenland in den letzten Jahren täuscht darüber hinweg, daß die absoluten Abstände größer geworden sind.

In bezug auf Indikatoren wie Schulbesuchsraten, Kindersterblichkeit und Einwohner/Arzt-Relation unterscheidet sich Griechenland nicht mehr von Staaten wie der Bundesrepublik oder Schweden, wohl allerdings in deren räumlicher Verteilung.

Kann man aus den Indikatoren eine respektable Höhe des Lebensstandards ablesen, so verschleiern diese doch, daß der gegenwärtige Lebensstandard auf recht tönernen Füßen steht und daß er räumlich und sozial keineswegs gleichmäßig verteilt ist. Die tönernen Füße sind Mängel der Wirtschafts- und Infrastruktur, Auslandsabhängigkeit und mangelhafte Grundlagen für ein selbsttragendes Wachstum, Mängel, die sich in fast allen Bereichen der Wirtschaft zeigen: Die Landwirtschaft zeichnet sich durch geringe Flächenausstattung der Betriebe, starke Besitzzersplitterung, geringen Mechanisierungsgrad und insgesamt geringe Kapitalausstattung der Betriebe aus, die Industrie u. a. ebenfalls durch geringe Betriebsgrößen, unterdurchschnittliche Kapitalausstattung, geringe Diversifizierung und mangelnde vertikale Integration. Es sind Mängel, die die internationale Konkurrenzfähigkeit stark beeinträchtigen. Der tertiäre Sektor ist durch Überbesatz und Ineffektivität in fast allen Bereichen gekennzeichnet. Mängel dieser Art sind ebenso ein Kennzeichen Griechenlands wie dessen Außenabhängigkeit, wobei beides miteinander zusammenhängt und sich z. T. gegenseitig bedingt. Außenabhängigkeit und Einflußnahme von außen äußern sich nicht nur im wirtschaftlichen, sondern auch im militärischen und kulturellen Bereich (vgl. L 586, S. 3 ff.).

Eine traditionell liberale Wirtschaftspolitik begünstigte das Eindringen ausländischen Kapitals in Griechenland, ausländischen Engagements in der griechischen Wirtschaft, insbesondere der Industrie, die von der Zufuhr von Kapital, Fachwissen und Technologie aus dem Ausland in hohem Maße abhängig ist. Das wird nicht nur in der großen Zahl ausländischer Firmen deutlich, die in Griechenland operieren, und dem Umfang ausländischer Kapitalbeteiligungen (vgl. L 34), sondern auch in der Art der Einbindung der griechischen Industrie in die internationale Arbeitsteilung: Produktion von Ersatzteilen, Montagen u. a. sind deren Kennzeichen. Am deutlichsten wird diese Art der Einbindung bei der Bekleidungsindustrie. Im Auftrag deutscher Firmen arbeitend, beschränken sich viele Betriebe dieser Branche in Nordgriechenland auf das Zusammennähen von Bekleidungsstücken. Die Stoffe kommen zugeschnitten oder mit beigefügter Blaupause aus der Bundesrepublik Deutschland, wohin auch die Endprodukte per Lkw wieder gehen. So sind diese Betriebe in keiner Weise durch Bezug von Vorprodukten und Vermarktung der fertigen Waren in die heimische Wirtschaft integriert. Wichtigster Standortfaktor sind die niedrigen Lohnkosten. Steigen diese, ist eine Verlagerung der Produktion in andere Billiglohnländer zu befürchten (vgl. L 530). Die technologische Kapazität ist gering, Kapitalgüterindustrien fehlen weitgehend. Daß die heimische Wirtschaft durch solche Betriebe kaum Impulse erfährt, liegt auf der Hand.

Wenn in den letzten Jahren das ausländische Engagement in Griechenland stark nachließ (1985 waren deutsche Investitionen in Griechenland gleich Null), so bedeutet das allerdings keineswegs eine strukturelle Verbesserung der griechischen Industrie und kann noch nicht als Zeichen verminderter Auslandsabhängigkeit gedeutet werden. Art und Umfang der Abhängigkeit werden auch in anderen Bereichen deutlich, so Herkunft und Ziel der Im- und Exporte und der Zusammensetzung der im- und exportierten Waren. Über zwei Drittel des griechischen Warenverkehrs spielen sich mit hochentwickelten Industrieländern (westeuropäische EG-Staaten, USA) ab. Die Warenstruktur zeigt in abgeschwächter Form das für viele Entwicklungsländer typische Muster: Export überwiegend von Agrarprodukten, Roh- und Halbfertigwaren, Textil- und Lederwaren, Import v. a. von Maschinen, Technologie und hochwertigen Nahrungsmitteln (Fleisch, Milchprodukte).

Die Zahlungsbilanz ist aufgrund der Importüberschüsse durch wachsende Defizite gekennzeichnet, die bis 1983 zu einer Auslandsverschuldung von 23,5 % des BSP führten (Fischer Weltalmanach 1987, S. 326) und einen großen Teil der Exporterlöse verschlingen. Die inländische Geldentwicklung leidet unter hohen Inflationsraten. Die jüngsten Versuche der Regierung Papandreou, die Verschuldung nicht weiter anwachsen zu lassen und die Inflationsrate zu drücken, führten zu massiven Protesten der Bevölkerung.

Das steigende Handelsbilanzdefizit läßt Griechenland immer mehr angewiesen sein auf die Rücküberweisungen von im Ausland tätigen Griechen (Gastarbeiter, Auswanderer) und die Einkünfte aus Tourismus und Schifffahrt, Quellen, die kontinuierlich weniger sprudeln, wie die Gastarbeiterüberweisungen, oder stark konjunkturanfällig sind, wie der Tourismus.

Die *Auswanderung* vieler Griechen nach Übersee oder als *Gastarbeiter* in die Bundesrepublik als Antwort auf die als unzureichend empfundenen Lebensbedingungen ist ein weiteres Kennzeichen der peripheren Situation des Landes.

Wenn allein nach dem Zweiten Weltkrieg weit über eine halbe Million Griechen nach Übersee auswanderten und die Zahl der Wanderungsfälle in die Bundesrepublik die Million übertraf (bei einer Einwohnerzahl von 9,74 Mio. 1981!), so lassen sich Umfang und Bedeutung der Auswanderung für Griechenland schon aus diesen Zahlen ablesen.

Das Studium vieler Griechen im Ausland aufgrund der unzureichenden Kapazität der Universitäten im eigenen Land führt darüber hinaus zu einem beträchtlichen Aderlaß an geistiger Kapazität, einem „brain drain“, da viele Akademiker, und zwar gerade die höchstqualifizierten, im Ausland bleiben, um dort tätig zu werden. Die große Zahl von griechischen Professoren, Ärzten und in anderen akademischen Berufen tätigen Griechen in der Bundesrepublik ist ein deutlicher Beweis. Daß Emigranten und Remigranten nicht ohne tiefgreifenden Einfluß auf die wirtschaftliche und soziale Entwicklung Griechenlands und insbesondere die der Emigrations- und Remigrationsgebiete blieben, ist hinreichend erwiesen.

Jedem, der mit offenen Augen und Ohren durch die nordgriechischen Regionen Thrakien, Makedonien oder Epirus reist, wird der große Einfluß der Arbeitsmigration, die ganz überwiegend auf die Bundesrepublik gerichtet war, kaum entgehen: Enorme Bautätigkeit auch in abgelegenen Dörfern, deutschsprachige Hinweise an Hotels („sauber + billig“ – die Griechen wissen, was Deutsche lieben!), Restaurants („Frühstück, Kaffee, Pizza“) und andernorts, aus Deutschland mitgebrachte Gebrauchsgegenstände, die Art der Wohnungs- und Restauranteinrichtung und vieles mehr dokumentieren ihn offen sichtbar, mitgebrachte Einstellungen und Verhaltensweisen zeigen sich oft erst bei näherem Umgang mit zurückgekehrten Migranten.

Daß die Auswirkungen der Gastarbeiterwanderung auf die wirtschaftliche Entwicklung der Herkunftsgebiete (in die die meisten Migranten auch zurückkehren) eher negativ zu bewerten sind, beweisen entgegen anderslautenden Hypothesen zahlreiche Forschungsarbeiten mittlerweile eindeutig.

Die Gastarbeitergelder flossen statt in produktive Projekte v. a. in Konsumgüter, in Hausbau und -erneuerung und bewirkten eine wirtschaftliche Scheinblüte ohne tragendes Fundament.

Dem Strom der ihr Land als Emigranten auf Dauer oder Zeit verlassenden Griechen entgegengesetzt ist der Zustrom ausländischer *Touristen,* v. a. aus den west- und nordeuropäischen Industrieländern. Auch er ist Ausdruck der peripheren Situation und der „core-periphery“-Beziehungen: Die in den europäischen Industrieländern (von den überseeischen müßten die USA, Kanada und Australien hinzugezählt werden) in den letzten Jahrzehnten stark gewachsenen Löhne und Gehälter, die sinkenden Arbeitszeiten und die mit der ökonomischen Entwicklung verbundene Verschlechterung der Umweltqualität ließen die Länder, die nicht nur über günstige klimatische Bedingungen verfügen, sondern in denen die Umweltzerstörung durch die wirtschaftliche Entwicklung noch nicht so weit fortgeschritten ist und wo aufgrund dieser Tatsache Dienstleistungen etc. billiger sind, fast zwangsläufig zu bevorzugten Ländern des Tourismus werden.

Auslandsabhängigkeit und wirtschaftliche Strukturschwächen weiter Teile des Landes mit starker Binnenwanderung als Folge, spezifische gesellschaftliche Strukturen („Klientelismus") und historisches Erbe (wobei alle Größen sich gegenseitig bedingen) führten zu großen *räumlichen Disparitäten* innerhalb des Landes, einer sich ständig erweiternden Kluft zwischen Stadt und Land.

Dabei beschreibt die Bevölkerungsballung die Ungleichgewichte nur unzureichend: Ein den Bevölkerungsanteil erheblich übersteigender Anteil an Wirtschaftskraft ballt sich in den Agglomerationen Athen und Thessaloniki, insbesondere in Athen, wo von den 100 größten Firmen des Landes 90 ihren Sitz haben, wo fast die Hälfte aller Industriebeschäftigten arbeitet, wo sich mehr als zwei Drittel aller Gewerbebetriebe und knapp 60 % der Großhandelsbetriebe befinden, um nur einige Indikatoren der Konzentration zu nennen (vgl. Kap. 7.2.4).

Die Aufzählung ließe sich mit Lebensstandardvariablen, sowohl positiven wie negativen (Krankenstand, Umweltqualität), fortsetzen.

Das entsprechend umgekehrte Bild ergibt sich für die ländlich geprägten Regionen, wie z. B. Thrakien (vgl. L 374 u. 11).

Die Ursachen für die disparitäre Entwicklung sind vielschichtig und hängen eng mit den anderen, oben beschriebenen Merkmalen Griechenlands als eines Staates der europäischen Südperipherie zusammen: So investieren ausländische Firmen, die sich in Griechenland engagieren, eher unter betriebswirtschaftlichen als unter regionalpolitischen Gesichtspunkten, was zu Investitionen in den infrastrukturell besser ausgestatteten Ballungsgebieten führt, wo – wie im Falle Athens – gleichzeitig die Nähe zu den Schaltstellen der Macht, zum Staatsapparat, von Vorteil ist. In einem System, in dem persönliche Beziehungen eine große Rolle spielen (vgl. L 451), ist diese Nähe besonders wichtig.

Die Abwanderung aus den ländlichen Räumen, aus denen auch ein großer Teil der Arbeitsmigranten stammt (vgl. L 254), führte zu deren Schwächung, ungeachtet der Tatsache, daß von den in die Heimat zurückkehrenden Gastarbeitern die Mehrzahl in ihre Heimatgemeinden zurückging (vgl. Kap. 6.2.3).

Selbstverstärkungseffekte im positiven und negativen Sinn forcieren den Konzentrationsprozeß, der keineswegs abgeschlossen scheint. Athen wächst trotz der in den letzten Jahren fühlbar zunehmenden Beeinträchtigungen der Lebensqualität durch Umweltbelastungen wie Smog, Wasserverschmutzung, chaotische Verkehrsverhältnisse u. a. m. weiter. Die tieferen Ursachen für diese Entwicklung müssen in der *politischen, wirtschaftlichen und sozialen Geschichte* des Landes vermutet werden. In ihr dürften v. a. die Gründe dafür zu suchen sein, daß sich in Griechenland die Produktivkräfte nicht in gleicher Weise entfalten konnten wie in England, Frankreich, Deutschland oder den nordeuropäischen Staaten.

Die über vierhundert Jahre währende Zugehörigkeit zum Osmanischen Reich und Einbeziehung in dessen Niedergang, die Handelskapitulationen des Sultans, die Entwicklung des griechischen Händlertums im Osmanischen Staat, die Umstände der Entstehung des neuen Griechenlands, ständige Einflußnahme von außen, Staatsbankrotte und instabile Herrschaftsverhältnisse sind historische Hypotheken, die ihre Spuren hinterließen. Wieweit dabei den *physischen Bedingungen,* Klima, Böden, Oberflächengestalt, Bodenschätzen etc., Bedeutung für die Entwicklung zukommt, ist eine durchaus umstrittene und nicht leicht zu beantwortende Frage, die auch in diesem Buch nicht hinreichend beantwortet wird.

Daß das Vorhandensein von Bodenschätzen, insbesondere Energierohstoffen, keine Voraussetzung für Entwicklung ist, zeigt das Beispiel Dänemarks. Daß deren Fehlen ebenso wie das Fehlen anderer natürlicher Gunstfaktoren etwa für die Landwirtschaft andererseits Entwicklung wesentlich hemmen kann, liegt nahe. Griechenlands Vorräte an Kohle, Öl und Wasserkraft reichen nicht im entferntesten aus, um den Bedarf des Landes zu befriedigen, so daß beträchtliche Devisen für deren Import aufgebracht werden müssen.

Die landwirtschaftlichen Möglichkeiten sind durch den gebirgigen Charakter des Landes, die geologische Struktur (weite Verbreitung von Kalkgestein) und die klimatischen und ökologischen Beschränkungen im Wasserangebot eingeschränkt. Nur 30 % der Fläche sind kultiviert, davon große Teile aufgrund der Oberflächengestalt nur extensiv. Die natürlichen Bedingungen bieten der griechischen Landwirtschaft aber auch Vorteile gegenüber der Landwirtschaft in Mittel-, West- und Nordeuropa, wie größere Wärme, eine Vegetationszeit, die in vielen Landesteilen kaum eine Unterbrechung erfährt, höhere Sonnenscheindauer u. a. m., die den Anbau komplementärer Produkte, z. T. hochwertiger Spezialkulturen, ermöglichen und ihr damit Wettbewerbsvorteile auf dem europäischen Markt verschaffen.

Physische Gunstfaktoren besitzt das Land auch im Hinblick auf den Tourismus: warme, sonnenreiche Sommer, ein frühes, blumenreiches Frühjahr, einen warmen Herbst und dazu Tausende von Kilometern Küste!

Trotzdem ist der Verfasser geneigt, den physischen Bedingungen des Landes für den Entwicklungsprozeß und den gegenwärtigen Entwicklungsstand eher eine untergeordnete Bedeutung zuzumessen.

Griechenland teilt seine Probleme und strukturellen Mängel mit den südeuropäischen Staaten Spanien, Portugal und Italien (Süditalien) sowie der Türkei, aber auch mit Irland und – eingeschränkt – Finnland. Bezieht man die sozialistischen Staaten mit ein, so müssen Jugoslawien, Bulgarien und Rumänien dazugerechnet werden. Seers (1979) faßt sie als „underdeveloped Europe" zusammen. Sie scharen sich um die Kernregionen (s. L 586, Map B, S. 21 und Kap. 1.4), auf die hin sie wirtschaftlich und politisch orientiert und von denen sie in hohem Maße abhängig sind.

Die Schwierigkeiten, vor denen griechische Regionalplanung mit dem Ziel einer Verbesserung der Lebensbedingungen und einem Abbau der regionalen Disparitäten steht, sind offenkundig. Wenn Fortschritte trotz guten Willens seitens der Regierung, der hier unterstellt werden soll, in den letzten Jahren und Jahrzehnten nur gering waren, Erfolge eingeleiteter Maßnahmen auf sich warten ließen, so werden wir auch die Gründe in den strukturellen Bedingungen und der Art der internationalen Beziehungen sehen müssen, unter denen sich die Entwicklung Griechenlands vollzieht.

1.4 Lage, Grenzen und administrative Gliederung

Im Südosten Europas zwischen 41°54′ und 34°54′ nördlicher Breite und 19°23′ und 29°39′ östlicher Länge gelegen, hat das Land eine Halbinsellage auf dem weit in das östliche Mittelmeer vorstoßenden breiten Sporn der Balkanhalbinsel. Mit den zu Griechenland gehörenden ägäischen Inseln bildet das Land eine natürliche Brücke zwischen Europa und Vorderasien. Aber auch zur afrikanischen Küste ist die Entfernung nicht sehr groß: zwischen Kreta und der libyschen Küste beträgt sie nur knapp 300 km.

Die Lage machte Griechenland zum Vermittler von Kulturströmungen zwischen Orient und Okzident und war vermutlich auch die entscheidende Voraussetzung für die Kulturentwicklung in der Antike, die das Land zur Wiege des Abendlandes werden ließ. Die Rand- und Brückenkopflage erklärt das militärische Interesse Englands, der USA und anderer Staaten (man denke etwa an Venedig in früheren Jahrhunderten) an Griechenland und seine Bedeutung innerhalb der NATO.

Betrachtet man Griechenlands Lage zu den Kernregionen, den wirtschaftlich am höchsten entwickelten Gebieten in Europa, die etwa durch ein Oval mit den Punkten Helsinki, Birmingham, Barcelona, Wien auf der Begrenzungslinie umrissen werden (L 586, S. 21), dann ist sie als ausgesprochen randlich zu kennzeichnen. Diese Ferne zu den Wirtschaftszentren wird noch dadurch verstärkt, daß Griechenland der einzige EG-Staat ist, der keinen räumlichen Kontakt zu anderen EG-Staaten besitzt.

Die heutige Randlage in Europa und speziell in der EG ist gleichsam Fortsetzung von Randlagen zu den Macht- und Wirtschaftszentren früherer Epochen. Sowohl im Oströmisch-Byzantinischen wie im Osmanischen Reich hatte Griechenland eher eine randliche Lage, insbesondere seine Westseite jenseits der Gebirgsbarriere (von Konstantinopel/Istanbul aus gesehen).

Die Nord-Süd-Erstreckung des Landes ist mit etwa 800 km ebenso groß wie die West-Ost-Erstreckung. So entspricht jene etwa der von der Elbmündung bis zum Alpenrand, diese der von Aachen nach Breslau. Der nördlichste Punkt liegt in Thrakien im Nomos Evros, der südlichste auf der Insel Gavdos vor der Südküste Kretas. Am weitesten nach Westen vorgeschoben ist die kleine, bewohnte Insel Othonoi (ihren Namen erhielt sie nach dem ersten griechischen König Otto) westlich von Kerkyra, am weitesten nach Osten die zur Gruppe der Inseln Kastellorizon (Megisti) und Ro gehörende, heute unbewohnte Insel Strongyli östlich von Rhodos vor der türkischen Stadt Kaş. Griechenland liegt damit so östlich wie Ostpolen und Westrußland.

Die Kartendarstellungen und die Form des Mittelmeerbeckens verschleiern auch meist, daß das südliche Griechenland bereits auf der geographischen Breite des nördlichen Tunesiens liegt: Sparta (ngr. Sparti) auf dem Peloponnes auf der Breite von Tunis, die Insel Kreta auf der von Sfax.

Mit einer Landfläche (incl. Binnengewässer) von 131 957 qkm (Stat. Jb. 1984) ist Griechenland mehr als halb so groß wie die Bundesrepublik Deutschland oder Großbritannien und beträchtlich größer als Portugal (91 641 qkm), die Republik Irland (70 280 qkm) oder Dänemark (43 169 qkm). Der ungeliebte und in vielem doch so ähnliche Nachbar im Osten, die Türkei, verfügt dagegen über ein fast sechsmal so großes Territorium wie Griechenland.

Von der Gesamtfläche Griechenlands entfallen etwas über 25 000 qkm (= 19 % der Gesamtfläche) auf Inseln. Bis auf Imbros (Imroz) und Tenedos (Bozca ada) vor dem Eingang der Dardanellen gehören alle bewohnten Inseln im Ägäischen Meer zu Griechenland. Bezöge man in die Fläche das die Inseln verbindende Ägäische Meer mit einer Flächenausdehnung von 179 000 qkm in die Staatsfläche ein, so würde diese die der Bundesrepublik (ca. 248 000 qkm) und Großbritanniens (ca. 244 000 qkm) wesentlich überschreiten. Griechenland grenzt mit seiner Landfläche im Norden an Albanien (247 km Grenzlänge), Jugoslawien (246 km), Bulgarien (475 km) und die Türkei (203 km). In den übrigen Teilen ist es vom Meer umgeben. Grenzprobleme gibt es allerdings auch im Bereich des Ägäischen Meeres. Politischen Konfliktstoff liefert v. a. das Nutzungsrecht des Schelfs, d. h. des weniger als 200 m tiefen untermeerischen Festlandsockels (vgl. E. Franz 1974, W.-D. Hütteroth 1982, S. 73 f.) und die Frage der Lufthoheit (s. Kap. 9.5).

Die Grenzen sind das Produkt einer historischen Entwicklung, die mit dem Befreiungskampf 1821 ihren Anfang nahm. Die letzten Grenzveränderungen erfolgten nach dem Zweiten Weltkrieg, als 1947 der Dodekanes, der bis dahin unter italienischer Herrschaft stand, zu Griechenland kam.

Das Land ist administrativ in 10 Regionen gegliedert, die ihrerseits in 51 Distrikte (Nomoi) untergliedert sind, an deren Spitze ein Nomarch steht. Nur die Region Groß-Athen (periferia protevousis) weist diese Untergliederung nicht auf. Die Athos-Halbinsel bildet eine gesonderte Einheit.

Die Flächengröße der Nomoi schwankt stark. Sie liegt zwischen 5733 qkm (Kozani) und 406 qkm (Insel Zakynthos). Eine noch größere Spanne zeigt die Einwohnerzahl: Besaß der Nomos Levkas 1981 nur knapp 22000 Einwohner, so der Nomos Thessaloniki fast 900000, Athen über 3 Mio. Die kleinsten Verwaltungseinheiten bilden die Gemeinden. Auch deren Flächenumfang und Einwohnerzahl sind sehr unterschiedlich. Die Statistik unterscheidet zwischen Stadtgemeinden (dimoi) und Landgemeinden (koinotites).

Die Verwaltungseinheiten sind von sozialer Bedeutung, da sie vielfach zugleich zentralörtliche Bereiche bilden mit sozialen Infrastrukturangeboten und dem Nomoshauptort als zentralem Ort und Verwaltungszentrum. Die Verwaltungsgliederung strukturiert so auch den Erfahrungsbereich der Bewohner (vgl. L 692, S. 133).

Die Deckungsgleichheit muß allerdings nicht bestehen. Sie wird v. a. in der Nähe der Agglomerationen durchbrochen. Auch die Verteilung zentralörtlicher Funktionen auf mehrere gleichrangige Orte innerhalb eines Nomos kommt vor, wie im Fall des Nomos Evros, was eine administrative Teilung des Nomos nahelegen würde (vgl. L 11, Abb. 8 und 9, S. 60f.).

Die Eparchien als Zwischenglied zwischen Gemeinden und Nomoi bilden lediglich statistische Einheiten ohne spezifische Verwaltungsbefugnisse.

Das zentralistische Verwaltungssystem bedingt eine direkte Unterstellung der Nomarchien unter die Athener Zentralverwaltung und sehr eingeschränkte Entscheidungsbefugnisse von Nomarchen und Kommunalverwaltungen, Fakten, die die Entwicklung der regionalen Strukturen in Griechenland wesentlich beeinflußt haben.

Seit dem 11. 6. 1975 ist Griechenland eine parlamentarische Republik mit stark präsidialen Zügen.

2. BEVÖLKERUNG UND GESELLSCHAFT

2.1 Sprache, Kultur und Religion der Griechen

Jedem, der Griechenland intensiv bereist, werden bei aller Verschiedenheit der Landschaften, der Siedlungen und der Menschen, die ihm von Thrakien bis Kreta, vom Epirus bis zum Dodekanes begegnen, doch Ähnlichkeiten auffallen, die er als allgemein oder typisch griechisch zu bezeichnen geneigt ist.

Da ist zuerst die *Sprache* zu nennen, die von den Griechenland bewohnenden Menschen gesprochen wird (zu den – zahlenmäßig unbedeutenden – nichtgriechischen Volksgruppen vgl. Kap. 2.3), da sind aber auch mit der historischen Entwicklung überkommene kulturelle Elemente, die alle Teile Griechenlands verbinden (ungeachtet regionaler Sonderheiten), wie die Volksmusik, die Tänze oder die griechische Küche, Elemente, die heute durch griechische Restaurants im Ausland, Film und Funk „exportiert" werden und ihre Verbreitung durch für Griechenland begeisterte Touristen finden.

Die Griechen nennen sich selbst *Hellenen* (Ellines), eine seit dem 7. Jh. v. Chr. gebrauchte Bezeichnung, ihr Land Hellas (Ellas, Ellada), ihre Sprache Elliniki glossa. In den Zeiten des Byzantinischen Reiches nannten sie sich auch „Romaioi" (Römer, s. L 482, S. 5).

Das deutsche Wort „Griechen" leitet sich vom lat. Graeci her, womit die Römer zuerst einige griechische Volksgruppen Süditaliens bezeichneten.

Die griechische Sprache bildet einen eigenen Zweig der indogermanischen Sprachfamilie ohne nähere Verwandte unter den heutigen indogermanischen Sprachen. Die griechische Schrift, älteste der noch lebendigen europäischen Schriftarten, entwickelte sich aus der phönizischen Schrift. Aus ihr entstanden alle Schriftzeichen europäischer Sprachen.

Das Altgriechische hatte mehrere Dialekte: das Achäische, Äolische, Dorische, Ionische und Attische. Seit dem 4. Jh. v. Chr. bildete sich aus ihnen eine Gemeinsprache, die Koiné, die als Standardsprache und Verkehrssprache im östlichen Mittelmeerraum und Vorderen Orient bis nach Afghanistan gebraucht wurde und auch die Sprache des Neuen Testaments ist. Neben ihr pflegte man aber das klassische Attisch als Bildungssprache. Es wurde offizielle Sprache des Byzantinischen Reiches und der Staatskirche. Damit bestand ein *Sprachdualismus* bereits in der Antike und seit Anfang des Byzantinischen Reiches. Alle offiziellen und öffentlichen Verlautbarungen unterlagen sprachlichen Gesetzen, deren Richtschnur das antike Attisch war. Die gesprochene und in der Volksdichtung gebrauchte Sprache wurde bis ins späte Mittelalter nicht aufgezeichnet.

Der Sprachdualismus, der Ausdruck auch sozialer Gegensätze ist, setzte sich im neuen Griechenland fort. Er führte zu einem erbitterten Sprachenstreit, als man nach Gründung des Staates die „katharevousa" (= die reine Sprache, Bildungssprache) zur offiziellen Staatssprache erhob und nicht die „dimotiki" (= Volkssprache). Die – von Philhellenen außerhalb des Landes unterstützte – Entscheidung für die „katharevousa" als Staatssprache drückt die bewußte Anknüpfung des neuen Staates an das antike Griechenland und an Byzanz aus. Die künstliche sprachliche Kontinuität zum Altgriechischen sollte nationale Kontinuität demonstrieren (L 306, S. 457). Erst von dem Pädagogen DELMOUSOS wurde unter der Regierung Venizelos 1917–20 die „dimotiki" als offizielle Sprache in den Anfangsklassen der Grundschulen eingeführt. Die Kleinasienkatastrophe von 1922 und das Ende des Traumes von einem Großgriechenland als Nachfolgerin des Byzantinischen Reiches entzog der „katharevousa" wesentliche Grundlagen (vgl. H. EIDENEIER in L 265, S. 271), so daß sich die „dimotiki" in Presse und Literatur allmählich immer mehr durchsetzen konnte. Heute ist die Zweisprachigkeit weitgehend überwunden. Zahlreiche Elemente der „katharevousa" haben Eingang in die Schriftsprache, v. a. die wissenschaftliche Literatur, gefunden. Die Verfassung von 1975 entspricht dieser Entwicklung insofern, als sie keine Festlegung mehr auf eine bestimmte Sprachform enthält (womit die „katharevousa" als offizielle Staatssprache abgeschafft ist).

Gesprochen wird Griechisch heute nicht nur von in Griechenland lebenden Menschen, sondern darüber hinaus von etwa einer halben Million Zyprioten, mehreren hunderttausend in der Diaspora in der Türkei (v. a. Istanbul), im Vorderen Orient, in Ägypten, im Sudan und anderen Ländern Afrikas lebenden sowie mehreren Millionen nach Amerika, Australien und Neuseeland (ca. 700 000 nach Spotlight 40, 1986) und in die Bundesrepublik ausgewanderten Griechen.

Griechenland hat in der Neuzeit eine Fülle von bedeutenden Leistungen auf dem Gebiet der Literatur, Musik, Malerei, bildenden Kunst und Architektur hervorgebracht (vgl. L. 549). Die Beschäftigung mit Literatur ist selbstverständlicher Teil im Alltagsleben der gebildeten Griechen. Für viele gehört auch das Schreiben von Prosa oder Lyrik dazu (wie im alten und neuen China!).

Trotz unverkennbarer Beeinflussung durch das westliche Europa erlangten Kunst und Literatur eine unverwechselbare Eigenständigkeit, die u. a. aus der Verbindung von überkommener Volkskultur, Rückbesinnung auf die Antike und Byzanz und der o. g. Einflüsse beruht. Zwei Nobelpreisträger für Literatur belegen die mittlerweile auch hohe internationale Anerkennung der neugriechischen Kultur.

Die griechische *Volksmusik* hat neben slavischen und westlich-abendländischen Elementen viele Gemeinsamkeiten mit der orientalisch-islamischen Musik. Typisch für sie sind u. a. Intervalle, die kleiner sind als Halbtöne und die der Musik eine dem Westeuropäer ungewohnte Färbung verleihen. Das gleiche gilt für die Melodieführung und vieles andere (zu Musik vgl. D. THEMELIS in L 265, S. 219f.).

Bestimmte Eigenheiten gehen vermutlich bereits auf die Antike zurück, die ihrerseits durch Wechselbeziehungen zwischen Orient und Okzident geprägt war. Mehr noch dürften die Gemeinsamkeiten mit der orientalisch-islamischen Musik allerdings auf die lange Zeit der türkischen Herrschaft und auf die engen Kontakte, die zuvor Byzanz mit dem orientalischen Kulturkreis hatte, zurückgehen. So lassen sich auch die Ähnlichkeiten der griechischen mit der balkanischen Musik erklären. Gleiches gilt für die verwendeten Musikinstrumente. Die neugriechische Kunstmusik bezieht wesentliche Kräfte aus der Volksmusik, aber auch der byzantinischen Kirchenmusik, der einzigen griechischen Kunstmusik vor Beginn des neuen Griechenlands. Eine andere, an der italienischen Musik orientierte Musiktradition entwickelte sich auf den – zu keiner Zeit zum Osmanischen Reich gehörenden – Ionischen Inseln. Von dem auf Korfu 1795 geborenen und dort im Alter von fast 100 Jahren (1893) verstorbenen Komponisten NIKOLAOS MANTZAROS stammt auch die Musik der griechischen Nationalhymne (L 249, S. 107f.).

Eng mit der Musik verbunden ist der *Tanz* (vgl. dazu W. SCHIEL in L 265, S. 220ff.). Die meisten Tänze sind Reigentänze (sirtos, pl. sirtoi) mit vielen regionalen Ausprägungen. In allen Gegenden Griechenlands wird heute der Kalamatianos getanzt, dessen 7/8-Rhythmus nach dem Musikwissenschaftler GEORGIADES (s. THEMELIS in L 265, S. 220) bereits auf die Antike zurückgeht. Weit verbreitet ist auch der Tsamikos, ursprünglich ein – auch „kleftikos" genannter – Kriegstanz. Der bei uns – v. a. durch den Film „Alexis Sorbas" – unter dem Namen Syrtaki bekannt gewordene Tanz ist eine moderne „künstliche" Form des Reigentanzes, die sich aus Elementen verschiedener Tänze zusammensetzt. Flüchtlinge aus Kleinasien brachten die pontischen Tänze aus dem Schwarzmeergebiet (Pontos) mit nach Griechenland, die v. a. in Makedonien und Thrakien, in den Ansiedlungen der Flüchtlinge, gepflegt werden. Sind Volkstanz und Volksmusik in allen Teilen Griechenlands lebendig, in den Städten in spezifischer, v. a. durch das Rembetiko beeinflußter Form (zu Rembetiko und Bousouki s. S. PORICHIS in L 265, S. 231ff.), so werden Volkstrachten, wenn man von den Wachsoldaten (Evzonen) vor einigen Regierungsgebäuden in Athen einmal absieht, praktisch nur noch von Folkloregruppen (und meist zu touristischen Zwecken) getragen.

Griechische Musik und griechischer Tanz bewiesen eine erstaunliche Resistenz gegen westlich-amerikanische Einflüsse. Ohne Zweifel gehen manche

Eigenschaften der griechischen Kultur noch auf die Antike zurück, ohne daß es im einzelnen immer nachzuweisen sein wird.

Das gilt auch für *anthropologische* Eigenschaften der Griechen. Mit der – letztlich vollkommen unerheblichen – Frage, wieweit sich althellenische Eigenschaften unvermischt erhalten haben, und der These, im heutigen christlichen Griechen flösse kein Tropfen ungemischten hellenischen Blutes mehr, hatte JACOB PHILIPP FALLMERAYER in der Vorrede zu einer Geschichte der Halbinsel Morea (1830–36) den Zorn der Griechen und vieler Philhellenen auf sich gezogen und zu Gegenthesen provoziert (vgl. dazu die lesenswerte Philippika von K. MENDELSSOHN-BARTHOLDY 1870, 1, S. 32ff.).

Die Tsakonen im östlichen Peloponnes und die Sfakioten auf Kreta gelten heute als die reinsten Vertreter griechischen Volkstums.

Eng mit der griechischen Kultur verbunden ist die *christlich-orthodoxe Religion.* 97% aller griechischen Staatsangehörigen gehören der orthodoxen Kirche (Ostkirche) an. Sie zeichnet sich gegenüber der katholischen Kirche und den von ihr abgespaltenen protestantischen Kirchen (Westkirche) durch eine Reihe von Eigenheiten aus, die Leben und Kultur der Griechen zutiefst beeinflußt haben (zum Wesen der Ostkirche vgl. E. BENZ 1957).

Die orthodoxe Kirche versteht sich als alleinige Fortführerin der urchristlichen Kirche, von der sich 1054 (nach langer Vorgeschichte) die Westkirche abspaltete. Quelle und Richtschnur von Glauben und Lehre sind Bibel und kirchliche Tradition. Letztere besteht in den dogmatischen Entscheidungen der ökumenischen Konzile, deren letztes 787 stattfand, und der Lehre der Kirchenväter. Anders als in der Westkirche wird v. a. die Erlösung und Verklärung des Menschen hervorgehoben, dessen Natur als mit der göttlichen verwandt angesehen wird. In der Vorstellung von der Gottgleichheit bzw. Göttlichkeit des Menschen leben zweifellos antike Vorstellungen fort. Die Orthodoxie („Rechtgläubigkeit") verbindet sich mit einem Festhalten an dem überkommenen Kultus. Dies drückt sich u. a. in der Ikonenmalerei aus, die mit nur geringen Veränderungen immer wieder die alten Formen reproduziert, die als Urformen und wahre Abbilder verstanden werden.

Glaubenslehre und kirchliche Tradition führten zu einem von der Westkirche grundverschiedenen Verständnis von christlichem Leben und Handeln. Während sich in der westlich-abendländischen Kirche ein aktives, soziales Christentum entwickelte, blieb das orthodoxe Christentum sozial eher passiv. Die Klöster entstanden in abgelegenen Gegenden, die Mönche lebten und leben weltabgewandt dem Gebet und der Kontemplation (zum byzantinischen Mönchtum vgl. L 327, S. 109ff.). Aufgaben im karitativen und schulischen Bereich nehmen sie im allgemeinen nicht wahr.

Als Fortsetzung des urchristlichen Ideals von Gütergemeinschaft, Armut und Ehelosigkeit sieht das orthodoxe Mönchtum seine wesentlichen Aufgaben in Meditation und Gebet. In der Verbindung von Askese und Mystik entspricht es daher eher den hinduistischen und buddhistischen Mönchsgemeinschaften als dem römisch-katholischen Mönchtum. Dieses machte eine doppelte Sonderentwicklung insofern durch als einerseits durch Klerikalisierung die Mönche stärker der kirchlichen Ordnung unterstellt und in die kirchlich-sakramentalen Aufgaben einbezogen wurden (orthodoxe Mönche sind dagegen, bis auf wenige Priester je Kloster, Laien), andererseits die Mönche bei funktioneller Aufteilung unter die verschiedenen Orden zu „Hilfstruppen" der Kirche in den verschiedensten Bereichen, wie Mission, Sozialfürsorge und Wissenschaft wurden.

Kirche und Staat sind in Griechenland traditionell auf das engste verknüpft (dazu H.-J. Axt in L 265 1985, S. 97ff.). Die enge Verbindung ist auch in der Verfassung von 1975 nach wie vor verankert. Nach ihr sorgt der Staat für Bestehen und Schutz der Kirche. Alle hauptamtlich in der Kirche tätigen Personen werden vom griechischen Staat bezahlt (Kirchensteuer gibt es nicht). Wie eng die Verbindung von Kirche und Staat ist, zeigte sich immer in politischen Konfliktsituationen, in denen die Kirche sich meist schnell auf die Seite des Stärkeren stellte (so auch während der Militärdiktatur 1967–74). Hat die Kirche im griechischen Alltag auch an Bedeutung verloren und kümmern sich v. a. in den Städten die Menschen – zumindest äußerlich – nur noch wenig um kirchliche Normen und Gebote, so blieb ihr Einfluß doch stark. So konnte sich die Pa.So.K. weder in der Zivilehe, die 1981 als gleichberechtigt *neben* der kirchlichen Trauung (nicht als einzig gültige Form) eingeführt wurde, noch etwa in der Abtreibungsfrage gegen die Kirche durchsetzen.

Anders als die katholische Kirche ist die orthodoxe Kirche nicht zentral organisiert, sondern besteht aus einzelnen autokephalen (autonomen) Kirchen, die in Patriarchaten und Landeskirchen verbunden sind. 1834 proklamierte sich die griechische Kirche zur autokephalen, unabhängigen Kirche, was vom orthodoxen Rußland und v. a. vom Patriarchat in Konstantinopel als Provokation aufgefaßt wurde. Nach langen Verhandlungen erkannte 1850 das Ökumenische Patriarchat in Konstantinopel die griechische Kirche als autokephale Kirche an (L 648, S. 137). Allein die Mönchsrepublik Athos und die Bistümer Kretas und des Dodekanes (der erst 1947 zu Griechenland kam) erhielten einen besonderen Status und unterstehen direkt dem ökumenischen Patriarchat von Konstantinopel.

Einheitlichkeit von Glaube und kirchlicher Tradition verleiht der Kulturlandschaft in allen Teilen des Landes ähnliche Züge durch die mit Bildern aus der Heilsgeschichte bis in den letzten Winkel ausgemalten byzantinischen Kirchen, die heute noch in traditionellem Stil (wenn auch unter Verwendung von Beton) gebaut werden, die an den Straßenrändern (besonders an gefährlichen Kurven) stehenden Tabernakel oder die mit schwarzer Soutane und schwarzer Kopfbedeckung auf einem Maultier reitenden, im Kafenion sitzenden oder langsam durch das Dorf schlendernden bärtigen Papades. Die kirchlichen Feste, allen voran das Osterfest, spielen – bei aller Verweltlichung, die auch Griechenland erfaßt hat – im Leben der Menschen in allen Teilen des Landes eine große Rolle.

Nur eine kleine Minderheit der Bevölkerung bekennt sich in Griechenland zu anderen Religionen (vgl. F. HEYER in L 218, S. 446ff.). Unter ihnen bilden Muslime die zahlenmäßig größte Gruppe. Als Türken und Pomaken (vgl. dazu Kap. 2.3) leben sie v. a. in den zu Griechisch-Thrakien gehörenden Nomoi Rodopi und Xanthi, wenige auch auf dem Dodekanes (v. a. Rhodos). Die Muslime Thrakiens waren 1922 als Kompensation für die in Istanbul verbleibenden Griechen vom Bevölkerungsaustausch verschont geblieben.

Einige Katholiken (ca. 42000) leben als Erben des venezianischen und genuesischen Einflusses auf ägäischen Inseln, so auf Naxos, Syros (vgl. L 164, S. 45f.) und der orthodoxen Wallfahrtsinsel Tinos, sowie als in die Hauptstadt verzogene Inselbewohner in Athen; noch weniger Protestanten (ca. 15000), v. a. in Athen, Katerini, wo sich nach 1922 protestantische Flüchtlinge ansiedelten, und Thessaloniki. Von den wenigen Zeugen Jehovas erfährt man gelegentlich aus Zeitungsberichten anläßlich von Prozessen gegen sie als Kriegsdienstverweigerer.

Die Juden, die bis zum Krieg v. a. in Thessaloniki, wo 50000–60000 v. a. sephardische (spanische) Juden lebten (zur Geschichte der Juden in Thessaloniki vgl. CH. SCHUMACHER in L 265, S. 63ff.), in Rhodos (vgl. L 164, S. 48f.) und anderen Orten einen bedeutsamen Bevölkerungsteil ausmachten, wurden durch die nationalsozialistische Vernichtungsaktion auf wenige tausend reduziert. Sie leben heute v. a. in Athen (ca. 4000) und Thessaloniki (ca. 1100).

Zweifellos kommt der Kirche große Bedeutung für die Erhaltung der griechischen Kultur und der nationalen Identität in der Zeit der Türkenherrschaft zu. Welche Bedeutung sie aber für die materielle, sozioökonomische Entwicklung des neuen Griechenlands hat – eine Frage, die MAX WEBER in seiner Abhandlung „Die protestantische Ethik und der Geist des Kapitalismus" (1904–06) für die protestantische Kirche zu beantworten suchte –, ist wohl kaum eindeutig beantwortbar. Sicher verdankt ihr Griechenland bei aller Beeinflussung von außen und der großen Zahl außerhalb der Landesgrenzen lebenden Griechen ein wesentliches Stück seiner nationalen Identität.

Damit sind wir bei einer weiteren, schwer zu beantwortenden Frage, nämlich der, ob es so etwas wie einen griechischen *Nationalcharakter* gibt. Spontan fallen einem eine Reihe von Eigenschaften ein, die man als „typisch griechisch" ansieht: so die besondere Gestik der Griechen im Gespräch, ihre Emotionalität in der Politik, die heute Gruppen, Kommunen, ja die ganze Gesellschaft in „Linke" und „Rechte" zu spalten scheint, ihre so gerühmte „filoxenia", die den Griechen im Gast immer zuerst den Mitmenschen und nicht den Vertreter einer Institution oder Nation sehen läßt, die Gastfreundschaft, die der Griechenlandreisende dankbar genießt und deren Fehlen er in seinem eigenen Land um so schmerzlicher empfindet, oder ihr (National-) Stolz und ihre Heimatliebe und -verbundenheit, die sich u. a. darin ausdrücken, daß ein viel größerer Anteil von nach Amerika ausgewanderten Griechen in ihre Heimat zurückkehrt, als es etwa Deutsche tun (was allerdings auch an größeren Assimilationsschwierigkeiten der Griechen liegen kann).

Man wird für diese Eigenschaften viele Beispiele finden, aber auch viele Gegenbeispiele, die jene als Klischees entlarven, und man wird sie oft materiell erklären können, womit sie den Charakter von gewissermaßen angeborenen Eigenschaften verlieren. Jedenfalls möchte der Verfasser keinesfalls etwa von einem „Wandertrieb" der Griechen sprechen, wie es in der Brockhaus-Enzyklopädie (Wiesbaden 7, 1967, S. 612) unter dem Stichwort „Griechenland, Nationalcharakter" getan wird. Trotz der Einwände bedingen historische Entwicklung, physische und soziale Umwelt, Sprache, Kultur und Religion sicher, daß spezifische Eigenschaften wie die o. g. bei ihnen besonders hervortreten, die dann als „Nationalcharakter" bezeichnet werden könnten.

2.2 Bevölkerungsstruktur und Bevölkerungsentwicklung

2.2.1 Bevölkerungsentwicklung 1821–1981

Griechenland besaß nach den Ergebnissen der letzten Volkszählung 1981 9,7 Mio. Einwohner, was auf die Gesamtfläche des Landes bezogen eine Einwohnerdichte von 75 E/qkm ergibt. Seit der politischen Anerkennung des neuen Staates 1830 erlebte das Land eine beträchtliche Erweiterung seiner Fläche und Einwohnerzahl (s. Tab. 2).

Die erste Bevölkerungszählung 1828 ergab eine Einwohnerzahl von etwa einer dreiviertel Million in den damaligen Grenzen des Landes. Die für 1821 angegebene Zahl beruht auf Schätzungen (Ronneberger 1980, S. 377). Die Bevölkerungsverluste gegenüber 1821 resultieren aus der Abwanderung von Türken (allein auf dem Peloponnes lebten etwa 90000) und aus Kriegsverlusten.

Die Entwicklung bis 1821 verlief einigermaßen stetig, wenn auch keineswegs ganz gleichmäßig (was möglicherweise Folge von Ungenauigkeiten bei den Zählungen ist). Der sprunghafte Anstieg zwischen 1861 und 1870 beruht auf der Eingliederung der volkreichen Ionischen Inseln (ca. 230000 E) 1864, der zwischen 1879 und 1889 auf der Eingliederung Thessaliens und des südlichen Epirus um Arta (ca. 345000 E) in das Staatsgebiet. 1897 führten Grenzkorrekturen nur zu einer geringfügigen Verminderung der Staatsfläche und Bevölkerung.

Tab. 2: Bevölkerungsentwicklung und Gebietserweiterungen Griechenlands seit 1821

Volks-zählg. Jahr	E-Zahl	prozen-tuale Zunahme	Gr. d. Staats-geb. km²	Bevölk. dichte E/km²	Erweiterungen des Staatsgebietes
1821	938765		47516	19,76	
1826					Peloponnes
1828	753400	−19,75		15,86	
1830					+ Kykladen, Mittelgrld. Acheloos-Lamia, Euböa, N-Sporaden
1832					+ Mittelgrld. Golf v. Amvrakia – Golf v. Volos
1838	752077	− 0,18	47516	15,83	
1839	823773	+ 9,53		17,34	
1840	850246	+ 3,21		17,89	
1845	960236	3,22		20,21	
1853	1035527	4,95		21,79	
1861	1096810	3,22		23,08	
1864			50211		+ Ion. Inseln mit Kythira
1870	1457894	32,9		29,04	
1879	1679470	15,2		33,45	
1881			63606		+ Thessalien, Arta
1889	2187208	30,2		34,39	
1896	2433806	11,3		38,26	
1897			63211		– Teil v. Thessalien
1907	2631952	8,1		41,64	
1913			120881		+ Makedonien, Epirus, Kreta, ägäische Inseln
1919			129281		+ W-Thrakien
1920	5531474	110,2	150176	36,83	+ O-Thrakien, Imbros, Tenedos
	5021790			38,8	ohne O-Thrakien, Imbros, Tenedos
1923			129281		– O-Thrakien, Imbros, Tenedos
1928	6204684	12,2		47,99	
1940	7344860	18,4		56,81	
1947			131944		+ Dodekanes
1951	7632801	3,9		57,85	
1961	8388553	9,9		63,57	
1971	8768641	4,5		66,5	
1981	9740417	11,1		73,8	

Quelle: Stat. Jb. 1984, S. 15, Banco 1976, S. 60.

Zwischen 1907 und 1920 wuchs die Bevölkerung des Landes um fast das Doppelte von 2,63 Mio. auf 5,02 Mio., bedingt nicht nur durch natürliches Wachstum, sondern v. a. durch die Eingliederung Kretas, des größten Teiles von Epirus, Makedoniens, der ostägäischen Inseln und kurzfristig von Ost-Thrakien, Imbros und Tenedos.

Flüchtlinge und Aussiedler aus Kleinasien und anderen Gebieten der Türkei nach der Katastrophe von 1922 ließen die Bevölkerung bis 1928 erneut stark ansteigen. Von insgesamt ca. 1,35 Mio. zugewanderten Griechen müssen ca. 600000 aus Griechenland ausgesiedelte Türken und Bulgaren abgezogen werden, so daß sich ein Nettozuwachs von ca. 750000 Menschen ergibt.

Zwischen 1940 und 1951 stieg die Bevölkerungszahl trotz immer noch hoher und kurzfristig sogar ansteigender Geburtenrate nur gering. Der mit der Eingliederung des Dodekanes 1947 in den griechischen Staat verbundene Bevölkerungszuwachs konnte die Kriegsverluste nicht kompensieren. Zweiter Weltkrieg und Bürgerkrieg haben nicht nur Hunderttausende von Toten durch unmittelbare Kriegshandlungen, Hunger und Konzentrationslager gefordert und zur Aussiedlung, Verschleppung von Kindern (paidomazoma) und Flucht kommunistischer Widerstandskämpfer in sozialistische Staaten geführt, sondern zugleich die natürliche Bevölkerungsentwicklung nachhaltig beeinflußt. Der nur schwache Anstieg der Einwohnerzahl zwischen 1961 und 1971 und der sehr starke zwischen 1971 und 1981 (11,1 %!) dürften v. a. mit der Emigration und Remigration von Gastarbeitern zu erklären sein.

2.2.2 Bevölkerungsverteilung

Der mittlere Dichtewert von 75 E/qkm verbirgt, daß die Bevölkerungsverteilung innerhalb des Landes sehr ungleich ist. Über zwei Drittel der griechischen Bevölkerung lebten 1981 in Höhen unter 100 m in den Becken, Küstenebenen, Küstenhöfen und Tälern, ca. 21 % im Hügelland und den Übergangsbereichen zwischen Ebene und Gebirge unter 600 m Höhe, nur knappe 10 % im Gebirge in Höhen über 600 m (s. Stat. Jb. 1984, S. 23). Auch hier besteht die Tendenz einer Verschiebung zugunsten der Bereiche unter 100 m, die in vielerlei Hinsicht unter den gegenwärtigen sozioökonomischen Bedingungen günstigere Lebensmöglichkeiten bieten. Die physischen Bedingungen wirken so direkt und indirekt auf die Bevölkerungsverteilung.

Becken, Ebenen und Küstenbereiche boten nicht immer die günstigsten Lebensbedingungen. Der Zerfall staatlicher Gewalt in byzantinischer Zeit und zunehmende Unsicherheit der Bevölkerung durch räuberische Banden und durchziehende Heere, später der Druck der türkischen Grundherren führten zu Abdrängung und Rückzug großer Teile der Bevölkerung aus den fruchtbaren Becken und Ebenen in die Gebirge,

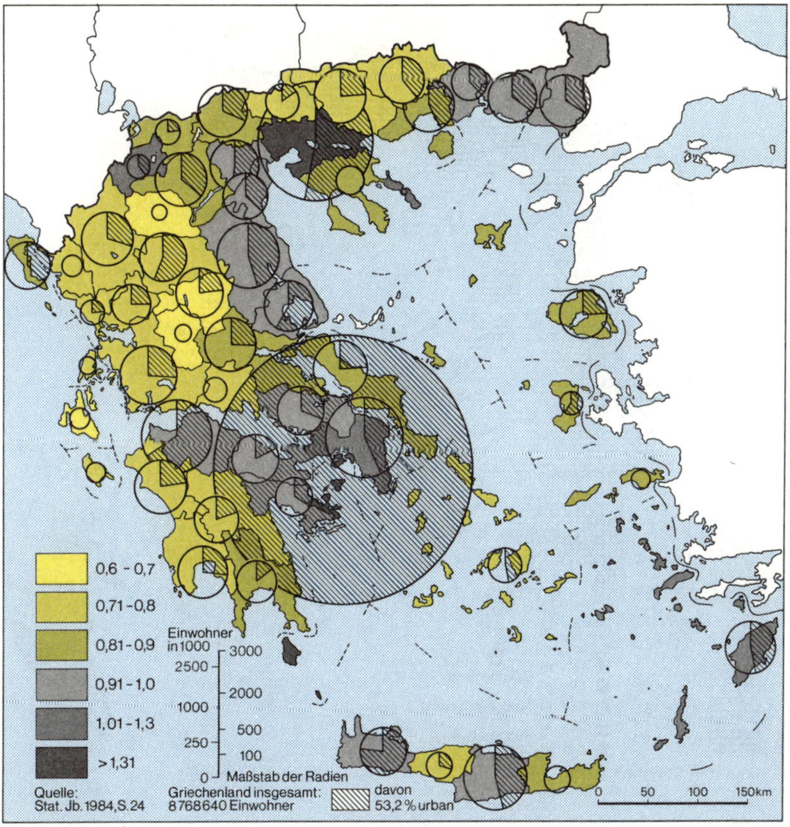

Abb. 2: Bevölkerungsverteilung 1981 (Kreisdiagramme) und De-facto-/De-jure-Bevölkerung 1981.

wo sich über Jahrhunderte die Bevölkerung bis an die Grenzen der Tragfähigkeit verdichtete. Kulturlandschaftsverfall mit Versumpfung ehemals nutzbarer Flächen, Ausbreitung der Malaria, Verfall aller Infrastruktur und anderem als Folge davon machten eine Wiederbesiedelung nach Fortfall der Gründe für die einstige Aufgabe sehr schwer und oft erst in diesem Jahrhundert möglich, was die bis in die jüngste Vergangenheit bestehende, z. T. sehr dichte Besiedlung einzelner Gebirgsräume erklärt (vgl. u. a. L 327, S. 120f.).

Die Unterschiede in der Bevölkerungsverteilung lassen sich jedoch nicht nur mit der unterschiedlichen Landesnatur erklären. Wirtschaftsräumliche Disparitäten mit der Folge umfangreicher Wanderungsströme spielen ebenfalls eine wesentliche Rolle. Die Differenzen zwischen *De-facto-Bevölkerung* (d. h. der zum Zeitpunkt der Zählung in einer Gemeinde anwesenden Bevöl-

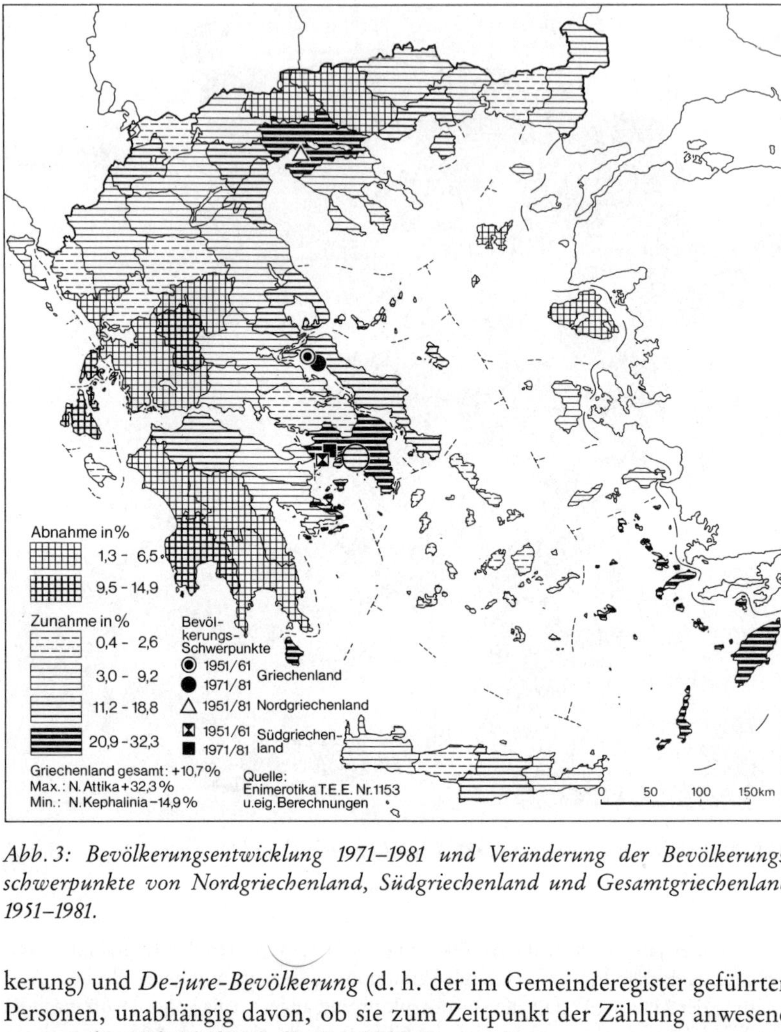

Abb. 3: Bevölkerungsentwicklung 1971–1981 und Veränderung der Bevölkerungsschwerpunkte von Nordgriechenland, Südgriechenland und Gesamtgriechenland 1951–1981.

kerung) und *De-jure-Bevölkerung* (d. h. der im Gemeinderegister geführten Personen, unabhängig davon, ob sie zum Zeitpunkt der Zählung anwesend waren oder nicht) belegen dies (s. Abb. 2).

Die Entwicklung der Bevölkerungsverteilung in den Dekaden 1951–61 und 1961–71 ist gekennzeichnet durch eine rapide *Konzentration der Bevölkerung* in den Ballungszentren Athen und Thessaloniki, in denen heute beinahe die Hälfte der gesamten Bevölkerung lebt. Sie ist Ausdruck der wachsenden wirtschaftlichen Ungleichgewichte innerhalb des Landes (vgl. Tab. A3). Der *Bevölkerungsschwerpunkt,* das gewichtete arithmetische Mittelzentrum, verschiebt sich zusehends in Richtung auf Athen (s. Abb. 3).

Die auf Binnenwanderung beruhende Ballung drückt sich auch in der räumlichen Verteilung demographischer Strukturmerkmale aus (vgl. Kap. 2.2.4).

Die Karte der Bevölkerungsentwicklung für 1971–81 (Abb. 3) zeigt gegenüber den vorangehenden Jahrzehnten eine ausgeglichenere Entwicklung: In vielen Nomoi, die bis dahin eine negative Bevölkerungsentwicklung verzeichnet hatten, schlägt die Entwicklung in dieser Dekade in eine positive um. Das gilt insbesondere für die Regionen Epirus, Makedonien (mit Ausnahme der Bezirke Drama und Serrai), Thrakien und die Insel Kreta. Die Gründe dafür müssen v. a. in der Rückwanderung vieler Gastarbeiter (s. Kap. 6.2.3) in ihre Heimatbezirke gesucht werden. Die überdurchschnittlich positive Bevölkerungsentwicklung des Dodekanes resultiert aus der vom Tourismus getragenen günstigen wirtschaftlichen Entwicklung der Inseln Rhodos und Kos.

Die auf die Nomoi bezogenen Mittelwerte verschleiern allerdings häufig, daß die Entwicklung innerhalb der Nomoi sehr unterschiedlich verläuft.

Das gilt nicht nur für den Dodekanes, wo Karpathos z. B. gravierende Verluste im Dezennium 1971–81 aufwies, oder die Kykladen, wo wenigen Inseln mit Bevölkerungswachstum (z. B. Mykonos) viele mit mehr oder weniger großen Verlusten gegenüberstehen. Schönes Beispiel ist auch die zum Nomos Attika gehörende Insel Kythira vor der Südspitze des Peloponnes, die nach der Karte (Abb. 3) ein starkes Bevölkerungswachstum, de facto jedoch hohe Bevölkerungsverluste zu verzeichnen hatte.

Für die Festlandsbezirke gilt generell, daß sich das Wachstum im allgemeinen auf die größeren und günstiger gelegenen Siedlungen konzentriert. Verf. zeigte (1976, S. 57) enge Korrelationen zwischen Siedlungsgröße und Bevölkerungsentwicklung in Elis auf.

2.2.3 Demographische Struktur

Die Bevölkerung Griechenlands besitzt Strukturmerkmale, die denen westeuropäischer Industrieländer in vielem ähnlich sind, sich in einigen Punkten jedoch auch noch deutlich von ihnen unterscheiden.

Die „Bevölkerungspyramide“ (Abb. 4) zeigt annähernd Glockenform. Ihre Basis ist im Vergleich mit der der Bundesrepublik, deren Bevölkerungsaufbau bereits Urnenform hat, breiter, im Vergleich mit der von typischen Entwicklungsländern viel schmaler. Eine Tendenz zur Urnenform deutet sich an. Der *Altersaufbau* gleicht mit weniger als 30 % Jugendlichen unter 15 Jahren dem der meisten europäischen Länder (z. B. Italien, Tschechoslowakei, Dänemark, Frankreich oder Schweiz). Die Entwicklungsländer Asiens und Afrikas weisen demgegenüber Anteile von über 40 % auf.

Mit 1033 Frauen auf 1000 Männer (1983) ist das *Geschlechterverhältnis* insgesamt unausgeglichen.

Die Ausfälle bei den unter 10jährigen dürften auf Geburtenrückgänge v. a. infolge der Gastarbeiterwanderung zurückzuführen sein, die Einschnitte in der Altersgruppe der

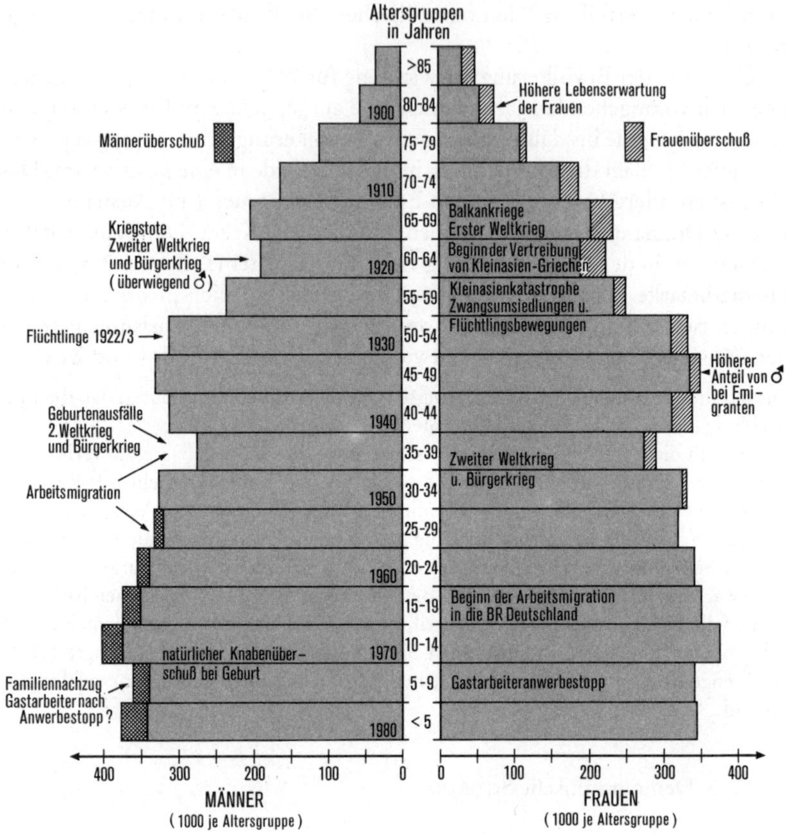

Abb. 4: Bevölkerungsaufbau und Geschlechterverhältnis 1981. Quelle: Stat. Jb. 1984.

35- bis 45jährigen auf Geburtenausfälle in der Kriegs- und Bürgerkriegszeit, die kräftigen Einbuchtungen bei den über 55jährigen auf Kriegsverluste. Hier sind auch die Männer deutlich stärker betroffen. Während sich der höhere Anteil männlicher Personen in den unteren Jahrgangsgruppen mit dem natürlichen Überschuß von Knabengeburten erklären läßt, kann der Frauenüberschuß in den oberen Gruppen nur zum Teil aus der größeren Lebenserwartung erklärt werden. Hier dürften die höheren Kriegsverluste unter der männlichen Bevölkerung zu Buche schlagen, in geringerem Maße auch Migration.

Der schnelle Ausgleich der durch die höhere Zahl von Knabengeburten bedingten Männerüberschüsse in den unteren Jahrgangsgruppen ist v. a. eine Folge der weit überproportionalen Todesrate junger Männer (v. a. durch Auto- und andere Unfälle): So waren 1983 75 % der Verstorbenen in der Altersgruppe der 15- bis 19jährigen und 76 % in der der 20- bis 24jährigen männlichen Geschlechts. Nach der Statistik für 1983 ergab sich bereits in der Altersgruppe der 25- bis 29jährigen ein Frauenüberschuß von 16 %.

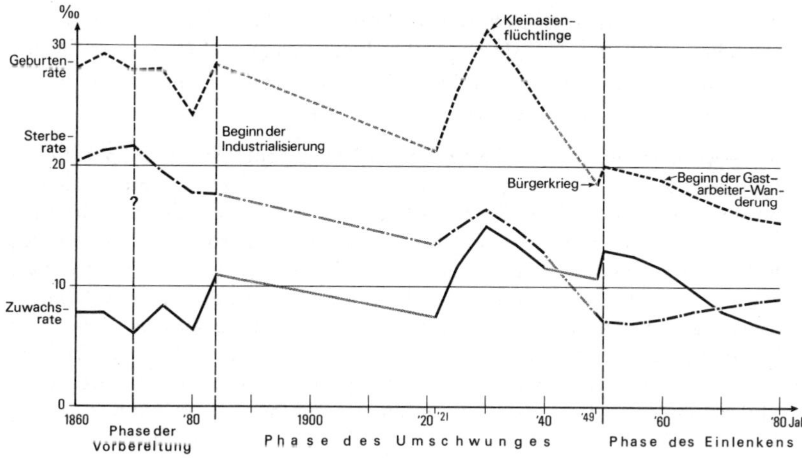

Abb. 5: Phasen des „demographischen Übergangs". Quelle: Ethn. Stat. Ypiresia tis Ellados: Mouvement naturel de la population de la Grèce, div. Jg.

Die Angleichung des *Altersaufbaus* an den der meisten europäischen Länder vollzog sich in Griechenland rasch. Einen Nachkriegsbabyboom wie in der Bundesrepublik gab es nicht, was zusammen mit den demographischen Folgen der Emigration zur Angleichung beitrug.

Die im Vergleich mit der griechischen viel unausgeglichenere „Bevölkerungspyramide" der Bundesrepublik zeigt aber auch, daß ihre Bevölkerung durch Krieg und Nachkriegsereignisse ungleich stärker betroffen war als die Griechenlands, trotz aller Not, die auch dieses Volk durchgemacht hat.

Das *Geschlechterverhältnis* hat sich während der letzten hundert Jahre erheblich verändert. Noch bis zum Anfang dieses Jahrhunderts überwogen die Männer, Folge v. a. der hohen Sterblichkeit der Frauen im Kindbett.

In vielen europäischen Industrieländern liegt der Frauenanteil weit höher als in Griechenland: In Großbritannien kamen 1983 auf 1000 Männer 1060, in Österreich 1114 und in der DDR sogar 1128 Frauen. In Schweden dagegen ist das Verhältnis mit 1018 Frauen auf 1000 Männer recht ausgeglichen, vermutlich deshalb, weil dies Land im Gegensatz zu Österreich oder der DDR eine in diesem Jahrhundert von Krieg und Migration weitgehend unbeeinflußte demographische Entwicklung erlebte. Wenn im Griechenland benachbarten Albanien auf 1000 Männer nur 947 Frauen kommen (1983), so hat das dort wohl seine Ursachen in der Isolation des Landes, das eine Emigration nach 1945 nicht mehr zuließ, und der relativ ausgeglichenen Lebenserwartung von Männern und Frauen, was auf eine ausgeglichene Arbeitsbelastung dort hindeutet.

Die Entwicklung von *Geburten-, Sterbe- und natürlicher Zuwachsrate,* dargestellt im Schema des „demographischen Übergangs“ (Abb. 5) zeigt bis 1884 (mit Einschnitt 1880) eine hohe, ab diesem Zeitpunkt fallende Geburtenrate, während die Sterberate bereits ab 1870 sinkt.

So darf – wenn überhaupt – nur die Zeit vor 1870 demographisch der Frühphase zugerechnet werden. Die Einleitungsphase des Übergangs mit fallender Sterberate und damit steigendem natürlichem Zuwachs ist kurz. Sie geht in der Mitte der 80er Jahre in die Phase II des Umschwungs mit fallenden Geburten-, Sterbe- und Zuwachsraten über. Die Grenze für diese Phase muß etwa um 1950 angesetzt werden, auch wenn die zweite Hälfte der 20er Jahre, bedingt durch den Zustrom von Kleinasienflüchtlingen, durch ein „Zwischenhoch“ gekennzeichnet ist; nicht nur die Geburtenrate allerdings steigt, sondern auch die Sterberate wächst infolge der verbreiteten Malaria in den Neusiedlungsgebieten Nordgriechenlands und infolge der schlechten Unterbringung der Flüchtlinge in den Städten. Da die Auswanderungsziffern in dieser Zeit niedrig sind, schlägt die natürliche Zuwachsrate voll auf den absoluten Zuwachs durch.

Seit Ende des Bürgerkriegs fällt nach kurzem kriegsbedingtem Anstieg die Geburtenrate stetig, während die Sterberate geringfügig steigt, nachdem sie gegenüber der Vorkriegszeit (für die Kriegsjahre selbst liegen keine Daten vor) kräftig gefallen war, vermutlich Resultat der wirksamen Bekämpfung der Malaria, die bis dahin in Griechenland die höchsten Opfer aller europäischen Länder (vielleicht mit Ausnahme Albaniens) gefordert hatte. Der natürliche Zuwachs schwächt sich in der Folge ab (= Phase IV des Einlenkens). Die fallende Geburtenrate resultiert in den 60er und 70er Jahren sicher z. T. aus der Auswanderung der mittleren Jahrgänge, entspricht aber durchaus dem Trend.

Die Entwicklung von Geburten- und Sterberaten in den letzten Dezennien (Geburtenrate 1960: 18,9‰; 1970: 16,5‰; 1983: 13,5‰; Sterberate 1960: 7,3‰; 1970: 8,4‰; 1983: 9,2‰) läßt auch für Griechenland demographisch ein Eintreten in die Phase des Ausklingens des Bevölkerungswachstums mit stagnierenden Wachstumsraten erkennen.

Der jüngste Phasenwechsel erfolgte im Vergleich zu den westeuropäischen Ländern rasch, deutliches Indiz für den schnellen gesellschaftlichen Umbruch.

Die *Phasengrenzen* können weitgehend mit der sozioökonomischen Entwicklung des Landes erklärt werden. Wirtschaftlicher Aufschwung und fortschreitende Europäisierung im letzten Drittel des 19. Jh., Auswanderung nach Übersee und Arbeitsmigration nach Mitteleuropa bedingten eine rasche Anpassung des demographischen Verhaltens an die mitteleuropäischen Länder. Die „Ausschläge“ sind Ausdruck einer allerdings noch nicht gleichmäßig verlaufenden Entwicklung, die immer wieder empfindlich durch rasche Regierungswechsel, Staatsbankrott und Zeiten politischer, ökonomischer und sozialer Unsicherheit gestört wurde. Kleinere Ausschläge von Geburten- und Sterberate in jüngerer Zeit (Geburtenrate 1969: 18,2‰; 1973: 15,4‰; 1976: 16‰) müssen v. a. mit den Folgen der Arbeitsmigration erklärt werden.

Vergleicht man die *natürliche Bevölkerungsentwicklung* Griechenlands mit der von Schweden und Mauritius, einem heutigen Industrie- und einem Entwicklungsland, so zeigt sich, daß die demographische Entwicklung Griechenlands ungeachtet der „Ausschläge" doch eher der eines Industrielandes wie Schweden gleicht: Die natürlichen Zuwachsraten liegen bis 1921 unter der 10-%-Grenze, übertreffen diese dann nur kurzfristig, um in den letzten Jahrzehnten weit darunter zu fallen (vgl. Abb. 6a).

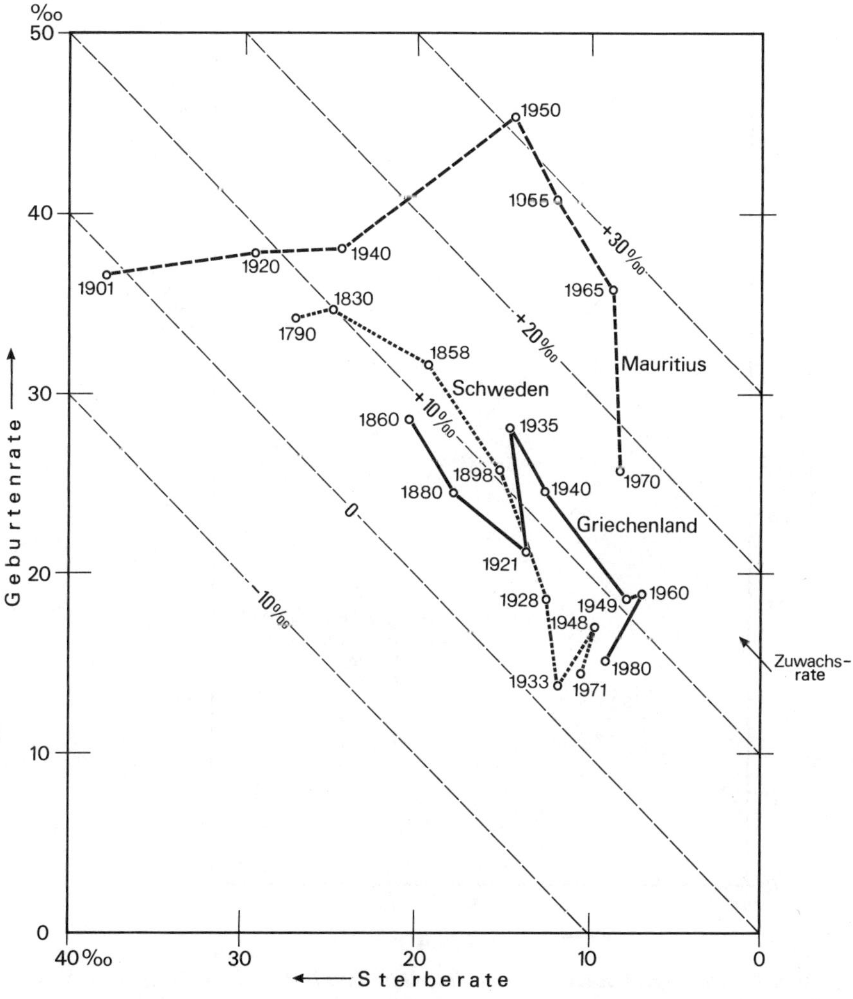

Abb. 6a: Demographisches Ablaufdiagramm Griechenland (1860–1980), Schweden (1790–1971) und Mauritius (1901–1970). Quelle: s. Abb. 5 und L 344, S. 143.

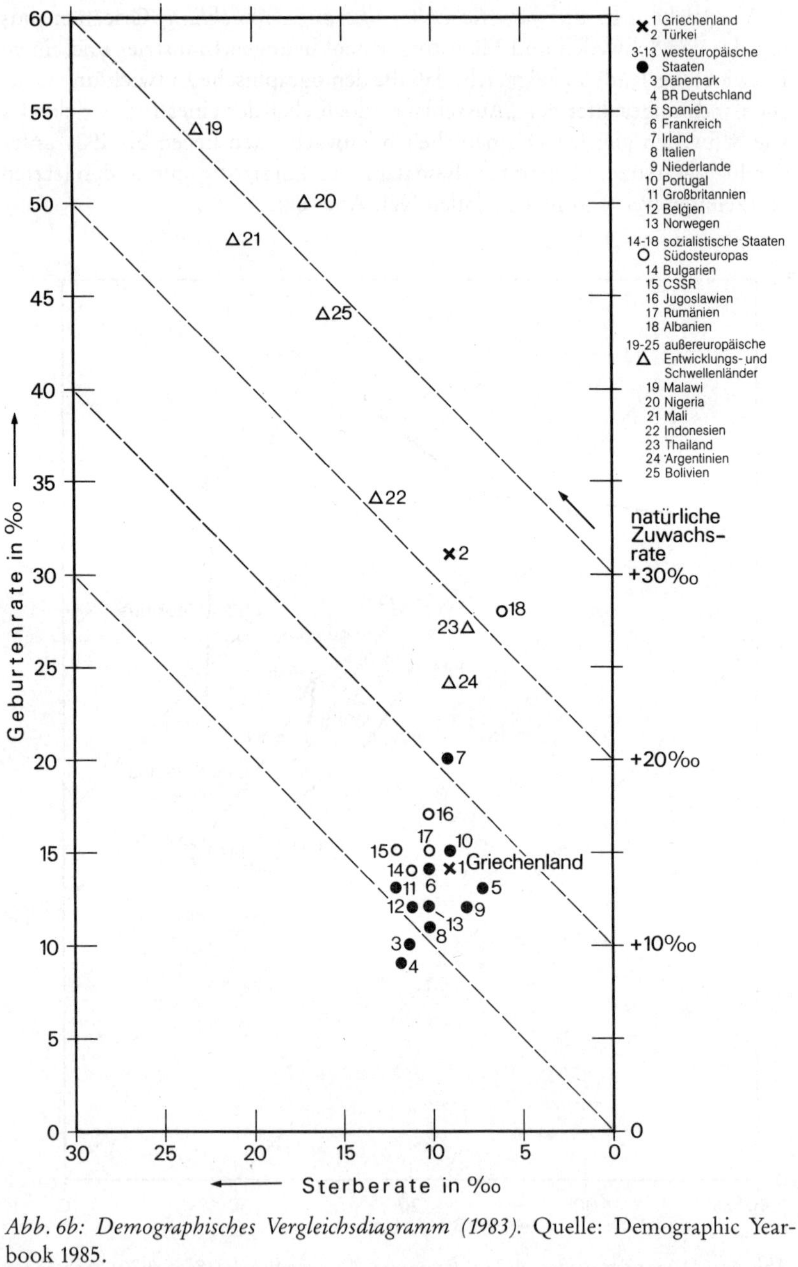

Abb. 6b: Demographisches Vergleichsdiagramm (1983). Quelle: Demographic Yearbook 1985.

Mauritius erreicht wie die meisten typischen Entwicklungsländer dagegen Zuwachsraten, die von den heutigen Industrieländern nie erreicht wurden. Auch die Geschwindigkeit, mit der sich die Veränderungen vollzogen, unterscheidet sich grundlegend (L 344, S. 142).

Im Vergleich der *aktuellen Geburten-, Sterbe- und Zuwachsraten* ausgewählter Staaten (Abb. 6b) nimmt Griechenland (1980) eine Position in der Nähe von Ländern wie Spanien, Frankreich, Portugal ein, weit entfernt von Entwicklungsländern wie Malawi, Mali oder Nigeria, weit entfernt aber auch noch von seinem Nachbarn und Erzrivalen, der Türkei, die auch im Altersaufbau noch die Züge eines Entwicklungslandes trägt.

Das durchschnittliche *Heiratsalter* bei den Männern liegt mit 28,9 Jahren (1983) fast auf gleicher Höhe wie das der Männer in der Bundesrepublik (29,7 Jahre), während das der Frauen (23,7 Jahre) sich doch deutlich von dem der (bundes)deutschen Frauen (26,6 Jahre) unterscheidet und dem anderer südeuropäischer Staaten wie Portugal oder Italien gleicht.

Das auffällig hohe Heiratsalter der männlichen Bevölkerung in Griechenland erklärt sich aus dem immer noch bestehenden Brauch einer – recht hohen – Mitgift („proika") für die Töchter. Die Verpflichtung bzw. Verantwortung für die Mitgift ruht auf dem Vater und den Brüdern, die vielfach erst heiraten können, wenn die Schwestern verheiratet sind. Zunehmende Industrialisierung und Gastarbeiterwanderung machten das „Ersparen" der Mitgift leichter und ließen damit das Heiratsalter der Männer in den vergangenen Jahrzehnten auch kontinuierlich sinken, während das Heiratsalter der Frauen aufgrund zunehmender Emanzipation und Ausbildung (die z. T. an die Stelle der Mitgift tritt) nicht mehr sank.

Erwartungsgemäß ist die *Scheidungsrate* in Griechenland niedrig, wo es bis vor kurzem noch keine Zivilehe gab, wo die Gesellschaft noch stark vom Mann bestimmt ist, wo das Zusammenleben in größeren Familien zumindest auf dem Lande noch verbreitet ist und wo die Frauen noch in vergleichsweise geringem Maße am Erwerbsleben beteiligt sind. Die *Erwerbsquote* bringt das deutlich zum Ausdruck. Sie betrug 1983 für die Erwerbsbevölkerung 36,4 %, während sie in Schweden 52,5 %, in Dänemark 53,8 % und in der ČSSR – aufgrund der starken Einbeziehung der Frauen in den Arbeitsprozeß in den sozialistischen Ländern – sogar 60,9 % betrug. Die Erwerbsquote der Frauen ist in Griechenland mit nur 25,8 % (Portugal 36 %, Schweden 68,1 %, Finnland 64,8 %) immer noch sehr niedrig.

Umgekehrt lag die *Haushaltsgröße* 1981 mit durchschnittlich 3,12 Mitgliedern pro Haushalt deutlich über dem Durchschnitt der europäischen Industrieländer (zum Vergleich: Schweden 2,31 und Finnland 2,64 Mitglieder).

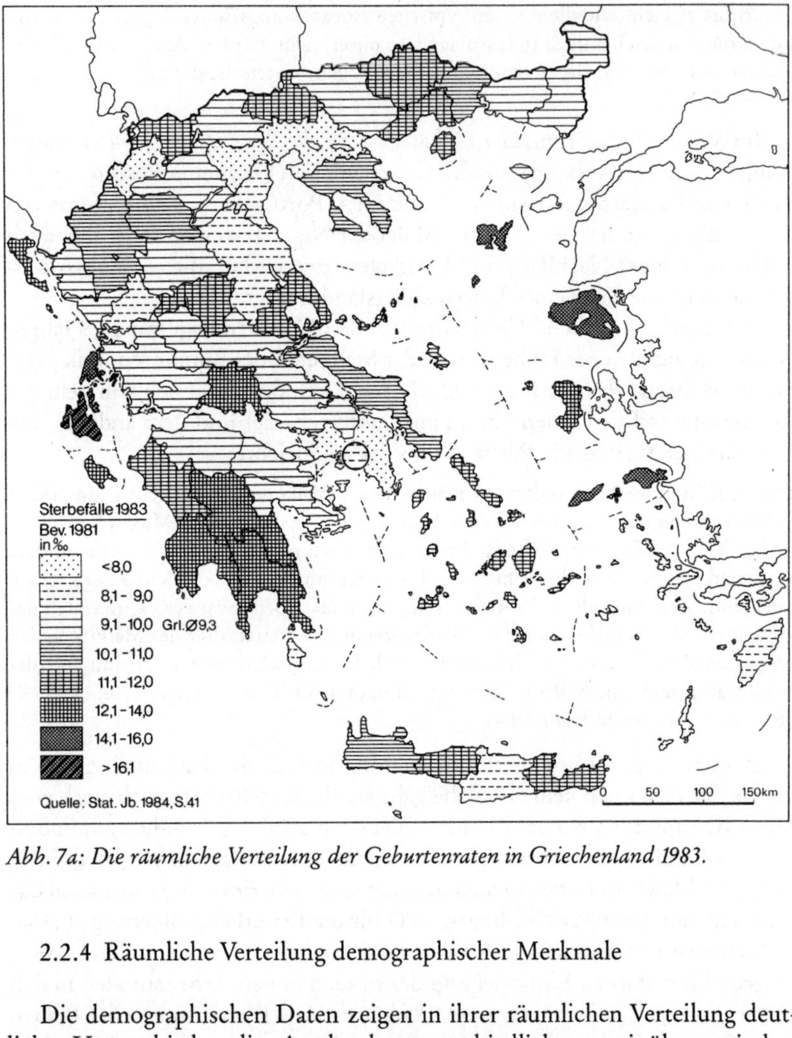

Abb. 7a: Die räumliche Verteilung der Geburtenraten in Griechenland 1983.

2.2.4 Räumliche Verteilung demographischer Merkmale

Die demographischen Daten zeigen in ihrer räumlichen Verteilung deutliche Unterschiede, die Ausdruck unterschiedlicher sozioökonomischer Strukturen, unterschiedlicher Lebensbedingungen, eines unterschiedlichen Entwicklungsstandes und anderer Einflußgrößen sind.

Die über dem Durchschnitt liegenden *Geburtenraten* (Abb. 7a) der Nomoi nördlich etwa der Linie Patras–Volos dürften vor allem den geringeren Urbanisierungsgrad und die geringere Nähe zu Athen spiegeln. Es sind die Teile Griechenlands, die am längsten beim Osmanischen Reich verblieben. Die abweichend davon niedrigen Werte der Nomoi Evritania, Grevena, Kilkis und Serrai erklären sich mit der überdurchschnittlich hohen Auswan-

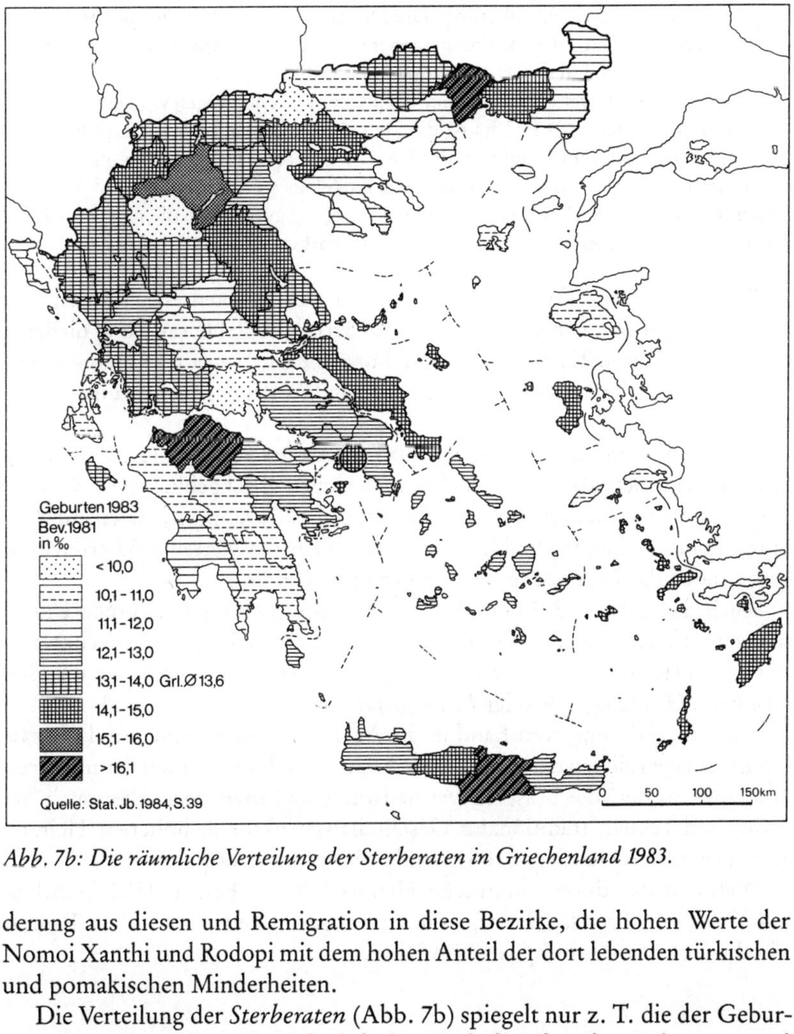

Abb. 7b: Die räumliche Verteilung der Sterberaten in Griechenland 1983.

derung aus diesen und Remigration in diese Bezirke, die hohen Werte der Nomoi Xanthi und Rodopi mit dem hohen Anteil der dort lebenden türkischen und pomakischen Minderheiten.

Die Verteilung der *Sterberaten* (Abb. 7b) spiegelt nur z. T. die der Geburtenraten, ein Hinweis darauf, daß die Einflußgrößen für Geburten- und Sterberaten verschieden sind.

Hohe Sterbe- und Geburtenraten, wie sie in Thrakien sowie einer Reihe von Bezirken Makedoniens, des Epirus und Mittelgriechenlands auftreten, drücken neben einem geringeren Urbanisierungsgrad vermutlich auch einen noch unterdurchschnittlichen Entwicklungsstand aus.

Die *hohen Sterberaten* der Bezirke des südlichen Peloponnes, der Ionischen und ägäischen Inseln (Ausnahme Kreta und Dodekanes) und des südlichen Mittelgriechenlands *in Verbindung mit niedrigen Geburtenraten* beruhen v. a. auf hohen Abwanderungsraten der jüngeren Bevölkerung. Die Divergenz von Geburten- und Sterberate wird dadurch verstärkt, daß viele Emigranten im Alter nach Griechenland zurückkehren, um ihren Lebensabend in den Heimatdörfern zu verbringen.

Die Nomoi mit *hoher Geburten- und niedriger Sterberate* liegen v. a. auf der Achse Thessaloniki – Athen – Patras. Es ist der Raum Griechenlands, der die größte wirtschaftliche Dynamik und Attraktion für Binnenwanderung aufweist. Das gilt auch für den zentralen Teil der Insel Kreta und den Dodekanes (v. a. Rhodos und Kos). In diesem Raum ist zugleich die medizinische Versorgung gut, ziehen die Krankenhäuser der Städte auch Frauen zur Geburt aus den Nachbarbezirken an.

Die *Heiratsraten* korrelieren in den meisten Bezirken eng mit den Geburtsraten. Ausnahmen bilden die Nomoi Serrai (hohe Heirats- und niedrige Geburtenrate) und Kastoria (hohe Geburtenrate und niedrige Heiratsrate), beides Nomoi, die stark durch Emigration und Auslandsgriechentum geprägt sind.

Vergleicht man die Verteilungen 1983 mit denen von 1961 (L 295, Karten 208), so zeigt sich, daß sie im großen und ganzen gleichgeblieben sind. Während jedoch die Sterberaten nur geringfügig zurückgingen, fielen die Geburtenraten drastisch: Die Nomoi mit den höchsten Werten 1983 erreichten gerade noch die Werte der untersten Gruppen von 1961.

Auch die anderen demographischen Daten weisen regional große Unterschiede auf, die v. a. die Kluft zwischen Stadt und Land in Griechenland spiegeln. Das gilt für den *Altersaufbau* der Bevölkerung ebenso wie für *Heiratsalter, Haushaltsgröße* oder *Erwerbsquote*.

Die Zuwanderung vom Land in die Agglomerationen Athen und Thessaloniki schlagen sich in einem überdurchschnittlich hohen Anteil der mittleren Jahrgänge nieder, die besseren Verdienstmöglichkeiten dort, aber auch die geringeren Fesseln traditionaler Gesellschaftsstruktur in höherem Heiratsalter, geringeren Haushaltsgrößen und höherer Erwerbsquote.

Während das durchschnittliche Heiratsalter der Frauen 1980 in Athen z. B. bei 25,4 Jahren lag, betrug es in der am geringsten urbanisierten Region Thrakien 21,0 Jahre, in Epirus 22,4 Jahre.

2.3 Ethnische Struktur

Letztmalig 1951 veröffentlichte Griechenland Zahlen über Muttersprache und Religionszugehörigkeit seiner Bevölkerung (s. Tab. 3 und Tab. 4).

Widersprüche zwischen der Zahl der Türkisch und Pomakisch sprechenden Personen und der der Muslime lassen die Zuverlässigkeit der Zahlenangaben allerdings sehr zweifelhaft erscheinen.

Auch die Tatsache, daß nach 1951 keine Zahlen mehr zur ethnischen Struktur der Bevölkerung Griechenlands veröffentlicht wurden, zeigt, daß der

Tab. 3: Muttersprache 1928, 1940 und 1951

Sprache \ Jahr	1928 in tausend	%	1940 in tausend	%	1951 in tausend	%
Griechisch	5759,5	92,8	6902,3	92,5	7297,9	95,6
Türkisch	191,3	3,1	229,1	3,1	179,9	2,4
Pomakisch	16,8	0,3	18,1	0,2	18,7	0,2
Makedo-Slawisch	82,0	1,3	86,1	1,2	41,0	0,5
Vlachisch/Rumänisch	19,7	0,3	56,9	0,8	42,0	0,6
Albanisch	18,8	0,3	49,6	0,7	22,7	0,3
Armenisch	33,6	0,5	26,8	0,4	9,0	0,1
andere	71,5	1,2	69,3	0,9	13,4	0,2

Quelle: Banco 1976, S. 60.

Staat ein gespaltenes Verhältnis zu seinen Minderheiten hat, von denen nach dem Vertrag von Lausanne 1923 nur die Juden und Muslime (osmanische Türken, Pomaken, Zigeuner) einen offiziellen Minderheitenstatus besitzen (wie auch die in Istanbul, auf den Prinzeninseln, Imbros und Tenedos lebenden Griechen in der Türkei). Defizite in der Gewährung der Minderheitenrechte, Befürchtungen separatistischer Neigungen und der Wunsch, die Assimilierung der nicht offiziell anerkannten Minderheiten nicht zu gefährden, mögen die Ursachen dafür sein.

Unabhängig von genauen Zahlen unterliegt es keinem Zweifel, daß der ganz überwiegende Teil der in Griechenland lebenden Menschen Griechen nach Sprache und Bekenntnis sind (vgl. Kap. 2.1).

Die weitgehende ethnische Homogenität der im heutigen Griechenland

Tab. 4: Religionszugehörigkeit 1951

Bekenntnis	in tausend	%
griechisch-orthodox	7472,6	97,9
katholisch	28,4	0,4
protestantisch	7,0	0,1
and. christl. Religionen	5,6	0,1
muslimisch	112,7	1,5
jüdisch	6,3	0,1
sonstige	0,2	0,0

Quelle: Grothusen (Hrsg.) 1980, S. 379.

lebenden Bevölkerung ist das Ergebnis v. a. der großen Bevölkerungsverschiebungen im Gefolge der Kleinasienkatastrophe 1922. Während der osmanischen Zeit war die Bevölkerung auf dem Territorium des heutigen Griechenlands ethnisch stark gemischt, die Griechen in vielen Teilen, insbesondere Nordgriechenlands, zahlenmäßig in der Minderheit. Eine ethnographische Karte der Balkanhalbinsel von Cvijič (in: Geogr. Rev. vol. 5, No. 5) aus dem Jahr 1918, also vor den mit der Kleinasienkatastrophe verbundenen Bevölkerungsverschiebungen, zeigt deutlich die Gemengelage der verschiedenen Nationalitäten im gesamten Makedonien („makedonischer Salat"), im Epirus und in Thrakien: Makedo-Slaven, Türken, Pomaken und Bulgaren dominierten in Makedonien und Thrakien, Albaner bildeten in Epirus zu den Griechen ein mindestens gleichgewichtiges Bevölkerungselement. In den Gebirgen, v. a. im nördlichen Pindos, siedelten – wie noch heute – Aromunen. Vorwiegend *griechisch* besiedelt waren nur SW-Makedonien (mit Ausnahme der an der Paßstraße nach Thessalien gelegenen Grenzstadt Servia und der Garnisonstadt Grevena), Teile von Mittelmakedonien (Pierische Ebene, der südliche Teil der Ebene von Thessaloniki), fast die ganze Chalkidike sowie die küstennahen Gebiete Ost-Makedoniens (incl. der Insel Thasos) und – sporadisch – West-Thrakien (mit Samothraki). Griechen siedelten auch im Evrostal bis Adrianopel (Edirne), das ebenfalls einen größeren Anteil griechischer Bevölkerung besaß.

Städte mit größerem griechischem Bevölkerungsanteil waren in Makedonien das durch Pelzherstellung und Pelzhandel bekannte Kastoria, Kozani, das ab 1668 bereits ein griechisches Gymnasium besaß, Serres und Kavala. In Thrakien hatten die Städte Soufli, Didymoteichon, Alexandroupolis, Komotini und Xanthi eine überwiegend griechische Bevölkerung (s. L 29, S. 67f.). Nach osmanischen Statistiken von 1910/12 besaß der Sandschak Gümülcine (Komotini) 75–80 % Türken und je ca. 10–12 % Griechen und Bulgaren, der Sandschak Dedeagatsch (Alexandroupolis) 45–50 % Türken, 30–35 % Griechen und 15–20 % Bulgaren (L 29, S. 78). Auch das wie Makedonien nach den Balkankriegen zu Griechenland kommende Epirus war nur zum Teil griechisch besiedelt. An der Küste siedelten Griechen und Albaner in bunter Mischung bis etwa Vlorë im heutigen Albanien. Rein griechische Sprachinseln waren nach Banco (1976, S. 72) Parga (mit z. T. mohammedanischer Bevölkerung) und das Hügelland südlich von Filiatai. Im Inland bildeten das Hügelland am Thyamis, das nordöstliche Bergland bis zum Smolikas und Grammos, das Becken von Ioannina, die W-Seite des heute zu Albanien gehörenden Beckens von Gjirokaster (s. L 327, S. 121, Abb. 16) und die Täler von Louros, Arachthos und Acheloos griechisches Siedlungsgebiet. In Kleinasien saßen Griechen an der Mittelmeerküste (an Bosporus und Dardanellen), an der Schwarzmeerküste (Pontos) bis zum Kaukasus und in vielen Städten des Landesinneren.

Auf dem Balkan diente die griechische Sprache in allen größeren Städten als Handels- und Verkehrssprache, nicht nur, weil ein großer Teil des Handels in griechischen Händen lag, sondern auch, weil die orthodoxe Kirche mit ihren Bildungseinrichtungen zur Verbreitung von Griechisch als „lingua franca“ beitrug.

2.3.1 Türken und Pomaken

Türken und Pomaken bilden v. a. in Griechisch-Thrakien, wo sie vom Bevölkerungsaustausch 1923 ausgenommen blieben, ein wichtiges Bevölkerungselement (vgl. L 615, 11, 58). Man kann davon ausgehen, daß Anteil und Verteilung der Muslime bis heute annähernd gleichgeblieben sind, sich ihr Anteil vielleicht sogar erhöht hat. Nach der Zählung von 1951 waren nahezu zwei Drittel der Bevölkerung Griechisch-Thrakiens Griechen, 28 % Türken und 5,5 % Pomaken; einige Armenier, Zigeuner und Juden kommen hinzu.

Türken und Pomaken verteilen sich sehr ungleich auf die Bezirke: Während im Nomos Xanthi Türken fast 30 % ausmachen, im Nomos Rodopi sogar 55 %, sind es im an die Türkei grenzenden Nomos Evros nur 7 %. Die Pomaken konzentrieren sich auf den Nomos Xanthi, wo sie fast 20 % ausmachen, während sie in den Nomoi Rodopi und Evros mit 1,5 % und 0,1 % nur kleine Minderheiten bilden. Türken und Pomaken leben überwiegend in ländlichen Siedlungen, während die Griechen in den Städten überrepräsentiert sind.

Insgesamt bietet Thrakien so immer noch ein Bild, das mit der Mischung von Bevölkerungsgruppen verschiedener Sprache und Religion typisch war für die Provinzen des Osmanischen Reiches.

In geringer Zahl (etwa 4000) gibt es Türken noch auf den zum Dodekanes gehörenden Inseln Rhodos und Kos. Sie leben dort in der alten Innenstadt von Rhodos und in einigen Dörfern auf Kos.

Wie groß die Zahl der 1821 zu Beginn des Befreiungskrieges auf dem Territorium des heutigen Griechenlands lebenden *Türken* war, ist nicht bekannt. Nach Schätzungen (s. L 548, S. 378) bildeten sie als Militärs und Verwaltungsbeamte in den Städten, als Großgrundbesitzer auf Tschiftliks v. a. in den Ebenen Nord- und Mittelgriechenlands, aber auch als Hirten (Jürüken) und Kleinbauern (Koniariden) am Rande der Gebirge Makedoniens, Thrakiens und Thessaliens 20–30 % der Bevölkerung.

Bis auf die heute in Thrakien lebenden Türken wanderten fast alle ab, nachdem Griechenland ein autonomer Staat geworden war und sich im Laufe des folgenden Jahrhunderts die Landesteile angliederte, die das heutige Staatsgebiet ausmachen. Viele der auf Kos und Rhodos lebenden Türken kamen von Kreta dorthin, nachdem dieses Griechenland 1908–13 angeschlossen wurde.

Ethnologische Kuriositäten sind die dunkelhäutigen Nachfahren afrikanischer Sklaven, die einst von den Türken im Nomos Xanthi angesiedelt wurden und dort heute noch als Muslime türkischer Sprache recht geschlossen in zwei Dörfern leben.

Die *Pomaken,* eine slavisch-(bulgarisch-)sprachige, islamisierte Volksgruppe, wurden nach der – allerdings umstrittenen – These von Hirschberg (Art. Südosteuropa; in: H. Bernatzik, Die große Völkerkunde Bd. 1, 1939) von den Türken seit dem 15. Jh. aus den Ebenen in die Rhodopen zurückgedrängt. Ob es sich um Nachfahren thrakischer Stämme, wie von griechischer Seite behauptet, oder islamisierte Bulgaren handelt, wie von bulgarischer Seite, ist ungeklärt (s. L 558). Die Annahme des Islams erfolgte vermutlich freiwillig und über längere Zeit hinweg. Die Mehrzahl dieser Volksgruppe lebt heute auf bulgarischer Seite, wo sie lange Zeit heftigem Assimilationsdruck ausgesetzt war. Auf griechischem Gebiet sind vor allem die Rhodopentäler nördlich von Xanthi um das kleine Zentrum Echinos pomakisch besiedelt. Brauchtum, Volkstracht, traditionelle Sozialstruktur und ethnische Geschlossenheit dieser v. a. vom Orienttabakbau lebenden Gruppe hielten sich besonders gut. Das wurde vermutlich auch dadurch mitbewirkt, daß das Siedelgebiet in militärischem Sperrgebiet liegt und nur beschränkt zugänglich ist.

Türken und Pomaken genießen nach dem 1923 geschlossenen Vertrag von Lausanne besonderen Minderheitenschutz. Das Minderheitenstatut garantiert den *Muslimen* eigene Schulen, die dem griechischen Staat allerdings unterstellt sind. Griechisch ist Pflichtfach, Unterrichtssprache in den ersten Schuljahren Türkisch, auch für die Pomaken. Das bringt für sie, die sich der türkischen Minderheit nur bedingt zugehörig fühlen, besondere Schwierigkeiten mit sich. Die Notwendigkeit, sich in vier Sprachen zu bewegen, und zwar Pomakisch (Muttersprache), Türkisch (Schulsprache), Griechisch (Amtssprache und Sprache der höheren Schulklassen) sowie Arabisch (Kirchensprache, die die Kinder beim Hodscha lernen), muß zu sprachlicher Inkompetenz führen, was einerseits einen Aufstieg von Pomaken in höhere Positionen im griechischen Staat verhindert, andererseits die Isolation der Volksgruppe fördert.

Die vielen Moscheen in den Dörfern und Städten Griechisch-Thrakiens zeugen von der ebenfalls garantierten freien Religionsausübung. Hochschulen für Theologie (Medresen) gibt es in Komotini und in Echinos, außerdem besteht eine private religiöse Pädagogische Hochschule in Thessaloniki.

Da die laizistischen Reformen Atatürks die Muslime Griechisch-Thrakiens, das ja bereits vor diesen Reformen zu Griechenland kam, nicht betrafen, haben Geistliche (mufti) noch heute die zivile Gerichtsbarkeit inne und sind zuständig für Eheschließungen und -scheidungen, Vormundschaften, Testamente und anderes. Ihre Bezahlung geschieht aus dem Vermögen religiöser Stiftungen (vakuf). Ein eigenes Radio- und Fernsehprogramm gibt es für die Minderheiten, die sich ersatzweise mit dem – fast überall recht guten – Empfang türkischer Programme begnügen müssen, bislang nicht. So ist der Blick nicht nur religiös nach Istanbul gerichtet.

Türken und Pomaken unterscheiden sich sowohl durch Sprache und Religion – die Muslime Thrakiens sind alle Sunniten – von der übrigen Bevölkerung wie auch durch ihre noch stark durch die Religion geprägte Lebensweise, durch ihre alltäglichen Umfangsformen in der Begrüßung, durch ihre Namen (Mehmet, Ahmet, Osman etc.) und ihre materielle Kultur.

Die Frauen sind in der traditionellen Weise an das Haus gebunden. Religiöse Bräuche werden streng eingehalten. Während sich die jungen Männer meist mit Konfektionsware bekleiden, tragen die Frauen bunte Kopftücher, weite Pumphosen und, wenn sie sich feinmachen, einen schwarzen Mantel, die älteren Männer die Bauernhose mit Schärpe und Käppchen oder Fes. Viele Mädchen färben sich ihr Haar mit Henna rot. Das Zusammenleben in der Großfamilie ist üblich, die soziale Kontrolle streng und die Geburtenrate liegt über dem Durchschnitt der Region.

Die Bauweise der Häuser und Höfe entspricht der Lebensweise: Nach außen abweisend, öffnen sie sich zum Hof, der gegen die Straße bzw. den Weg oder Dorfplatz durch eine Mauer abgeschlossen ist und nur durch ein großes Holztor betreten werden kann. Die Wohnungen sind mit typischen islamischen Symbolen (Wandteppiche, Bilder mit Motiven von Istanbul, Mekka u. ä.) ausgestattet. Daß die Religion für die Menschen und das soziale Gefüge außerordentlich wichtig ist, zeigt sich u. a. darin, daß – anders als bei den Griechen – der Frauenanteil bei den pomakischen und türkischen Gastarbeitern aus Griechenland in der Bundesrepublik deutlich unter dem gesamtgriechischen Durchschnitt liegt (das ist ähnlich so bei den aus dem Kosovo in Jugoslawien kommenden muslimischen Albanern).

Die Dörfer sind, insbesondere in den abgelegenen Landesteilen, ethnisch weitgehend einheitlich. Einzelne Griechen in ihnen leben dort zumeist als Geschäftsleute, oft räumlich separiert an der Hauptstraße oder zur Hauptstraße hin. In Xanthi und Komotini bilden Türken und Pomaken mehr oder weniger geschlossene ethnische Wohnviertel.

Landwirtschaft in den Dörfern, Handel und Handwerk in den Städten sind die hauptsächlichen Erwerbsgrundlagen der Muslime. Die Kontakte zur griechischen Bevölkerung laufen v. a. über den Markt.

Während es auf der persönlichen Ebene selten zu Spannungen kommt, werden die Türken doch trotz des formalen Minderheitenschutzes von den wechselnden Beziehungen zwischen Griechenland und der Türkei in Mitleidenschaft gezogen (s. L 11, S. 16). Man erfährt immer wieder von nicht gewährten Baugenehmigungen und Landkäufen. Benachteiligungen dieser Art führten, wenn sie sich verschärften, wie nach der Zypernkrise, zu massivem

Fortzug in die Türkei, wo viele Gastarbeiter ohnehin ihr Geld anlegen und die jungen Männer studieren.

2.3.2 Juden

Den vertraglichen Minderheitenschutz genießen auch die Juden, eine Gruppe, die durch den Holocaust des letzten Krieges in Griechenland zur Bedeutungslosigkeit zusammenschrumpfte (vgl. dazu SCHUMACHER in L 265, S. 63 f.). Juden lebten bis zum letzten Krieg v. a. in den nordgriechischen Städten, in Rhodos und Korfu.

In Thessaloniki, wo 1941 über 60 000 Juden wohnten (RONNEBERGER und MERGL in GROTHUSEN 1980, S. 380), bestimmten sie das kulturelle und wirtschaftliche Leben. Es waren die Nachfahren von Juden, die im 15. Jh. aus Bayern (Ashkenasim) und v. a. Spanien (Sephardim) vertrieben waren und sich dort angesiedelt hatten. Heute leben in der Stadt gerade noch 1100! Bedeutung und Schicksal der Juden Thessalonikis erinnern an das der Juden in Prag, wo die seit Jahrhunderten ansässigen Juden (Franz Kafka!) ebenfalls eine hervorragende kulturelle und wirtschaftliche Rolle spielten, die mit der deutschen Besetzung dahin war.

Die rhodische Gemeinde schrumpfte auf wenige Personen zusammen. Die übrigen Juden in Griechenland leben verstreut in den Städten. Zur Zeit des Osmanischen Reiches muß die Zahl der Juden in Griechenland noch wesentlich größer gewesen sein. Viele lebten auf dem Peloponnes. Sie verließen ihn mit den Osmanen bzw. wurden mit ihnen von dort vertrieben (L 482, S. 2).

2.3.3 Aromunen und Sarakatsanen

Alle anderen Volksgruppen genießen in Griechenland keinen Minderheitenschutz bzw. besondere Minderheitenrechte. Kulturell und politisch bedeutsamste Gruppe unter ihnen sind die *Aromunen* (vgl. dazu v. a. L 688 u. L 48, S. 121 ff.). Sie werden von den Griechen auch Vlachen oder Kutsovlachen genannt (das Wort „vlachos“ wird im Griechischen auch als Schimpfwort gebraucht!). Sie selbst nennen sich „Aramani“ oder auch „Vlachen“. Es handelt sich bei ihnen vermutlich um romanisierte Nachfahren der alteingesessenen Bevölkerung (Illyrer, Thraker und anderer), deren ethnische Identität auf der romanischen Sprache, ihrem Bewußtsein, Volksbräuchen und anderem beruht. Nach KODER (1984, S. 143 f.) wanderten sie im Zusammenhang mit der Slavenansiedlung oder kurz danach in die Gebirgslandschaften Makedoniens, Südalbaniens und Mittelgriechenlands ein, wo sie als Hirten vor dem 10. Jh. nachweisbar sind.

Im Jahre 1905 wurden sie vom Sultan als eigene Volksgruppe anerkannt, mit Rechten, die auch die anderen nichtmuslimischen Volksgruppen im Osmanischen Reich genossen. Bis dahin wurden sie als ein Anhängsel der Griechen betrachtet (BEUERMANN 1967, S. 124).

Entgegen der offiziellen Statistik von 1951 schätzte der Aromune und spätere griechische Verteidigungs- und Außenminister Averof Tositsas in seiner Veröffentlichung über die politische Seite der kutsovlachischen Frage (Athen 1948) die Zahl der Aromunen mit vlachischer Muttersprache auf 150000–200000, die derjenigen Aromunen, die zwar Griechisch sprechen, sich aber ihrer Herkunft noch bewußt sind, auf weit mehr. Ihr Hauptwohngebiet ist – sofern sie nicht in die Städte abwanderten – noch heute v. a. der Pindos zwischen Grammos und Smolikas im Norden, dem Acheloos im Süden.

Ursprünglich als nomadische Schaf- und Ziegenhirten lebend, die in regelmäßigem Wechsel von ihren Sommerweideplätzen im Gebirge zu den Winterweideplätzen in niederen Regionen und zurück in die Bergweidegebiete zogen, wurden viele von ihnen v. a. als Handwerker und Händler in den Städten ansässig (vgl. L 29, S. 74). Der Warentransport zu Land zwischen Venedig und Konstantinopel/Istanbul lag lange Zeit weitgehend in der Hand von Aromunen. Immer noch betreibt ein beträchtlicher Teil von ihnen (nach BEUERMANN 1967, S. 140, über 100000 Personen) jedoch Fernweidewirtschaft. BEUERMANN unterscheidet mit WEIGAND zwischen den „Karaguni" (= die Schwarzgekleideten) und den Farserioten (nach der Landschaft Fraseri in Südalbanien). Während jene große Sommerdörfer mit Eigentumsweiden im Pindos besitzen, bewohn(t)en diese ganzjährig Zelte oder Stroh- und Reisighütten und sind auf Pachtweiden angewiesen. Die ehemals deutlichen Unterschiede in Lebensweise und Brauchtum sind heute weitgehend verschwunden; beide Gruppen leben jetzt in orts- und bodenfesten Siedlungen.

Berühmt ist die aromunische Silberschmiedekunst, der man insbesondere in Ioannina begegnet; berühmt wurden aber auch gräzisierte Aromunen in der griechischen Kultur und Politik, u. a. der Historiker SPYRIDON LAMBROS (1851–1919; 1916/17 griechischer Ministerpräsident), der Dichter ZALOKOSTAS, der aus dem großen, an der Paßstraße Ioannina–Trikala gelegenen Bergdorf Metsovon stammende griechische Außen- und Verteidigungsminister (1956–63; 1974–81) AVEROF und viele Mäzene, wie dessen Großvater, der 1910 den nach ihm benannten Panzerkreuzer stiftete, den einzigen, den Griechenland in seiner Geschichte besaß und der in den Balkankriegen eine wichtige Rolle spielte (vgl. L 450, S. 57), oder der Bankier SINA, der die Akademie in Athen am Ende des letzten Jahrhunderts stiftete (L 548, S. 381).

Die Aromunen fühlen und bekennen sich, auch bei Bewahrung ihrer romanischen Sprache (die meisten sind zweisprachig), heute zumeist politisch und kulturell als Griechen (zur Gräzisierung der Aromunen s. auch BANCO 1976, S. 74ff.).

Wie die Aromunen, so sind auch die *Sarakatsanen* eine von der Fernweidewirtschaft lebende Volksgruppe (vgl. L 48, S. 140ff.). Anders als jene sprechen sie jedoch Griechisch. Als Volksgruppe unterscheiden sie sich von den Aromunen nicht nur durch ihre Sprache (die wenige aromunische Wörter enthält), sondern auch durch Tracht und Volksbräuche (dazu v. a. L 103). Von den Griechen werden sie ebenso wie die Aromunen oft als „Vlachen" bezeichnet. Sie selbst nennen sich Sarakatsáni. Die Herleitung des Wortes ist nicht klar.

Die These von CHATSIMICHALI, die Sarakatsanen seien die Reste eines griechischen Volksstammes, der sich bereits in der ausgehenden Antike in die Gebirge zurückzog bzw. dorthin verdrängt wurde, ist ebenso umstritten wie die These (vgl. BROCKHAUS ENZYKLOPÄDIE 16, 1973, S. 465), es handele sich um gräzisierte Aromunen, die im 18./19. Jh. aus Albanien über Epirus nach Griechenland einwanderten und bis auf den Peloponnes vordrangen. Die Sarakatsanen selbst betrachten sich als reine Griechen (L 48, S. 143). BEUERMANN neigt der These von E. KIRSTEN (in L 495, II, 1, 1956, S. 288, Anm. 82) zu, es handele sich bei ihnen um Griechen des thessalisch-ätolischen Pindos, die in den unsicheren Zeiten ALI PASCHAS, vielleicht durch diesen selbst, ihre Sommerdörfer verloren hätten und gezwungen waren, Vollnomaden zu werden. Ihre Zahl schätzt er auf 80000–100000 Personen.

2.3.4 Albaner

Abgesehen von wenigen Albanern im griechischen Epirus, die in Grenznachbarschaft zu Albanien Sprache und Volkstum bewahrten, ist das einst äußerst bedeutsame albanische Volkstum weitgehend im griechischen aufgegangen (vgl. L 221). 1951 waren die Albaner zu 98 % orthodox, 1928 noch ganz überwiegend muslimisch (s. L 29, S. 60). Dieser Wechsel im Anteil der Glaubenszugehörigkeit hängt mit der Vertreibung der muslimischen Albaner aus dem Epirus 1944/45 zusammen (s. u.).

Stadtmüller (1950, S. 206f.) schätzt, daß in den mittelalterlichen albanischen Siedlungswellen etwa die Hälfte des griechischen Volksbodens von Albanern besiedelt wurde (wobei das, was man zum griechischen Volksboden rechnen kann, durchaus strittig ist). Seit Beginn des 14. Jh. expandierten die Albaner von Epirus aus nach Süden. Venezianer und Byzantiner siedelten sie ab Ende des 14. Jahrhunderts auf dem Peloponnes, Euböa und einigen ägäischen Inseln als Ersatz für Bevölkerungsverluste (u. a. durch die Pest) und als Soldaten an, eine Politik, die die Türken fortsetzten (s. L 327, S. 149).

Das albanische Sprachgebiet in Griechenland umfaßt Attika, Böotien, den nordöstlichen Peloponnes, von dem später auch die Inseln im Saronischen Golf albanisch besiedelt wurden, Südeuböa und Andros. Über Jahrhunderte hielten sich hier albanisches Volkstum und albanische Sprache. In der Reiseliteratur des 18. und 19. Jh. werden die Albaner, von den Griechen Arvaniten genannt, häufig erwähnt (so etwa bei CHANDLER und DODWELL). Massive Gräzisierung setzte v. a. nach 1821 ein. Seither ist die Sprache ständig im Rückgang begriffen. Nur wenige ältere Leute sind heute noch in den Dörfern der albanischen Siedlungsgebiete der albanischen Sprache mächtig und benutzen sie untereinander. HAEBLER konstatierte bereits 1965, daß bei den Jüngeren praktisch keine Kenntnisse des Albanischen mehr bestehen. Die Gründe für das rasche Aufgehen von albanischem Volkstum und der albanischen Sprache im Griechischen nach 1821 sind vielfältig. Die höhere, urbane Kultur des Griechischen übte auf die Albaner, die in bäuerlicher Kultur wurzelten oder sofern sie in die Städte gegangen waren, wo sie meist in untergeordneter gesellschaftlicher Stellung lebten, eine starke Anziehungskraft aus. Das Aufgehen im griechischen Volkstum wurde durch den gemeinsamen orthodoxen Glauben erleichtert und gefördert, wobei die Kirche, die nach der Unabhängigkeit staatlichen Rückhalt bekam, dadurch, daß sie nationale Unterschiede negierte, das Ihre dazu beitrug.

Weitgehend gräzisiert sind auch die im Gefolge der Vertreibungen 1923 aus Ostthrakien und Istanbul in Westthrakien, v. a. im grenznahen Raum des nördlichen Nomos Evros, angesiedelten christlichen Albaner, die zuvor im Zuge ihrer Handels- und Handwerkstätigkeit in diesem Teil des Osmanischen Reiches seßhaft geworden waren (zu den Wanderungen albanischer Handwerker und Gewerbetreibenden, die als „Gastarbeiter" durch das Osmanische Reich zogen und v. a. nach Konstantinopel gingen, vgl. v. a. v. HAHN 1854, S. 42 und 129). Bis zum Ende des Zweiten Weltkrieges lebten noch zahlreiche muslimische Albaner im griechischen Epirus (so im Becken von Margariti). Sie wurden – nach Schätzungen rd. 40000 – 1944/45 nach Albanien vertrieben. Spuren der Vertreibung sind bis heute sichtbar.

2.3.5 Makedo-Slaven

Stark der Gräzisierung ausgesetzt sind und waren seit ihrer Einbeziehung in den griechischen Staat nach den Balkankriegen auch die „Slavophonen" (vgl. L 29, S. 76ff.). Erleichtert wurde dies dadurch, daß sie auch christlich-orthodox sind. Über ihre genaue Zahl ist nichts bekannt. Der größte Teil von denen, die sich als Makedo-Slaven (Makedonen) bezeichnen, lebt in den grenznahen Bezirken Nordwest-Makedoniens. Fast alle sind zweisprachig und fühlen sich als Griechen. Gefahr von Irredentismus besteht offenkundig nicht, auch wenn viele junge Leute in Belgrad studieren (s. V. MEIER in FAZ vom 11. 12. 84).

Ein slavisches Museum in Serres (die ältere griechische Namensform ist Serrai) soll kulturelle Güter dieser Volksgruppe, die in Jugoslawien eine eigene Republik bildet, bewahren – ein Zeichen, daß sie in Griechenland heute eher als folkloristisches Element angesehen wird.

Sprache und Kultur der *Slaven,* die seit dem 6. Jh. nach Griechenland eingedrungen und bis zur Südspitze des Peloponnes gestoßen waren und die große Teile der griechischen Halbinsel – v. a. die küstenferneren Teile – besiedelt hatten, waren ganz in der griechischen aufgegangen.

2.3.6 Zigeuner

Eine eigene, kaum integrierte Volksgruppe bilden die Zigeuner (Roma), denen der Reisende immer wieder, v. a. in Nord- und Mittelgriechenland begegnet, z. T. als „fahrendes Volk" mit noch malerischen Gespannen, z. T. in Zeltlagern am Rande von Dörfern und Städten, wo sie sich mit Hilfsarbeiten bei der Ernte und mit anderen Tätigkeiten Geld verdienen.

Phänotypisch als Zigeuner kenntlich, verständigen sich viele heute griechisch.

In Thrakien (v. a. am Rande der Städte Alexandroupolis und Didymoteichon in Evros) leben muslimische Zigeuner, die nicht nur äußerlich türkisiert sind, sondern sich selbst auch gerne als Türken (turko-gyftoi) bezeichnen.

2.3.7 Flüchtlinge aus Kleinasien und Ostthrakien

Wenn sie auch kaum als ethnische Minorität betrachtet werden können, so bilden die Griechen, die im Zuge der Balkankriege und nach dem Vertrag von Lausanne 1923 ihre Heimat auf dem Balkan und in der Türkei verlassen mußten (zu den Herkunftsgebieten s. Banco 1976, S. 120), doch eine Bevölkerungsgruppe, die sich in mancherlei Hinsicht von den altansässigen Griechen unterscheidet.

Die „ethnische Bereinigung" war unter dem Aspekt der Religionszugehörigkeit geschehen. So gehörten zu den Zwangsumgesiedelten auch orthodoxe Zirkassier und Armenier, die allerdings nur kurz in Griechenland blieben und später vom Völkerbund in Sowjetarmenien (Jerewan) angesiedelt wurden (L 29, S. 84), griechisch-orthodoxe Türken (Karamanier), Albaner und andere; umgekehrt befanden sich bei den Menschen, die Griechenland verlassen mußten, islamisierte Griechen und Vlachen.

Über die genaue Zahl der Flüchtlinge bestehen widersprüchliche Angaben. Wenn nach der Volkszählung von 1928 (s. Stat. Jb. 1936; L 29, S. 120f.) in Griechenland 1,22 Mill. Flüchtlinge lebten, so bedeutet dies, daß deren Gesamtzahl 1922 höher gewesen sein muß (vgl. auch Kap. 3.3).

Die Ansiedlung der Flüchtlinge in Griechenland erfolgte oft in landsmannschaftlichen Gruppen. Ihre Verteilung über das Land war sehr ungleich (vgl. L 29, S. 121). Makedonien, Thrakien und der Großraum Athen nahmen die meisten Flüchtlinge auf. 1928 lebten allein in Makedonien 638253 Flüchtlinge (= 45,2 % der Bevölkerung), in Thrakien weitere 107607(= 35,5 % der Bevölkerung) und in Mittelgriechenland mit Athen 306193 (= 19,2 % der Bevölkerung).

Von den über eine halbe Million Türken und Bulgaren, die Griechenland verlassen mußten, stammte der ganz überwiegende Teil aus den zuvor genannten Regionen, wodurch dort Platz für die Ansiedlung der griechischen Flüchtlinge geschaffen war, der jedoch bei weitem nicht ausreichte. Die wirtschaftliche und soziale Eingliederung der Flüchtlinge stellte Griechenland vor erhebliche Probleme. Der Staat mußte mehrere Anleihen aufnehmen, um die Ansiedlungsprojekte durchführen zu können, durch die Nordgriechenland ein neues Gesicht bekam (vgl. Kap. 7.1.3). Bevölkerungszahl, Bevölkerungsdichte und ethnographische Zusammensetzung des nordgriechischen Raumes änderten sich fundamental.

Die Pontier, Ostthrakioten und Griechen aus anderen Regionen des Osmanischen Reiches bewahrten bis heute viel von ihrer heimischen Kultur (Tänze, Musik, Brauchtum) und Sprache.

Insbesondere die *Pontier* von der südöstlichen Küste des Schwarzen Meeres (griech. pontos euxeinos), die dort seit mehr als 2500 Jahren siedelten, unterscheiden sich deutlich von den anderen Volksgruppen (vgl. S. Mavridis in L 265, S. 30f.). Sie pflegen die überkommene Kultur in der neuen Heimat, wohin sie ihre Musik – typisches Musikinstrument ist eine dreisaitige Lyra –, ihre Tänze, ihren Dialekt und ihre Volksbräuche (wichtigster Feiertag ist Mariä Himmelfahrt am 15. August) brachten.

2.4 Gesellschaftsstruktur

Die griechische Gesellschaft befindet sich im Umbruch. Der Umbruch zeichnet sich in der demographischen Entwicklung ab (vgl. Kap. 2.2.1) und wird deutlich in dem immer noch hohen, aber stark rückläufigen Anteil der in der Landwirtschaft tätigen Erwerbspersonen, in der raschen Urbanisierung und Übernahme von industriegesellschaftlichen Verhaltensmustern bei immer noch bestehenden Gegensätzen zwischen Stadt und Land und schließlich in einer Reihe von durchgeführten und diskutierten Reformen.

Laut Stat. Jahrbuch (1984) lebten 1981 noch 30 % der Bevölkerung in ländlichen Siedlungen mit weniger als 2000 Einwohnern, dagegen 58 % in Städten mit über 10000 Einwohnern. Der Anteil der in halbstädtischen und ländlichen Siedlungen de facto wohnenden Personen dürfte geringer sein, als es die Zählergebnisse wiedergeben, da viele Griechen sich in ihren Heimatorten registrieren lassen, um sie finanziell zu stärken, denn die Einwohnerzahl ent-

Tab. 5: Anteil der in städtischen, halbstädtischen und ländlichen Siedlungen lebenden Bevölkerung 1920 bis 1981 (in %)

Jahr	städtisch	halbstädtisch	ländlich
1920	22,9	15,2	61,9
1928	31,1	14,5	54,4
1940	32,8	14,8	52,4
1951	37,7	14,8	47,5
1961	43,3	12,9	43,8
1971	53,2	11,6	35,2
1981	58,1	11,6	30,3

Quelle: Stat. Jb. 1984, S. 17.

scheidet u. a. über die Höhe der staatlichen Mittelzuwendungen. Der Trend zur Verstädterung ist anhaltend (s. Tab. 5).

Der relativ gering gewachsene Anteil der *städtischen Bevölkerung* zwischen 1928 und 1940 (absolut: ½ Mill.) muß v. a. mit der Weltwirtschaftskrise erklärt werden, der sehr starke relative Anstieg zwischen 1961 und 1971 (absolut: 1 Mill.) nicht nur mit der Zuwanderung aus ländlichen Räumen, sondern auch damit, daß die Emigration nach Übersee und in die Bundesrepublik Deutschland v. a. aus den ländlichen Räumen erfolgte.

Trotz des ständig wachsenden Anteils der Stadtbevölkerung ist der Anteil der landwirtschaftlichen *Erwerbstätigen* (incl. Forstwirtschaft und Fischerei) im Vergleich mit den europäischen Industriestaaten mit 27,4 % (1981) immer noch hoch. Die Gründe dafür dürften z. T. allerdings in der Erfassung liegen, denn viele, die sich als Landwirte erklären, um in den Genuß der Agrarrente und von Subventionen zu kommen, beziehen ihr Haupteinkommen nicht aus der Landwirtschaft, sondern aus Tätigkeiten im Tourismusgewerbe, im Baugewerbe, im Transportwesen oder im Handel.

Unabhängig von dieser Relativierung der Zahlenangaben verrät die Verteilung der Erwerbstätigen auf die Wirtschaftssektoren (29,2 % im produzierenden Gewerbe; 38,3 % im Dienstleistungssektor, davon mehr als ein Drittel im Handel, Hotel- und Gaststättengewerbe, Rest ohne Angabe bzw. neu ins Berufsleben eingetreten, aber ohne Arbeit) nicht nur spezifische ökonomische Strukturen, sondern auch gesellschaftliche, die den geringen Stellenwert abhängiger Tätigkeit, den hohen freien Unternehmertums zum Ausdruck bringt. Daß viele – insbesondere auch der in die Heimat zurückgekehrten Gastarbeiter – ihr Glück im Handel und Gaststättengewerbe suchen, hat seine Ursachen allerdings auch in mangelnden Alternativen in anderen Bereichen.

Insgesamt sind über die Hälfte aller Erwerbstätigen *Selbständige* – das ist

Tab. 6: Gliederung der Bevölkerung nach Geschlecht und beruflichem Status 1971 und 1981

Erwerbstätigkeit und beruflicher Status	1971 m.	1971 w.	1971 zus.	1981 m.	1981 w.	1981 zus.
1. Akademiker und freie Berufe mit techn. Personal	5,1	7	5,7	7,9	13,4	9,4
2. Höhere Angestellte	0,8	0,2	0,6	2,1	0,8	1,7
3. Büroangestellte	7	9	7,5	7,2	15,5	9,5
4. Kaufleute und Händler	8,1	5	7,2	8,7	7,8	8,5
5. In Dienstleistungen beschäftigte Personen	6,6	9,4	7,4	7,2	9,7	7,8
6. In Landw., Forstwirtschaft beschäftigte Personen	35,9	52,8	40,6	26,4	30,3	27,5
7. Handwerker, Arbeiter, in Transportgewerbe Tätige	35,4	15,6	29,9	37,1	16,6	31,6
8. Nicht einzuordnen und ohne Angabe	1,2	1	1	3,3	5,9	4
zusammen in %	100	100	100	100	100	100
zusammen in absoluten Zahlen	2329588	905408	3234996	2584582	959215	3543797

Quelle: Stat. Jb. 1977 und 1984, S. 86 und 53.

der höchste Wert in Europa! (s. Stat. Bundesamt, Länderber. Grl. 1984, S. 29).

Gliedert man die Bevölkerung nach ihrem *beruflichen Status* (s. Tab. 6), so werden die gesellschaftlichen Strukturen noch etwas deutlicher.

Der Anteil derer, die in Berufen mit geringen Qualifikationsanforderungen tätig sind, ist hoch und charakteristisch für den sozioökonomischen Entwicklungsstand. Es läßt sich allerdings eine deutliche Abnahme dieses Anteils zwischen 1971 und 1981 bei gleichzeitiger Zunahme von Selbständigen und abhängig Erwerbstätigen mit höheren Qualifikationen konstatieren.

Charakteristische Unterschiede bestehen in einigen Gruppen zwischen den Geschlechtern. Die Tab. 6 macht die große Bedeutung der Frauen in der – kleinbäuerlichen – Landwirtschaft deutlich.

Wieweit man mit MOUZELIS (s. L 548, S. 369 und 373) von einer *Schichtung* der ländlichen Gesellschaft in Klein- und Kleinstbauern einerseits, größere Bauern, Händler und Selbständige andererseits, der (groß)städtischen in die Schichten der Reeder, Bankiers, Großkaufleute, höheren Angestellten und Beamten (Oberschicht), der Selbständigen, älteren Offiziere und höheren Beamten (obere Mittelschicht), der kleinen Kaufleute, Angestellten, mittleren Beamten und Handwerker (untere Mittelschicht) und die der Arbeiter, Dienstboten etc. (Unterschicht) sprechen kann, muß der Verf. dahingestellt sein lassen. Sicher ist, daß die große Mehrheit der Bevölkerung eher den unteren Schichten dieses Modells zuzurechnen ist und daß – anders als in den entwickelten Industriegesellschaften – die Schichtenstruktur sich nicht in den unteren, sondern eher in den oberen Bereichen differenziert (L 548, S. 373).

Die *Familienstrukturen* unterscheiden sich noch in mancherlei Hinsicht von denen der Industrie- bzw. Postindustriegesellschaften. Die Unterschiede liegen weniger in der durchschnittlichen Familiengröße – der Trend zur Kleinfamilie mit durchschnittlich zwei Kindern ist in Griechenland unverkennbar – als in dem verwandtschaftlichen Zusammenhalt. Viele dem Verfasser bekannte Fälle bestätigen die Feststellung von Ronneberger und Mergl (L 548, S. 374), daß die Familienangehörigen oft große Opfer auf sich nehmen, damit z. B. ein Kind, von dem dann später allerdings auch Gegenleistungen erwartet werden, studieren kann.

Die *traditionellen sozialen Strukturen* haben sich – wie überall – in den ländlichen Regionen insgesamt stärker erhalten; die soziale Kluft zwischen Stadt und Land ist groß, auch wenn viele Migranten ländliche Verhaltensweisen mit in die Städte nahmen.

Besonders gut erhielten sich die traditionellen Strukturen bei den – ganz überwiegend in peripheren ländlichen Räumen lebenden – Minderheiten, wie den Türken, Pomaken oder Sarakatsanen. Hier spielt die Minderheitensituation eine besondere Rolle für deren Erhaltung: Nur Zusammenhalt und Bewahrung des Hergebrachten vermögen das Überleben der eigenen Ethnie zu sichern.

Unterschiede zwischen Stadt und Land, traditionellem und „modernem" Verhalten zeigen sich u. a. in der Kinderzahl, in der Emanzipation der Frauen, in der sozialen Kontrolle und allgemein in den Moralvorstellungen. Die Kinderzahlen liegen in den ländlichen Räumen über dem Durchschnitt, die Emanzipation der Frauen ist dort weniger gesellschaftliche Realität als in der Stadt. So verwundert es nicht, daß es zwischen den in ihre Heimatdörfer zurückgekehrten *Gastarbeitern* und den Nichtemigranten vielfach zu – oft unausgesprochenen – Spannungen kommt (vgl. L 8, S. 374).

Schwerer ins Gewicht als die äußeren fallen die inneren Spannungen, unter denen viele Remigranten leiden, wenn sie in den noch stark traditionell geprägten Kontext ihrer Heimatdörfer zurückgekehrt sind. Befragungen von Gastarbeiterfamilien in Nordgriechenland machten deutlich, daß insbesondere die Frauen die sozialen Zwänge als drückend empfanden, viel drückender als die Männer, die sich müheloser in den heimischen Kontext (re)integrierten. Sie äußerten darum noch sehr viel häufiger als die Männer den Wunsch, in die Bundesrepublik zurückkehren zu können.

Starke soziale Kontrolle ist nicht zuletzt der Grund für die *Landflucht* vieler junger Leute.

Daß sich die griechische Gesellschaft im Umbruch befindet, zeigt auch eine Reihe von – zumindest in Diskussion befindlichen – *Reformen* der jüngsten Zeit (vgl. dazu IRIS ELEY-CHRISTOPOULOU in L 265, S. 102 ff. und MARIA PAPOULIAS ebd., S. 111 ff.): die gesetzliche Verankerung der Gleichberechtigung von Mann und Frau in der Verfassung von 1975, die Reform des Familienrechtes 1983 und andere. Die permanente Diskussion um die Legalisierung der Abtreibung oder die Einstellung zur Ausbildung von Jungen *und* Mädchen machen die Umbruchsituation besonders deutlich. Daß damit die Gleichberechtigung schon gesellschaftliche Realität ist, wird man darum kaum erwarten können (auch in den westeuropäischen Ländern ist sie es ja noch nicht). Das gilt auch für die 1983 gesetzlich abgeschaffte *Mitgift (proika),* die Heiraten über Jahrhunderte beeinflußt hat (zu dem auf dem römisch-byzantinischen Recht basierenden Dotalsystem vgl. GEORGIADES und KARAKOSTAS in L 218, S. 128).

Ursprüngliche Funktion der „proika" (vgl. L 555, S. 162 f.) war es gewesen, der Frau eine gewisse Selbständigkeit und Unabhängigkeit vom Mann zu gewähren; zugleich war sie gewissermaßen eine Ausgleichszahlung für die mit der Heirat der Tochter/ Schwester eingetretene Entlastung. 1972 wurden dem Verfasser auf dem Peloponnes noch Beträge als „proika" von DM 20000–30000 nach dem damaligen Umrechnungskurs genannt. Die Werte wurden früher – zumindest überwiegend – in Sachwerten (Gebrauchsgegenständen, Wohnung, Land, Vieh, Fruchtbäumen) aufgebracht. Mit den Möglichkeiten, durch Gastarbeit im Ausland Geld zu verdienen, spielte dieses eine wesentlich größere Rolle.

Ein bezeichnendes Merkmal der Bauweise der griechischen Gesellschaft, das für ihr Funktionieren immer noch große Bedeutung hat, ist die Wichtigkeit persönlicher Beziehungen. PFEFFER und SCHAAFHAUSEN (1959, bes. S. 92 ff.; vgl. dazu auch L 451, S. 43 ff.) bezeichnen die davon bestimmte Gesellschaft als *Klientelgesellschaft,* das System als Klientelherrschaft. Sie leiten sie historisch aus der politisch-gesellschaftlichen Entwicklung des neuen Griechenlands ab. Die Führer im griechischen Freiheitskampf und die erfolgreichen Auslandsgriechen waren die ersten, die Macht und Ansehen in Staat und Gesellschaft genossen und sich aufgrund finanzieller Unabhängigkeit öffentlichen Aufgaben widmen konnten. Sie sicherten die Interessen ihrer Gefolgschaft, v. a. von Personen aus ihren Heimatorten und -regionen („primäres" Klientelsystem). Daraus entwickelte sich eine Art von „sekundärer" Klientelherrschaft wohlhabender Kaufleute, Beamte etc., die in der Politik ein Geschäft sahen und zur Durchsetzung ihrer Interessen eine möglichst große Klientel brauchten, die ihrerseits Nutzen aus diesem System zog. „Versippung" diente der Stützung des Systems ebenso wie „Hintergrundwissen". Das mußte zwangsläufig zu Vetternwirtschaft, einer Verkrustung des Beamtenapparates und zu Bürokratismus führen. Da die wesentlichen Entscheidungen in Athen fielen, bedingte das zugleich eine Entmachtung der lokalen Bürokratie, über die nichts erreichbar war.

Mit dem System entwickelte sich bei der Bevölkerung eine Gefälligkeitsmoral (s. L 451, S. 44), die Personen in Stellungen brachte, denen diese nicht gewachsen waren. Auf die wirtschaftliche Entwicklung wirkte es lähmend, die Kluft zwischen Athen und dem übrigen Griechenland wurde durch das Klientelsystem zweifellos verstärkt.

3. DIE GESCHICHTE GRIECHENLANDS

Wenn im Rahmen dieser Länderkunde der Geschichte des Landes ein längeres Kapitel gewidmet wird, so deshalb, weil ohne den historischen Hintergrund viele Merkmale der heutigen Raumstruktur ebenso unverständlich blieben wie der Entwicklungsstand und die periphere Situation Griechenlands.

Als Wiege des Abendlandes, wo sich der Umbruch vom mythischen zum rationalen Denken vollzog, besaß Griechenland – wie immer man es definiert – in der Antike eine geistige, politische und wirtschaftliche Bedeutung, die es ins Zentrum des Weltgeschehens rückte, von dem die Handlungsaktivitäten ausgingen.

So betrachtet könnte die griechische Geschichte bereits seit Ausgang des Altertums als Geschichte des Niedergangs gesehen werden. Zweifellos rückte Griechenland in der byzantinischen Zeit in eine randliche Position innerhalb des Oströmisch-Byzantinischen Reiches, verlor an Bedeutung, ohne daß man jedoch von einer Peripherisierung im heutigen Sinne sprechen könnte. Diese beginnt u. E. erst mit dem Niedergang des Osmanischen Reiches.

Mit der Unterwerfung unter das türkische Joch, aus dem sich Griechenland erst ab 1821 befreien konnte, nimmt seine Geschichte einen völlig anderen Verlauf als die der anderen Staaten der europäischen Südperipherie, Spanien und Portugal, die sich in jener Zeit zu mächtigen Kolonialstaaten entwickelten.

3.1 Von der Antike bis zum Untergang Konstantinopels

Die griechische Geschichte und Kultur der klassischen Zeit ist bestimmt von der *Polis,* Stadtstaat mit politischer und kultureller Eigenständigkeit. Der Begriff Stadtstaat läßt, wenn man dabei etwa an die Stadtstaaten im Italien der Renaissance denkt, allerdings eher falsche Assoziationen aufkommen, da die Ähnlichkeiten mit diesen gering sind. Es handelt sich bei den Poleis um Landstädte, Mittelpunkte ländlicher Territorien.

Die Entwicklung der Poleis (s. dazu L 315) wurde durch die Oberflächengestaltung des Landes begünstigt, ja ausgelöst. Die Entfaltung besonderer kultureller Eigenarten und Wettbewerb untereinander führten zu der ungemeinen Blüte, die sie zur Wiege der abendländischen Kultur machte. So entstand eine Vielzahl von Poleis, unter denen Athen, Sparta, Theben,

Korinth und einige andere eine herausragende Rolle spielten. Als Mutterstädte gründeten sie (insbesondere Korinth) zahlreiche Kolonien entlang der Küsten des Mittelmeeres und des Schwarzen Meeres, die als selbständige Poleis weiterexistierten, selbst neue Poleis gründeten und so zur Ausbreitung der griechischen Kultur und des Handels im Mittelmeerraum beitrugen (vgl. L 54).

Sparta und *Athen*, die sich im Peloponnesischen Krieg (430–401 v. Chr.) einen fast 30jährigen Kampf um die Vorherrschaft lieferten, stehen dabei für die weit auseinanderliegenden Pole griechischer Lebensweise und Kultur: jenes als Wahrerin einer kriegerischen Tradition, die von Härte, Selbstdisziplin und Konservativismus geprägt ist, dieses als geistiges und kulturelles Zentrum, das weltoffen die Strömungen der Zeit bündelt und weiterentwickelt. Für die geistige und kulturelle Zusammengehörigkeit des antiken Griechenlands spielen die bedeutenden Heiligtümer, v. a. Delphi und Olympia, die wichtigste Rolle (vgl. Kap. 7.2.1).

Eine staatliche Einheit der untereinander oft zerstrittenen Poleis erreichte erst Philipp II. von Makedonien (356–336 v. Chr.), eine Einheit, die ihre Blüte schon unter dessen Sohn Alexander d. Gr. erlebte, der mit seinem Heer bis nach Indien vordrang und damit einer ungeheuren Ausbreitung des Griechentums den Weg bereitete. Mit ihm begann das Zeitalter des Hellenismus.

Die griechische Kultur und Zivilisation breitete sich überall im Orient aus, von Ägypten bis zum Schwarzen Meer, staatlich zusammengefaßt in den sog. Diadochenstaaten.

Für diese Länderkunde sind allerdings weniger historische Einzelheiten der antiken Geschichte wichtig als die Rolle, die die antike Vergangenheit für das Bewußtsein der heutigen Griechen und nicht nur für sie, sondern auch für die Europäer, spielt und indirekt so für Griechenland wirksam wird. Die bewußte Anknüpfung des modernen Griechenlands an das antike (weniger an das byzantinische) überspringt mehr als 2000 Jahre Geschichte, um der nationalen Identität Größe und Tiefe zu verleihen (vgl. zur Sprache Kap. 2.1).

Das drückt sich nicht nur im Lehrstoff der Schulen aus, nicht nur in der Namengebung (neben christlichen sind antike Vornamen wie Sofokles, Homeros usf. im heutigen Griechenland sehr beliebt), in der Architektur (etwa in dem viel länger als im übrigen Europa bevorzugten klassizistischen Baustil), es bescherte Griechenland nicht nur den lange währenden Sprachenstreit um „katharevousa“ und „dimotiki“, sondern führte auch direkt zu raumwirksamen Entscheidungen wie der, Athen zur Hauptstadt des neuen Griechenlands zu machen (vgl. Kap. 7.2.4).

Die Philhellenen bezogen die Motivation für ihren Einsatz zur Befreiung der Griechen vom osmanischen Joch und der Gründung eines neugriechischen Staates v. a. aus dem antiken Griechenland. Es wurde zum Ideal der Freiheit. Im Hyperion *Hölderlins* steht es dem unterdrückten Deutschland gegenüber. Diese Idealisierung mußte zu Enttäuschungen führen bei der realen Begegnung mit dem modernen Griechenland (vgl. EIDENEIER; in HOFFMANN 1985, S. 40ff.).

Wenn von der Wirksamkeit des antiken Griechenlands für das heutige die Rede ist, dann dürfen die materiellen Reste nicht unerwähnt bleiben. Schon in der Antike das Ziel von Bildungsreisenden (wie etwa jenem *Pausanias*, dem „antiken Baedeker“, der zwischen 160 und 180 n. Chr. ein Werk über die Sehenswürdigkeiten Griechenlands veröffentlichte), wurden die erhaltenen und wieder ausgegrabenen antiken Stätten heute zu vielbesuchten Zielen des Tourismus und einer nicht unwichtigen Einnahmequelle für den griechischen Staat.

Mit der Unterwerfung durch die *Römer* verloren die griechischen Staaten ihre politische Freiheit. „Der Partikularismus der griechischen Kleinstaaten“, schreibt STADTMÜLLER (1976, S. 31), „hatte es dem römischen Eroberer leicht gemacht, in der Rolle des Schiedsrichters und Friedensbringers Schritt um Schritt die Macht über die griechische Welt zu gewinnen.“

Die Bewunderung der griechischen Kultur durch die Römer führte dann allerdings nicht nur zur Hellenisierung der römischen Kultur, sondern bedingte unter der „pax Romana“ auch ein Aufblühen vieler griechischer Städte (u. a. Athen, Rhodos), in denen noch heute Bauten von jener Zeit zeugen, und eine Siedlungsverlagerung aus den schwer zugänglichen Berggebieten in die Küstenbereiche. Mit der Reichsteilung kam der griechischsprachige Teil zum *Oströmischen Reich*, dessen Hauptstadt Konstantinopel zwar kulturell Nachfolgerin des antiken Griechenlands war, sich aber stets als legitimer Erbe der Traditionen des Römischen Reiches verstand.

Der Name Byzanz für Konstantinopel kam erst in der Zeit des Humanismus auf. Der Oströmische Staat bezeichnete sich selbst als römisch, die „Byzantiner“ nannten sich „Römer“ (Romaioi), Konstantinopel führte auch den Namen Néa Romi (= Neues Rom). Bis zur Zerstörung 1204 im Vierten Kreuzzug galt es als die glänzendste Stadt der Welt. Römisches Staatswesen in Verbindung mit Christentum und griechischer Kultur hatten zu dieser Blüte geführt.

Große Bereiche des heutigen Griechenlands bekamen zum damaligen Machtzentrum eine gewisse Randlage. Sie waren in Zeiten militärischer Schwäche den Einfällen von Völkerschaften aus dem Norden mehr oder weniger schutzlos ausgesetzt.

Blieb die germanische *Völkerwanderung* auf Griechenland noch mehr oder weniger ohne Einfluß, der Einfall der Westgoten in der zweiten Hälfte des 3. Jh. n. Chr. eine zeitlich begrenzte Katastrophe für die kaum befestigten Siedlungen, so hinterließen die seit Ende des 6. Jh. hereinbrechenden *Slaven* dauerhaftere Spuren. Orts- und Flurnamen dokumentieren die slavische Ausbreitung bis auf den Peloponnes (vgl. L 482, S. 4 und L 430, 1, 1944 Fig. 95, S. 311). Übernahmen die Einwanderer die höhere griechische Kultur und

Sprache, so fand blutsmäßig vermutlich eine weitgehende Vermischung der ethnischen Gruppen statt.

Von großer Bedeutung ist die Einwanderung von toskischen *Albanern* etwa von der Mitte des 14. bis in die Mitte des 15. Jh. nach Mittel- und Südgriechenland, eine Wanderung, die wohl schon im 13. Jh. mit dem Eindringen von albanischen Hirtenstämmen im Epirus begann (vgl. L 221). Von Attika und dem Peloponnes besiedelten sie im 18. Jh. die vorgelagerten Inseln des Ägäischen Meeres (Poros, Hydra, Spetsai), wo sie das beherrschende Bevölkerungselement wurden, eine führende Stellung in der griechischen Schiffahrt erlangten und höchst aktiv und effektiv am griechischen Befreiungskampf teilnahmen (Karte der albanischen Wanderungen bei HAEBLER 1965).

Die Albaner waren z. T. als Siedler in das Land geholt worden. Bereits um die Mitte des 14. Jh. siedelte Manuel Kantakuzenos, Despot von Mistra, albanische Söldner an den Grenzen seines Territoriums gegen die fränkischen Barone an (s. L 213, S. 229 und 303f.). 1389 siedelten die Katalanen Albaner in Attika, die Acciajuoli im nordöstlichen Peloponnes an. Attika und Peloponnes hatten ebenso wie andere Landstriche durch die vorhergegangenen Pestwellen einen großen Teil ihrer Bevölkerung verloren. Die Venetianer holten sie nach Südeuböa und Andros (vgl. L 229, S. 223ff.). Noch vor der Eroberung Griechenlands durch die Türken war die albanische Besiedlung weitgehend abgeschlossen, abgesehen von der Ansiedlung etwa 10000 bis 15000 islamisierter Albaner aus dem Epirus 1768 im westlichen Peloponnes (Lala, Vardouni). Sie waren von den Türken zu militärischen Zwecken als Söldner geholt worden (vgl. L 482, S. 9). Beziehungen dieser Gruppe zu den in vortürkischer Zeit eingewanderten Albanern entwickelten sich nicht (L 221, S. 17).

Abgeschnitten vom Stammland, bewahrten die Albaner Süd- und Mittelgriechenlands doch über Jahrhunderte ihre Sprache. Erst mit der Befreiung Griechenlands erlagen sie der übermächtigen griechischen Sprache und Kultur. Die gemeinsame Religion förderte diesen Prozeß. Nur in Resten hielt sich in den albanischen Siedlungsgebieten bis heute die albanische Sprache.

Das Christentum war nicht nur Hauptstütze der byzantinischen Reichskultur, sondern zugleich des Griechentums, eine Funktion, die es auch nach dem Untergang von Byzanz behielt. 250 Jahre bevor Konstantinopel der Übermacht des türkischen Ansturms 1453 erlag, war es bereits den *Venezianern* im Verbund mit *fränkischen Kreuzrittern* in die Hände gefallen, die es zum Sitz des „Lateinischen Kaisertums“ machten (1204–61) – ein erster Höhepunkt der Machtentfaltung der Venezianer, die sich in den folgenden Jahrhunderten, z. T. in Konkurrenz mit Genua, zur führenden Handelsmacht im östlichen Mittelmeerraum aufschwangen und durch Erwerbung (Besetzung, Eroberung) von Inseln und Küstenplätzen den Handel sicherten. Die fränkischen Kreuzritter, die mit ihrem Gefolge den Peloponnes eroberten, nachdem das lateinische Kaisertum errichtet war, hinterließen nur geringe Spuren (v. a. im westlichen Peloponnes, wo sie ihren Stammsitz hatten) in einigen Ruinen (u. a. gotische Kirche von Andravida) und Ortsnamen (u. a. Gastouni).

3.2 Griechenland während der Osmanenzeit

Bereits vor dem *Fall von Konstantinopel* 1453 waren größere Teile Griechenlands (in seinen heutigen Grenzen) in die Hände der Türken gefallen. Wenig später unterlag auch das letzte byzantinische Territorium in Griechenland, das Despotat von Mistra auf dem Peloponnes, dem türkischen Ansturm (1460). Mit dem Fall von Trapezunt (1461) fand das Byzantinische Reich sein Ende.

Das gleiche Schicksal erlitten die im Besitz der Venezianer, der Genuesen und anderer Herren (meist Nachfahren westlicher Kreuzfahrer) befindlichen Territorien: Athen kam bereits 1456 zum Osmanischen Reich, Euböa 1470, Navpaktos, Koroni, Methoni 1503, Navplion und Monemvasia 1540, die Kykladen zwischen 1537 und 1566 und Kreta schließlich zwischen 1645 und 1669. Die Johanniter verloren Rhodos 1521/22 und erhielten mit Malta eine neue Operationsbasis. Allein die Ionischen Inseln kamen nie unter die türkische Herrschaft. Mit seiner Unterwerfung ist Griechenland für Jahrhunderte einbezogen in die Geschichte des Osmanischen Reiches, seinen Aufstieg und Niedergang.

Der Fall von Konstantinopel, Mittelpunkt der orthodoxen Christenheit und griechisch-abendländischer Kultur, die dort in fruchtbare Berührung mit dem Orient trat, war nicht nur für Griechenland, sondern ganz Europa von größter Bedeutung. Für die Griechen ist er bis heute ein Trauma geblieben, was sich schon darin äußert, daß die Stadt in jedem griechischen Atlas, in jeder griechischen Publikation, ungeachtet ihres türkischen Namens Istanbul (der im übrigen auch griechische Wurzeln hat), als *Konstantinopel* erscheint.

„Erloschen ist die allen Griechen gemeinsame Mitte, der Musen Aufenthalt, die Lehrerin aller Wissenschaft", schrieb nach dem Fall von Konstantinopel der zeitgenössische Gelehrte Andronikos Kallistos (zit. nach L 648, S. 27). Trotzdem behielt die Stadt auch weiterhin eine für die geistige, ökonomische und politische Entwicklung des Griechentums bedeutsame griechische Bevölkerung, die ihrerseits für die politische und ökonomische Entwicklung des Osmanischen Reiches von großer Bedeutung war. Es blieb v. a. Sitz des bedeutendsten Patriarchats der orthodoxen Kirche. Politisch spielten insbesondere die Fanarioten (nach der Wohngegend Fanari in Konstantinopel/Istanbul, in die das Patriarchat im 17. Jh. verlegt wurde) vom 17. bis 19. Jh. eine bedeutsame Rolle.

Viele griechische Gelehrte hatten vor dem drohenden Untergang Zuflucht im westlichen Ausland gesucht. Besondere Anziehung besaßen Rom und die oberitalienischen Städte, in denen byzantinische Gelehrte (u. a. der für die Kirchenunion eintretende Kardinal Bessarion) ein für die Kultur der Renaissance und des Humanismus bedeutsames Wirken entfalteten.

Die bäuerliche Bevölkerung suchte der Gefahr einer Vernichtung durch die Türken durch Flucht in die schwer zugänglichen Bergregionen zu entgehen, eine „Bergflucht“, die in unterschiedlicher Stärke je nach dem von den Türken ausgeübten Druck, insbesondere bei dem im 17./18. Jh. wachsenden Steuerdruck, anhielt (dazu L 648, S. 28 ff.). Es entstanden sog. „Freidörfer“ (elevtherochoria), die zu einer bis heute nachwirkenden hohen Siedlungsdichte der Gebirgsräume führten. In das auf dem flachen Land entstehende Vakuum drangen Türken ein und bewirtschafteten die Flächen in Form von Lehnsgütern; in einigen Teilen (Thrakien, O-Makedonien) siedelten auch türkische Bauern (Koniariden).

Das *Osmanische Reich* war ein militärisch-bürokratisch organisierter Feudalstaat, dessen wichtigste Einnahmequelle in den Abgaben der Andersgläubigen – nur diese waren zu Abgaben verpflichtet – bestanden. Das erklärt einerseits das – oft als religiöse Toleranz verstandene – geringe Interesse des türkischen Staates an einer Bekehrung zum Islam, andererseits den freiwilligen Übertritt von Unterworfenen (vgl. L 648, S. 42 ff.).

Nur durch ständig neue Eroberungen konnten die Staatseinkünfte gesteigert werden, weshalb Max Weber den Staat als „eine wesentlich an feudalen Renteninteresen orientierte Unternehmung zur grundherrlichen Landnahme“ interpretiert (zit. nach L 613, S. 19). Die erhöhten Staatseinkünfte dienten der Aufrechterhaltung und Erweiterung des militärischen Apparates („Krieg nährt Krieg“) ebenso wie Wissenschaft, Handel, Handwerk und Gewerbe. Die hergestellten Rüstungsgüter stammten zu einem großen Teil aus staatseigenen Bergbau- und Manufakturbetrieben.

Militärwesen und gesellschaftliche Reproduktion waren durch das Lehnswesen eng miteinander verknüpft. Als absoluter Herrscher und zugleich oberster Lehnsherr in der streng strukturierten Hierarchie vergab der Sultan den ihm gehörenden Boden an Lehnsleute (sipahis) unterschiedlicher Größenordnung (hassia, ziametia, timaria). Für die Belehnung und Nutzung des Bodens war der Sipahi zu Kriegsdienst verpflichtet.

Der private Sektor der gewerblichen Produktion und der Handel lagen weitgehend in der Hand nichttürkischer Nationalitäten. Es bestand eine Art nationaler Arbeitsteilung (vgl. L 613, S. 22): Während die Türken v. a. als Landwirte, im Militärwesen – ausgenommen das durch Knabenlese (paidomazoma) aus den nichttürkischen Bevölkerungsgruppen rekrutierte Janitscharencorps – und in der Staatsverwaltung tätig waren, betrieben Venezianer, Genuesen, Juden, Armenier, Griechen, seit dem 17. Jh. auch Franzosen und Engländer, Handel und Gewerbe.

Die Beziehungen des Osmanischen Reiches mit dem Ausland wurden seit dem ausgehenden 16. Jh. durch die *Kapitulationen* geprägt, Verträge, die den Ausländern, zunächst v. a. den Franzosen, Privilegien im Handel, aber auch in anderen Bereichen (z. B. Gerichtsbarkeit) einräumten. Solange die türkische gewerbliche Wirtschaft den gleichen oder dem der westlichen Länder sogar überlegenen Standard hatte, blieb das ohne gravierende Auswirkungen.

Daß der Standard der Produktion hoch war, wird nicht nur durch den Güteraustausch zwischen Orient und Okzident belegt, sondern auch durch die prachtvollen Bauwerke jener ersten Jahrhunderte der Blüte des Osmanischen Reiches, wie sie etwa in der Blauen Moschee und dem Serail in Konstantinopel/Istanbul oder auch in der überlegenen Kriegstechnik ihren Ausdruck finden.

Verderblich mußten sich die Kapitulationen auf Wirtschaft und Gesellschaft auswirken, als sich im 18. und 19. Jh. die Industrialisierung in England und Frankreich voll entfaltete, das Osmanische Reich aber auf der Stufe der manufakturellen Produktion stehenblieb. Billige Importwaren führten innerhalb kurzer Zeit (wie in Indien) zu einem Zusammenbruch der heimischen Industrie. So schrumpfte die Produktion von Seidenwaren in der ersten Hälfte des 19. Jh. auf ein Zehntel der Produktion der zweiten Hälfte des 18. Jh. zusammen (L 613, S. 45).

Das Zurückbleiben der heimischen Industrie (sofern man von der Produktionsweise als industrieller sprechen kann) beschleunigte den *militärischen Niedergang*. Dieser zeichnete sich bereits ab in der Niederlage der Türken 1683 vor Wien und der erneuten Eroberung des Peloponnes zwischen 1685 und 1690 durch Venedig (v. a. mit Hilfe deutscher Soldaten), den die Inselrepublik bis 1715 halten konnte. Der griechische Freiheitskampf konnte erst unter diesen Bedingungen erfolgreich sein. Bis zur Mitte des letzten Jh., als Thessalien, Epirus, Makedonien und Thrakien noch zum Osmanischen Reich gehörten, war dies nach STEINHAUS (1968, S. 8) auf den Stand einer Halbkolonie gesunken.

Die Gründe dafür, daß es in diesem Staat zu keiner Industrialisierung kam, waren intern: Der türkische Feudalismus verhinderte die Entstehung eines nationalen, wirtschaftlich innovativen Bürgertums; es kam nicht zu jenen gesellschaftlichen Strukturveränderungen, die notwendige Voraussetzungen für die Entwicklung von Kapitalismus und Industrialisierung sind.

Die These, daß der Islam eo ipso entwicklungshemmend wirkt, ist dagegen kaum haltbar.

Im Gegensatz zu den anderen Balkanvölkern, die auf eine bloße bäuerliche Existenz herabgedrückt wurden, konnten die *Griechen* dank ihrer byzantinischen Tradition eine Mittlerfunktion auf kulturellem und wirtschaftlichem Gebiet erwerben, die ihnen v. a. im 18. und 19. Jh. eine überragende Stellung im östlichen Mittelmeerraum verschaffte. Die sog. „Archontenhäuser" in vielen Siedlungen (z. B. auf dem Pilion oder auf Hydra) zeugen noch heute von dem Reichtum und der Kultur dieser Kaufleute, Reeder und Produzenten.

Zu den großen Handelszentren Konstantinopel, Thessaloniki und Smyrna kommen mit der wachsenden Bedeutung von Griechen und Juden im Handel neue hinzu wie Chalkis, Athen, Drama, Ioannina, Larisa, Parga oder Theben. Neben dem Fernhandel entwickelt sich in manchen Orten – wenn auch z. T. nur kurzfristig – eine blühende Manufaktur wie in Kastoria (Pelze), Ambelakia und Tyrnavos in Thessalien (rote und weiße Garne), Serres (Baumwolle), Naousa (Wein) oder Kozani (Textilien).

Eine Reihe von Inseln, v. a. Chios und – später (18./19. Jh.) – das westlich von Chios gelegene Psara sowie Spetsai und Hydra (Idra) vor der argolischen Küste (die „drei Flotteninseln"), entwickelte sich zu Zentren des Seehandels und der Reederei, in denen Reichtümer angehäuft wurden, die die bedeutenden Familien der Miaoulis, Stamatis, Tzamados, Voulgaris und andere im griechischen Freiheitskampf einsetzten (und verloren).

Der Handel von Hydra profitierte von der Blockade Europas durch die britische Flotte während der Napoleonischen Kriege, da die Hydrioten mit beiden Seiten Handel trieben und seitens der Türken ebenfalls Handelsprivilegien genossen. Er nahm noch einen Aufschwung, als die Insel nach der Vernichtung von Psara 1824 durch die Türken deren Erbe antrat.

Hydriotische Schiffe beförderten zu Beginn des 19. Jh. Waren bis nach Amerika und machten viele Hydrioten reich. Einige Kaufmannshäuser wie das Haus Voulgaris, das Haus Koundouriotis oder das Haus Votzis, heute zu Museen umgewandelt, zeugen noch von dem Reichtum.

Hatte die Insel 1813 ca. 22000 Einwohner, von denen 10000 Seeleute waren, so wuchs die Zahl bis 1828 auf 28000 an. Die Insel beteiligte sich von 1821 an am Freiheitskrieg, zu dessen Erfolg sie mit ihrer Flotte nicht unwesentlich beitrug und der zugleich den Niedergang für sie einläutete. Nicht nur, daß die großen Kaufmanns- und Seefahrerfamilien ihr Vermögen opferten, das sie nicht ersetzt bekamen; die später aufblühenden Häfen von Syros und dann Piräus sogen den Ägäis-Handel von ihr ab und ließen sie zu einer Fischerinsel, die heute während des Sommers von Seglern und Touristen überfüllt ist, herabsinken (vgl. L 67, S. 114ff.).

Wenn die Handelsschiffahrt für Griechenland wirtschaftlich noch heute eine bedeutsame Rolle spielt, die Deviseneinnahmen daraus neben Warenausfuhr, Tourismus und Gastarbeiterremissen an vorderster Stelle stehen, so liegen wesentliche Wurzeln dafür in der Rolle, die die Griechen im Osmanischen Reich spielen konnten.

Die Rolle der Wahrerin der griechisch-byzantinischen Kulturtradition fiel v. a. der *orthodoxen Kirche* zu, deren Existenz die Sultane nicht in Frage stellten.

Die Anerkennung des *Patriarchen* in Konstantinopel, der nicht nur geistlicher Führer, sondern bei dem Fehlen eines eigenen Staates auch höchster politischer Führer der griechisch-orthodoxen Christen war, als geistliches

Oberhaupt aller Orthodoxen durch Sultan Mehmed II. förderte die Gräzisierung der balkanischen Volkskirchen, deren „Überwanderung" und die Bildung einer christlichen Reichskirche unter griechischer Führung (L 151, S. 39).

Der Patriarch von Konstantinopel war als Statthalter und Pascha „von 3 Roßschweifen" in den osmanischen Staat integriert. Seine Einsetzung bedurfte der Bestätigung durch den Sultan, die dieser sich jedesmal gut honorieren ließ. Die Amtsinhaber wechselten häufig: Von 1625 bis 1700 wurde das Patriarchat nicht weniger als 25mal neu besetzt, im 18. Jh. lösten sich 48 Patriarchen im Laufe von 73 Jahren ab.

Neben dem Patriarchen spielten die vielen Klöster, so insbesondere die Klöster auf der Athos-Halbinsel und die Meteora-Klöster in Mittelgriechenland, als Horte des Christentums und der griechischen Sprache und Kultur eine besondere Rolle.

Die griechischen Kaufleute, Reeder und Unternehmer in den Städten wirkten dieser Entwicklung kaum entgegen, da sie, für den eigenen Wohlstand arbeitend, eher als Handlanger europäischer Interessen fungierten.

So sind es nicht nur die – nicht eben reichlich vorhandenen und aufgrund des gebrochenen Verhältnisses der Griechen zu dieser wichtigen Epoche immer mehr verfallenden – baulichen Zeugnisse wie Moscheen (meist ohne Minarett), Wohnhäuser und überall präsente Festungswerke, die an die osmanische Herrschaft erinnern; diese beeinflußte vielmehr entscheidend die spätere sozioökonomische Entwicklung des Landes. Die sukzessive Angliederung von Teilen des Osmanischen Reiches an Griechenland (vgl. Karte 1), die sich über fast 100 Jahre von 1821–30 bis 1919 erstreckte, wirkt bis heute auf die innergriechischen Raumstrukturen. Die übervölkische Führungsrolle, die das Griechentum im Osmanischen Reich spielte, mußte es mit Entstehung des griechischen Nationalstaates weitgehend verlieren (s. L 451, S. 40).

3.3 Griechenland von der Revolution bis zur kleinasiatischen Katastrophe 1922

Die Französische Revolution lieferte für den 1821 in Griechenland beginnenden Freiheitskampf ebenso den entscheidenden ideologischen Hintergrund, das Gedankengut, wie für den fast gleichzeitigen Freiheitskampf der südamerikanischen Staaten. Es hatte darüber hinaus Wurzeln, die in der antiken und byzantinischen Vergangenheit lagen.

Das Vorspiel dazu lieferte Ali Pascha von Tepelene, türkischer Statthalter von Epirus mit Sitz in dem von französischen Ingenieuren stark befestigten Ioannina, der sich 1819 vom Sultan lossagte, 1822 aber bereits in die Knie gezwungen wurde. Die Soulioten, wahrscheinlich christliche Albaner, Bewohner einer schwer zugänglichen Bergwelt im Epirus, hatten sich 1803 heldenhaft gegen die Angriffe und Expansionsgelüste Ali Paschas gewehrt. Ihr Widerstand – die Frauen sollen, als die Lage aussichtslos war, tanzend einen Felsen hinabgesprungen sein – ging in leichter Umdeutung der Ereignisse in die Geschichte des griechischen Freiheitskampfes ein, an dem die Soulioten später auch beteiligt waren (vgl. dazu die anschauliche Schilderung bei Mendelssohn-Bartholdy 1870).

Eine kaum zu unterschätzende Rolle spielte der *Philhellenismus*, durch den dieser Freiheitskampf zu einer paneuropäischen Angelegenheit wurde. „Der Philhellenismus war die Religion der Jugend und des Alters", schreibt MENDELSSOHN-BARTHOLDY (1870, 1, S. 319). Neben die Bewunderung für das antike Griechenland trat die idealistisch überhöhte Sympathie für das unterdrückte Griechenland der Zeit. Sie veranlaßte aktive Teilnahme an diesem Freiheitskampf, sei es durch Sammlungen von Geld und Munition, die die verschiedensten philhellenischen Vereinigungen durchführten, sei es durch Teilnahme am Kampf, wofür der englische Dichter *Lord Byron* das leuchtendste Beispiel abgab. Er fand 1824 in Mesolongi (am Fieber) den Tod, in der Stadt, die in diesem Kampf eine so bedeutende Rolle spielte.

„Der Park der Helden" mit den Denkmälern der zahlreichen Freiheitskämpfer und Philhellenen, die in Mesolongi starben, am nordwestlichen Stadtzugang zeugt ebenso davon wie das Gedicht von dem in dieser Stadt aufgewachsenen Dichter K. Palamas (1859–1943) „Die Klage der Lagune".

Vorbereitet wurde der Freiheitskampf, dem verschiedene Aufstände vorausgegangen waren (u. a. 1770 mit russischer Unterstützung auf dem Peloponnes), durch zwei Gesellschaften, die *Filomousos* in Athen und die *Filiki Etairia* in Odessa, von denen letztere mit dem Aufstand unter *Fürst Alexander Ypsilantis* in der Walachei das erste, wenn auch noch erfolglose Signal gab. Es begünstigte allerdings als Ablenkung den Ausbruch der Revolution auf dem Peloponnes. Am 1. Januar 1822 wurde auf einem Nationalkongreß in Epidavros die Unabhängigkeit des hellenischen Volkes verkündet. Die Interessengegensätze zwischen England, Rußland und Österreich, letzteres entschiedener Gegner des griechischen Freiheitskampfes, und die Politik der restaurativen Heiligen Allianz verhinderten eine Verständigung über die Lösung der griechischen Frage. Erst das gemeinsame Eingreifen der (selbsternannten) Schutzmächte England, Frankreich und Rußland zugunsten der Griechen bewirkte mit der Seeschlacht von Navarino (1827) – die mehr durch ein Mißverständnis zustande kam – den entscheidenden Umschwung in dem Kampf. Zwischenzeitlich hatte die Unterstützung der türkischen Truppen durch die Ägypter unter Ibrahim Pascha fast zur Niederwerfung des Aufstandes geführt.

Der durch die Landesnatur geförderte, die offene Schlacht vermeidende Guerillakrieg („Klephtenkrieg") ab 1825, der im Zweiten Weltkrieg als Partisanenkrieg wieder erfolg- und für die Besatzungstruppen verlustreich angewendet wurde, und Kämpfe um wenige Brennpunkte wie Athen

(1827/28) oder Mesolongi (1826/27), heldenhafte Leistungen von Freiheitskämpfern (als Namen ragen die *Ypsilantis, Kolokotronis, Karaïskakis, Mavromichalis, Kanaris Androutsos, Botsaris, Diakos, Makrygiannis, Miaoulis* heraus), aber auch Zwietracht unter den Griechen kennzeichnen diesen Freiheitskrieg.

Im Frieden zu Adrianopel (Edirne), der den Russisch-Türkischen Krieg beendete (1829), erkannten die Türkei, wenig später im Londoner Protokoll vom 1. Februar 1830 Rußland, England und Frankreich die Unabhängigkeit Griechenlands an. Zum griechischen Staatsgebiet gehörte zunächst nur der Peloponnes, das südliche Mittelgriechenland (Sterea Hellas) und ein Teil der ägäischen Inseln (s. Karte 1).

Die anderen griechisch besiedelten Teile blieben zunächst beim Osmanischen Reich und bildeten die Wurzeln immer neuer Konflikte. Sie kamen nur sukzessive zu Griechenland.

Der erste Ministerpräsident des jungen Staates, *Kapodistrias* (zu seiner Charakteristik und politischen Leistung vgl. v. a. MENDELSSOHN-BARTHOLDY 1870, Bd. 2, bes. S. 283 ff.), fiel in der vorläufigen Hauptstadt Navplion (dt. auch Nauplia) einem Mordanschlag durch die maniotischen Brüder MAVROMICHALI zum Opfer.

Die Schutzmächte hatten Griechenland zur Monarchie bestimmt, wobei der zu wählende König aus einem mit diesen Mächten nicht verwandten Hause kommen sollte.

Die Wahl fiel auf den jungen *Prinz Otto von Wittelsbach*, Sohn des Bayernkönigs und Philhellenen LUDWIG I., aus einem Staat, der machtpolitisch – zumal als Binnenstaat – auch durch den Machtzuwachs Griechenlands kaum eine ernsthafte Konkurrenz für die Großmächte werden konnte.

Ende Januar 1833 – noch nicht volljährig – traf OTTO mit einer ihn begleitenden Gruppe von politischen Beratern (v. ARMANNSBERG, dem Juristen GEORG LUDWIG VON MAURER, dem Offizier CARL WILHELM FREIHERR VON HEIDECK und dem Verwaltungsfachmann KARL AUGUST VON ABEL), die bis zu seiner Volljährigkeit – die Volljährigkeitserklärung erfolgte vorzeitig am 20. 5. 1835 – die Regierungsgeschäfte führen sollten, in Griechenland ein.

Die Wahl Ottos zum König von Griechenland sollte in mancherlei Hinsicht Bild und Entwicklung des Landes beeinflussen, denn mit ihm kamen deutsche – v. a. natürlich bayerische – Architekten, Archäologen, Künstler und Gelehrte nach Griechenland (vgl. dazu das Kap. 7.2.3), so die Architekten Klenze (1784–1864), Gärtner (1792 bis 1847), Schaubert (1804–1860) und die dänischen Brüder H. C. (1803–1883) und Th. Hansen (1813–1891), die Archäologen L. Roß (1806–1859) und E. Curtius (1814 bis 1896), die eine archäologische Tradition eröffneten, an die große Namen wie Schliemann, Buschor usf. geknüpft sind, die Maler Peter v. Heß (1792–1871), Carl Rottmann (1797–1850) und Ludwig Lange (1806–1868) und viele andere.

Viele junge griechische Maler, Bildhauer und Architekten studierten in Deutschland, insbesondere in München, das auf diesem Wege die neugriechische Kunst beeinflußte.

Umgekehrt wurden durch die Erfahrungen und Auseinandersetzungen deutscher Künstler mit Griechenland und dessen antiken Traditionen die deutsche Architektur und Kunst wesentlich beeinflußt, so etwa die Walhalla bei Regensburg (vgl. dazu L 589).

Als Modell für die Verwaltung diente die nach französischem Vorbild gestaltete, stark zentralistische Verwaltung Bayerns und anderer deutscher Staaten. Sie wurde in ihren Grundzügen bis heute beibehalten.

Am 11. 7. 1833 war in Nauplia der Beschluß gefaßt worden, daß *Athen die Hauptstadt des neuen Griechenlands* werden sollte; ein Jahr später wurde dieser Beschluß von OTTO dekretiert und der Umzug bereits für das Ende des Jahres festgesetzt (L 589, S. 140). Athen war nicht die erste Hauptstadt des neuen Griechenlands. Nachdem bereits provisorische Regierungen in Korinth und Ägina (1826/27) residiert hatten, war von 1829–34 Nauplia (Navplion) am Golf von Argos im östlichen Peloponnes Sitz der Regierung. Hier tagte das erste griechische Parlament, wurde KAPODISTRIAS auf den Stufen der als Parlamentsgebäude dienenden Hg. Spyridon-Kirche ermordet, war PRINZ OTTO 1833 an Land gegangen, um den griechischen Thron zu besteigen. Mehrere Städte wurden als potentielle Hauptstädte diskutiert: neben Athen u. a. Korinth, Argos und Piräus. Die Entscheidung, die Hauptstadtfunktionen nach Athen zu verlegen, war von außerordentlicher Tragweite. Mit ihr wurde der Grund für die spätere Entwicklung gelegt, die zu der großen Kluft zwischen Athen und dem übrigen Griechenland führte. Das Staatsgebiet wurde nach französischem Vorbild in Departements, Provinzen, Städte und Gemeinden eingeteilt, wobei die Gemeinden ein Selbstverwaltungsrecht bekamen, die übergeordneten Einheiten dagegen von der Zentralmacht abhängig waren (L 648, S. 123).

Die Wahl eines Königs aus einem politisch schwachen Haus ist bezeichnend für die Politik der Großmächte, die Griechenland zwar widerstrebend aus dem Osmanischen Reich herauszubrechen halfen, aber gleichzeitig ihren Einfluß zu wahren suchten und immer wieder mit Gewalt durchsetzten.

Beispiele für die gewaltsame Einflußnahme sind die Blockade 1850 durch England, das damit die Zahlung von – z. T. recht zweifelhaften – Entschädigungen an englische Staatsbürger erzwingen wollte, und die Intervention von England und Frankreich im Krimkrieg 1853. Diese Einmischung in die inneren Angelegenheiten Griechenlands rief bei den Griechen große Empörung hervor, die sich noch steigerte, als 1856/57 französische Truppen bei der Besetzung von Piräus, mit der der Regierung die Kontrolle der griechischen Wirtschaft durch England und Frankreich und die Regelung der Auslandsverschuldung aufgezwungen werden sollte, die Cholera einschleppten.

Die innenpolitischen Parteiungen in den ersten Jahrzehnten des neuen

Staates, deren Anhänger mit Hilfe der jeweiligen Großmächte die noch unterworfenen griechischen Länder befreien zu können hofften, spiegeln diese Einflußnahme. Die Interessen Rußlands und Englands richteten sich insbesondere auf die Sicherung von Stützpunkten in der Nahost- und Mittelmeerpolitik, darüber hinaus auf die Erschließung von Rohstoffquellen und Absatzmärkten, auch wenn diese zunächst eher bescheiden waren.

So ist die Unabhängigkeit und Souveränität Griechenlands eher eine nominelle denn eine faktische. Das hemmte die Entwicklung, statt sie zu fördern, führte zur Peripherisierung bzw. perpetuierte sie mit den spezifischen, im einführenden Kapitel angesprochenen Strukturmustern. Hohe Auslandsschulden, die mit hohen Zinsen zurückgezahlt werden mußten und zu weiterer Verschuldung, aber auch dem Unterbleiben notwendiger Investitionen führten, kennzeichnen die Situation, die an die Unabhängigkeit entlassener kolonialer Entwicklungsländer erinnert.

Daran änderte auch die weitere Entwicklung wenig: die Annahme einer *Verfassung* 1843 durch den König und Einführung der konstitutionellen Monarchie mit Eid des Königs auf die Verfassung (1844), die Absetzung OTTOS 1862 und Wahl des mit dem Zar und dem englischen Königshaus verschwägerten GEORG I. aus dänischem Hause.

Bäuerliche Selbstversorgerwirtschaft ist in dieser Zeit die vorherrschende Wirtschaftsform im Land. Handwerk und Gewerbe sind gering entwickelt. Industrie gab es faktisch nicht (mehr). Die wenigen Industriebetriebe, die vor den Freiheitskriegen bestanden hatten, waren zum Erliegen gekommen durch ausländische Konkurrenzwaren, durch mangelnde Infrastruktur (Verkehrswege!) und fehlende Sicherheit zu Lande und zu Wasser, die auch im ersten Jahrzehnt der Regierung Ottos noch nicht voll wiederhergestellt werden konnten.

Trotz allem erfuhr die wirtschaftliche Lage eine langsame Verbesserung durch Intensivierung der Landwirtschaft (die bayerische Regierung hatte dazu u. a. moderne Pflüge eingeführt) und einen Aufschwung der Handelsschiffahrt, was in steigenden Staatseinnahmen (die allerdings nicht zur Abdeckung der Schulden reichten) und im Bevölkerungswachstum Ausdruck findet.

Wesentlich zu dem Aufschwung trug die Gründung der *Nationalbank* 1841 bei. Sie war notwendig für die Abwicklung der Geschäfte von Kaufleuten, Bauern und Gewerbetreibenden.

Mit der Verfassung von 1864 wurde die konstitutionelle Monarchie in das „Parlamentarische Königtum" umgewandelt. Es bildete sich allmählich eine bürgerliche Klasse heraus, die nun in der Nationalversammlung dominiert.

Politisch wird die Zeit bis zum Ende des 19. Jahrhunderts durch den Gegensatz zwischen der liberalen Reformpartei von *Trikoupis* (dem „Bismarck Griechenlands") und den Konservativen unter KOUMOUNDOUROS und DILIGIANNIS bestimmt. Während TRIKOUPIS die wirtschaftliche Entwicklung durch gezielte Wirtschaftspolitik (Ausbau der Infrastruktur etc.) um den Preis hoher Auslandsverschuldung und wachsenden Steuerdrucks zu fördern suchte, bestand die konservative Politik in den Versuchen einer Linderung der Folgen dieser liberalen Politik (L 249, S. 60).

Die wirtschaftliche Entwicklung erfuhr durch die Politik von Trikoupis einen spürbaren Aufschwung, der sich in beginnender Industrialisierung und in wachsendem Außenhandel ausdrückt.

War die Industrie anfänglich an der wirtschaftlichen Entwicklung nur geringfügig beteiligt, da die Kapitalbesitzer (v. a. Reeder, Kaufleute) eher zu kurzfristigen Anlagen tendierten, so existierten 1875 bereits 89 mit Dampfkraft betriebene Fabriken, die über 7000 Arbeitskräfte beschäftigten, was allerdings immer noch verschwindend wenig war im Vergleich mit nur einer deutschen oder englischen Industriestadt jener Zeit (etwa Dortmund).

Es wurden hauptsächlich Agrarerzeugnisse zu Halb- und Fertigprodukten verarbeitet. Die wichtigsten Manufakturen waren Baumwollspinnereien und -webereien, Gerbereien, Mühlen, Ölpressen und weinverarbeitende Betriebe (s. L 648, S. 159). Das setzte eine für den Markt produzierende Landwirtschaft voraus, in der Exportkulturen (v. a. Korinthen) ein wachsendes Gewicht bekamen.

Einen wichtigen Beitrag zur wirtschaftlichen Entwicklung bedeutete es, daß sich infolge der stabilen Politik viele bis dahin im Ausland lebende griechische Kaufleute und Gewerbetreibende in Griechenland niederließen.

Wichtigster Devisenbringer blieb die Handelsflotte mit (1874) über 5200 Schiffen. Die Beschäftigtenstruktur zeigt mit dem hohen Anteil freier Berufe Ungleichgewichte, die noch heute bestehen.

Verglichen mit west- und mitteleuropäischen Ländern blieben trotz des Aufschwungs die wirtschaftlichen Strukturmängel allerdings nicht übersehbar und wurden in einem Artikel der Zeitung Akropolis vom 5. 1. 1893 öffentlich angeprangert.

„Wir sind nicht arm an Reichtumsquellen“, heißt es dort, „und könnten die wirtschaftliche Krise überwinden, ja wir könnten sogar in Wohlstand und Reichtum leben, wenn wir unsere Landwirtschaft und unsere Industrie entwickeln würden . . . Ziehen Sie zur Stimulierung der Produktion Kapital ins Land, gewähren Sie alle Vorteile, alle Garantien, die man verlangt“ (nach L 648, S. 170).

Trotz der unbestreitbaren Fähigkeiten von Trikoupis geriet das Land in den 90er Jahren in die im Zitat angedeutete schwere wirtschaftliche Krise, die im *Staatsbankrott* 1893 gipfelte. Nach der Niederlage 1897 in dem um Kreta ausgelösten Krieg gegen die Türkei mußte Griechenland eine internationale Finanzkontrolle (1898) zur Sicherung des Schuldendienstes akzeptieren (L 249, S. 60). Weitere wirtschaftliche Rückschläge blieben nicht aus, wie z. B. die Korinthenkrise 1898 bis 1906. Emigration in die USA wird zum Ventil für viele betroffene Menschen (vgl. Kap. 6.2.2).

Mit der liberalen Regierung von Eleftherios *Venizelos* (1910) gewann Griechenland neue innere soziale und wirtschaftliche Stabilität, auch wenn die inneren politischen Gegensätze mit VENIZELOS eher verschärft als abgebaut wurden.

Der Entwicklung der Landwirtschaft galt das besondere Augenmerk der Regierung: neue Anbaumethoden wurden propagiert, landwirtschaftliche Kontrolleure ernannt, landwirtschaftliche Fachschulen gegründet u. a. m.

Mit der Einführung von Arbeitsgesetzen bemüht sich VENIZELOS um Vermeidung sozialer Auseinandersetzungen, die anderen europäischen Staaten nicht erspart blieben.

Der *Erste Weltkrieg* führte 1915 in Griechenland zu einem die Nation tief spaltenden Konflikt zwischen dem König, der – aufgrund v. a. verwandtschaftlicher Bindungen seiner Frau SOPHIA eher zu einer Kooperation mit Deutschland neigend – einen Neutralitätskurs vertrat, und den Liberalen unter VENIZELOS, der für eine Kooperation mit der Entente eintrat, ein Zwist, der zum Rücktritt der Regierung führte. Als sich herausstellte, daß Griechenland unter dem Druck von demütigenden Beschränkungen seiner Souveränität durch Besetzung Thessalonikis von Truppen der Entente, Thrakiens von Truppen der Mittelmächte und Bulgariens nicht in der Lage war, den Neutralitätskurs zu halten, übernahm VENIZELOS nach einem Offiziersputsch 1916 an der Spitze der „Bewegung der nationalen Verteidigung“ erneut die Regierung und führte Griechenland an der Seite der Entente in diesen Krieg, nachdem König Konstantin unter massivem Druck v. a. des französischen Militärs ins Exil gegangen war. Wirtschaftlich profitierte Griechenland vom Ersten Weltkrieg insofern, als die Notwendigkeit der Produktion einiger kriegswichtiger bzw. für Griechenland aufgrund des Krieges nicht erreichbarer Güter die Industrialisierung stark förderte.

Die *territoriale Entwicklung* ist bis zum Ende des Ersten Weltkrieges weitgehend abgeschlossen (s. Karte 1). Der England nahestehende König GEORG I. hatte 1864 als Morgengabe die unter britischem Protektorat stehende Republik der *Ionischen Inseln* einschließlich *Kythira*, die bis 1797 zu Venedig, dann kurzfristig zu Frankreich (1797–99) und Rußland (1799–1809) gehört hatten, für Griechenland bekommen. 1881 kamen *Thessalien* und die Region von *Arta* im südlichen Epirus von der Türkei hinzu. Die neue Grenze verlief vom Golf von Amvrakia – Arta ein-, Preveza ausschließend – den Arachthos aufwärts über den Zygospaß, von dort über Chasia und Antichasia und den Gebirgsriegel zwischen Tyrnavos und Elason zu den Grenzbefestigungen am Niederen Olymp oberhalb des Tempetales (L 29, S. 109 und Abb. 10).

Nach der Niederlage 1897 gegen die Türken mußten einige strategisch wichtige Punkte (insgesamt 395 qkm) wieder an die Türkei abgetreten werden.

Die beiden Balkankriege (1912/13) brachten Griechenland dann einen enormen Zuwachs durch die Eingliederung des größten Teils von *Epirus* (nur der kleinere nördliche Teil kommt zu Albanien) und von großen Teilen *Makedoniens*. Bereits 1908 war die Oberhoheit über das sich selbst verwaltende *Kreta* an Griechenland übergegangen, nachdem die europäischen Großmächte bereits 1898 nach mehreren Aufständen (1866–69, 1897) der Insel Selbstverwaltung, allerdings unter türkischer Oberhoheit, zugestanden hatten. 1913 wurde sie endgültig ein Teil von Griechenland. In dem Abkommen von Neuilly (1919) und Sèvres (1920) wurden Griechenland *West-* und *Ostthrakien* zugesprochen, darüber hinaus die Region von *Smyrna*, die – vorausgesetzt die Bevölkerung sprach sich dafür aus – nach fünf Jahren Griechenland angeschlossen werden sollte.

Forderungen auf den zu Albanien gehörenden, griechisch besiedelten nördlichen Epirus scheiterten allerdings ebenso an den imperialistischen Bestrebungen Italiens wie zunächst auch die auf den 1912 von Italien besetzten *Dodekanes*, das dieses als Sprungbrett nutzte bzw. nutzen wollte für die ihm im Vertrag von Sèvres als Einflußsphäre zuerkannten Gebiete von Antalya und Konia (vgl. L 648, S. 200).

Mit den *Erweiterungen der Staatsfläche* (s. Karte 1) wuchs die Einwohnerzahl des Landes und damit das wirtschaftliche Potential; es galt allerdings auch, jeweils spezifische Probleme zu lösen.

Die am 23. 9. 1863 beschlossene, am 17. 3. 1864 in Kraft tretende Vereinigung der unter britischem Protektorat stehenden Republik der *Ionischen Inseln* mit Griechenland brachte einen territorialen Zuwachs von 1922 qkm und ca. 200000 Menschen. Die Inseln unterschieden sich zwar in ihrem ökonomischen Entwicklungsstand kaum von dem des übrigen Griechenlands, besaßen aber eine recht hohe zivilisatorische Entwicklung. Der Dichter der Freiheitskriege Solomos war ebenso ein Ionier wie viele andere bedeutende Lyriker. Im 18. und frühen 19. Jh. blühte auf den Inseln die italienisch beeinflußte Malerei, bereits ein Jh. früher das ebenfalls italienisch beeinflußte Musikleben. Die Ionische Akademie, längere Zeit geistiger Mittelpunkt für die freien und unterworfenen Provinzen, wurde allerdings bei der Vereinigung mit Griechenland geschlossen.

Die Eingliederung *Thessaliens* und der epirotischen Region von Arta, die einen Gebietszuwachs von ca. 13400 qkm, einen Bevölkerungszuwachs von rd. 300000 Menschen brachte, konfrontierte Griechenland mit sozialökonomischen Problemen, denn die türkischen Großgrundbesitzer verkauften ihre v. a. in der Thessalischen Ebene liegenden Besitzungen, die sie bis dahin von griechischen Leibeigenen, abhängigen Bauern und bezahlten Landarbeitern hatten bewirtschaften lassen, an griechische Kapitaleigner. Das brachte soziale Spannungen mit sich, die erst mit der von Venizelos 1917 durchgeführten Agrarreform zumindest teilweise gelöst werden konnten. Eine Belastung bedeuteten auch die unter dem ausländischen Konkurrenzdruck kränkelnden Manufakturen auf der Pilionhalbinsel (Lederwaren, Schlachtereien v. a. in Makrynitsa) und im Pineiostal (Textil).

Mit den Balkankriegen verdoppelten sich das griechische Territorium und die Bevölkerungszahl des Staates fast: Von 64800 qkm wuchs die Fläche auf 108600 qkm, von 2,7 Mio. auf 4,4 Mio. die Bevölkerung. Die Eingliederung *Makedoniens* mit den Städten Thessaloniki, Veroia, Naousa, Edessa und Kavala, die bereits eine Reihe von Industrien besaßen, bedeuteten eine Belebung der Wirtschaft. Die neu dazugekommenen Inseln vergrößerten das landwirtschaftliche Potential durch Produkte wie Öl (Thasos und Lesbos), Mastix (Chios) und Wein (Samos). Belastend wirkte sich aus, daß Griechenland jetzt in seinen Grenzen einen beachtlichen Anteil nichtgriechischer Bevölkerung (Albaner, Slaven, Türken) hatte, auch wenn viele Türken in die Türkei geflohen waren, viele Bulgaren (ca. 15000) beim Rückzug der bulgarischen Armee ihre Siedlungsgebiete in Makedonien verließen. Verlassene Häuser und Höfe übernahmen z. T. aus dem jetzt bulgarisch gewordenen Westthrakien ausgewiesene Griechen (s. L 29, S. 80).

Dadurch, daß das *nördliche Epirus* dem neu gegründeten Staat Albanien zugeschlagen wurde, blieben die dort lebenden ca. 120000 Griechen und die griechisch geprägte Region mit fast 400 griechischen Kirchen, 360 griechischen Schulen und Städten mit beachtlicher Wirtschaftskraft, u. a. Agryrokastron (heute Gjirokaster) und Agii Saranta (heute Sarandë), außerhalb des griechischen Staatsverbandes. Griechen bilden heute die bedeutendste Minderheit in Albanien (vgl. L 578, S. 180ff.).

Mit *Kreta* vergrößerte sich das Territorium um 8263 qkm. Wirtschaftlich war die Insel mehr oder weniger rein agrarisch orientiert.

Mit *Westthrakien,* das Griechenland 1919 im Abkommen von Sèvres zugesprochen bekam, im Kleinasienkrieg wieder verlor, dann aber im Vertrag von Lausanne zurückerhielt (im Gegensatz zu Ostthrakien und Smyrna), erweiterte sich die Staatsfläche noch einmal um ca. 8800 qkm. Die meisten der dort siedelnden Bulgaren wanderten nach Bulgarien ab, Griechen von der bulgarischen Schwarzmeerküste in den neuen Gebietsteil ein. Insgesamt kamen ca. 200000 Menschen hinzu.

Die letzte nennenswerte Gebietserweiterung erfuhr Griechenland nach dem Zweiten Weltkrieg mit der Angliederung des von 1912 bis dahin italienischen *Dodekanes,* der vor der Südwestküste Kleinasiens liegenden, aus 12 größeren und ca. 40 kleineren Inseln bestehenden Inselgruppe mit (1947) ca. 1400 qkm. Griechisch-italienische Verträge über einen (teilweisen) Anschluß des Dodekanes 1920 an Griechenland waren von Italien wieder gekündigt worden. Im Friedensvertrag von Lausanne 1923 trat die Türkei den Dodekanes an Italien ab (vgl. L 712).

Die Inseln liegen in strategisch und früher auch für die Handelsschiffahrt günstiger Lage z. T. sehr dicht vor dem türkischen Festland. Die zum Dodekanes gehörenden Inseln Kastellorizon und Strongyli bilden den östlichsten Vorposten Griechenlands (vgl. dazu H. Schneider in L 265, S. 445ff.).

Mit der Erweiterung der Staatsfläche, der Vergrößerung der Bevölkerung und dem Anwachsen des wirtschaftlichen und politischen Potentials wuchs auch die „Megali Idea" (die große Idee), der Traum von der territorialen Vereinigung der auf der Balkanhalbinsel und in Kleinasien lebenden Griechen, ein Traum, der zu dem verhängnisvollen Kleinasienfeldzug 1922 führte.

Zunächst siegreich, mußten die Griechen in einem 22 Tage dauernden Kampf im nordwestlichen Anatolien gegen die Türken unter Kemal, dem nach der Schlacht der Titel Ghazi („Sieger im heiligen Krieg") verliehen wurde, eine vernichtende Niederlage hinnehmen. Die Folgen waren schrecklich: Zehntausende von Griechen flohen, viele kamen auf der Flucht um, andere wurden von den Türken ins Landesinnere deportiert und starben dabei. Smyrna wurde gebrandschatzt und ein großer Teil der dort lebenden Griechen massakriert.

Was der Fall von Konstantinopel 1453 und die Eroberung der griechisch besiedelten Welt im 14./15. Jh. durch die Türken nicht vermocht hatte, wird im Gefolge der griechischen Niederlage 1922 unter der unseligen, von der Aufklärung geborenen Idee einer notwendigen Identität von Nation (Volk) und Staatsgebiet (Territorium) durch eine Umsiedlungsaktion größten Ausmaßes gegen den Willen der Bevölkerung erreicht: die Auslöschung des Griechentums, der griechischen Kultur in Kleinasien. Nicht nur Smyrna, von dessen 941 000 Einwohnern ca. 550 000 Griechen waren, hörte auf, eine griechische Stadt zu sein (L 470, S. 128).

Im *Vertrag von Lausanne* 1923 wurde der Austausch der in beiden Staatsgebieten verbliebenen Minderheiten vereinbart.

Über 1,2 Mio. Griechen aus Ostthrakien und Kleinasien mußten die Türkei verlassen, im Gegenzug ca. 500 000 Türken, die v. a. in Nordgriechenland noch lebten, Griechenland.

Bereits während des Weltkrieges waren nach Schätzungen (L 648, S. 199) ca. 900 000 Griechen in Kleinasien umgekommen, 450 000 vertrieben worden bzw. unter dem Druck des Terrors nach Griechenland geflohen. Hinzu kamen ca. 170 000 griechische Flüchtlinge aus Bulgarien, aus dem Kaukasus, Südrußland, Jugoslawien, Albanien und vom Dodekanes, dazu rd. 50000 Armenier (ebd., S. 209).

Ausgenommen vom Bevölkerungsaustausch blieben allein die in Konstantinopel/Istanbul und auf den Inseln Imbros und Tenedos lebenden Griechen und die in Westthrakien lebenden Türken.

3.4 Vom verlorenen Krieg 1922 bis zur Gegenwart

Die Notwendigkeit, weit über 1 Mio. Vertriebene integrieren zu müssen, stellte Griechenland vor enorme Probleme. Daß sie durch Ansiedlungsprogramme und andere Maßnahmen mit Unterstützung des Völkerbundes gelöst werden konnten, ist als große Leistung zu werten und brachte Griechenland im Endeffekt einen mächtigen wirtschaftlichen Aufschwung. Kredite von über 20 Mio. US-Dollar halfen dabei.

Die Städte, allen voran Athen/Piräus, erfuhren durch den Flüchtlingszustrom (vgl. dazu Kap. 2.3.7) einen Industrialisierungsschub: Die kleinasiatischen Flüchtlinge brachten eine Reihe von neuen Industrien mit und bewirkten eine Ausweitung v. a. der bestehenden Textilindustrie, Teppichweberei und Keramikindustrie. Die Zahl der Industriearbeiter verdoppelte sich zwischen 1920 und 1928 auf ca. 100 000.

Die Ansiedlung von Zehntausenden von Bauern aus Ostthrakien, dem

Pontus und anderen Gebieten Kleinasiens v. a. in Nordgriechenland, wo durch den Fortzug der Türken größere Ländereien frei geworden waren, insbesondere aber durch umfangreiche Meliorationen Siedlungsland gewonnen wurde (vgl. dazu L 580–584), führte zu einer Intensivierung der landwirtschaftlichen Produktion, aber diese Steigerung reichte nicht aus, um Griechenland landwirtschaftlich autark zu machen. Bis zum Zweiten Weltkrieg mußte Griechenland jährlich ca. 400000 Tonnen Getreide importieren. Als im Winter 1941/42 durch die britische Blockade diese Importe wegfielen, war eine katastrophale Hungersnot die Folge.

Auch innenpolitisch kam das Land nicht zur Ruhe. Zwar wurde 1924 Griechenland zur Republik proklamiert, aber ähnlich wie in der Weimarer Republik faßte die Demokratie nie richtig Fuß. In den Jahren bis 1928 erlebte Griechenland elf Regierungen, drei Parlamentswahlen und eine kurzfristige Militärdiktatur unter General Pangalos. Die Auswirkungen der Weltwirtschaftskrise trafen auch Griechenland sehr hart. Seine Hauptexportprodukte (Korinthen und Tabak) wurden von den importierenden Ländern als verzichtbare Luxusgüter betrachtet, und entsprechend ging ihr Export zurück. Auf die im Gefolge der Krise ausbrechenden sozialen Unruhen reagierte Premier Venizelos recht hilflos mit staatlichen Repressionsmaßnahmen: Öffentlicher Protest gegen die bestehende staatliche Ordnung wurde unter Strafe gestellt. 1935 wurde durch ein gefälschtes Plebiszit die Monarchie wieder restauriert. Als sich bei den Wahlen vom Januar 1936 eine parlamentarische Pattsituation zwischen den Liberalen und den konservativen Populisten ergab, erhielt die winzige griechische KP (weniger als 5 % der Stimmen) die Funktion der Mehrheitsbeschafferpartei. Angesichts dieser Situation beschwor der amtierende Premier Metaxas die kommunistische Gefahr und errichtete am 4. August 1936 im Einverständnis mit König Georg II. die Diktatur.

Die Diktatur Metaxas' verstand sich als faschistisch und ahmte ihre italienischen und deutschen Vorbilder in allen Einzelheiten nach. Sie propagierte ein „drittes griechisches Reich" nach Sparta und Byzanz, kopierte die Hitlerjugend und den Reichsarbeitsdienst und errichtete das obligate Polizei- und Terrorsystem. Im Unterschied zu Italien und Hitler-Deutschland fehlte jedoch eine faschistische Massenpartei. Eine solche wäre dem griechischen klientelistischen System fremd gewesen. Außenpolitisch steuerte das Regime einen Schaukelkurs zwischen Großbritannien und Deutschland.

Am 28. Oktober 1940 marschierten italienische Truppen von Albanien aus in Griechenland ein, wurden aber zurückgeschlagen, was Deutschland zum Eingreifen veranlaßte. Am 6. April 1941 erfolgte der Angriff von dem mit Deutschland verbündeten Bulgarien aus. Die von Fallschirmspringertruppen im Mai 1941 eingeleitete Eroberung von Kreta schließt die Besetzung Griechenlands ab.

Die größten und wichtigsten Städte des Landes, Athen und Thessaloniki mit Umgebung, Westkreta und die Ägäisinseln, wurden von deutschen Truppen, Makedonien östlich des Strymon und W-Thrakien außer einem Grenzstreifen zur Türkei von den Bulgaren, die sogleich eine brutale Bulgarisierungspolitik verfolgten, der große Rest des Landes von den zuvor geschlagenen Italienern besetzt.

Während sich Georg II. und sein Premier Tsouderos nach Ägypten ins Exil absetzten, veranlaßten die Besatzungsmächte die Bildung von griechischen Regierungen, die – zwangsläufig – zu Kollaborateuren wurden. Spontan begann schon im Herbst 1941 der Widerstand gegen die Okkupatoren. Die größte Resistanceorganisation wurde die Nationale Befreiungsfront (EAM–Ethniko Apeleftherotiko Metopo), die am Ende der Okkupation in ihren verschiedenen Suborganisationen ca. 1,5 Mio. Griechen bei einer Gesamtbevölkerung von ca. 7,5 Mio. vereinte.

Zwar war die griechische KP (KKE) maßgeblich am Aufbau und der Leitung der EAM beteiligt, aber die EAM wurde nie von der KKE dominiert, im Gegenteil: Die KKE begann sich zur Massenpartei zu wandeln, in der die Prinzipien des „demokratischen Zentralismus" nur noch bedingt galten. Die EAM führte durch ihre Militärorganisation ELAS einen Partisanenkrieg gegen die Besatzer, aber wichtiger für Griechenland war die durch die EAM initiierte Erneuerung des griechischen Staatswesens. In den von der EAM befreiten Gebieten (am Ende der Okkupation ca. 90 % des griechischen Staates) entstand ein neuer Staat auf der Basis der Graswurzel-Demokratie. Den Höhepunkt dieser Entwicklung bildeten die Wahl eines Parlaments und die Errichtung einer Art Regierung (PEEA) im Frühjahr 1944.

Neben der EAM entstanden weitere kleine Resistanceorganisationen, von denen die bedeutendste die EDES, die Republikanische Liga, war. Die Spaltung der griechischen Resistance lieferte sowohl den Deutschen als auch den Briten Ansatzpunkte für ihre Einmischung. Großbritannien betrachtete die EAM als Feind, da deren Ziele die traditionelle britische Vorherrschaft über Griechenland in Frage stellten. Ab 1943 unterstützte London fast ausschließlich die EDES, die ihrerseits mehr als dubiose Beziehungen zur deutschen Besatzungsmacht unterhielt. Das Resultat war ein erster bewaffneter Zusammenstoß zwischen EAM/ELAS und EDES im Winter 1943/44. Nach dem Abzug der deutschen Truppen im Oktober 1944 erfolgte im Dezember eine bewaffnete britische Intervention in Athen unter dem Vorwand, es drohe eine kommunistische Machtergreifung. Am Ende der über einen Monat währenden Kämpfe wurde in Varkiza (Febr. 1945) ein Friedensvertrag unterzeichnet, der einen tragfähigen Kompromiß darstellte. Hätte man ihn eingehalten, wäre eine friedliche Nachkriegsentwicklung möglich gewesen.

1945/46 erlebte das Land eine *Konterrevolution* unvorstellbaren Ausmaßes, die die bei der Befreiung bestehenden Machtverhältnisse völlig umkehrte (dazu v. a. L 526). Griechenland wurde zum einzigen Land Europas, in dem die Kollaborateure straffrei ausgingen, ja den Weg zurück an die Macht fanden. Diese Konterrevolution fand vor den Augen der omnipräsenten Briten statt, die jedoch nichts dagegen unternahmen. Als sich 1946 die verfolgte

Linke zur Wehr zu setzen begann, leitete dies einen Eskalationsprozeß von Gewalt und Gegengewalt ein, der in einen bis 1949 andauernden Bürgerkrieg mündete. 1947 fand im Rahmen der Trumandoktrin der Wechsel von der britischen zur amerikanischen Schutzmacht statt.

Hatte bereits der Zweite Weltkrieg weit über 100000 Tote gefordert, so erhöhte sich diese Zahl während des Bürgerkrieges um weitere ca. 160000 (die Zahlenangaben schwanken; VAKALOPOULOS 1985, S. 236, rechnet mit ca. 400000 Toten). Im Verlauf des Bürgerkrieges verloren nahezu eine dreiviertel Million Bauern hauptsächlich durch von den Amerikanern empfohlene Umsiedlungsmaßnahmen, um den Partisanen Rekrutierungen unmöglich zu machen, ihren Besitz. Tausende von Gebäuden waren unbewohnbar geworden.

Um sie vor den Bürgerkriegswirren zu schützen, evakuierte man viele Kinder in die sozialistischen Staaten („paidomazoma"), und viele Kämpfer der Partisanenarmee („Andartes") folgten ihnen nach Beendigung des Bürgerkrieges.

Die Zahlenangaben über die in die sozialistischen Staaten gekommenen Griechen sind unterschiedlich und bewegen sich zwischen 60000 bis 70000 (H. Richter) und über 100 000 (Latifis in Oikonomikos Tachydromos 23. 2. 1984). Von ihnen lebten nach dieser Quelle ca. 15000 in der UdSSR (Usbekistan, Taschkent), 13500 in der ČSSR, 9000 in Polen, 6800 in Bulgarien, 5600 in Rumänien, 4800 in Ungarn und 1500 in der DDR. Viele kehrten in den letzten Jahren in ihre Heimat zurück oder haben doch die Absicht zurückzukehren. Etwa 50000, überwiegend Slavophone, ließen sich in Jugoslawien nieder. Sie gingen überwiegend nach Jug.-Makedonien (v. a. Skopje) und wurden, da eine Repatriierung von griechischer Seite nicht gewünscht, von jugoslawischer nicht gefordert ist, dort vermutlich assimiliert (vgl. V. Meier in FAZ vom 11. 12. 1984).

Der Kommunismus entwickelte sich für die Mehrheit der Bevölkerung und der Politiker zu einem Gespenst, das die Anlehnung an die Alliierten England und USA forcierte, die ihrerseits höchstes militärisches Interesse daran hatten und haben, daß Griechenland der kommunistischen Einflußsphäre entzogen wird. Im Zuge des Marshallplans erhielt auch Griechenland Wirtschaftshilfe (ca. 4 Milliarden US $) und Militärhilfe (bis 1964 ca. 1,7 Milliarden US-$) von den Amerikanern, die ihren Einfluß in der neuralgischen Region des östlichen Mittelmeerraumes abzusichern suchten. Mit Abkommen von 1952 wurden den Amerikanern Militärstützpunkte zur Verfügung gestellt, die bis heute – wenn auch seit dem Regierungsantritt von PAPANDREOU immer wieder umstritten und reduziert – bestehen.

Die starke politische und damit auch wirtschaftliche Abhängigkeit Griechenlands setzte sich so unter etwas anderen Vorzeichen auch nach dem Zweiten Weltkrieg fort. Die Wunden des Bürgerkrieges sind bis heute nicht geheilt. Die ersten Jahre nach dem Bürgerkrieg (zum folgenden vgl. v. a. L 249, S. 68ff.) waren geprägt durch Angst, Mißtrauen und Fanatismus. Während die konservative Regierung rigoros gegen Kommunisten und (vermeintliche) Gegner vorging, 2000 Todesurteile und Tausende von Freiheitsstrafen und Internierungen in Lagern (Insel Makronisos vor der attischen Küste) verhängte, sich Tausende von Mitgliedern der Resistance auf der Flucht vor Verfolgung befanden, gingen die Kollaborateure weitgehend straffrei aus, ja fanden z. T. den Weg zurück in die Schaltstellen der Macht. Die kommunistische Partei unterhielt weiter einen illegalen Apparat bzw. baute ihn neu auf, was zur weiteren Polarisierung beitrug. Die Zentrumsparteien blieben schwach. Die Verschärfung der internationalen Spannungen infolge des Koreakrieges führte zu einer verstärkten Unterstützung der Rechten durch die USA, von denen sich diese eine wirksame Bekämpfung des Kommunismus versprachen. Die 1952 verabschiedete revidierte Form der Verfassung von 1864/1911 kennzeichnet das griechische Regierungssystem als „vasilevomeni dimokratia" (Demokratie mit einem König an der Spitze). Pflege des Nationalbewußtseins als Unterrichtsziel und Beamtenpflicht bekommen Verfassungsrang.

Es folgte von 1953 bis 1961 eine Phase relativer politischer Stabilität unter konservativen Regierungen (Papagos 1952–55, K. Karamanlis 1955 bis 1963). Liberalisierung des Außenhandels, Stabilisierung der Währung, weiterer Ausbau der Infrastruktur und der Industrialisierung belebten die wirtschaftliche Entwicklung, allerdings um den Preis niedriger Löhne und Gehälter sowie der Vernachlässigung von Bildungs- und Gesundheitswesen und der Sozialpolitik.

Zunehmender Druck auf Linke und Liberale verschärfte wieder die politischen Gegensätze im Land, die in der von staatlichen Organen lancierten Ermordung des (linken) EDA-Abgeordneten Grigoris Lambrakis in Thessaloniki kumulierten (vgl. dazu den Film „Z" von Konstantin Costa-Gavras, Frankreich/Algerien 1969). Die Haltung des Königs trug zur Verschärfung der Gegensätze bei. Zwar stellte die 1963 und in erneutem Urnengang 1964 gewählte Regierung unter G. Papandreou (dem Vater des späteren Ministerpräsidenten Andreas Papandreou) verbunden mit Liberalisierung des öffentlichen Lebens rechtstaatliche Verhältnisse wieder her, vermochte jedoch nicht einen Teil der rechtsorientierten Militärs und anderer Rechter in das System einzubinden und der Demagogie der Rechtspresse entgegenzutreten.

Das waren die Voraussetzungen dafür, daß am 21. 4. 1967 eine Gruppe von staatsfeindlichen Obristen (Junta) unter Führung von Georgios Papadopoulos die Regierung stürzte und unter Verbannung der Oppositionellen auf die Inseln Gyaros und Leros und brutaler Erstickung jeden Widerstandes eine Militärdiktatur errichten konnte, deren Wertmuster ein christlich verbrämter Nationalismus (Slogan „Ellas Ellinon Christianon"), Ordnung und Disziplin waren. Der fehlgeschlagene Versuch von König Konstantin II. im Dezember 1967, die Junta zu entmachten, endete mit dessen Flucht ins Ausland und späterer Absetzung in absentia (1973).

Die 1973 ausbrechende Wirtschaftskrise, die u. a. in den europäischen Industriestaaten zum Gastarbeiteranwerbestopp führte, aktiver und passiver Widerstand (Studentenunruhen) im Inland und massiver Druck ins Ausland emigrierter Intellektueller machten dem Regime schwer zu schaffen. Der zur inneren Entlastung von der Regierung in Athen initiierte Staatsstreich 1974 gegen den Präsidenten Zyperns, Erzbischof Makarios, provozierte das Eingreifen der Türkei, führte zur Teilung Zyperns und an den Rand eines Krieges und bewirkte den Sturz der Regierung und damit das Ende der Diktatur.

Griechenland kehrte unter dem aus Paris zurückgekehrten Konstantin Karamanlis zur Demokratie zurück.

Die Parlamentswahlen 1974 und 1977, an denen auch die Kommunisten teilnahmen, brachten der konservativen Nea Demokratia die absolute Mehrheit der Parlamentssitze, die Parlamentswahlen von 1981 dann erstmals einen Wahlsieg der sozialistischen Partei der Pa.So.K. unter Andreas Papandreou.

Allen Regierungen gemeinsam ist die durch das ungelöste Zypernproblem und die Ansprüche der Türkei auf Hoheitsrechte in der Ägäis geschürte Gegnerschaft zur Türkei (Verteidigungsminister Averof im Parlament: „Es gibt für Griechenland keine Gefahr aus dem Norden"), die sich in der Lage der griechischen militärischen Einrichtungen deutlich ausdrückt.

Die im Juli 1961 erfolgte, 1967 bis 1974 ausgesetzte Assoziierung an die EG mündete am 1. Januar 1981, nachdem der Beitrittsvertrag am 28. 5. 1979 unterzeichnet worden war, in die Vollmitgliedschaft.

Griechenland gehört seit 1981 auch wieder der NATO, aus der es 1974 ausgetreten war, an und verblieb trotz der großen Vorbehalte der Pa.So.K. bis heute in diesen Organisationen.

Die regional sehr unterschiedlichen Anteile der bei den *Parlamentswahlen 1985* gewählten Parteien (vgl. Karte 2) gehen auf sehr verschiedene Einflußgrößen zurück (vgl. dazu L 23, S. 26ff.): historische Elemente, wie die Auswirkungen des Bürgerkrieges, den Umfang des Flüchtlingszustromes nach 1922, Auslandsgriechentum, Anteil von Minderheiten, früheres Wahlverhalten, Herkunft der Parteiführer, Umfang der klientelen Bindungen und natürlich die sozioökonomischen Strukturen.

Die Pa.So.K. übernahm 1981 einen großen Teil der Wählerschaft der alten liberalen Zentrumsparteien. Die Tatsache, daß der Gründungsvater des Zentrums, Eleftherios Venizelos, aus Kreta stammte, dürfte für den hohen Anteil der Pa.So.K.-Wähler dort mitentscheidend gewesen sein.

Nur die Tatsache, daß der heutige Vorsitzende der Vereinigten Demokratischen Linken, Ilias Illiou, von der Insel Lesbos stammt, erklärt den sehr hohen Anteil von Linkswählern in diesem Nomos.

Die Kommunisten sind nicht nur in Athen/Piräus – wie man es bei einer relativ zahlreichen Industriearbeiterschaft erwartet – stark, sondern auch in einigen Gebieten mit hohem Anteil von Flüchtlingen, die nur schwer in die traditionellen Klientelbeziehungen einzubinden waren. Auffällig ist auch der relativ hohe Anteil von KKE-Wählern in den Gebirgsbezirken Mittelgriechenlands und des Epirus. Hier mögen die Erfahrungen des Bürgerkrieges nachwirken.

Die Hochburgen der Nea Demokratia liegen einmal auf dem Peloponnes (Argolis, Lakonien), zum anderen in den nordgriechischen Grenzbezirken Thrakiens und Makedoniens. Hier konnte die Pa.So.K. nicht in die traditionellen Wählerschichten der Konservativen eindringen, während sie in den alten Hochburgen des Zentrums besonders erfolgreich war. Die von den Zentrumsparteien zur Pa.So.K. gewechselten Wähler sind v. a. den bürgerlichen Mittelschichten und der bäuerlichen Bevölkerung zuzurechnen, was für deren Politik nicht ohne Konsequenzen ist und war.

„Unterentwicklung, zurückbleibende Industrialisierung, als stark empfundene ökonomische und politische Abhängigkeit vom Ausland, stets ambivalentes Verhalten der griechischen Politiker gegenüber dieser Abhängigkeit, Interventionen von König und Armee sowie insgesamt nur kurz währende Phasen ungestörter demokratischer Entwicklung prägten die politische Kultur in Griechenland und übten auch einen nachhaltigen Einfluß auf die Pa.So.K. aus", schreibt AXT (L 23) und resümiert damit zugleich einen grundlegenden Aspekt der griechischen Geschichte und Landeskunde.

Die zweite Hälfte der 80er Jahre ist außenpolitisch zunächst weiterhin durch den Konflikt mit der Türkei (vgl. L 407) geprägt. Mit dem Treffen von Davos 1987 zwischen ANDREAS PAPANDREOU und dem türkischen Premier TURGUT ÖZAL scheint sich aber eine Entschärfung des Konfliktes anzubahnen.

Innenpolitisch ist die Überwindung der schweren ökonomischen Krise das Hauptproblem.

4. DER NATURBESTIMMTE LEBENSRAUM UND DAS NATÜRLICHE POTENTIAL

Daß die natürliche Umwelt das Lebensgefühl des Menschen, sein Befinden, seine Leistungsfähigkeit und Schöpfungskraft beeinflußt, ist ebenso unbestritten wie das Faktum, daß das naturräumliche Potential die ökonomische und gesellschaftliche Organisation beeinflußt. In welcher Weise und in welchem Ausmaß es das tut, bleibt einer wissenschaftlichen Erfassung allerdings oft schwer zugänglich, zumal Einschätzung und Möglichkeiten einer Inwertsetzung des physischen Potentials sich mit der Zeit wandeln.

Wenn die physische Geographie in einem geschlossenen Kapitel gebracht wird, so deshalb, um einerseits damit einen Überblick über die physische Umwelt zu vermitteln, andererseits um in den folgenden Kapiteln dort, wo physische Faktoren zum Verständnis wichtig sind, darauf zurückgreifen zu können. Ihre Stellung im Anschluß an die Darstellung der Geschichte soll zugleich Prioritäten aufzeigen: Im Zusammenhang mit der Problemorientierung dieser Länderkunde wird den physischen Geofaktoren nur sekundäre Bedeutung zugemessen. Es wäre wissenschaftlich kaum verantwortlich, die natürliche Umwelt und das physische Potential für den Entwicklungsstand des Landes verantwortlich zu machen. Beispiele wie Dänemark oder die Schweiz, beide arm an Bodenschätzen, stehen dagegen.

4.1 Das Klima

Bereits die antike Medizin beschäftigte sich mit den Auswirkungen des Klimas und der natürlichen Umwelt auf den Menschen und seine Krankheiten wie die im 5. Jh. entstandene Hippokratische Schrift über „Luft, Wasser und Winde". Systematische Abhandlungen über das Klima Griechenlands resp. der Mittelmeerländer unter Berücksichtigung Griechenlands entstanden jedoch erst seit dem vergangenen Jahrhundert.

Erste Arbeiten erschienen in den letzten Dekaden des 19. Jh.; so die Arbeit von A. Mommsen, Griechische Bauernregeln (1873; L 418), und von Fischer (L 188) über das Klima der Mittelmeerländer (1879).

Besondere Aufmerksamkeit erfuhren die griechischen Windverhältnisse (Krugler 1912, Weickmann 1922, Schneider-Carius 1948, Schamp 1954, 1955).

Eine erste Zusammenfassung unternahm Mariolopoulos (zusammen mit Civathenos) mit dem Klimaatlas von Griechenland (1935) und einer Darstellung in

Neugriechisch 1938. Auf ihn stützt sich, angereichert durch eigene Erfahrung und zusätzliche Daten, die vorzügliche monographische Darstellung des Klimas von Griechenland von A. Philippson (1948), der bereits in seinem „Mittelmeergebiet" (1912/22) eine längere Darstellung des Klimas gebracht hatte.

Ebenfalls nach dem Zweiten Weltkrieg erschien eine ganze Serie von Arbeiten, die v. a. auf den während des Krieges durchgeführten Messungen und Untersuchungen basieren: Schneider-Carius (1948), Flohn (1948), Rauh (1949), Huttary (1950) und andere. In diesen Zusammenhang gehört auch die Darstellung im Griechenland-Handbuch der Naval Intelligence Division 1944. Bereits kurz vor dem Krieg war die wichtige deutsche Arbeit von Schamp (1939) zur Luftklimatologie des griechischen Mittelmeeres erschienen.

1960 verfaßte der griechische Meteorologe Mariolopoulos eine neue Darstellung des Klimas von Griechenland in englischer Sprache.

Seither erschien eine Reihe weiterer zusammenfassender Darstellungen im Rahmen von größeren länderkundlichen Werken über die Mittelmeerländer (u. a. Birot und Dresch 1953, 1956, Houston 1964, Schmieder 1969, Sauerwein 1976).

Auch Horvat, Glavač und Ellenberg (1974) gehen im Rahmen der Vegetationsgeographie Südosteuropas detailliert auf die klimatischen Verhältnisse Griechenlands und seiner Vegetationszonen ein.

Wichtige Stütze für die Darstellung in dieser Länderkunde bilden die vom Deutschen Wetterdienst in Offenbach (1981) und die vom Griechischen Statistischen Amt herausgegebenen meteorologischen Daten.

4.1.1 Allgemeine Merkmale

Die mediterranen Klimaeigenschaften Griechenlands sind für den „Nordländer" eine der auffallendsten Eigenheiten des Landes. Von ihnen ist eine Vielzahl weiterer Geofaktoren abhängig oder beeinflußt wie insbesondere Vegetation und Tierwelt, Landwirtschaft, Tourismus und andere wirtschaftlich wichtige Bereiche.

Das Klima Griechenlands läßt sich charakterisieren als subtropisches Winterregenklima. Es weist Eigenschaften auf, wie sie im subtropischen Bereich an den Westseiten der Kontinente nicht nur im europäischen Mittelmeergebiet, sondern ebenso in Kalifornien und Chile in Amerika, im Kapland Südafrikas und im südwestlichen Australien (Perth, Adelaide) vorkommen: die Winter sind feucht und relativ mild, die Sommer warm und trocken (Klimatyp Csa bei Koeppen; IV, 1 bei Troll und Paffen 1964).

Das Klima Griechenlands hatte, wie wir von fossilen Böden, morphologischen Zeugnissen und anderem wissen, nicht immer die Eigenschaften, die es heute besitzt, auch wenn es mit Sicherheit in mykenischer Zeit und in der klassischen Antike dem heutigen bereits sehr ähnlich war (vgl. L 493, S. 167f.). Die Zunahme der Bevölkerung im östlichen Mittelmeerraum und die Erweiterung des Kulturlandes spielten sich in einem Naturraum ab, der bereits vom Klima her sehr abtragungslabil war (L 241, S. 54).

Zweifellos besaß Griechenland während der Eiszeiten ein anderes, kühleres und feuchteres Klima, das etwa unserem heutigen mitteleuropäischen entsprochen haben dürfte. Der Wandel zum heutigen Klimatyp erfolgte nach der letzten Eiszeit (vgl. L 240, S. 68). Ob die erhaltenen roten Lateritböden Zeugen und Produkte eines noch weiter zurückliegenden feuchten und heißen tropischen Klimas sind, das im Tertiär herrschte, ist umstritten.

Die besonderen Eigenschaften des Klimas der Gegenwart in Griechenland sind im wesentlichen Folge von drei Faktoren: der großräumigen Luftdruckverteilung, der geographischen Lage des Landes und seiner Oberflächengestalt (vgl. L 430, 1, S. 78f.). Im Sommer ist die großräumige Luftdruckverteilung einerseits bestimmt durch ein kräftiges Tief, das sich aufgrund der starken Erwärmung über dem südasiatischen Festland mit Kern über NW-Indien und dem Persischen Golf herausbildet, andererseits durch das sich nach N und NO ausdehnende Azorenhoch. Sie bedingen einen über Griechenland und dem Ägäischen Meer fast meridionalen Isobarenverlauf mit starkem Gradienten. Dementsprechend existiert eine dem Isobarenverlauf folgende stetige Luftströmung mit nördlicher Komponente über Griechenland und der Ägäis, die sich mit der subtropischen Passatströmung verbindet.

Mit dem „Wandern" des Sonnenstandes im Winterhalbjahr nach S kommt das Mittelmeergebiet und damit Griechenland in den Einflußbereichen zyklonal bestimmter Wetterlagen, die Regen bringen. Die Karte der mittleren Luftdruckverteilung im Winter zeigt Gebiete hohen Drucks über dem osteuropäisch-asiatischen Festland und dem Inneren der Balkanhalbinsel sowie über Nordafrika. Die dazwischenliegende Tiefdruckrinne ist die Region der regenbringenden Zyklonen, die von Westen nach Osten wandern. Man findet deshalb Griechenland auf der Karte der genetischen Klimatypen von Hendl (1963) in der Zone des „Kernpassatwechselklimas mit winterlicher Zyklonalwitterung". Der zweite klimabestimmende Faktor, die geographische Lage, ist dadurch gekennzeichnet, daß Griechenland als Halbinsel weit ins östliche Mittelmeer hineinragt, mit diesem sich verzahnt und so einen Übergang zwischen Meer und Kontinent bildet. Es verleiht dem Klima einen Übergangscharakter. Das starke Relief schließlich bedingt nicht nur klimatische Gegensätze zwischen hoch und tief gelegenen, zwischen zum Meer offenen und gegen es abgeschlossenen Gebieten, sondern zwischen West- und Osthälfte des Landes. Im gebirgigen Landesinneren erfahren die mediterranen Klimaeigenschaften eine unterschiedlich starke Abwandlung.

Die enge Verzahnung von Land und Meer bedingt, daß maritim-mediterrane Elemente weit ins Landesinnere gelangen. Große lokalklimatische Unterschiede sind eine Folge der Reliefgestaltung (vgl. L 275, S. 115).

4.1.2 Temperatur und Niederschlag

Bedingt durch die Halbinsellage sind die *Temperaturen* in Griechenland weder im Sommer noch im Winter extrem, die Temperaturamplituden zwischen wärmstem und kältestem Monat viel geringer als etwa in dem auf gleicher Breite liegenden Anatolien. Charakteristisch sind dagegen relief- und lagebedingte große Temperaturunterschiede auf bisweilen engstem Raum und starke Temperaturveränderungen innerhalb eines Tages oder kurzer Zeiträume (vgl. L 430, 1, S. 89). Beträchtliche Temperaturwechsel innerhalb eines Tages resultieren aus oft starker nächtlicher Ausstrahlung bei klarem Himmel, dem Einsetzen eines See-Land-Windes, eines Berg-Tal-Windes oder anderen Winden. Die wetterbedingten Unterschiede sind besonders groß in den Übergangszeiten.

Den größten Teil der *Niederschläge* bringen die im Winterhalbjahr über das Mittelmeergebiet ziehenden Zyklonen. Die wenigen Niederschläge im Sommer fallen meist in Form von Gewitterregen.

Die Tatsache, daß die feuchtigkeitsbringenden Luftmassen des Winterhalbjahres aus westlichen Richtungen kommen, führt dazu, daß aufgrund der Gebirgsbarriere des Pindos die Westhälfte Griechenlands sehr viel höhere Niederschläge erhält als die Osthälfte.

Die Stationen der Westhälfte empfangen z. T. mehr als doppelt so viele Jahresniederschläge wie die Ostseite: Das am Gebirgsfuß des Pindus gelegene Ioannina empfängt 1253 mm, Korfu 1239 mm und Patras 728 mm, Athen dagegen nur 395 mm, Thessaloniki 441 mm und das im thessalischen Becken gelegene Larisa 451 mm. Die Werte der Inseln Milos und Limnos liegen mit 438 mm und 510 mm nur wenig darüber. Extreme Unterschiede zeigen die West- und Osthälfte Kretas mit weit über 1000 mm bei Chania und weniger als 300 mm im Ostteil (s. Karte 3).

Ausnahmen im Ostteil bilden nur die nordost-exponierten Hänge von Olymp, Ossa und Pilion und der nördlichen Sporaden, die im Winter aus Nordosten kommende Luftmassen zu erheblichen Niederschlägen zwingen.

Langanhaltende Regenperioden kommen auch im Winterhalbjahr selten vor, wie die Anzahl der Tage mit über 1 mm Niederschlag zeigt (s. Tab. A5). Insgesamt sind die Regenfälle kürzer und ergiebiger als in unseren Breiten. Die Anzahl der Regentage ist allerdings von Jahr zu Jahr sehr unterschiedlich (L 430, 1, S. 95 u. 97). In Südgriechenland, im östlichen Mittelgriechenland und auf den Inseln liegen die Niederschlagsmaxima in den Monaten November bis Januar. Die Sommermonate Juni, Juli, August sind hier nahezu regenlos, auf den südägäischen Inseln auch die Monate Mai und September, z. T. sogar April und Oktober. In Thessalien und Nordgriechenland zeigen die Niederschläge submediterrane Züge mit Frühjahrs- und Herbstmaximum und etwas höheren Niederschlagsmengen auch in den Sommermonaten.

Im Vergleich zu anderen mediterranen Ländern ist die *Gewitterhäufigkeit* in Griechenland relativ gering. Genetisch müssen insbesondere zwei Arten von Gewittern unterschieden werden: Gewitter, die mit dem Durchzug von Kaltfronten von Zyklonen verbunden sind, die in Griechenland v. a. im Winterhalbjahr auftreten, und Wärmegewitter, die an den Sommer gebunden sind. Während Wintergewitter v. a. in NW-Griechenland, auf den Ionischen Inseln, den Inseln vor der kleinasiatischen Küste und auf Kreta häufiger vorkommen, haben die sommerlichen Gewitter ihre größte Häufigkeit im kontinentaleren Nord- und Mittelgriechenland und im zentralen Peloponnes. Gewitterreichste Region Griechenlands insgesamt ist Epirus, gewitterärmste der südöstliche Peloponnes und Böotien (L 430, 1, S. 95 f.).

Grundsätzlich kann man als Folge von Kaltlufteinbrüchen aus dem Norden zwischen November und April in Griechenland fast überall mit *Schneefällen* rechnen. Schneefälle in den Küstenbereichen Griechenlands und auf den Inseln sind allerdings selten, wenn auch keineswegs außergewöhnlich (L 430, 1, App. IX, S. 486); aber nur ganz selten bleibt hier der Schnee liegen und bildet eine geschlossene Decke. Schulfrei für die Kinder und Verkehrschaos sind die Folgen, von denen dann meist auch unsere Zeitungen berichten, wie Anfang März 1987.

Im gebirgigen Inneren Griechenlands liegt regelmäßig Schnee. Die Häufigkeit von Schneefall und Bildung bzw. Dauer einer Schneedecke nimmt dabei generell von S nach N, von W nach O und mit der Höhenlage zu. An den Hängen von Parnaß und Olymp, wo seit einigen Jahren Skigebiete erschlossen sind, ist bis weit in den April hinein Skilauf möglich.

An vor Sonneneinstrahlung geschützten Stellen bleibt Schnee auf den höheren Bergen bis in den Juni hinein liegen, nirgends in Griechenland allerdings auf größeren Flächen das ganze Jahr hindurch.

Im nördlichen Inneren Griechenlands bildet sich durchschnittlich jedes Jahr bereits in Höhen bis 300 m für kurze Zeit eine geschlossene Schneedecke, in Mittel- und Ostgriechenland zwischen 300 und 600 m, in Süd- und Westgriechenland zwischen 600 und 900 m. Monate mit Schneefall sind v. a. Januar und Februar (L 430, 1, S. 98 f.). Selbst im südlichen Peloponnes muß der Reisende noch im April mit Behinderungen durch Schnee auf Gebirgsstraßen rechnen.

4.1.3 Winde

Griechenland ist ein windreiches Land (L 493, S. 18), insbesondere im Küstenbereich und auf den Inseln sind windstille Tage selten.

Das macht den Wind als Energiespender neuerdings wieder interessant; erste kleine Windkraftwerke arbeiten auf den Inseln Karpathos, Kythnos, Mykonos. Auf einigen anderen ägäischen Inseln sind Windenergieanlagen geplant (vgl. Kap. 5.5.3.2). Früher war die Nutzung der Windkraft in Griechenland weit verbreitet: Die vielen, oft in Reihen angeordneten Getreidewindmühlen auf den Inseln oder die Windmühlen zur Wasserhebung (z. B. in der Lasithi-Hochebene auf Kreta) geben ein Zeugnis davon.

Das Volk belegte schon in der Antike die Winde mit besonderen Namen, die nicht nur eine bestimmte Himmelsrichtung beinhalteten, sondern im Sinne von Luftkörpereigenschaften auch Temperatur, Feuchtigkeit, Stärke und anderes (L 493, S. 23; L 570), Eigenschaften, die auch die Windgötter am Turm der Winde in Athen zum Ausdruck bringen.

So bezeichnet der Vorias (Borras in der Antike, ital. Bora) im Gegensatz zu den ebenfalls aus N wehenden Etesien den kühlen, feuchten und oft stürmischen Nordwind, der im Winterhalbjahr kalten Regen und Schnee bringt, der im Frühjahr häufige Livas oder Sirokos (Lips oder Euros im Altertum, ital. Scirocco) den trockenen und heißen, auf den menschlichen Organismus lähmend wirkenden Südwind, der bei gelblichem bis bleifarbenem Himmel, an dem die Sonne kaum noch sichtbar ist, zu rötlichen, gelben oder weißen Staubniederschlägen führt, oder der Notias (Ostria, Notos im Altertum), die feuchtwarme, regenbringende Version des Sirokos.

Die Bezeichnung des griechischen Klimas als *Etesienklima* markiert eine spezifische Ausprägung des mediterranen Klimatyps, benannt nach den im Sommer herrschenden charakteristischen, mit Trockenheit verbundenen Winden mit nördlicher Komponente. Im Griechischen ist für sie das türkische Wort *meltemi* (plur. meltemia) gebräuchlich. Diese insbesondere über dem Ägäischen Meer in den Monaten Mai bis September regelmäßig und oft in Sturmesstärke wehenden Winde (das Wort Etesien ist abgeleitet vom griechischen Wort etisios = jährlich) haben schon manchem Reisenden die Schiffahrt zur Plage werden lassen. Inseln, die keine gegen die Nordwinde geschützte Hafenbucht besitzen, können dann von Schiffen nicht angelaufen werden, was von eiligen Reisenden einkalkuliert werden sollte.

Ursache für diese beständige Luftströmung sind die zwei oben genannten „Schwungräder“: das Azorenhoch und das über dem asiatischen Festland lagernde Hitzetief, die zu einem steilen Abfall der Isobaren von West nach Ost führen. Die Etesien wehen v. a. über dem Meer. Sie schwächen sich über dem Festland ab bzw. werden durch lokal sich ausbildende Winde aufgehoben.

Ihr Auftreten zeigt einen charakteristischen jahres- und tageszeitlichen Verlauf (L 574, S. 464 ff.): Die Vorläufer (griech. prodromoi) treten bereits im Mai auf. Die Etesien erreichen dann einen ersten Höhepunkt in der dritten Maidekade, brechen meist für eine kurze Zeit plötzlich ab, um dann ab Ende Juni, gewöhnlich aber erst ab Mitte Juli, für rd. zwei Monate außerordentlich beständig zu wehen. Die Häufigkeit der Etesientage wird im September geringer, im Oktober hören sie auf.

Ebenso charakteristisch wie der jährliche Verlauf ist der tägliche Verlauf: Meist gegen 10 Uhr morgens einsetzend, erreichen sie gegen Mittag und am frühen Nachmittag ihre größte Stärke und flauen gegen Abend gewöhnlich ab. Die Etesien sind trockene Winde, die sich allerdings weniger durch ihre geringe relative Feuchte als durch ihre Wolkenarmut, ja gewöhnlich das Fehlen jeglicher Bewölkung auszeichnen, die in Verbindung mit der Klarheit der Luft zu jenem unvergleichlichen Blau von Meer und Himmel und dem großartigen Farbenspiel führt, das uns Nordeuropäern die Landschaft so anziehend macht.

Die Ursachen für Regenlosigkeit und Wolkenarmut können nicht nur darin liegen, daß die Luftmassen aufgrund ihres weiten Weges über das eurasiatische Festland trocken sind, denn diese Bedingung gilt z. B. für die quer zur vorherrschenden Windrichtung liegende Insel Kreta mit ihren über 2000 m hohen Bergen nicht: Hier müßte es zum Abregnen der über dem Ägäischen Meer mit Feuchtigkeit angereicherten Luftmassen kommen.

Die Ursachen liegen vielmehr auch darin begründet, daß sich im Bereich der Passatströmung, mit der sich die Etesien verbinden, eine Inversionsschicht, d. h. eine Temperaturumkehrschicht in der Atmosphäre ausbildet, die einen vertikalen Austausch der Luftmassen und damit die Entstehung von Regenwolken verhindert.

Diese Temperaturumkehrschicht liegt im Wurzelbereich der Passate durchschnittlich in 1000–1500 m Höhe, im Hochdruckkern unter 1000 m. Sie steigt generell allmählich in Richtung Äquator an.

Für Kreta ist sie etwa in 1500 m Höhe anzunehmen (vgl. Schneider-Carius, S. 468, der das Windmaximum, das immer deutlich unter der Inversion liegt, bei 1000 m Höhe angibt).

Die Oberflächengestalt führt zu zahlreichen Abweichungen der an den verschiedenen Stationen gemessenen, von den durch die Druckverhältnisse bestimmten Windrichtungen. So tendieren Winde aus Norden im W-Teil des Landes zu nordwestlicher, im O-Teil des Landes zu nordöstlicher Richtung. Das gleiche gilt für Winde mit südlichen Komponenten (L 430, 1, S. 82).

Die mit den von W nach O wandernden Zyklonen verbundenen westlichen Winde haben je nach Verlauf der Zugbahnen in Griechenland eine nördliche oder südliche Komponente. Verläuft die Zugbahn einer Zyklone z. B. nördlich von Kreta, dann wird auf der Insel ein Wind mit südlicher, läuft sie südlich, ein Wind mit nördlicher Komponente herrschen.

Unterbrechungen der ab Mitte Juni beständig wehenden Etesien durch eindringende Zyklonen sind selten, kommen aber durchaus vor. So erlebte der Verf. im August 1958 in Delphi zwei Tage Dauerregen infolge einer solchen zyklonalen Störung.

Auch wenn die Etesien häufig recht heftig wehen, so gibt es doch die meisten *Stürme* mit Windstärken von 8 und mehr im Winter. Die Schiffahrt wird dann oft eingestellt, viele Inseln bleiben unerreichbar.

Voraussetzung für die Entstehung von Stürmen im Winter ist die Bildung einer kräftigen Antizyklone über der Balkanhalbinsel mit scharfem Druckabfall zu einem über dem Meer lagernden Tief. Sie wehen als Nordstürme oft viele Tage, während Südstürme im Gefolge von kräftigen, über Nordgriechenland und die nördliche Ägäis hinziehenden Zyklonen meist weniger heftig und von kürzerer Dauer sind.

Das außerordentlich vielgestaltige Relief des Landes beeinflußt stark die lokalen Windverhältnisse. Gebirgsbarrieren wirken ablenkend, Durchlässe als windverstärkende Düsen, die die Schiffer fürchten. Die Engen zwischen den Inseln Andros und Euböa (Stenon Kafireos) oder Andros und Tinos erzeugen z. B. diese Düsenwirkung, durch die selbst mäßig wehende Winde oft zum Sturm verstärkt werden. Bekannt ist auch die Düsenwirkung der Dardanellen (L 513, S. 22).

Föhnartige Verstärkung erfahren die Winde in Lee von Gebirgen, gut erfahrbar etwa an den leeseitigen Küsten der ägäischen Inseln.

Von anderem Charakter sind Winde wie der *Vardaris,* ein durch Bildung eines lokalen Tiefs über dem Thermäischen Golf bedingter, v. a. im Winterhalbjahr aus dem Vardar-/Axiostal wehender Wind. Er ist mit dem Mistral des Rhonetals oder der Bora der Adria vergleichbar.

Ähnliche lokale Winde wehen, wenn auch nicht in vergleichbarer Ausprägung, aus den anderen Flußtälern Makedoniens und Thrakiens (Strymon, Nestos, Evros) Richtung Meer. Ausgesprochene *Föhnwinde* treten v. a. auf der O-Seite des Pindos auf.

Kein Föhn im meteorologischen Sinne sind die Berg-Tal-Winde, die abends durch unterschiedlich schnelle Abkühlung von hoch- und tiefgelegenen Gebieten einen Druckausgleich herbeiführen und am Abend oft angenehm frische Luft von den Bergen in die Täler bringen. Solche Winde gibt es im Sommer auch in Deutschland, wie etwa den an strahlungsreichen Sommertagen von den Schwarzwaldhöhen durch das Höllental bei Freiburg zur Oberrheinebene wehenden „Höllentäler".

Folge eines tageszeitlich wechselnden Druckausgleiches sind die *Land-See-* bzw. *See-Land-Winde.*

Letztere bilden sich tagsüber dadurch aus, daß sich das Land schneller erwärmt als das Meer, wodurch über dem Land die erwärmte Luft aufsteigt und ein Tief bildet, in das kühlere Luft vom Meer einströmt. Am frühen Nachmittag erreichen diese Winde gewöhnlich ihre größte Stärke.

In den Monaten, in denen die Vegetation bereits weitgehend vertrocknet ist, und in den Gebieten, die waldarm und von Vegetation entblößt sind, bilden sich See-Land-Winde besonders kräftig aus. Sie tragen noch heute den türkischen Namen „imbat".

In der Nacht bewirkt die stärkere Ausstrahlung über dem Land Winde mit umgekehrter Richtung. Sie setzen gewöhnlich am frühen Abend ein und wehen bis in die Dunkelheit hinein, besonders kräftig dort, wo die Ausstrahlung über dem Festland nicht durch Vegetation, Dunst und anderes gedämpft ist.

Der durch die Winde geschaffene Temperaturausgleich macht die Wärme in Griechenland fast immer gut erträglich.

4.1.4 Die räumliche Differenzierung des Klimas

Der meridional verlaufende hohe Gebirgsriegel des Pindos und der peloponnesischen Gebirge, die Kleinkammerung und enge Verzahnung von Land und Meer im südlichen Griechenland, Nähe und Ferne zum Meer und breitenparallele Gebirge im N, die Klimaeinflüsse vom Inneren der Balkanhalbinsel abschirmen, führen in Griechenland im einzelnen zu einer ausgeprägten räumlichen Differenzierung der Klimaelemente und zwei bzw. drei deutlich voneinander zu unterscheidenden Klimaregionen.

Besonders der Gebirgsriegel des Pindos und der ihn fortsetzenden Gebirge des Peloponnes bedingen starke klimatische Unterschiede zwischen West- und Ostseite des Landes („Griechenlands zwei Seiten", PHILIPPSON 1947). Insgesamt zeigt die dem Ozean zugekehrte und feuchtere Westhälfte Griechenlands maritimere Eigenschaften als die Osthälfte: Die Temperaturen sind dort sowohl im Tages- wie Jahresgang ausgeglichener als im Osten (vgl. dazu die Temperaturamplituden der monatlichen Mitteltemperaturen, der mittleren Maxima und mittleren Minima der Stationen Korfu und Patras mit denen von Limnos und Athen), die Winter milder, die sommerliche Trockenzeit zwar etwas kürzer, dafür aber absoluter (weniger Gewitter). Fröste kommen seltener vor. Die Sonnenscheindauer der meisten Stationen liegt trotz der höheren Niederschläge weit über der der Osthälfte. Die relativ hohen winterlichen Wassertemperaturen von 14 °C von Januar bis März im Vergleich zu 12 °C in Thessaloniki sind auch Ausdruck der größeren Maritimität. Der stärkere kontinentale Einfluß in der Osthälfte des Landes, insbesondere im Nordosten, drückt sich auch in einer (z. T. nur leichten) Verschiebung der Trockenzeit in den Spätsommer aus (s. Karte 6).

Das hat weitreichende Folgen für Vegetation und Landnutzung: Der Westen ist waldreicher, grüner als der Osten (man vergleiche die Ionischen Inseln mit den Kykladen!), landwirtschaftliche Kulturen leiden weniger unter Wassermangel und Frostgefährdung. Die Flüsse, deren Wasserregime durch die Niederschlagsverteilung bestimmt ist und die dementsprechend in Griechenland jahreszeitlich eine sehr unterschiedliche Wasserführung aufweisen (breite Schotterbetten), führen im W häufiger das ganze Jahr hindurch Wasser, während im Osten die Flüsse mit wenigen Ausnahmen ganz oder fast vollkommen austrocknen. Bei winterlichen Regenfällen entwickeln sie sich dagegen kurzfristig zu oft reißenden Bächen und Flüssen, von den Griechen als chimarroi bezeichnet. Eine Nutzung der Flüsse für die Schiffahrt ist aufgrund ihres klimabedingten Wasserregimes nicht möglich.

Die stärkere und permanente Wasserführung ist auch der Grund dafür, weshalb der nach Westen entwässernde Alfeios auf dem Peloponnes sein Einzugsgebiet gegenüber dem Evrotas ständig erweitern konnte (Schulbeispiel für Flußanzapfung; vgl. L 430, 1, S. 29, Abb. 17 u. L 573, Fig. 63).

Die ägäischen Küstenbereiche Mittel- und Nordgriechenlands und die nordägäischen und ostägäischen Inseln und insbesondere das gegen das Meer abgeschirmte Thessalische Becken zeigen die kontinentalen Eigenschaften deutlicher als das der Ägäis zugekehrte südliche Festlands- und Inselgriechenland: Die Temperaturamplituden zwischen wärmstem und kältestem Monat sind größer (vgl. etwa die Amplituden der Mitteltemperaturen von Athen mit 18,1 °C und Thessaloniki mit 21,5 °C), die Sommer sind heiß, Gewitter bringen mehr Niederschläge als im Süden (so hat Athen 10 Tage mit über 1 mm Niederschlag in den Monaten Mai bis September mit insgesamt 59 mm Niederschlag, Thessaloniki dagegen 19 Tage mit 220 mm Niederschlag). Das gegen das Meer durch den Riegel des Ossa abgeschlossene Becken von Thessalien (Station Larisa) zeigt die kontinentalen Eigenschaften durch eine noch größere Amplitude der monatlichen Mitteltemperaturen und der mittleren Maxima gegenüber Thessaloniki (22,4 °C und 24 °C gegen 21,5 °C und 23,1 °C).

Die mediterranen Klimaeigenschaften mit milden, weitgehend frostfreien Wintern und warmen, weitgehend trockenen Sommern reduzieren sich mit zunehmender Höhenlage, verlieren sich aber auch in den höchsten Gebirgsteilen keineswegs ganz: Ein sommerlicher Einschnitt in der Niederschlagsverteilung kennzeichnet die Zugehörigkeit zum subtropisch-mediterranen Klimaregime, das als mediterran getöntes Gebirgsklima beschrieben werden kann.

Die Station Florina (s. Tab. A 5) hat bei Mitteltemperaturen von 0,8 °C im Januar (zum Vergleich: Thessaloniki 5,5 °C, Ioannina 4,8 °C) und einem Jahresmittel von 12,5 °C (Thessaloniki 16,2 °C, Ioannina 14,6 °C) eine mittlere Zahl von 12,8 Tagen im Januar, von 11,2 Tagen im Februar und noch von 5,1 Tagen im März mit geschlossener Schneedecke (Dt. Wetterdienst, Klimadaten von Europa II, Offenbach 1981). Wenn die Jahresmitteltemperatur mit 12,5 °C (bei einer Höhenlage von 662 m der Station) relativ hoch liegt, so ist das auf die recht warmen, submediterranen Sommermonate zurückzuführen.

Eine Einteilung in Regionen mit gleichen bzw. ähnlichen klimatischen Eigenschaften kann deshalb zwischen den maritim-mediterranen Inseln und Küstenbereichen Westgriechenlands und den kontinental-mediterranen Inseln und Küstenbereichen der Osthälfte einerseits, den submediterranen bzw. mediterran getönten Gebirgsregionen andererseits unterscheiden. Im mittleren und nördlichen Teil der kontinental-mediterran geprägten Osthälfte sind die kontinentalen Klimaeigenschaften wesentlich stärker ausgeprägt als im Süden: Die Temperaturamplituden und v. a. die Winterkälte mit Frosttagen sind größer. Die zu den unterschiedenen Klimaregionen gehörenden Inseln zeigen jeweils innerhalb ihrer Region durch die Meerlage gemäßigte Züge.

Der Ölbaum als Indikator für mediterrane Klimaeigenschaften reicht im W höher ins Gebirge hinauf als im Osten, wo er am Grund von intramontanen Becken, in denen sich im Winter oft für längere Zeit Kaltluft lagert, ebenso verschwindet wie andere frostempfindliche Pflanzen. An den höher gelegenen Rändern und im randlichen Bergland, wo die Kaltluft abfließen kann, können Ölbäume meist durchaus gedeihen, eine Erscheinung, die in ähnlicher Form in allen größeren Gebirgen zu beobachten ist (vgl. etwa die Lage der Marillenkulturen im Vintschgau).

4.1.5 Der jahreszeitliche Witterungsverlauf

Die übliche Einteilung in vier Jahreszeiten haben auch die Griechen, wobei cheimonas (Winter) und kalokairi (Sommer) die Hauptjahreszeiten darstellen, anoixis (Frühling) und fthinoporon (Herbst) Übergänge, die in den Wörtern anoixis (= Eröffnung) und fthinoporon (von fthinein – zu Ende gehen, opora = Frucht) zum Ausdruck kommen.

Der griechische Meteorologe Mariolopoulos (1961) schlug eine Einteilung in nur drei Jahreszeiten vor: Blüte- und Reifezeit (März–Juni), Trockenzeit (Juni–Oktober) und Regenzeit (Oktober–März). Dem landwirtschaftlichen Jahr wird diese Einteilung ebensowenig voll gerecht wie die Einteilung in vier Jahreszeiten. Die alten Griechen teilten darum das Jahr z. T. in sieben Jahreszeiten (L. 493, S. 143).

Die Übergangsjahreszeiten sind synoptisch durch das Vorherrschen des sommerlichen oder winterlichen Klimatyps gekennzeichnet, das Wetter darum in diesen Jahreszeiten oft schnell wechselnd und sehr verschieden: warme und sonnige Tage können sehr plötzlich mit regenreichen, kühlen Tagen abwechseln, die Monate März und April insgesamt noch sehr kühl und regenreich, aber auch schon warm und sonnig sein, so daß Baden an südlichen Stränden möglich ist. Im Vergleich mit dem Frühjahr sind die herbstlichen Wetterlagen nicht so rasch wechselnd, Regentage selten so kühl wie im Frühjahr, der Herbst insgesamt länger als das Frühjahr.

Eine äußerst lebendige Schilderung der griechischen Jahreszeiten findet sich bei Alfred Philippson (1948, S. 144–157). Aus Platzgründen kann sie hier leider nicht, wie ursprünglich geplant, gebracht werden.

4.2 Oberflächengestalt, Geologie und Bodenschätze

Griechenlands Bodenplastik, seine hochragenden Gebirge und tiefen Täler, der schnelle Wechsel der Oberflächengestalt, die enge Verzahnung von Land und Meer, seine vielgestaltigen Küsten und seine wechselnden Gesteine üben auf den Reisenden immer wieder einen faszinierenden Reiz aus und sind für die kulturelle, wirtschaftliche und politische Entwicklung von großer Bedeutung gewesen.

Wenn geomorphologische Forschungen am Anfang der physisch-geographischen Forschungen in Griechenland standen (wie die Arbeit von Philippson über den Peloponnes), so allerdings nicht aus den o. g. Gründen, sondern, weil es der damals vorherrschenden Blickrichtung des Faches entsprach.

Unter den geomorphologischen Forschungen ragen die von Alfred Philippson durch ihre Vielseitigkeit, räumliche Weitgespanntheit und Detaillierung (vgl. Kap. 1.2) heraus. Unter den geomorphologischen Forschungen im Anschluß an Philippson sind v. a. die von O. Maull (1921) zu nennen. Kreta, das in den Forschungen Philippsons und Maulls ausgespart blieb, erfuhr v. a. durch N. Creutzburg (1928, 1966) und H. Poser (1957) geomorphologische Erforschung.

Die jüngere deutsche Forschung beschäftigte sich v. a. mit quartärmorphologischen Fragen und der holozänen Landschaftsentwicklung (u. a. Büdel 1965, Hafemann 1966, Hagedorn 1969, Kelletat 1975, 1979, Thiem 1979, 1980, 1981 und Hempel 1981, 1982, 1984, 1986). Die zahlreichen Arbeiten von H. Riedl (1974, 1976, 1978, 1981, 1984) und seinen Schülern versuchen v. a. die Reliefgenerationen Griechenlands herauszuarbeiten, d. h. Formen oder Formengesellschaften, die gleiches Entstehungsalter aufweisen, ohne dabei in ihrem morphotektonischen oder klimamorphologischen Habitus einheitlich sein zu müssen (Riedl 1984, S. 157).

Während die Beiträge griechischer Forscher zur Kenntnis der Geomorphologie ihres Landes rar sind und weitgehend im Dienste der Geologie stehen, dürfen die der Franzosen nicht unerwähnt bleiben. Französische Geographen erweiterten durch geomorphologische Kartierungen und Formenanalysen die Kenntnisse über große Teile des Landes wesentlich (u. a. Pechoux 1964, Bousquet 1974).

Auch zur Kenntnis der Geologie und der Bodenschätze des Landes trugen deutsche Forscher wesentlich bei. Unter ihnen sind neben dem vielseitigen Alfred Philippson (u. a. 1892, 1896, 1950–59) v. a. die Arbeiten der Geologen Sieberg (1932) und Renz (u. a. 1940, 1955) zu nennen. Jüngere Aktivitäten deutscher Geologen in Griechenland finden sich u. a. in der Veröffentlichung der Deutschen Geologischen Gesellschaft, Hannover 1972.

Bereits kurz nach der Gründung des neuen Staates hatte der deutsche Geologe Karl Fiedler im Auftrag König Ottos das Land bereist, um die vorhandenen Bodenschätze zu lokalisieren und zu beschreiben. Das 1834 veröffentlichte zweibändige Werk enthält darüber hinaus viele länderkundlich interessante Beobachtungen.

Mit der Gründung eines staatlichen geologischen Dienstes in Griechenland nach dem Zweiten Weltkrieg nahm die griechische geologische Forschung einen mächtigen Aufschwung. Er dokumentiert sich in der Übersichtskarte 1 : 500 000, die 1983 auf der Grundlage der das Land fast vollständig abdeckenden Aufnahme in 1 : 50 000 erscheinen konnte. Sie löste die von Renz, Liatsikas und Paraskevaïdis kompilierte geologische Karte 1 : 500 000 aus dem Jahr 1955 ab.

Erhebliche Grundlagenarbeit hatten auch hier die Franzosen geleistet (vgl. u. a. L 22, 72, 98, 134, 411).

Seit 1970 steht die Plattentektonik im Mittelpunkt zahlreicher Forschungsarbeiten (L 699).

Eine jüngere Zusammenfassung (1986) fand die Geologie des Landes in dem von V. Jacobshagen herausgegebenen und von ihm und anderen Geologen (u. a. S. Dürr, F. Kockel) bearbeiteten Werk.

4.2.1 Grundzüge der Oberflächengestalt

Griechenlands Oberflächengestalt ist durch außerordentliche Vielfalt gekennzeichnet. Tief ins Landesinnere eindringende Buchten, Landvorsprünge und dem Festland vorgelagerte Inseln und Inselgruppen verzahnen Land und Meer auf das engste und machten die Griechen seit alters her zu einer Seefahrernation, die ihr Einkommen noch heute zu beträchtlichen Teilen aus der Schiffahrt bezieht. Die Küstenlänge von über 15000 km ist Ausdruck dieser Verzahnung. Kein Punkt Festland-Griechenlands liegt weiter als 90 km von der Küste entfernt. In Mittelgriechenland beträgt der Abstand jeden Punktes weniger als 60 km, auf dem Peloponnes weniger als 50 km, und auch jeder Punkt des Ägäischen Meeres befindet sich in weniger als 60 km Küstenabstand (s. L 490, S. 5).

Wie sich Land und Meer auf das engste begegnen, so auch Höhen und Tiefen: Die Entfernungen vom über 2400 m hohen Taygetos im südlichen Peloponnes zu Meerestiefen von über 4000 m im Ionischen Meer oder vom ebenfalls über 2400 m hohen Parnaß zu dem 850 m tiefen Golf von Korinth betragen jeweils nur wenige Zehner von Kilometern.

Dem Buchtenreichtum entspricht eine Kleinkammerung des Landes (Landschaftskammern) in von Bergen umgebene Küstenhöfe (z. B. Becken von Athen, Argolis) oder intramontante Becken (z. B. Thessalisches Becken, Becken von Sparta). Sie sind seit alters Siedlungsräume der Menschen und naturräumliche Voraussetzung der Bildung der altgriechischen Stadtstaaten (poleis) (dazu L 315). Nur an wenigen Stellen in Süd- und Mittelgriechenland finden sich breitere Küstenstreifen, wie etwa in Elis im westlichen Peloponnes. Erst in Nordgriechenland wird die Landschaft weiter, ist die Verzahnung von Land und Meer weniger eng, sind die Höhenunterschiede weniger kraß.

Die Oberflächengestaltung resultiert aus einer langen erdgeschichtlichen Entwicklung unter dem Einfluß endogener Kräfte (tektonischer Bewegungen der Erdkruste, Vulkanismus), der Ausgangsgesteine und des Klimas. Sie bestimmen nicht nur das Landschaftsbild, sondern wurden für die Entwicklung des Landes und seine Inwertsetzung in vielerlei Hinsicht bedeutsam.

Aufgrund des hohen Anteils gebirgigen Landes an der Gesamtfläche ist der Anteil landwirtschaftlich nutzbaren Landes im Verhältnis zur Gesamtfläche in Griechenland geringer als in vielen anderen europäischen Ländern, sicher ein Entwicklungshemmnis, wenn daraus auch keineswegs deterministisch weitreichende Folgerungen gezogen werden dürfen.

Zwei Massen geologisch unterschiedlichen Alters und unterschiedlichen Materials begegnen sich in Griechenland und beeinflussen maßgeblich die Oberflächengestaltung: ein altes, *präalpides Kristallin-Massiv* (Rhodopen-Kykladen-Massiv) und ein junges, im wesentlichen im Tertiär entstandenes *Faltengebirge* (vgl. Karte 4). In das aus kristallinen Gesteinen (v. a. Gneisen, Amphiboliten, Marmor) aufgebaute *Rhodopen-Kykladen-Massiv* eingelagert sind Ophiolithe und Vulkanite. Das Kykladenmassiv im Süden, von dem heute nur noch wenige Teile als Inseln aus dem Meer ragen, Südattika und Südeuböa, die lykisch-karische Masse, zu der die griechische Insel Samos zählt, und schließlich – den ganzen Nordosten Griechenlands bestimmend – die thrakische Masse mit Rhodopen, Ossa und Olymp, Griechenlands höchstem Berg (2917 m), der Chalkidike sowie den Inseln Thasos und Samothraki sind Teile dieses kristallinen Massives. Ursprünglich eine zusammenhängende Masse, zerbrach sie unter dem Einfluß starker tektonischer Bewegungen.

Die Deutung des zerbrochenen Kristallin-Massives als präalpidisches Grundgebirge (so Renz 1940) ist zumindest für das Attisch-Kykladische Kristallin allerdings umstritten. Die von Kober (1929) vertretene Deckentheorie wird neuerdings durch zahlreiche Fossilfunde und radiometrische Datierungen gestützt. Entstanden durch orogenetische Ereignisse im Alttertiär, zeichnet sich das heute zutage tretende Attisch-Kykladische Kristallin durch gemeinsam erlittene tektonische und metamorphe Prägungen aus. Es hat noch im Untermiozän in großen Krustentiefen gelegen und ist erst im mittleren Miozän an die Oberfläche getreten (L 278, S. 117).

Ossa und Olymp nehmen innerhalb dieses älteren Gesteinsmassivs eine Sonderstellung ein.

Im Gegensatz zur Schroffheit und Kahlheit der jüngeren Kalkgebirge sind die Formen dieser älteren Gebirge weicher. Ihr Reichtum an Erzen und edlem Marmor ist nicht unbeträchtlich: Die berühmten Marmorbrüche der Insel Paros und des Pentelikon gehören ebenso dem Kristallingebirge an wie das Erzrevier von Lavrion.

Das Massiv diente als Widerlager der jüngeren Auffaltungen. In südlicher Verlängerung der Alpen und Dinariden legen sie sich als hochaufragendes, aus mehreren Ketten bestehendes Deckengebirge in großem Bogen an die alte Gebirgsmasse an, die dem Faltungsdruck widerstand. Der Name *Helleniden* für dieses Gebirge wurde 1929 von Kober eingeführt (L 278, S. 6; zu deren Bau und geodynamischer Entwicklung s. ebd., S. 257ff.). Sie setzen sich südlich des Peloponnes als Inselbogen mit den Inseln Kythira, Kreta, Karpathos und Rhodos nach Kleinasien (Taurusgebirge) fort. Aus den Sedimenten der Tethys, jenes im Erdmittelalter erdumspannenden Meeres aufgebaut, bestehen sie v. a. aus geschichtetem und ungeschichtetem Kalk, Marmor (= metamorpher Kalk), Flysch, Schiefer und Serpentiniten mit eingestreuten Magmatiten. Die Struktur der Gebirgszüge des Pindos resultiert aus tertiärer Faltung, Überschiebungen, Schuppenbildung unter Druck von West nach

Ost und vertikalen Brüchen. Die davon v. a. erfaßten Kreidekalke bilden hochgestellte Stufen mit Firsten, die an vielen Stellen 2000 m, z. T. 2500 m Höhe überragen. Die im Laufe der Zeit v. a. im Oligozän und Eozän abgetragenen und in den Senken abgelagerten Materialien wurden ihrerseits zu Konglomeraten und Sandsteinen als Flysch verfestigt und in Faltungen einbezogen (dazu L 278, S. 28 ff. und S. 268, L 573, S. 152).

Flysch ist ein im Tertiär abgelagertes Flachwassersediment, das aus kalkhaltigen Sandsteinen, schluffreichen Schichten und fein- bis grobkiesigen Konglomeraten besteht (zur Schichtenfrage des westhellenischen Flysches s. Jacobshagen 1986, S. 29). Er entstand in der Nähe der jungen, stark der Abtragung ausgesetzten Faltengebirge und wurde später in die Faltung miteinbezogen. Flysche sind leicht erodierbar, Flyschlandschaften darum durch ein stark bewegtes Relief gekennzeichnet, in dem aufgrund des lockeren Ausgangsmaterials Rutschungen häufig auftreten und die Bodenerosion vielfältige Ansatzpunkte findet. Flyschrelief prägt viele Teile des Epirus und Mittelgriechenlands (vgl. Karte 4 und L 573, Fig. 62).

Nach faziellen, paläogeographischen und anderen Kriterien werden die Helleniden in mehrere Zonen, denen z. T. Deckenstockwerke entsprechen, gegliedert (s. L 278, S. 7).

In Nord- und Mittelgriechenland werden die Helleniden als Pindos bezeichnet. Der 2520 m hohe Grammos, im Bürgerkrieg Symbol des kommunistischen Kampfes gegen den „Monarchofaschismus“ (L 638, S. 172), bildet die Verbindung zu den albanischen Gebirgen. Smolikas (2637 m) und Tymfi (2497 m) sind die höchsten Erhebungen des Pindos. Günstigster Übergang ist der 1705 m hohe Zygos-Paß bei Metsovon. Im Süden bilden Giona (2510 m) und Parnaß (2457 m) die Fortsetzung des Pindos.

Durch den tiefen Graben des Golfes von Korinth unterbrochen, setzen sich die Helleniden auf dem Peloponnes fort, steigen in Aroania und Kyllini im Norden bereits wieder über 2300 m Höhe auf, um im weit ins Mittelmeer vorstoßenden Taygetos im südlichen Peloponnes dann ihre größte Höhe mit 2407 m zu erreichen.

Zwischen Ebene und Gebirge vermitteln vielfach neogene *Hügelländer* aus jungtertiären und altquartären Ablagerungen. Teils bilden sie tafelförmige Schollen, teils wurden sie von Gewässern zu einem welligen, oft schwer überschaubaren Hügelland zerschnitten (L 490, S. 9). Hügelland und die Konglomerattafel von Elis im westlichen Peloponnes bilden ein schönes Beispiel dieses Landschaftstyps (vgl. dazu Karte 9). Bei Schichtlagerung morphologisch unterschiedlich widerständiger Schichten bilden sich *Strukturformen,* die, tektonisch vorgezeichnet, vielfach die Ränder der Täler, Becken und Küstenhöfe begleiten. Eindrucksvolles Beispiel solcher Strukturformen sind die Meteorafelsen am Rande des Thessalischen Beckens.

Als Lebensräume des Menschen besonders wichtig sind die in die Gebirge eingelagerten *Küstenhöfe* und *Becken* (vgl. L 573, S. 144 f., 147 ff., 219 ff.).

Tektonisch angelegt, handelt es sich in den Kalkgebieten bei den Becken um Poljen (z. B. Kopais-Becken, Becken von Ioannina, Becken von Lasithi auf Kreta). Geringes Gefälle der Beckenböden, ein vielfach noch anhaltendes Absinken und ein verengter oberirdischer (Strymon, Tempetal) oder nur unterirdisch über Katavothren erfolgender Abfluß bedingen meist schwierige Abflußverhältnisse, die zu langanhaltenden Überschwemmungen der tief gelegenen Beckenteile, Versumpfungen und früher Malariaverseuchung führen. Berüchtigt waren die Sümpfe von Philippi im südöstlichen Teil des Beckens von Drama in Ostmakedonien, die als Fieberhölle galten (vgl. L 179, S. 38ff., L 573, S. 222). Erst umfangreiche Meliorationsarbeiten (L 179) bewirkten ihre wirtschaftliche Nutzbarkeit, die jedoch auch heute noch in vielen Becken durch Wasserprobleme eingeschränkt ist, zu denen auch Versalzungsgefahr aufgrund schlechter Drainage gehört. Die aufwendigsten Meliorationsarbeiten zur Nutzbarmachung mußten im Kopaisbecken in Böotien durchgeführt werden, einem Polje, dessen Abfluß nur über Katavothren erfolgte. Die Katavothren sind noch gut sichtbar an der Nationalstraße nach Athen (vgl. auch das romantische Bild von Dodwell, 1986, S. 22).

Bereits in vorgeschichtlicher Zeit hatten die Minyer den See teilweise trockengelegt. Reste von Deich- und Kanalbauten, die jedoch bereits in der Antike verfallen waren, zeugen von dieser Kulturleistung.

Große Meliorationsarbeiten zur Trockenlegung wurden erst wieder in den beiden letzten Jahrzehnten des vergangenen Jahrhunderts mit dem Bau von Entwässerungskanälen und einem unterirdischen Wasserabfluß in den tiefer gelegenen Ylikisee unternommen. Die Seespiegelhöhen von Yliki und Paralimni wurden um 35 m bzw. 20 m angehoben und für sie ein neuer Abfluß geschaffen. Die Wasserbaumaßnahmen des letzten Jahrhunderts erwiesen sich als unzureichend und erfuhren zu Beginn der 30er Jahre eine grundlegende Verbesserung (vgl. L 484, 181, 573, S. 144f.).

Das Klima der intramontanen Becken ist kontinentaler: In ihren tiefgelegenen Teilen bilden sich im Winter häufig Kaltluftseen und machen den Anbau mediterraner Kulturen dort unmöglich. Die Siedlungen liegen meist am Rande auf Schuttkegeln und alten Terrassen.

Größtes Becken ist das durch eine niedrige Schwelle in zwei Teile gegliederte Thessalische Becken, das über 3000 qkm umfaßt.

Talformen und *Verlauf der Flüsse* sind stark von Gestein und Tektonik abhängig. Zum Teil bildeten sich klammartige, tiefeingeschnittene Schluchten wie die Vikos-Schlucht im Epirus, die Samaria-Schlucht auf Kreta, die Neda-Schlucht im westlichen Peloponnes auf der Grenze von Elis zu Messenien oder das von Bahn und Straße durchzogene antezedente Durchbruchstal des Pineios (Tempetal) zwischen Ossa und Olymp. Aufgrund der – klimatisch bedingten – im Jahresrhythmus stark wechselnden Wasserführung haben die Flüsse meist breite Schotterbetten. Je nach der Wasserführung der Flüsse bildeten sich bei ihrem Austritt aus dem Gebirge und bei ihrer Mündung ins

Meer mehr oder weniger ausgedehnte Schwemmfächer, die heute fruchtbares Kulturland darstellen.

4.2.2 Karstphänomene

In den Kalkgebirgen Griechenlands sind Karstphänomene weit verbreitet. Unter Karstphänomenen versteht man die geomorphologischen Erscheinungen, die durch die leichte Löslichkeit des Kalziumkarbonats in Wasser und die Wasserdurchlässigkeit des zerklüfteten Gesteins bedingt sind (zu Karstphänomenen auf der Balkanhalbinsel vgl. Horvat et al. 1974, S. 31). Die Löslichkeit führt zu unterirdischer Höhlenbildung. Ein Beispiel dafür sind die Höhlen von Pyrgos Dirou auf der Mani im südlichen Peloponnes, die mit dem Boot befahren werden. Sie führt auch zur Bildung von Dolinen und Uvalas, trichter- oder schüsselförmigen, durch Einbruch von unterirdischen Hohlräumen entstandenen Vertiefungen der Oberfläche, und Poljen, beckenartigen Großformen im Karst, sowie oberflächlich zu Kleinformen wie Karren, Klüften und Rinnen. Breite Flußtäler fehlen im Karst, Oberflächengewässer sind selten.

Die Wasser fließen, z. T. über weite Strecken, durch unterirdische Hohlräume, um dann in starken, allerdings in ihrer Ergiebigkeit schwankenden Quellen (Karstquellen, griechisch: Kefalaria) an die Oberfläche zu treten. Ein Kafenion oder kleines Restaurant unter schattenspendenden Platanen verschönt vielfach die angenehm temperierten Orte und macht sie zu Oasen der Erholung wie die in der Antike Lethe und Mnemosyne genannten Quellen am Fuß des Burgberges von Levadia, Lieblingsaufenthalt türkischer Statthalter, wo diese die heißen Stunden des Tages zu verdösen pflegten (L 280, S. 420).

Durch kalziumkarbonatische Ausscheidungen bei Temperaturzunahme des Wassers entstehen Kalktuffe (Sinter). Ihre genau datierbare Entstehung an der rückwärtigen Mauer des Apollontempels in Delphi beschreibt Sauerwein (in: Erdk. 41, 1987, S. 326ff.).

Häufig tritt Karstwasser untermeerisch aus, wie in den mächtigen Quellen vor der argolischen Küste bei Paralia Astron, unweit des antiken Myloi, wo auch der Halkyonische See lag, in dessen Wasser nach der Sage der Schwimmer unversehens von Strudeln erfaßt wurde, die ihn hinabrissen, sicher ebenfalls ein Hinweis auf Karstquellen. Man hat nach dem Krieg die unweit des Ufers austretenden untermeerischen Karstquellen durch einen Betonring eingefaßt, um das wertvolle Wasser nutzbar zu machen.

Durch Einbruch unterirdischer Hohlräume entstehen Einbruchstrichter (Dolinen) und Einbruchsrinnen (Uvala, plur. Uvalen oder Uvalas) und schließlich Poljen entlang tektonisch geprägter Leitlinien. Poljen (vgl. L 385,

S. 392f.) sind meist langgestreckte Becken oder Täler im Karst mit ebenen Böden, unterirdischem Abfluß und meist steilen, sich scharf vom Talboden abhebenden Hängen. Form und Anlage der Poljen stehen in enger Beziehung zum Gebirgsbau.

Die Ackernutzung auf den fruchtbaren Poljeböden wird oft dadurch eingeschränkt, daß der Wasserabfluß, der unterirdisch über Schlucklöcher im Karst (Ponore, griechisch: Katavothren) erfolgt, nicht mit der Wasserzufuhr Schritt hält, da die Kapazität der Ponore nicht ausreicht, zumal sie oft durch Schlamm verstopfen und sich das Wasser dann andere Wege suchen muß. Es kommt über längere Zeit zu Überschwemmungen, die bis weit ins Frühjahr hinein andauern und damit den Nutzungszeitraum sehr begrenzen können.

Das oft bizarre Relief der von Karren und Schratten zerrunsten Oberfläche des Karstes wird besonders dort sichtbar, wo es von jeglicher Vegetation entblößt ist, die selbst vermutlich durch ausgeschiedene Säuren (v. a. Atmungskohlensäure) erheblich zur Zersetzung beitrug, bevor sie vielfach durch menschliches Dazutun beseitigt wurde und nun nach dem Wegspülen der Bodenkrume dem Regen- und Schmelzwasser die Fortsetzung der Lösungsarbeit überließ (L 270, S. 33). Beobachtbar sind diese Karsterscheinungen v. a. in den höheren Gebirgsteilen der Helleniden.

4.2.3 Glazialformen

Die höheren Gebirgsteile wurden auch während der Eiszeiten mitgeformt. In der letzten Eiszeit lag die Schneegrenze in den regenreicheren westlichen Gebirgsteilen bei 1600 m, reichten würmeiszeitliche Gletscher bis auf 980 m (L 539, S. 170) herab. In den in Lee der v. a. von W bis NW kommenden regenbringenden Luftmassen liegenden Gebirgsteilen lag die Schneegrenze bei 2250 m. Kare, Moränenwälle, Gletscherschliffe und anderes sind Zeugnisse der einstigen Vergletscherung. Im Taygetos finden sich die südlichsten Vergletscherungsspuren in Europa (L 399, S. 45). Im nordwestlichen Pindos reichten die Gletscher z. T. bis in die Täler. Heute sind die griechischen Gebirge gletscherfrei, und nur an wenigen Stellen hält sich Schnee das ganze Jahr über.

Wichtiger als der glaziale Formenschatz wurden die periglazialen Erscheinungen für die Oberflächengestaltung und das Landschaftsbild. Jungpleistozäne Hangschuttdecken, die bis auf Höhen weit unter 1000 m herabreichen, Schutt- und Schwemmkegelbildungen gehören dazu. In den Gebirgen gehören Nivationsnischen, -mulden und -buckel, Schichtflächenkarst in Form des regelmäßigen und unregelmäßigen Karstpflasters und des Karsttrümmerfeldes, wie sie H. Poser (1976) im Ida-Gebirge auf Kreta nachwies, zum periglazialen Formenschatz (L 539, S. 171). Auch die Kulturflächen in Beckenlandschaften sind zum großen Teil periglazialer Bildung.

Wichtiges Relikt der Glazialzeiten sind die aus jener Zeit herrührenden Böden, die z. B. bis heute die Voraussetzungen für dichtere Bewaldung lieferten. Sie unterlagen mit dem Klimawandel der Nacheiszeit einer starken Gefährdung. Ihre Degradierung führt unter den gegenwärtigen klimatischen Bedingungen zu einer schweren Gefährdung des Wasserhaushalts und des Ertragspotentials.

4.2.4 Küstenformen

Die Küstenformen Griechenlands sind vielfältigster Art. Morphologisch lassen sich Längs- und Querküsten (die Gebirge streichen küstenparallel oder treffen in Streichrichtung auf die Küste) unterscheiden, wobei jene buchtenarm, diese eher buchtenreich ist. Felsenküsten, die entstehen, wenn das Meer direkt an das Gebirge reicht, stehen Flachküsten gegenüber, die überall dort auftreten, wo Material angeschwemmt und sedimentiert wird. Die Küste zieht sich dann als Ausgleichsküste oft girlandenförmig von einem Gebirgsvorsprung zum nächsten, mit Dünen und Strandseen hinter der Küste, wie das bei Teilen der thrakischen Küste oder im westlichen Peloponnes der Fall ist, oder sie bildet als Strandwallküste die Innensäume von Buchten. Dort, wo Flüsse große Massen von Sedimenten ins Meer ablagerten, bildeten sich Flußdeltas mit einer Deltaküste (z. B. am Golf von Thessaloniki durch Axios und Aliakmon) oder bei Verlagerung der Materialien durch Meeresströmungen Lagunenküsten wie die von Mesolongi, amphibische und früher malariaverseuchte Landschaften. Tektonisch bedingte Landhebungen und -senkungen sowie Schwankungen der Meeresspiegelhöhe (vgl. L 222) führten zur Bildung von oft hoch über der heutigen Küste gelegenen Strandterrassen (z. B. auf Kreta oder in der inneren Mani), untermeerischen oder auch über der heutigen Strandlinie gelegenen alten Brandungshohlkehlen (z. B. auf Kreta) und landeinwärts gelegenen Kliffen (z. B. bei Epitalion in Elis südlich von Pyrgos).

Der im Weltmeer und damit auch im Mittelmeer zu beobachtende eustatische Meeresspiegelanstieg und tektonisch bedingte isostatische Strandverschiebungen führten dazu, daß antike Bauten am Meer heute z. T. unter Wasser liegen (z. B. Kenchreai auf der östlichen Seite des Isthmus von Korinth) oder ursprünglich am Meer liegende Bauten landeinwärts versetzt erscheinen und/oder ihren ursprünglichen Funktionen (z. B. alte Hafenanlagen) nicht mehr gerecht werden können.

Stärkere Veränderungen der Küstenlinien in historischer Zeit und damit Veränderungen von Standortbedingungen ursprünglich am Meer liegender

Siedlungen u. ä. resultieren auch aus Anschwemmungen von Flüssen, Anschwemmungen, die sich mit Abholzung der Wälder und dadurch beschleunigter Bodenerosion verstärkten.

So wandelte sich der einst schmale und leicht zu verteidigende Durchlaß zwischen Gebirge und Küste des Malischen Golfes bei den Thermopylen (s. Fig. 55 bei SCHMIEDER 1969, S. 135) durch die Anschwemmungen des Spercheios in einen breiten flachen Küstensaum. Der historisch Interessierte hat aufgrund des veränderten Landschaftszustandes Mühe, sich die räumliche Situation bei dem heldenhaften Kampf der Spartaner unter Leonidas gegen die herandrängenden Perser zu vergegenwärtigen.

Die einstige Hafen- und Hauptstadt PHILIPPS VON MAKEDONIEN, Pella, liegt heute weit landeinwärts (vgl. dazu die Karte der Veränderung der Küstenlinie des Thermäischen Golfes in historischer Zeit von EUMORPHOPOULOS 1963, S. 270 und 276). Die Mündungen von Aliakmon und Axios mußten verlegt werden, damit deren Anschwemmungen nicht zu einer akuten Bedrohung für den Hafen von Thessaloniki wurden.

4.2.5 Vulkanismus, Erdbeben

4.2.5.1 Erdbebenhäufigkeit und räumliche Verteilung des Vulkanismus

Die Zone der größten Erdbebenaktivität verläuft nach LEYDECKER (1975) entlang der großen tektonischen Bruchlinien von den Ionischen Inseln über den Peloponnes und den Südägäischen Inselbogen nach Kleinasien (L 278, S. 252). In den Jahren 1929–35 wurden pro Jahr durchschnittlich fast 300 Beben registriert, z. T. allerdings nur instrumentell nachgewiesen (L 562, S. 15). Die höchsten Energien werden an den Enden des Bogens bei den Inseln Kefallinia und Zakynthos im Westen, Kos und Rhodos im Osten freigesetzt.

Verteilung der Erdbebenhäufigkeit und Herdtiefen entsprechen der Annahme von einem – im einzelnen sehr kompliziert verlaufenden – Abtauchen der Afrikanischen Platte unter die Europäische. Dieser Vorgang erklärt auch den rezenten Vulkanismus.

Eine weitere Zone hoher Erdbebenhäufigkeit liegt in der nördlichen Ägäis, während der Bereich dazwischen weitgehend erdbebenfrei ist.

Vulkanismus und Erdbebenkatastrophen beeinflußten z. T. tiefgreifend die Siedlungsentwicklung und die soziale und wirtschaftliche Entwicklung, wenn man etwa an die wiederholten, folgenreichen Zerstörungen der Stadt Korinth (zuletzt 1928) oder den Untergang der Siedlungen auf der Insel Santorin durch den gewaltigen Ausbruch des Vulkans in der Mitte des 2. Jahrtausends v. Chr. denkt. Die Erdbebenhäufigkeit ist in den einzelnen Landestei-

1. Triassische, z. T. metamorphe Riffkalke und tertiäre Phyllite des alten sedimentären Unterbaus.
2. Saure, grünliche bis weiße Bimsstein-Tuffe mit Hornblende führenden, dacitischen Laven der ältesten (diluvialen) vulkanischen Tätigkeit bei Akrotiri.
3. Andesitische bis latiandesitische, stärker basische Laven und pyroklastische Folgen verschiedenster Ausprägung (dunkle Tuffe, Bimse, Ignimbrite) unterschiedlicher Ausbruchszentren in vorgeschichtlicher Zeit.
4. Rhyodacitische (fast 100% Glas-Anteil) obere Bimssteinschicht des letzten paroxysmalen Ausbruchs des Thera-Vulkans ca. 1470 v. Chr. (Schichtung: 0,5 – 5 m mächtige, rötliche Bimssteinschicht und verschiedene Pyroklastite, darüber weiße, undeutlich geschichtete Bimssteinaschen, zuoberst bis 30 m mächtige, ignimbritische Schicht mit eingeschlossenen Lavablöcken). Die untere, bis 70 m mächtige, ähnlich aufgebaute Bimssteinschicht des ersten paroxysmalen Ausbruchs ist weitgehend überdeckt.
5. Dacitische Laven und Tuffe der seit 197 v. Chr. gebildeten Kaimeni-Inseln der Ausbrüche von 1570, 1707–1711, 1866–1870, 1925–1928 und 1939–1940.

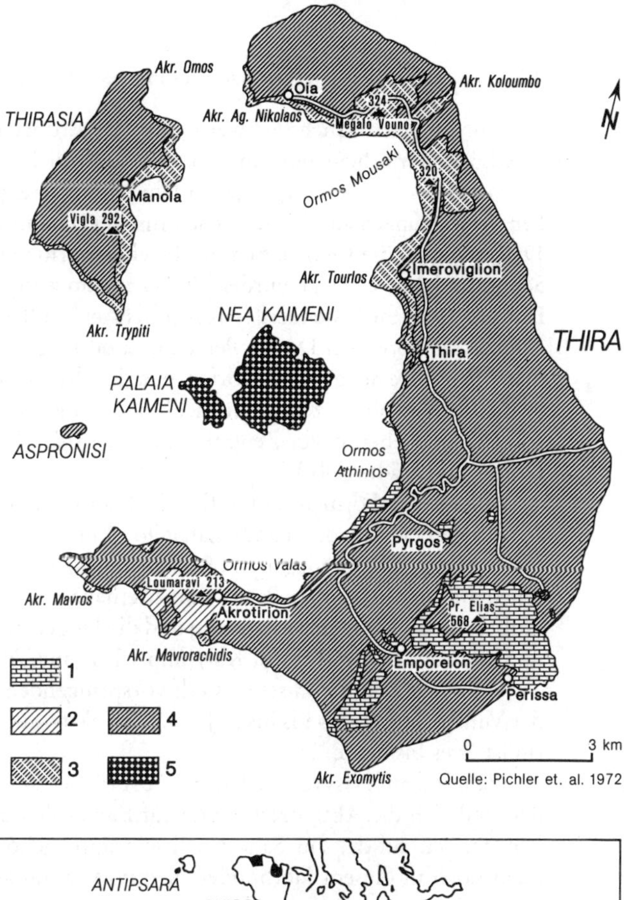

Abb. 8a: Geologie der Santorin-Inselgruppe.

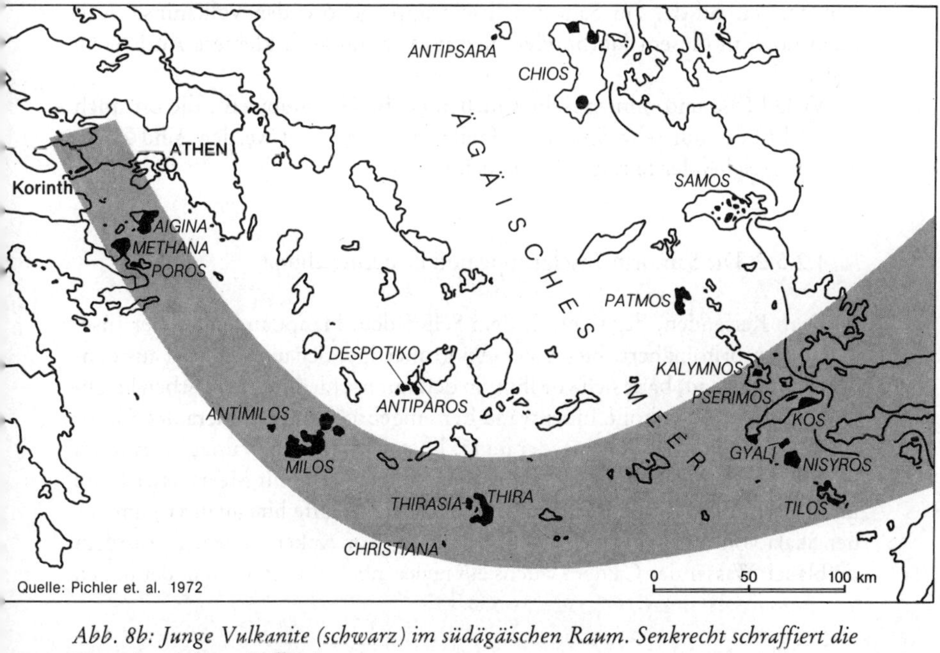

Abb. 8b: Junge Vulkanite (schwarz) im südägäischen Raum. Senkrecht schraffiert die Zone des stärksten Vulkanismus.

len sehr unterschiedlich. Schwerpunkte der Erdbebentätigkeit liegen an der Westküste Griechenlands und in der südöstlichen Ägäis (vgl. Abb. 8b). Schwere Beben in den vergangenen Jahrzehnten ereigneten sich 1953 mit großen Verwüstungen auf den Ionischen Inseln (Zerstörung u. a. von Zakynthos), 1956, wo u. a. die Ortschaften der Insel Santorin zum wiederholten Male in Schutt und Asche gelegt wurden, 1975 auf dem westgriechischen Festland, im Februar 1981 am Ostende des Korinthischen Golfes mit Zerstörung des zu Loutraki gehörenden Dorfes Perachora und jüngst (1986) mit der von Kalamata. Primitive neugebaute Dörfer (u. a. in Elis und auf der Insel Alonnisos), in die die Bewohner zerstörter Siedlungen umgezogen sind bzw. umziehen sollten, sind ebenso ein Zeugnis dieser zerstörerischen Kraft wie ruinöse Dörfer und Städte selbst.

Vulkanische Formen und aktiver Vulkanismus bestimmen allerdings nur an wenigen Stellen das Landschaftsbild. Entlang des Abfalls der ägäischen Flachsee gegen das Südägäische Becken angeordnet, gehören zu den vulkanischen Bildungen Ägina, Poros und Methana am Ausgang des Saronischen Golfes, die Kykladeninsel Santorin und die Dodekanes-Inseln Nisyros, Gyali und Teile der Inseln Patmos, Kalymnos, Kos und Tilos.

Auf der in den Saronischen Golf vorspringenden Halbinsel Methana war der Vulkanismus noch bis ins 3. Jh. v. Chr. aktiv, auf Nisyros und v. a. Santorin ist er es bis heute.

Während auf Nisyros die letzten Ausbrüche 1871/74 und 1887/88 stattfanden und sich die Aktivitäten heute auf Fumarolen und Solfataren beschränken, fanden auf der zur Santorin-Inselgruppe gehörenden Vulkaninsel Kaimeni noch in diesem Jahrhundert mehrere, wenn auch kleinere Ausbrüche statt.

Viele heiße und mineralische Quellen (z. B. Thermopylen), die oft noch gar nicht oder nur sehr einfach zu Heilzwecken genutzt werden, sind Zeugnisse tiefreichender tektonischer Brüche.

4.2.5.2 Die Santorin-Inselgruppe und ihre Entstehung

Dem Reisenden, der sich mit dem Schiff dem Hauptlandeplatz der Insel Thira (Santorin) nähert, bietet sich ein großartiges Schauspiel: Steil aus dem Meer aufsteigend, baut sich vor ihm, in den unterschiedlichsten Farben leuchtend, die bis 360 m hohe Innenwand der eingebrochenen Caldera des Santorin-Vulkans auf, jenes Vulkans, der im 15. Jh. v. Chr. einen gewaltigen Ausbruch erlebte, bei dem der zentrale Teil zusammenbrach, sich mit Meerwasser füllte und jene eindrucksvolle Bucht bildete, in die die Schiffe hineinfahren, um vor der Skala von Thira (türk. Phira) zur Landung vor Anker zu gehen. Aus dem tiefblauen Wasser der Caldera wuchs ein neuer, noch aktiver Vulkan, der in den

Kaimeni-Inseln als schwarzer, vegetationsloser Schild aus dem fast 400 m tiefen Wasser herausragt. Der Santorin-Vulkan ist der einzige noch tätige Vulkan in der östlichen Ägäis. Ausbrüche fanden in unregelmäßigen Abständen und z. T. mit langen Unterbrechungen bis in die jüngste Vergangenheit hinein statt. Die exzeptionelle Lage führte dazu, daß die vulkanische Tätigkeit seit der Antike bis heute genauestens registriert wurde. Verschiedene antike Autoren, u. a. STRABO, PLUTARCH, PLINIUS und PAUSANIAS, erwähnen die Entstehung der (vermutlich wieder verschwundenen) Kaimeni-Inseln Hiera und Fia 197 v. Chr. und 46 n. Chr. (Artikel Thera; in ZIEGLER und SONTHEIMER Bd. 5, 1975). Weitere Ausbrüche sind belegt für 726 n. Chr., durch den die Insel Palaia Kaimeni entstand, für 1457, 1570, 1707–11, 1866–70, 1925–28, 1939/40 und zuletzt 1950. Die Ausbrüche ab 1570 bauten die Insel Nea Kaimeni auf (vgl. Abb. 8a). Der französische Geologe FOUQUÉ beobachtete und beschrieb den großen Ausbruch von 1866–70 (vgl. dens. 1879), der Geologe RECK mit seinen Mitarbeitern den von 1925–28 (ders. 1936).

Daß der Vulkan jederzeit wieder ausbrechen kann, davon zeugen nicht nur kleinere Aktivitäten ohne Lavaausfluß, sondern auch heiße Schwefeldämpfe in den Kratern von Nea Kaimeni und wiederholte Erdbeben.

Die Rauchfahne, die der bayerische Maler C. ROTTMANN, der Griechenland im Auftrage KÖNIG OTTOS in den Jahren 1834/35 bereiste und seine Landschaften und historischen Stätten porträtierte, der Vulkaninsel aufsetzte, entsprang vermutlich nicht seiner Phantasie (vgl. L 111, pl. 36).

Erklimmt man die Skala von Phira zu Fuß oder auf dem Eselsrücken, dann bietet sich von dem auf dem oberen Rand der Caldera thronenden Inselhauptort ein grandioser Blick über die heute meergefüllte Caldera mit den jungen Vulkaninseln in ihrer Mitte.

Ist der Innenrand steil und ein Abstieg zum Meer nur an wenigen Stellen möglich, so dacht sich die Insel nach außen hin – der sanfte Abfall ist nur im Bereich des Kalkmassivs des Ilias-Berges unterbrochen – allmählich ab, um mit einem breiten schwarzen Lavastrand ins Meer überzugehen. Dort, wo die Bimsdecke bis an das Meer heranreicht, bildet das weiche, aber standfeste Material Steilküsten und tiefe Schluchten.

Die Oberflächengestalt macht deutlich, daß es sich bei der heutigen ringförmig angeordneten Inselgruppe von Thira (Santorin), Thirasia und Aspronisi um die Reste eines einst kegelförmig aus dem Meer aufsteigenden Vulkans handelt, von dem nach einem gewaltigen Ausbruch nur Teile der Flanken um die mit Meer gefüllte Caldera erhalten blieben.

Aus den verschiedenen Arten und Schichten der vulkanischen Gesteine, die in der großartigen Innenseite der Insel aufgeschlossen sind, läßt sich ihre Geschichte ablesen (vgl. L 498–500).

Die vulkanische Tätigkeit begann danach im Bereich des heutigen Südteils der Insel Thira bereits im ausgehenden Tertiär mit der Förderung von grünlichen bis weißen sauren Bimssteintuffen, setzte sich dann im gleichen Bereich im Altquartär mit der Förderung von basischen Schlacken und Laven fort. Etwa gleichzeitig damit entstand im nördlichen Teil der Insel ein neuer Vulkan (Megalo Vouno), der andesitische und latiandesitische Laven und Schlacken förderte. An der Stelle der heutigen Insel Nea Kaimeni bildete sich ebenfalls ein Vulkan (sog. Thera-Vulkan), der im Laufe der Zeit die Vulkaninseln im Norden und Süden und eine v. a. aus Kalkgestein aufgebaute Insel im Südosten, die sich im Gebiet des 568 m hohen Profitis Ilias der Hauptinsel erhielt, zu einer größeren Insel verband. Bimssteinbänke, Aschen- und Lapillilagen unterschiedlicher Stärke, Laven und verschweißte Wurfschlacken zeugen von der weiteren vulkanischen Tätigkeit an verschiedenen Stellen der Insel. Durch Einbrüche der Magmakammer des Hauptvulkans, mit dem die Bildung einer bis zu 70 m mächtigen Bimssteinbank (untere Bimssteinfolge) verbunden ist, entstanden Vorläufer der heutigen Caldera. Die Zeiten vulkanischer Aktivität waren von längeren Ruhepausen unterbrochen, in denen sich fruchtbare Böden bilden konnten. Die Ruhepause vor dem gewaltigen Ausbruch um 1470 v. Chr. (nach anderen Annahmen 1437 v. Chr.), der zur heutigen Gestalt der Insel führte, hatte etwa 15 000 Jahre betragen.

Eine Rekonstruktion der Inselgestalt vor dem großen Ausbruch zeigt, daß das Kalkmassiv des Profitis Ilias bereits damals etwa in seinem heutigen Umfang bestand, daß die Insel zur Mitte hin (in der Gegend der jetzigen Kaimeni-Insel) auf etwa 500 m Höhe sanft anstieg, wo sich als Rest eines alten Kraters eine flache, von Vegetation bedeckte Mulde befand, und daß zwischen der heutigen Insel Aspronisi und Kap Akrotiri eine Bucht entstand, die der bei Akrotiri liegenden minoischen Siedlung vermutlich als Hafen diente.

Das Ereignis, das zur Zerstörung der Strongyli genannten, etwa kreisrunden Insel führte und das in seinem Ausmaß – im Ablauf bestehen Unterschiede – dem des Krakatau 1883 vergleichar ist, hat vermutlich, nachdem mehrere schwere Beben vorausgegangen waren, um 1470 v. Chr. stattgefunden. Die Verfrachtung der Aschen in südöstliche Richtung deutet bei den herrschenden Windverhältnissen darauf hin, daß das Ereignis im Sommer eintrat. Aus den zuoberst liegenden Bimssteinfolgen läßt es sich einigermaßen sicher rekonstruieren (L 500, S. 191 ff. und L 499, S. 71 ff.): Durch mehrere kleinere, sich gegenseitig überlagernde Eruptionen, deren Bimssteinmassen v. a. auf die Insel zurückfielen (untere Bimssteinschicht der letzten Folge), kam es zum Aufreißen einer oder mehrerer Förderspalten. In sie eindringendes Meerwasser geriet in Kontakt mit der glühenden Magmamasse, was heftige Ausbrüche bewirkte. Glühende Bimssteinwolken flossen in Bodennähe vom Kraterrand weg (mittlere Bimssteinschicht). Die Druckentlastung im Vulkaninneren führte zu einem sukzessiven Einstürzen des Vulkangebäudes. Das aufschäumende Magma bildete eine Art schwerer Glut- und Gaswolke von Bimssteinen, Aschen und Lavablöcken, die sich nach allen Seiten flugartig ausbreitete und das Gelände mit einer bis zu 30 m mächtigen ignimbritischen Schicht überdeckte, die der im Brohltal in der Eifel ähnlich ist. Die z. T. tonnenschweren Blöcke in der oberen Schicht erklären sich als Teile des Vulkangebäudes, die während der Förderung der Ignimbrite (Schmelztuffe) bereits einzustürzen begannen, in das aufschäumende Magma fielen und mit diesem dann herausbefördert wurden (L 500, S. 193). Die ins Meer fließenden Massen wurden z. T. durch Meeresströmungen an den noch erhaltenen Teilen der Insel angeschwemmt und vergrößerten sie (so u. a. im Bereich des heutigen Flugplatzes).

Der mit dem Bimssteinfall beginnende Ausbruch verlief ohne nennenswerte Unterbrechung und dauerte mindestens 18 Stunden, maximal mehrere Wochen. Die Calderabildung schloß sich unmittelbar an (L 199, S. 2).

Ob mit dieser Katastrophe Ereignisse in Verbindung zu bringen sind wie der Auszug der Israeliten aus Ägypten, die Einführung des Aton-Kultes unter Amenophis III. oder gar der Untergang des sagenhaften Atlantis, muß Spekulation bleiben. Aber auch der von Archäologen, erstmals 1939 von S. Marinatos, behauptete Zusammenhang zwischen dem Vulkanausbruch und dem Untergang der minoischen Kultur auf Kreta wird neuerdings mit gewichtigen Argumenten bestritten (L 499, S. 1ff.). Die für die minoischen Paläste Kretas nachgewiesenen Schäden liegen ca. 50 Jahre nach dem vermuteten Zeitpunkt der Vulkankatastrophe. Da sich der Calderaeinbruch ratenweise vollzog und die ausgeworfene Aschen- und Schlackenmenge mit 10 Kubikkilometern nicht übergroß war, ist es sehr unwahrscheinlich, daß diese die Zerstörung der minoischen Kultur auf Kreta herbeiführen konnte.

Die Mächtigkeit der Asche, die Mittel- und Ostkreta nach dem Ausbruch bedeckte, schatzen Pichler und Schiering (1980) auf kaum mehr als 5 mm, die Höhe der Flutwellen als nicht höher als 7–8 m, beides kaum ausreichend für die Vernichtung der minoischen Kultur auf Kreta.

Auch kunsthistorische Argumente sprechen eher gegen einen Zusammenhang.

Sicher ist jedoch, daß der Vulkan blühende minoische Siedlungen auf Santorin verschüttete, die allerdings – anders als Pompeji und Herkulaneum bei dem berühmten, von Plinius d. J. in Briefen an Tacitus beschriebenen Ausbruch des Vesuvs 79 n. Chr. – zum Zeitpunkt der Katastrophe aufgrund vorhergehender Beben von den Bewohnern verlassen waren, Siedlungen, deren Ausgrabung sich mit dem Namen des griechischen Archäologen Spyros Marinatos verbindet, der 1974 dabei durch zusammenbrechende Bimssteinmassen auf Santorin den Tod fand.

Was die Entwicklung auf Kreta betrifft, so vermuten Pichler und Schiering kriegerische Zerstörungen durch aufständische minoische Kreter im Gefolge von Erdbebenkatastrophen, was zur inneren Schwächung und schließlich um 1375 v. Chr. zur Invasion mykenischer Griechen führte.

4.2.6 Griechenlands Bodenschätze

Griechenland ist zwar nicht arm an Bodenschätzen (s. dazu Kockel in L 278, S. 218ff.), aber für die heutige Entwicklung wichtige Rohstoffe fehlen dem Land, insbesondere Energierohstoffe, deren Einfuhr das Land viele Devisen kostet.

Bereits in prähistorischer Zeit gewann man auf Milos Obsidian bergbaulich, und in der Antike wurde, wie Stollen, Schächte und Schlackenhalden auf der Chalkidike, auf Euböa und an vielen anderen Orten beweisen, reger Bergbau betrieben (L 278, S. 282).

Im 7. Jh. v. Chr., z. Z. des Dichters Archilochos, förderten auf der Insel Thasos Bergwerke goldhaltiges Gestein, und im nordägäischen Küstengebiet muß zu jener Zeit eine Art 'Goldrausch' grassiert haben. Wirtschaftlich, politisch und historisch bedeutsam sind v. a. die berühmten Bergwerke von Lavrion in Attika, die der Dichter Aischylos als Silberbrunnen bezeichnete. Ihnen verdankt Athen einen wesentlichen Teil seiner Macht und seines Reichtums und Europa vielleicht den Umstand, daß es im 5. Jh. v. Chr. Wiege des Abendlandes bleiben konnte, denn den Bau der Flotte, mit der Themistokles den Perserangriff vor Salamis abwehrte, finanzierte er v. a. durch die Einkünfte aus Lavrion, die zu jener Zeit gut 100 Talente pro Jahr (nach heutiger Rechnung ca. 1 Mio. Dollar) betrugen.

Das dort im Tage- und Grubenbau von Tausenden in der Fron privater Pächter stehender Bergwerkssklaven geförderte Silbererz, aus dem vor Ort in Schmelzöfen das Silber und als Nebenprodukt Blei gewonnen wurde, war für Athen zu einer unentbehrlichen Einnahmequelle geworden (L 351). Bereits damals müssen die Dämpfe der Schmelzöfen Menschen und Vegetation in der Umgebung in arge Mitleidenschaft gezogen und die Gewinnungsstätten zu einem Bild staubiger Verwüstung haben werden lassen (L 158, S. 271).

Die Lagerstätte in Lavrion hat nach Kockel zwischen 1864 und 1939 ca. eine ¾ Mio. t Blei und zwischen 1876 und 1910 ca. 1 Mio. t Zink geliefert. Daneben wurde sulfidisches und oxydisches Erz gefördert.

Heute sind die Vorräte weitgehend erschöpft, der Bergbau ist ebenso wie der schon in der Antike betriebene Eisenerzbergbau auf der Insel Thasos aufgegeben.

Der Bergbau spielt für das heutige Griechenland nicht im entferntesten die Rolle, die er für das antike Athen gespielt hat.

4.2.6.1 Energierohstoffe

Die zwischen dem nordgriechischen Festland und der Insel Thasos im sog. „Prinos-Feld" erschlossenen *Erdölvorkommen* können ebenfalls, wie das bei Kavala erschlossene Erdgasfeld, nur einen sehr kleinen Teil des griechischen Energiebedarfs befriedigen.

Die Vorräte dieser Fördergebiete werden auf 9 Mio. t Erdöl und 1,2 Mrd. cbm Erdgas sowie (als Nebenprodukt) 1 Mio. t Schwefel geschätzt. Bei einem Jahresverbrauch von ca. 18 Mio. t (1980) entspräche das Erdölvorkommen damit gerade der Hälfte des griechischen Bedarfes für ein Jahr.

Das Öl vom „Prinos-Feld" wird mittels schwimmender Plattformen durch 18 Bohrungen gefördert, das Erdgas auf gleiche Weise durch 2 Bohrungen. Durch Pipelines zum Festland geführt, werden Erdgas (in verdichteter Form) und Erdöl zu nahe gelegenen Verarbeitungsbetrieben transportiert, das Öl per Tanker zu Raffinerien bei Athen. Die Produktion liegt in der Hand der „North Aegean Petroleum Company" (NAPC), an der u. a. die BASF-Tochter Wintershall AG beteiligt ist.

Die von der 1975 gegründeten staatlichen Ölgesellschaft systematisch durchgeführten Probebohrungen vor der Westküste, auf dem westlichen Festland und dem Peloponnes und in verschiedenen Teilen Makedoniens und Thrakiens ließen allerdings kaum Hoffnungen auf eine wesentliche Minderung dieses Mangels aufkommen.

Im Ägäisschelf zwischen griechischen Inseln und türkischem Festland vermutete Vorkommen führten wegen der unterschiedlich beurteilten Hoheitsrechte zu politischen Spannungen mit der Türkei, die dadurch verschärft wurden, daß die Türkei – Griechenland hatte, ohne daß die rechtliche Seite verbindlich geklärt war, bereits seit 1962 Such- und Bohrkonzessionen vergeben – 1974 ihrerseits Bohrlizenzen an das türkische Erdölunternehmen TPAO für das umstrittene Gebiet erteilte (vgl. Kap. 1.4 und L 218, S. 191 ff.).

Die griechische Erdölförderung betrug 1981 220000 t, 1982 1,01 Mill. t, womit 1981 1,2 %, 1982 etwa 8 % des eigenen Bedarfs gedeckt werden konnten. Wichtigster Energierohstoff Griechenlands ist *Braunkohle* (Lignit), die in Westmakedonien – hier liegen die größten Vorkommen – im Beckenzug von Florina–Ptolemais–Kozani–Servia, auf der Insel Euböa (Aliverion), im Becken von Megalopolis auf dem Peloponnes (dazu u. a. Löhnert und Nowak 1965) und an anderen Orten abgebaut wird. Braunkohlen kommen nach Kockel (L 278, S. 306 ff.) in mehr als 60 intramontanen Becken vor, wobei die kleineren Becken meist höffiger sind als die großen. Ihr Entstehungsalter reicht vom Alttertiär bis ins Altquartär, Hauptentstehungsalter ist das Obermiozän. Inkohlungsgrad und Heizwert sind sehr unterschiedlich, ebenso die Flözmächtigkeiten.

Der Abbau erfolgt in Tage- und Tiefbau von der staatlichen DEI (Staatl. Energiegesellschaft) und privaten Firmen. Die auf etwa 3 Mrd. t geschätzten abbauwürdigen Vorräte an Lignit werden ganz überwiegend am Ort des Abbaus verstromt. 1982 erzeugten die Braunkohlekraftwerke 57 % des insgesamt im Land erzeugten Stromes. Die Erzeugung des Stromes aus Braunkohle soll weiter gesteigert werden.

Für die Nutzung der bei Philippi nordwestlich von Kavala lagernden Torfvorräte liegen noch keine konkreten Pläne vor (dazu L 408).

Diese größte Torflagerstätte Europas füllt den südöstlichen Teil des jungtertiären Beckens von Drama. Eine untere Flözgruppe erreicht bis zu 134 m Mächtigkeit, die sehr reine obere bis 68 m. Der Heizwert wird bei auf 65 % reduziertem Wassergehalt mit 1375 kcal/kg, bei wasserfreiem Torf mit 3945 kcal/kg angegeben, übertrifft in letzterem Fall also bei weitem den durchschnittlichen Heizwert der Braunkohle (Heizwert der bei Ptolemais geförderten Kohle: ca. 2000kcal/kg, der im Becken von Megalopolis geförderten: 1400–1700 kcal/kg). Die Vorräte der oberen und unteren Flözgruppe werden auf jeweils etwa 2 Mrd. t geschätzt.

Energiegewinnung aus *Wasserkraft* spielt erst in jüngerer Zeit eine etwas größere Rolle. Kraftwerke entstanden am Acheloos, Arachthos und Louros in Westgriechenland sowie am Aliakmon in Makedonien. 1981 verfügten

9 Wasserkraftwerke, darunter die drei größten in Nordwest-Griechenland, über eine Gesamtleistung von 1700 MW. Die auf 20 Mio. MWh/Jahr berechneten nutzbaren Energien aus Wasserkraft wurden 1976 erst zu 16 % genutzt (L 218, S. 210). Die räumliche Verteilung der Niederschläge beschränkt die effektiv nutzbare Wasserkraft v. a. auf die gebirgigen Teile Nordwestgriechenlands. Die ungleiche Verteilung der Niederschläge über das Jahr erschwert ihre Ausnutzung ebenso wie das Vorherrschen durchlässigen Kalkgesteins, das für die Anlage von Stauseen Probleme bringt.

Eine wirtschaftliche Nutzung vorhandener geothermischer Energie steht noch aus. Eine intensive Prospektion auf solche Energie erfolgte aber auf Milos und Lesbos.

Um die Abhängigkeit vom Erdöl, das weitgehend importiert werden muß, zu drosseln, will die staatliche Elektrizitätsbehörde nicht nur den Anteil der Braunkohle und Wasserkraft an der Stromerzeugung durch den Bau weiterer Kraftwerke erhöhen, sondern auch den von *Solarenergie*. Für deren Gewinnung besitzt Griechenland aufgrund der klimatischen Verhältnisse so günstige Voraussetzungen, daß damit mindestens 2 % des jährlichen Energiebedarfs gedeckt werden könnte. Solaranlagen bestanden 1987 auf Antikythira, Arki (südl. von Samos), Gavdos (südl. von Kreta), Kreta und Kythnos mit insgesamt ca. 220 kWp.

Auch die Nutzung von Energie durch *Wind*, der zumindest auf den ägäischen Inseln stetig und kräftig weht (vgl. Kap. 4.1.3), wird vorangetrieben. Allerdings wird Windkraft, eine Form der Energiegewinnung, die ihre traditionellen Vorbilder hat (man denke an die vielen, heute meist außer Funktion befindlichen Windmühlen oder die Wasserhebemühlen in der Lassithi-Hochebene auf Kreta), wohl nur von lokaler Bedeutung für die Inseln bleiben.

Zu dem bereits bestehenden 100-MW-Kraftwerk auf der Kykladeninsel Kythnos kamen in jüngster Zeit auf anderen Inseln weitere hinzu.

Auch nach Möglichkeiten, *geothermische Energie* zu nutzen, wird gesucht. Potentielle Gebiete sind v. a. die ägäischen Inseln Milos, Santorin, Nisyros, Lesbos sowie Gebiete in Thessalien, Makedonien und der Raum von Korinth. Das Potential auf Milos wird mit 100 MW veranschlagt. Es soll ein Kraftwerk von 4 MW Leistung entstehen.

Die Planungen für ein Kernkraftwerk wurden zum wiederholten Male verschoben. Sie dürften durch das Unglück von Tschernobyl 1986 einen weiteren Dämpfer erhalten haben, trotz der in den Rhodopen und in W-Griechenland prospektierten Uranerzvorkommen (vermutete Vorräte von ca. 6000 t).

4.2.6.2 Metallische Rohstoffe

Griechenland ist reich an armen Eisenerzlagerstätten: Die auf ca. 100 Mio. t geschätzten Vorräte verteilen sich auf viele kleine und wenige etwas größere Vorkommen (vgl. Karte 4). Die wichtigsten Lagerstätten befinden sich auf den Inseln Thasos, Skyros, Kythnos, Serifos und Kreta. Der Eisengehalt der meisten Erze liegt zwischen 20 % und 65 %. Aufgrund der billigeren Konkurrenz anderer Länder, d. h. mangelnder Rentabilität, ging die Förderung in den letzten Jahren ständig zurück (von 1,7 Mio. t 1978 auf 1,3 Mio. t 1981). Noch in den 50er Jahren wurden griechische Erze v. a. von der Insel Serifos auch im Ruhrgebiet verarbeitet. Griechenland selbst betreibt heute Roheisengewinnung nur noch auf Schrottbasis. Die Auslastung der Stahlwerke ist mit 30 % (1982) gering.

Bedeutender für Griechenland sind die chrom- und nickelhaltigen Eisenerze. Durch lateritische Verwitterung ultrabasischer Gesteine entstanden, kommen sie in autochthonen Lagerstätten über Serpentiniten und allochthonen sedimentären Lagerstätten auf bzw. im Kalkgestein vor. Die wichtigsten Lagerstätten – die wahrscheinlichen Vorkommen werden auf 900 Mio. t Erz veranschlagt – befinden sich im östlichen Mittelgriechenland.

Drei Viertel der im Tagebau und Tiefbau geförderten Erzmenge stammen von Euböa, ein Viertel aus dem auf dem Festland gegenüberliegenden Lokris. Durch Weiterverarbeitung von Erzen zu Ferronickel ist Griechenland zu einem wichtigen Exporteur für dieses Produkt geworden.

Die auf viele kleine Lagerstätten verteilten *Mangan-* und *Chromerzvorkommen* (geschätzte Vorräte von jeweils 8 Mio. t) machen eine wirtschaftliche Ausbeutung schwierig. Gefördert wurden 1981 60 000 bzw. 80 000 t (zur Lage der Vorkommen vgl. Karte 4).

Die Produktion von *Silber,* die in der Antike mit den Bergwerken in Lavrion für den Athener Staatssackel von äußerster Wichtigkeit war, spielt heute nur noch eine unbedeutende Rolle. *Gold,* das in Nordgriechenland an zahlreichen Stellen in Flußsanden vorkommt – 1953 bis 1960 förderte ein Schwimmbagger im Fluß Gallikos Goldsande –, wird z. Z. nur in einer Probeanlage gewonnen (L 389).

Wichtigste metallische Rohstoffe Griechenlands sind *Bauxit* und aluminiumhaltige *Tonerde* für die Aluminiumherstellung. Die 200 Mio. t sicherer und weiterer 700 Mio. t wahrscheinlicher Bauxitvorräte finden sich v. a. in den Lagerstättenbezirken Oiti/Giona/Parnaß/Helikon, Lokris (Chlomon-Gebirge), Euböa und Mandra/Elevsis/Megara (L 573, Fig. 57). Die Förderung von Bauxit betrug in den Jahren 1972 bis 1982 zwischen 2,4 Mio. und 3,2 Mio. t, womit Griechenland an 2. Stelle der europäischen, an 7. Stelle der Weltförderung lag (L. 278, S. 290).

Die Tonerdeproduktion stieg bis 1980 auf 505 000 t, fiel danach jedoch wieder etwas. Der überwiegende Teil des geförderten Bauxits und der Tonerde wird exportiert. Teilweise können die Schiffe direkt von den am Meer oder in Meernähe gelegenen Förderstellen beladen werden, wie an der Bucht von Itea am Korinthischen Golf, wo die leuchtend roten Bauxitvorkommen bis an das Meer heranreichen. Verhüttung zu Aluminium findet in einem mehrheitlich in französischer Hand befindlichen Hüttenwerk in Antikyra an der gleichnamigen, der Bucht von Itea benachbarten Bucht am Korinthischen Golf statt (vgl. L 462). Den hohen Energiebedarf für die Produktion deckt das Braunkohlekraftwerk Aliverion auf Euböa. Eine weitere Aluminiumhütte befindet sich in Thisvi in Böotien im Aufbau.

4.2.6.3 Industriemineralien, Steine und Erden

Griechenland verfügt über recht reiche und vielfältige Vorkommen von Industriemineralien, Steinen und Erden. Berühmt ist der griechische *Marmor.* Der leuchtend weiße Marmor der Bauten der Akropolis kam aus dem nahen Pentelikon, der grünliche, für viele Skulpturen in der Antike verwendete von der Insel Paros. Heute finden sich Marmorbrüche in den verschiedensten Teilen des Landes.

Das überall vorhandene Kalkgestein wird als Schottermaterial für Straßenbauten gebrochen, außerdem, in Öfen gebrannt, zur Herstellung von Bausteinen und Zement verwandt. Seit der Antike abgebaut werden auch die *Bimssteine* und *Bimstuffe* (Pozzolanerde) von den Inseln Gyali, Nisyros und v. a. Santorin. Pozzolanerde dient zur Herstellung hydraulischer Mörtel. Sie fanden bereits in der Antike bei Hafenbauten im gesamten östlichen Mittelmeer ebenso Verwendung wie beim Bau des Suezkanals (1859–69). 1982 wurden 1,8 Mio. t Bimstuff und ca. 760 000 t Bimsstein abgebaut, wovon etwas mehr als ein Drittel in den Export ging.

Heute wichtigster Rohstoff dieser Gruppe ist das als Baustoff verwendete *Magnesit,* das im Export nach *Zement* (Griechenland ist der drittgrößte Zementexporteur der Welt) und *Bauxit* (incl. Tonerde und Aluminium) die dritte Stelle unter den exportierten Bergbau- und Hüttenprodukten einnimmt.

Die Qualität des Minerals ist hoch. Die wichtigsten Lagerstätten – die Vorräte werden auf 415 Mio. t geschätzt – befinden sich in Mittel- und Nordeuböa und der westlichen Chalikidike.

Unter den weiteren in Griechenland geförderten Mineralien sind der Erwähnung noch wert: *Asbest* (die einzige in Abbau befindliche Lagerstätte liegt im südlichen Vourinos-Masiv im Nomos Grevena), *Talk* (Thessalien, Insel Tinos), *Perlit,* ein natürliches, wasserhaltiges Gesteinsglas, dessen Vorkommen an die jungen Vulkanite der Ägäis gebunden ist und das für Isolierungen und in der Keramikherstellung benötigt wird, *Bentonit* und *Kaolin* (Insel Milos), *Gips* und *Anhydrit* (Lagerstätten im Epirus, auf einigen Ionischen Inseln und auf Kreta), die v. a. in der Zementindustrie Verwendung finden, *Schwerspat* (Inseln Mykonos und Milos) und *Schmirgel* (Naxos), ein feinkörniges Gemenge von Korund mit Magnetit, Hämatit und Quarz, das als Schleifmittel benötigt, allerdings immer stärker durch synthetischen Korund und das härtere und reinere Karborundum ersetzt wird.

Die Phosphatvorkommen im Epirus sollen v. a. für die eigene Düngemittelherstellung benutzt werden.

Salz wird ausschließlich in Salinenbetrieben aus Meerwasser gewonnen. Damit läßt sich aber nur der Speisesalzverbrauch decken. Das restliche benötigte Salz muß eingeführt werden.

Die Lagerstätten der *Mineralien* sind an unterschiedliche Gesteinskomplexe gebunden (L 278, S. 283 ff.). An Ophiolith-Komplexe gebunden sind Chromit-, Pyrit-, Asbest-, Talk-, Magnesit- und Eisen-Nickellagerstätten, an die der sog. Karbonat-Plattform Bauxit- und Schmirgel-Lagerstätten. Sedimentär sind die Mangan- und Phosphat-Lagerstätten (s. dazu Karte 4).

Zahlreiche Vererzungen finden sich in den kristallinen Massiven. Nach Alter und Herkunft zumeist ungeklärt, handelt es sich v. a. um hydrothermale Vererzungen. Zu ihnen gehören u. a. die erwähnten Lagerstätten von Lavrion. Eine Reihe von Industriemineralien wie Baryt, Perlit, Bentonit, Kaolin und Bimsstein sind an die jungen Vulkanite der Ägäis gebunden.

Die Prospektierung der Bodenschätze ist noch keineswegs abgeschlossen. Zahlreiche Lagerstätten von Mineralien und Erzen sind zwar bekannt, werden aber aus wirtschaftlichen Gründen bzw. wegen mangelnder Verkehrserschließung (noch) nicht abgebaut. Dazu gehören die Kupfervorkommen Thessaliens, große Barytlager (das Mineral findet bei Ölbohrungen und in der Papierherstellung Verwendung) in Mittelgriechenland und auf den Kykladen und andere Erze und Mineralien.

4.3 Gewässer

4.3.1 Gewässer und Hydrographie des festen Landes

Die Hydrographie des Landes ist abhängig von Gestein und Oberflächenformen und auf das engste verknüpft mit Klima und Vegetation (L 288, S. 25 ff.).

Die Wasserführung der *Flüsse* hängt in hohem Maße ab vom Jahresverlauf der Niederschläge (vgl. Kap. 4.1.2). Auf der Westseite des Landes sind die Flüsse aufgrund der höheren Niederschläge nicht nur zahl- und wasserreicher, sondern größerenteils auch perennierend (vgl. Tab. A4b). Letzteres gilt auch für die in die nördliche Ägäis mündenden Flüsse, die jenseits der Grenzen des Landes entspringen und über relativ große Einzugsgebiete verfügen. Die jahreszeitlich unterschiedliche Wasserführung bedingt breite Schotterbetten. Die oft mächtigen Frühjahrshochwasser machen für den Schutz vor Überschwemmungen im Flachland Deichbauten notwendig, wie man sie am unteren Axios und Aliakmon findet.

Die griechischen Flüsse sind, resultierend aus der in weiten Landesteilen kargen Vegetationsbedeckung, schwebstoffreich. Als Folge davon bildeten sich ausgedehnte Schwemmlandgebiete in ihrem Mündungsbereich.

Die potentielle Verdunstung ist aufgrund der großen Sommerwärme überall sehr hoch. Sie nimmt dabei von Nord nach Süd zu und ist auf den Inseln etwas höher als auf dem Festland. In Thessaloniki beträgt sie 871 mm/Jahr, in Athen 856 mm und auf Chios 963 mm. Das jahreszeitliche Wasserdefizit wird in den Gebieten mit vorherrschendem Kalkgestein noch aufgrund der besonderen Eigenschaften dieses Gesteins durch schnelle Versickerung verstärkt.

Auf die Karsthydrographie wurde an anderer Stelle eingegangen (s. Kap. 4.2.2).

Insgesamt ist Griechenland ein grundwasserarmes Land. Hydrogeologisch läßt sich für das Land allgemein sagen (vgl. L 288, S. 29), daß alluviale und diluviale Ablagerungen die wichtigsten wasserspeichernden Horizonte bilden. Die in den tertiären Schichten vorkommenden Wassermengen hängen sehr von den in ihnen eingelagerten Sandstein- und Konglomeratbänken ab. Kontaktzonen von wasserdurchlässigen und wasserundurchlässigen Schichten sind dort, wo sie an Gebirgshängen ausstreichen, oft ergiebige Quellhorizonte, an denen sich die Siedlungen perlschnurartig aufreihen.

Griechenland ist trotz seiner vielen Becken nicht reich an *Seen* (L 180, 182, 183 und Tab. A4c). Eine Reihe von Seen verlandeten, sind im Verlanden begriffen oder wurden trockengelegt.

Fels (1949/50, S. 40) gliedert die Seen in vier Gruppen:

1. die westmakedonischen Seen mit Kastoria-, Cheimaditis-, Petron- und Vegoritissee sowie den nur teilweise zu Griechenland gehörenden Dessaretischen Seen, dem Kleinen und Großen Prespasee und dem Ohridsee;
2. die südmakedonischen Seen mit dem Doiran-, Koronia- und Volvisee;
3. die ätolisch-akarnanischen Seen: Trichonis-, Amvrakia-, Lysimachia-, Oyzeros- und Voulkariasee;
4. die böotischen Seen: Yliki- und Paralimnisee.

Als Einzelseen kommen der See von Ioannina und einige Stauseen und verlandende kleine Sumpfseen wie der Stymfalische See auf dem Peloponnes und verschiedene Strandseen hinzu. Kein einziger dieser Seen ist von einem Fluß durchströmt, alle liegen vielmehr in kleinen Nebentälern und Becken. Ihre Entstehung hat in den meisten Fällen tektonische Ursachen. Das Einzugsgebiet ist deshalb klein. Entsprechend klein, z. T. unterirdisch und im Sommer oft versiegend sind die Abflüsse. Einige Seen werden durch kräftige Karstquellen gespeist.

Dem Klima entsprechend sind die Wasserstandsschwankungen groß. Sie werden durch die Karsthydrographie z. T. verstärkt, und der Rhythmus wird gegenüber dem Verlauf der jährlichen Niederschläge und der Schneeschmelze verschoben.

Die meisten Seen sind flach, eutroph, gleichmäßig durchwärmt, besitzen eine grünliche Wasserfärbung, geringe Sichttiefe und großen Fischreichtum. Die wenigen über 20 m tiefen Seen (u. a. Vegoritis-, Gr. Prespasee) sind oligotroph, mit ausgeprägter Wärmeschichtung, hoher Sichttiefe und bläulichgrüner bis blauer Farbe. Sie sind arm an Salzen und mineralischen Schwebstoffen, reich an Sauerstoff und keineswegs fischarm. Der Anteil der einzelnen Fischarten am Fischbestand unterscheidet sich in eutrophen und oligotrophen Seen. Die breiten Schilfgürtel der flachen eutrophen und fischreichen Seen sind zugleich Vogelparadiese (Kl. Prespasee mit Brutkolonie von Pelikanen!).

Durch Meliorationsmaßnahmen, die in großem Umfang v. a. seit 1922 durchgeführt wurden, konnte Land in beträchtlichem Umfang für landwirtschaftliche Nutzung hinzugewonnen werden (vgl. L 179). Zu den Wasserbaumaßnahmen, die diesem Zweck dienten, gehörten die Trockenlegung von Seen und Sumpfgebieten, Eindämmung und Regulierung von Flüssen und der Schutz tiefer gelegener Küstenbereiche.

Immer noch erfolgen jedoch Überflutungen im Frühjahr, v. a. vieler unterirdisch entwässerter Poljen und tiefer gelegener Teile von Becken.

Heute richten sich wasserbauliche Maßnahmen v. a. auf die Anlage von Bewässerungseinrichtungen (Zu- und Ableiter). Der Anteil der bewässerten Fläche an der bewässerbaren ist in Griechenland im Vergleich zum Nachbarland Albanien niedrig und recht ungleich über das Land verteilt (vgl. Kap. 5.3.3).

4.3.2 Das Ägäische Meer

Als nördliches Nebenmeer des Mittelmeeres erstreckt sich das Ägäische Meer in einer Ausdehnung von etwa 180 000 qkm zwischen den Küsten Festland-Griechenlands und Kleinasiens einerseits, dem südägäischen Inselbogen andererseits.

Für Griechenland wirtschaftlich von größter Bedeutung, bildet das Ägäische Meer (vgl. v. a. L 495, Bd. 4, S. 15–39) faktisch einen integrierenden Teil Griechenlands, dem dieses immer sein Gesicht zukehrte und das es in seine Wirtschaft und in sein Leben einbezog. Küstengestalt und Inselreichtum ließen es, anders als das Ionische Meer, für die Griechen nie zu einem trennenden, sondern zu einem verbindenden Element werden (lat.: mare Graecum!).

Das Ägäische Meer besteht aus drei Tiefseebecken: dem Nordägäischen Becken, das sich zwischen den Halbinseln von Magnisia (Pilion) und Gallipoli erstreckt (größte Tiefe 1311 m östlich der Pilionhalbinsel), dem Mittelägäischen Becken zwischen Euböa, Samos und den Kykladen (größte Tiefe 1252 m zwischen den Inseln Ikaria und Chios) und dem Südägäischen Becken zwischen Kykladen, Kreta, Kythira und Rhodos (mit Tiefen über 2500 m westl. Karpathos). Die zahlreichen Inseln und Inselgruppen – mit Ausnahme des Inselbogens – sind Reste alten Festlandes, das im Tertiär absank.

Den Küsten sind breite *Schelfbänder* vorgelagert (vgl. Karte 10). Die Kykladen sitzen einer großen Schelfplatte auf, die Anschluß an den der Insel Euböa und dem Festland vorgelagerten Schelf hat.

Im Süden der Inselbrücke liegt der steil bis über 5000 m Meerestiefe abfallende Hellenische Trog. Die südägäischen Inseln selbst ragen als unregelmäßig umgrenzte, von Querbrücken gegliederte Gebirgsmassive von einem z. T. schmaleren, z. T. breiteren Schelf auf, der das Südägäische Becken nach außen abschließt (L 278, S. 54).

Größte Meerestiefen in unmittelbarer Nähe des griechischen Festlandes und griechischer Inseln wurden ca. 50 km südwestl. der Halbinsel von Messene mit 4901 m und 50 km südl. von Kap Tainaron mit 5015 m (tiefste Stelle des Mittelmeeres) und wenige km östl. von Lindos auf Rhodos mit 4517 m gemessen.

Während ein aus den Dardanellen (einem untergetauchten Flußtal) herausströmender starker, verhältnismäßig kühler und salzarmer Oberflächenstrom nach SW gerichtet ist, fließt diesem Strom entlang der kleinasiatischen Küste durch die Dardanellen ins Schwarze Meer ein salzreicher Tiefwasserstrom entgegen. Die das Ägäische Meer entgegen dem Uhrzeigersinn umkreisenden Strömungen resultieren v. a. aus einem Wasserüberschuß des Schwarzen Meeres, der durch das Einmünden großer Ströme hervorgerufen wird, und einem durch starke Verdunstung entstehenden Defizit des Ägäischen Meeres bzw. Mittelmeeres.

Vorsprünge und tief eingeschnittene Buchten und deren Exposition, die vielen Inseln und wechselnde Wassertiefen bedingen große Unterschiede der Wassertemperatur von oft nahe benachbarten Plätzen. Ablandige Winde, die zu einem Auftrieb des Tiefenwassers führen, lassen die Wassertemperatur oft als kühl erscheinen. Die Oberflächentemperaturen des Wassers liegen im Sommer in der Regel zwischen 21° und 26° C (je nach Wind und Lage zur kühlen, aus dem Schwarzen Meer kommenden Strömung und lokalen Bedingungen), im Winter zwischen 11° und 15° C, z. T. darüber. Die Temperaturen am Meeresboden liegen konstant bei 13° C. Kaltlufteinbrüche (Vardaris!)

können gelegentlich zu einem Gefrieren randlicher Teile der flachen Bucht von Thessaloniki führen (vgl. L 430, S. 91).

Der Salzgehalt des Wassers ist mit im Schnitt 33–39‰ wesentlich höher als der Salzgehalt der Nordsee oder gar der Ostsee. Geringer Vertikalaustausch der Wassermassen (die Gibraltarschwelle verhindert ein Einströmen kalten Tiefenwassers aus dem Atlantik) führt zu Nährstoffarmut und dies wiederum zu Fischarmut – einer der Gründe dafür, daß Fisch in Griechenland so teuer ist, zumal Überfischung (u. a. mit Dynamit) die Fischbestände z. T. drastisch reduziert hat.

Ebbe und Flut sind im gesamten Mittelmeer nur schwach ausgeprägt, machen sich aber in tieferen Meeresbuchten durchaus bemerkbar. Besonders eindrucksvoll ist die Wechselströmung im Evripos, der nur wenige Meter breiten und nur ca. 6 m tiefen Engstelle zwischen der Insel Euböa und dem mittelgriechischen Festland bei Chalkis. Bei vier- bis sechsmal am Tag wechselnder Strömungsrichtung kann die Strömungsgeschwindigkeit bis zu 8 sm/h erreichen. Grund für die wechselnde Strömungsrichtung sind die Gezeitenwellen, die ungleichzeitig die beiden langen und engen Meeresarme zwischen Euböa und Festland erreichen. Das führt zu einem Druckausgleich, der die wechselnde starke Strömung bedingt.

Neben seinen vielen Funktionen für Rekreation, Tourismus, als Verkehrsbahn etc. hat das Meer für Griechenland auch bedeutsame Funktion als Fangplatz von Fischen und anderen Meerestieren (Krebsen, Schwämmen), die für die Ernährung der Bevölkerung eine wichtige Rolle spielen.

Bekannt und als Speisefisch besonders beliebt sind Barbouni (Meeräsche), Oktopous und Kalamari (Tintenfisch). Haie gibt es zwar in griechischen Gewässern, von Angriffen auf Menschen wird aber selten berichtet. Von Fischern gnadenlos verfolgt (trotz ganzjährigem Schutz), leben nur noch wenige Exemplare – man schätzt ca. 250 – der vom Aussterben bedrohten Mönchsrobben an den felsigen Küsten einiger Dodekanes-Inseln (s. FR vom 4. 4. 86). Das gleiche gilt für die großen Meeresschildkröten, die ihre Brutplätze an der W-Küste Mittelgriechenlands und einiger Ionischer Inseln (v. a. Zakynthos) haben.

Sofern nicht in nächster Zeit effektive Schutzmaßnahmen erfolgen, droht ihnen das gleiche Schicksal wie den großen Landsäugetieren Bär, Luchs und anderen (selbst Löwen muß es, wie Knochenfunde beweisen, noch in frühgeschichtlicher Zeit in Griechenland gegeben haben). Immer seltener hat der Schiffsreisende das Vergnügen, eine Schar um das Schiff spielender Delphine zu beobachten. Verfolgung durch Fischer, Wasserverschmutzung und anderes reduzierten auch diesen Meeressäuger, der einst den Sänger Arion vor dem Tod des Ertrinkens bewahrt haben soll.

4.4 Böden und Bodenerosion

Eine Darstellung der Böden Griechenlands wird sehr erschwert durch uneinheitliche bodenkundliche Terminologie, die Vergleiche von älteren mit jüngeren Arbeiten beeinträchtigt. Bodenkundliche Arbeiten liegen über Griechenland nur in beschränktem Umfang vor (u. a. L 689–691). D. Kastanis gab 1965 eine Zusammenfassung in deutscher Sprache. Die hier gegebene Darstellung lehnt sich v. a. an Horvat, Glavač und Ellenberg (1974) an, die sich ihrerseits in der Systematik v. a. auf Kubiena (1953) stützen. Es wurde versucht, die dort dargestellten Böden mit denen in der Karte von Kayser und Thompson (1964) vergleichbar zu machen (vgl. Karte 5). Generelles Kennzeichen der Böden Griechenlands ist, daß sie meist flachgründig und steinig sind, daß die Bodenbildungsprozesse unter den gegenwärtigen Klimabedingungen außerordentlich langsam ablaufen und deshalb viele heute vorhandene Böden als Produkte anderer, bodenbildungsfreundlicherer Klimate früherer Zeiten zu erklären sind. Solche Klimate herrschten in Griechenland während des Tertiärs, während der Pluvialzeiten (= Eiszeiten in den nördlicheren Breiten) und im warmfeuchten nacheiszeitlichen Atlantikum. Die hohen Erosionsraten finden in den ökologischen Bedingungen eine Voraussetzung, die zumeist erst durch menschlichen Einfluß voll wirksam werden konnte. Weit verbreitet sind darum *Rohböden*, die sich der üblichen Klassifikation entziehen. Es sind verstümmelte oder zerstörte Bodenprofile, deren Erneuerung durch den ständig wieder erfolgenden Abtrag verhindert wird (L 288, S. 58).

4.4.1 Bodenarten und Bodentypen

Größte Verbreitung haben in Griechenland Böden, die aus Kalkstein hervorgegangen sind. Gemeinsam ist ihnen eine mehr oder weniger starke alkalische Reaktion. An den Standorten, an denen steile Felshänge Pflanzenwuchs kaum ermöglichen und einmal gebildete Humusansammlungen rasch fortgeschwemmt oder weggeweht werden, finden wir Initialstadien der Bodenbildung mit Rohböden, durch Bodenbildung noch kaum veränderte Gesteine. Beweidung förderte die Bildung solcher Böden, die sich nur schwer wieder bewalden lassen. Die *Rendzinen* (L 288, S. 61 ff.), flachgründige Böden, deren grauer bis schwarzer A-Horizont bis an die Oberflächen mit Kalksteinen durchsetzt ist und bei denen kein brauner oder roter Horizont über dem Ausgangsgestein zwischengeschaltet ist, sind kalk- und nährstoffreiche Böden, die trotz ihrer Flachgründigkeit durchaus Wald tragen (können), da die Baumwurzeln tief in mit aus Verwitterung stammender Feinerde gefüllte Spalten und Klüfte eindringen. Entsprechend der weiten Verbreitung von Kalkgestein ist die Rendzina ein in Griechenland sehr verbreiteter Bodentyp.

Im einzelnen gibt es nach Art und Stärke des Auflagehumus, Umfang der Kalkauswaschung, Überdeckung und Vermengung mit Löß oder tertiären Reliktböden eine Reihe von Differenzierungen. In der Karte 5 ist diese Gruppe als „Lithosole und Rendzinen“ gekennzeichnet, wobei von den Verfassern auch die Böden auf Silikatgestein einbezogen wurden.

Die aus Kalkgestein hervorgegangenen Böden haben in Griechenland eine braune bis tiefrote Farbe. Die braunrot bis tief dunkelrot gefärbten verbreiteten Böden werden als *Terra rossa* (Roterde, Kalkstein-Rotlehm) bezeichnet (L 343, S. 257ff.). Es sind tonreiche Böden, die Eisenhydroxide (Hämatit, daher die Rotfärbung!) in Form von wasserarmen Verbindungen enthalten. Verbreitete Bodenverlagerung führte dazu, daß sich die Terra rossa v. a. in Spalten, Klüften und Hohlräumen des verkarsteten Kalkes und in größerem Umfang v. a. in Poljen und Dolinen ansammelte, wo die rote Farbe oft in eindrucksvollem Kontrast zu dem umgebenden weißen Kalk steht. Die Terra rossa ist in ihrem Vorkommen nicht an die Zone der mediterranen Hartlaubwälder, also die eigentlich mediterrane Stufe, gebunden, sondern in allen Höhenstufen vertreten. Daraus ließe sich – was allerdings nicht unbestritten ist – folgern, daß sie nicht nur das Produkt von Bodenbildungsprozessen unter den gegenwärtigen Klimabedingungen ist, sondern auch unter anderen Klimabedingungen entstanden sein kann (muß).

Diese Böden, die keinen Kalk und nur geringe Vorräte an Nährstoffen enthalten, sind ungünstig für Pflanzenwuchs. Die in ihnen vorhandene Kieselsäure führte aufgrund der Wärme zu einem Verkleben der Bodenteilchen, so daß der Boden bei Feuchtigkeit fast ohne Hohlräume ist, bei Trockenheit hart wie Ziegelstein werden kann und sich schwer bearbeiten läßt.

Terra-rossa-Böden kommen in dieser reinen Form in natürlicher Umgebung kaum vor, da sie in der Regel durch eine mehr oder weniger starke Lößschicht oder aufgrund von Solifluktion durch andere Böden überdeckt und mit diesen z. T. vermengt wurden. Nur dort, wo der Mensch ein Abspülen des Oberbodens bewirkte, wie oft in der Nähe von Siedlungen, kamen die unfruchtbaren Roterden wieder zum Vorschein.

Der Terra rossa ist die *Terra fusca* (Kalkstein-Braunlehm, mediterrane Braunerde; dazu Kubiena 1953, S. 249ff.) verwandt, ein ockergelber bis rötlich brauner, weitgehend entkalkter humusarmer Boden auf Kalkgestein. Auch die Terra fusca wurde – mutmaßlich – in wechselfeuchtem, warmem Klima gebildet, ohne daß eine Rotfärbung des Bodens erfolgte, da Wärme und Feuchte dafür nicht ausreichten. Ob sich diese Böden im Tertiär bildeten oder in späteren warmfeuchten Klimaperioden, ist umstritten.

Im Anschnitt läßt sich bei der Terra fusca ein hellerer A-Horizont von einem dunkleren B-Horizont, in dem sich Ton und Eisenoxyd anreicherten, unterscheiden. In seinen Eigenschaften ist er der Terra rossa sehr ähnlich.

Die auf Silikatgesteinen entstandenen, als *Ranker* bezeichneten flachgründigen Böden gleichen den auf Karbonatgesteinen entstandenen Rendzinen in mancher Hinsicht. Auch sie können durchaus Wald tragen. Aufgrund der anderen chemischen Eigenschaften unterscheiden sich die Pflanzengesellschaften auf Ranker und Rendzinen jedoch. Die aus Silikatgestein unter tropischen Bedingungen entstandenen fossilen Braunlehme gleichen in ihren Eigenschaften denen der Terra rossa und Terra fusca. Ranker kommen in Griechenland v. a. in den höheren Gebirgsregionen vor. Das Gebirgsklima begünstigt die Bildung von Rohhumus (vgl. L 288, S. 60f.).

Rohböden, Rendzinen und Ranker wurden in der Karte 5 unter den Typenbezeichnungen „Lithosole und Rendzinen" (1), „Rendzinen und kalkreiche Braunerden" (2) und „Lithosole und rotbraune mediterrane Böden" (3) dargestellt.

Verbreitet v. a. im gebirgigen mittleren und nördlichen Griechenland sind ursprünglich unter winterkahler Laubwaldbedeckung entstandene, durchaus fruchtbare *Braunerden,* deren wichtigstes Ausgangsmaterial ein unterschiedlich stark entkalkter Löß oder Lehm ist. Der Oberboden muß durch einsikkerndes Regenwasser wenigstens so weit entkalkt sein, daß sich Brauneisen bilden konnte, das für die Färbung verantwortlich ist. Bei weitgehender Entkalkung können die Tonsubstanzen durch Sickerwasser in die tieferen Bodenschichten verlagert werden. Diese Verlagerung (= Lessivierung) läßt sich im Profil daran erkennen, daß der A-Horizont heller und lockerer ist als der darunter liegende B-Horizont.

Solche als *Parabraunerden* bezeichnete Böden sind keineswegs so wuchsfeindlich wie echte Podsole, auch wenn sie mit den Podsolen die saure Reaktion und den Auflagenhumus gemeinsam haben. Ihre Bezeichnung als podsolige Böden ist deshalb oft verkehrt oder irreführend. Es kann angenommen werden, daß es sich bei dem in der Karte von Kayser und Thompson 1964 als „podsolige Böden" bezeichneten Typ auch um eine Parabraunerde handelt (L 288, S. 86).

Einen weiteren wichtigen Typ stellen die in Flußtälern und Becken vorkommenden *alluvialen Böden* dar. Es sind meist junge, dunkle Böden mit wechselnd hohem Grundwasserstand. Wo sie nicht zu Vernässung neigen – dies ist in Griechenland selten der Fall –, sind sie fruchtbar. Das gilt allerdings weniger für die *Salz-* und *Alkaliböden,* die sich entweder in verlandenden bzw. verlandeten und meliorierten Lagunen finden oder an Stellen, wo mit dem Grundwasser Salz zugeführt wird, das sich im Boden anlagert und nicht vollständig durch Regen ausgewaschen wird. In Küstennähe kann die Versalzung auch durch Zerstäubung von Meerwasser durch Sturm oder aber durch in das Grundwasser eindringendes Meerwasser erfolgen, wenn die Süßwasserentnahme durch den Menschen zu stark ist, wie es sich an der argolischen Küste beobachten läßt. Salzböden machen nach KASTANIS (1965, S. 116) immerhin 5 % der landwirtschaftlich genutzten Böden des Landes aus.

4.4.2 Bodenerosion

Unter den klimatischen Bedingungen trockener, warmer Sommer und feuchter Winter muß jede Form von Vegetationszerstörung in hängigem Gelände für die Böden verheerende Folgen haben, da sie bei fehlender oder nur lückenhafter Vegetationsdecke leicht abgeschwemmt werden. Da die Regenerationszeiten außerordentlich lang sind, bilden sich neue Böden nur in sehr langen Zeiträumen und werden schon während ihrer Bildung immer wieder gestört. Viele gegenwärtige Böden sind fossil, d. h. das Produkt vergangener Bodenbildungsprozesse unter anderen Klimabedingungen.

Das jahrtausendelange Wirken des Menschen in diesem Raum, die bis heute betriebene Fernweidewirtschaft und der in großem Umfang durchgeführte Holzeinschlag bewirkten bereits eine sehr starke Degradierung der Böden.

„Wenn der Boden zum Skelett abmagert – Die Lebensbasis der Mittelmeerländer ist in Gefahr“ überschreibt deshalb L. HEMPEL einen Aufsatz in der Umschau 1979. Diese Bodenzerstörung nahm in den Mittelmeerländern schon früh ihren Anfang. Bereits in der minoischen Zeit, verstärkt in der griechischen und römischen Antike, müssen wir mit starker Bodenerosion aufgrund von Waldzerstörung rechnen (vgl. Karte 5).

Bodenerosion ist aber auch schon vor Beginn der eigentlichen minoischen Kultur nachweisbar. „Bei der Suche nach einer mittelmeerweiten Ursache für die Bodenverlagerungen“, schreibt derselbe Autor an anderer Stelle (1981, S. 68), „in der Zeit von etwa 6000–4000 v. Chr. bietet sich allein das Klima an. Es muß um diese Zeit eine Umstellung des Klimas und damit eine Veränderung der Pflanzendecke stattgefunden haben, die von einer Periode mit vorzugsweiser Bodenbildung und -konservierung sowie einem dichten Bewuchs zu einer Zeit der lichten Vegetation mit Aufhebung des Bodenschutzes geführt hat.“ So waren, als der Mensch verstärkt in die Natur eingriff, die Anfänge umfänglicher Bodenerosion bereits durch Klimaänderung und Auflockerung der Vegetationsdecke erfolgt.

Der enorme Holzbedarf für Schiff- und Hausbau, Geräte aller Art, als Brennmaterial (Köhlerei, die z. T. noch heute betrieben wird!) und für vieles andere führte zu einer fortschreitenden Abholzung der Wälder und Degradierung der Bodenkrume. Schaf- und Ziegenweide taten ein übriges, um ein Wiederaufkommen des Waldes zu bremsen und damit die Bodenerosion zu erhöhen. Kaum einzuschätzen ist auch die Bedeutung von Waldbränden, die unter den mediterranen Klimabedingungen verheerende Schäden anrichten können. Vor allem Hirten legten solche Brände, um die offene Weidefläche zu vergrößern (vgl. dazu Kap. 5.3.6). Wachsende Bevölkerungsdichte und Gebirgsflucht mußten sich verstärkt auf die Waldvernichtung auswirken.

Am Beispiel Dalmatiens zeigen Horvat, Glavač und Ellenberg (1974, S. 60ff.) die Geschichte einer Wald- und Bodenzerstörung auf, wie sie sich ähnlich auch in vielen Teilen Griechenlands abgespielt haben könnte. So hatte im Raum von Ragusa/Dubrovnik die Entwaldung ein solches Ausmaß angenommen, daß es kaum noch Holz zum Hausbrand gab, man Kuhmist als Brennmaterial verwendete und der Holzeinschlag drastisch gesetzlich geregelt werden mußte. Die Bodenerosion war so weit fortgeschritten, daß eine Wiederbewaldung fast hoffnungslos erschien.

Phrygana, Felsheiden und leuchtend rote, steinreiche und nur noch kümmerlich bewachsene Böden in Dorfnähe sind das Ergebnis.

Die Vegetation, die durch Mensch und Vieh, Brand und Bodenerosion zerstört ist, kann sich, wenn die zerstörerischen Eingriffe aufhören und Reste des Bodens erhalten blieben, relativ rasch erholen. Damit kann die Gefahr der Bodenerosion gemindert oder gebannt und ein – langsamer – Neubildungsprozeß von Böden eingeleitet werden.

Horvat et al. (1974, S. 134, dazu auch S. 84) entwickelten folgendes Sukzessionsschema für die mediterrane Zone:

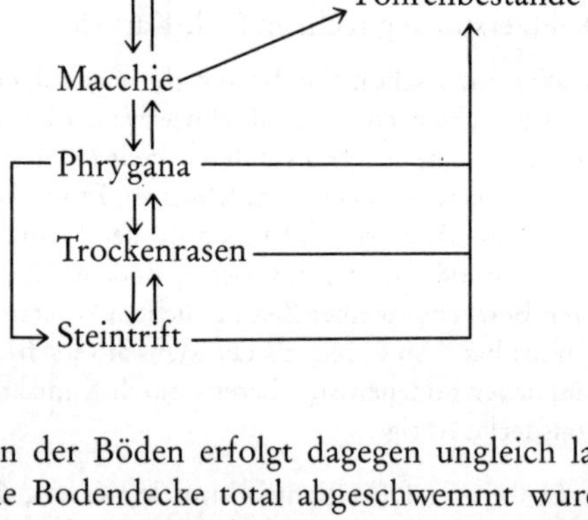

Die Regeneration der Böden erfolgt dagegen ungleich langsamer; z. T. dürfte sie, wenn die Bodendecke total abgeschwemmt wurde, irreversibel und damit natürlich auch eine Wiederbewachsung unmöglich sein. Die Bildung eines mineralischen A-Horizontes unter der sich bei Waldbedeckung bildenden Streuschicht und Humusdecke von herabfallenden Nadeln und Blättern braucht nach den Schätzungen von Horvat et al. (1974, S. 84) unter den gegenwärtigen Klimabedingungen Jahrtausende. Die Bodenerosion setzt sich auch gegenwärtig unvermindert fort, wie die braune bis rote Färbung der

Flüsse im Winter und Frühjahr v. a. nach stärkeren Niederschlägen zeigt. Ursachen sind nicht nur Waldvernichtung durch Holzeinschlag und Brand in einem Umfang, der durch Aufforstung bislang kaum wettgemacht werden konnte, sondern auch die Nutzungsaufgabe von Land im Gebirge bei zumeist bestehenbleibender Beweidung (Griechenland hatte 1981 noch 12,8 Mio. Schafe und Ziegen, von denen ein beträchtlicher Teil in Fernweidewirtschaft gehalten wird). Die Aufgabe der Ackernutzung bedeutet zumeist, daß die Bodenkrume offen daliegt. Aufgrund der Beweidung entwickelt sich eine schützende Vegetationsdecke nur langsam. Der Zerfall von Ackerterrassen und anderer Schutzeinrichtungen führt dazu, daß Starkregen voll ihre Wirkung entfalten können.

Eine ähnliche Wirkung stellte Büdel (1965, S. 179ff.) bei der Untersuchung der Verschüttung des antiken Olympia fest: Der mehrfache Wechsel der Flußtätigkeit seit etwa 4000 v. Chr. von Aufschüttung und Einschneidung korreliert mit der unterschiedlichen Kulturtätigkeit des Menschen. Für die Entstehung des Basiskonglomerates nimmt Büdel eine erste Waldrodung zwischen 4000 und 3500 v. Chr. an. Der gleichbleibende Zustand des Alfeiosbettes zwischen 1000 v. und 500 n. Chr. spiegelt nach seiner Ansicht dann eine Zeit wenig gestörter Kulturtätigkeit, während die mittelalterliche Aufschüttung, durch die die Bauten des berühmten Heiligtums überdeckt wurden, mit dem Niedergang der bäuerlichen Wirtschaft während der unruhigen Zeiten der Völkerwanderung, der venezianischen, fränkischen und türkischen Fremdherrschaft in Verbindung zu bringen sind. Mit der Befreiung vom Türkenjoch setzte dann eine Aufwärtsentwicklung und erneute Kultivierung des ländlichen Raumes ein, die sich auch in der Flußtätigkeit niederschlug: Alfeios und Kladeos, der kleine bei Olympia mündende Nebenfluß, schnitten wieder ein, der Grundwasserspiegel sank, womit die Ausgrabung Olympias möglich wurde.

4.5 Natürliche Vegetation und Ersatzgesellschaften

4.5.1 Allgemeine Merkmale der Vegetation Griechenlands

Die mediterrane Pflanzenwelt bestimmt nicht nur in hohem Maße das Landschaftsbild, sie faszinierte auch immer wieder die Reisenden und wurde zur Quelle der Inspiration in Dichtung und bildender Kunst. Einige Pflanzen erhielten kultiviert wirtschaftlich große Bedeutung.

Die Vegetationsverhältnisse Griechenlands sind Ausdruck insbesondere der klimatischen Bedingungen. Sie werden allerdings in unterschiedlichem Maße variiert durch die geologisch-petrologischen Gegebenheiten, Böden, Oberflächengestalt, aber auch menschliche Einwirkungen und die Florengeschichte. Als sensibler Anzeiger der natürlichen Bedingungen eignen sich die Vegetationsformationen in besonders guter Weise für die Ausgrenzung naturräumlicher Einheiten. Sie bieten sich um so mehr dafür an, als es allgemeinverbindliche Kriterien für eine solche Gliederung nicht gibt, diese sich vielmehr immer auf eine bestimmte Fragestellung beziehen sollte. Einen Gliederungsversuch wie den für die Bundesrepublik Deutschland gibt es für Griechenland bislang nicht. Die in dem von der Naval Intelligence Division herausgegebenen Handbuch (1944) vorgenommene Gliederung (Bd. 1, S. 18ff.) bleibt unbegründet.

Bereits zu Beginn des 19. Jh. (1806–16) brachten Sibthorp und Smith ein zweibändiges Werk heraus, das der Erfassung des Artenbestandes des Landes gewidmet war, ein Thema, das bis heute nicht abgeschlossen ist (vgl. dazu die Übersichten von Rechinger 1963 und Greuter 1975).

Grundlage der heutigen Kenntnis der Vegetationsverhältnisse von Griechenland bilden auch die zahlreichen regionalen Vegetationsbeschreibungen (u. a. L 543, 321, 513, 514; weitere Arbeiten aufgeführt bei Raus 1979, S. 564).

Schwerpunkte der Diskussion bilden die Waldverhältnisse (dazu u. a. L 105, 44, 129), die Grenze zwischen der immergrünen mediterranen und der laubabwerfenden Vegetationszone und allgemein die Vegetationszonierung (vgl. dazu die Arbeiten von Regel, Walter, Oberdorfer, Horvat).

Die nachfolgenden Ausführungen sind v. a. den Arbeiten von Rikli (1943–48), Raus (1979 und 1980) und Horvat, Glavač und Ellenberg (1974) verpflichtet.

Wichtige Hinweise finden sich auch immer wieder in der mehrbändigen Landeskunde Griechenlands von A. Philippson.

Am auffälligsten sind die klimabedingten Unterschiede zwischen der mitteleuropäischen und der eigentlich mediterranen Vegetation. Dunkelgrüne, das ganze Jahr über laubtragende *Hartlaubgewächse* statt hell- bis sattgrüner laubabwerfender Büsche, Bäume und Wälder prägen das Bild der mediterranen Landschaft, die das Auge des Mitteleuropäers immer wieder fasziniert. Während sich in den winterkalten Gebieten die Pflanzen auf das Überdauern der Kälte v. a. durch Laubabwurf einrichten, passen sich die meisten mediterranen Holzgewächse an die sommerliche Trockenheit durch Schutzvorrichtungen gegen Verdunstung oder Vorrichtung zur Wasserspeicherung an. Für die Erlangung der notwendigen Feuchtigkeit sorgt oft ein weitausgreifendes Wurzelwerk. Einrichtungen zum Schutz vor Verdunstung sind ledrig-harte kleine und schmale Blätter, Behaarung (z. B. Ölbaum, Steineiche) und Dornbildung.

Ledrig-fleischige Blätter und Stammverdickung dienen der Wasserspeicherung, Einrichtungen zum Überdauern der Trockenheit, wie sie, auch dem Laien erkenntlich, wohlausgeprägt bei Agave und Opuntie sind, beides Pflanzen, die aus der Neuen Welt in den Mittelmeerraum importiert wurden und heute dort oft charakteristische Akzente setzen. Sukkulenten sind allerdings nicht, wie auch die Beispiele der zuvor genannten Pflanzen zeigen, konstitutiv mediterran.

Die krautigen Pflanzen überdauern durch Zwiebeln und Knollen (Geophyten, wie z. B. der Affodill, die Blume des Totenreiches in der Antike, oder ihr herbstliches Pendant, die Meerzwiebel) oder durch Samen (annuelle, Therophyten). Ihr Leben ist auf die feuchte Jahreszeit beschränkt. Sie bilden im Frühjahr einen Blütenteppich, der mit zunehmender Sommerhitze allerdings bald vergilbt und verdorrt.

Die immergrüne mediterrane Vegetation mit den zuvor genannten Eigenschaften beschränkt sich auf die meernahen Gebiete. Das heißt aber nicht, daß die Vegetation des Binnenlandes und der höher gelegenen Gebiete, deren Holzgewächse sich überwiegend wie die mitteleuropäischen durch winterlichen Laubabwurf auszeichnen, bereits diesen in ihren Eigenschaften gleich sind. Auch sie passen sich – wenn auch nicht so deutlich sichtbar – durch eine Vielzahl von besonderen Eigenschaften den gemäßigten mediterranen Klimabedingungen an.

Der Artenreichtum nimmt ebenso wie der Anteil der *Endemiten* (Arten, die in ihrer Verbreitung auf regionale oder lokale Vorkommen beschränkt sind) auf der Balkanhalbinsel von N nach S und von den Tieflagen in die Gebirge zu. Das hat seine Ursachen in zunehmender Isolierung geeigneter Wuchsplätze und relativ geringem Konkurrenzdruck an den Standorten, die durch die Sommertrockenheit und Armut an Feinerde extreme Wuchsbedingungen aufweisen. Hinzu kommen in der erdgeschichtlichen Vergangenheit liegende Ursachen: Der Klimawechsel während der Eiszeiten zwang die höheren Pflanzen zu horizontal und vertikal gerichteten Wanderungen, was bei den orographischen Verhältnissen zu einer Zerstückelung der Areale führte (L 270, S. 72f.).

Die Jahrtausende währende Besiedlung und Kulturtätigkeit des Menschen beeinflußte auch die floristische Zusammensetzung der Vegetation: Viele Wildpflanzen, die uns heute als „typisch mediterran" erscheinen, sind vom Menschen eingeführt, wie die bereits erwähnten, aus Mexiko stammenden Agave und Opuntie (Feigenkaktus, Feigendistel), die man im Mittelalter um die Festungen als natürlichen Schutz pflanzte, oder auch viele Ackerunkräuter.

Während mitteleuropäische Vegetation, zumindest ihrem Habitus gleichende, in den höheren Gebirgsstufen verbreitet ist, fehlt die im nördlichen Afrika verbreitete Palme in Griechenland – sieht man von Kreta ab – unter den heimischen Pflanzen ganz (im westlichen Mittelmeergebiet ist sie als kleine strauchige Zwergpalme vertreten). Dort, wo sie einem in Griechenland außerhalb Kretas begegnet, ist sie eingeführte Zierpflanze in Gärten und Parks und besteht die Konkurrenz gegen andere Pflanzen nur unter der schützenden Hand des Menschen (L 489, S. 146f.).

4.5.2 Natürliche Vegetation und ihre Degradationsformen

Als natürliche Vegetation müssen wir fast überall in Griechenland Wald annehmen. Er ist unter ungestörten mediterranen Klimabedingungen dicht geschlossen. An flachgründige degradierte Böden und langwährende Übernutzung paßt er sich durch eine größere Weitständigkeit an. Letzteres bedingt einen reicheren Pflanzenunterwuchs, als er in Wäldern mit dichtem Kronenschluß möglich ist.

Schon in der Antike hatte die natürliche Vegetation durch Umwandlung in Kulturland, Weidewirtschaft und Holzeinschlag für Haus- und Schiffbau, Brennmaterial und andere Zwecke eine mehr oder weniger starke Veränderung erfahren. Die Entwaldung hatte in der Antike allerdings zweifellos noch nicht die heutigen Ausmaße erreicht. Schilderungen antiker Schriftsteller und Reisender vergangener Jahrhunderte zeugen von Wäldern, die heute verschwunden oder nur noch in Resten erhalten sind, wie etwa jener winterkahle Eichenwald in Hochelis, den A. Philippson (1892, s. dens. L 495, III, 2, S. 337) als einen der größten und schönsten Forste Griechenlands beschrieben hatte. Insbesondere in der seit Jahrtausenden besiedelten und intensiv kultivierten mediterranen Vegetationszone sind natürliche Wälder bis auf geringe Reste verschwunden oder nur als degradierte Macchie und Phrygana erhalten.

Die schönsten noch erhaltenen Wälder Griechenlands finden sich heute wohl auf der Athoshalbinsel, von der Grisebach (1841) sagt, er habe nirgends in Europa eine solche Dichtigkeit und Fülle der Vegetation gesehen wie dort (L 513, S. 36).

In den höheren und für den Menschen schwerer erreichbaren Gebirgsgebieten des Landes stehen auch heute noch z. T. ausgedehnte winterkahle Wälder und Nadelwälder von großer Schönheit.

Wo der Wald nicht durch Umwandlung in Ackerland und Weideland vollkommen verschwand, traten an seine Stelle durch Degradation oftmals Macchie bzw. Pseudomacchie und Phrygana.

Unter *Macchie* versteht man jene immergrünen Buschformationen, die zwischen 1 m und 5 m hoch sind und insbesondere in der Westhälfte Griechenlands die Berge als ein grüner, schwer zu durchdringender Pelz weitflächig überziehen. In den kühleren Zonen, wo die immergrüne mediterrane Vegetation einer laubabwerfenden weicht, spricht man, wenn immergrüne Pflanzen (durch menschlichen Einfluß) den Buschwald dominieren, von *Pseudomacchie*.

Macchien sind immergrüne Degradationsstadien immergrüner Wälder, Pseudomacchien immergrüne oder teilimmergrüne Degradationsstadien sommergrüner, winterkahler Wälder.

Während in der mediterranen Stufe eine Vielzahl von immergrünen Gehölzen die Macchie aufbaut, darunter Steineiche, Erdbeerbaum, Johannisbrotbaum, wilder

Ölbaum, herrscht in höheren Lagen, wo immergrüne Vegetation sich nur unter menschlicher Einflußnahme auszubreiten vermag, die Kermeseiche (Quercus coccifera), die ein größeres Stockausschlagvermögen als die Steineiche besitzt und bei Waldverwüstung durch Brand, starke Beweidung o. ä. dieser und konkurrierenden Laubgehölzen gegenüber im Vorteil ist.

Auf trockeneren Standorten und daher v. a. im Lee der Gebirge weichen Macchie und Pseudomacchie der *Phrygana*, einer weitständigen Zwergstrauchformation und Halbstrauchheide.

Ursprünglich ein Rechtsbegriff wie Steppe oder Heide, bezeichnete Phrygana das in Gemeinbesitz befindliche Weideland; es wurde von Heldreich (1878) in die botanische Literatur eingeführt (L 270, S. 94ff.).

Zwischen den durch Viehverbiß oft halbkugelförmigen, stacheligen oder dornigen Sträuchern schimmern das kahle Gestein oder der rote Boden hindurch, den im Frühjahr einjährige Pflanzen bedecken und der Phrygana Farbe verleihen. Unter den Zwergsträuchern, die die Phrygana aufbauen, befinden sich besonders viele aromatische Arten, wie Thymian, Lavendel, Zistrosen, die einen starken Duft aufgrund eingelagerter ätherischer Öle ausströmen. Die geringere Bodenbedeckung schafft ein anderes Kleinklima mit schärferen Temperaturgegensätzen zwischen Tag und Nacht.

In der Nähe von Siedlungen, wo die Beanspruchung von Boden und Vegetation durch Mensch und Vieh besonders stark ist, sind es oft nur noch Affodillen, Euphorbien und Disteln, die auf den überall durchschimmernden roten Kalkverwitterungsböden gedeihen, während Holzgewächse ganz fehlen (L 514, S. 575). Diese bieten in der feuchten Zeit eine gute Weide, während der trockenen Zeit dagegen einen recht trostlosen Anblick. Dort, wo der Mensch den Boden kultivierte, entwickelt sich alljährlich eine Wildkrautflora von großer, durch Herbizide noch nicht so stark reduzierter, durch verbreitete Brache sogar geförderter Vielfalt und blütenschöner Üppigkeit, wie sie in den europäischen Industrieländern nicht mehr anzutreffen ist.

4.5.3 Die räumliche Differenzierung der Vegetation, Vegetationszonen

Die Klimabedingtheit der Vegetation führt dazu, daß sie sich in Artenzusammensetzung und Habitus mit zunehmender Höhe und Meerferne wandelt (vgl. Karte 6).

Veränderungen erfahren die Pflanzengesellschaften auch durch unterschiedliches Ausgangsgestein und unterschiedliche Verfügbarkeit von Bodenwasser, die ihrerseits stark beeinflußt ist von der Permeabilität des Gesteinsuntergrundes. Die Gebirgigkeit des Landes mit ihren großen vertikalen Höhenunterschieden auf oft kurze Entfernung bedingt Wandel und Vielfalt der Pflanzengesellschaften auf engstem Raum, die Expositionsunterschiede und Unterschiede im Gestein noch verstärken.

Die Vegetationszonen werden immer wieder durchbrochen und durchsetzt von azonalen Formationen aufgrund geologisch-pedologischer, hydrographischer und anderer Einflußgrößen. Solche Standorte mit spezifischen, je nach den besonderen Klimabedingungen wieder differenzierten Pflanzengesellschaften sind felsige Areale mit auf Spalten reduzierter Bodenkrume, Wasserläufe, Dünenküsten, Verlandungsgebiete von Lagunen, Süßwasserfeuchtgebiete und ähnliche Standorte.

Die *Zone der mediterranen immergrünen Hartlaubgewächse* ist an die Bereiche mit großer Sommerwärme und -trockenheit und milden, weitgehend frostfreien Wintern gebunden. Das sind v. a. die Küstenbereiche. Nur in dem weit ins östliche Mittelmeer vorgeschobenen Südgriechenland, wo sich Land und Meer aufs engste verzahnen, reicht die mediterrane Vegetation in größere Höhen hinauf und gelegentlich weiter ins Landesinnere hinein.

Die immergrüne Vegetation hat sich durch zahlreiche Vorrichtungen auf die klimatischen Bedingungen eingerichtet. Die skleromorphen Blätter sterben auch nach mehrwöchiger Trockenheit und Stockung der Wasserzufuhr noch nicht ab, sind allerdings sehr empfindlich gegen Frost. Manchen Bäumen fehlt sogar ein Knospenschutz (L 270, S. 82). Winterruhe kennt die Vegetation in dieser Zone nicht. Bereits im Dezember und Januar beginnen zahlreiche Knollen- und Zwiebelgewächse zu blühen. Einige Holzpflanzen sind sommerkahl (z. B. *Euphorbia dendroidis,* die Baumwolfsmilch). Als Charakterpflanzen können Steineiche *(Quercus ilex),* Johannisbrotbaum *(Ceratonia siliqua),* wilder Ölbaum *(Olea europaea),* immergrüne Pistazie *(Pistacia lentiscus)* und Aleppokiefer *(Pinus halepensis)* aufgeführt werden. Wälder sind in dieser Zone selten und beschränken sich auf anderweitig kaum nutzbare, ökologisch ungünstige Standorte wie Sandflächen oder felsige Hänge.

Dominierten in der natürlichen Vegetation Hartlaubgewächse, so sind es heute v. a. Aleppokiefern, die Waldbestände bilden, im westlichen Peloponnes auch die – in Italien viel verbreitetere – Pinie. Unter natürlichen Bedingungen würden – mit Ausnahme eines Teils der ägäischen Inselwelt – auf den meisten Standorten, wo heute Aleppokiefern wachsen, Hartlaubwälder stokken. Die Aleppokiefer würde sich auf die ökologisch ungünstigen Standorte beschränken, wo sie den anspruchsvolleren Hartlaubgewächsen überlegen ist. Ihre heutige Dominanz ist Produkt der Einflußnahme des Menschen, der diese schnell wachsende Kiefer als Waldbaum für Nutzholz- und Harzgewinnung (Retsina) bevorzugte. Als Einzelbäume oder Baumgruppen fallen die dunklen und schlanken Zypressen, die gerne auf Friedhöfen gepflanzt werden, besonders ins Auge. Nach den vorherrschenden Pflanzengesellschaften wird die immergrüne Hartlaubzone in Griechenland von den Botanikern

(L 270, S. 80 ff.) heute in zwei Formationen untergliedert, die Zone der *Ölbaum-Johannisbrot-Wälder* (*Olio-Ceratonion*-Zone), die die trockensten und wärmsten Standorte im S und SO Mittel- und Südgriechenlands und der ägäischen Inseln einnimmt, und die *Steineichenzone (Quercion ilicis)* in den nördlichen Randgebieten der Ägäis und auf der Westseite des Peloponnes. Die Grenzen zwischen beiden Zonen sind nicht scharf, vielmehr gibt es Übergangssäume, wo Arten, die mehr Trockenheit ertragen bzw. mehr Feuchtigkeit bedürfen, allmählich ausbleiben oder sich einstellen bzw. an Dominanz gewinnen. Besondere klimatische Bedingungen schaffen aber auch viele Standorte der einen oder anderen Formation außerhalb ihres zusammenhängenden Verbreitungsgebietes.

Die Zone der mediterranen Hartlaubgewächse reicht in Nordgriechenland nur bis ca. 300 m Höhe oder wenig darüber, im südlichen Mittelgriechenland bis 600 m, auf dem Peloponnes und den Inseln in Höhen bis 1000 m hinauf. Darüber wird sie abgelöst durch winterkahle Laubwälder, die den größten Teil Innergriechenlands und der Balkanhalbinsel bedecken. Sie gliedern sich in die submediterranen Laubmischwälder mit noch vielen wärmeliebenden und an die Sommertrockenheit angepaßten Pflanzen (= submediterrane, winterkahle Laubmischwaldzone) und die kontinentalen Laubmischwälder, die bereits zu den mittel- und osteuropäischen Wäldern vermitteln (= Zone der Balkaneichenwälder).

Eine eigene Formation innerhalb der mediterranen Zone bildet die *Vegetation der Sandstrände und Küstendünen,* die oft beträchtliche Breiten erreichen, wie an der elischen Küste, auf einigen Ionischen Inseln und auf Kreta. Salztolerante Strandqueckengesellschaften treten als Erstbesiedler in Wassernähe auf. Auf den jungen Dünen siedeln wie an der Nordsee Strandhafer und andere anspruchslose Gräser, auf den älteren Dünen, wo sich bereits etwas Humus bildete, Zwergsträucher, aber auch schöne Strandkiefern- und Pinienwälder wie auf den Dünen und Sandflächen der elischen Küste.

Mit zunehmender Höhe und Meerferne werden die Winter kühler, das Klima wird insgesamt kontrastreicher (kontinentaler), d. h., die Temperaturamplitude zwischen wärmstem und kältestem Monat ist größer, Fröste sind häufiger und länger andauernd, die sommerliche Trockenperiode ist kürzer und häufiger durch Regenfälle unterbrochen.

Die Vegetation stellt sich darauf durch einen v. a. im Winter sehr sichtbaren Wandel ein: Die frostempfindlichen immergrünen Hartlaubgewächse weichen laubabwerfenden Holzgewächsen. Die Vegetationsgrenze, die bei den Kulturpflanzen wohl am deutlichsten durch die Verbreitungsgrenze der Olive markiert wird, ist Ausdruck verschiedener Winterbedingungen.

Winterkahle Eichen, Hainbuchen und Eschen sind die Charakterbäume der natürlichen Vegetation in der *submediterranen winterkahlen Laubmischwaldzone,* in der allerdings immergrüne Pflanzen keineswegs ganz verschwinden. Anpassung an die sommerliche Trockenheit geschieht durch größere Weitständigkeit, wo die Böden flachgründig und ohne große Wasserhaltekraft sind. Der strauchige und krautige reichliche Unterwuchs von wärmeliebenden Pflanzen zeigt ebenfalls diverse Anpassungsformen an die sommerliche Trockenheit, so daß die Ähnlichkeit mit mitteleuropäischer Vegetation eher äußerlich ist, die Pflanzengesellschaften selbst sich von den bei uns heimischen sehr unterscheiden.

Auch die winterkahle submediterrane Laubmischwaldzone wird von den Botanikern in zwei *Unterzonen* gegliedert (L 270, S. 161 ff.), die *ägäische* und die *adriatische*. Letztere fehlt allerdings in Griechenland. Die ägäische Unterzone repräsentiert die maritimere Variante mit größtem Anteil von immergrünen Pflanzen. Degradierter Wald, der unter den ökologischen Bedingungen dieser Zone als laubabwerfender Buschwald auftreten müßte, erscheint als immergrüne Macchie (Pseudomacchie) v. a. von Kermeseichen *(Quercus coccifera).* Die Kermeseiche verfügt über eine große ökologische Anpassungsfähigkeit, ist wegen ihrer stacheligen kleinen Blätter resistenter gegen Viehverbiß, regeneriert sich schnell und überdauert damit auch die früher häufig gelegten Brände besser. Eingestreut sind insbesondere dort, wo sie vor Verbiß geschützt sind, zahlreiche laubabwerfende Arten.

Die Balkaneichenwälder (L 270, S. 223 ff.), die große Teile Nordgriechenlands bedecken würden, wenn sie nicht vom Menschen in Kulturland umgewandelt wären, gleichen in ihrem Habitus mitteleuropäischen Wäldern, unterscheiden sich aber doch stark in ihrer Artenzusammensetzung. Charakterbäume in der *kontinentalen Laubmischwaldzone* sind die Balkaneiche *(Quercus frainetto),* deren Verbreitungsgebiet bis in den Peloponnes reicht, die Silberlinde *(Tilia argentea)* und die Zerreiche *(Quercus cerris).*

Das Verbreitungsgebiet dieser Formation deckt sich bereits mit stärker kontinentalen Klimaeigenschaften: Die Winter sind bei Jahresmitteltemperaturen zwischen 10° und 11,5° C bereits recht kühl, mit einem mittleren Tagesminimum unter 0° C während dreier Monate und absoluten Minima unter −25° C, was alle frostempfindlichen Pflanzen ausschließt. Da andererseits nach einem Niederschlagsmaximum im Frühsommer sich eine mehrwöchige trockene Zeit anschließt, müssen die Pflanzen sommerliche Wärme und Trokkenheit überstehen können. Die für diese Zone charakteristische Balkaneiche geht sparsamer mit Wasser um, transpiriert an Sommertagen weniger als die physiognomisch ähnliche Zerreiche. Die Zone wird in drei Unterzonen untergliedert (s. Karte 6 und L 270, S. 227).

Die Balkaneichenwälder sind reich an dem auch in unseren Wäldern verbreiteten Adlerfarn, arm dagegen an Sträuchern. In Küstennähe dominiert häufig die – vom Menschen in ihrer Verbreitung sehr geförderte – Edelkastanie. Große Edelkastanienbestände finden wir z. B. auf Euböa, der Pilion-Halbinsel, der Chalkidike und den Hängen von Pindos und Vermion. Die

Abnahme dieses Baumes ins Landesinnere hin dürfte weniger ökologische Bedingungen als abnehmenden Einfluß der griechischen, römischen und byzantinischen Kultur spiegeln, der Rückgang der Bestände in jüngerer Zeit durch Nutzungsaufgabe, u. U. verstärkt durch Pilzkrankheit (L 270, S. 252 ff.), zu erklären sein. Auch die Balkaneichenwälder erfuhren, sofern sie nicht ganz in Kulturland umgewandelt wurden, durch Beweidung, Holzeinschlag und Schneitelwirtschaft starke Degradierung. Die dieser Zone eigene Gebüschformation aus laubabwerfenden Sträuchern (Degradationsstadium potentieller winterkahler Wälder) wird von ADAMOVIC (1909) mit dem slavischen Wort *Sibljak* bezeichnet, das er definiert als „ein Buschwerk der mediterranen und angrenzenden Länder, welches aus verschiedenen sommergrünen Sträuchern, mitunter aber auch nur aus einer einzigen Strauchart zusammengesetzt wird und die Abhänge der Hügel und niedrigen Berge bedeckt" (zit. nach HORVAT et al., S. 258).

Die *Zone der Steppenwälder* in der besonderenAuspragung der thrakischen Steppenwälder berührt Griechenland nur im äußersten Nordosten. Die Wälder wurden hier restlos in Ackerland umgewandelt.

Die auf der Balkanhalbinsel facettenreichen *zentraleuropäisch-montanen Buchenwälder* reichen nur bis ins nördliche und mittlere Griechenland. Sie sind hier als Waldgemeinschaften der Mösischen Buche und Tanne (*Fagion moesiacum* und *Abieti-Fagetum moesiacum*) ausgeprägt. Sie lösen sich im mittleren Griechenland in zahlreiche, nicht mehr zusammenhängende Inseln auf. An ihre Stelle treten Nadelwälder (Gruppe der *montanen und subalpinen Nadelwaldzonen*).

Die Gründe dafür sind v. a. in den klimatischen Bedingungen zu suchen. Während Buchen in den noch ozeanisch geprägten Gebirgsbereichen dominieren, in denen die sommerliche Dürre fehlt oder sich auf wenige Wochen reduziert, im Winter regelmäßig eine Schneedecke den Boden vor Frost und Austrocknung schützt, sind unter den montan-mediterranen Klimabedingungen mit ausgeprägter Trockenzeit Nadelbäume den Buchen ebenso überlegen wie in den kontinentaleren Bereichen.

Die Nadelwälder steigen im südlichen Griechenland vielfach direkt über der immergrünen Macchie bzw. Pseudomacchie oder den submediterranen Eichenmischwäldern auf; in Mittel- und Nordgriechenland grenzen sie aneinander oder mischen sich auch. Im einzelnen variiert die Verbreitung aufgrund unterschiedlicher Böden, Exposition und anderer Faktoren. Kalkreiche, lockere und nicht zu flachgründige Böden bedingen eher Laubwälder, saure, feinerdearme und trockene Böden Nadelwälder.

In der Karte 6 wurde auf eine Detaillierung der *zentraleuropäisch-montanen Buchen- und Tannenwaldzonen* weitgehend verzichtet. Sofern in den höheren Lagen der nordgriechischen Gebirge ein *Aceri-Fagetum* vorkommt, wurde es in die *Pinion-peucis*-Zone integriert.

Schwarzkiefer und griechische Tanne *(Abies cephalonica, Abies borisii-regis)* sind die typischen Nadelhölzer der *montanen und subalpinen Nadelwaldzonen.* Schöne Tannenwälder erhielten sich auf der Insel Kefallinia, nach der die Tanne auch ihren lateinischen Namen erhielt (L 398), schöne Kiefernwälder in den höheren Gebirgen des Peloponnes (L 44). Im epirotischen Pindos, im Olympmassiv und dem an Albanien grenzenden Grammos bildet die endemische Panzerkiefer *(Pinus heldreichii)* Wälder von eigenartiger Schönheit, in den makedonischen Grenzgebirgen die Molikakiefer. Die Fichte reicht nur in geringer Verbreitung (*Vaccinio-piceion*-Zone) in den Rhodopen nach Griechenland herein.

Dort, wo der Wald seine natürliche Verbreitungsgrenze errreicht, in ständigem Kampf mit den klimatischen Unbilden liegt, ist er schütter und leicht verletzbar. So nimmt es nicht wunder, daß die natürliche Waldgrenze seit der Antike bereits in diesen Bereichen, wo ob der Weitständigkeit der Bäume Schaf- und Ziegenweide günstige Bedingungen findet, durch sommerliche Beweidung herabgedrückt wurde, der Wald fast nirgends seine obere natürliche Verbreitungsgrenze erreicht. Nur Einzelbäume zeigen, daß die Grenze der natürlichen Wuchsmöglichkeiten für Bäume meist keineswegs an der aktuellen Waldgrenze erreicht ist und sich überall dort, wo eine normale, einigermaßen geschlossene Bodendecke vorhanden ist, Wald ausbreiten könnte. „Seit Jahrtausenden", schreiben Horvat, Glavač und Ellenberg (1974, S. 571), „ziehen Hirten in die freien Berghöhen hinaus und leben hier Wochen oder Monate einsam und auf sich gestellt. Sie schlagen Brenn- und Bauholz, das nur langsam nachwächst, sie bemühen sich, das natürliche Grasland bergab zu erweitern und lassen sich dabei von Vieh und Feuer helfen. Solche Rodungen lohnen sich v. a. auf tiefgründigen Böden, auf denen das Futter dicht und üppig wächst, auf denen aber auch der Wald besser gedeiht als auf den kargen Steinrippen und an den steinigen Hängen, wo er oft noch bis heute sein Dasein fristet."

In den mediterranen Hochgebirgen oberhalb der Waldgrenze in der *Zone der Hochgebirgsmatten* fehlen allerdings die grünen Almwiesen und -weiden ebenso wie „das moosige Naß durchrieselter Quellfluren" (ebd.). Bedingt durch Sommertrockenheit und kühle Winter bestimmen karge halboffene Trockenrasen (Polsterheiden) von kugelpolsterförmigen Grasbüscheln und stacheligen Zwergsträuchern das Bild. Fels- und Steinschuttfluren finden sich in großer Ausdehnung, während Krummhölzer im subalpinen Bereich der griechischen Gebirge weitgehend fehlen.

Besondere Standortbedingungen führten dazu, daß sich innerhalb der einzelnen Zonen an speziellen Standorten von der zonalen Vegetation abweichende Formationen, sog. *extrazonale Formationen,* herausbildeten bzw. sich exterritorial Vegetationsgesellschaften anderer Zonen finden: So reichen etwa an Schatthängen und in engen und kühlen Schluchten und Mulden laubabwerfende Gehölze oft weit in die immergrüne Vegetationszone hinein, Kiefern- und Tannenwälder in die Laubwaldzone.

Dem naturkundlich aufmerksam beobachtenden Laien fällt vermutlich besonders der in verschiedenen Höhenlagen immer ähnlich erfrischende Anblick der Vegetation entlang von Gewässern auf: Helle laubabwerfende Platanenwälder und -gebüsche (L 270, S. 92ff.) anstelle der dunkelgrünen, oft düster wirkenden Hartlaubvegetation begleiten die Flußauen, in denen sich das Grundwasser hält, auch wenn die Gewässer selbst trocken daliegen. Silberpappeln, Silberweiden und andere schnellwüchsige Weichhölzer gesellen sich in den kühleren Lagen den gewässerbegleitenden Platanen bei. In der mediterranen frostfreien Zone wachsen auf Sandbänken und sandigen Uferstellen dichte, blütenprächtige Oleanderbüsche.

Auffälligster Gewässerbegleiter bleibt die Platane, die oft in großer Mächtigkeit überall da erscheint, wo frisches Wasser ständig vorhanden ist. Oft bildet sie den dörflichen Mittelpunkt an einer gefaßten Quelle oder sogar mit eingebauter Wasserleitung.

Als schnell wachsendes Gehölz ist sie an Gewässern auch in der mediterranen Zone den langsamer wachsenden immergrünen Gehölzen überlegen.

Eigene Pflanzengesellschaften finden sich auch an und in Süßwasserfeuchtgebieten, die durch Trockenlegung und intensive Wasserentnahme allerdings immer seltener werden. Gesellschaften ganz besonderer Art stellen die sog. „Ägäischen Felsspalten-Gesellschaften“ dar, die sich in den Felsspalten der Kalkfelsen v. a. auf den ägäischen Inseln herausbildeten und reich an Endemiten sind.

Sie erfuhren bislang glücklicherweise aufgrund ihrer schweren Erreichbarkeit kaum eine Veränderung durch den Menschen.

4.5.4 Die Höhenstufung der Vegetationszonen am Beispiel der Ossa

Am Beispiel der fast 2000 m hohen Ossa, der südöstlichen Fortsetzung des Olymp, von diesem nur durch das tief eingeschnittene antezedente Durchbruchstal des Pineios (Tempetal) getrennt, soll noch einmal die Höhenstufung der Vegetation demonstriert werden (dazu L 514, 537). Die Ossa eignet sich besonders gut dafür, da die Vegetation expositionsbedingt auf der SW- und NO-Seite unterschiedlich gestuft ist, wir sogar unterschiedliche Vegetationsformationen dort finden.

Im Westen steigt das Ossa-Massiv unmittelbar aus der gegen das Meer hin abgeschlossenen Thessalischen Ebene, im Osten fällt es steil zum Ägäischen Meer hin ab, im Südosten setzt es sich, getrennt durch die Senke von Agia, in den Mavrovouni und dem mit 1548 m fast ebenso hohen Pilion fort.

Während die der Ägäis zugekehrte Seite relativ maritime Züge zeigt mit milden Temperaturen, recht ausgeglichenem Temperaturgang und mit (v. a. steigungsbedingten) Niederschlägen zwischen 600 und 1200 mm und einer

Zone hoher Luftfeuchtigkeit infolge häufiger Wolkenbildung in etwa 1000 m Höhe, weist die der Thessalischen Ebene zugewandte Seite stärker kontinentale Züge auf mit regelmäßigem Frost im Winter infolge von Kaltluftansammlung im Thessalischen Becken und sehr viel geringeren Niederschlägen, die zwischen 500 und 800 mm liegen. Da die NO-Seite den Etesien zugekehrt ist, bedingt der durch sie bewirkte Wolkenstau Verminderung der Ausstrahlung, während im Lee durch die einem Föhnwind gleich absteigenden Luftmassen Erwärmung und Wolkenauflösung eintritt (L 514, S. 571).

Die klimatischen Bedingungen von Luv- und Leeseite sind so unterschiedlich, daß es zu einem ausgeprägten Vegetationswechsel kommt.

Paläozoische Glimmerschiefer und Gneise, z. T. überdeckt von Jurakalken und Marmor, bilden das Ausgangsgestein. Der den Gipfel der Ossa bedeckende Kalk verschärft die ökologische Trockenheit der Westseite, der Silikatuntergrund verbessert die ökologischen Bedingungen der Ostseite. Der Mensch siedelt in diesem Gebiet in den niederen Bereichen seit Jahrtausenden (L 264, S. 41 ff.). War die Thessalische Ebene Zentrum türkischer Tschiftlikwirtschaft, so war das Bergland nicht nur Siedelgebiet von griechischen Freibauern, sondern Weidegebiet von Aromunen und Sarakatsanen, die heute am Gebirgsfuß ansässig geworden sind und ihre Winterweiden auf den Vorhöhen des Gebirges haben.

Die Waldzerstörung ist deshalb in den unteren Gebirgsbereichen weit fortgeschritten und schreitet durch Weidewirtschaft und die immer noch betriebene Köhlerei, die der Verf. auch in anderen Waldgebieten Griechenlands beobachten konnte, weiter fort.

Der unterste Teil der Ostseite des Massivs, im Schnitt nur bis knapp 300 m Höhe, gehört zur immergrünen Steineichenzone (*Quercion-ilicis*-Zone). Sie reicht weit in die Senke von Agia hinein. In dieser Zone dominiert heute Macchie. Das westliche Pendant gehört dagegen in Anpassung an die niedrigeren Wintertemperaturen zur teilimmergrünen, hier bis ca. 600 m Höhe reichenden Hopfenbuchen-Orienthainbuchen-Zone, in der an immergrünen Bäumen im wesentlichen nur noch Kermeseiche und Zederwacholder vorkommen. Oberhalb dieser Formationen schließt sich die subkontinentale Balkaneichenwaldzone an, die im Westen fast bis 1000 m Höhe reicht, im Osten jedoch aufgrund der höheren Feuchtigkeit bereits in etwa 700 m Höhe durch Buchen *(fagus moesiaca)* – teilweise in Verbindung mit Tannen – abgelöst wird. Die Buche ist aufgrund der auch im Sommer (gute Wasserhaltekapazität der Böden!) nicht unterbrochenen Wasserversorgung der Eiche überlegen. Sie reicht bis an die Waldgrenze hinauf und findet hier ihre absolute südöstliche Arealgrenze in Europa (L 514, S. 586). Krokusse, Anemonen und Primeln in der Krautschicht im Frühjahr, die sich rotbraun verfärbenden Blätter der Buchen im Herbst verleihen diesen Wäldern große Reize, die an die mitteleuropäischer Buchenwälder erinnern.

An der Westflanke folgt dagegen über der Eichenzone Tannenwald. Dieser ist hier aufgrund der klimatisch bedingten, durch den Kalkuntergrund ökologisch verstärkten Trockenheit als Waldbildner überlegen und bildet reine Bestände.

Aus der klimatischen Waldstufe würde der 1978 m hohe Ossagipfel unter natürlichen Bedingungen nicht herausragen. Die aktuelle Waldgrenze wurde jedoch durch den Menschen vermutlich um mehrere hundert Meter herabgedrückt (L 514, S. 575) und die ehemaligen Tannen- bzw. Buchenwälder durch subalpine Polsterheiden oder farnreiche, von Wachholderbüschen durchsetzte Hutweiden ersetzt.

Die Eingriffe des Menschen haben auch in den darunter gelegenen Bereichen die Grenzen der natürlichen Vegetationszonen (-stufen) stark verwischt. Die durch die ökologischen Umstände bedingte geringere Resistenz des Waldes auf der W-Seite führte dazu, daß hier der Wald besonders stark degradierte, zumal hoch gelegene alte Flächensysteme, die sich als Weidegebiet besonders eignen, recht ausgedehnt sind (L 537, S. 114), während er sich auf der Ostseite in größeren Partien erhalten konnte.

Äußerste Degradationsformen, die sich v. a. in der Nähe von Dörfern finden, sind von Adlerfarn bestandene Flächen in der mittleren Stufe. Auch die Eßkastanienbestände am mittleren Osthang dürften ihre Verbreitung dem Menschen und seinem Interesse an der Nutzung dieses Fruchtbaumes zu verdanken haben (L 514, S. 592).

5. DIE WIRTSCHAFT GRIECHENLANDS

5.1 Allgemeine Merkmale

Trotz raschen Wirtschaftswachstums besonders in den letzten beiden Jahrzehnten, in vielen Städten beobachtbarer Aktivitäten im produzierenden Sektor, Verbesserungen der Infrastruktureinrichtungen (v. a. Straßen, Stromnetz, Wasserversorgung), Intensivierung der Landwirtschaft (sichtbar an der wachsenden Fläche der Warmbeetkulturen und der Bewässerungsfläche) und anderem besitzt die Wirtschaft strukturelle Defizite, die bedingen, daß es Griechenland bislang nicht gelang, ein selbsttragendes Wachstum durch Produktion von Kapitalgütern und Investitionen in diesem Bereich zu erzeugen. Hier blieb die Abhängigkeit vom Ausland bestehen, vergrößerte sich sogar der Abstand im Entwicklungsstand zu den europäischen Industriestaaten. Güter, deren Entwicklung und Produktion eine hochentwickelte Technologie erfordern (etwa Computer, Hochleistungsmotoren etc.), werden nicht oder nur partiell und im Auftrag (ausgelagerte Produktion im Rahmen der internationalen Arbeitsteilung) hergestellt. Griechenlands Wirtschaftsstruktur zeigt so trotz der rasch wachsenden Beschäftigtenzahlen im produktiven Sektor und ebenso rasch wachsendem Anteil dieses Sektors am Zustandekommen des Bruttosozialproduktes Merkmale, die denen von Entwicklungsländern eigen sind (L 255, S. 139f.). Das hat schwerwiegende Probleme für die Eingliederung in die EG zur Folge und führte zu heftigen Kontroversen über deren Nutzen für Griechenland, da im einzelnen die Auswirkungen auf die Wirtschaftssektoren und die raumstrukturelle Entwicklung des Landes nicht abschätzbar sind.

Griechenlands Wirtschaftsordnung ist und war immer äußerst liberal, eine freie Marktwirtschaft, in der der Staat den privatwirtschaftlichen Aktivitäten auch aus dem Ausland weitgehend freie Hand ließ, ja auf vielfältige Weise ausländisches Kapital in das Land zu ziehen suchte.

Die massive Einflußnahme Englands und der USA nach dem Kriege bewirkte, daß sich das liberale Wirtschaftssystem gleich nach dem Zweiten Weltkrieg wieder durchsetzen konnte. Bei der Ansiedlung von Betrieben kamen betriebswirtschaftliche vor regional- und volkswirtschaftlichen Gesichtspunkten zum Tragen, was zu großen sozialen und räumlichen Ungleichgewichten führte (zur Kluft zwischen Stadt und Land vgl. Lienau 1979b). Erst in jüngster Zeit versuchte die Pa.So.K.-Regierung einer wachsenden Kluft durch effektivere Maßnahmen zur Dezentralisierung entgegenzuwirken.

Tab. A2 zeigt, daß Griechenland, am Prokopfeinkommen gemessen, immer noch einen der unteren Plätze unter den europäischen Staaten einnimmt. Zwar verringerte sich im Zeitraum zwischen 1961 und 1976 der relative Abstand zu den europäischen Industriestaaten, der absolute vergrößerte sich dagegen.

Die Griechenland betreffenden Zahlen geben nur das offiziell ermittelte Bruttosozialprodukt wieder. Da die *Schatten-* oder *Parallelwirtschaft* (s. dazu FR vom 11. 3. 87) in Griechenland nach Schätzungen von Fachleuten etwa 50 % des offiziell ermittelten Bruttosozialproduktes ausmacht (in der Schweiz etwa 5 %, in der Bundesrepublik Deutschland 10 %, in Italien 30 %), dürfte das De-facto-Sozialprodukt weit darüber liegen. Wie die Sozialproduktzahlen, so sind alle offiziellen Wirtschaftsdaten aus obigen Gründen mit großer Vorsicht zu benutzen. Welchen Umfang die Schattenwirtschaft hat, wird an Einzelbeispielen deutlich: Man schätzt die Zahl der illegal erricheten Gebäude auf über ½ Million, die der Autowerkstätten auf über 20000. Bei Einführung der Mehrwertsteuer wurden 120000 bis dahin nie in Erscheinung getretene Kleinunternehmer erfaßt.

Ein wachsender Wohlstand der griechischen Bevölkerung ist unverkennbar: Das Angebot in den Läden wurde ständig reichhaltiger (und mehr Menschen können sich über den täglichen Bedarf hinausgehende Dinge erlauben), die Wohnraumversorgung kontinuierlich besser, die Autos zahlreicher, und Fernseher sowie andere technische Haushaltsgeräte gehören heute fast zum Standard von Wohnungseinrichtungen. Auch wer abgelegene Gebiete besucht, braucht als Reisender kaum noch auf (halbwegs) gewohnten Komfort zu verzichten. Die Zeiten, in denen eine Griechenlandreise, zumindest wenn sie aus den Städten herausführte, zu einem erlebnisreichen, mitunter gefährlichen, zumindest unbequemen Abenteuer wurde, sind wohl endgültig vorbei. Daß der Wohlstand der Bevölkerung wächst, drückt sich u. a. aus in einem fallenden Anteil der Haushaltsausgaben für Grundnahrungsmittel.

Erreicht wurde das Wachstum (L 285, S. 227ff.) durch das ungehinderte Einströmen von ausländischem Kapital, durch einen devisenbringenden Gastarbeiterstrom in die Bundesrepublik und touristischen Gegenstrom von sonnenhungrigen Mittel-, West- und Nordeuropäern, durch wachsende Produktivität (ermöglicht durch technische Verbesserungen, für die das Geld u. a. aus dem Ausland kam) und ein geringes (u. a. wanderungsbedingtes) Bevölkerungswachstum, das den Fortschritt nicht, wie in vielen Entwicklungsländern, zunichte machte.

Die Inflationsraten konnten in den 60er Jahren niedrig gehalten werden, schnellten aber nach 1971, mitveranlaßt durch außenbedingte Einflüsse, rasant in die Höhe, wobei man dies hinnahm, um ökonomische Aktivitäten nicht zu behindern und die Unterbeschäftigung nicht anwachsen zu lassen. Mit 22 % erreichte die Inflationsrate 1973 einen Höhepunkt. Das von der Pa.So.K.-Regierung verordnete Sparprogramm (Lohnstopp zur Drosselung des privaten Konsums, reduzierter Staatshaushalt) konnte die Rate bislang (1985) noch nicht unter die 15-%-Marke drücken, was v. a. auf das Konto der nach wie vor ungebremsten Konsumgüterimporte geht.

5.2 Die Entwicklung der griechischen Wirtschaft

Die gegenwärtigen wirtschaftlichen Strukturen des Landes sind das Ergebnis einer Entwicklung, deren Wurzeln bereits in der osmanischen Zeit liegen (vgl. dazu Kap. 3.2 und L 29, S. 97ff.).

Seit dem 17. Jh. spielten Griechen im Handel des Osmanischen Reiches, dessen Markt durch die Kapitulationen sich seit dem 16. Jh. dem Ausland, v. a. Frankreich, England, Holland öffnete, eine wachsende Rolle. Die ausländischen Mächte protegierten häufig die griechischen Händler und Schiffseigner und stellten sie in ihren Dienst. Begünstigt durch die jeweiligen Staaten hatten sich Niederlassungen griechischer Händler in vielen Handelsstädten (u. a. Wien, Leipzig, Paris, London) gebildet, über die man sich eine Erschließung des Osmanischen Reiches versprach. So wurden die Griechen zu Vermittlern von Waren und Dienstleistungen der sie protegierenden Mächte (L 420, S. 162). Für viele Händler und Reeder war darum aus wirtschaftlichen Gründen eine Unabhängigkeit Griechenlands keineswegs unbedingt erstrebenswert. Sie vertraten in der ersten Phase des neuen Griechenland eher die Interessen ausländischen Kapitals als das griechische Inlandskapital und investierten nicht im produktiven Sektor.

Die im 18. Jh. in Griechenland gegründeten Industriebetriebe in der Textilindustrie (u. a. Ambelakia und Tyrnavos in Thessalien), im Schiffbau (auf einigen griechischen Inseln und in West-Griechenland) und in anderen Bereichen hatten aufgrund der ausländischen Konkurrenz und fehlender protektionistischer Maßnahmen von seiten des Osmanischen Staates nur kurzen Bestand. Waren die ökonomischen Abhängigkeiten in der Zeit der Zugehörigkeit zum Osmanischen Reich bereits spürbar, so verstärkten sie sich mit der Erlangung der Unabhängigkeit eher als daß sie sich abschwächten und verhinderten von vornherein die Möglichkeit zu autozentrierter wirtschaftlicher Entwicklung und endogener Kapitalbildung.

In den ersten Jahrzehnten nach der Unabhängigkeit ist Griechenland als ausgesprochenes Agrarland zu kennzeichnen. Je nach Schätzung lebten 62 % bis 90 % der Bevölkerung (L 433, 434, 324, S. 79) von der Landwirtschaft.

Handel und Schiffahrt spielten daneben allerdings eine nicht unwesentliche Rolle. Nach F. Thiersch (1784–1860), dem Humanisten und Philologen im Dienste König Ludwigs, der von den Griechen für seine Tätigkeit in und für das junge Griechenland den Ehrennamen Irenaios (Friedenstifter) erhalten hatte, gab es in den 30er Jahren des 19. Jh. ca. 30000 Geschäftsleute in Griechenland und ca. 100000 im Ausland! 1840 besaß die griechische Handelsflotte trotz größter Verluste im Unabhängigkeitskrieg bereits wieder über 4000 Schiffe mit 266000 BRT (L 434, S. 179ff.). Heute ist die Schiffahrt zusammen mit Gastarbeit und Tourismus der wichtigste Devisenbringer, wobei die Devisen noch höher ausfallen würden, wenn größere Teile der griechischen Handelsflotte nicht unter ausländischer Billigflagge, sondern unter griechischer Flagge fahren würden.

Die ökonomische Abhängigkeit verband sich mit politischer und finanzieller Abhängigkeit. Mehrmals mußte der Staat im Laufe des 19. Jh. zu äußerst ungünstigen Bedingungen große Anleihen aufnehmen, mehrfach den *Staatsbankrott* erklären, so 1833 unmittelbar nach Beendigung des Freiheitskampfes, 1843 und 1893. Das führte u. a. 1897 nach der Niederlage im Türkisch-Griechischen Krieg zur Gründung einer internationalen Kontrollkommission aus Vertretern Englands, Frankreichs, Österreichs, Deutschlands, Italiens und Rußlands, die die Aufgabe der Finanzkontrolle und Sicherstellung der Rückzahlung der ausländischen Forderungen hatte.

Die Zeit von 1880 bis 1922, politisch bestimmt von den Staatsmännern TRIKOUPIS und VENIZELOS, ist wirtschaftlich eine Zeit des Überganges, in der, gefördert durch das Einströmen ausländischen Kapitals und die Vergrößerung des griechischen Territoriums, erste Ansätze einer Industrialisierung zu konstatieren sind.

Die Korinthenkrise Ende des 19. Jh. führte zu Massenarbeitslosigkeit auf dem Lande, massiver Stadtflucht und Auswanderung, vergleichbar der späteren Tabakkrise, die Ende der 50er Jahre und zu Beginn der 60er Jahre unseres Jahrhunderts die griechische Gastarbeiterwanderung auslöste. Außerordentlich wichtig für die Entwicklung der griechischen Wirtschaft war die Gründung der *Banken.*

1841 wurde die Nationalbank gegründet. Sie kontrollierte die Mehrzahl der fast 30 Banken, die zwischen 1860 und 1897 in Griechenland entstanden und an der Finanzierung zahlreicher Unternehmen beteiligt waren. Im Jahre 1927 entstand die „Bank von Griechenland" als Zentralbank. Bis dahin besaß die Nationalbank das Bankmonopol und fungierte als Kreditgeber für den Staat. Ausländische Beteiligungen am Aktienkapital der Nationalbank und einer Reihe weiterer Banken, die sich ganz oder teilweise in ausländischem Besitz befanden (u. a. Ionische Bank, Bank von Athen, American Express Company, Ital. Kommerzbank; vgl. L 434, S. 205), sicherten dem Ausland auch darüber Einfluß auf die wirtschaftliche Entwicklung.

Die neu gegründete Bank von Griechenland übernahm die Geldpolitik. Der Hypothekenzweig der Nationalbank von Griechenland wurde der staatlichen „Nationalen Grundkreditanstalt" und der „Agrarbank von Griechenland" (Agrotiki Trapeza) übertragen. Damit erlangte der Staat wesentliche Kontrolle über die Wirtschaft.

Kleinasienkatastrophe und Weltwirtschaftskrise wirkten nicht nur negativ auf die wirtschaftliche Entwicklung. Das Einströmen von über 1 Mio. Vertriebenen nach 1922 bedingte eine Vergrößerung des Binnenmarktes, allerdings auch Massenarbeitslosigkeit verbunden mit starkem sozialem Druck. Zusammen mit dem vom Ausland mitfinanzierten Ansiedlungsprogramm und dem von den Vertriebenen mitgebrachten Know-how – man ist erinnert an die ersten Jahre nach dem Zweiten Weltkrieg in Westdeutschland – brachte es einen starken Industrialisierungsschub. Die Aufnahme ausländischen Kapitals für Projekte zur Ansiedlung der Flüchtlinge – zwischen 1923 und 1930 flossen 1,2 Mio. Goldfrancs nach Griechenland – stürzten das Land in eine solche Verschuldung, daß mehr als ein Drittel der Staatsausgaben für den Schuldendienst aufgebracht werden mußte. Damit lag es weit vor allen anderen südosteuropäischen Staaten. Unter den Staaten, an die Griechenland verschuldet war, führte England mit 67% vor den USA (10%), Frankreich, Schweden, Belgien, Deutschland und Italien. Die Warenströme spiegeln diese Abhängigkeiten wider.

Die sich entwickelnde Mittelschicht profitierte von einer stark protektionistischen Wirtschaftspolitik.

Von den Folgen des Zweiten Weltkrieges und des anschließenden Bürgerkrieges erholte sich die griechische Wirtschaft relativ rasch und wiederum dank ausländischer Hilfe – mit den gleichen Folgen. Die wirtschaftlichen und militärischen Interessen Englands und der USA liegen dabei auf der Hand. Die liberale Wirtschaftspolitik, die ausländischem Kapital und ausländischen Firmen leichten Zugang zum griechischen Markt gewährte, und der Schutz der Wirtschaft durch protektionistische Maßnahmen waren Motoren der wirtschaftlichen Entwicklung, zugleich aber auch einer der Gründe für den Entwicklungsrückstand und die sich ausweitende Kluft zwischen Stadt und Land.

Griechenland ist heute ein mäßig industrialisierter Staat, in dem allerdings der primäre Sektor immer noch eine wichtige Rolle spielt, der tertiäre Sektor überproportioniert ist.

In einem Vergleich mit den europäischen Staaten und ausgewählten Entwicklungsländern nimmt Griechenland, wie Abb. 1 zeigt, eine Mittelstellung ein.

In der Aufteilung der Erwerbstätigen nach Wirtschaftssektoren hat Griechenland die größten Ähnlichkeiten mit Portugal, Rumänien und Jugoslawien sowie mit Bulgarien, die jedoch alle mehr Beschäftigte im sekundären Sektor besitzen, erstere v. a. auf Kosten der Landwirtschaft, letzteres auf Kosten des Dienstleistungssektors.

Die westeuropäischen Staaten bilden eine Gruppe im linken mittleren Feld des Dreiecks, das einen niedrigen Anteil in der Landwirtschaft Beschäftigter, hohe Anteile im tertiären und sekundären Sektor Beschäftigter anzeigt. In dieses Feld fallen auch die ČSSR und UdSSR, allerdings ähnlich wie Bulgarien mit einem vergleichsweise niedrigen Anteil von im Dienstleistungssektor beschäftigten Personen. Auch Staaten wie Irland und Argentinien schließen bereits randlich an diese Gruppe an.

Das rechte untere Feld des Dreiecks wird fast ausschließlich von Entwicklungsländern besetzt. Auch Albanien gehört dazu, wiederum mit dem für sozialistische Länder typisch gering ausgeprägten Dienstleistungssektor, desgleichen die Türkei.

Auch hier sind allerdings die in Kap. 2.4 gemachten Einschränkungen zu der Aussagekraft der offiziellen griechischen Zahlen zu machen.

In der letzten Zeit schwächte sich das Wirtschaftswachstum Griechenlands ab, was einerseits Folge nachlassender Investitionsleistungen von ausländischer Seite ist (die Bundesrepublik Deutschland investierte 1985 nur noch ca. 22 Mill. DM, 1986 nahezu nichts), wofür andererseits letztere auch Ausdruck sind.

Die hohe Inflationsrate und Auslandsverschuldung versucht die Pa.So.K.-Regierung durch die unpopuläre Maßnahme eines Aussetzens der Anpassung von Löhnen und Gehältern an die Inflationsrate und eine rigorose Sparpolitik in den Griff zu bekommen, Maßnahmen, die aufgrund der strukturellen Bedingungen nur teilweise greifen.

Schattenwirtschaft, mangelnde Steuerehrlichkeit und Devisenflucht sind Ausdruck eines gebrochenen Verhältnisses der Griechen zum Staat (s. FR vom 11. 3. 87). Das hat seine Gründe in der Geschichte: Politische Instabilität, ein Übermaß an staatlichem Interventionismus, ein wirtschaftspolitischer Zickzackkurs (man denke etwa an die verbale und die De-facto-EG-Politik) und häufige Änderungen in der Wirtschafts- und Steuergesetzgebung führten zu Mißtrauen gegenüber dem Staat und den o. g. „Wirtschaftsformen", die der Staat bislang nicht zu regulieren in der Lage war.

5.3 Der primäre Wirtschaftssektor

Während in England bereits 1846 nur noch 22 % der Erwerbstätigen in der Landwirtschaft arbeiteten, waren es in Griechenland 1981 noch 27 % (Stat. Jb. 1984, S. 53). Die Landwirtschaft spielt deshalb für die griechische Wirtschaft nach wie vor eine bedeutsame Rolle, auch wenn deren Anteil am Bruttosozialprodukt ständig zurückging: Betrug er 1951 rund 30 %, 1961 26 %, 1971 17,5 %, so 1981 nur noch 14,2 % (die OECD gibt für 1985 29,4 % Beschäftigte im 1. Sektor und 17,3 % Anteil am BSP an; s. L 287, S. 37). An den Exporterlösen sind Agrarprodukte immerhin mit ca. 35 % beteiligt. Die klimatischen, pedologischen und morphologischen Bedingungen, kulturhistorisch gewachsene Verbrauchsgewohnheiten der Bevölkerung und andere, in der besonderen historischen Entwicklung begründete Faktoren führten dazu, daß sich die Landwirtschaftsformen in Griechenland wie auch in den anderen mediterranen Ländern wesentlich von den mittel- und westeuropäischen unterscheiden. Das gilt nicht nur für die Palette landwirtschaftlicher Produkte, sondern auch für viele agrarsoziale Merkmale, für Organisation und Technik der Landnutzung, Art und Intensität der Produktion (L 372).

Etwa zwei Drittel des Produktionswertes machen Feld- und Baumfrüchte aus, ca. ein Drittel Viehprodukte. Fischfang und Forstwirtschaft sind nur mit 5 % an der Primärproduktion beteiligt.

Trotz Rückgangs der Arbeitskräfte in der Landwirtschaft stieg die landwirtschaftliche Produktion um 60 %. Damit stiegen auch die landwirtschaftlichen Einkommen, die 1981 viermal so hoch waren wie 1961 (L 370), wobei allerdings zu berücksichtigen ist, daß die Ausgangswerte niedrig waren und Subsistenzproduktion einen beträchtlichen Anteil an der Wirtschaft ausmachte. Die absoluten Differenzen zwischen agrarischen und – höheren – außeragrarischen Einkommen sind deswegen trotzdem nicht geringer geworden. Die immer noch unzureichenden Einkommen aus landwirtschaftlicher Tätigkeit und nicht ausgelastete Arbeitskraft durch zu geringe Betriebsgrößen zwingen viele zur Übernahme außerlandwirtschaftlicher Arbeiten, vielfach Gelegenheitsarbeiten im Baugewerbe, im Gaststättengewerbe, als Hilfskräfte in der Erntezeit im Tabakbau etc. Das senkte zwar das Ausmaß an Unterbeschäftigung im ländlichen Raum, aber keineswegs in befriedigender Weise.

An der Steigerung der Agrarproduktion waren v. a. Zuckerrüben, Tomaten, Gemüse, Kartoffeln, Zitrusfrüchte und Obst (v. a. Pfirsiche) beteiligt, während traditionelle Kulturen wie Tabak, Baumwolle, Trauben und Rosinen ebenso wie tierische Produkte nur ein mäßiges Wachstum oder Stagnation zu verzeichnen hatten.

Die Abwanderung von nahezu 1 Mio. Erwerbspersonen aus der Landwirtschaft führte zu einem veränderten Altersaufbau der Agrarbevölkerung. Da v. a. jüngere Erwerbspersonen abwanderten, wird sie zunehmend alterslastig.

Geringe Betriebsgrößen, Besitzzersplitterung, mangelhafte technische und finanzielle Ausstattung der Betriebe, unausgebildetes Genossenschaftswesen, in vielen Gebieten noch unzureichende Infrastruktur und anderes bedingen Anpassungsschwierigkeiten an den EG-Markt, die überwiegend komplementären Produkte besitzen allerdings auch Vorteile und Chancen. Wie in den anderen europäischen Ländern auch, nimmt der Staat in mannigfacher Weise über Preisfestlegungen, Anbaubeschränkungen, Subventionen etc. Einfluß auf die Agrarentwicklung.

Literatur über die griechische Landwirtschaft gibt es reichlich. Deshalb können hier nur einige wenige Titel in Auswahl genannt werden.

Mit Struktur und Entwicklung der Landwirtschaft allgemein beschäftigen sich u. a. Pepelasis und Thompson 1960, Burberg 1977 und Austen 1980, mit Agrarverfassung, Kredit- und Genossenschaftswesen Kienitz 1960, mit dem Problem von Arbeitskräftebedarf und Unterbeschäftigung in der Landwirtschaft Pepelasis und Yotopoulos 1962, mit Bewässerung und Flurbereinigung Thompson 1963, Bergmann 1965 und Knödler 1970, mit den Agrarreformen Doukas 1945 und Péchoux 1975, mit den Landnutzungsformen Kolodny 1972 und Lienau 1975, mit den Zusammenhängen von Landwirtschaftsform und Bevölkerungsentwicklung Lienau 1975 und 1976, mit der Fernweidewirtschaft Beuermann 1967. Ein unter der Leitung von Th. P. Lianos 1986 (L 370) abgeschlossenes Forschungsprojekt hatte die Wandlungen der griechischen Landwirtschaft nach dem Kriege zum Gegenstand. Zahlreiche Studien behandeln die Landwirtschaft einzelner Regionen, so Lehmann 1937 und Sauerwein 1971 die Argolis, letzterer (1968) auch Messenien, Füldner 1967 die Ebene von Thessaloniki, Lienau 1976 Elis und Born 1984 Kreta, um nur einige Beispiele zu nennen.

Zusammenfassende Darstellungen finden sich für die Zeit vor 1944 im Naval Intelligence Handbook (1944), eine neuere im Südosteuropa-Handbuch Bd. 3, Griechenland (L 218). In zahlreichen Arbeiten zu sozialen und sozioökonomischen Problemen, zur Bevölkerungs- und Gesellschaftsstruktur, in regionalen Abhandlungen und andernorts findet man oft ebenfalls wichtige Hinweise auf die Landwirtschaft. So sind die Werke von A. Philippson eine Fundgrube für die griechische Landwirtschaftsstruktur um die Jahrhundertwende.

5.3.1 Landbesitz, Arbeitsverfassung, Betriebsgrößen und genossenschaftliche Organisationen

In Griechenland herrscht Klein- und Kleinstbesitz vor, ein wesentlicher Grund für die Strukturschwäche der griechischen Landwirtschaft. Die durchschnittliche *Flächenausstattung* der Betriebe lag 1977 bei nur 3,6 ha (= 36 Stremmata), 1961 bei 3,2 ha. Aufgrund der unterschiedlichen natürlichen Bedingungen und historischen Entwicklung differieren die Werte regional allerdings. Auf den Inseln und im gebirgigen Epirus wird dieser Mittelwert z. T. beträchtlich unterschritten (Ionische Inseln 2,2 ha, Ägäische Inseln 2,7 ha, Kreta 3,1 ha, Epirus 2,2 ha), in den nordgriechischen Regionen mit größeren Flachlandanteilen überschritten (Makedonien 4,0 ha, Thessalien und Thrakien 4,3 ha) (L 370). Je nach den örtlichen Gegebenheiten kommt zu der von den Landwirten genutzten Flur noch unterschiedlich viel Allmendland hinzu, das insbesondere im Berg- und Gebirgsland für Viehhaltung und bäuerliche Nebennutzungen, wie Bienenhaltung, eine wichtige Rolle spielen kann.

Die durchschnittliche Flächenausstattung der Betriebe nahm seit 1961 in allen Regionen zu, am stärksten in den nordgriechischen Regionen Makedonien und Thrakien (von 3,2 auf 4,0 bzw. 3,7 auf 4,3 ha), am geringsten in Thessalien, Kreta und Epirus (durchschnittlicher Zuwachs zwischen 0,14 und 0,2 ha). Die Gründe dafür dürften v. a. in der anhaltenden Landflucht und Emigration aus den ländlichen Räumen zu suchen sein. Daß letztere eine wichtige Rolle spielt, äußert sich auch darin, daß mit verstärkter Remigration die durchschnittliche Flächenausstattung in den Remigrationsgebieten Makedonien und Thrakien langsamer wuchs bzw. in Thrakien sogar leicht zurückging.

Erschwerend für eine rationelle Betriebsorganisation ist die *Besitzerzersplitterung*, durch die sich die wenigen Hektar landwirtschaftlicher Nutzfläche eines Betriebes auf eine Vielzahl von Parzellen verteilen. Das hat nicht nur unrationelle Flächengröße der Felder, sondern auch eine hohe innerbetriebliche Wegebelastung zur Folge.

Die Gründe für die Besitzzersplitterung sind nicht nur die herrschende Erbsitte (Realteilung bzw. Mitgift von Land), sondern liegen auch in der Geschichte: Bei der Verteilung des Großgrundbesitzes an die Bauern suchte man eine qualitativ möglichst gleiche Verteilung des vorhandenen Landes, was bei den unterschiedlichen ökologischen Bedingungen nur durch Aufteilung des Landbesitzes eines Betriebes auf mehrere Parzellen erreichbar war.

Flurbereinigungsverfahren konnten zwar den Zersplitterungsgrad in den letzten Jahrzehnten etwas senken, aber insgesamt noch keine befriedigenden Strukturen schaffen, zumal die weiter praktizierten Erbsitten viele Verbesserungen konterkarieren.

Geringe Flächenausstattung trotz Abwanderung aus der Landwirtschaft, eine immer noch hohe Agrardichte und ungünstige Pachtbedingungen – die Regel sind kurzfristige Pachten von 1–3 Jahren – führten dazu, daß die Pachtlandanteile der Betriebe viel geringer sind als etwa in der Bundesrepublik (L 372, S. 31 f.).

Nur rd. 19% des von den landwirtschaftlichen Betrieben bewirtschafteten Landes waren 1980 Pachtland, der ganz überwiegende Teil davon in Geldpacht, ein kleiner in Teilpacht bewirtschaftet. Die Pachtlandanteile sind regional recht unterschiedlich und schwanken zwischen 6,6% auf Kreta und 23,3% in Thrakien (L 370). Zwischen 1960 und 1980 nahm der Pachtlandanteil im Landesdurchschnitt nur um etwa 7% zu, in einigen Regionen wie Kreta und Ägäische Inseln sogar ab; in Makedonien blieb er gleich. Betriebsgröße und Pachtlandanteil korrelieren miteinander: Der Pachtlandanteil wächst erwartungsgemäß mit zunehmender Flächengröße der Betriebe.

Der *Bodenmarkt* ist unbeweglich, da Eigentum an Grund und Boden immer noch als beste soziale Sicherheit betrachtet wird und man es darum ungern veräußert. Selbst Auswanderer und Personen, die in die Großstädte umsiedelten und dort seit langem feste Arbeitsplätze besitzen, halten an ihrem Land fest, das von im Dorf zurückbleibenden Verwandten mitbewirtschaftet, verpachtet oder brach liegengelassen wird. Betriebsaufstockungen durch Zukauf von Land sind dadurch kaum möglich.

Es dominiert selbstbewirtschaftetes Individualeigentum bei Familienarbeitsverfassung. Zusätzliche Arbeitskräfte werden selten und nur in Spitzenarbeitszeiten von Betrieben mit Spezialkulturen wie Gemüse, Korinthen oder Zuckerrüben angeworben. Die Frauen arbeiten noch selbstverständlich in der Landwirtschaft mit. Die Tätigkeitsbereiche von Mann und Frau sind in der Regel deutlich gegeneinander abgesteckt. Den Frauen obliegt v. a. die Haushaltsführung mit Garten und Hausvieh.

Die – nicht nur bezüglich der Flächenausstattung – geringen Betriebsgrößen und die meist fehlende innerbetriebliche Verbindung von Ackerbau und Viehhaltung bedingen, selbst wenn in bestimmten Zeiten Arbeitskraft fehlt, nicht ausgeschöpfte Arbeitskraft und versteckte Arbeitslosigkeit (L 472).

Ein nicht unbeträchtlicher Teil des nutzbaren Landes gehört der Kirche (v. a. den noch bestehenden rd. 200 Klöstern). Da das Land zu großen Teilen brachlag, beschloß das Parlament 1987 die Enteignung, was zu schweren Auseinandersetzungen zwischen Kirche und Staat führte.

Ende 1987 einigte man sich über die Abtretung von ca. 130000 ha Ackerland und Waldland, die v. a. landwirtschaftlichen Genossenschaften zur Verfügung gestellt werden sollten (s. FR vom 5. 11. 87).

Insgesamt zeichnet sich die griechische Landwirtschaft durch eine noch geringe Boden-, Arbeits- und Kapitalintensität aus, auch wenn insbesondere seit dem EG-Eintritt eine Intensivierung in allen Bereichen der Landwirtschaft unverkennbar ist.

Nahezu alle Landwirte produzieren heute für den Markt; die Subsistenzproduktion spielt aber immer noch eine gewichtige Rolle für den ländlichen Haushalt.

Unter den gegebenen Voraussetzungen kleiner Betriebsgrößen und starker Besitzzersplitterung könnte man erwarten, daß sich *landwirtschaftliche Produktionsgenossenschaften* entwickelten, um die Produktion rationeller zu gestalten und dem ausländischen Konkurrenzdruck entgegenzuwirken. Eingewurzeltes Mißtrauen gegen solche Formen der Zusammenarbeit (das gilt ebenso für die Form der Arbeitnehmergesellschaft im produzierenden Sektor) ließen sie jedoch kaum entstehen: Weniger als 1 % der landwirtschaftlichen Nutzfläche wird genossenschaftlich bewirtschaftet.

Eine etwas größere Bedeutung besitzen Verarbeitungsgenossenschaften mit gemeinsam betriebenen Öl- und Getreidemühlen, Käsereien u. ä.

Wie Produktions-, so haben auch Vermarktungsgenossenschaften nur geringe Bedeutung. Gerade 3 % der Genossenschaften gehören dazu. Ihr Engagement ist bei den verschiedenen agraren Produkten allerdings sehr unterschiedlich und reicht von über 50 % genossenschaftlich vermarktetem Erzeugnis (Baumwolle) bis hin zu 0 % bei Gemüse und Früchten. Die große Mehrzahl der Bauern verkauft ihre Produkte direkt an Zwischenhändler. Staatliche Subventionspolitik, für die Bauern nicht erkennbare Vorteile bei genossenschaftlicher Vermarktung und das o. g. Mißtrauen ließen ihnen solche Organisationsformen als überflüssig erscheinen (L 370). So spielen im Genossenschaftswesen *Kreditgenossenschaften* die wichtigste Rolle. Über sie erfolgt nicht nur die Vergabe von Krediten, sondern auch von (subventionierten) Düngemitteln, Insektiziden etc., aber auch von Haushaltsgütern wie Olivenöl, Seife, Zucker, Batterien u. ä.

5.3.2 Nutzpflanzen und ihre räumliche Verbreitung

Die klimatischen Bedingungen lassen Baum- und Strauchkulturen (einschließlich Weinbau) hervortreten, Dauergrünland dagegen ganz zurücktreten (vgl. Karte 7). Im Ackerbau werden Winterkulturen bevorzugt. Der Anbau von Halmfrüchten (v. a. Weizen) dominiert dabei, während Hackfrüchten eine geringe Bedeutung zukommt. Bewässerung ist für eine intensive, die Sommerwärme nutzende Landwirtschaft besonders wichtig. Nach deutscher Agrarterminologie müßte man von einer Dominanz von „Sonderkulturen" sprechen, für die in Griechenland indes dieser Terminus kaum angemessen ist.

Die griechische Agrarlandschaft wird immer noch gekennzeichnet durch die klassische Dreiheit von Getreide, Ölbaum und Wein, im Mittelmeerraum schon in der Antike heimische Kulturpflanzen, die häufig in Mischkultur angebaut werden. Im Laufe der Geschichte erfuhr diese klassische Kombination eine Bereicherung durch den Import zahlreicher Kulturpflanzen.

Die Anbaufläche von *Getreide* (vgl. Tab. A6) umfaßt in Griechenland nahezu zwei Drittel der Ackerfläche. Weizen, Gerste und Mais herrschen unter den Getreidearten vor. Die wichtigsten Anbaugebiete liegen in Mittel- und Nordgriechenland. Es sind die Ebenen Thessaliens, Makedoniens und Thrakiens, in denen das mediterrane Klima deutlich kontinentale Züge trägt. Der Anbau von Roggen spielt nur noch in einigen Gebirgsregionen eine gewisse Rolle.

In den feuchten, gut bewässerten Schwemmlandebenen (u. a. im Mündungsgebiet des Pamisos in Messenien und am unteren Axios und Aliakmon) wird Reis angebaut. Bei Weizen überwiegt aufgrund der höheren Erträge immer noch der vom Staat lange subventionierte Anbau von Weichweizen, der sich auf dem europäischen Markt nur schwer absetzen läßt. Eine Verlagerung der Produktion auf den weniger ertragreichen, aber qualitativ besseren Hartweizen, der gute Wachstumsbedingungen in Griechenland besitzt, läßt sich aus der Anbaustatistik ablesen (vgl. Stat. Jb. 1984, S. 150). Hartweizen eignet sich besonders für die Herstellung von Teig- und Backwaren und macht etwa bei der Herstellung von Nudeln und Spaghetti den Zusatz von Flüssigei überflüssig.

Die wichtigsten angebauten *Industriepflanzen,* die 1982 8,1 % des Ackerlandes einnahmen und auf die ein noch wesentlich höherer landwirtschaftlicher Produktionswert entfiel, sind Tabak, Baumwolle und Zuckerrüben. Darüber hinaus werden Erdnüsse, Sesam, Sonnenblumen und Hirse (für Besenherstellung) angebaut.

Tabak spielt in der griechischen Landwirtschaft und als Exportprodukt, aber auch im inländischen Verbrauch eine außerordentlich wichtige Rolle, wenn er auch in den letzten Jahrzehnten als Exportprodukt relativ an Bedeutung verloren hat.

Ein nicht unbedeutender Teil der Produktion (15–20 %) wird im Inland verraucht. Die meisten griechischen Männer sind passionierte Raucher; Griechenland hat den größten Zigarettenkonsum pro Kopf der Bevölkerung in Europa (wenn nicht der Welt).

Die Hauptanbaugebiete des Tabaks liegen in den Hügel- und Berggebieten Nord- und Westgriechenlands (v. a. in den makedonischen Nomoi Serrai, Drama, Kavala und Pieria, in den thrakischen Nomoi Xanthi und Rodopi und im mittelgriechischen Nomos Ätolien und Akarnanien).

Die Entwicklung des Tabakanbaues zeigt deutlich die sozioökonomischen Implikationen, die der Anbau einer Kulturpflanze hat, die auch bei geringer Flächen- und Kapitalausstattung der Betriebe den Bauern noch ein ausreichendes bis gutes Einkommen ermöglicht.

Die Implikationen werden dabei um so größer, je weniger die ökologischen Bedingungen Alternativen gestatten. So wurde die Krise des Tabakbaus in Griechenland u. a. zum Auslöser der Gastarbeiterwanderung.

Die Ansprüche der Tabakpflanze an Klima und Bodenqualität sind gering: Wärme und etwas Luftfeuchte sowie Böden, die zwar bestimmte Mineralien besitzen, aber keineswegs tiefgründig sein und hohe Bodenwertzahlen aufweisen müssen. So kann der Tabak auch bei relativ ungünstigen ökologischen Bedingungen eine große Agrarbevölkerung ernähren. Für viele Kleinasienflüchtlinge bot er nach 1923 eine Existenzmöglichkeit. Heute leben in Griechenland noch rd. 125 000 Familien direkt, ca. 50 000 indirekt vom Tabakbau (L 21, S. 299).

Tabak wird in Griechenland seit über 400 Jahren kultiviert (zur Geschichte vgl. Afentakis 1966, S. 23 ff.). Von französischen Kaufleuten 1574 in der Gegend von Thessaloniki zum ersten Mal angebaut, breitete sich der Anbau von dort in Makedonien, Thrakien und im übrigen, damals noch zum Osmanischen Reich gehörenden Griechenland aus. Erst gegen Ende des 19. Jh. baute man Tabak jedoch in größerem Umfang zu Exportzwecken an. Seitdem wuchsen Anbaufläche und Produktion mit zwischenzeitlich leichten Rückgängen bis 1957 ständig. In jenem Jahr erreichte der Tabakanbau nach Zahl der Tabakbauern (über 80 000) und Produktionsfläche (über 120000 ha) seinen Höhepunkt. Seitdem gingen die Zahl der Tabakpflanzer und die Produktionsfläche (1982: 92 600 ha) beträchtlich zurück mit drastischen Einbrüchen Ende der 50er und Anfang der 60er Jahre als Folge der Exportschwierigkeiten auf dem europäischen Markt. Dieser hatte sich – Folge des Krieges („Ami-Zigarette" als Währung nach dem Krieg!) – auf den amerikanischen Tabak (Virginia) eingestellt, der zudem billiger, da von großblättrigen Pflanzen erzeugt, war als der in Griechenland angebaute, kleinblättrige und aromatische Orienttabak.

Für den Inlandkonsum angebaute Sorten sind Djebelia und Mavra, für den Export angebaute Basma, Kabakulak, Samsun, Trapsun und andere (L 2, S. 25). Neuerdings werden auch Tabake der amerikanischen Richtung, also Virginia und Burley angebaut. Die Anbaugebiete der Sorten sind staatlich festgelegt.

Während in Ätolien und Akarnanien und den übrigen Tabakanbaugebieten Mittel-

und Südgriechenlands v. a. für den Inlandmarkt produziert wird, gehen die Ernten der nordgriechischen Regionen und der Inseln (Samos, Lesbos) überwiegend in den Export. Diese waren deshalb von der Krise auch viel härter betroffen als erstere, einer der Gründe dafür, daß die Gastarbeiterwanderung v. a. das nördliche Griechenland erfaßte. Besonders hart mußte die Krise die Betriebe treffen, die ausschließlich vom Tabak lebten, gemessen an ihrer Flächenausstattung Kleinstbetriebe mit 6–15 Stremmata (0,6–1,5 ha) von steinigen, trockenen und wenig tiefgründigen Böden, die sich kaum für andere Zwecke eignen.

Der Orienttabakbau ist außerordentlich arbeitskräfteaufwendig. Aus Saatbeeten (meist Kaltbeete ohne Bedeckung), die häufiger Bewässerung bedürfen, werden die Pflanzen von März bis Juni von Hand auf die Felder gepflanzt, und zwar sehr dicht (je nach Varietät 80000 bis 120000 Pflanzen pro ha), da nur so die kleinen, wertvollen Tabakblätter zu erzielen sind. Mehrmaliges Säubern der Felder von Unkraut (per Hand!) ist ebenso notwendig wie das Pikieren der Blüten. Die Ernte, die früh am Morgen vor Einsetzen der Tageswärme erfolgen muß, zieht sich durch den ganzen Sommer bis in den Herbst hinein. Die Trocknung der Blätter erfolgt an der Sonne. Dazu werden sie sorgfältig auf Schnüre gezogen, die in Holzgestellen aufgehängt werden. Bevor man den Tabak an die Aufkäufer der Tabakhändler verkaufen kann, müssen die Blätter in zeitaufwendigen Verfahren sortiert und zu Ballen zusammengepackt werden. In der Erntezeit heuern viele Tabakbetriebe zusätzliche Arbeitskräfte an. So arbeiten z. B. in Pieria in dieser Zeit (Mitte Juli bis Ende August) viele Türken aus Thrakien auf den Feldern der Tabakbauern.

Tabak sichert – wenn er absetzbar ist – der Bevölkerung ein Familieneinkommen, das bei den üblichen geringen Betriebsgrößen mit keiner anderen Kultur erreichbar wäre.

Der Anbau wird seit 1931 gesetzlich geregelt. Die Regelungen umfassen sowohl den Umfang der Anbaufläche wie den der angebauten Sorte. Die Verbreitung des Tabakanbaus in Griechenland (etwa dessen Fehlen in Elis) resultiert so nicht nur aus ökologischen Bedingungen und der historischen Entwicklung, sondern auch aus den gesetzlichen Regelungen.

Zweite wichtige Industriepflanze Griechenlands ist die *Baumwolle,* für die das mediterrane Klima mit Trockenheit zur Erntezeit günstige Voraussetzungen bietet. Baumwolle wird mit und ohne Bewässerung angebaut, zunehmend jedoch mit Bewässerung (v. a. Beregnung), die in den vergangenen beiden Jahrzehnten v. a. für die wachsenden Hektarerträge verantwortlich ist. Auch der Baumwollanbau unterliegt gesetzlichen Regelungen.

Hauptanbaugebiete sind Makedonien (v. a. Aliakmon-, Axios-, Strymontal, Ebene von Thessaloniki), Böotien (Kopais-Ebene), Thessalien, Thrakien sowie die Insel Limnos.

Wie Tabak ermöglicht Baumwolle aufgrund ihrer großen Arbeits- und Flächenintensität kleinen Betrieben ein Auskommen. An Bedeutung gewann diese Pflanze allerdings erst nach dem Zweiten Weltkrieg. Circa 80000 Familien leben nach AUSTEN (1980, S. 299) heute vom Baumwollanbau. Qualitätsmäßig wird die griechische Baumwolle immer noch von der ägyptischen übertroffen.

Sie dient der heimischen Textilindustrie darum nur z. T. als Rohstoffgrundlage, z. T. verarbeitet diese importierte Baumwolle.

Der erst Anfang der 60er Jahre zur Einsparung von Devisen eingeführte Anbau von *Zuckerrüben* deckt inzwischen größtenteils den griechischen Bedarf. Die Anbaufläche verdoppelte sich zwischen 1971/2 und 1981/2 nahezu, die Hektarerträge konnten beträchtlich gesteigert werden. Einer weiteren Steigerung der Produktion stehen Reglementierungen der EG entgegen. Die Bauern schließen Abnahmeverträge mit den Zuckerfabriken, die in den Produktionsgebieten Mittel- und Nordgriechenlands (Larisa, Thessaloniki, Xanthi, Orestias) liegen, allerdings mit dem Problem mangelhafter Auslastung kämpfen.

Die wichtigsten *Gemüseanbaugebiete* finden sich v. a. in den küstennahen Ebenen Mittel- und Südgriechenlands und der Inseln. Angebaut wird eine Vielzahl von Gemüsesorten, v. a. Tomaten (ca. ein Drittel der Anbaufläche von Gemüse), Zwiebeln, Gurken, Auberginen, Bamies, Paprika, Kohl verschiedenster Art, Spinat, Bohnen, Erbsen, diverse Salatsorten und anderes, dazu die – nicht zu den Gemüsen zählenden – Wasser- und Zuckermelonen (karpouzia, peponia) und Kartoffeln.

Um Wachstum und Reife zu beschleunigen und die Früchte früher auf den Markt zu bringen, geschieht der Anbau in zunehmendem Maße in *Warmbeeten* (thermokipia), mit Plastikfolie überspannten Beeten, Feldern oder Treibhäusern, die vielerorts das Bild der Agrarlandschaft bestimmen und durch die nach der Nutzung vom Wind oft verwehten Plastikteile nicht unwesentlich zur äußeren Verschmutzung der Landschaft beitragen.

Gemüse wird größtenteils auf bewässerten Flächen angebaut. Zwischen 1971/2 und 1981/2 nahm der Anbau von Gemüse, Kartoffeln und Melonen leicht zu. Insbesondere gewann der Frühgemüseanbau (incl. Frühkartoffeln) für den europäischen Markt an Bedeutung, während der Anbau von Hülsenfrüchten, v. a. als Folge einer Veränderung der Ernährungsgewohnheiten, ständig an Bedeutung verlor.

Unter den *Fruchtbäumen* spielt mit 122,3 Mio. Bäumen (1982) der *Ölbaum* die bei weitem wichtigste Rolle. Er ist den mediterranen Klimabedingungen so angepaßt, daß Th. Fischer (1904, vgl. E. Fels 1925) sein Verbreitungsgebiet gleichsetzte mit der Verbreitung des Mediterranklimas im engeren Sinn, d. h. mit der Zone, die in der Vegetationskarte (Karte 8) als Zone der mediterranen Hartlaubvegetation erscheint. „Wie ein immergrüner Kranz legen sich die Oliven um die Gestade des Ionischen und Ägäischen Meeres herum" (L 177, S. 80).

Der immergrüne Olivenbaum wurde zur Leitpflanze und zum Inbegriff mediterraner Vegetation (L 160, S. 25ff.). Wenn er auch gelegentliche Fröste vertragen kann, so doch keine längeren Frostperioden. Durch Anpflanzung Haine und Wälder bildend, bestimmt er in vielen Regionen das Bild der griechischen Kulturlandschaft. Alte

Bestände – es soll Bäume geben, die über 1000 Jahre alt sind – faszinieren durch die oft knorrigen, manchmal surrealistisch anmutenden Baumgestalten.

Ungünstigen Bodenverhältnissen und Dürre paßt er sich durch tiefgreifende Wurzeln an, der Sommerwärme durch kleine lanzettförmige und ledrige Blätter, die an der Unterseite silberglänzend fein behaart sind. Die von Mai bis Juni sich entwickelnden, unscheinbaren weißgelben kleinen Blüten strömen einen süßlichen, an Reseda erinnernden Duft aus. Für das Ausreifen der Früchte (Erntezeit November bis März) benötigt er eine längere sommerliche Trockenzeit. So sind seine klimatischen Ansprüche milde und feuchte Winter und warme, trockene Sommer. In der Regel trägt der Ölbaum nur alle zwei Jahre reichlich Früchte (L 177, S. 74).

In der Kulturgeschichte spielt der Ölbaum seit vorhomerischen Zeiten, wo er bereits zur Ölgewinnung kultiviert wurde, eine Rolle. Die Wildform, der Oleaster, kommt fast nur als Strauch mit dornigen Ästen und kleinen bitteren und ölarmen Früchten vor. In vielen Teilen des Mittelmeerraumes (u. a. in Sardinien, Korsika, auf dem italienischen Festland) ist der Oleaster Teil des mediterranen Buschwaldes mit Mastixstrauch, Myrte, baumförmiger Wolfsmilch und immergrünen Eichen.

Unter den kultivierten Formen gibt es zahlreiche verschiedene Sorten, die sich in Habitus und den Früchten unterscheiden.

Wirtschaftlich spielt die Olive für Griechenland eine bedeutsame Rolle, bilden die Früchte doch einen Hauptbestandteil der Nahrung und den wichtigsten Fettlieferanten.

Das kalt ausgepreßte Fruchtfleisch liefert das beste Speiseöl, die Kerne ein minderwertigeres. Bei der meist bestehenden Holzarmut ist der Ölbaum auch ein wertvoller Holzlieferant.

Der Anbau geschieht z. T. in Verbindung mit Getreide oder Wein. Häufiger bildet er dichte Bestände (Haine) ohne Unterkultur und tritt so z. T. an die Stelle von Wald (L 177, S. 73 f.). Olivenkulturen nahmen in den letzten Jahren kontinuierlich zu. Die Tafeloliven stammen v. a. aus Mittel-, West- und Nordgriechenland und dem südlichen Peloponnes (Lakedonien, Messenien), wo die besten Speiseoliven herkommen sollen, während in den übrigen Anbaugebieten v. a. für die Herstellung von Speiseöl produziert wird. Nach Austen (1980, S. 301) leben ca. 420 000 Familien vom Olivenanbau, der auch und v. a. an den kargen, sonnendurchglühten Hängen, die sonst keine andere landwirtschaftliche Nutzung erlauben, möglich ist.

Nach der Olive stellen *Agrumen* die wichtigsten Erzeugnisse aus Baumkulturen für Griechenland dar. Ihr Anbau wurde nach dem Krieg enorm gesteigert. Hauptsächlich angebaut werden Orangen, Zitronen und Mandarinen. Andere Zitrusfrüchte spielen nur eine ganz untergeordnete Rolle. Anfällig gegen Frost und anspruchsvoll im Wasserverbrauch, bildet v. a. das Klima den limitierenden Faktor für deren Anbau: Agrumenkulturen nördlich der Januarisotherme von 4 °C sind ebensowenig lohnend wie ein Anbau auf Land, das nicht bewässert werden kann bzw. wo nicht genügend Wasser für Bewässerung vorhanden ist. Auch die Ansprüche an die Bodenqualität sind hoch.

So konzentriert sich der Anbau v. a. auf einige küstennahe Ebenen in Süd- und Mittelgriechenland: das Lakonische Becken, die Argolis, die Nordküste des Peloponnes (Korinth, Achaia), die Westküste Mittelgriechenlands (v. a. die Ebene von Arta), Westkreta und einige Inseln (v. a. Chios). Weniger bedeutsam sind die Anbaugebiete im westlichen Peloponnes und an der Ostküste Mittelgriechenlands. In ganz Nordgriechenland fehlen – von kleinen Ausnahmen abgesehen – Agrumenkulturen. Trotz Beschränkung auf die südlichen küstennahen Bezirke kommen Frostschäden immer wieder vor.

Der Anbau geschieht, anders als bei der Olive, fast ausschließlich in geschlossenen Kulturen. Unter den angebauten Zitrusfrüchten zeigen die Zitronen eine Konzentration an der Nordküste des Peloponnes, Mandarinen in der Argolis und auf einigen Inseln. In allen anderen Anbaugebieten werden fast nur Orangen kultiviert. Überall dort, wo Mandarinen in größerem Umfang angebaut werden, dominiert jedoch auch der Anbau von Orangen (L 295, Karte 317).

Auf Kreta werden, gestützt durch das (jüngst aufgehobene) Importverbot ausländischer Bananen, von etwa 4000 Betrieben auf ca. 500 ha Land *Bananen* angebaut. Die kleinen, durchaus aromatischen Früchte reichen für den griechischen Bedarf allerdings nicht aus, so daß man diese Früchte selten auf dem Markt findet, höchstens im „fliegenden Handel" zu überhöhten Preisen.

Auch der Anbau anderer *Obstkulturen* nahm nach dem Kriege sehr zu und wuchs seitdem kontinuierlich (vgl. Tab. A 6). Dazu trugen v. a. die verbesserten Kühl- und Transportmöglichkeiten und damit vergrößerten Marktchancen bei: Äpfel, Birnen, Pfirsiche, Süßkirschen und Aprikosen spielen unter Stein- und Kernobst die wichtigste Rolle. Insbesondere der Anbau von Pfirsichen erfuhr eine starke Ausweitung. Die Hauptanbaugebiete liegen, anders als bei Oliven und Agrumen, in den submediterranen Gebieten: in Makedonien, v. a. in den Randbereichen der zentralmakedonischen Ebene um Edessa, Naousa und Veroia, in Pieria, Magnisia und in den höheren Teilen des Peloponnes. Keineswegs unbedeutend ist auch der Anbau von Obst, das v. a. als Trockenobst in den Handel gelangt: Feigen, Mandeln, Pistazien, Haselnüssen. Wie der Ölbaum, so erfuhren auch die Kulturen für Trockenfrüchte in den vergangenen zwanzig Jahren eine kräftige Ausweitung auf Kosten des Ackerlandes. So fallen in Nordgriechenland auf vielen Ackerparzellen junge Haselnußpflanzungen auf (vgl. L 251, Abb. 8).

Der Verdacht liegt nahe, daß die Anlage von Baumkulturen zusammenhängt mit der Abwanderung der Bodeneigentümer aus den ländlichen Räumen ins Ausland oder in die Stadt. Die Migranten, die in der Regel ihr Land nicht verkaufen, aber aufgrund anderweitigen Einkommens kurzfristig auf Einkommen aus Grund und Boden nicht angewiesen sind, sichern sich langfristig von ihrem Land eine Rendite mit relativ geringem Arbeitsaufwand (der nötigenfalls durch angeworbene Arbeitskräfte geleistet wird). Die Wiederbelebung des Haselnußanbaus mag v. a. durch die Pontier initiiert worden sein, denen diese Kultur aus ihrer Heimat ja bestens vertraut war.

Die *Rebkulturen* dienen der Erzeugung von Wein, Tafeltrauben und Trockenbeeren (Korinthen, Sultaninen, Rosinen). Weine werden in allen Gegenden Griechenlands erzeugt, heute auch eine Reihe von Qualitätsweinen, die in den Export gehen. Bekannt ist der griechische Retsina, ein geharzter, herber Weißwein, der ursprünglich nur in Attika hergestellt und getrunken wurde, heute im ganzen südlichen und mittleren Griechenland erzeugt wird (v. a. von einigen Großkeltereien) und – durch den Tourismus gefördert – einen wichtigen Exportartikel darstellt. Das Harz gewinnt man aus den Stämmen v. a. der Aleppokiefer, wo es ähnlich wie Naturkautschuk aus der Rinde gezapft wird.

Weitere bekannte Weine sind der Mavrodafni aus dem Gebiet von Arachova und Delfi, ein schwerer, süßlicher Rotwein, der Naousa, ein herber, dem französischen ähnlicher Rotwein aus Imathia (Makedonien) oder der Demestika, ein aus vielen Rebsorten gemischter herber, weißer oder roter, nicht retsinierter Wein aus Südgriechenland. Jede Gegend, oft sogar von Dorf zu Dorf mit Unterschieden, hat ihren eigenen Wein, der sich im Geschmack von denen anderer unterscheidet, zumeist aber nur am Ort zu haben ist.

Korinthen und *Sultaninen,* in deren Produktion Griechenland in der Welt an der Spitze steht, werden heute v. a. nach England (Korinthen) und in die Ostblockstaaten exportiert.

Die Korinthe (*vitis vinifera var. apyrena,* gr. stafís) ist eine Varietät des Weinstocks, die nach V. Hehn (1870, S. 37) nicht vor 1600 auf dem Peloponnes bekannt war (vgl. zum Anbau Philippson 1889). Das geübte Auge kann sie bereits an Stamm, Ästen und Blättern von der normalen Rebe unterscheiden. Die getrockneten schwarzblauen Beeren (Korinthen) zeichnen sich durch Kleinheit, Kernlosigkeit und Süße aus. Die Anbaubedingungen, ein fruchtbarer, nicht zu trockener Boden, der das Wasser zu halten vermag, und viel Wärme beschränken in Griechenland den Anbau auf den nördlichen und westlichen Küstenbereich des Peloponnes, die Südküste Ätoliens und die Ionischen Inseln. Die Kultur der Korinthen, die früher frei, heute mehr und mehr an Pfählen und Drahtgerüsten gezogen werden, ist arbeitsaufwendig: Im März/April muß der Boden gegraben und um jeden Stock eine Vertiefung gebildet werden, damit sich in ihr die Feuchtigkeit ansammelt. Arbeitsaufwendig und Sachverstand fordernd ist auch das Beschneiden. Wiederum hohe Arbeitsbelastung bringt die Ernte im September und Oktober. Das Trocknen der Früchte geschieht meist im Freien. Gefördert wurde die Korinthenkultur durch eine 1878 in Frankreich ausgebrochene Reblausepidemie, die die dortige Produktion weitgehend zum Erliegen brachte.

Die Korinthe war vor der Jahrhundertwende die wichtigste Exportkultur Griechenlands. Die Exporte gingen v. a. nach England und Frankreich. Mit der Neuanlage der Anbauflächen in Frankreich geriet der Anbau in Griechenland in eine Krise, die zur Katastrophe wurde, als eine Mehltaukrankheit um

1900 die Produktion um zwei Drittel verringerte. Hunger und Auswanderung der Bauern waren die Folgen. Der Anbau erholte sich zwar noch einmal, konnte aber nicht mehr die alte Bedeutung zurückgewinnen. In den letzten Dekaden ging die Anbaufläche zurück. Immer noch stellen aber Korinthen und Sultaninen wichtige Exportfrüchte dar. Überproduktion und stagnierender Absatz führten, um den Preis zu halten, 1986 lt. Zeitungsberichten zur Vernichtung von über 50 000 t Korinthen.

Die Karte 8 der landwirtschaftlichen Bodennutzung in Elis im westlichen Peloponnes zeigt die Verteilung der – gewichteten – Nutzpflanzengruppen für 1971 (vgl. L 372, Abb. 10). Es kann davon ausgegangen werden, daß sich das Verteilungsmuster bis heute im wesentlichen erhalten, der Gegensatz zwischen Berg-, Hügel- und Küstenland sogar noch verstärkt hat.

Im Nordwesten dominiert der Gemüseanbau, z. T. mit Wein und Baumkulturen verbunden. Es ist der Teil von Elis, wo das Küstentiefland seine größte Ausdehnung erreicht. Die Oberflächengestalt und vermutlich auch die späte Erschließung bedingen überdurchschnittlich große Landnutzungsflächen der Gemeinden.

Die Dominanz des Gemüseanbaus in der Landnutzung setzt sich auch im zentralen Teil der Küstenebene fort. Ansonsten ist dieser Teil des Nomos, ein tertiäres, kleingekammertes Hügelland, das der Tourist auf dem Weg nach Olympia durchfährt, von Korinthenanbau geprägt. Die Arbeits- und Flächenintensität dieser Kultur ermöglicht den großen Gemeinden auch bei kleiner Gemarkungsfläche noch ein Auskommen aus der Landwirtschaft.

Wieweit die Nähe zum Hauptort Pyrgos und dem kleinen Hafen Katakolon, über den der Export abgewickelt wird, für die Massierung des Korinthenanbaus mitverantwortlich ist, läßt sich schwer beantworten. Sicher spielen die naturräumlichen Bedingungen und die geringen Gemarkungsgrößen aber die wichtigste Rolle.

Im südlichen, geologisch vom Kalk geprägten Berg- und Hügelland von Elis gewinnt der Obstanbau, z. T. in Verbindung mit Wein-(Korinthen-)Anbau an Dominanz.

Landeinwärts tritt mit zunehmender Höhe der Getreideanbau in den Vordergrund (vgl. Karte 9 Landschaftsquerschnitt). Er wird ergänzt durch Viehhaltung, die in den Hochlagen an wirtschaftlichem Gewicht den Ackerbau übertrifft. Zweizelgenwirtschaft ist dort immer noch verbreitet.

Keineswegs alle heute in Griechenland angebauten Kulturpflanzen sind dort heimisch. In der Mehrzahl wurden sie vielmehr eingeführt, darunter für die heutige Landwirtschaft so wichtige, das Bild der Kulturlandschaft bestimmende Pflanzen wie Agrumen, Tomaten, Tabak, Mais und Baumwolle. Es sind Kulturen, die uns typisch mediterran erscheinen, auch wenn sie als Gewächse aus sommerfeuchten Gebieten zumeist der Bewässerung bedürfen. Eine Reihe von wichtigen Kulturpflanzen kamen allerdings bereits im Altertum nach Griechenland (vgl. L 489, S. 157f.).

Die Züge Alexanders d. Gr., die bis nach Indien führten, machten die hellenische Welt bekannt mit Pfirsich (in China heimisch), Aprikose (in Armenien heimisch) und der Zedrate, der ersten den Griechen bekannten, aus

Indien stammenden Zitrusfrucht. Auch der – ebenfalls aus Indien stammende – Reis, der in Griechenland als Grundnahrungsmittel nie eine wichtige Rolle spielte, wurde den Griechen bereits damals bekannt, auch wenn er dann erst durch die Araber größere Verbreitung nach Westen fand. Bereits seit hellenistischer Zeit baut man die in Ägypen schon früher kultivierte Baumwolle in Griechenland an. In der Zeit der Römer, deren Handelsbeziehungen bis nach China reichten, kamen weitere Kulturpflanzen hinzu, so v. a. der von Justinian eingeführte Maulbeerbaum, Grundlage der Seidenraupenzucht, die in Griechenland eine außerordentlich weite Verbreitung fand und im Mittelalter der Fastinsel des Peloponnes den Namen Morea (von mouriá = Maulbeerbaum) gab. Nach Schreiner (1982, S. 88 ff.; s. Koder 1984, S. 56 f.) produzierten die Landwirte in spätbyzantinischer Zeit Weizen, Gerste, (wenig) Hafer, Olivenöl, Wein und Rosinen sowie diverse Obstsorten. Bekannt waren Äpfel, Birnen, Kirschen, Walnüsse, Feigen, Pflaumen, Granatäpfel, Kastanien und Mandeln sowie seit dem ausgehenden 14. und dem Beginn des 15. Jahrhunderts Limonen, Zitronen und Pomeranzen, die nach Koder (1984, S. 57) vermutlich aus Italien übernommen wurden. Auch verschiedene Hülsenfrüchte (Linsen, Bohnen), Kürbisse und Melonen sowie eine Vielzahl von Gemüsesorten, u. a. Kohl, Porree, Karotten, Knoblauch, Zwiebeln, Gartensalat (Lattich) und Gurken, wurden angebaut. An „Industriepflanzen" spielten Lein (für Flachs- und Ölherstellung), Baumwolle und das von den Arabern übernommene Zuckerrohr eine Rolle, dessen Anbau heute durch die Konkurrenz des tropischen Rohrzuckers und des Rübenzuckers praktisch wieder erloschen ist.

Die Portugiesen brachten die Apfelsine (im griech. Wort portokali für Apfelsine verbirgt sich die Übertragung durch die Portugiesen) aus Asien ins Mittelmeergebiet, Spanier aus Amerika Tabak, Mais, Kartoffeln und Tomaten in ihre Heimat, von wo aus sie zu unterschiedlicher Zeit Eingang nach Griechenland fanden. Von der Tomate wird berichtet (L 280, S. 54), daß sie im 17. Jh. von Kapuzinermönchen nach Athen gebracht und dort zuerst im Garten des Klosters kultiviert wurde, von der Kartoffel, daß sie erst der erste griechische Ministerpräsident Kapodistrias, der vorher Minister im Dienste des Zaren gewesen war, Ende der 20er Jahre des 19. Jh. nach Griechenland gebracht habe (auch in Bayern fand im übrigen die Kartoffel erst in jener Zeit Verbreitung).

5.3.3 Bodennutzungsformen und Kulturtechniken

Aufgrund des Klimas herrschen Dauersysteme vor. Kulturartenwechsel zwischen Ackerland und Grünland oder Wald sind weitgehend unbekannt. Auch geregelte Fruchtfolgen werden erst unter Beratungseinfluß der Landwirtschaftsämter zunehmend angewandt.

In Gebirgsgegenden findet man immer noch die *Zelgenwirtschaft*, gewöhnlich in der Form der Zweizelgenbrachwirtschaft. Unter Anbauverabredung („Flurzwang") wird in jährlichem Wechsel ein Teil der Flur von allen Landwirten mit Getreide bestellt, der andere brachliegen gelassen oder auch mit Brachfrüchten (v. a. Futterpflanzen) bestellt. Neuerdings baut man auch Mais in die Fruchtfolge ein. Vielfach setzen sich die Zelgen, einheitlich bestellte Flurteile, die besitzmäßig vielen Landwirten gehören, aus mehreren gleich genutzten, aber getrennt voneinander in der Flur liegenden Bezirken zusammen. Die Rotation geschieht häufig so, daß Zelgen, die die gleiche Frucht tragen, aneinandergrenzen und sich in ihrer Rotation miteinander verzahnen (L 372, S. 37f.).

Zelgenwirtschaft war früher auch in Deutschland (v. a. in der Form der Drei- und Mehrzelgenwirtschaften) weit verbreitet. Letzte Reste konnte man noch bis in die 60er Jahre unseres Jahrhunderts in Mittelfranken sehen. Mit der Flurbereinigung wich sie der Individualbewirtschaftung, für die sie ein Hindernis darstellen mußte.

Zelgenwirtschaft wird v. a. in den Gemeinden noch beibehalten, wo – wie das in Gebirgsregionen der Fall ist – die Viehwirtschaft die wichtigere Rolle spielt und so die Weidehaltung erleichtert, da sich eine Schädigung der bebauten Felder durch Weidevieh leichter verhindern läßt. Auch in Griechenland ist Zelgenwirtschaft aber deutliches Indiz für in der sozioökonomischen Entwicklung zurückgebliebene Abseitsgebiete.

Fehlende oder nur kurze Unterbrechung der Vegetationsperiode und hohe Sommertemperaturen ermöglichen insbesondere bei Bewässerung *Mehrfachnutzungen* innerhalb eines Jahres mit wertvollen und ertragreichen Kulturen und lassen *Mischkulturen* stärker hervortreten (L 371). Sie ermöglichen nicht nur eine intensive Bodennutzung, sondern dienen auch einer Minderung des Ertragsrisikos. Häufige Formen der Mehrfachnutzung sind Mais auf Getreide, Gemüse auf Getreide oder auch mehrfach Gemüse hintereinander. Unter den Mischkulturen ist die Kombination von Mais mit Hülsenfrüchten oder Melonen, von Oliven mit Wein, Getreide oder Gemüse als Unterkultur am häufigsten. Selten findet man allerdings so intensive Stockwerkkulturen wie in Italien etwa an den unteren Hängen des Vesuvs.

Die *Bewässerungsfläche* hat in den letzten Jahrzehnten stark zugenommen. Trotzdem sind noch längst nicht alle Möglichkeiten ausgeschöpft, ist der Anteil der bewässerten Fläche an der bewässerbaren Fläche regional sehr unterschiedlich (unterdurchschnittlich ist der Anteil v. a. in den auch sonst wirtschaftlich benachteiligten Regionen wie z. B. Thrakien).

Die Westseite Griechenlands besitzt aufgrund der höheren Niederschläge Vorteile gegenüber der Ostseite des Landes, wo es durch zu starke Wasserentnahme im Küstenbereich der Argolis bereits zu Versalzungen durch eindringendes Meerwasser gekommen ist.

Angewendet werden zur Bewässerung die verschiedensten Verfahren: Überstau (z. B. im Reisbau), Beregnung und Berieselung. Das Wasser wird häufig über weite Strecken in Betonrinnen in die Flur geführt. Stauseen (z. B. der Pineios-Stausee in Elis), Brunnen, Stauwerke an Flüssen (z. B. am unteren Alfeios) oder sogar teure Betonfassungen im Meer, die dort austretendes Karstwasser auffangen, wie vor der Südküste des Golfes von Argos, dienen der Wassergewinnung für Bewässerung (vgl. Kap. 4.3.1).

Überall, wo großflächig Bewässerungseinrichtungen geschaffen wurden, was v. a. in den in der Ebene liegenden Gemeinden geschah, ging eine Flurbereinigung voraus. Für diese Gemeinden stehen deshalb zumeist Flurkarten zur Verfügung, die bei nicht bereinigten Gemeinden gewöhnlich fehlen.

Die starke Reliefenergie und die in den Gebirgen z. T. hohe, mit der historischen Entwicklung zu erklärende Bevölkerungsdichte führten in vielen Bergregionen zu aufwendigen *Hangterrassierungen,* um in diesen Gebieten Ackerbau betreiben und Baumkulturen anlegen zu können. Der hohe Arbeitsaufwand zu ihrer Erhaltung bedingt heute überall in Griechenland ihren Verfall – anders als im benachbarten Albanien, wo großflächig Neuterrassierungen vorgenommen werden und sich Nutzungsaufgabe auch in abgelegenen Gebieten nicht beobachten läßt.

Im niederschlagsreichen Westgriechenland werden z. T. noch *Wölbäcker* gepflügt. 1–2 m breite Rücken im Wechsel mit Furchen, die der Drainage dienen, geben den Äckern ein waschbrettartiges Aussehen. Auch sie sind Zeichen einer technisch rückständigen Landwirtschaft (in den Industrieländern wird das Problem der Drainage in der Regel durch Verlegen von Drainageröhren gelöst).

5.3.4 Viehwirtschaftsformen

Die geringe Graswüchsigkeit des Klimas bedingt, daß der Viehhaltung in Griechenland insgesamt eine sehr viel geringere Bedeutung im Rahmen der Landwirtschaft zukommt als etwa in der Bundesrepublik, daß die Arten des gehaltenen Viehs und die Arten der Haltung sich wesentlich von denen hier unterscheiden. Am auffälligsten ist das Zurücktreten der *Rinderhaltung*: Keine saftigen Weiden mit genüßlich wiederkäuenden Milch- und Fleischrindern wie in Nordwestdeutschland oder in Dänemark sieht der Reisende, nur gelegentlich einmal auf mageren Weiden oder am Wegrand grasende, meist ebenso magere Kühe. Butter aus Kuhmilch war deshalb in Griechenland früher weitgehend unbekannt, bis die Öffnung der Grenzen für EG-Produkte die Segnungen guter bayerischer Butter auch nach Griechenland und auf die Frühstücksteller der Hotelgäste (in der üblichen Kleinpackung) brachte.

Unter den Arten des gehaltenen Nutzviehs dominieren nach Zahl und wirtschaftlicher Bedeutung *Schafe* und *Ziegen*. 1982 wurden in Griechenland ca. 8,3 Mio. Schafe und halb soviel Ziegen gezählt. Die Schaf- und Ziegenhaltung gerät insbesondere im Bergland nicht selten in Konflikt mit der Forstwirtschaft, da v. a. Ziegen Wiederaufforstungsmaßnahmen leicht zunichte machen können.

Die *Rinderhaltung* erhöhte zwar in den vergangenen Jahren durch Einkreuzung und Einführung neuer Rassen ihre Produktivität, sie reicht jedoch bei weitem noch nicht aus, um den Milch- und Rindfleischbedarf Griechenlands zu decken, so daß weiterhin Importe notwendig bleiben.

Die Zahl der Rinder, sowohl der Fleisch- wie Milchrinder, sank sogar im Zeitraum zwischen 1971/2 und 1981/2, während die Zahl der Schafe und Ziegen zunahm (vgl. Tab. A7).

Schweine und *Hühner* spielen eine wichtige Rolle für die bäuerliche Eigenversorgung und für den heimischen Markt. Die Zahl der Hühner blieb im Zeitraum 1971/2 bis 1981/2 etwa konstant, die der Schweine verdoppelte sich.

Die immer noch große Zahl von *Pferden, Eseln* und *Maultieren,* die dem Touristen, insbesondere, wenn sie hochbeladen ihres Weges trotten, zu schönen Bildern verhelfen, ist Ausdruck einerseits für die geringe Mechanisierung der landwirtschaftlichen Betriebe, andererseits für die v. a. in den Bergländern schlechten Wegeverhältnisse und mangelhafte Erschließung der – unbereinigten – Fluren durch Feldwege, die tierische Zug- und Tragkraft notwendig machen. Auch bei dem Zug- und Tragvieh ist jedoch eine mit der wachsenden Mechanisierung einerseits, Aufgabe der Landwirtschaft in den Gebirgsregionen andererseits verbundene kontinuierliche Verringerung des Bestandes zu konstatieren.

Nach Art der Haltung muß bei Schafen und Ziegen zwischen ortsfester (stationärer) und nicht oder nur teilweise ortsfester (nomadischer, transhumanter) Haltung bzw. zwischen Nah- und Fernweidewirtschaft unterschieden werden. Letztere spielt, wie die Statistik ausweist, immer noch eine wichtige Rolle, auch wenn sie in den letzten Jahren an Bedeutung verlor.

Bei der *ortsfesten Haltung* werden die Tiere entweder in Herden oder als Einzeltiere in Ställen und auf hausnahen Weiden der Betriebe gehalten.

Die Herden können Eigentum einer – oftmals seßhaft gewordenen – (Wander-)Hirtenfamilie sein, die von der Herde lebt und sie gegen Entgelt auf Gemeindeland weidet, oder aber sich aus verschiedenen Bauern gehörenden Tieren zusammensetzen, die von einem gemeinsam bezahlten Hirten betreut werden. Als Weide dienen zur Gemeinde gehörende Allmendflächen, Brachflächen und abgeerntete Felder (Stoppelweide) der Flur. Je nach Gegebenheiten werden oft auch Weidegebiete benachbarter Gemeinden mitbenutzt. Die ortsfest gehaltenen Herden sind meist kleiner als die Herden von Wanderhirten.

Bei der in der Statistik als „nomadika" bezeichneten Fernweidewirtschaft lassen sich zwei Formen unterscheiden, die sich zwar im äußeren Erscheinungsbild ähneln, ihrer Natur nach jedoch unterscheiden. Es ist einmal die sog. *Kalyviawirtschaft,* von BEUERMANN (1967, S. 23) als mediterrane Almwirtschaft bezeichnet, zum anderen eine aus *nomadischer Weidewirtschaft* hervorgegangene Form mit heute weitgehend festen, jedoch gewöhnlich weit auseinanderliegenden Sommer- und Winterweideplätzen (L 372, S. 41 f.). *Kalyviawirtschaft* (s. L 48, S. 23 f., S. 100 ff.) bezeichnet eine Viehwirtschaftsform, bei der die Herden zwar auf weit voneinander entfernten Plätzen geweidet werden, jedoch an ein Stammdorf im Gebirge gebunden sind. Hier besitzen die Herdeneigentümer Ackerland und ihren festen Wohnsitz. Die Herden werden meist von Familienmitgliedern betreut. Während die Sommerweideplätze im Hochgebirge liegen, wo die Hirten in einfachen Steinhütten hausen, befinden sich die Winterweideplätze in den niedrigen Regionen in der Ebene, am Rande der Beckenlandschaften und im randlichen Hügelland. Auf dem Weg von den Sommer- zu den Winterweideplätzen und umgekehrt wird dann die Herde für einige Zeit in der Nähe der Stammsiedlung auf der Stoppel, Brachland und anderen zur Verfügung stehenden Flächen geweidet.

Abb. 16 zeigt diese Form der Fernweidewirtschaft, wie sie z. B. im Parnaßgebiet betrieben wird.

Im Stammdorf Arachova wenige Kilometer von Delphi entfernt entwickelte sich auf der Grundlage der Wollweberei, die wiederum in der heimischen Schafhaltung ihre Basis hatte, die kunstgewerbliche Weberei v. a. für Touristen, die hier auf dem Wege nach Delphi Station machen (sollen). Bunte Teppiche, Umhängetaschen, Pullover und andere Wollwaren sind die Produkte, für deren Herstellung längst nicht mehr die heimische Wolle und die am Ort ansässige Arbeitskraft ausreicht.

Im Gegensatz zur Kalyviawirtschaft ist die *nomadische Fernweidewirtschaft* (vgl. Abb. 9) bzw. die aus ihr hervorgegangene Form der Fernweidewirtschaft nicht eigentlich an ein Stammdorf gebunden, auch wenn die Wanderhirten heute ein festes Dorf besitzen. Die Wanderungen vollziehen sich im Familienverband. Sie wird von zwei Volksgruppen betrieben, den griechisch sprechenden *Sarakatsanen* und den romanisch sprechenden *Aromunen,* die sich beide durch eine eigene Volkskultur auszeichnen (vgl. Kap. 2.3.3).

Ihre Winterweideplätze liegen in den Becken und Küstenebenen, ihre Sommerweidegebiete in den Gebirgen, wo sie in einfachen Hütten aus Schilf und Reisig hausten, die heute größerenteils durch feste Bauten ersetzt worden sind. Die Mühsal tagelanger Wanderungen zwischen den Winter- und Sommerweideplätzen, früher in vielen Tagesmärschen bewältigt, wird den Hirten und ihren Familien heute meist durch den Transport per Lkw erspart.

Die Fernweidewirtschaft ging in den vergangenen Jahrzehnten ständig zurück, v. a. bedingt durch die intensivierte ackerbauliche Nutzung der Ebenen, die eine Winterweide nicht mehr zuläßt. So werden die Herden auf die

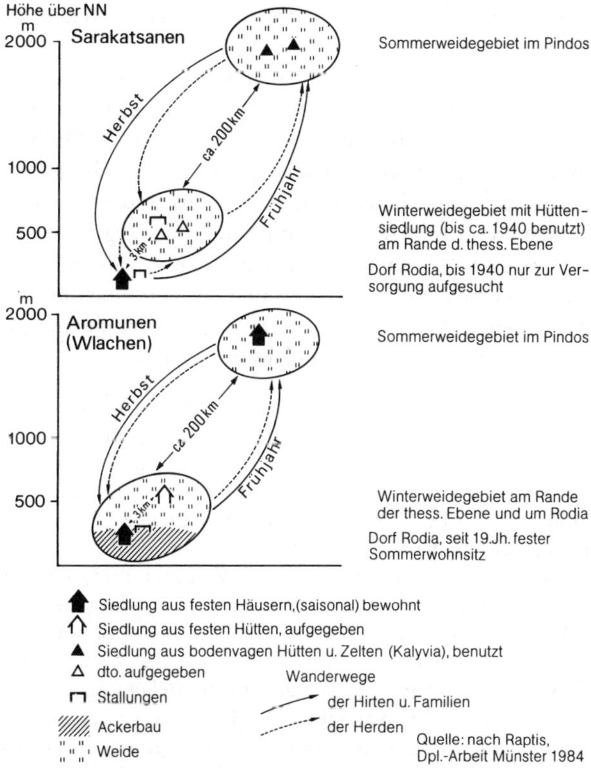

Abb. 9: Die Fernweidewirtschaft der Aromunen und Sarakatsanen von Rodia (Thessalien).

weniger günstigen hügeligen Randbereiche verdrängt, wo es häufig aufgrund nicht ausreichender Weidefläche zur Überweidung kommt.

Wieweit die Küstenebenen früher von der Wanderweidewirtschaft beherrscht waren, läßt sich noch an den vielen mit -ika endenden Ortsnamen ablesen, Ortsnamen, die eine saisonale Siedlung bezeichnen, die zu einer Stammsiedlung gehört (vgl. Kap. 7.1).

Viele Landwirte in den Ebenen bauen bereits gegen Entgelt für die Wanderhirten Futterpflanzen an.

Dort, wo noch die traditionellen Weidegebiete bestehen, wie im Becken von Ioannina, kann man im Winter zahlreiche Hirten mit ihren Herden sehen, die von den Gemeinden Weiderechte für diese Zeit erwerben. Die Regierung fördert die Seßhaftmachung der Wanderhirten, zumindest ihre feste Behausung bei den Weideplätzen.

Beispiel für eine solche Maßnahme ist das von Beuermann (1971,

S. 145ff.) beschriebene Dorf Tsoukalades im böotischen Hügelland zwischen Levadia und Arachova.

Während die ethnisch verschiedenen Gruppen der Aromunen und Sarakatsanen noch im 17. und 18. Jh. weitgehend die gleiche nomadische Lebensweise führten, kam es bei den Aromunen bereits im 19. Jh. und früher zum Seßhaftwerden in den Sommerweidegebieten der Gebirge, dann auch in den Winterweidegebieten. Es entstanden jene aus festen Häusern bestehenden malerischen Gebirgsdörfer im nördlichen Pindos (vgl. Kap. 7.1.3). Maßgeblich dazu beigetragen hatte das sich bei den Aromunen entwickelnde Handwerk (Silberschmiederei, Weberei) und der von ihnen betriebene Fernhandel, die feste Ansiedlung verlangten. Die Seßhaftwerdung der Sarakatsanen erfolgte im allgemeinen erst nach dem Zweiten Weltkrieg.

Die Gründe für den Rückgang der Fernweidewirtschaft in den vergangenen 50 Jahren liegen v. a. in der politischen Geschichte der jüngeren Vergangenheit. Mit dem Auseinanderbrechen der osmanischen Herrschaft in SO-Europa, den Grenzziehungen in deren Gefolge und restriktiven Maßnahmen, wie dem Zwang für die Aromunen, sich zu einer Nationalität zu bekennen, Abgaben bei Grenzüberschreitung und strikter Reglementierung der Wanderwege und Weideplätze, wurde die Fernweidewirtschaft empfindlich gestört. Das gilt um so mehr für die Zeit nach 1945, wo die Grenzen zu den sozialistischen Ländern für Wanderhirten praktisch undurchlässig wurden. Das machte eine Verlegung der Weideplätze und damit Wanderwege notwendig, was sich jedoch nur begrenzt als möglich erwies, da gerade die Winterweideplätze stark geschrumpft waren. Dazu hatten bereits die großen Meliorationen nach 1922/3 zur Gewinnung von Land für die Ansiedlung der Flüchtlinge beigetragen (vgl. L 179). Hinzu kamen die Kriegsverluste, besonders die des Bürgerkrieges, die nicht nur den Menschen starke Verluste beifügten, sondern die Herden oft so stark dezimierten, daß sie nicht mehr regenerationsfähig waren.

Die Sarakatsanen als traditionell konservative Bevölkerungsgruppe gerieten im griechischen Bürgerkrieg fast zwangsläufig mit den kommunistischen Partisanen, die von ihnen Unterstützung forderten, in Konflikt, was blutige Auseinandersetzungen (die Sarakatsanen wurden vielfach durch Waffenlieferungen der Regierung unterstützt), Rückzug aus den unsicheren Gebirgszonen und ihre Seßhaftwerdung in den Dörfern und Städten der Ebenen beschleunigte. War der Bürgerkrieg auslösender Faktor für die Seßhaftwerdung, so bewirkte die zivilisatorische Entwicklung danach, daß die Entscheidung nicht mehr rückgängig gemacht wurde. Die Annehmlichkeiten eines Lebens in festen Siedlungen, die Schulpflicht und Wertigkeit der Schulbildung im Bewußtsein der Menschen, Möglichkeiten zur Inanspruchnahme sozialer Dienste, Wunsch nach einem geselligen Leben, Versorgung mit Lebensmitteln und anderes standen einer Rückkehr zur alten Lebensform entgegen. Das bedeutete zugleich einen Rückgang der Volkstradition, die die Sarakatsanen über Jahrhunderte eigenständiger Entwicklung ausgebildet hatten.

Ein typisches Beispiel für die Entwicklung der Fernweidewirtschaft und des Wanderhirtentums bietet das Dorf Rodia in Thessalien (s. Abb. 9).

In dem am Rande der Thessalischen Ebene vor den südlichen Abhängen des Olymps gelegenen Dorf leben heute neben einheimischen Ackerbauern Aromunen und Sarakatsanen.

Die Ansiedlung von letzteren erfolgte nach Ende des Bürgerkrieges in der Form, daß die Oberhäupter mehrerer Sarakatsanengruppen (zur sozialen Organisation der Sarakatsanen vgl. CHATSIMICHALI 1957) dort Bauland erwarben, das sie den einzelnen Familien zuwiesen, so daß sie noch heute innerhalb des Dorfes räumlich zusammen wohnen. Stallungen an und bei den Häusern zeigen, daß die Fernweidewirtschaft beibehalten wurde, wenn auch aufgrund beschränkter Weideflächen in Dorfnähe und der hohen Transportkosten von den Winter- zu den Sommerweiden mit reduzierter Herdengröße. Die dadurch verminderten Erträge konnte man weitgehend durch Zuchtverbesserungen ausgleichen.

Das Leben der Sarakatsanen im Dorf beschränkt sich auf die Wintermonate, in denen die Herden in der Nähe des Dorfes auf den Vorhügeln des Olympmassivs ihre Weideplätze haben (wobei in der Regel zugefüttert wird), während sie im Sommer nach altem Brauch die Weideplätze im nördlichen Pindos (Grammos, Vermion) aufsuchen, wo sie traditionell in Hütten aus Holz, Stroh und Reisig leben. Im Mai brechen die Männer zunächst alleine dorthin mit den Herden auf. Deren Transport erfolgt heute per Lkw, bis vor zehn Jahren mit der Bahn. Frauen und Kinder folgen zu Beginn der Schulferien.

Damit gleicht sich die Lebensweise der Sarakatsanen der der bereits am Ende des letzten Jh. nach der Befreiung Thessaliens im Dorf seßhaft gewordenen Aromunen an, die ebenfalls geschlossene Häusergruppen im Dorf bewohnen. Während ein Teil von ihnen die Fernweidewirtschaft aufgegeben hat und ortsfeste Haltung betreibt, geht ein anderer Teil noch der Fernweidewirtschaft nach. Im Winter wird das Vieh in Ställen am Dorfrand aufgestallt oder in der Gemeindeflur geweidet. Im späten Frühjahr ziehen dann die aromunischen Hirten – wie die Sarakatsanen – mit ihren Herden, gefolgt von den Familien am Anfang der Schulferien, in die alten, steingebauten Sommerdörfer im Pindos. Um bei der ortsfesten oder zumindest saisonal ortsfesten Haltung der Herden genügend Futter zu haben, gehen die Herdenbesitzer mit den Bauern Vereinbarungen über Nachweide (Stoppelweide) im Sommer und über Anbau von Futterpflanzen ein, pachten oder kaufen selbst Land für den Anbau von Futterpflanzen, zahlen an die Gemeinde für Weiderechte auf gemeindeeigenem Land und kaufen schließlich Futter zu. Soziale Schwierigkeiten im Zusammenleben von altansässigen Ackerbauern, Sarakatsanen und Aromunen scheinen im Dorf nicht in nennenswertem Maße entstanden zu sein.

5.3.5 Bäuerliche Nebennutzungen

Bäuerliche „Nebennutzungen“ der Gemarkung spielen zwar gemessen am gesamten Arbeitsaufwand landwirtschaftlicher Betriebe meist nur eine unbedeutende Rolle, für die Selbstversorgung und gelegentlich ein zusätzliches

Bargeldeinkommen sind sie jedoch durchaus wichtig. Zu solchen Nutzungen gehört die Bienenhaltung bzw. -weide, Holz- und Harzgewinnung, das Sammeln von Kräutern und Köhlerei. Wichtig ist insbesondere die *Bienenweide*. Die farbig, oft blau oder hellgrün gestrichenen hölzernen Bienenkästen, manchmal sogar noch aus Bast geflochtene und mit Lehm verschmierte Körbe, kann man häufig in der Allmende inmitten von Ginster, an einem Waldrand oder andernorts sehen.

Die Qualität des Honigs ist gut – der Honig vom Imittos (Hymettos) war in der Antike berühmt –, Honig als Mittel zum Süßen für Gebäck und Teigwaren oder als Aufstrich zum Frühstück (voutyro meli!) beliebt, während Marmelade, bislang unbekannt, erst jetzt mit den EG-Importen in Plastikfolie verpackt in Miniportionen auf den Frühstückstisch der Hotelgäste gelangt.

Harzgewinnung spielt v. a. für das Retsinieren von Wein eine Rolle. An den Stämmen von Aleppokiefern angebrachte kleine Gefäße, die den harzigen Saft aus der angeschnittenen Rinde auffangen, weisen auf diese Nutzung hin.

Während das Sammeln von Wildkräutern, die man kocht, um aus ihnen den „chorta" genannten Salat zu bereiten, und von Holz für Brennholz der in ihrem ökologischen Gleichgewicht leicht störbaren Natur kaum Schaden zufügt, kann das von der immer noch betriebenen Köhlerei kaum behauptet werden. Der große Bedarf an Grillkohle, deren Gewinnung die Köhlerei v. a. dient, resultiert aus der Beliebtheit von gegrilltem Fleisch, den überall angebotenen Fleischspießen, souvlakia, den gegrillten Koteletts u. ä.

Noch heute werden die großenteils zu sekundärem Niederwald degradierten Reste des großen Eichenwaldes der Foloi in Hochelis im westlichen Peloponnes für Köhlerei genutzt, eine Nutzung, die bereits PHILIPPSON (1892, S. 36) beschrieb. Im Frühjahr 1972 registrierte der Verf. dort allein sechs brennende Meiler. Nur kleine, unter Schutz gestellte Teile des ursprünglichen Waldes konnten sich darum erhalten (L 372, S. 45).

Einen großen Meilerplatz beobachtete der Verf. 1984 auch im Nationalparkgebiet unweit des S-Ufers des kleinen Prespasees, wo allerdings Holz aus staatlichen Wäldern zu Holzkohle verbrannt wurde von Arbeitern aus Zentralmakedonien, die dort als Köhler und Holzarbeiter saisonal Beschäftigung fanden.

5.3.6 Forstwirtschaft

Die griechische Forstwirtschaft ist noch wenig entwickelt. Von der gesamten vorhandenen Waldfläche werden nur 4 % intensiv, 24 % forstwirtschaftlich extensiv bewirtschaftet, der Rest blieb bislang weitgehend unbewirtschaftet.

Da die klimatischen und edaphischen Bedingungen ohnehin nur einen langsamen Holzzuwachs gestatten, wird Griechenland auf absehbare Zeit auf Importe angewiesen bleiben. Zu den forstwirtschaftlichen Produkten gehört nicht nur Holz diverser Art, sondern auch Holzkohle, Harz, Mastix, Origanum und anderes. Während die Produktion von Rundholz, Brenn- und Buschholz in dem Zeitraum von 1977 bis 1982 annähernd gleich blieb, erfuhr die von Holzkohle eine beträchtliche Steigerung, die von Bruèreholz (das die Bundesrepublik z. B. heute z. T. aus Albanien einführt), Harz und Origanum einen Rückgang. Die Produktion von Stangenholz scheint sich dem Bedarf anzupassen.

Die Forstwirtschaft hat in Griechenland aufgrund der physischen Bedingungen in besonderem Maße ökologische Funktionen, denn dem Wald kommt große Bedeutung für den Wasserhaushalt und die Erhaltung und Regeneration der Böden zu. Jahrtausende wirkender menschlicher Einfluß durch Holzeinschlag, Beweidung und Feuer hat die Wälder Griechenlands, die als natürliche Vegetation einmal den größten Teil des Landes bedeckten, stark reduziert und degradiert. Das bedeutete zugleich oft eine Zerstörung der Böden, was eine Aufforstung außerordentlich erschwert und kostspielig macht. Immer noch aber tragen viele Gebirge Griechenlands große Wälder, insbesondere in ihren schwerer zugänglichen Teilen. Heute sind ca. 18 % der Landfläche bewaldet, wenn auch vielfach mit sehr lichten Beständen. Nahezu die Hälfte ist Laubwald, ca. ein Drittel Nadelwald, der Rest Macchie. Die größten und wertvollsten Holzbestände finden sich in den Hochlagen des zentralen Pindos (v. a. Tannen- und Schwarzkiefernwälder). Zwei Drittel der Wälder gehören dem Staat, der Rest ist Besitz von Klöstern, Genossenschaften und Privatleuten (L 21, S. 302). Ein großer Teil der ca. 2,5 Mio. ha umfassenden Waldfläche (= 19 % der Gesamtfläche des Landes) ist forstwirtschaftlich gesehen geringwertig, das gewonnene Holz entsprechend von minderer Qualität und nur eingeschränkt verwendbar. In der seit Jahrtausenden kultivierten mediterranen Stufe sind Wälder am stärksten reduziert. Wo die Standorte für andere Nutzungen untauglich waren, pflanzte man z. T. Aleppokiefern, da sie schnellwüchsig sind und nicht nur ihr Holz, sondern auch das Harz genutzt wird. Die Anlage in Reinkulturen begünstigte Schädlingsbefall.

Menschliche Unvorsichtigkeit, der man überall mit Schildern wie „agapate to dasos" („Liebt den Wald!") zu begegnen sucht, v. a. aber – meist vermutete, selten bewiesene – Brandstiftung (Bauspekulation, Schaffung von Weidefläche) hat diesen Wäldern durch Feuer in den letzten Jahren trotz spektakulärer moderner Löschmethoden mit Löschflugzeugen stark zugesetzt. So fielen 1985 große Bestände der Wälder der Insel Thasos dem Feuer zum Opfer, ein ungeheurer Schaden nicht nur was den Holzertrag betrifft, sondern v. a. für die Ökologie und den Tourismus der Insel.

Nach einem Zeitungsbericht (FR vom 2. 8. 88) verbrannten seit 1955 780000 ha Wald (was etwa einem Drittel des Gesamtbestandes jener Zeit entspricht), wobei die Tendenz der Waldvernichtung durch Feuer mit jeder Dekade wuchs: Allein zwischen 1980 und 1987 verbrannten nahezu 150000 ha; rechnet man Buschland und landwirtschaftliche Kulturflächen (Baumkulturen) hinzu, wurden fast 370000 ha eingeäschert.

Die ökologischen Gegebenheiten (Sommertrockenheit, verbreitet Kalkgestein) bedingen, daß eine Wiederbewaldung bzw. Wiederaufforstung nach Waldvernichtung außerordentlich langwierig und schwierig ist. Jede Entblößung des Bodens führt unweigerlich zu Bodenerosion, die unter den mediterranen Klimabedingungen, unter denen sich Bodenbildung sehr langsam vollzieht, kaum wiedergutzumachen ist, zumal viele Böden wohl fossil sind, d. h. sich unter anderen als den gegenwärtigen Klimabedingungen gebildet haben.

Ist eine Feinerdedecke durch darüberliegendes Steinpflaster noch erhalten, ist Wiederaufforstung möglich, ist sie bis auf den nackten Fels abgespült, läßt sich eine Neuanpflanzung nur durch kostspielige Methoden, wie das Sprengen von Pflanzlöchern in den Fels, die man mit Erde füllt, durchführen.

„Wer die Wunden sieht“, schreiben NEUMANN und PARTSCH (1885, S. 67f., zit. nach SCHMIEDER 1969, S. 11), „die wütende Sturzregen in die Humusdecke der Berge reißen, den kann wohl die Bangigkeit überkommen, daß alle Gebirge von Hellas dem Schicksal entgegengehen, dem manche schon verfielen, daß sie dereinst alle abgeschält und abgespült nur ein dürres Felsenskelett dem Anblick bieten, nirgends mehr mit kraftvoller Walddecke und schwellenden Matten das Auge erfreuen werden. Schon Plato klagt, daß die Berge altern und – wie nach langer Krankheit – immer fleischloser, knochiger werden.“ Die Waldschäden haben heute so beängstigend zugenommen, daß effektivere Löschmethoden, Aufklärung und ökologische Forschung zur wirkungsvolleren Schadensbekämpfung dringend notwendig erscheinen, um wenigstens zu bewahren, was noch zu bewahren ist, und zu regenerieren, was noch zu regenerieren ist.

5.3.7 Fischerei

Trotz einer Küstenlänge von über 15000 km und der engen Verzahnung von Land und Meer, einer wachsenden Zahl von Fangschiffen (1973: 2711, 1982: 5088) und im Fischfang beschäftigter Personen (1973: 9559, 1982: 11643) kann Griechenland seinen Bedarf aus eigenen Fängen nicht decken, zumal die Fänge quantitativ zurückgingen. Der Grund dafür liegt einmal in der relativen Fischarmut des Mittelmeeres (vgl. dazu Kap. 4.3) und in dessen Überfischung, zu der auch das Fischen mit Dynamit beitrug („Raubfischer in Hellas“), zum anderen in veralteten Fangmethoden, die sich v. a. bei der Atlantik- und Hochseefischerei auswirken, die zu etwa 10% zu den Fangergebnissen beiträgt (vgl. Stat. Jb. 1984, S. 177). Hinzu kommen Probleme des Kühltransportes und damit auch der Verteilung. Das alles bedingt die den Touristen immer wieder erstaunenden hohen Preise insbesondere für Mittelmeerfische.

Die Fischverarbeitung zu Konserven spielt mit ca. 3500 t/Jahr darum auch wirtschaftlich keine Rolle. Seit dem EG-Beitritt steht sie zudem unter dem Druck der billigeren ausländischen Erzeugnisse (L 21, S. 303). Süßwasserfischzucht von Karpfen oder Forellen wird in Griechenland noch kaum betrieben, ebensowenig eine intensivere Befischung der Seen, von denen einige außerordentlich fischreich sind (vgl. Kap. 4.3.1). Dazu dürfte auch die geringe Beliebtheit von Süßwasserfisch bei den Griechen beitragen. Die traditionelle Schwammfischerei, die für einige Inseln, wie z. B. Kalymnos und Astypalaia, einen wichtigen Gewerbezweig darstellt, verlor durch Übernutzung der Bestände stark an Bedeutung. Die Zahl der in der Schwammfischerei arbeitenden Schiffe stagniert seit 1975 bei 60, die der Schwammfischer ging zwischen 1975 und 1982 von 350 auf 310 zurück, die Erträge im gleichen Zeitraum von 47000 auf 37000 kg/Jahr.

5.3.8 Die Entwicklung der Landwirtschaftsformen

Die Agrarverfassung des Osmanischen Reiches kannte kein privates Bodeneigentum. Das Land gehörte dem Sultan, der es zu Lehen vergab. Nach Größenklassen wurde zwischen „has“, „zeamet“ und „timar“ unterschieden (L 638, S. 52). Militärwesen und Bodenordnung waren eng miteinander verknüpft. Die Lehnsherren (spahis) waren dem Sultan gegenüber dafür, daß sie das Land nutzen durften (das sie in der Regel an Bauern weiterverpachteten), zu Diensten im Heer und der Administration verpflichtet.

Die ersten Jahrhunderte der Türkenherrschaft brachten der Masse der Landbevölkerung eine Verbesserung gegenüber der byzantinischen Zeit (L 353, S. 509). Mit dem Ausbleiben der militärischen Erfolge und dem einsetzenden Niedergang des Osmanischen Reiches (vgl. Kap. 3.2) erfolgte eine allmähliche Umwandlung der Lehnsgüter in erbliche Großgrundbesitzungen (Tschiftliks) mit unbeschränkter Verfügungsgewalt der Großgrundbesitzer (kotsabasides), die sich zumeist in den Städten aufhielten und ihre Güter durch Verwalter und Pächter bewirtschaften ließen (L 29, S. 91). Die Tschiftliks produzierten exportorientiert. Ihre Entstehung ist nach Lambos (1981, S. 127) logische Folge der Kapitulationen und der Öffnung des Marktes für das Ausland.

Produktivitätssteigerungen wurden durch verstärkte Ausbeutung der Pächter (Bauern) erreicht, was einerseits zu immer stärkerer Verschuldung und damit sklavenähnlicher Abhängigkeit vom Großgrundbesitzer führte (L 610, S. 141), andererseits zur Abwanderung der Bauern in die Berge, wo sich freie Dorfgemeinden erhalten hatten. Eine dynamische kapitalistische Landwirtschaft entwickelte sich daraus nicht. Verbreitet war das Tschiftliksystem, das vom Umfang her immer nur einen kleineren Teil (bis etwa 20%) des agraren Sektors ausmachte, v. a. in den Ebenen (L 200, S. 20).

Mit der Umwandlung der Lehensgüter in Tschiftliks einher ging die Umwandlung von Dörfern in Tschiftlik-Dörfer oder auch deren Neuanlage. Diese zeichneten sich aus durch ein oft von einer Mauer umgebenes steingebautes Herrenhaus (konak) am Kopfende eines Platzes oder einer Straße, an dessen Seiten die ärmlichen Hütten der Pächter und Landarbeiter lagen (L 585, Taf. 62 und L 353, S. 516). Die Einführung von Mais und Baumwolle in der 2. Hälfte des 18. Jh. als Ackerfrüchte, benötigt einerseits zur Ernährung der zahlreichen Stadtbevölkerung, andererseits zur Befriedigung des Rohstoffbedarfs der Textilindustrie, brachte den Grundeigentümern Wohlstand.

Mit der Entstehung des neugriechischen Staates wurde der türkische Großgrundbesitz nicht in bäuerliches Grundeigentum umgewandelt, sondern blieb als solcher bestehen, wechselte nur den Besitzer. Der griechische Staat übernahm einen Teil der Ländereien als Eigentum, um ihn an in den Freiheitskriegen sich verdient gemacht habende Personen in Pacht zu vergeben (viele Freiheitskämpfer erhielten allerdings nichts, was zu inneren Spannungen führte), ein anderer ging an die Kirche, an Klöster oder direkt an griechische Großgrundbesitzer. Bäuerliches Kleineigentum bestand v. a. im Bergland, auf dem Peloponnes und den Inseln. Das Problem einer Agrarreform blieb damit akut. Die Masse der griechischen Bauern mußte Land, meist geringsten Umfangs, von den Großgrundeigentümern oder -besitzern pachten, ohne daß sie damit Ansprüche auf Vererbung erwarben. Ein beträchtlicher Teil der Ernte (35–50%) war als Pachtentgelt an die Grundherren zu entrichten (L 434, S. 171). Das osmanische Tschiftliksystem fand so im neuen griechischen Staat unter anderen Vorzeichen seine Fortsetzung. Ein großer Teil des Besitzes blieb extensiv bewirtschaftet und diente Wanderhirten als saisonale Weide.

Die landwirtschaftlichen Geräte waren mittelalterlich: einfache Hakenpflüge (die man heute noch in einigen abgelegenen Gebieten sieht), Tragtiere statt Wagen usf., so daß die bayerische Regierung als eine der ersten Aktionen zur Verbesserung der landwirtschaftlichen Situation neue Pflüge einführen ließ.

Subsistenzwirtschaft herrschte vor. Produktion für den Markt und für den Export gab es zwar von Beginn des neuen Staates an, sie gewann jedoch erst in der 2. Hälfte des 19. Jh. an Bedeutung.

Wichtigstes Exportprodukt bis zur Jahrhundertwende war die Korinthe.

Als Devisenbringer wurde ihr Anbau von Staat und Banken unterstützt. Die Anbaufläche stieg von ca. 4000 ha 1830 auf 67000 ha 1891, ehe die Korinthenkrise sie wieder schrumpfen ließ. Die mit dem Export von Korinthen erwirtschafteten Devisen mußten zum großen Teil für den Import von Getreide verwendet werden (L 651, S. 150). Die Korinthenkrise, von der insbesondere der Peloponnes im letzten Jahrzehnt des 19. Jh. betroffen wurde, ist ebenso wie die Tabakkrise Ende der 50er Jahre dieses Jh. typischer Ausdruck einer abhängigen, peripheren Wirtschaftsstruktur. Beide Krisen lösten einen Strom von Emigranten aus (vgl. dazu Kap. 3.2.2 und 3.2.3).

Erste Ansätze einer Agrarreform 1871 durch Verkauf staatlicher Ländereien wurden weitgehend von den Großgrundeigentümern unterlaufen. Die Reformansätze führten eher zu einer Verschärfung der Gegensätze als zu deren Ausgleich. In die gleiche Richtung wirkte der Anschluß Thessaliens 1881. Da der türkische Großgrundbesitz aufgrund des Friedensvertrages zwischen Griechenland und der Türkei nicht enteignet werden durfte, ging er zumeist durch Verkauf – die Türken verkauften aus Angst vor Enteignung – in gleicher Form in griechische Hände über. Die Klasse der griechischen Großgrundbesitzer erfuhr damit bedeutende Verstärkung.

Auch die Einverleibung Thessaliens machte Griechenland nicht unabhängig von dem Import von Getreide, da die Getreideerträge mit 8,8 dz/ha (1909/13) noch sehr gering waren (zum Vergleich: In Dänemark erntete man bereits 32 dz/ha). Die Preise für Getreide stiegen zwischen 1885 und 1920 enorm, was v. a. dem Einfluß der Großgrundbesitzer auf die Politik zu verdanken war, die auch eine effektive Agrarreform bis dahin verhinderten.

Zahlreiche Unruhen unter der ländlichen Bevölkerung und zunehmende Auswanderung als Reaktion auf die schlechten Verhältnisse in der Landwirtschaft ließen die Agrarfrage drängender werden.

Durch eine Verfassungsänderung legte VENIZELOS 1911 die Grundlage dazu, wenn auch die eigentliche Landreform erst mit der Kleinasienkatastrophe 1922/3 kam, die über den Zwang, Hunderttausende von Vertriebenen ansiedeln zu müssen, keine andere Wahl mehr ließ als den Großgrundbesitz aufzuteilen. Auch die großen Meliorationen, wie Trockenlegung der Ebene von Thessaloniki und anderer Gebiete, resultierten aus diesem Zwang.

Von 1922 bis 1932 wurden über 1500 Großgrundbesitzungen aufgeteilt (L 350, S. 273), über 1 Mio. ha Land an weit über 100000 Bauernfamilien vergeben. Einbezogen in die Verteilung wurde auch das Land, das Türken und Bulgaren, die im Zuge des Bevölkerungsaustausches das Land verließen, aufgegeben hatten. Die große Zahl der zu berücksichtigenden Menschen bedingte, daß die zugeteilten Landstücke sehr klein waren.

Die geringen Betriebsgrößen, mangelnde Betriebsmittel und Kenntnisse derer, die die Betriebe übernahmen, mußten die weitere Entwicklung der Landwirtschaft behindern und sind ein Grund für die heutigen Anpassungsschwierigkeiten der griechischen Landwirtschaft an die Marktbedingungen in der EG. Die Landwirtschaft konnte unter diesen Prämissen nicht zu einer treibenden Kraft für die wirtschaftliche Entwicklung werden.

Der Entwicklungsstand der griechischen Landwirtschaft blieb bis zum Zweiten Weltkrieg niedrig und lag weit unter dem europäischen Durchschnitt: 1938 gab es gerade 1700 Traktoren, d. h., auf 218 in der Landwirtschaft tätige Personen kam ein – meist nicht sehr starker – Traktor (zum Vergleich: In Dänemark betrug zu der Zeit das Verhältnis 8:1, in England 3:1). Gleiches gilt für andere Merkmale, die den Entwicklungsstand der Landwirtschaft anzeigen (L 610, S. 679).

Die Entstehung von Kreditgenossenschaften hatte zwar Produktionssteigerungen in der Landwirtschaft zur Folge, führte aber auch zu einer wachsenden Verschuldung der Bauern. Nach dem Krieg holte Griechenland in der Entwicklung seiner Landwirtschaft etwas auf: Die Hektarerträge von Getreide und anderen Kulturen konnten beträchtlich gesteigert werden.

Die Einrichtung eines Landwirtschaftsministeriums, die Gründung der Agrarbank und der Landwirtschaftsämter in den einzelnen Nomarchien, die die landwirtschaftliche Beratung durchführen, die Kreditvergabe regeln und Flurbereinigungsverfahren (incl. der Bewässerungsprojekte) vorbereiten, bedeuteten wichtige Schritte zur Strukturverbesserung der Landwirtschaft, auch wenn diese heute noch keineswegs eine für den europäischen Markt wettbewerbsfähige Struktur hat.

5.4 Der produzierende Sektor

Der produzierende Sektor in Griechenland zeichnet sich ungeachtet des in den letzten 20 Jahren rasch gewachsenen Anteils der Industrieproduktion am Sozialprodukt und der Beschäftigten in diesem Sektor an der Gesamtzahl der Beschäftigten durch Merkmale aus, die Griechenland als Peripherstaat in Europa kennzeichnen. Es sind intern und extern bedingte Strukturdefekte, die sich durch die besondere historische Entwicklung erklären lassen.

In der geographischen Literatur über Griechenland erfuhr die Industrie eine stiefmütterliche Behandlung. Außer den Karten mit Text im Atlas von Kayser und Thompson (1964), Burgel (1970–72), einem Aufsatz von Heller und Sauerwein (1979) sowie von Heller (1979) im Zusammenhang mit der Entwicklung regionaler Disparitäten und den jüngeren Arbeiten von Andrikopoulou et al. (1985) und Ridder (1985) ist an *geographischer* Literatur kaum etwas zu nennen.

Allgemeine Darstellungen der Industriestruktur geben Coutsoumaris (1963) und Ziegler (1983), eine kurze Zusammenfassung mit Literaturhinweisen Westebbe (1980). Einige Arbeiten beschäftigen sich aus wirtschaftlicher Perspektive mit der Industrie, insbesondere im Zusammenhang mit dem EG-Beitritt Griechenlands, wie die von Kioukis (1979), Kyriazis (1979) und Hassid (1980). Mehrere Autoren behandeln die ausländische Beteiligung und Fremdbestimmung der Industrie, so Benas (1976) und Giannitsis (1974).

Zahlreicher sind Arbeiten zur Entwicklung der griechischen Industrie im Zusammenhang mit der gesamten Entwicklung des Landes (wobei der Aspekt der Entwicklungsdefizite im Vordergrund steht). Stellvertretend seien Nikolinakos (1970) und Loukakis (1976) genannt. Die letzten vom Statistischen Amt veröffentlichten Zensusdaten stammen von 1977. Wichtige Informationen zur griechischen Industrie werden von der Bank von Griechenland veröffentlicht.

Geringe Betriebsgrößen, mangelhafte Kapitalausstattung, unterdurchschnittliche Produktivität, eine Beschäftigtenstruktur, die dadurch gekennzeichnet ist, daß un- und angelernte Arbeitskräfte überproportional vertreten sind, Ungleichgewichte in der sektoralen Gliederung, mangelnde vertikale und horizontale Verflechtung, räumliche Ungleichverteilung und anderes sind Kennzeichen der griechischen Industrie, die große Anpassungsschwierigkeiten an die neue, mit dem EG-Beitritt entstandene Situation bedingen.

Viele Strukturmängel resultieren aus einer starken Abhängigkeit vom Ausland, dessen Investitionen v. a. der Sicherung und neuen Erschließung von Märkten und der Nutzung von billigen Arbeitskräften sowie ggf. der Abschöpfung von Investitionsfördermaßnahmen dienen.

5.4.1 Betriebsgrößen- und Branchenstruktur

Wenn auch in allen europäischen Staaten Kleinbetriebe mit weniger als 10 Beschäftigten im produzierenden Sektor überwiegen, so ist in Griechenland dieser Anteil doch besonders hoch, ist umgekehrt der Anteil und die Anzahl der Großbetriebe mit über 100 Beschäftigten weit unterdurchschnittlich. Die Kleinbetriebe haben häufig noch handwerklichen Charakter.

Nach der Industriezählung vom 30. 9. 1978 gab es in Griechenland ca. 129000 Industrie- und Handwerksbetriebe mit rd. 671500 Beschäftigten. Die durchschnittliche Zahl der Beschäftigten pro Betrieb betrug also 5,2 Personen. Fast ein Drittel aller Unternehmen arbeitete ohne Einsatz von Motorkraft (L 703, S. 12). 120321 Betriebe hatten weniger als 10, 7139 weniger als 50, 772 weniger als 100 und nur 750 Betriebe über 100 Beschäftigte.

Zwar vollzog sich in den letzten Jahren eine Umschichtung zugunsten größerer Betriebe, ohne daß sich Griechenland jedoch damit dem europäischen Durchschnitt angleichen konnte. Die Auswirkung der Dominanz von Kleinbetrieben ist nach Kanetakis (1981, S. 23) bei hohen Produktionskosten eine niedrige Produktivität der Industrie.

Nur die wenigen Großbetriebe arbeiten rationeller. 63 % der Wertschöpfung kamen 1977 auf das Konto dieser Betriebe, in denen auch die Wertschöpfung pro Beschäftigtem weit über dem Durchschnitt lag.

Bedingt durch die Knappheit im Lande vorhandener Rohstoff- und Energiequellen, den späten Eintritt in die Industrialisierung, den begrenzten Markt und die Domination von außen bilden Textil- und Bekleidungsindustrie (incl. Schuhe), Nahrungsmittel, Holz und Papier die wichtigsten Branchen (vgl. Tab. A8 u. A9).

Grundlage für die *Textil-* und *Bekleidungsindustrie* bildeten und bilden z. T. noch jetzt die heimische Schafzucht, Baumwollanbau und Seidenraupenzucht. In einigen Gegenden blühte die Textilindustrie bereits während der Zugehörigkeit Griechenlands zum Osmanischen Reich, bevor sie v. a. durch ausländische Konkurrenz zum Erliegen kam. Zentren der Textilproduktion sind heute Athen/Piräus, Patras, Larisa, Theben, Volos, Chalkis und – in jüngerer Zeit mit zunehmendem Gewicht – Thessaloniki, Alexandroupolis und andere Standorte in Nordgriechenland. Neuerdings engagiert sich die griechische Textilindustrie auch im Ausland, wie die Piraiki-Patraiki im W-Münsterland (Ochtrup) durch Kauf eines Betriebes aus der Konkursmasse der Van-Delden-Gruppe. Eine wichtige Rolle spielen immer noch Teppichherstellung sowie die Herstellung von gewebten Decken, Taschen usw., kunstgewerbliche Produkte, die heute v. a. in den Brennpunkten des Tourismus an die Reisenden verkauft werden.

Die Standorte der Bekleidungsindustrie decken sich weitgehend mit denen der Textilindustrie. Auch hier nimmt das Gewicht von Nordgriechenland, nicht zuletzt durch den Einfluß von zurückgekehrten Gastarbeitern, zu.

Die – in Griechenland überwiegend kleinbetrieblich strukturierte – Bekleidungsindustrie gehört zu den Branchen, in denen sich die Tendenzen einer neuen internationalen Arbeitsteilung am deutlichsten durchgesetzt haben. Viele Remigrantenbetriebe arbeiten im Auftrag (und in Abhängigkeit) von deutschen Firmen (vgl. Kap. 6.2.3).

Bekannt sind die griechischen Pelzwaren (Rauchwaren), deren traditionelles Zentrum Kastoria in W-Makedonien ist. Hier werden aus Pelzen und Pelzresten, die aus den verschiedensten Ländern importiert werden, Pelzwaren in lohnintensiver Handarbeit hergestellt und exportiert. Drehscheibe des Exports ist heute Frankfurt am Main mit der Konzentration griechischer Pelzhändler in unmittelbarer Nähe des Hauptbahnhofs, wo diese sich nach Kriegsende von Leipzig kommend niederließen.

Neben der Textil- und Bekleidungsindustrie kommt der *Nahrungsmittelindustrie* (einschließlich Getränkeherstellung) die größte Bedeutung zu. Dazu gehören Ölpressen und Mühlen ebenso wie Zuckerfabriken, Fleischfabriken, Weinkellereien, Molkereien, die Herstellung von Trockenfrüchten, Obst- und Gemüsekonserven. Viele Industrien, wie die Zuckerfabriken, arbeiten mit großem Anteil von saisonalen Arbeitskräften. Verarbeitet werden einheimische Erzeugnisse, was bei der Textilindustrie nur teilweise der Fall ist. Produziert wird sowohl für den Binnenmarkt wie für den Export. Die Bindung an die heimischen Erzeugnisse führte zu einer stärkeren Dezentralisierung und besseren vertikalen Integration der Nahrungsmittelindustrie, die im Großraum Athen nur mit etwa einem Viertel der Betriebe vertreten ist.

Auch die *Tabakindustrie* ist v. a. an die Anbaugebiete gebunden. Innerhalb dieser Gebiete findet zunehmend eine Konzentration statt: in Makedonien und Thrakien auf Thessaloniki, Kavala und Xanthi, in Westgriechenland auf Agrinion. Die Standorte Kalamata (Karelia) und Piräus (Papastratos) sind arbeitskraft- und absatzorientiert. Den dritten Rang unter den Industriezweigen nimmt die *chemische Industrie* mit beachtlichen Steigerungsraten in den letzten Jahrzehnten ein. Sie konzentriert sich auf die Agglomeration Athen. Weitere wichtige Standorte sind Thessaloniki, Patras, Kavala und das Braunkohlenrevier Ptolemais in W-Makedonien. Erzeugt werden neben Raffinerieprodukten (u. a. in den Agglomerationen Athen und Thessaloniki) Reifen, Plastikwaren, Waschmittel, Pharmazeutika und Kunstdünger. Die Beteiligung ausländischer Firmen und ausländischen Kapitals ist in dieser Branche besonders groß.

Die chemische Industrie überflügelte die traditionelle *Holz- und Papierindustrie*, die Verpackungsmaterial, Möbelholz und – früher wichtiger Zweig – Holz für den Schiffbau lieferte. Die Holzarmut des Landes macht Rohstoffimporte notwendig.

Eine hervorragende Bedeutung unter den Industriezweigen nach Beschäftigtenzahl und Bruttoproduktionswert kommt der *metallverarbeitenden Industrie* zu. Trotz weltweiter Krisen nimmt der Schiffbau mit Werften in Piräus und an der Bucht von Elevsis (Hellenic Shipyards und Elevsis Shipyards) und kleineren Betrieben in anderen Häfen die erste Stelle ein. Die früher bedeutenden Werften auf der Insel Syros haben ihren Betrieb eingestellt.

Landwirtschaftliche Geräte, Haushaltsgeräte, Bus-, Pkw- und Lkw-Karosserien (in Volos) und Munition sind andere Produkte der metallverarbeitenden Industrie, in die zahlreiche ausländische Firmen wie Steyr, Datsun, Philips, Osram, AEG, Siemens usf. involviert sind.

Ähnlich wie die Nahrungsmittelindustrie zeigt auch die *Industrie von Grundstoffen und nichtmetallischen Baustoffen* (Zement, Magnesit, Ton, Glas, Steine) relativ starke Bindungen an die Erzeugerstandorte und damit Dekonzentration. Wichtige Standorte liegen in Nordgriechenland (u. a. Thessaloniki, Kavala, Ioannina), Mittelgriechenland (Euböa, Lamia, Volos), Südgriechenland (Korinth) und natürlich in der Agglomeration Athen, wo immer noch etwa ein Drittel aller Betriebe dieser Branche zu finden ist.

Produziert wird v. a. für den heimischen Markt, der mit dem Niedergang der Bauwirtschaft in den vergangenen Jahren allerdings an Aufnahmekapazität eingebüßt hat.

Für den Export arbeitet v. a. die Aluminiumindustrie (Grundlage sind die Bauxitvorkommen) im Parnaßgebiet in Mittelgriechenland. Das Werk in Paralia Distomou am Golf von Korinth wurde mit französischer Beteiligung errichtet. Ein weiteres Werk befindet sich im Aufbau. Der zunächst erwogene Standort bei Delphi wurde aus Gründen des Umwelt- und Landschaftsschutzes, insbesondere wegen der Nähe zu der antiken Ruinenstätte, fallengelassen. Im Herbst 1987 wurde der Grundstein für ein großes Aluminiumwerk in Thisvi in Böotien am Südfuß des Helikon gelegt. Das Werk, das mit sowjetischer Hilfe errichtet wird, soll dazu beitragen, den reichlich vorkommenden Rohstoff Bauxit profitabel zu verwerten. Der dafür notwendige große Elektrizitätsbedarf wird, wie für das Werk in Paralia Distomou, von Aliverion auf Euböa gedeckt werden. *Schwerindustrie* (Hüttenwerke) in Piräus und an der Bucht von Elevsis bilden eine Grundlage der metallverarbeitenden Industrie im Land. In Larymna am Golf von Euböa befinden sich Ferro-Nickel-Werke.

Aussagekräftiger für die Struktur der griechischen Industrie ist jedoch das, was nicht in Griechenland erzeugt wird. Es fehlen v. a. jene Produkte, die eine hochentwickelte Technologie verlangen und Fachkräfte benötigen.

Griechenland besitzt weder eine Autoindustrie (abgesehen von Montagewerken) noch eine Produktionsgüterindustrie und auch keine Industrie von modernem Kriegsgerät (L 285, S. 226f.). In Erzeugnissen dieser Industrien ist es ganz auf das Ausland angewiesen. Überall dort, wo sie benötigt werden, verraten Firmenschildchen die Herkunft. Hier liegt dann auch das Entwicklungsdilemma der griechischen Industrie: Waren die Fortschritte in der Industrialisierung, die sich in einem wachsenden Anteil der Industriebeschäftigten an der Gesamtzahl der Erwerbspersonen ausdrücken, in den letzten beiden Jahrzehnten durchaus beachtlich, die Entwicklung zeitweise sogar stürmisch, so blieben sie doch hinsichtlich der Entwicklung der Branchenstruktur und der Produktionspalette unbefriedigend.

Die Entwicklungsabstände zu Industrieländern wie der Bundesrepublik oder Frankreich sind damit trotz des wachsenden Anteils der Industrie am Bruttosozialprodukt und den Beschäftigtenzahlen geblieben, ja haben sich vergrößert.

5.4.2 Strukturelle Defizite der griechischen Industrie

Sind in der Betriebsgrößen- und Branchenstruktur bereits Defizite sichtbar, die sich hemmend auf die Entwicklung auswirken müssen, so kommen weitere für Peripherieländer typische Merkmale hinzu.

Anders als in hochentwickelten Industriestaaten, in denen die einzelnen Industriezweige und industriellen Produktionen aufs engste verkettet sind,

Rückkoppelungen verschiedenster Art bestehen, ist Griechenland eher durch eine „bruchstückhafte“ Industrie gekennzeichnet, deren einzelne Produktionen vertikal nicht oder nur gering integriert sind. Der Produktion vorgelagerte und nachgelagerte Prozesse finden nicht im Land statt, wie das besonders krass in der *Bekleidungsindustrie* zutage tritt, in der in sehr vielen Betrieben reine Auftragsarbeit für ausländische Firmen durchgeführt wird und die Nutzung der billigen und willigen (Frauen-)Arbeitskraft entscheidender Standortfaktor ist. Sofern die Stoffe, die der deutsche Auftraggeber seinem griechischen Partner liefert, nicht bereits zugeschnitten sind, wird die Blaupause mit dem Schnittmuster mitgeliefert. Die fertigen Produkte gehen dann – meist per Lkw – in die Bundesrepublik oder andere Auftraggeberländer zurück, um dort bzw. von dort vermarktet zu werden (vgl. L 530). Weder die Produktion der Stoffe also noch die Entwicklung der Modelle, noch die – heute viel Know-how erfordernde – Vermarktung geschieht im Land. Ein Bekleidungsbetrieb, der fast nur un- und angelernte Arbeitskräfte beschäftigt, ist darum auch sofort verlegbar. Die Angst der Beschäftigten, daß dies geschieht und die Produktion nach Pakistan oder in andere Länder mit billigerer Arbeitskraft verlagert wird, drückt sich u. a. darin aus, daß die Anhebung der staatlich festgesetzten Mindestlöhne bei den Beschäftigten dieser Betriebe auf Widerstand stieß.

Ein Teil des Reproduktionsprozesses, v. a. die Produktion von Technologie und Kapitalgütern, findet nicht in Griechenland statt. Eine selbstgesteuerte Kapitalakkumulation in den dynamischen Wirtschaftssektoren kommt damit nicht zustande. Charakteristisch für die Industriebetriebe sind auch Merkmale wie insgesamt unzureichende Kapitalausstattung und mangelhafte Kapazitätsauslastung, Merkmale, die regional und nach Branchen und Betriebsgrößen allerdings variieren (vgl. L 12).

Branchenstruktur und Produktion finden ihre Entsprechung in der *Qualifikationsstruktur der Beschäftigten* in den Betrieben. Un- und angelernte Kräfte überwiegen; der Anteil der Fachkräfte ist gering, wissenschaftliche Weiterentwicklung der Produkte und Produktionsmittel innerhalb der Betriebe, wie es in den Industrieländern üblich ist (s. etwa die pharmazeutische Industrie), findet nicht statt, was fortbestehende Abhängigkeit vom Ausland bedeutet. Die Arbeitsbedingungen für die Industriebeschäftigten sind noch wesentlich ungünstiger als in den westeuropäischen Ländern. Schriftliche Arbeitsverträge mit Regelung von Arbeitszeit, Lohnhöhe, Ferien etc. sind keineswegs selbstverständlich. Die *Arbeitsplatzsicherheit* wird deshalb von einem großen Teil der Beschäftigten als gering eingestuft. Im einzelnen bestehen sowohl bezüglich der Qualifikationsstruktur der Beschäftigten, ihrer Einschätzung der Arbeitsplatzsicherheit, dem Vorhandensein von detaillierten Arbeitsvereinbarungen, beruflichem Status etc. signifikante Unterschiede zwischen den Branchen und anderen strukturellen Merkmalen der Betriebe.

Daß die Frauen z. B. im allgemeinen die schlechter bezahlten, geringe Qualifikationen erfordernden Arbeitsplätze einnehmen und deshalb in den Branchen und Betrieben überrepräsentiert sind, die v. a. auf diese Arbeitskräfte reflektieren, überrascht nicht (vgl. dazu L 12).

5.4.3 Die regionale Verteilung der Industrie

Ein weiteres Merkmal der Industrie in Griechenland ist ihre *regional höchst ungleiche Verteilung.*

Der größte Teil ballt sich in den Agglomerationen Athen und Thessaloniki. Allein in Athen arbeiteten 1978 42 % aller in Industrie und Handwerk Beschäftigten des Landes. Die Gründe für diese Ballung liegen in der infrastrukturellen Ausstattung, dem qualitativen und quantitativen Angebot an Arbeitskräften, den Fühlungsvorteilen, der Nähe zu den Schaltzentren der staatlichen Macht und Administration und der verkehrsgünstigen Lage, Faktoren, die sich gegenseitig bedingen und als Agglomerationsvorteile zusammengefaßt werden können. Die liberale Wirtschaftspolitik förderte die Ballung, indem sie die Standortwahl weitgehend den Unternehmern überließ und wenig bzw. mit untauglichen Mitteln eine Dezentralisierung zu fördern suchte. Daß v. a. die ausländischen und vom Ausland gesteuerten Betriebe nicht nach regionalpolitischen, sondern nach betriebswirtschaftlichen Gesichtspunkten investierten, erscheint unter diesen Voraussetzungen verständlich.

Betrachtet man die Verteilung der im produzierenden Sektor beschäftigten Personen (Abb. 10), so fällt sofort der überdurchschnittliche hohe Anteil in Athen und den der Agglomeration benachbarten Nomoi Attika und Böotien sowie im Nomos Thessaloniki auf. Überdurchschnittlich hohe Anteile weisen auch die meisten auf der S-förmig gebogenen Achse Athen–Thessaloniki (mit Verlängerung bis nach Kavala und Patras) liegenden Bezirke auf. In allen anderen Bezirken ist der Anteil unterdurchschnittlich mit Ausnahme des westmakedonischen Nomos Kastoria, wo die Pelzverarbeitung für überdurchschnittlich hohe Beschäftigtenzahlen im verarbeitenden Gewerbe sorgt. In der grundsätzlichen Verteilung hat sich gegenüber 1969 nichts geändert, die Unterschiede innerhalb Griechenlands sind allerdings krasser geworden.

Kennzeichnend für die Industrien in den peripheren Gebieten des Landes ist ihre Orientierung auf die Verarbeitung von pflanzlichen und mineralischen Rohstoffen. Es dominieren dem primären Sektor nachgelagerte Produktionen wie die Erzeugung von Nahrungs- und Futtermitteln, Getränken, Tabakwaren, Papier- und Holzprodukten, die Textil- und Bekleidungsindustrie sowie Produktionen, die im traditionellen Handwerk ihren Ursprung haben, wie Möbel und Metallwaren. Kapitalintensivere Industrien sind nur wenig

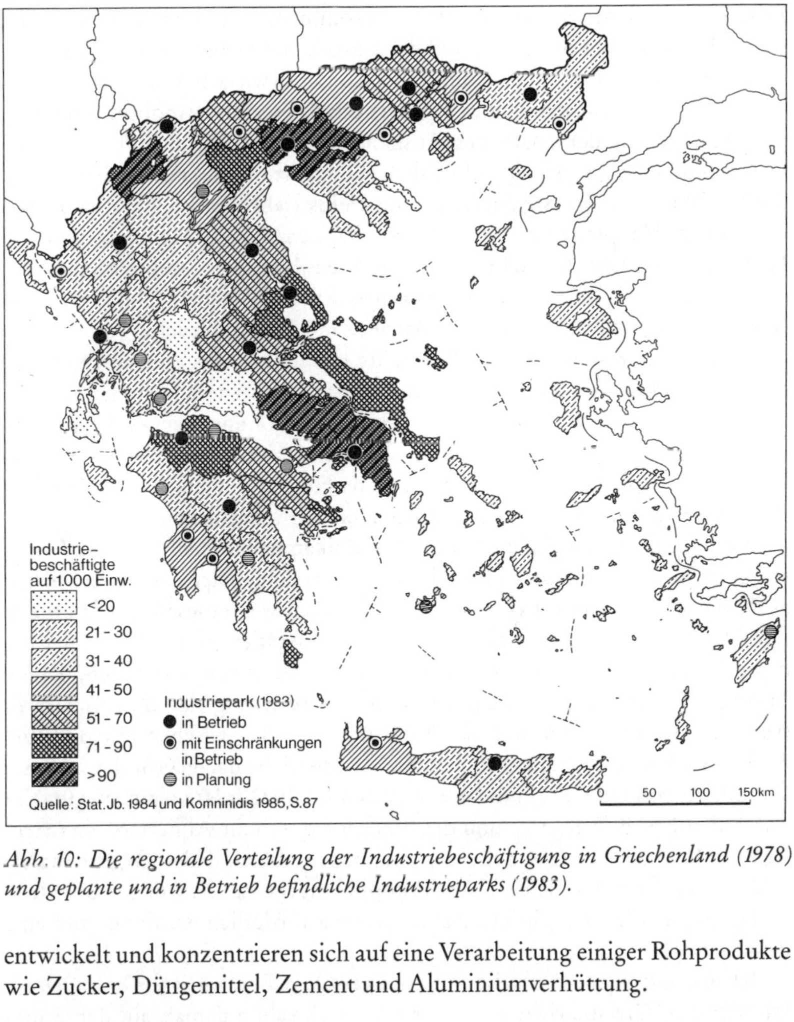

Abb. 10: Die regionale Verteilung der Industriebeschäftigung in Griechenland (1978) und geplante und in Betrieb befindliche Industrieparks (1983).

entwickelt und konzentrieren sich auf eine Verarbeitung einiger Rohprodukte wie Zucker, Düngemittel, Zement und Aluminiumverhüttung.

5.4.4 Die Entwicklung der Industrie

Die Ursachen für die spezifische Struktur der griechischen Industrie und dafür, daß sie nicht in einer nachholenden Entwicklung Anschluß an die Industrieländer gewann, liegen in der Vergangenheit.

Bis etwa 1860 gab es in Griechenland praktisch keine Industrie. Die sieben Betriebe, die man 1850 zählte (vgl. L 434, S. 178), waren eher Handwerksbetriebe. Ausländische Konkurrenz, der begrenzte Binnenmarkt und fehlende

Infrastruktur ließen keine Industrie aufkommen, ja erstickten Ansätze im Keim. Der ganz überwiegende Teil der Bevölkerung lebte von der Landwirtschaft (L 434, S. 174), in der kaum Überschüsse erwirtschaftet werden konnten. Ab 1860 lassen sich dann, gefördert durch Freihandelspolitik einerseits, zur Finanzierung der staatlichen Ausgaben erhobene Schutzzölle für Fertigwaren andererseits sowie das allmählich verbesserte Verkehrsnetz (Baubeginn der Eisenbahn 1867) erste Ansätze einer Industrialisierung konstatieren. Vor allem in der Hauptstadt und in Piräus entstanden kleinere Manufakturen und Handwerksbetriebe der Nahrungsmittel-, Textil-, Papier- und Glasindustrie, der Metall-, Holz- und Lederwarenverarbeitung sowie Pulverfabriken (L 434, S. 177). 1875 existierten 89 Betriebe mit Dampfantrieb.

In der Zeit von 1880 bis 1922 machte die Industrialisierung, begünstigt durch die Politik von Trikoupis und Venizelos, raschere Fortschritte.

Protektionistische Maßnahmen, wie die Erhöhung der Zolltarife und Abwertung der Drachme, förderten die Industrialisierung ebenso wie das Einströmen ausländischen Kapitals, das als Folge des deutsch-französischen Krieges 1870/71 und der auf ihn folgenden wirtschaftlichen Krise in Westeuropa nach Anlagemöglichkeiten auf dem Balkan suchte (L 610, S. 415). Unterstützung fand der Prozeß durch die Niederlassung vieler Auslandsgriechen als Folge stabilerer politischer Verhältnisse, auch wenn diese nicht in erhofftem Maße direkt in industrielle Unternehmen investierten. Die Vergrößerung des griechischen Territoriums durch Einverleibung von Thessalien, Kreta, Makedonien und Thrakien brachte eine Vergrößerung des Binnenmarktes (vgl. dazu Karte 1). Von 1880 bis 1910 wurden ca. 20, zwischen 1910 und 1914 noch einmal so viele Industrie- und Bergbaubetriebe neu gegründet. Mit der Gründung von über 100 Industriebetrieben bis 1922 folgte dann, begünstigt durch den Ersten Weltkrieg und die Blockade durch die Alliierten, ein mächtiger Industrialisierungsschub, der die Importabhängigkeit Griechenlands fühlbar minderte. Die These, daß Abkoppelung, sei sie erzwungen oder freiwillig, für den Industrialisierungsprozeß eher förderlich ist, findet hier eine Bestätigung.

Klein- und Kleinstbetriebe mit weniger als 5 Beschäftigten dominieren. Die wenigen Großbetriebe konzentrierten sich schon damals auf den Raum Athen–Piräus (L 706, S. 23). Mit 72 % der Betriebe führt die Lebensmittelindustrie. Genaue Zahlenangaben lassen sich allerdings nicht machen, weil die Zuordnung der Betriebe zu Industrie- bzw. Handwerksbetrieben schwankt.

Mehlerzeugnisse, Olivenöl, Zuckerwaren (u. a. das bekannte Loukoumi von der Insel Syros), Wein, Spirituosen und Bier (der Brauerei Fix) sind die wichtigsten Produkte der Nahrungsmittelindustrie. Es folgt (in weitem Abstand) die Textilindustrie mit 12 % der Betriebe und 16 % der Produktion (Baumwollgarne und -gewebe, Wollprodukte, Seide-, Hanf- und Jutewaren). In der chemischen Industrie ist v. a. die Herstellung von Seife und Sulfuröl (aus den Preßrückständen von Oliven durch Zusatz von

Sulfur gewonnenes Öl für Seifenherstellung und Maschinenöl) bedeutsam. Ferner spielt die Zigarettenindustrie eine bereits bedeutsame Rolle.

Gleichzeitig mit der Industrialisierung entwickelte sich der Bergbau, in den seit den 70er Jahren französische und belgische Gesellschaften investierten. Die meisten Bergbauprodukte wurden unverarbeitet exportiert.

Fehlende Eisen- und Stahlindustrie, Folge v. a. des Mangels an Steinkohle, führte dazu, daß der Eisenbahnbau kaum befruchtend auf die Industrie wirkte, da die Materialien dafür importiert werden mußten, wobei auch solche importiert wurden, die im Lande hätten hergestellt werden können (L 420, S. 20). Aus dem gleichen Grunde erlitt die Werftindustrie starke Einbußen, da der Segelschiffbau – zwischen 1835 und 1874 waren in Griechenland ca. 8000 Segelschiffe mit einer Tonnage von etwa 700000 BRT gebaut worden (L 706, S. 53) – durch den Bau von Dampfschiffen ersetzt wurde, für den in Griechenland die Grundlagen fehlten.

Ebenso wie das Handelskapital trug das durch Schiffahrt erwirtschaftete Kapital nur wenig zur Industrialisierung bei, da die Renditeerwartungen in anderen Bereichen als höher eingeschätzt wurden.

Hatte schon der Erste Weltkrieg für Griechenland einen Industrialisierungsschub bedeutet, so in noch stärkerem Maße die Kleinasienkatastrophe mit dem Zustrom von über 1 Mio. Auslandsgriechen. Mit ihnen wurde nicht nur eine einheitliche nationale Ökonomie geschaffen und das Binnenmarktpotential vergrößert, sondern die Flüchtlinge brachten Kenntnisse im produktiven Bereich mit, die zu zahlreichen industriellen Neugründungen führten.

Die Fortsetzung der protektionistischen Politik bewirkte trotz der Weltwirtschaftskrise ein stetiges Anwachsen der griechischen Industrie, zementierte aber auch Entwicklungsdefizite. Die Zahl der Industriebeschäftigten stieg von 155000 im Jahr 1920 über 280000 (1930) auf 350000 im Jahre 1938.

Seit den 20er Jahren beteiligten sich die Banken in wachsendem Umfang an den Industriegründungen. Über sie v. a. gewinnt das ausländische Kapital Einfluß auf die industrielle Entwicklung (L 434, S. 198). 1940 betrug der Anteil der Beschäftigten im produzierenden Sektor etwa 15%. Das waren immer noch weit weniger als in Deutschland, Frankreich oder Italien, aber wesentlich mehr als in Bulgarien und Rumänien, die heute mit Griechenland vergleichbare Werte aufweisen.

Der Zweite Weltkrieg und der anschließende Bürgerkrieg bewirkten zwar eine katastrophale Zerrüttung der griechischen Wirtschaft, aber trotzdem konnte Griechenland in der industriellen Produktion bereits 1950 wieder den Vorkriegsstand erreichen, da die Mehrzahl der Industriebetriebe in den Städten lag, die vom Bürgerkrieg verschont blieben (L 695, S. 270). Englische und amerikanische Wirtschaftshilfe trugen ebenfalls dazu bei. Branchenstruktur und Produktionspalette blieben im wesentlichen gleich, die Fortsetzung der

Schutzzollpolitik perpetuierte die strukturellen Mängel. Das Wachstum in den 50er Jahren verlief aufgrund stagnierender Investitionstätigkeit langsam. Die Produktion richtete sich (mit Ausnahme der Textilindustrie) v. a. auf den Binnenmarkt.

Einen enormen Industrialisierungsschub – zuweilen als „griechisches Wirtschaftswunder" bezeichnet – erlebte das Land in den 60er und 70er Jahren, wobei zu berücksichtigen bleibt, daß sowohl die Entwicklung der Branchenstruktur wie die der Betriebsstruktur sich grundlegend etwa von der in der Bundesrepublik Deutschland in den 50er Jahren unterschied (vgl. L 695, Tab. S. 281).

Die Industrie konnte trotzdem bei weitem nicht alle in der Landwirtschaft frei werdenden Arbeitskräfte aufnehmen. Das Ventil der Auswanderung und das relativ geringe natürliche Bevölkerungswachstum bedingten jedoch bislang vergleichsweise geringe Arbeitslosenziffern (vgl. L 285, S. 229), wobei allerdings das geringe Vertrauen in die Lösung der Probleme durch Behörden und geringe staatliche Hilfen versteckte Arbeitslosigkeit und eine immer wichtiger werdende Schattenwirtschaft entstehen ließen. Der Beitritt Griechenlands zur EG bedeutet für die Industrie, die immer protektioniert wurde und dadurch ungünstige Strukturen perpetuieren konnte, einen Zwang zur Anpassung an die anderen Mitgliedsstaaten und Erlangung der Wettbewerbsfähigkeit, was viele Betriebe vermutlich nicht überleben werden. 1977 lag der Output pro Industriebeschäftigtem noch bei 60 % des EG-Durchschnitts.

5.5 Der tertiäre Sektor

Von jeher spielte der tertiäre Sektor für das Wirtschaftsleben Griechenlands eine hervorragende Rolle. Waren es doch Griechen, die im Osmanischen Reich einen beträchtlichen Teil des Handels in der Hand hatten, Kontore in vielen Städten Europas unterhielten und mit ihren Schiffen die Weltmeere befuhren. Nur mit dem aus Handel und Schiffahrt erworbenen Geld konnten die Hydrioten ihren großen Beitrag zum griechischen Freiheitskampf leisten. Auch heute noch ist die Schiffahrt neben Tourismus und den Gastarbeiterüberweisungen der wichtigste Devisenbringer und sorgt mit dafür, daß die aus den Importüberschüssen herrührenden Leistungsbilanzdefizite nicht zu hoch ausfallen.

5.5.1 Handel, Schiffahrt

Die Griechen blieben ein Volk der Händler. Etwa die Hälfte aller Erwerbstätigen in Griechenland ist selbständig (FR vom 26. 11. 86), Handel mithin

Tab. 7: Außenhandel 1983 nach Warengruppen (in Mio. Drachmen)

	Export	%	Import	%	Über / Unterschüsse
Nahrungsmittel und Lebendvieh	86417	22,0	99779	11,8	– 13362
Tabak und Getränke	21089	5,4	6382	0,8	+ 14707
Rohstoffe (außer Nahrungsmitteln und Energiestoffen)	26286	6,7	52183	6,2	– 25897
Energiestoffe	27192	6,9	232440	27,4	–205248
tierische und pflanzliche Fette	22461	5,7	1166	0,1	+ 21295
Chemische Erzeugnisse	16779	4,3	70829	8,3	– 54050
Teilfertigwaren	118443	30,2	140615	16,6	– 22172
Maschinen und Transportausrüstung	13586	3,5	210444	24,8	–196858
verschiedene (Teil-) Fertigprodukte	57009	14,5	29775	3,5	+ 27234
Verschiedenes	3390	0,9	4682	0,6	– 1292
zusammen	392652		848295		–455643

Quelle: Stat. Jb. 1984, S. 291–305.

die Lebensgrundlage eines sehr großen Teiles der Bevölkerung. Die meisten sind Kleinhändler. Dafür mögen Tradition und Drang nach Selbständigkeit (womit man auch besser Steuern sparen kann, worin die Griechen virtuos sind!) eine Rolle spielen. Die Hauptursache dafür liegt jedoch sicher in der mangelnden Aufnahmekapazität des primären und sekundären Sektors. Aus diesem Grund machen sich auch viele Gastarbeiter nach ihrer Rückkehr in die Heimat als Gewerbetreibende selbständig.

Griechenlands Außenhandel zeigt deutliche Strukturmängel der Wirtschaft des Landes auf. Bei den Exportgütern dominieren immer noch Nahrungs- und Genußmittel, Halbfertigwaren und Rohstoffe, bei den Importgütern dagegen neben Energiestoffen (v. a. Öl) Maschinen und Transportausrüstung, Fertigwaren verschiedenster Art sowie Nahrungs- und Genußmittel (s. Tab. 7).

Die aus dem Außenhandel resultierenden Defizite werden nicht ganz durch die sog. „stillen Überweisungen" aus Schiffahrt, Gastarbeit sowie die Einnahmen aus dem Tourismus ausgeglichen, so daß die Schulden des Landes in den vergangenen Jahrzehnten kontinuierlich wuchsen.

Die Handelsaktivitäten verteilen sich sehr ungleich über das Land. 1978 konzentrierten sich (nach Beschäftigtenzahlen) 58 % des Großhandels auf Athen (1958: 52 %), weitere 14 % auf Thessaloniki, der Rest auf das übrige

Griechenland, wobei Regionen wie Thrakien und Epirus Anteile von weniger als 1 % hatten (Stat. Jb. 1984, S. 311).

Nicht ganz so stark ist die Konzentration des Kleinhandels auf Athen und Thessaloniki, wo 1978 der Anteil von 36 % bzw. 10 % etwa dem Bevölkerungsanteil entsprach.

Bevorzugte Außenhandelspartner waren 1983 die EG-Staaten, aus denen 48 % der Einfuhren kamen und in die 52,5 % der Ausfuhren gingen. Sowohl bei Ein- wie bei Ausfuhren lag die Bundesrepublik als Partner weit an der Spitze, gefolgt von Italien. Unter den übrigen Staaten treten als Handelspartner die USA hervor, aus denen allerdings nur 3,7 % der Importe kamen und in die 6,8 % der Exporte gingen. Die sozialistischen Staaten Osteuropas spielen als Handelspartner eine gleichwichtige Rolle: Aus den EFTA-Ländern kamen 11,9 % der Importe, in sie gingen 12,5 % der Exporte; Asien und Australien waren mit 28 % an den Importen, mit 17,8 % an den Exporten beteiligt, afrikanische Länder mit 6,6 % an den Im- und 10,4 % an den Exporten, Amerika (Nord- und Südamerika) schließlich mit 5,5 % an den Im- und 6,8 % an den Exporten (vgl. Stat. Jb. 1984, S. 284 f.).

Wichtigste Exportgüter waren 1983 (vgl. Stat. Jb. 1984, S. 298 ff.) im einzelnen: Früchte und Fruchterzeugnisse, Gemüse, Weizen (ungemahlen) und Weizenmehl, Futtermittel, Mehlerzeugnisse, Käse, Fisch und andere Meeresfrüchte (Gruppe 0), Tabak und Weinerzeugnisse (Gruppe 1), Erze (z. T. angereichert) und andere Mineralien (u. a. Steine, Bims), Baumwolle, Häute und Felle (Gruppe 2), Ölprodukte (Gruppe 3), Olivenöl in verschiedensten Verarbeitungsformen (Gruppe 4), Kunststoffe und verschiedene chemische Produkte (Gruppe 5), Garne und Gewebe, Pelze, Zement, Aluminium (Gruppe 6), diverse Metallerzeugnisse (Gruppe 7), Textilfabrikate, Schuhe und Schmuck (Gruppe 8) sowie Waffen (Gruppe 9).

Unter den Importgütern ragten 1983 (s. Stat. Jb. 1984, S. 291 ff.) hervor: Fleisch, Milch, Käse (!), Kaffee und Futtermittel (Gruppe 1), Baumwolle, Holz, Papier und Wolle (!) (Gruppe 3), Öl und Ölprodukte sowie elektrische Energie (Gruppe 4), Kunststoffe, pharmazeutische Produkte und viele andere chemische Erzeugnisse (Gruppe 5), Felle, Bleche und andere Halbfertigprodukte, Papier und Karton, Textilgarne (Gruppe 6) und schließlich Werkzeuge, Maschinen verschiedenster Art, Ausrüstungsgegenstände, Autos und Autozubehör, Traktoren und diverse technische Haushaltsgeräte (Gruppe 7), Computer (Gruppe 8) sowie Waffen (Gruppe 9).

Die griechische Handelsflotte gehört mit einer Tonnage von 36,8 Mio. BRT (1983) zu den größten Handelsflotten der Welt (fast 9 % der Welttonnage). Der Anteil wäre noch größer, würde man die unter fremder Flagge fahrenden Schiffe griechischer Reeder hinzurechnen.

Circa 400 000 Menschen leben in Griechenland direkt von der Schiffahrt, fast noch einmal so viele davon indirekt. Für die Bedeutung der griechischen Handelsschiffahrt (vgl. L 263, S. 147) stehen Namen wie Onassis, Niarchos, Lemos, Carras und Livanos. Steuervergünstigungen und andere Erleichterungen durch die griechische Regierung führten dazu, daß die Tonnage in den vergangenen 10 Jahren (1975 noch 24,8 Mio. BRT) nicht nur durch Expansion, sondern auch dadurch rasch wuchs, daß immer mehr Schiffseigner ihre Schiffe unter griechischer Flagge laufen ließen. Trotzdem entgehen dem Staat noch hohe Deviseneinnahmen durch das Fahren unter Fremdflaggen (v. a. Panama und Liberia).

Auch aus einem anderen Grund sind die Einkünfte des griechischen Staates geringer als sie bei einer so großen Flotte sein müßten: Viele Reeder entgehen der Besteuerung (zumindest z. T.) dadurch, daß sie neben dem griechischen einen ausländischen Paß besitzen und einen großen Teil ihrer Umsätze über ausländische Konten laufen lassen (L 263, S. 150). Die Schiffahrt trägt nach Delivanis (1980, S. 355) v. a. durch die mit dem Passagier- und Frachtverkehr verbundenen Dienstleistungen sowie die an griechische Werften vergebenen Reparatur- und Wartungsaufträge (der Bau der Schiffe erfolgt meist außerhalb des Landes) zum Nationaleinkommen bei.

Daß Überkapazität in der verfügbaren Schiffstonnage besteht, davon zeugen die vielen in der Bucht von Elevsis auf Reede liegenden Frachtschiffe.

5.5.2 Tourismus

Folgt man D. Seers (1979, S. 5), so ist der Tourismus aus den europäischen Industrieländern in die Mittelmeerländer gleichsam Kompensation für und Pendant zu der Auswanderung aus diesen Ländern.

Welche Rolle der Tourismus für Griechenland spielt, wird sowohl aus der Zahl der Übernachtungsziffern wie den Deviseneinkünften deutlich (vgl. Tab. 8).

Die bis Ende der 70er Jahre stark steigenden Zahlen ausländischer Besucher überschritten 1978 erstmals die 5-Mio.-Grenze, erreichten 1979 mit 5,8 Mio. ihren ersten Höchststand, um bis 1983 auf 5,3 Mio. zurückzugehen, dann aber bis 1985 auf ca. 7 Mio. anzusteigen.

Tab. 8: Einkünfte aus Tourismus, Handel, Transport und Gastarbeiterüberweisungen (in Mio. Dollars)

	1960	%	1970	%	1976	%	1983	%
Tourismus	51,4	12	193,6	13,6	823,7	17,3	1175,7	15,7
Export	208,6	48,9	612,2	43,2	2227,5	46,7	4105,4	54,7
Transport	76,5	17,9	269,8	19	914,1	19,2	1308,7	17,4
Gastarbeiter	90,4	21,2	342,9	24,2	803,2	16,8	911,7	12,2

Quelle: Westebbe 1980, S. 287, Stat. Jb. 1984, S. 435 ff.

Tab. 9: Ankünfte von Ausländern in Griechenland 1971 und 1983 (in tausend)

	1971		1983	
	abs.	%	abs.	%
Flugzeug	1182,3	56,2	3502,2	66,6
Bahn	50,7	2,4	119,0	2,3
Schiff	506,0	24,1	1101,2	20,9
Auto	364,3	17,3	536,0	10,2
zusammen	2103,3	100	5258,4	100

Quelle: Stat. Jb. 1984, S. 357.

Die überwiegende Zahl der Touristen kommt per Flugzeug (s. Tab. 9). Die Dominanz des Flugtourismus nahm konstant in den letzten beiden Jahrzehnten zu.

Etwa die Hälfte der Touristen besucht das Land in den Sommermonaten Juli–September, ein weiteres Drittel im Frühjahr (April–Juni), der Rest im Winterhalbjahr. Da alle Ankünfte von Ausländern in die Statistik eingehen, dürften sich die Touristenankünfte noch stärker auf Frühjahr und Sommer konzentrieren. Das bedeutet, daß alle auf Tourismus ausgerichteten, für Touristen existierenden Einrichtungen außerordentlich ungleichmäßig ausgelastet sind.

Die meisten Touristen kamen 1982 und 1983 aus England (16,9 bzw. 18,8%), gefolgt von der Bundesrepublik (11,1 und 13,9%) sowie den USA (6,1 und 7,7%). Während Jugoslawien 1982 mit 9,8% noch fast so viele Touristen stellte wie die Bundesrepublik, war die Zahl von 538000 jugoslawischen Touristen ein Jahr später aufgrund von Reisebeschränkungen von seiten Jugoslawiens auf ein Zehntel davon geschrumpft. Viele Touristen kommen auch aus Italien, den west- und nordeuropäischen Staaten und in wachsender Zahl aus Japan (Stat. Jb. 1984, S. 364). Eine besondere Gruppe von ausländischen Touristen stellen die Auslandsgriechen dar, die jährlich in den Sommermonaten, in großen Scharen aus Australien, den USA oder Kanada kommend, ihre alte Heimat aufsuchen. Dann bildet auf manchen Inseln wie Kythira oder Karpathos jene auffällige Mischung des Anglogriechen das dominierende Element. Im Vergleich mit Spanien und Italien ist der Touristenstrom nach Griechenland immer noch gering. Das hat seine Gründe in der – v. a. entfernungs- und infrastrukturell bedingten – späteren Entwicklung von Touristengewerbe und Touristenströmen nach Griechenland.

Wie anfällig der Tourismus gegen politische und wirtschaftliche Krisen ist, zeigt das drastische Zurückgehen der Zahl ausländischer Besucher zu

Beginn und Ende der Juntazeit. Beide Zeitpunkte fielen allerdings auch mit weltweiten wirtschaftlichen Krisen zusammen.

Wie die ausländischen Touristen auf die zunehmende Verdreckung der Strände, auf ungepflegte Restaurants und Preiswucher reagieren, bleibt abzuwarten. Eine Umfrage der griechischen Touristikbehörde EOT 1985 hatte jedenfalls beträchtliche Verärgerung der befragten Touristen darüber ans Licht gebracht. Daß die Furcht der EOT, die vermögenden Touristen könnten Griechenland den Rücken kehren, nicht ganz unbegründet ist, zeigen Zahlen: Trotz der wachsenden Anzahl ausländischer Touristen zwischen 1981 und 1985 gingen die Deviseneinnahmen aus dem Tourismus zurück, was nur durch eine Veränderung der „Qualität" der Touristen möglich ist: die Rucksacktouristen und Pauschalreisenden machen einen immer größeren Anteil aus (s. FR vom 8. 12. 86). Zu jenen Touristen, die wirtschaftlich für Griechenland wenig interessant sind, gehören auch die jugendlichen Hippies, Aussteiger und Freiheitssuchenden, die an bestimmten Punkten, die „in" sind, wie z. Z. die Inseln Ios und Mykonos und Teile der südkretischen Küste, die Strände bevölkern, im Freien, in Höhlen oder alten Schafställen schlafen und für die Griechen zumeist nur ein Ärgernis darstellen.

Mit wachsendem Wohlstand der Griechen gewinnt der inländische Tourismus an Bedeutung. Die Zielorte des ausländischen und griechischen Tourismus sind nur z. T. identisch. Das Gros der ausländischen Touristen hat Südgriechenland und die griechischen Inseln zum Ziel. Das liegt einmal daran, daß nur dort der ausländische Tourist jene Verbindung von Meer, Felsen, Sand, Sonne, mediterraner Vegetation und klassischen Ruinenstätten findet, mit der die Werbung Griechenland vermarktet, zum anderen sind die Mehrzahl der Touristen Flugtouristen, die – wenn sie nicht direkt per Charter nach Kreta, Rhodos oder Korfu geflogen werden – in Athen ankommen.

Ziele des inländischen Tourismus sind v. a. die Badeorte an den Küsten in der Nähe der großen Agglomerationen Athen und Thessaloniki: die Küsten des Saronischen Golfes, des östlichen Golfes von Korinth, Euböas und der westlichen Kykladen und des westlichen Mittelgriechenlands, in Nordgriechenland die des Thermäischen Golfes und der Chalkidike. Mit der gestiegenen Mobilität spielen in wachsendem Maße auch die Heimatdörfer der in die Großstadt gezogenen Menschen als sommerliche Erholungsorte eine Rolle.

Die Verbindung von Bildung und Erholung ist für viele ausländische Pauschaltouristen Ziel der Griechenlandreise. Dadurch wurden die berühmten antiken Ausgrabungsstätten Olympia, Delphi, Mykene, Epidauros, Delos, Knossos und Phaistos auf Kreta und allen voran die Akropolis von Athen zu Rummelplätzen des Tourismus, wo zugleich eine Vielzahl von Beherbergungsstätten, Restaurants, Andenkenläden usf. von diesen Touristen zu leben vermag. Der „klassische" Bildungsreisende spielt dagegen wirtschaftlich keine Rolle mehr.

Lange bevor der mit Massentourismus verbundene Bildungs- und Erholungstourismus Griechenland überschwemmte, reisten Bildungstouristen nach Griechenland. Sie kamen schon vor der Gründung des neuen Staates. Ihre Zahl wuchs nach der Gründung mit der zunehmenden Sicherheit und dem wachsenden Komfort im Lande ständig. Es ist jene humanistisch gebildete Spezies, die mit Baedeker (der erste Griechenland-Baedeker erschien 1883) im Reisegepäck und unter oft erheblichen Strapazen die klassischen Stätten aufsuchte und der wir wertvolle Reisebeschreibungen, Bilddokumentationen und anderes verdanken.

Mit der Gründung der Organisation für den Tourismus im Jahr 1929 begann eine Tourismusplanung, wenn auch zunächst eher in Ansätzen und durch Krieg und Bürgerkrieg unterbrochen.

Heute betreibt Griechenland eine geschickte und sehr gezielte Tourismuspolitik mit eigenem Ministerium, Vertretern in den Botschaften und mit Fremdenverkehrsbüros, in der Bundesrepublik mit der Zentrale in Frankfurt.

Die gegenwärtige Politik zielt de verbo nicht mehr auf bedingungslose Ausweitung des Tourismus, sondern auf Minderung der Saisonabhängigkeit und auf dessen qualitative Verbesserung.

Dem soll auch die Restaurierung einer Anzahl von traditionellen Siedlungen dienen, in denen die Wiederherstellung alter Bausubstanz mit Staatsmitteln an Nutzung durch Touristen für eine festgelegte Zeitspanne gebunden ist.

Zu den traditionellen, stark in Verfall befindlichen Dörfern, die durch diese Form touristischer Nutzung wiederbelebt werden sollen, gehören u. a. die Turmsiedlung Vathia in der inneren Mani und das durch seine „Archontenhäuser“ bekannte Makrynitsa auf der Pilionhalbinsel oberhalb von Volos.

De facto ist Tourismusplanung in Griechenland immer noch handfeste Devisenbeschaffungspolitik, die ziemlich bedenkenlos mit den Schätzen der Natur umgeht (vgl. W. Josig-Gundert, in L 265, S. 137ff.).

5.5.3 Technische und soziale Infrastruktur

5.5.3.1 Verkehrsnetz

Personenbeförderung, Warentransporte und Nachrichten werden über ein Verkehrsnetz abgewickelt, das in mancherlei Hinsicht unzureichend ist, den Entwicklungsstand und die wirtschaftsräumlichen Ungleichgewichte innerhalb des Landes widerspiegelt.

Die griechische *Eisenbahn* verfügt über eine Streckenlänge von etwa 2500 km, davon 1565 km mit internationaler Spurbreite, der Rest in Schmalspurbreite, deren Verlauf den Namen Netz kaum verdient und an „Netze“ von Entwicklungsländern erinnert. Es besteht aus einem Strang, der von der jugoslawisch-griechischen Grenze (Grenzort Eidomeni) über Thessaloniki nach Athen, einem weiteren, der von Thessaloniki durch Ostmakedonien nach Thrakien führt und Anschluß an die Eisenbahnnetze Bulgariens und der Türkei hat. Von Athen aus erschließt eine Schmalspurbahn über Korinth in einer Rundstrecke den Peloponnes (Abzweigungen nach Kalavrita, Olympia, Katakolon und Navplion). Von der Hauptbahn Athen–Thessaloniki–Eidomeni zweigen Strecken nach Volos, nach Edessa und Florina (Zweigstrecke nach Ptolemais und Kozani) mit Anschluß an das jugoslawische Bahnnetz ab.

Eine Sonderstellung nimmt die Stadtbahn Athen–Piräus ein. Außer dieser Strecke, die elektrisch betrieben wird, sind nur die Strecken Athen–Oinoi (61 km) und Thessaloniki–Platy (38 km), Bahnknoten westlich von Thessaloniki, zweigleisig. Der größte Teil des griechischen Eisenbahnnetzes (dazu L 616) wurde während der Amtszeiten von Trikoupis (1882–85 und 1887–90) gebaut bzw. geplant (s. L 648, S. 169). Nur die Bahn Athen–Piräus bestand bereits seit 1869. Im Vergleich mit anderen europäischen Staaten hinkte Griechenland damit zeitlich hinterher. Einige in jener Zeit errichteten (Zweig-)Strecken wurden inzwischen wieder stillgelegt, so die bereits Anfang der 70er Jahre des letzten Jh. eröffnete Strecke Piräus–Faliron und die ebenfalls noch im letzten Jh. gebauten Strecken Athen–Lavrion (1885) und Mesolongion–Agrinion (1890).

Der Eisenbahnbau, für den Trikoupis eine englische Gesellschaft beauftragt hatte, brachte zwar vielen Menschen Arbeit; da die Materialien dafür jedoch größtenteils importiert werden mußten (Griechenland besaß noch kein Stahlwerk für die Herstellung von Schienen), gingen vom Bahnbau nicht die gleichen wirtschaftlichen Impulse aus wie etwa in Deutschland. Griechenland gewann mit dem Bahnbau zwar Anschluß an das europäische Eisenbahnnetz, die Erschließungsfunktion blieb aufgrund der Einsträngigkeit für das Land jedoch gering. Es fehlte ohnehin an Gütern, die die Bahn hätten auslasten können. So investierte der Staat dann auch kaum weiter in den Bahnbau, mit dem Effekt, daß die Bahnanlagen heute total veraltet sind und sich in sehr desolatem Zustand befinden. Schlechter Zustand der Schienen (einschließlich des Unterbaues), größere Höhendifferenzen und die Streckenführung, die in Ostmakedonien und Thrakien nicht nach ökonomischen, sondern militärischen Erfordernissen (Streckenführung durch das Hinterland, nicht entlang der Küste) erfolgte, bedingen eine geringe Leistungsfähigkeit und Effizienz der Eisenbahn, zu der das veraltete rollende Material und die seit ihrer Errichtung nie wieder überholten Bahnhöfe (L 312, S. 41) das Ihre beitragen.

Der größte Teil des binnenländischen Verkehrs wird deshalb auf der Straße abgewickelt. Das *Straßennetz* ist mittlerweile relativ gut ausgebildet, auch abgelegene Gebiete und Siedlungen im Gebirge (von wenigen Ausnahmen abgesehen) sind auf asphaltierten Straßen erreichbar. 1983 umfaßte es

37375 km, davon 8534 km Nationalstraße. Nicht zuletzt aus militärischen Gründen erfuhr das Straßennetz gerade in der Juntazeit eine enorme Erweiterung. Der überwiegende Teil der Straßen (über 80%) war 1983 asphaltiert, von 60% wird der Zustand als gut eingestuft (Stat. Jb. 1984, S. 321). Verkehrten 1973 knapp 350000 Pkw auf Griechenlands Straßen (die der ausländischen Touristen nicht eingerechnet), so waren es zehn Jahre später fast dreimal so viele, davon über 585000 in Athen (55%!). Neben Personenkraftwagen spielen Busse die wichtigste Rolle für die Personenbeförderung auf der Straße. Der innergriechische Warenverkehr wird weitgehend per Lkw abgewickelt.

Die Unfallquoten sind aufgrund von technischen Defekten an Fahrzeugen (trotz inzwischen eingeführtem TÜV), mangelhaftem Fahrverhalten und Straßenmängeln (insbesondere die Regionalstraßen sind schmal, kurvenreich und technisch oft unvollkommen) hoch (s. Stat. Jb. 1984, S. 337). Für Ausbau und Erhaltung der Nationalstraßen sind der Staat, für den der Provinzstraßen die Nomoi und den der Gemeindestraßen schließlich de jure die Gemeinden zuständig. De facto ist jedoch die Finanzierung in dem zentralistischen System nur durch Zuweisungen von der Zentralregierung möglich. Kommunale Interessen werden deshalb häufig übergeordneten Interessen der Verteidigung, Wirtschaft etc. unterworfen, abgelegene Gegenden haben weniger Chancen, wenn sie nicht militärisch interessant sind (vgl. L 133, S. 350).

Der grenzüberschreitende Kraftwagenverkehr wird überwiegend über Eidomeni an der jugoslawisch-griechischen Grenze abgewickelt.

Die große Bedeutung des Kraftfahrzeugverkehrs für Personen- und Warenbeförderung bedeutet zugleich eine starke Abhängigkeit vom Ausland, denn sowohl Fahrzeuge wie Kraftstoffe müssen importiert werden.

Auf die Bedeutung des *Seeverkehrs* wurde bereits in Kap. 5.5.1 eingegangen. Aufgrund der Tatsache, daß zum griechischen Territorium über 150 bewohnte Inseln mit 1981 1,38 Mio. Einwohnern (= 14,2% der Bevölkerung) gehören, kommt dem Schiffsverkehr für Personen- und Frachtbeförderung im innergriechischen Verkehr eine hervorragende Rolle zu. 1983 beförderten griechische Schiffe fast 22 Mio. Passagiere (14 Mio. entfielen davon auf Fährpassagen), womit der Schiffsverkehr sowohl die Bahn (ca. 11 Mio. Fahrgäste, 1,5 Mrd. Personenkilometer) wie die Straße (5,4 Mrd. Personenkilometer im Überlandverkehr) übertrifft.

Der Seeverkehr bündelt sich in Piräus: Nahezu alle Inseln – von wenigen Ausnahmen wie Thasos, Samothraki und einigen Ionischen Inseln abgesehen – werden von hier angelaufen. Querverbindungen unter den Inseln fehlen meist, so daß Inselreisende nach Piräus zurück müssen, um von dort aus die Insel ihrer Sehnsucht anzusteuern. Selbst bei Inseln, die in Sichtweite voneinander liegen, fehlen oft – zumindest offizielle – Verbindungen.

Mit den Fährschiffen werden auch Busse, Pkw und Lkw zu den Inseln transportiert. Die größten Fähren mit ca. 25000 BRT verkehren zwischen Piräus und Kreta. Wichtigste Häfen nach Piräus, das alle anderen an Bedeutung weit übertrifft, sind für die Personenbeförderung im Inselverkehr (gemessen an der Zahl der ankommenden und abreisenden Passagiere) Ägina, Irakleion, Tinos und Souda (Chania/Kreta), im Auslandsverkehr Patras, Korfu und Igoumenitsa. Im Güterverkehr wird Piräus sogar von Elevsis (11,9 Mio. t) und Thessaloniki (8,6 Mio. t) übertroffen. Nach Piräus (8,5 Mio. t) folgen Isthmia, am Isthmus von Korinth gelegen (7,6 Mio. t), Megara (3,3 Mio. t) und Volos (2,7 Mio. t). Elevsis, Isthmia und Megara sind jedoch lediglich Ausweichhäfen für den überlasteten Hafen von Piräus, so daß erst die Summe des Warenumschlages dieser Häfen die wirkliche Bedeutung der Agglomeration im Warenumschlag per Schiff darstellt, woraus sich die Rangfolge Piräus – Thessaloniki – Volos ergibt. Patras fehlt unter den Häfen mit bedeutendem Warenumschlag ebenso wie Alexandroupolis. Ihnen mangelt es wie anderen Häfen an einem wirtschaftlich starken Hinterland.

Der *Luftverkehr* zeigt eine ständig wachsende Bedeutung im Personentransport: Lag die Zahl der mit dem Flugzeug ankommenden Passagiere 1972 noch bei 3,6 Mio., so 1982 bereits bei 8,2 Mio. Im internationalen Reiseverkehr hat das Flugzeug längst alle anderen Verkehrsmittel übertroffen.

Mehr als die Hälfte aller Ankünfte und Abreisen wurde über den Athener Flughafen Ellinikon abgewickelt, gerade ein Sechstel davon in Thessaloniki, der Rest über eine Vielzahl von kleineren Flughäfen – alle größeren Inseln besitzen heute einen Flugplatz, Kreta, Rhodos, Korfu und Santorin sogar für große Maschinen. Die Bevorzugung von Südgriechenland und einiger Inseln wie Rhodos, Kreta und Korfu durch die Touristen ist nicht zuletzt durch die Lage der Flughäfen bestimmt (deren Einrichtung bzw. Ausbau ihrerseits wieder durch die Touristenströme initiiert wurde). Nimmt man nicht die Passagierzahlen, sondern die Anzahl der Starts und Landungen als Maß für das Gewicht der Flughäfen, so erhöht sich der Anteil von Athen auf 76% des Gesamtaufkommens; nimmt man als Maß das Frachtaufkommen, so hatte Athen 1982 sogar einen Anteil von 83%.

Der Inlandverkehr wird von der seit 1974 staatlichen, 1956 von Onassis gegründeten Gesellschaft Olympic Airways abgewickelt. Fast die Hälfte der Flugpassagiere flog mit dieser Gesellschaft.

5.5.3.2 Wasser- und Elektrizitätsversorgung

Die Wasserversorgung insbesondere der Städte bildete in Griechenland bei dem herrschenden Klima immer ein besonderes Problem, zumal sich die Bevölkerung gerade in der regen- und damit quellenarmen trockenen Osthälfte des Landes ballt, während die feuchtere Westseite dünn besiedelt ist.

Ganz besondere Probleme muß die Wasserversorgung bei der Agglomeration Athen aufwerfen (vgl. dazu SCHMIEDER 1969, S. 124ff.). In der Antike löste man sie durch eine Reihe von Wasserleitungen, z. T. nach Art von Qanaten (Wasserleitung mit Luftschächten) gebaut, die die Quellen im Stadtbereich (Kalliroe) und an den randlichen Bergen anzapften sowie ihr Wasser aus miteinander verbundenen Brunnen bezogen. Noch zu Beginn dieses Jahrhunderts griff man auf das alte Leitungssystem zurück, das größtenteils verfallen war und wieder gereinigt und erneuert werden mußte.

Eine einschneidende Verbesserung brachte erst die Errichtung des Stausees von Marathon 1931, der durch eine Wasserleitung mit dem Kopaisbecken verbunden ist und von dort einen Teil seines Wassers bezieht. Für den Bedarf der ständig wachsenden Agglomeration in diesem trockensten Teil von Griechenland mit weniger als 400 mm Niederschlag genügte jedoch auch dieser Stausee nicht. Ein über 100 km langer Kanal führt heute vom Mornos an Delphi vorbei das Wasser nach Athen.

Die steigende Beanspruchung des Grundwassers in Attika bedingte dessen permanente Absenkung und machte immer tiefere Brunnen notwendig, was zum Eindringen von Meerwasser und zur Versalzung führte.

Die technisch mögliche Meerwasserentsalzung ist noch zu kostspielig. Was die Wasserreserven im übrigen Griechenland für Trink- und Brauchwasser betrifft, so sind sie noch längst nicht hinreichend ausgenutzt, auch wenn die jahreszeitlich sehr unterschiedliche Wasserführung der Flüsse ihre Nutzung zweifellos erschwert und teurer macht.

Für die *Stromversorgung* besteht auf dem Festland und den küstennahen Inseln ein Verbundnetz. Es ist mit dem jugoslawischen Netz verbunden. Die Elektrifizierung auch abgelegener Siedlungen ist heute abgeschlossen, womit sich die regionalen Unterschiede im Elektrizitätsverbrauch etwas abgeschwächt haben, auch wenn – bedingt durch die unterschiedliche Wirtschaftskraft – immer noch große Unterschiede im Verbrauch innerhalb des Landes bestehen. Lag der Prokopfverbrauch der Agglomeration 1976 nur unwesentlich über dem Griechenlands, so ergeben sich doch größere Differenzen, wenn man den Verbrauch aufschlüsselt: 60 % des privaten Stromverbrauchs fiel auf die Agglomeration, was einerseits den höheren Lebensstandard dort belegt, andererseits bedeutet, daß die Industrien in der Agglomeration einen unterdurchschnittlichen Bedarf haben (vgl. L 133, S. 360).

Die Energie für Haushalte und Industrie wird zu etwa 70 % aus Wärmekraftwerken (u. a. Braunkohlekraftwerke auf Euböa und in Ptolemais), zu 30 % aus Wasserkraftwerken gewonnen. Die Errichtung eines Atomkraftwerkes dürfte nach Tschernobyl unter der gegenwärtigen Regierung kaum Chancen auf Realisierung haben. Eher Chancen hat dagegen die *Windkraft,* zumindest für die lokale Stromversorgung vieler Inseln des Ägäischen Meeres, wo die Voraussetzungen für diese Form der Energiegewinnung sehr günstig sind.

Eine mit EG-Mitteln finanzierte Versuchsanlage arbeitet seit 1982 auf Kythnos, weitere Anlagen sind auf Mykonos und Karpathos in Betrieb, auf vielen anderen Inseln geplant. Solarkraftanlagen befinden sich auf Arki (südl. von Samos), Antikythira, Gavdos, Kythnos und Kreta. Da auch bei hoher Sonnenscheindauer der durch diese Anlagen erzeugte Strom noch sehr teuer ist, sind z. Z. keine weiteren Anlagen geplant.

Ausgaben für Energiestoffe, v. a. für den Kraftverkehr, stellen den größten Posten bei den Importen dar und belasten den Haushalt schwer. Die in den letzten Jahren gesunkenen Rohölpreise linderten wie in so vielen Ländern das Problem der Rohölabhängigkeit, ohne es zu lösen.

5.5.3.3 Schulische Infrastruktur

Das griechische Schulwesen (s. dazu Kelpanides in L 218, S. 448 ff. und L 692) zeichnet sich durch eine geringe Differenzierung seines Aufbaues aus (s. Abb. 11).

Seit 1976 besteht 9jährige Schulpflicht. Auf den 6jährigen Primarbereich (Volksschule) folgt eine dreijährige – organisatorisch selbständige – Sekundarstufe I, die in Griechenland Gymnasium genannt wird. Auf ihr baut eine dreijährige Sekundarstufe II (Lykeion genannt) auf, die in allgemeine und technische oder berufsbezogene Lyzeen gegliedert ist.

Griechenland verfügt heute flächendeckend über eine schulische Infrastruktur, die jedoch in der Qualität räumlich große Unterschiede aufweist: So sind auf dem Lande noch viele Volksschulen einklassig, nur wenige voll gegliedert, ein Problem, das sich mit dem Rückgang der Kinderzahlen in ländlichen Räumen verschärft.

Der Sekundarschulbesuch ist regional recht unterschiedlich (vgl. Abb. 12).

Die hohe Bildungsnachfrage führte in den Städten zu überfüllten Klassen der Gymnasien und Lyzeen, da der Staat der gestiegenen Nachfrage nicht durch entsprechende Maßnahmen in Schulbau und Erhöhung der Lehrerzahlen entsprechen konnte. Negative Zusammenhänge zwischen Bedarfsgerechtigkeit des Angebots (= Lehrer auf 1000 Kinder der entsprechenden Altersjahrgänge) im Vorschul- und Sekundarbereich und andere Koeffizienten lassen darauf schließen, daß v. a. die siedlungsgeographischen Bedingungen Auswirkungen haben auf die regionale Struktur des Bildungswesens (s. L 692, S. 155).

Den niedrigsten Anteil von Schülern der S II an der Einwohnerzahl finden wir auf den Kykladen, den Inseln des Dodekanes, in den thrakischen Nomoi Xanthi und Rodopi und den makedonischen Bezirken Florina und Chalkidiki. Die Gründe dürften bei den Inseln in der Landesnatur, bei den thrakischen Nomoi und Florina in dem großen

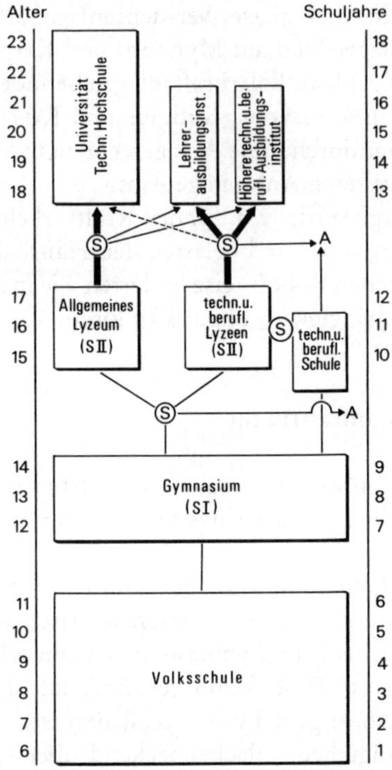

Abb. 11: Aufbau des griechischen Schulwesens seit 1976. Quelle: L 306.

Anteil von Minderheiten an der Bevölkerung zu suchen sein. Für die geringen Besuchsraten der Chalkidike ist vermutlich die Nähe zu Thessaloniki verantwortlich, dessen Schulen Schüler aus dem Nachbarbereich anziehen. Einen deutlich unterdurchschnittlichen Anteil haben auch die meisten Gebirgsbezirke, wo die Erreichbarkeit der Lyzeen durch die Landesnatur ebenso erschwert ist wie auf den Inseln.

Die höchsten Raten besitzen Athen (28/1000), Thessaloniki (26/1000) und die westgriechischen Nomoi Preveza (32/1000) und Arta (26/1000). Hier ist vermutlich gute schulische Infrastruktur für die überdurchschnittlich hohen Schülerzahlen in der S II verantwortlich.

Insgesamt scheint der deutliche Gegensatz zwischen Nord- und Südgriechenland, wie ihn Kayser und Thompson (1964, Karte 222) in der räumlichen Verteilung des Verhältnisses von Schülern der 1. Klasse des Gymnasiums zu Schülern der 6. Volksschulklasse aufzeigen, durch den Ausbau der schulischen Infrastruktur in den letzten 20 Jahren weitgehend aufgehoben. Lediglich Messenien fällt 1981/2 im Süden noch durch eine überdurchschnittlich hohe Rate auf. Die Remigration von Gastarbeitern v. a. in die nordgriechischen Regionen und die anhaltende Binnenwanderung v. a. in Süd- und Mittelgriechenland mit Ziel Athen haben zu dem Ausgleich vermutlich beigetragen.

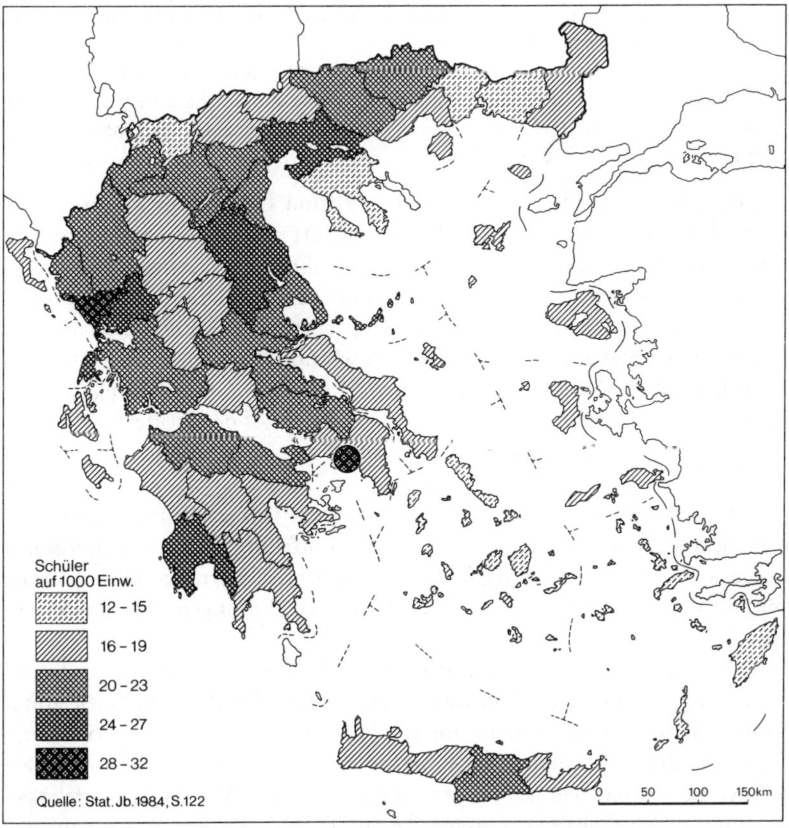

Abb. 12: Schulbesuchsraten der gymnasialen Oberstufe (Lykeia) nach Nomoi (1981/2).

Eine Darstellung der Verhältnisse von Schülern der S II zur Altersgruppe der 16- bis 19jährigen (dem Verf. stehen Daten dafür leider nicht zur Verfügung) hätte u. U. allerdings eine etwas andere Verteilung zutage gefördert. Die Karte des Anteils der Absolventen der S II an der Bevölkerung über 10 Jahre (1971) von Kelpanides (in L 218, S. 465) zeigt noch leichte Unterschiede zwischen Nord- und Südgriechenland. Hier tritt auch die Achse Thessaloniki–Athen–Patras deutlich stärker hervor als in Abb. 12.

In fast allen Nomoi, wenn auch mit regionalen Unterschieden des Verhältnisses, liegt der Anteil der Mädchen an den Schülern der S II über dem der Jungen. Bei einem Mittelwert von 54 % Schülerinnen schwankt er zwischen 48 % in Thesprotia (einzigem Nomos mit weniger als 50 % Schülerinnen) und 61 % in Chania. Die Gründe dafür dürften verschieden sein: schulische Infrastruktur (schwierige Erreichbarkeit senkt vermutlich den Anteil der Schülerinnen), alternative Schulmöglichkeiten und Möglichkeiten, beruflich tätig zu sein (z. B. für Mädchen in der Großstadt, was ihren unterdurchschnittlichen Anteil in Athen erklären könnte). Keinen Einfluß scheint die ethnische Struktur zu haben, denn der Anteil der Schülerinnen in Xanthi und Komotini liegt über dem Durchschnitt.

Betrachtet man statt Schulbesuchsraten den Ausbildungsstand von Bevölkerungsgruppen, dann läßt sich feststellen, daß der Bildungsstand der Agrarbevölkerung (gemessen in Schulabschlüssen) trotz Verbesserung in den letzten Jahrzehnten immer noch niedrig ist (vgl. L 370, S. 37)!

Die Bildungsinhalte (vgl. L 218, S. 449) sind Produkte der historischen Entwicklung Griechenlands. Die Einsetzung Ottos von Wittelsbach zum König von Griechenland führte zur Übernahme des klassisch-humanistischen Gymnasiums. Die Schule sollte und soll den Nationbildungsprozeß fördern. Dazu dient die bewußte Anknüpfung an das antike Griechenland und der hohe Stellenwert, den Altgriechisch und Geschichte im Unterricht bis heute haben. Eine ethnozentrischen Orientierung mit nationalistischer Färbung ist unübersehbar, was u. a. in der Auswahl der Stoffe für den Geschichtsunterricht und der Art der Darstellung in Schulbüchern deutlich wird (s. L 76).

Das zentralistisch ausgerichtete Schulsystem ließ einen Pluralismus der Bildungsinhalte ebensowenig zu wie die Entfaltung selbstschöpferischen Lernens und selbstschöpferischer Aktivitäten im Unterricht. Das Erlernen von Stoff für die zweimal im Jahr stattfindenden Prüfungen steht im Vordergrund.

Das so ausgerichtete Bildungssystem und der hohe Stellenwert, den Schulbildung bei den Griechen hat, führten zwar dazu, daß der Anteil der Abiturienten eines Altersjahrganges mit ca. 30 % an der Spitze in Europa liegt, zugleich jedoch ein Mangel an naturwissenschaftlich-technisch innovativen Kräften zu verzeichnen ist. Die große Mehrzahl der Abiturienten strebt ein Studium in den Geisteswissenschaften, Jura, Medizin oder Wirtschaftswissenschaften an.

Da die Kapazität der griechischen Universitäten trotz Erweiterung ihrer Anzahl nicht ausreicht für die Nachfrage griechischer Studenten, wählen viele – wenn sie die Zulassungsprüfungen nicht bestanden haben – ein Studium im Ausland.

Insgesamt gibt es in Griechenland sechs Universitäten und eine Technische Hochschule, und zwar in Athen (Universität und TH), Thessaloniki, Ioannina, Patras, Xanthi/Komotini und Irakleion/Chania/Rethymnon auf Kreta. Außerdem existieren mehrere autonome Hochschulen. Weitere Universitäten in Thessalien (Larisa/Volos), auf den Ionischen Inseln (Korfu) und in der Region Ägäische Inseln (Lesbos/Chios/Samos) sind im Aufbau.

Die strengen Auswahlprüfungen für die Universität führten zum Aufblühen von Privatinstituten („frontistiria“) zur Vorbereitung.

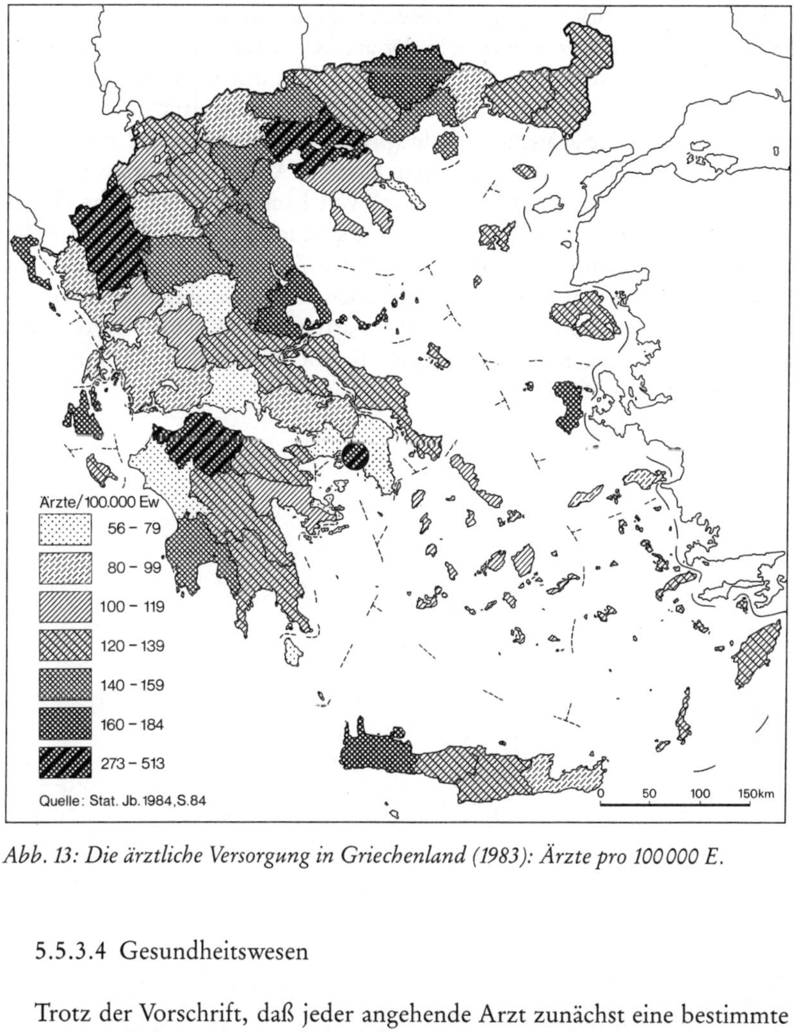

Abb. 13: Die ärztliche Versorgung in Griechenland (1983): Ärzte pro 100000 E.

5.5.3.4 Gesundheitswesen

Trotz der Vorschrift, daß jeder angehende Arzt zunächst eine bestimmte Zeit in staatlichem Dienst im ländlichen Raum praktizieren muß, sind die räumlichen Unterschiede in der ärztlichen Versorgung in Griechenland immer noch groß (s. Abb. 13).

Die Spanne reicht von 56 (Attika) bzw. 72 (Fokis) bis 480 (Thessaloniki) bzw. 513 (Athen) Ärzten pro 100000 Einwohner. Selbst wenn man die Nomoi Attika (dessen niedriger Wert auf die Nähe von Athen zurückzuführen ist), Thessaloniki und Athen ausklammert, ist die Spanne zwischen den Nomoi Fokis mit 72 Ärzten und Ioannina mit 282 Ärzten auf 100000 Einwohner groß. Insgesamt läßt sich eine Kluft zwischen Stadt und Land, den eher zentral gelegenen Bezirken auf der Achse Kavala–Thessaloniki–Volos–Athen–Patras und den übrigen Bezirken in der ärztlichen Versorgung konstatieren. Besonders benachteiligt sind Thrakien, Nordwestmakedonien, Epirus (bis auf Ioannina), das westliche zentrale, gebirgige Griechenland, Elis auf dem Peloponnes und die ägäischen Inseln (bis auf Chios). In Kreta herrscht ein deutliches West-Ost-Gefälle mit den meisten Ärzten pro Einwohner in Chania, wo auch die günstigste Relation von Klinikbetten zur Einwohnerzahl auf der Insel besteht. Die Gegensätze sind noch krasser, wenn man die Verteilung bestimmter Fachärzte im Verhältnis zur Einwohnerzahl auf Nomosebene betrachtet. Die Agglomerationen und Bezirke mit bedeutenderen städtischen Zentren treten dabei erwartungsgemäß stärker hervor. Das gilt auch – mit einigen Abweichungen – für die Verteilung der Klinikbetten (vgl. Stat. Jb. 1984, S. 84).

6. BINNEN- UND AUSSENWANDERUNGEN

Reaktion der Bevölkerung auf die regional und international unterschiedliche wirtschaftliche Situation und die in vielen Regionen Griechenlands unzureichenden – zumindest als unzureichend empfundenen – Lebensbedingungen sind Wanderungsprozesse.

Die Bewertung der Lebensbedingungen und der Entschluß zur Abwanderung sind dabei von vielen Faktoren wie Information, Bildungsstand, Entfernung zur Stadt (die auch die Information beeinflußt), wirtschaftliche Möglichkeiten bzw. Beschränkungen und anderes verantwortlich. Daß die meßbaren wirtschaftlichen Bedingungen keineswegs allein ausschlaggebend sind, konnte der Verfasser (1976) am Beispiel von Elis im westlichen Peloponnes zeigen.

Die Wanderungen spielen und spielten sich einerseits als Binnenwanderung innerhalb des Landes ab, v. a. als Land-Stadt-Wanderung, zum anderen als auf Zeit oder auf Dauer angelegte Wanderung über die Staatsgrenzen nach Übersee (USA, Kanada, Australien) oder in die Bundesrepublik Deutschland.

Migration ist ein Faktor, der die griechische Bevölkerungsstruktur, die Gesellschaft und Wirtschaft des Landes zutiefst beeinflußt und in der Vergangenheit beeinflußt hat. Sie wird in vielen Regionen als fester Bestandteil der gesellschaftlichen Ordnung angesehen, damit Grundlage der Lebenseinstellung, die die (Aus-)Wanderungsbereitschaft erhöht. Im Lebensprogramm der Migranten sind Emigration und Remigration eingeschlossen. Die Wanderungsziele sind regional sehr unterschiedlich.

6.1 Binnenwanderung

Bereits in den ersten Jahren und Jahrzehnten nach Entstehung des neuen Griechenlands kam es zu beträchtlichen Wanderungsbewegungen innerhalb des Landes und über seine Grenzen hinweg (vgl. dazu L 29, S. 101 ff.).

Von den Inseln, die unter türkischer Herrschaft verblieben waren, flüchteten viele Griechen auf die von Krieg und Verwüstung weitgehend verschonten, durch Handel und Schiffahrt blühenden Kykladen. Die ohnehin dichtbevölkerte Inselgruppe erlebte dadurch einen starken Bevölkerungszuwachs (zwischen 1828 und 1839 um über 100000 Menschen), der sich mit dem Verlust ihrer Funktionen in der Schiffahrt dann allerdings ab der 2. Hälfte des 19. Jh. in eine permanente Bevölkerungsabwanderung umkehrte: Wiederauflebendes Korsarentum, dem der junge Staat noch nicht gewachsen war, britische Handelsblockade während des Krimkrieges (1853–56), die aufkommende Dampfschiffahrt, vergrößerte Schiffsvolumina und schließlich die Entwicklung der Häfen von Patras und v. a. Piräus untergruben die wirtschaftliche Basis der Inseln. Eine Insel wie Idra (Hydra), die 1853 noch über 12000 Einwohner zählte, besaß 25 Jahre später nur noch knapp die Hälfte ihrer Einwohnerzahl. Während die Bevölkerung in den Hafenstädten Patras, Piräus oder Volos kräftig wuchs, stagnierte die von Syros, das von Handel, Schifffahrt und Schiffbau lebte und bis in die 70er Jahre des 19. Jh. bedeutendster Hafen der Ägäis war. Die von türkischer Herrschaft verschont gebliebenen, wirtschaftlich und kulturell hochentwickelten Ionischen Inseln (incl. Kythira), die immer wieder zum Zufluchtsort aus dem türkischen Machtbereich fliehender Menschen geworden waren (so zur Zeit Ali Paschas vieler Sulioten), verloren mit der Angliederung 1864 an Griechenland ihre wirtschaftliche Funktion und Wirtschaftskraft, was zu Arbeiterwanderungen auf das Festland und zur Auswanderung nach Übersee führte. Auf dem griechischen Festland wurde Athen schnell bevorzugtes Ziel für die unter elenden Bedingungen lebende Landbevölkerung.

Die mit der Angliederung Thessaliens verbundene neue Grenzführung betraf v. a. die Wirtschaft der Aromunen, ihre Fernweidewirtschaft, ihren Handel und Lastentransport. Die Zerschneidung ihrer Wege durch staatliche Grenzen zwang viele zur Aufgabe der traditionellen Wirtschaft. Sie ließen sich als Ackerbauern auf ehemaligem türkischen Besitz in den Ebenen, als Kaufleute und Händler in den Städten nieder, die sie früher nur als Marktorte und Überwinterungsplätze aufgesucht hatten (u. a. Trikala, Karditsa, Larisa), oder sie wanderten aus. Viele ihrer steingebauten Stammdörfer im Pindos, die oft viele tausend Einwohner besaßen, wie etwa Metsovon, schrumpften stark (L 29, S. 110).

Für die auf sehr hängigem und zersplittertem Grund am Existenzminimum wirtschaftenden Kleinbauern auf der Pilionhalbinsel war v. a. das nahe Volos Anziehungspunkt und Alternative, wenn sie nicht die Auswanderung nach Ägypten oder in die USA vorzogen.

Die Ansiedlung von besitzlosen Familien auf ehemaligem türkischen Großgrundbesitz und auf meliorierten Ländereien (u. a. im Mündungsbereich von Acheloos und Spercheios, in der Kopais und den Küstensümpfen von Elis) bedingte eine Änderung der Bevölkerungsverteilung innerhalb der ländlichen Räume.

Der bereits vor der Jahrhundertwende auf die Hauptstadt gerichtete Binnenwanderungsstrom verstärkte sich mit deren wachsendem wirtschaftlichen und administrativen Gewicht (vgl. Abb. 14). Der Bevölkerungsschwerpunkt nähert sich kontinuierlich der Agglomeration Athen (vgl. Abb. 3). Als – wenn auch keineswegs gleichwertiges – Gegengewicht entwickelte sich im Norden

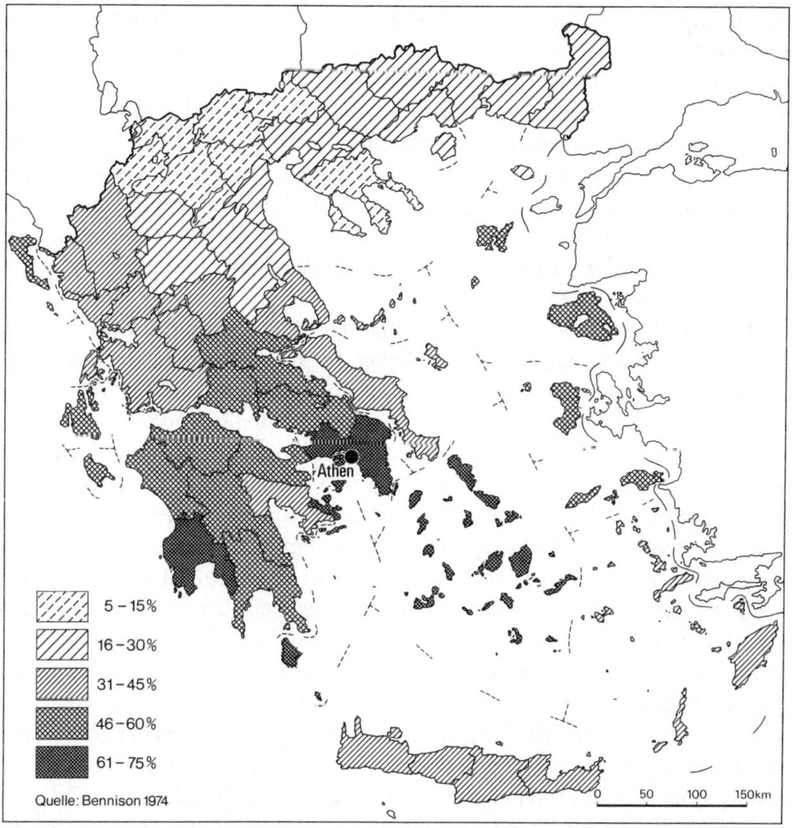

Abb. 14: Auf Athen gerichtete Binnenwanderung 1971 (in %-Anteil der Migranten der Nomoi).

des Landes Thessaloniki. Auch auf diese Stadt richtete sich ein starker Binnenwanderungsstrom.

Das führte zu einer immer größer werdenden Kluft zwischen Stadt und Land.

Die Migranten kommen überwiegend direkt aus ihren ländlichen Heimatgemeinden in die Großstadt, viele aus der Landwirtschaft, deren Struktur immer noch so ist, daß auch in Zukunft mit Freisetzung von Arbeitskräften aus diesem Sektor in größerem Umfang gerechnet werden muß. Sie konnten und können bislang von außerlandwirtschaftlichen Arbeitsplätzen außerhalb der Agglomerationen nur z. T. aufgenommen werden. Aber auch diese selbst bieten nicht genügend Arbeitsplätze. Viele Migranten treibt mehr die Hoffnung als die reale Aussicht auf einen Arbeitsplatz und ein besseres Leben in die überfüllten Agglomerationen, die wie ein Magnet die Menschen anziehen. Die Niederlassung dort geschieht z. T. noch in landsmannschaftlichen Gruppen; zumindest wird die landsmannschaftliche Nähe gesucht, der landsmannschaftliche Zusammenhalt gewahrt. So konzentrieren sich die Zuwanderer aus der Mani in Piräus ebenso in bestimmten Vierteln wie die Zuwanderer aus anderen Regionen des Peloponnes. Landsmannschaftliche Vereinigungen wahren den Kontakt mit der Heimatregion und nehmen Einfluß auf deren Entwicklung. Die Migranten selbst verbringen vielfach ihre Ferien in den Heimatdörfern, besuchen dort noch lebende Verwandte und pflegen ggf. die ihnen gehörenden Baumkulturen.

Lebten 1920 gerade 23 % der Bevölkerung in Städten mit mehr als 10 000 Einwohnern, 62 % dagegen in ländlichen Siedlungen mit weniger als 2000 Einwohnern, hatte sich das Verhältnis 1961 mit 43,3 % zu 43,8 % bereits ausgeglichen, so ist heute (1981) der Anteil der in Städten lebenden Bevölkerung mit 58 % nahezu doppelt so hoch wie der in ländlichen Siedlungen (30 %), während sich der Anteil der in halbstädtischen Siedlungen (2000–10 000 E) lebenden Bevölkerung in dem Zeitraum nur unwesentlich verändert hat (vgl. Stat. Jb. 1984, S. 17). Letzteres deutet darauf hin, daß sich auch in den ländlichen Räumen Bevölkerungsbewegungen vollziehen: Die Abwanderung aus Siedlungen dieser Größenordnung, die überwiegend in den natürlichen Gunsträumen, d. h. den Becken und Ebenen, liegen, in die Agglomerationen wird kompensiert durch Zuwanderung aus den Berggebieten und Ungunsträumen (vgl. L 35, S. 15).

Die Rangfolge der als Zielorte der Binnenwanderung bevorzugten Städte blieb dabei auf den vorderen Plätzen in den letzten Jahrzehnten gleich, änderte sich allerdings in den unteren Bereichen (s. Tab. A11).

Ein Vergleich der räumlichen Bevölkerungsentwicklung in den drei aneinandergrenzenden, etwa gleich großen und gleich bevölkerungsreichen Regionen bzw. Staaten Griech.-Makedoniens, Jug.-Makedoniens und Albaniens offenbart interessante Unterschiede (vgl. dazu Lienau in L 378, S. 160 ff.).

Lorenzkurven (s. ebenda, S. 172) zeigen deutlich, daß die Konzentrationsprozesse sehr verschieden verliefen: Während sich in Albanien die Verteilung zwischen 1955 und 1983 kaum veränderte, fand in Jug.-Makedonien im etwa gleichen Zeitraum ein mäßig starker, in Griech.-Makedonien ein außerordentlich starker Konzentrationsprozeß statt: 1981 lebten hier 60 % der Bevölkerung auf 90 % der Fläche, während sich der Rest auf nur 10 % der Fläche im Raum Thessaloniki ballte.

Darin drückt sich zweifellos die unterschiedliche Gesellschafts- und Wirtschaftspolitik Albaniens, Jugoslawiens und Griechenlands aus (vgl. zur Auswirkung unterschiedlicher Gesellschafts- und Wirtschaftsstruktur und -politik auf die Bevölkerungsentwicklung auch L 236).

Während Albanien durch staatliche Planwirtschaft, Neugründung zahlreicher Siedlungen bei den dezentralen Produktionsstätten (Berg- und Industriewerken, landwirtschaftlichen Betrieben) und starke Beschränkungen in der freien Wahl von Wohn- und Arbeitsstätten eine Agglomerierung der Bevölkerung und Wirtschaft verhinderte, bewirkte die liberale Wirtschaftsordnung in Griechenland, daß die Standortvorteile Thessalonikis voll durchschlagen konnten. Fast zwangsläufig mußte es hier an der inneren Bucht des Thermäischen Golfes, wo die aus dem Inneren der Balkanhalbinsel über das Axios/Vardar-Tal führenden Verkehrsbahnen auf das Meer stoßen, zur Ballung kommen.

So wie die Wirtschaftspolitik Jugoslawiens – auch wenn sie nominell sozialistisch ist – in der Mitte zwischen strenger sozialistischer Planwirtschaft und liberaler kapitalistischer Wirtschaft steht, so entwickelte sich auch die Bevölkerungsverteilung Jug.-Makedoniens mit mäßiger Ballung v. a. in Skopje. Die Landesnatur mit siedlungsfeindlichem Bergland und wenigen großen, siedlungsgünstigen Becken (vgl. L 585) förderte hier die Ungleichverteilung.

6.2 Auswanderung und Rückwanderung

Von jeher spielte Auswanderung für die Lösung der Lebensprobleme der Griechen eine bedeutsame Rolle. Das natürliche Potential reichte für die wachsende Bevölkerung in vielen Regionen nicht für einen gesicherten Lebensunterhalt aus, wirtschaftliche Krisen führten zu Not, so daß Auswanderung vielen als einziger Ausweg erschien; oder die Lebensbedingungen wurden als so drückend empfunden, daß sich diejenigen, die den Entschluß zur Auswanderung faßten, eine wesentliche Verbesserung ihrer Lebensumstände durch sie versprachen.

Auswanderung und das Leben in anderer physisch-geographischer und kultureller Umgebung ziehen sich wie ein roter Faden durch die Geschichte des griechischen Volkes.

6.2.1 Griechische Diaspora in der Antike und in der Zeit des Osmanischen Reiches

Bereits in der Antike suchten viele griechische Poleis, u. a. Korinth, Megara, Chalkis, das Problem des enger werdenden Lebensraumes durch Gründung von Kolonien zu lösen.

Dies führte nicht nur zu geschlossener Ausweitung des Mutterlandes bzw. des griechisch besiedelten Raumes, sondern – bedingt durch die Tatsache, daß die Koloniegründungen auf dem Seeweg erfolgten – zur Anlage von Siedlungen, die weit entfernt lagen von den Mutterstädten. Bereits zwischen dem

8. und 6. Jh. v. Chr. entstanden Kolonien an den Küsten des Schwarzen Meeres, Kleinasiens und des westlichen Mittelmeeres. Sizilien und Unteritalien wurden in ihrer geistigen und politischen Struktur großenteils griechisch (Paestum, Selinunt, Syrakus, Agrigent!). Die Kolonien waren rechtlich unabhängig von den Mutterstädten. Einige dieser griechischen Siedlungsgebiete bestanden bis in unser Jahrhundert, so an der südöstlichen Schwarzmeerküste (sog. Pontosgriechen) bis 1922. Ob die griechischen Siedlungen in Süditalien am Südhang des Aspromonte in Kalabrien und auf der Salentinischen Halbinsel in Apulien bereits auf die antike Kolonisation oder – wahrscheinlicher – erst auf die Zeit der Zugehörigkeit Süditaliens zu Byzanz zurückgehen, ist umstritten (dazu u. a. L 6).

In hellenistischer Zeit begann mit Alexander d. Gr. eine neue Kolonisationswelle, die zur Anlage griechischer Siedlungen auf dem Balkan und der Kyrenaika (N-Afrika) bis hin nach Indien führte.

In römischer und byzantinischer Zeit verbreitete sich das Griechentum v. a. in den Städten des östlichen Mittelmeerraumes. Die Patriarchate von Jerusalem, Alexandria und Antiochia gehen ebenso darauf zurück wie die Sinai-Klöster. Die Griechen wurden zu Trägern der Kultur, die griechische Sprache zur Lingua franca. Die Kultur des Oströmisch-Byzantinischen Reiches war griechisch, Konstantinopel die geistige Hauptstadt des Griechentums (was sie auch im Osmanischen Reich blieb).

Kurz vor und nach der Eroberung Konstantinopels durch die Türken und den Untergang des Byzantinischen Reiches kam es zu einer Auswanderungswelle v. a. von griechischen Intellektuellen und Kaufleuten, deren Ziele v. a. Rußland (Odessa) und Italien waren.

Die Pax Ottomanica, die große Ausdehnung des Osmanischen Reiches, die Toleranz der Türken gegenüber anderen Religionen und die besonderen Funktionen der nichtmuslimischen Bevölkerung im Osmanischen Reich (vgl. dazu Kap. 3.2) führten dazu, daß seit dem 17. Jh. griechische Kaufleute in fast allen Teilen des Reiches, v. a. in den größeren Städten ansässig waren. Auch außerhalb des Reiches bildeten sich Händlerkolonien, so u. a. in Wien, Leipzig und Dresden. Die Griechen traten an die Stelle der Venetianer und Genuesen, die bis dahin die führende Position im Levantehandel innehatten.

Besonders blühende Diaspora-Gemeinden innerhalb des Osmanischen Reiches entwickelten sich in Südrußland, Rumänien und in Ägypten, wo der gesamte Baumwollhandel in Händen von Griechen lag. Nur wenige dieser einst blühenden Händlerkolonien konnten sich bis heute halten (vgl. Ronneberger und Mergl in L 218, S. 395). Aus Bulgarien, wo Griechen in den Schwarzmeerstädten, in Plovdiv (Philippopel), Assenovgrad und Melnik lebten, setzte der Exodus nach antigriechischen Ausschreitungen bereits 1906 ein, aus anderen Balkanstaaten spätestens nach den Balkankriegen und dem Ersten Weltkrieg.

Eine Ausnahme macht hier nur Albanien, wo im Nordepirus bis heute eine größere griechische Minderheit – allerdings auch in Dörfern – lebt (die Zahlenangaben schwanken zwischen 40000 und 100000 Personen).

Zur Entwicklung und Situation dieser griechischen Minderheit vgl. K. J. SCHUKALLA (in: L 378, S. 180ff.).

Die im Gefolge des griechischen Bürgerkrieges in sozialistische Staaten geflohenen und übergesiedelten Griechen bilden kaum einen Ersatz für die abgewanderten griechischen Kaufleute, Handwerker und Akademiker, zumal m. W. keine landsmannschaftlichen Vereinigungen bestehen, auch wenn sich größere Gruppen von ihnen in Großstädten wie Bukarest und Taschkent befinden sollen.

Die politischen Umstände ließen den größten Teil der in den Ländern des Nahen Ostens und in Ägypten lebenden Griechen nach Griechenland zurückkehren. Die griechische Diaspora in Ostthrakien und Kleinasien, wo Griechen seit über 2500 Jahren in z. T. großen geschlossenen Siedlungsgebieten lebten, fand ihr weitgehendes Ende mit der griechischen Niederlage im Krieg gegen die Türken 1922. Wichtigste griechische Siedlungsgebiete in Kleinasien waren die südöstliche Schwarzmeerküste zwischen Sinopi und Trapezunt, Konstantinopel/Istanbul und die kleinasiatische Westküste einschließlich der Küsten des Marmarameeres und der Dardanellen (vgl. L 29, S. 70).

Vom Bevölkerungsaustausch nach dem Vertrag von Lausanne 1923 ausgeschlossen blieben die in Istanbul lebenden Griechen (damals über 250000). Heute schart sich nur noch eine kleine Gemeinde von weniger als 5000 Griechen um das dortige Ökumenische Patriarchat.

6.2.2 Die griechische Emigration nach Übersee

Waren vor 1880 nur wenige Griechen nach Übersee ausgewandert, so entwickelte sich in den folgenden Jahrzehnten ein bis zum Ersten Weltkrieg immer stärker werdender Strom von Emigranten dorthin. Auch in den Jahren des Ersten Weltkriegs und in der Nachkriegszeit riß dieser Strom, wenn er auch etwas nachließ, keineswegs ab. Bis 1920 hatten fast 400000 Griechen ihr Land in Richtung Übersee verlassen. Die meisten von ihnen gingen in die USA (vgl. Tab. A10).

Auch aus dem Osmanischen Reich wanderten Griechen in nicht geringer Zahl (genaue Angaben liegen nicht vor) in die USA aus. Seine fortschreitende Auflösung ging nicht nur mit einer Verschlechterung der wirtschaftlichen Bedingungen einher, sondern bremste auch eine Wanderung von Griechen in traditionelle Siedlungsgebiete innerhalb des Reiches. Als Push-Faktoren in Griechenland wirkten u. a. die Korinthenkrise 1892–95, die v. a. den Peloponnes betraf (vgl. Kap. 5.3.8), und die Umstellung auf kapitalistische Wirtschaftsmethoden in den Großgrundbesitzungen Thessaliens und Makedoniens, die nach dem Anschluß an Griechenland (1881/1913) aus türkischem Besitz in die Hände griechischer Unternehmer (meist Großkaufleute aus der Diaspora) gegangen waren (L 420, S. 19). Stürzte jene die kleinbäuerlichen Betriebe in Existenznot, so führte diese zur Vertreibung vieler Bauern von ihrem Land. Auswanderung in die USA, die für ihre Industrien billige und willige Arbeitskräfte in großer Zahl benötigten, erschien daher vielen als willkommene Möglichkeit, der Not zu entfliehen, zumal in jener Zeit überall in den Kafenia und Läden Griechenlands Plakate für die Dampfschifflinien nach Amerika warben.

Einmal in Gang gesetzt, entwickelte die Auswanderung eine Eigendynamik, die in einigen Teilen des Peloponnes (so Lakonien) und auf vielen Inseln bedenkliche Ausmaße annahm. 1907 befand sich fast ein Drittel der De-jure-Bevölkerung der Kykladen im Ausland, ein weiteres Fünftel in anderen griechischen Regionen.

Wie in Frankreich Le Havre, in England Liverpool, so entwickelte sich Patras in Griechenland zum Hauptauswanderungshafen. Erst an zweiter Stelle folgte Piräus.

Wenn 1920 in den USA nur etwa 175 000 in Griechenland geborene Griechen registriert waren, so lag das nicht nur daran, daß ein Teil der Emigranten bereits nach Griechenland zurückgekehrt war, sondern auch daran, daß viele illegal in den USA lebten. Die von Thanassis Valtinos aufgezeichnete, bewegende „Legende des Andreas Kordopatis" schildert das Schicksal eines illegal in den USA lebenden griechischen Emigranten (deutsche Übersetzung: Köln 1982).

Die in die USA eingewanderten Griechen (vgl. dazu v. a. L 554) gehörten zur sog. "new immigration". Unter diesem Begriff faßte man die Einwanderung von Süd- und Osteuropäern (Süditalienern, Ostjuden, Polen, Finnen, Litauern, Slovenen, Kroaten, Griechen) zwischen 1880 und 1920 zusammen. Die Umstände der Wanderung der Griechen in die USA sind der der Gastarbeiterwanderung seit Ende der 50er Jahre, die zunächst nach Belgien, dann in die Bundesrepublik Deutschland gerichtet war, nicht unähnlich. Auch in den USA waren – wie in Belgien 1956 – Kohlegruben (in Pennsylvania) das erste Ziel. Die meist mittellosen, der Sprache nicht mächtigen Einwanderer nahmen jede sich bietende Arbeit, sei es in den Kohlegruben und Stahlwerken Pennsylvanias, sei es in den Schlachthöfen Chicagos oder den Textilfabriken von Massachusetts, an.

Während die Einwanderer aus West- und Nordeuropa (mit Ausnahme der Iren) größtenteils in die ländlichen Räume gegangen waren, gingen die neuen Einwanderer v. a. in die Städte, denn dort lagen die Arbeitsplätze, die mit den Einheimischen nicht mehr ausreichend besetzt werden konnten. Hier gab es aber auch die Möglichkeiten, als Schuhputzer, Straßenhändler o. ä., oft in Abhängigkeit von einem „padrone", sein Leben zu fristen.

Die meisten Griechen lebten im Nordosten der USA. Größere Konzentrationen entstanden in Lowell/Mass. und Chicago.

Einwanderungsbeschränkungen, Weltwirtschaftskrise und der Zweite Weltkrieg führten nach 1920 zu einem starken Rückgang der Emigration in die USA. Ganz versiegte der Strom der Auswanderer dorthin aber nie.

Nach dem Zweiten Weltkrieg schwoll er wieder beträchtlich an. Neben die USA traten als Zielländer jetzt auch Australien und Kanada. Von den etwa 400000 Griechen, die zwischen 1946 und 1972 nach Übersee auswanderten, gingen nur noch knapp 30% in die USA, der Rest in andere Staaten (neben Australien und Kanada auch nach Südafrika, Kongo-Kinshasa, Brasilien und Neuseeland).

Nach Schätzungen der griechischen Botschaft leben heute in den USA ca. 2 Mio. Griechischstämmige. Die Kirche schätzt die Personen griechischen Ursprungs in den USA, Kanada und Südamerika auf insgesamt 3 Mio. (Spotlight No. 56, Nov. 1987); unklar bleibt dabei allerdings die Definition, wer als griechischstämmig gilt. Die größte Konzentration von Griechen mit über 250000 findet sich im Raum Chicago, aber auch in New York und Kalifornien leben über 200000 Griechen. Die Zahl der in Kanada lebenden Griechen wird nach derselben Quelle auf ca. 350000 geschätzt, wobei auf Montreal und Toronto mit jeweils 85000 Griechen fast die Hälfte kommt. Die ca. 50000 in Südamerika lebenden Griechen konzentrieren sich v. a. auf Buenos Aires und den Raum São Paulo (jeweils ca. 20000). Die Zahl der Personen griechischer Abstammung liegt in Australien zwischen 500000 und 700000, von denen 40000 bis 70000 aus Zypern kommen. Nach Fakiolas (unveröff. Manuskript 1987) leben heute in Australien ca. 150000 griechische Immigranten der ersten Generation, noch einmal so viele der zweiten.

Drei Viertel der Griechen leben in Melbourne und Sydney. Während die Immigranten vor dem Zweiten Weltkrieg v. a. von den griechischen Inseln kamen (Karpathos, Kythira, Kastellorizon), kamen die Immigranten danach v. a. vom südlichen Festlandsgriechenland (Peloponnes), aus den griechischen Gemeinden in Ägypten und Rumänien und aus Zypern.

Die heute noch in Ägypten lebenden Griechen werden auf etwa 5000 geschätzt, kleiner Rest einer griechischen Bevölkerung, die in der Zeit des Osmanischen Reiches eine halbe Million erreichte und bis zum Aufbrechen des arabischen Nationalismus und Sozialismus Anfang der 50er Jahre dieses Jahrhunderts noch die Hunderttausend überschritt. Viele von ihnen wanderen nach Zaire (Belgisch-Kongo) aus. Während in der Kolonialzeit dort nur wenige tausend Griechen lebten, wuchs ihre Zahl nach der Unabhängigkeit 1960 beträchtlich. 1971 lebten dort über 20000 Griechen, von denen die Mehrzahl in Handel und Gewerbe tätig war, nicht wenige aber auch als Plantagenbesitzer und Unternehmer arbeiteten. Mit der forcierten Nationalisierung 1973–75 verließen viele wieder das Land. Heute leben dort noch etwa 5000 Griechen (Fakiolas, unveröff. Manuskript 1987).

Die griechischen Gemeinden im Libanon, in Syrien, Israel, Jordanien und im Irak gehen zumeist bereits auf die osmanische und byzantinische Zeit zurück, während die Griechen in den Emiraten am Persischen Golf, in Jemen und in Saudi-Arabien dorthin v. a. im Gefolge von Aufträgen an griechische Baufirmen und anderer Entwicklungsmaßnahmen kamen.

Während die Auswanderer nach Australien und Amerika v. a. aus Süd- und Mittelgriechenland und von den Inseln stammen, richtete sich die Emigration aus den nordgriechischen Regionen als sog. Gastarbeiterwanderung v. a. in die Bundesrepublik Deutschland. Das hat seine Ursachen in der v. a. Nordgriechenland treffenden Tabakkrise Ende der 50er Jahre, die mit dem einsetzenden Arbeitskräftemangel in der Bundesrepublik zusammenfiel, aber auch in historisch bedingten Wanderungstraditionen, die sich in Südgriechenland und auf den Inseln herausgebildet hatten.

Wie sich Wanderungstraditionen bilden, läßt sich häufig an benachbarten Dörfern etwa auf dem Peloponnes beobachten. Während die Migranten aus dem einen alle Australien als Wanderungsziel hatten und haben, weil ein Verwandter oder Dorfbewohner dort erfolgreich war und nun andere aus dem Dorf ihm zu folgen animiert, können für die Bewohner des anderen Dorfes aus dem gleichen Grund Kanada oder die USA das Ziel sein.

Der Prozentsatz griechischer Einwanderer in die USA, der in die Heimat zurückkehrt, liegt wesentlich über dem der aus Westeuropa stammenden. Während von den in Nordwesteuropa und Deutschland geborenen Einwanderern 1920 55–75 % die US-Staatsbürgerschaft besaßen, besaß diese von den zu der Zeit dort ansässigen Griechen über 21 Jahren nur ein kleiner Teil. Das mag mit besonderer Heimattreue zusammenhängen, sicher aber auch mit größeren Integrationsschwierigkeiten. Viele Emigranten jedenfalls, zumal Männer, wenn sie unverheiratet geblieben oder verwitwet waren, kehrten im Alter in die Heimat zurück.

Welchem Griechenlandreisenden sind, wenn er Dörfer auf dem Peloponnes besuchte, nicht schon jene weißhaarigen älteren Männer begegnet, die in fließendem Englisch (bzw. Amerikanisch) über ihre bewegte Vergangenheit erzählten! Viele blieben aber auch in der neuen Heimat, zumal die Kinder. Wenn sie Kultur, Tradition und die Bindung an die alte Heimat stärker bewahrten als Emigranten aus anderen Staaten, so liegt das nicht zuletzt an der orthodoxen Religion.

Die Verwunderung, die einen befällt, wenn man im Sommer Inseln wie Kythira oder Karpathos besucht (die nicht gerade zu den reizvollsten griechischen Inseln zählen), warum sich Amerikaner oder Australier ausgerechnet sie als Ferien- und Reiseziel in so großer Zahl aussuchten, löst sich erst, wenn man erfährt, daß es sich bei den Touristen um griechische Emigranten handelt, die in den Ferien ihre alte Heimat besuchen.

Die Auswirkungen der Übersee-Emigration auf die Heimatregionen sind trotz der großen Geldsummen, die die Emigranten in ihre Heimat sandten, für deren Entwicklung eher negativ einzuschätzen. So schickten um 1950 die etwa 5000 in den USA lebenden Karpather ihrer Heimatinsel monatlich 20000–30000 US-Dollar, ohne damit eine eigenständige Wirtschaftsentwicklung zu initiieren. Darin stimmen die Auswirkungen mit denen der Gastarbeiterwanderung überein.

6.2.3 Die griechische Arbeitsmigration (Gastarbeiterwanderung)

6.2.3.1 Umfang und Verlauf

Der Strom von Arbeitsmigranten, der sich seit Anfang der 60er Jahre ganz überwiegend mit Ziel Bundesrepublik in Bewegung setzte, wurde – von der kurzen Rezessionsphase 1967 abgesehen – erst durch den Anwerbestopp im November 1973 gebremst. Bereits Mitte der 50er Jahre waren einige tausend Griechen als Gastarbeiter in die belgischen Kohlengruben gegangen. Seither haben Hunderttausende – die Zahl der Wanderungsfälle (Mehrfachwanderungen eingeschlossen) übersteigt 1 Million – ihr Land verlassen, um durch Gastarbeit ihre Lebenssituation zu verbessern. Die Mehrzahl der Migranten kehrte in die Heimat zurück, aber immer noch – oder bereits wieder – leben fast 300000 Griechen in der Bundesrepublik.

Emigration und Remigration haben die sozialen und wirtschaftlichen Strukturen der Herkunftsgebiete der Migranten und Zielgebiete der Remigranten zutiefst beeinflußt (vgl. dazu u. a. L 203, L 251, L 376).

Die Rolle der Arbeitsmigration für das Leben und im Leben der Migranten wird in Nordgriechenland an den vielen deutschsprachigen Aufschriften sichtbar, mit denen sie nicht nur deutsche Touristen zu werben versuchen, sondern ihren Auslandsaufenthalt dokumentieren.

Emigration und Remigration sind für viele traditionsbedingt Teil eines Lebensprogramms geworden. Das bedeutet für sie zugleich ein Leben in zwei Kulturen und ist ein Hindernis für die Integration im Emigrationsland.

Die Zahl der griechischen Arbeitsmigranten stieg bis 1967 kontinuierlich von Jahr zu Jahr, um in dem Rezessionsjahr 1967 abrupt zurückzugehen – deutlicher Beweis, daß der Umfang der Migration von der Bundesrepublik gesteuert ist.

Diese hatte bereits 1960 ein Anwerbeabkommen mit Griechenland getroffen und die ersten Anwerbestellen in Nordgriechenland eingerichtet. Mit Erreichen der Vollbeschäftigung und dem durch den Mauerbau zum Erliegen gekommenen Zustrom von Flüchtlingen aus der DDR zeichnete sich in der Bundesrepublik Deutschland ein Bedarf nach Arbeitskräften ab, die disponibel waren und willig, die schlechteren und weniger gut bezahlten Arbeiten, die geringe Qualifikationen erforderten, zu übernehmen.

Nach der Rezession 1967 erholte sich der Arbeitsmarkt schnell, was einen erneuten Zustrom von Arbeitsmigranten aus Griechenland bis zum Anwerbestopp 1973 brachte. In diesem Jahr erreichte die griechische Wohnbevölkerung in der Bundesrepublik mit über 400000 Personen ihren größten Umfang, um von da an langsam auf etwa 280000 Personen bis heute (1986) abzusinken.

Zwei Drittel der Migranten kommen aus den ländlichen Gebieten Nordgriechenlands. Der überwiegende Teil von ihnen kehrt(e) auch dorthin zurück.

Wie die aus den anderen südeuropäischen und nordafrikanischen Staaten auf die mittel- und westeuropäischen Industrieländer gerichtete Arbeitsmigration, so war auch die griechische demographisch selektiv. Es wanderten bevorzugt Personen im arbeitsfähigen Alter zwischen 20 und 45 Jahren, die in der Landwirtschaft tätig oder erwerbslos waren. Anders als bei den türkischen Gastarbeitern war bei den griechischen das Geschlechterverhältnis allerdings von Anfang an relativ ausgewogen. Viele junge Griechinnen gingen sogar allein in die Bundesrepublik.

Der dem Verfasser bei einer Befragung von Remigranten in einem Dorf in Nordgriechenland (Pieria) erzählte Wanderungsverlauf einer Familie ist prototypisch für das ähnliche Schicksal vieler Gastarbeiter:

A. S., 47 Jahre, verheiratet, 2 Kinder, wanderte 1962 in die Bundesrepublik aus seinem Dorf aus, da der kleine Hof durch die Tabakkrise am Anfang der 60er Jahre in Not geraten war. Sein Bruder war bereits kurz vorher in die Bundesrepublik gegangen. Seine Frau holte er wenig später nach. Die zwei Kinder, ein Sohn und eine Tochter, wurden in der Bundesrepublik geboren.

Beide Eheleute arbeiteten im Raum Stuttgart, er als angelernter Arbeiter in einem metallverarbeitenden Betrieb, sie bei einer Reinigungsfirma. Auch nach der Geburt des zweiten Kindes arbeitete sie noch halbtags.

Ihr Land im Heimatdorf bewirtschaftete während der Abwesenheit der Vater mit. Die Familie fuhr regelmäßig alle zwei Jahre in die Heimat. Rückkehr 1974 wegen der Kinder (Schule!) und weil die Frau nicht gesund gewesen sei.

Das gesparte Geld, etwa 70000,– DM, hatten sie in die Erneuerung des Hauses gesteckt, das nun zweistöckig war; unten sollte einmal ein Laden oder ähnliches eingerichtet werden. Sie lebten wieder von der Landwirtschaft, für die sie auch einen Traktor von dem ersparten Geld angeschafft hatten. Die Frau arbeitete als Hausfrau.

In dem Dorf wollte eine deutsche Firma eine kleine Näherei einrichten; dann würde sie vielleicht dort arbeiten können. Bislang war aber noch nichts geschehen.

A. S. beurteilte den Auslandsaufenthalt durchaus als Erfolg und meinte, er habe sich gelohnt. Wenn nicht die Schulprobleme mit den Kindern und die Krankheit der Frau gewesen wären, wäre er wohl noch länger in der Bundesrepublik geblieben.

Bei über zwei Dritteln der Migranten (69 %), die 1979/80 in die ländlichen Räume Nordgriechenlands zurückgekehrt waren (vgl. Abb. 15), betrug die

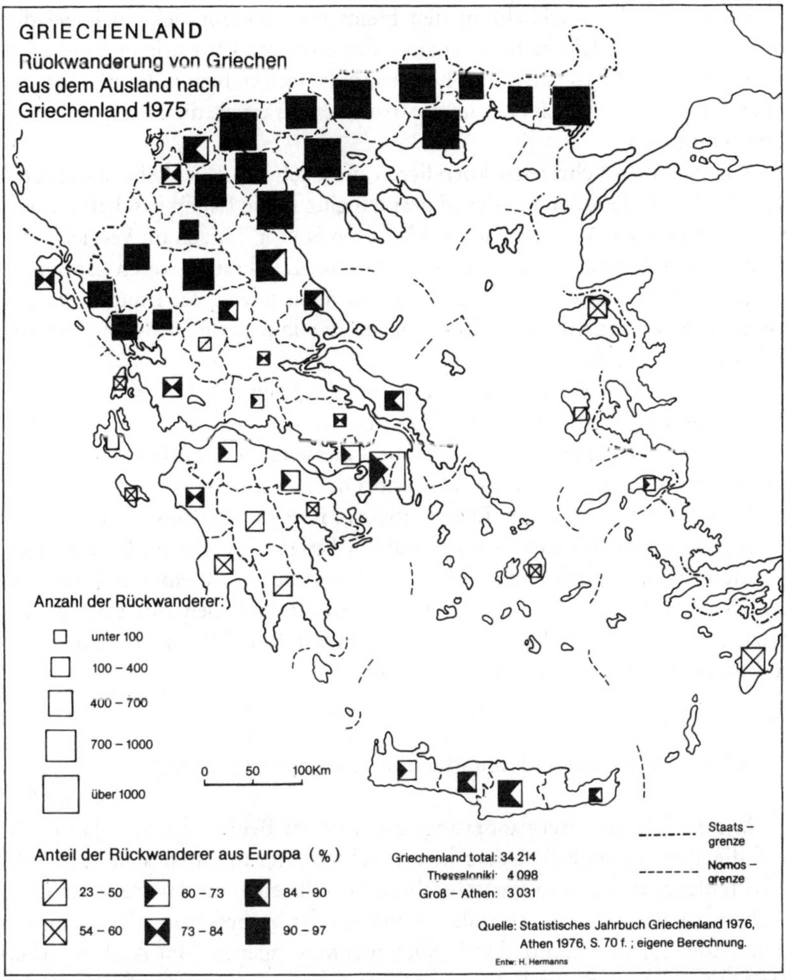

Abb. 15: Rückwanderung von Griechen aus dem Ausland nach Griechenland 1975.

Aufenthaltsdauer im Ausland über 6 Jahre. 30 % hatten sogar über 11 Jahre in der Bundesrepublik zugebracht.

Von den in einem Forschungsprojekt des Verfassers (s. L 254) untersuchten, aus ländlichen Räumen Nordgriechenlands gekommenen Remigranten kehrten (bei einer Rückkehrquote von etwa 50 %) zwei Drittel in ihr *Heimatdorf,* weitere 19 % in den Bezirkshauptort oder einen anderen Ort im Nomos zurück, aber – ganz entgegen den Erwartungen – nur 11 % in die Agglomerationen Athen und Thessaloniki.

Überwiegt die Rückkehr in den Heimatort, so läßt sich doch bei den Remigranten eine leichte Bevorzugung der größeren Orte erkennen, die insgesamt bessere Wirtschafts- und Lebensmöglichkeiten bieten. Es sind v. a. die jüngeren und vermutlich eher innovativen Remigranten, die zu den größeren Orten tendieren.

Mit den Rückkehrzielen korrelieren die nach der Rückkehr ausgeübten Tätigkeiten: Ein großer Teil der Migranten ging in die Landwirtschaft zurück, während sich der Anteil der im produktiven Sektor Tätigen im Vergleich mit dem vor der Auswanderung kaum veränderte. Die Frauen waren ganz überwiegend als Hausfrauen tätig, gingen also nicht wie in der Bundesrepublik zumeist einer bezahlten Tätigkeit nach, die ihnen zugleich eine gewisse Selbständigkeit gab.

Die bemerkenswerte Verschiebung bei Vergleich der Tätigkeiten vor der Auswanderung und nach der Rückkehr ergab sich vom primären zum tertiären Sektor: Diejenigen, die nicht in die Landwirtschaft zurückkehrten, versuchten ihr Glück v. a. im Handel und Dienstleistungsgewerbe als Restaurant- und Kafenionbesitzer, Taxichauffeur, Hotelier, Ladeninhaber o. ä.

In den Rückkehrzielen, den ausgeübten Tätigkeiten und der Ersparnisverwendung (s. u.) drückt sich eine eher konservative Tendenz der Migration aus: Viele kehrten zurück, um die Früchte ihrer Arbeit mit gestiegenem Sozialprestige zu genießen, nicht, um nach der Rückkehr noch einmal produktiv oder gar innovativ tätig zu werden.

6.2.3.2 Arbeitsmigration und wirtschaftliche Entwicklung

Mit der Gastarbeiterwanderung, die sich seit Beginn der 60er Jahre v. a. auf die Bundesrepublik Deutschland richtete, verknüpften sich vielfältige Hoffnungen, daß mit ihr wirtschaftliche Vorteile auch für das Herkunftsland verbunden sein würden. Vorteile sah man in der Verbesserung der chronisch defizitären Handelsbilanz durch Rücküberweisungen der im Ausland arbeitenden Griechen, Kapitalbildung aus den Ersparnissen und ggf. Investition der Remigranten in neu gegründete Betriebe, Steigerung der Binnenkaufkraft als Voraussetzung für einen beschleunigten Industrialisierungsprozeß, Verbesserung der Qualifikation griechischer Arbeitskräfte durch Arbeit in hochtechnisierten Industriebetrieben und Anpassung an industriegesellschaftliche Normen und Werte, die bei Rückkehr für den Industrialisierungsprozeß im Lande nutzbar gemacht werden könnten, schließlich Abbau der Unterbeschäftigung in der Landwirtschaft und damit Möglichkeiten ihrer Modernisierung (vgl. L 251, S. 53).

Daß viele dieser Hoffnungen Illusion waren, zeigte u. a. eine Reihe von Untersuchungen des Verfassers und seiner Mitarbeiter H. HERMANNS, E. ANDRIKOPOULOU, G. KAF-

KALAS und A. PH. LAGOPOULOS, die von der Stiftung Volkswagenwerk gefördert wurden. Die Ergebnisse der Untersuchungen decken sich weitgehend mit Erfahrungen und Forschungsergebnissen aus anderen Gastarbeiterherkunftsländern (vgl. L 254, L 376, L 377, L 12).

Zweifellos wurde und wird das Defizit der Handelsbilanz durch die Rimessen der Gastarbeiter abgemildert, desgleichen durch ihre Emigration der Druck auf den heimischen Arbeitsmarkt. Die positiven Auswirkungen auf die Regionalentwicklung und damit Stärkung der Wirtschaft in Richtung auf ein selbsttragendes Wachstum blieben jedoch aus.

Das im Ausland verdiente Geld gaben die Remigranten vorrangig für Hausbau und Hausrenovierungen, die Anschaffung von Konsumgütern, nachrangig auch für Investitionen in der Landwirtschaft, Betriebsgründung und anderes aus, was die Bau- und Bodenpreise in den Rückkehrgebieten enorm in die Höhe trieb, zu einer radikalen baulichen Veränderung der Dörfer und Städte beitrug und zu einer „wirtschaftlichen Blüte" führte, die mit einem Ausbleiben der Gelder, die zumeist unproduktiv angelegt waren, rasch welken mußte, so wie es Anfang der 80er Jahre dann auch eintrat.

Wenn die Heimatbezirke zum bevorzugten Rückkehrziel wurden, liegt das v. a. darin begründet, daß die Migranten in der Zeit ihrer Abwesenheit meist enge Bindungen an die Heimat gehalten hatten und Grund und Boden (sofern sie welchen besaßen) nicht verkauften in dem Bewußtsein, eines Tages zurück(zu)kehren (zu müssen).

Hausbau und Hausrenovierung bedeuten für die Migranten mehr als nur eine Investition zur materiellen Sicherung der Zukunft: In ihnen manifestiert sich die Verbundenheit mit der Heimat und der dörflichen Gesellschaft, sie sind Rechtfertigung für den Auslandsaufenthalt und den Konsumverzicht, dienen dem Erwerb von Sozialprestige und ggf. auch als Einnahmequelle. Mit dem Bau oder der Renovierung wird meist schon in der Zeit der Abwesenheit begonnen, Zeichen, daß sie Teil des Lebensprogrammes des Migranten sind, zu dem die Rückkehr in die Heimat gehört, wenn deren Zeitpunkt auch nicht feststeht, diese vielleicht nie verwirklicht wird (vgl. L 392).

Man hatte in Unkenntnis der Migrations- und Remigrationsmotive die Erwartungen in eine innovative Rückkehr ohnehin zu hoch geschraubt. Viele Remigranten hatten gar nicht die Absicht, mit dem verdienten Geld wirtschaftlich aktiv zu werden (vgl. Kap. 6.2.3.1). Sie wollten sich damit vielmehr in ihrer Heimat zur Ruhe setzen, durch Prestigegüter ihr Ansehen verbessern. Andere waren nach zu kurzem Aufenthalt im Ausland gescheitert, als daß sie sich dort genügende Mittel für den Aufbau einer neuen Existenz in der Heimat hätten erarbeiten können. Es blieb so ohnehin eine – vermutlich nicht einmal sehr große – Gruppe von Remigranten, die als innovative Kräfte in Frage kamen. Sie sind vor allem unter den 23- bis 45jährigen Remigranten zu finden, die zwischen 6 und 15 Jahren im Ausland weilten und sich nach der Rückkehr überdurchschnittlich häufig in größeren Orten, als es ihre Heimatgemeinden sind, niederließen. Diese boten und bieten unter den insgesamt beschränkten Möglichkeiten für wirtschaftliche Aktivitäten die besseren. Die generelle Bevorzugung der größeren Orte unter den Rückkehrzielen resultiert auch aus der dort höher eingeschätzten Lebensqualität. Wenn dabei Athen und Thessaloniki eine überraschend geringe Rolle spielen, so vermutlich deshalb, weil einerseits der Arbeitsmarkt dort durch die starke, auf diese Zentren gerichtete Binnenwanderung ohnehin eng ist, andererseits Investitions- und Lebenshaltungskosten dort sehr hoch liegen.

Die „innovativen" Rückkehrer sind es, die sich als Gastwirte, Händler, Transportunternehmer niederlassen oder als Betriebsgründer im produzierenden Sektor auftreten.

In ihrem Wert für die Sicherung der persönlichen Existenz der Remigranten und für die Regionalentwicklung müssen die Investitionen im tertiären Sektor je nach den örtlichen Gegebenheiten allerdings unterschiedlich bewertet werden.

Untersuchungen in dem im Nomos Thesprotia/Epirus gelegenen zentralen Dorf Margariti (vgl. L 293, L 253) erwiesen die Anlagen der Remigranten dort in Geschäfte und Hausbau weitgehend als Fehlinvestitionen; anders in den Küstenorten Panteleimon und Paralia in Pieria/Makedonien, wo die Anlagen v. a. auf Nutzung der touristischen Möglichkeiten zielen (vgl. L 253, L 376).

Aus Margariti, einem großen Dorf mit 1961 über 1500 Einwohnern, das am Rande eines im Frühjahr und Winter z. T. überschwemmten Poljes im bergigen südlichen Thesprotia liegt, ging bis 1980 über ein Drittel der Bewohner als Gastarbeiter in die Bundesrepublik. 140 von ihnen kehrten in das Dorf zurück, das an Einwohnern und zentralörtlicher Bedeutung mittlerweile stark verloren hatte. Wie sich Rückkehr und Ersparnisanlage der Migranten auf die Dorfstruktur auswirkten, zeigt ein Vergleich der Geschäfte und öffentlichen Einrichtungen zwischen 1963 (vgl. L 293) und 1980: Trotz gesunkener Einwohnerzahl und zurückgegangener zentraler Bedeutung gab es 1980 statt 7 Kafenia deren 11 im Ort, statt 3 Lebensmittelgeschäften deren 5, dazu einen sog. Supermarkt (Selbstbedienungsladen), statt einem Metzger und einem Frisör deren zwei. Die zwei Gemüsehändler, die 1964 existierten, waren allerdings in den Lebensmittelgeschäften aufgegangen. Weggefallen waren bis 1980 auch ein Hufschmied, ein Schneider (einer blieb) und zwei Ölmühlen (eine blieb). Neu hinzugekommen waren in der Zeit eine Braterei, Geschäfte für Haushaltsartikel, Papierwaren, Bekleidung, Spirituosen, ein Fotograf, eine Kfz-Werkstatt und zwei Tankstellen. Vermehrt hatten sich auch die öffentlichen Einrichtungen um einen Kindergarten, ein Gymnasium, eine Handarbeitsschule und schließlich einen Militärposten. Daß hier Migranten v. a. für Migranten investierten, wird besonders deutlich an den vielen neuen Geschäften für Bau- und Einrichtungsbedarf und an Einrichtungen wie Kindergärten, die Bedürfnisse befriedigen, die im Ausland erwacht sind.

Daß die neuen Einrichtungen unter den gegebenen Bedingungen auf Dauer kaum ausgelastet sein konnten, liegt auf der Hand und wird bestätigt durch Aussagen der Geschäftsinhaber: Fast alle von ihnen waren auf irgendwelche zusätzlichen Einkünfte angewiesen, sei es aus der Landwirtschaft, Tätigkeiten im Straßenbau, als Hilfsarbeiter im Hausbau oder andernorts. Die von vielen Remigranten beim Hausbau für gewerbliche Zwecke vorgesehenen Untergeschosse blieben leer und zeigen deutlich, daß diese die wirtschaftlichen Möglichkeiten gering einschätzten. Im Sommer 1984 wirkte das Dorf bei einem Besuch recht tot.

Anders die Küstenorte Panteleimon und Paralia in Pieria. Hier hatten Remigranten auch in Geschäfte und Hausbau mit dem Ziel einer – zumindest teilweisen – gewerblichen Nutzung investiert. Hotels, Supermärkte, Diskotheken, Bars und andere Einrichtungen waren mit den im Ausland verdienten Geldern entstanden, damit sie sich mit Hilfe des Tourismus verzinsen, eine Rechnung, die trotz der überwiegenden Herkunft der Touristen aus Jugoslawien und der damit verbundenen Unsicherheiten (vgl. die überaus stark rückläufigen Zahlen 1983) offenkundig aufgeht, wie das rege Leben und die ständig noch neu getätigten Investitionen in diesen Orten bei einem Besuch 1985 zeigten. Wenn sie als Gäste auch nicht eben sonderlich geachtet werden, so nutzt man doch voll die Bedürfnisse der Jugoslawen: Geschäfte mit Autozubehör und anderen, in Jugoslawien nur schwer zu bekommenden Gegenständen weisen deutlich auf diese Zielgruppe hin.

So kann man hier, auch wenn es sich um die üblichen Formen der Geldanlage in Hausbau und Geschäft handelt, unter den gegebenen Bedingungen doch von produktiven Investitionen sprechen, zumindest solange kein Überbesatz entstanden ist. Wie schnell das geschieht und dann existenzgefährdend wird, zeigt nicht nur das oben ausgeführte Beispiel Margaritis, sondern auch der Paralia benachbarte Bezirkshauptort Katerini (30000 E), wo innerhalb weniger Jahre v. a. durch Gastarbeiter nicht weniger als 130 Autowerkstätten und Geschäfte mit Autozubehör entstanden.

Es bleibt nach der Rolle der Remigranten im Industrialisierungsprozeß zu fragen. Eine Untersuchung dazu (vgl. L 12) zeigte, daß unter den Betriebsgründern nur wenige Migranten waren. Mangelndes Kapital, fehlende Kenntnisse im Management etc., v. a. aber die generell ungünstige Regionalstruktur selbst dürften dafür der Grund sein. Bei denen, die trotzdem das Risiko auf sich genommen hatten, waren für die Art des neu gegründeten Betriebes nach Aussagen der Betriebsgründer die in der Bundesrepublik erworbenen Qualifikationen nur z. T. wichtig. In ihrer Mehrzahl waren es Betriebe der Bekleidungsindustrie, einer Branche, in der die Betriebsgründer nur teilweise Erfahrungen besaßen. Alle Betriebe sind klein und stark abhängig von ausländischen Firmen. Die Gründe dafür liegen auf der Hand: Sofern die Migranten überhaupt das Wagnis einer eigenen Betriebsgründung auf sich nehmen bei den großen Schwierigkeiten, die dem in Griechenland immer noch entgegenstehen (Kreditbeschaffung, langwierige Zollformalitäten etc.), bietet sich die Bekleidungsindustrie an. Hier sind nicht nur die Investitionskosten vergleichsweise gering und kaum spezialisierte Arbeitskräfte und unternehmerische Kenntnisse notwendig, hier wird dem griechischen Unternehmer durch Kooperation mit einem ausländischen Unternehmer auch das Problem des Produktentwurfes und der Produktvermarktung abgenommen. Andererseits kommen ihm seine in Deutschland erworbenen Kenntnisse der Sprache und

Erfordernisse an Qualität der Arbeit und Pünktlichkeit der Ausführung, wie befragte Betriebsinhaber immer wieder betonten, sehr zugute. Daß die Existenz durchaus gefährdet ist, wissen die meisten von ihnen, daß die regionalen Entwicklungsimpulse solcher Betriebsgründungen aufgrund fehlender vertikaler Integration nur gering sind, ist heute unbestritten (vgl. L 530).

Die letzten Illusionen über Remigranten als Entwicklungshelfer ihres Heimatlandes und Motoren eines wirtschaftlichen Strukturwandels schwinden, wenn man die Situation von Remigranten als Arbeitnehmer im produzierenden Sektor betrachtet. Statt überdurchschnittlich auf Stellen tätig zu sein, die eine höhere Qualifikation erfordern, findet man sie eher als un- und angelernte Arbeiter ohne Leitungsfunktionen. Die meisten von ihnen arbeiten ohne schriftliche Arbeitskontrakte oder mit Kontrakten, die wichtige Fragen offenlassen, werden schlecht bezahlt und schätzen ihre Arbeitsplatzsicherheit noch geringer ein als die Nichtmigranten (was sie de facto auch ist). Die lange Abwesenheit, die die Migranten den Kontakt zum heimischen Arbeitsmarkt verlieren ließ, wo persönliche Beziehungen immer noch ausschlaggebend für das Finden einer Stelle sind, mag der Hauptgrund sein. Die Tatsache, daß die meisten von ihnen über Landbesitz und damit Landwirtschaft als zusätzliche Einnahmequelle verfügen, die sie unabhängiger macht, kommt hinzu.

Insgesamt betrachtet sind die wirtschaftlichen Auswirkungen der Arbeitsmigration für die Herkunftsländer der Migranten eher negativ zu bewerten: Das verdiente Geld wurde weitgehend unproduktiv verwendet, Impulse für die Regionalentwicklung blieben aus. Statt dessen wurden – von anderen Schwierigkeiten der sozialen Wiedereingliederung ganz abgesehen – Bedürfnisse geweckt, die sich nur über Importe befriedigen lassen und damit auf Dauer die griechische Handelsbilanz belasten.

Es wäre allerdings verkehrt, wollte man die Ursachen dafür den Migranten anlasten. Sie liegen vielmehr in der peripheren Raumstruktur begründet, die sich mit der Migration noch verschlechterte und damit produktive Investitionen, die unternehmerisch tragbar sind, außerordentlich schwierig macht.

Das heißt aber auch, daß Reintegrationspolitik und Reintegrationsförderung nur Regionalentwicklungspolitik und Regionalförderung heißen kann (s. L 376, S. 72). Nur eine massive Verbesserung der strukturellen Bedingungen in den Gastarbeiterherkunftsgebieten wird eine erneute Arbeitsmigration aus diesen Räumen verhindern können.

7. DIE SIEDLUNGEN

Als Knotenpunkte der menschlichen Aktivitäten, des Wirtschaftens und Handelns und damit der Verkehrs- und Kommunikationswege sind in ihnen die materiellen Einrichtungen für die Erfüllung der Daseinsgrundfunktionen verortet. Als gebautes „Gehäuse" für die Funktionen Wohnen, Arbeiten etc. besitzen sie eine relativ große materielle Persistenz und werden so auch zum Ausdruck für vergangene Aktivitäten und sozioökonomische Strukturen. In ihnen spiegeln sich in besonderer Weise die geschichtliche Entwicklung, gesellschaftliche Verhältnisse der Vergangenheit und der Gegenwart.

Die griechische Statistik unterscheidet zwischen ländlichen (< 2000 E), halbstädtischen (2000–10000 E) und städtischen Siedlungen (> 10000 E), wobei unter letzteren unabhängig von der Größe noch einmal Agglomerationen ausgesondert werden, wenn Städte aus mehreren, funktional ehemals selbständigen Siedlungen zusammenwuchsen.

Wenn in dieser Länderkunde zwischen ländlichen und städtischen Siedlungen unterschieden wird, so geschieht das v. a. nach funktionalen Gesichtspunkten, wobei die Mehrzahl der nach der Statistik in die Kategorie der halbstädtischen und städtischen Siedlungen fallenden Ortschaften funktional so eng mit ihrem ländlichen Umland verknüpft ist, daß sie dem ländlichen Raum zugerechnet werden müssen. Trotz aller Veränderungen, die Siedlungen und Gesellschaft in den letzten Jahrzehnten unter Einfluß von außen erfuhren, blieben doch viele traditionelle Charakteristika erhalten.

Die Ortsnamen erfuhren in Griechenland eine häufige Veränderung. Ihre Verwendung als geschichtliche Quelle bedarf deshalb einer genauen Prüfung der Ortsnamenentwicklung. Wichtigstes Hilfsmittel dafür sind die Ortsnamenbücher der Bezirke (Stoicheia systaseos . . .).

Insbesondere nichtgriechische Ortsnamen (v. a. türkische, slavische) wurden weitgehend durch griechische in diesem Jahrhundert ersetzt (vgl. L 559, S. 48), Ortsnamen, die oft wenig aussagekräftig sind, wie Kallithea, Kallirroe, Kryoneri u. ä.

7.1 Die ländlichen Siedlungen

7.1.1 Allgemeine Charakteristika

Bei aller Typenvielfalt werden dem Griechenlandreisenden doch Gemeinsamkeiten der ländlichen Siedlungen in Griechenland auffallen, die sie von ländlichen Siedlungen in unseren Breiten unterscheiden. Vielleicht auffälligstes Kennzeichen der Dörfer ist ihre „Platia". Fast jedes Dorf, jede Stadt hat seinen/ihren zentralen *Platz,* an dem die Kafenia, die griechischen Kaffeehäuser, liegen, in der warmen Jahreszeit mit Tischen und Stühlen davor auf der Straße und auf einem Teil des Platzes. An diesem finden sich auch die Läden (wenn es welche in dem Dorf gibt), ihn zieren ein oder mehrere Periptera, jene Buden, die für den täglichen Bedarf unentbehrliche Gegenstände anbieten wie Zigaretten, Zeitungen, Sonnenbrillen usw. und an denen sich oft ein öffentliches Telefon befindet, das man „schutzlos" benutzen kann. Der Platz ist kein Marktplatz, sondern Kommunikationszentrum, über den der bei den Griechen so beliebte Spaziergang in der Dämmerstunde, die Volta, führt und an und auf dem die Männer, die immer noch die Kafenia beherrschen, das Leben von ihren Kaffeehausstühlen ebenso beobachten, wie es die Büsten der Freiheitshelden, Widerstandskämpfer oder anderer Persönlichkeiten tun, die aus dem Ort hervorgingen oder denen sich der Ort verbunden fühlt und die nun als Denkmäler die Platia zieren.

Kann man die Platia als eine durch das Klima begünstigte mediterrane Eigenheit der griechischen Siedlungen ansehen, so auch die Art der *Bauernhäuser* oder *-höfe.* Sie sind für den Mitteleuropäer, der die Niedersachsenhäuser, gar den nordfriesischen Haubarg, die mitteldeutschen Gehöfte oder die bayerischen Ernhäuser vor Augen hat, kaum als solche erkennbar, da ihnen meist größere Berge- und Speicherräume ebenso wie Ställe fehlen. Da dampft kein Misthaufen auf dem Hofplatz wie auf den hessischen Haken- und Dreiseithöfen, dringt kein Geruch von Heu aus der Scheune oder dem Dachboden. Es sind Wohnhäuser mit einigen kleinen Nebenbauten, in denen Geräte und ggf. der Traktor untergebracht sind. Die wenigen agraren Produkte, die vor dem Verbrauch oder Verkauf gespeichert werden, wie Zwiebeln, Paprika oder Tabak, werden auf dem Dachboden gelagert, malerisch an den Außenwänden, Balkonen oder an anderer Stelle zum Trocknen aufgehängt, auf speziellen Gerüsten (wie Tabak) der Sonne zum Trocknen übergeben oder schlicht in Haufen auf dem Hofplatz gelagert. Die meisten Produkte gehen direkt an Händler oder an die Genossenschaft. Die zum Hof gehörenden Schafe und Ziegen bleiben zumeist in sog. Stani am Dorfrand oder werden nachts in Verschlägen am Haus untergebracht, wie auch Schweine und Federvieh.

Das vom mittel- und nordeuropäischen Bauernhof so grundverschiedene Gesicht der griechischen Gehöfte resultiert aus den klimatischen Bedingungen, unter denen in Griechenland Landwirtschaft betrieben wird, und aus den geringen Betriebsgrößen.

Der Verlauf der *Gemeindegrenzen* stellt weitgehend ein Produkt staatlicher Maßnahmen des neugriechischen Staates dar (vgl. L 559, S. 229f.). Das Territorium der Gemeinden umfaßt dabei häufig ökologisch unterschiedliche Einheiten – ähnlich etwa den Geestrandsiedlungen bei uns –, die vielseitige Landwirtschaft (Ackerbau, Baumkulturen, Viehhaltung) möglich machen. Es reicht vom Tal oder der Ebene oft schlauchartig hoch ins Gebirge hinauf. Das bedingt bei größerer Entfernung dann häufig ein Mehrsiedlungssystem: Feldhütten und Sommerdörfer (Kalyvia) in den ferneren Teilen der Gemarkung machen erst deren Bewirtschaftung möglich. Teilweise entstanden aus solchen zunächst nur periodisch (saisonal) bewohnten Siedlungen dauernd bewohnte.

Die zu den Siedlungen gehörenden *Fluren* sind in aller Regel Blockgemenge- oder Blockstreifengemengefluren. Sie sind aufgrund der herrschenden Realteilung meist kleinparzelliert, der Zuschnitt der Parzellen ist unregelmäßig. Beim Überfliegen von Griechenland lassen sich jedoch gelegentlich andere Formen erkennen, so z. B. langstreifige Fluren in Mittelgriechenland. Ihre genetische Deutung (die bei Fehlen von Katasterkarten allerdings schwierig ist) steht noch aus. Nur dort, wo *Flurbereinigung* stattgefunden hat – das ist v. a. in den Gemarkungen der Fall, wo Bewässerungsvorhaben geplant und durchgeführt wurden –, finden sich ganz regelmäßige Formen.

7.1.2 Lage und Verteilung der ländlichen Siedlungen

Lage und Verteilung der ländlichen Siedlungen unterlagen im Laufe der Geschichte mehrfachen Wandlungen, die v. a. von der politischen Entwicklung abhingen (vgl. L 317, 1, S. 21f.). Zeiten der Unsicherheit, wie sie Griechenland im ausgehenden Hellenismus und in vielen Zeiten seiner Zugehörigkeit zum Oströmisch-Byzantinischen Reich, aber auch während der Türkenherrschaft erlebte, führten zum Rückzug der Bevölkerung aus den Küstengebieten, die durch Überfälle von Seeräubern (nordafrikanische Barbaresken, Korsarentum) bedroht waren.

Man legte die Siedlungen in schwer einsehbarer Lage auf einem Hügel oder Berg an. Die Lage der Hauptorte (chora = Ort) auf den ägäischen Inseln, die meist nur über einen steil ansteigenden Weg (skala) erreichbar sind, ist typisch dafür. Die Hafenplätze („skala" nach dem Weg, der zu ihnen führt, benannt) bestanden oft nur aus einem Wehrturm mit Magazin. Die Zeiten der Sicherheit seit Gründung des neuen Staates ließen sie vielfach so wachsen, daß sie den Hauptort an Größe und Bedeutung heute übertreffen.

Nicht nur die Bedrohung durch Seeräuber, vagabundierende Banden oder durch Krieg führte zum Rückzug von ländlichen Siedlungen aus dem Küstenbereich und den Ebenen in höher gelegene Schutzlagen, sondern auch in der Zeit des Niederganges des osmanischen Staates von türkischen und griechischen Grundbesitzern ausgeübter Druck auf die abhängige Landbevölkerung. Diese entzog sich dem Druck durch Bergflucht und Anlage von „Freidörfern" (elevtherochoria). Die daraus resultierende Siedlungsverdichtung in den Berggebieten wirkt bis heute nach.

Der Rückzug aus den Ebenen unter dem Druck räuberischer Überfälle und dem von Lehnsherren und Steuerpächtern ließ viele Teile des Flachlandes veröden. Malariaverseuchung erschwerte ihre Wiederbesiedlung bis in unser Jahrhundert hinein. Sie dienten als Winterweideplätze der Wanderhirten, die dort ihre saisonalen Hütten aus Schilf und Reisig errichteten. Die mit -ika endenden Ortsnamen (z. B. Vrachnaika, Granitsaika, Renklaika in Elis, wo diese Endung besonders häufig vorkommt) weisen auf die ursprüngliche Funktion hin. Heute sind sie, sofern sie nicht verschwanden, zu Dauersiedlungen geworden.

7.1.3 Gestalttypen traditioneller ländlicher Siedlungen

Nach Grundriß und Aufrißgestalt weisen die ländlichen Siedlungen in Griechenland charakteristische Unterschiede auf.

J. Cvijič (1918) versuchte als erster eine Typisierung der Siedlungen im Rahmen einer Übersicht über die Siedlungen der Balkanhalbinsel. Die benutzten Typenbezeichnungen verbinden physiognomische mit funktionalen und genetischen Merkmalen. Sie beinhalten v. a. eine ethnische Zuweisung, spezifische Funktionen und/oder regionale Einordnung mit der Unterscheidung zwischen „griechisch-mediterranem Dorf", das auf der griechischen Halbinsel und entlang der Küsten des Ägäischen Meeres vorherrscht, dem „türkisch-orientalischen Dorf" in Makedonien und Thrakien, dem „Tschiftlik-Dorf", das v. a. in Thessalien und Nordostgriechenland vorkommt, sowie Dörfer vom „Starivlah-Typ" und vom „Ibar-Typ" (lockere, in Häusergruppen aufgelöste Dörfer in Hanglage). Die Unterscheidungen erfassen das Spektrum der Siedlungstypen in Griechenland nur unvollkommen.

Einen neuen Versuch einer Typisierung der ländlichen Siedlungen in Griechenland unternahm Beuermann 1956. Insgesamt ist die Erforschung der Siedlungsgenese in Griechenland noch unbefriedigend. Das liegt mit daran, daß die Urkundenlage schlecht, mithin die Ermittlung der Siedlungsgenese schwer oder unmöglich ist.

Nach der *Größe* dominieren fast überall in Griechenland mittelgroße ländliche Gruppensiedlungen. Einzel- und Streusiedlung ist selten, wie etwa die von Creutzburg (1960) beschriebene bäuerliche Einzelhofsiedlung der Insel Mykonos. Ansonsten sind es einzelne Mühlen, Gasthöfe, Wirtschaftshöfe von Klöstern (Metochia), die als Einzelhöfe Siedlungseinheiten bilden, auch wenn sie funktional meist mit einem Dorf, Kloster oder einer Stadt eng verbunden sind. Auch kleine Gruppensiedlungen sind wenig verbreitet. Die als Starivlah-Typ beschriebenen Siedlungen in Epirus sind eher Übergangsformen zu lockeren Haufendörfern.

Kirsten und Kraiker (1967, 1, S. 21) machen für das Vorherrschen von mittelgroßen bis großen Gruppensiedlungen das relativ seltene Vorhandensein von Quellen als Voraussetzung für die Siedlung verantwortlich.

Agrarbäuerliche Siedlungen

Nach der *Grundrißgestalt* dominieren die unregelmäßig flächigen Siedlungen oder *Haufendörfer*, die allerdings regional charakteristische Ausprägungen erfuhren.

Allen Siedlungen mit flächigem, unregelmäßigem Grundriß gemeinsam ist, daß sie gewachsen, nicht geplant sind. Vielfach aus den Häusergruppen einzelner Sippen entstanden, die zu Haufendörfern zusammenwuchsen, lassen sich ggf. noch die einzelnen Zellen erkennen, weshalb Wilhelmy (1935) diesen Typus mit der genetischen Bezeichnung Zellenhaufendorf belegte. Beuermann spricht vom *Machali-Dorf* (mahalas ist die aus dem Türkischen kommende Bezeichnung für ein Viertel) in Erweiterung des Begriffes auf Dörfer mit ethnischer Viertelsbildung.

Unterschiedliche *Umrißgestalt* und *Dichte* der Haufendörfer ergeben sich vielfach aus ihrer Lage: Lage auf einem Bergriedel führt zu länglich-gestreckter Gestalt, auf Schwemmfächern und Terrassen eher zu konzentrischer, großflächiger Anlage, die an steilen Hängen zu lockerer, sich in Häusergruppen auflösende, die auf Bergkuppen zu geschlossener, eng gedrängter Anlage, wie Kosack (1949) für die Dörfer des Epirus zeigte.

Beuermann (1956, S. 279) plädiert für eine Unterscheidung in geschlossene und lockere Haufendörfer. Erstere sind vorherrschend und entsprechen den „griechisch-mediterranen Dörfern" von Maull (1922 und 1929).

Welche Ursachen für die weite Verbreitung des dichten Haufendorfes, in dem die Häuser eng zusammenrücken und diesem dadurch ein stadtartiges Aussehen verleihen, im einzelnen sind, ist umstritten. Die von Maull für Größe und Verteilung verantwortlich gemachte Abhängigkeit von – gewöhnlich eher weitgestreuten – Quellen und Wasserstellen spielt sicher eine Rolle. Hinzu kommen Schutzbedürfnis der Bewohner, die überall praktizierte Realteilung, genetische Faktoren (Zusammenwachsen aus ursprünglich lockeren und mit deutlichen Zwischenräumen angeordneten Sippenweilern), kulturhistorische und klimatische Einflüsse (enge Bebauung zum Schutz vor Sonneneinstrahlung).

Einen ganz anderen Eindruck als die gewachsenen Dörfer mit ihrem unregelmäßig flächigen Grundriß und ihrer meist gedrängten Bauweise machen die 1923 *planmäßig* mit Hilfe des Völkerbundes *angelegten Siedlungen* der Flüchtlinge mit ihrem flächig-*schachbrettförmigen Grundriß* und ihren in gleichmäßig lockerem Abstand stehenden Häusern.

Als „Kolonisationsdorf" von J. H. SCHULTZE (1937) in die Literatur eingeführt, von KIRSTEN (1956, S. 264) als „Flüchtlingsdorf" bezeichnet, dominiert dieser Dorftyp in weiten Teilen Nordgriechenlands, während er im übrigen Griechenland nur sporadisch vertreten ist, da hier besiedlungsfähiges Land für die Neuanlage von Dörfern fehlte (ein Beispiel: Nea Kios in der Argolis). Ortsnamen wie Neos Kavkasos im Nomos Florina, Neos Marmaras, Nea Fokaia oder Nea Tenedos im Nomos Chalkidiki, wo Ortsnamen mit Nea bzw. Neos besonders häufig sind, weisen auf die Herkunft der Flüchtlinge.

F. PAPENHUSEN (1933, S. 49) gibt die Zahl der Neugründungen mit über 430 an. „Ohne Rücksicht auf den landschaftlichen Charakter, oft sogar ohne Rücksicht auf das Gelände hat man das Dorf einfach in die Gegend hineingestellt. Rechtwinklig sich kreuzende, für den Bedarf meist viel zu breite Straßen teilen den Dorfplan schachbrettartig auf. Ein ganzes Straßengeviert ist als Dorfplatz ausgespart, an dem die Schule und die Kaffeehäuser stehen. Die einzelnen Häuser werden durch einen unverhältnismäßig großen Raum, der als Hofplatz oder Gemüsegarten gedacht ist, voneinander getrennt. Sie liegen in völlig gleichem Abstand an der Straßenzeile. Ein Haus liegt dem anderen genau gegenüber, ein Haus liegt genau hinter dem anderen. Die schachbrettartige Regelmäßigkeit wird so bis zur Unerträglichkeit gesteigert. Vergebens sucht man nach malerischen Winkeln, an denen die alten Dörfer so reich sind", so beschreibt PAPENHUSEN (1933, S. 38, zit. nach L 43, S. 282f.) diese Dörfer, die mittlerweile – sind doch seitdem mehr als 50 Jahre vergangen – etwas Patina angesetzt haben. Manches Flüchtlingshaus wirkt heute geradezu wohltuend gegenüber den Betonskelettbauten, die die Dörfer immer mehr dominieren. Liegen die alten gewachsenen Dörfer in aller Regel an den Berghängen, auf Bergkuppen oder Bergriedeln, in Talnischen oder Quellmulden in Schutz- bzw. Verstecklage, so die planmäßig angelegten Flüchtlingssiedlungen v. a. in den – derzeit oft malariaverseuchten – Ebenen oder am Rande der Gebiete, die durch Melioration für die landwirtschaftliche Nutzung erst erschlossen werden mußten.

Deutlicher als durch ihren Grundriß unterscheiden sich die traditionellen ländlichen Siedlungen regional durch ihren Aufriß, die *Hausformen* bzw. *Gehöftformen*. Auch sie müssen als ein Produkt verschiedenster Einflußgrößen verstanden werden: von physischen wie Klima, Oberflächengestalt und Böden und anthropogenen wie Betriebsgrößen und Wirtschaftsformen, die ihrerseits von den physischen Bedingungen beeinflußt werden, von Kulturtraditionen, Schutzbedürfnis, Gefahrenabwehr und schließlich Ingenieurplänen, die von Zweckmäßigkeit und Preis bestimmt sind.

Das kubische, weißgetünchte Flachdachhaus der ägäischen Inseln, das den Siedlungen ihr so charakteristisches Aussehen verleiht – ein Beispiel ist der Hauptort der Insel Mykonos –, ist in seiner Bauweise den Umweltbedingungen außerordentlich gut angepaßt: Die Dächer dienen dem Auffangen des spärlichen Regenwassers während der winterlichen Regenfälle, das in eine Zisterne unter dem Haus geleitet wird. Holzarmut bedingt die vorwiegende Verwendung von Lehm und Stein als Baustoff, die weiß gekalkten Wände vermindern durch ihr Albedo die Wärmeeinstrahlung. Sicher ist dieser Haustyp auch das Produkt einer uralten Kulturtradition, denn schon in der Antike müssen die Häuser ähnlich ausgesehen haben. Demgegenüber herrschen auf dem süd- und mittelgriechischen Festland Steinhäuser mit gewöhnlich rechteckigem Grundriß und flachgeneigten Zelt- oder Pyramidendächern vor, die mit den typischen mediterranen Hohlziegeln gedeckt sind. Dächer dieser Art bieten einen besseren Schutz gegen die hier häufigeren Unbilden der Witterung im Winterhalbjahr. Vorgebaute Holzbalkone und Außentreppen in das Obergeschoß gliedern ggf. die Fassade.

Einen besonderen Typ stellen die aus Bruchstein gebauten, oft stattlichen Häuser dar, aus denen die großen Gebirgsdörfer der Aromunen im Pindos bestehen (ein schönes Beispiel ist Metsovon an der Paßstraße Ioannina–Trikala). Sie sind angepaßt an die klimatischen Verhältnisse und verkörpern zugleich Wohlhabenheit.

In den traditionellen Bauerndörfern in Nordgriechenland überwiegt ein anderer Haustyp mit vorkragendem Obergeschoß aus viel Holz, hölzernen Terrassen und Balkonen, ein Haustyp, der auf der Balkanhalbinsel weit verbreitet ist.

Während die Häuser in den griechischen Dörfern ihr Gesicht zur Straße kehren, sind die Häuser in den von Türken bewohnten Dörfern Thrakiens von einer hohen Lehmmauer umgeben und nach außen verschlossen. Nur über die Mauern hängende Zweige von Fruchtbäumen verraten dem zwischen weißgekalkten Mauern Gehenden etwas von der malerischen Fülle der Höfe. Schlanke, die Dörfer überragende Minaretts zeigen an, daß hier Moslems leben.

Charakteristisch sind auch die bei diesen Dörfern liegenden Friedhöfe mit den hohen und flachen, in einem Turban (bei den Männern), einer Blume oder Muschel (bei den Frauen) endenden Grabplatten, die meist in einem wirren Durcheinander, z. T. umgestürzt, z. T. noch stehend, das Gräberfeld bedecken.

Die muslimischen Dörfer unterscheiden sich nicht nur im Aussehen deutlich von den griechischen, sie sind zumeist auch durch Abseitslage und schlechte Zufahrtsmöglichkeiten stärker isoliert. Die türkischen Ortsnamen wurden offiziell durch griechische – häufig Übersetzungen oder lautmalerische Nachahmungen – ersetzt. Nur sie erscheinen auf den Ortsschildern, auch wenn die türkischen bei den Einheimischen noch ebenso in Gebrauch sind wie die der Städte (Iskeče für Xanthi, Gümülcine für

Komotini, Dedeagač für Alexandroupolis), Berge und anderer Lokalitäten. Einer Forderung nach Zweisprachigkeit der Ortsnamenbeschilderung kam der griechische Staat bislang nicht nach.

Hirtensiedlungen

Besonders augenfällig wurden und werden die Siedlungsformen der Wanderhirten durch ihre Wirtschaftsform bestimmt. Sie leben traditionell zumindest saisonal in Hütten, die aus Holz, Reisig und Schilf errichtet sind, früher auch in Zelten. Bezogen viele von ihnen in den letzten Jahrzehnten mit Hilfe staatlicher Unterstützung feste, wenn auch meist sehr einfache Häuser (vgl. L 49), so fallen doch immer noch am Rande der Becken, Ebenen und Küstenhöfe und im niedrigeren Berg- und Hügelland ihre einfachen Hütten und Viehverschläge auf. Sie sind eingebunden in *Mehrsiedlungssysteme,* die sich nach der Art der Fernweidewirtschaft unterscheiden.

Die Stammdörfer der Kalyviawirtschaft (vgl. Kap. 5.3.4) liegen meist höher im Gebirge. Die Herdenbesitzer haben gewöhnlich Acker- und Baumland auf terrassierten Hangfluren. Die – meist zur Familie gehörenden – Hirten leben im Sommer im Gebirge in einfachen Stein- oder Reisighütten, im Winter in den Gebirgsfußbereichen ebenfalls in Hütten. Während der Übergangsjahreszeiten, wenn das Vieh im Stammdorfbereich weidet, halten sie sich dort auf (vgl. L 538, S. 155).

Prototypisch findet sich diese Wirtschaftsform am Parnaß. Das 10 km vor Delphi liegende, heute den Touristen durch seine Teppiche und andere Webwaren bekannte Dorf Arachova ist ein solches Stammdorf. Mit ihm verbunden ist ein Sommerdorf am Rande eines kleinen, ca. 200 m höher gelegenen Poljes, das früher nur saisonal zur Bewirtschaftung des Poljes bewohnt war, jetzt eine Umwidmung im Zusammenhang mit dem Tourismus (v. a. Wintertourismus) am Parnaß erfährt (s. Abb. 16).

Außerdem sind dem Stammdorf Steinhütten der Hirten an der oberen Waldgrenze des Parnaßmassivs und Reisighütten am Bergfuß funktionell zugeordnet. Die Wollweberei ist aus der heimischen Viehwirtschaft hervorgegangen.

Aus Stein gebaut sind auch die Großdörfer der Aromunen in den höheren Gebirgsbereichen des nördlichen Pindos, während die Winterweidesiedlungen ursprünglich aus Zelten oder aus Reisig und Schilfhütten in den Ebenen und an den Gebirgsrändern (z. B. Becken von Ioannina) bestanden. Auch hier traten an die Stelle der bodenvagen Siedlungen zumeist bodenfeste.

Anders als bei der Kalyviawirtschaft verließ im Winter der größte Teil der Bevölkerung die Stammdörfer. Mit der Entstehung fester Siedlungen in den niederen Bereichen, z. T. in Verbindung mit bereits bestehenden Dörfern, vollzog sich vielfach eine Schwerpunktverlagerung: Das alte Stammdorf im

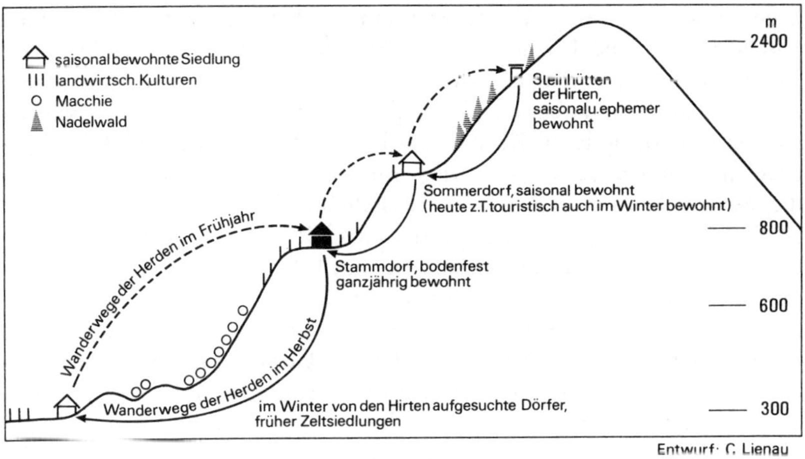

Abb. 16: Mehrsiedlungssystem im Rahmen der Fernweidewirtschaft.

Gebirge wurde zum saisonal bewohnten Sommerdorf, die ursprünglich saisonale Wintersiedlung zum Stammdorf.

Anders als die Aromunen besaßen die gleichfalls Fernweidewirtschaft betreibenden Sarakatsanen ursprünglich nur saisonal bewohnte Hüttensiedlungen, sowohl im Winter- wie im Sommerweidebereich. Auch bei ihnen traten an die Stelle der Reisighütten meist steingebaute Häuschen.

Der Verfasser lernte 1972 auf dem Peloponnes sarakatsanische Fernweidehirten (die Griechen sprachen von „Vlachoi") in ihren Wintersiedlungen im Hügelland des nördlichen Elis kennen. Die Gruppe der Hirten bestand aus vier Adelfia, d. h. vier Brüdern und deren Frauen und Kindern. Die Haushaltsführung der Adelfia war zwar getrennt, die Haushalte jedoch nicht nur eng benachbart, sondern aufs engste miteinander verknüpft, da der Viehbestand (ca. 2000 Schafe) gemeinsamer Besitz war und gemeinsam bewirtschaftet wurde. Die Familien wohnten in einfachen, mit Regierungshilfe gebauten Steinhäuschen, die Pferche und Ställe waren noch aus Reisig errichtet.

Klöster, Mönchsdörfer

Eine besondere Siedlungsform stellen die Klöster, Mönchsdörfer und Einsiedeleien dar.

Glaubensbedingt und aus Schutzgründen liegen die Klöster meist abgelegen und schwer zugänglich im Gebirge, auf Felsvorsprüngen etc.

Ist die Grundhaltung des römisch-katholischen Mönchtums eher weltzugewandt, so die des orthodoxen weltabgewandt (vgl. dazu Kap. 2.1).

Das mußte zu ganz unterschiedlicher Lagewahl bei den Klöstern in den verschiedenen christlichen Religionen führen: In der orthodoxen Kirche liegen diese in der Abgeschiedenheit fern von Städten, in der katholischen Kirche v. a. in und bei den Städten (ausgenommen sind u. a. die in der Rodungskolonisation tätigen Zisterzienser). Nicht zufällig ballen sich in den Bischofsstädten und Zentren des katholischen Christentums die Klöster, während die orthodoxen Klöster sich in den abgelegensten Winkeln Griechenlands finden. Bekannteste Klostergruppen sind die Athos-Klöster und die Meteora-Klöster am Rande des Thessalischen Beckens.

Es existieren zwei verschiedene Arten des Klosterlebens, die sich in unterschiedlichen Bauformen niederschlagen (vgl. L 143, S. 11): die koinovitische (von gr. koinos bios = gemeinschaftliches Leben), in der alles klösterliche Leben streng gemeinschaftlich ist, und die idiorhythmische (von gr. idios rythmos = individueller Rhythmus), bei der Gottesdienst und andere religiöse Übungen zwar gemeinschaftlich gehalten werden, die Lebensführung aber individuell freier Gestaltung unterliegt. Die bauliche Gestalt der Klöster mit Katholikon und ggf. weiteren gemeinschaftlichen Einrichtungen in der Mitte des von den Klostergebäuden umbauten Raumes spiegelt Wesen und Funktion des orthodoxen Mönchtums wider.

Neben den griechisch-orthodoxen Klöstern gibt es auf dem Athos ein serbisches (Chilandari), ein bulgarisches (Zografou) und ein – sehr großes – russisches Kloster (Panteleimon).

Neben Klöstern bestehen Mönchsdörfer (Kellien), in denen die Mönche idiorhythmisch leben, und Einsiedeleien. Verändertes Denken und veränderte politische Verhältnisse bedingten in den vergangenen Jahrzehnten einen großen Rückgang der Mönchszahlen.

Klöster und andere Mönchssiedlungen sind Selbstversorgerwirtschaften. Die Selbstversorgung, Erhaltung und Erweiterung der Bausubstanz wurde den Klöstern auch durch große Landschenkungen (Metochia) von Kaisern und Fürsten ermöglicht.

Landreform und die Entwicklung in den sozialistischen Ländern, in denen Athos-Klöster ausgedehnten Landbesitz hatten, führten zum Verlust eines großen Teiles der Ländereien, die dem Unterhalt der Klöster dienten.

7.1.4 Junge Dynamik der Entwicklung ländlicher Siedlungen

Mit der Einbeziehung in weitergespannte marktwirtschaftliche Beziehungen, mit Tourismus und Gastarbeiterwanderung änderten sich nicht nur die ländliche Gesellschaft, sondern auch Funktion und Physiognomie der ländlichen Siedlungen.

Von den Auswirkungen des Weltmarktes und anderen überörtlichen Einflüssen werden heute die entlegensten Dörfer erreicht, wie E. Dogas (1982) am Beispiel des Dorfes Pera Melana in der Kynourgia im östlichen Peloponnes aufzeigt, und damit in die interdependente Entwicklung von Stadt und Land, Weltmarkt und lokaler Wirtschaft eingespannt.

Die liberal-kapitalistische Wirtschaft Griechenlands führte zu einer starken Konzentration auf die Agglomerationen Athen und Thessaloniki, die die Bevölkerung der ländlichen Räume wie ein Schwamm anzogen, sie zur (doppelten) Peripherie machten. Abwanderung aus den ländlichen Räumen war die Folge, wie es sich insbesondere in den Dörfern in ökologisch ungünstigeren Lagen in der Aufgabe von Häusern und Flurteilen, ja von ganzen Siedlungen und Fluren beobachten läßt.

Mit dem wachsenden Wohlstand, der Verfügbarkeit eines Pkw und verbesserten Verkehrsverhältnissen erfuhren neuerdings viele dieser aufgegebenen Siedlungen eine Neubewertung als Feriensiedlungen ihrer einstigen, inzwischen nach Athen oder anderswohin verzogenen Bewohner (vgl. L 375, S. 230.). Das äußert sich in Maßnahmen zum Erhalt der alten Häuser, z. T. deren Aus- oder Neubau.

Daß diese jetzt nur noch dem Wohnen dienen sollen, erkennt man bei Neubauten an dem fehlenden, wirtschaftlichen Zwecken dienenden Untergeschoß. In ausgewählten, kulturhistorisch besonders erhaltenswerten Dörfern wird mit Förderung des griechischen Staates die Bausubstanz für touristische Zwecke (Unterkünfte) renoviert (vgl. Kap. 5.5.2).

Setzt sich eine erneute Inwertsetzung der Dörfer durch den heimischen Tourismus v. a. in Süd- und Mittelgriechenland zögerlich durch, so kennzeichnet die Dörfer Nordgriechenlands, Herkunfts- und Zielorte der Gastarbeiteremigration und -remigration, eine z. T. exzessive, mittlerweile zum Erliegen gekommene Neubautätigkeit, die in keinem Verhältnis zur Wirtschaftskraft der Orte steht und sich nur durch Gastarbeitergelder erklären läßt. Etwas anders liegen die Verhältnisse dort, wo Tourismus die wirtschaftliche Entwicklung beeinflußte, wie in vielen Orten an der Küste. Auch hier brachten allerdings zum großen Teil Gastarbeitergelder die touristische Entwicklung in Gang, wie das Beispiel des in den letzten Jahren wie ein Pilz aus dem Boden geschossenen Badeortes Paralia bei Katerini in Pieria zeigt (vgl. L 376).

Hier wie dort ist die Dynamik exogen beeinflußt, ist die bauliche Entwicklung Ausdruck der komplexen wirtschaftlichen und gesellschaftlichen Verhältnisse und Veränderungen.

Die meisten Dörfer verloren bei dieser Entwicklung unter den Wucherungen der modernen Stahlbetonskelettbauweise ihr traditionelles Gesicht. Erhalten blieb es nur in den abgelegenen Gebirgsgegenden, wo auch diese Entwicklung nicht recht griff, und dort, wo sich eine räumliche Schwerpunktverlagerung der Neubautätigkeit hin zu einer dorfabseits verlaufenden Hauptstraße vollzog. Das bedeutete zumeist ein Hangabwärtswandern der

Siedlung. Die alte Siedlung erhielt sich dann, wenn auch vom Verfall bedroht, wie das Beispiel Panteleimon südlich von Katerini zeigt.

Eine Bestandsaufnahme der noch nicht zerstörten traditionellen Siedlungssubstanzen als Grundlage für eine erhaltende Dorferneuerung erscheint als dringend.

7.1.5 Siedlungsgestalt und Gesellschaftsstruktur – das Beispiel der Turmsiedlungen der inneren Mani

Am Beispiel der Turmsiedlungen der inneren Mani lassen sich prototypisch Zusammenhänge von Siedlungsgestalt und Gesellschaftsstruktur herausstellen, wie sie grundsätzlich für alle Siedlungen gelten.

Die Siedlungen der inneren Mani (vgl. u. a. L 668, L 675, L 373) unterscheiden sich in ihrer Gestalt von den Siedlungen des übrigen Griechenlands augenfällig: Türme unterschiedlicher Höhe und Gestalt bilden das beherrschende Siedlungselement. Die Größe der Siedlungen reicht vom turmbewehrten Einzelhof bis zu mittelgroßen turmreichen Dörfern. Die Türme sind Teil der Gehöfte der Nyklianoi-Familien (s. u.), die oft viele Haushalte umfassen. Die zu einer Sippe gehörenden Familien drängen sich gewöhnlich dicht aneinander und bilden – mehr oder weniger deutlich erkennbare – Viertel oder Zellen (gr. machalas, pl. machalades) in der Siedlung, die durch Gassen und platzartige Erweiterungen voneinander getrennt sind. Die diesen Gruppen zugeordneten kleinen, oft sehr reich ausgemalten Kapellen machen die Sippenstruktur deutlich. Eine Ummauerung fehlt den Siedlungen. Schutz nach außen bilden oft nur dichte Opuntienhecken.

Charakteristisch ist die Beschränkung dieses Siedlungstyps auf die sog. innere Mani (Mesa Mani).

Auf der Westseite des Taygetos gelegen, der hier mit immer noch beträchtlichen Höhen weit in das östliche Mittelmeer hineinragt, bildet eine ehemalige, bis 2,5 km breite, gehobene marine Terrasse den Siedlungsraum. Vom Land her nur über die von Gytheion nach Areopolis führende Paßstraße und eine schmale, früher nicht existierende Küstenstraße erreichbar, wird der Zugang vom Meer durch den steilen Abfall der Küstenterrasse erschwert.

Gestein und klimatische Bedingungen machen die Mani zu einem der unfruchtbarsten Gebiete Griechenlands: Der harte Marmor läßt es kaum zur Bodenbildung kommen. Dort, wo sich Boden hat bilden können, ist er flachgründig und mit vielen Gesteinsbrocken durchsetzt. Nur an Stellen, wo Glimmerschiefer auftritt, finden sich etwas günstigere natürliche Bedingungen.

Geringe Niederschläge (600–800 mm), die schnell versickern, und die ausdörrende Wirkung von Sonne und Wind, der hier heftiger weht als in den meisten festländischen Gebieten Griechenlands, machen die Ernährung durch Landwirtschaft mühsam und risikoreich.

Hohe Steinmauern grenzen die kleinen und unregelmäßig zugeschnittenen Felder gegeneinander ab, markieren den Besitz, reduzieren etwas die Austrocknung und dienen ggf. als Weidezaun. Zwischen den Mauern schlängeln sich die steinigen Pfade hindurch.

Die heute im Verfall begriffene Kulturlandschaft der Mani ist karg, öde und trostlos.

Abseitslage und schwere Zugänglichkeit ließen nicht nur fast jeden Zugriff staatlicher Obrigkeit – sei es des Byzantinischen Kaisers, des Despoten von Mistra, des Sultans, fränkischer Kreuzritter oder der Venezianer – scheitern, sondern machten die Mani auch zum Zufluchtsort vieler Flüchtlinge, so im 17. Jh. nach der Eroberung Kretas durch die Osmanen.

Die maniatische Gesellschaft (vgl. L 14) war bis ins 19. Jh. durch eine Sippenstruktur bestimmt: Familienverbände, die sich in einzelne Haushalte untergliederten. Es bestand eine deutliche soziale Schichtung mit einer zahlenmäßig sehr starken Oberschicht, den Nyklianoi (vgl. L 412, S. 423 f.). Ein Aufstieg in die Gruppe der Nyklianoi war möglich. In einer Kommune wie Koita gehörten nach Andromedas (1962, S. 87) 60 % der Bevölkerung zu den Nyklianoi. Die Beziehungen der Sippen untereinander wurden durch ungeschriebenes Recht geregelt, in dem die Blutrache ein bestimmendes Element bildete.

P. L. Fermor (1974) gibt auf der Grundlage von Tagebuchaufzeichnungen eines zeitgenössischen Arztes eine anschauliche Schilderung der Blutfehden im 18. Jh., dem gegenseitigen Bewurf mit Steinen und Beschuß mit Gewehren, ja Kanonen von den Türmen, dem oft jahrelangen Ausharren von der Blutrache Verfolgter in diesen Türmen, den Hinterhalten und Listen, die man anwandte, um den gegnerischen Turm zu erstürmen oder zu zerstören.

Eine Obrigkeit, die für Recht und Ordnung sorgen konnte, fehlte bzw. hatte nicht die Macht (vielleicht auch nicht das Interesse) dazu, so daß der Schutz des einzelnen auf der Stärke seiner Sippe beruhte. Diese schützte sich durch jene imposanten Turmbauten, die zugleich Demonstrationen ihrer Macht waren.

Mit der kräftigen Zunahme der Bevölkerung seit dem 17. Jh. mußte unter den oben geschilderten ökologischen Bedingungen die Nahrungsgrundlage knapper und der Druck auf die landwirtschaftlich nutzbare Fläche stärker werden, zumal türkische und venezianische Aktionen die Piraterie, die immer eine wichtige zusätzliche Einkommensquelle dargestellt hatte, zunehmend einschränkten.

Das vermehrte zwangsläufig die inneren Auseinandersetzungen, da jedes Stückchen Land lebenswichtig und dessen Verlust für eine Familie existenzbedrohend war.

Die Mehrzahl der Turmbauten entstand darum erst im 17. und 18. Jh. In dieser Zeit häufen sich auch Berichte über Sippenfehden. Das Aufkommen von Mörtel als Baumaterial (s. L 643, S. 71) ermöglichte zudem seit dem 17. Jh. ein höheres Bauen.

So werden die Turmsiedlungen zum Ausdruck einer Gesellschaftsstruktur, die gekennzeichnet ist durch das Fehlen einer übergeordneten, starken staatlichen Instanz. Die Macht verteilte sich vielmehr auf viele miteinander konkurrierende Sippen.

Ähnliche Gesellschafts- und Siedlungsstrukturen finden wir in oberitalienischen und toskanischen Städten des Mittelalters und der Renaissance. Städte wie Bologna müssen einem Wald von Türmen geglichen haben. S. Gimignano bewahrt bis heute dieses Bild. Aber auch die Kulen, bäuerliche Wehrbauten, im nordalbanischen Bergland (vgl. KASBURG in L 378, S. 152 ff.) oder die festungsartigen Wohnbauten in Gjirokaster in Südalbanien (s. K. REDDEMANN in L 378, S. 61 ff., S. 40) sind vergleichbar. Sie alle entstanden unter ähnlichen gesellschaftlichen und politischen Bedingungen. Wie diese in Oberitalien aussahen, davon gibt u. a. das Shakespearesche Drama „Romeo und Julia" ein lebendiges Bild, der österreichische Gesandte beim Sultan und Forscher JOHANN GEORG V. HAHN in seinen „Albanesischen Studien" (1854, S. 41) davon, wie sie in Gjirokaster aussahen.

Zwangsläufig mußte sich die Siedlungsstruktur mit Veränderung der politischen Verhältnisse wandeln.

Die – zögerlich verlaufende – Einbindung der Mani in den neugriechischen Staat brachte eine allmähliche Auflösung der alten Gesellschaftsstruktur mit sich. Die Wehrtürme verloren damit ihre ursprüngliche Funktion und verfielen oder wurden in Wohntürme durch Einbau zusätzlicher Fenster und Verbesserung des Zugangs umgewandelt. Die wirtschaftliche Entwicklung des neuen Griechenlands und die durch sie induzierten Wanderungsströme führten zu einer Entleerung der peripheren Gebiete, von der die Mani aufgrund ihrer ungünstigen naturräumlichen Bedingungen besonders betroffen war. Die wüstgefallenen Fluren und aufgegebenen oder fast aufgegebenen Turmhöfe, in denen noch gelegentlich einige alte Frauen und Männer fast troglodytisch hausen, geben Zeugnis von dieser Entwicklung. Nur in den Ferien kehrt manchmal etwas Leben ein, wenn nach Piräus/Athen verzogene Maniaten für kurze Zeit in ihre heimatlichen Dörfer kommen, um Wachteln zu jagen und die Olivenbäume zu pflegen.

Selbst für Tourismus bietet dieses abgelegene, steinige Stück Griechenland keine rechten Möglichkeiten: Die Karstgrotten von Pyrgos Dirou ziehen zwar Touristen an, die jedoch nicht verweilen, und die mit Hilfe von staatlichen Geldern restaurierten Türme des Dorfes Vathia werden kaum größere Touristenscharen dorthin locken können.

So spiegelt die Entstehung der Turmsiedlungen ebenso wie deren Verfall die wechselnden politisch-gesellschaftlichen Bedingungen.

7.2 Die Städte

7.2.1 Stadtbild und Stadtentwicklung bis 1821

In den Städten des Landes drückt sich dessen historische Entwicklung in besonderer Weise aus. Daraus erklärt es sich, daß die griechischen Städte nicht jene historische Tiefe, architektonische Vielfalt und Dichte aufweisen wie die Städte Italiens, Frankreichs oder Spaniens. Die Jahrhunderte der politischen Instabilität in der byzantinischen Zeit mit der Einwanderung von Slaven und Albanern, Fremdherrschaft von Franken, Katalanen, Venezianern und anderen und die lange Zugehörigkeit zum Osmanischen Reich setzten der städtischen Entwicklung Grenzen.

Die zahlenmäßig starke Schicht eines wohlhabenden städtischen Bürgertums, das den mitteleuropäischen Städten ihr Gesicht verlieh, konnte sich ebensowenig entwickeln wie eine zahlenmäßig starke Schicht stadtsässiger Adliger bzw. Grundbesitzer, deren Palazzi die italienischen Städte prägen.

Beide Gruppen fehlen zwar nicht ganz, gaben den Städten vor Gründung des neugriechischen Staates aber selten ihr besonderes Gesicht.

Ohne Teilhabe an der kolonialen Aufteilung der Erde konnten auch nicht jene Reichtümer in den Städten angehäuft werden, die vielen niederländischen, portugiesischen oder spanischen Städten zur Blüte verhalfen. Seit dem Ende der Antike bis zur Befreiung von der Türkenherrschaft blieben die Städte im Bereich des heutigen Griechenlands weitgehend provinziell.

7.2.1.1 Die antiken Städte

Die Anfänge der griechischen Stadtentwicklung sind in den mykenischen Burganlagen zu suchen.

Athen bietet für die Entwicklung von der mykenischen Burg zur Stadt im eigentlichen Sinne ein Musterbeispiel (vgl. R.E. s.v. Athen, G. Schwarz 1966, S. 537).

In mykenischer Zeit (ca. 2000–1200 v. Chr.) diente die Akropolis als Königsburg, in deren Schutz sich später Handwerker ansiedelten. Mit Übersiedlung des Landadels wurde der der Akropolis gegenüberliegende Pnyx-Hügel in die Bebauung eingeschlossen. Seit dem Sturz des Königtums um 1000 v. Chr. entwickelte sich die Akropolis immer mehr zum kultischen Zentrum, während sich der Marktbezirk (Agora) unterhalb von Pnyx und Areopag (dem Zentrum von Gericht und Verwaltung) ausweitete und zum Kernbereich der Stadt wurde. Bei der Agora lag das Buleuterion (Rathaus, in dem der Rat tagte), das Prytaneion (Amtsgebäude der Prytanen, der höchsten Staatsbeamten bzw. des Gremiums, das die Regierungsaufgaben wahrnimmt), in dem sich auch der „Staatsherd“ befand, an den zur Speisung berufen zu werden höchste Ehre bedeutete. Die wieder ausgegrabene Agora von Athen unterhalb des Theseus-Tempels (Thiseion) gibt einen exemplarischen Einblick in die Funktion der Agora und die Art und Anordnung der zur Stadt der klassischen Zeit gehörenden Einrichtungen und Gebäude.

Ein Vergleich der antiken Städte Rom und Athen zeigt, wie sich die grundverschiedenen Staats- und Gesellschaftsordnungen in ebenso verschiedener Architektur und Struktur ihrer bedeutendsten Städte ausdrücken: hier die Agora mit den Einrichtungen eines – im damaligen Sinne – demokratischen Gemeinwesens, überragt von der von Kultbauten gekrönten Akropolis, dort ein von Repräsentationsbauten imperialer Macht bestimmtes Forum, das von den gewaltigen Palastanlagen des Palatin überragt wird und dem kleinere Foren (die Kaiserforen) angegliedert sind, die ebenfalls von imperialen Bauten gesäumt werden, sowie ein alle Maße übersteigendes Kolosseum.

Keinesfalls führten alle mykenischen Burganlagen zur Entwicklung von Städten, wofür die großartigsten noch erhaltenen Burganlagen, das in einem Winkel des Argolischen Beckens versteckte Mykene und das in der Ebene unweit des Meeres (ursprünglich wohl am Meer) liegende Tiryns, Beispiele abgeben.

Die allmähliche Herausbildung dessen, was wir unter Stadt verstehen, bedingte einen unregelmäßigen Grundriß. Erst als die Stadt als Funktionsbereich voll ausgebildet war (etwa Mitte 5. Jh.), ging man an deren planmäßige Gestaltung.

Hippodamos von Milet entwickelte im 5. Jh. v. Chr. die ersten Plananlagen, für die nicht nur die Vaterstadt des Architekten und Stadtplaners ein Beispiel gibt, sondern auch der Grundriß von Piräus, die erste Plananlage auf europäischem Boden (die allerdings nicht identisch ist mit dem heutigen Plan von Piräus).

Der griechische Begriff *„polis“* (vgl. dazu L 315) darf nicht mit unserem Begriff Stadt gleichgesetzt werden. In mykenischer Zeit nur die Burg bezeichnend, beinhaltet er später eine Siedlungsgemeinschaft (Personalverband), deren Mitglieder sich nach der gewählten Örtlichkeit benannten. Damit wird Polis zum Begriff für einen Stadtstaat, deren Siedlungs- und Herrschaftszentrum aber – zumindest bis in die klassische Zeit – nicht unserem Begriff von Stadt als zentralem Ort mit innerer Differenzierung und ganz überwiegend nichtlandwirtschaftlicher Bevölkerung entsprach. Die Polis ist ein Gemeinwesen, das sich auf einem überschaubaren Territorium selbst verwaltete. Es gab auch Verbände von Poleis, in denen eine große Stadt (Megapolis) wie Athen über andere herrschte. Nie besaß ein solcher hierarchischer Verband jedoch abgestufte zentralörtliche Funktionen im Sinne zentralörtlicher Hierarchie. Die Bildung von Poleis wurde durch die Kleinkammerung des Landes begünstigt.

Bei aller Ähnlichkeit weisen die Poleis in Griechenland nach Art der

Organisation ihres Gemeinwesens und dem baulichen Niederschlag, den diese fand, erhebliche Unterschiede auf.

Man vergleiche nur *Athen* und *Sparta,* von denen der antike Historiker Thukydides (1, 10) bezüglich ihrer Bauwerke sagt: „Gesetzt den Fall, die Stadt Lakedaimon verödete und nur die Tempel und Stadtfundamente blieben stehen, so würde, glaube ich, in ferner Zukunft kein Mensch es für möglich halten, daß die Stadt so mächtig gewesen sei, wie die Nachrichten von ihr behaupten. Und doch gehört der Stadt zwei Fünftel des Peloponnes, und über das Ganze und die zahlreichen sonstigen Bundesgenossen hat sie die Führung; aber weil sie nicht eng zusammengebaut ist, nicht reiche Tempel und Bauwerke hat, sondern nach alter hellenischer Art dorfgemäß angelegt ist, macht sie keinen stattlichen Eindruck. Wenn Athen dagegen jenem Schicksal verfiele, würde man es nach seinem äußeren Anblick für doppelt so mächtig halten, als es ist, weil der Anblick der Stadt so großartig ist."

Die den Poleis untergeordneten, politisch unselbständigen Siedlungen hießen „komai" (Dörfer).

Siedlungen besonderer Art waren die mit bedeutenden Heiligtümern verbundenen wie Delphi.

In Nachbarschaft zum vielbesuchten Heiligtum von *Delphi* entwickelte sich eine rege Siedlung, in der die beim delphischen Orakel Ratsuchenden mit ihrer Begleitung wohnten. Sie lebte v. a. vom Devotionalienhandel und Beherbergungsgewerbe und besaß Eigenschaften, die denen heutiger Wallfahrtsorte wie Altötting vergleichbar gewesen sein dürften.

Anders als in Delphi herrschte in *Olympia* nur während der seit 776 v. Chr. alle vier Jahre stattfindenden olympischen Spiele reges Leben. Es gab weder eine ständig anwesende Priesterschaft wie in Delphi, noch entwickelte sich bei dem Heiligtum eine von diesem lebende Siedlung. Ehrengäste und teilweise Athleten wurden während der Spiele im Heiligtum (dazu diente das sog. Leonidaion) untergebracht, das Volk kampierte vor dem heiligen Bezirk.

Eine Siedlung Olympia entwickelte sich erst mit den seit 1875 von Deutschen durchgeführten Ausgrabungen und dem modernen Tourismus. Souvenirläden, Restaurants, Bars und Hotels bestimmen ihr Bild wie heute auch das von Delphi.

In römischer Zeit erfuhren einige Städte bedeutenden Aufschwung als Handelsstädte, Verwaltungszentren und Stätten der Bildung, so Athen, Korinth und Rhodos. Ruinen der für die Römerzeit typischen, aus Ziegeln errichteten Bauwerke wie Theater oder Thermen kennzeichnen die in jener Zeit bedeutenden Orte (zu denen auch Olympia gehörte).

Wieweit Siedlungskontinuität antiker Siedlungen bis heute besteht, läßt sich im einzelnen schwer nachweisen. Sie ist selbst für Athen nicht gesichert, jedoch ebenso anzunehmen wie für einige andere Städte, allerdings mit starken Oszillationen der Bewohnerzahl.

7.2.1.2 Die Stadt in der byzantinischen Zeit

Insbesondere die längeren Phasen politischer Instabilität in byzantinischer Zeit mit dem Eindringen von Westgoten, Slaven, Albanern und anderen Völkerschaften in das Gebiet des heutigen Griechenlands wirkten negativ auf städtische Entwicklung und Kontinuität.

Durch Burgen, die sich in beherrschender Lage auf Bergen und Hügeln – z. T. in Verbindung mit antiken Akropolen – erhoben, suchten die Byzantiner ebenso wie Franken und Venezianer ihre Territorien zu sichern.

Im Schutz der Burgen entwickelten sich dann z. T. Handwerker- und Händlersiedlungen. Vielfach ließ die isolierte Lage der Burg jedoch keine weitere Siedlungsentwicklung zu.

Herausragend unter den byzantinischen Städten im Bereich des heutigen Griechenlands sind Thessaloniki, Larisa, Theben, Korinth, Patras und das erst im 13. Jh. gegründete *Mistra,* dessen kurze glänzende Geschichte sich mit dem Despotat von Mistra (13.–15. Jh.) im südlichen Peloponnes verbindet.

Im Schutze einer noch von den Franken in der Mitte des 13. Jh. erbauten Burg entwickelte sich diese byzantinische Gründung in kurzer Zeit zu einer mauerumwehrten Stadt mit vielen tausend Einwohnern. Enge Treppen und Stufengassen führen zwischen den Häusern und Kirchen den Hang hinauf. Der heute nur noch in seinen Außenmauern erhaltene Despotenpalast, in dem Goethe die Liebesszene zwischen Faust und Helena im 2. Teil seines „Faust“ spielen läßt, und die erhaltenen, reich ausgestalteten Kirchen und Klöster zeugen von der Bedeutung Mistras, das trotz seines ruinösen Zustandes noch weitgehend unverfälschte Züge einer byzantinischen Stadt trägt. Es hatte in osmanischer Zeit keinerlei Bedeutung (fehlende Moscheen!) und wurde bei der Neugründung Spartas wenige Kilometer davon entfernt in der Ebene nahe der Stelle des antiken Sparta aufgegeben.

Das nicht weit von Mistra entfernte *Monemvasia* bietet das schöne Beispiel einer byzantinischen Festungsstadt. Neben den byzantinischen Festungen waren es solche der Venezianer, Genueser und Kreuzritter, in deren Schutz sich eine (gewöhnlich bescheidene) städtische Entwicklung vollzog. Rhodos, Naxos und Korfu sind Beispiele. Von der Residenzstadt der Fürsten von Achaia, Andravida in Elis, heute ein staubiges Dorf, blieb wenig mehr als eine gotische Kirchenruine, die sich recht exotisch in ihrer Umgebung ausnimmt.

Gregorovius (1889/1962) verdanken wir eine umfangreiche Darstellung Athens im Mitteltalter, in dem sich Byzantiner (bis 1204), fränkische (1204 bis 1311), spanische (1311–87) und italienische Herzöge (1387–1456) in der Herrschaft ablösten, bis sie ihrerseits von den Türken abgelöst wurden.

7.2.1.3 Die Stadt in der osmanischen Zeit

Charakteristische Merkmale der osmanischen (islamischen) Stadt sind der um die Hauptmoschee liegende Basar mit seinen niedrigen, aus Holz gebauten Basarbuden, der branchenspezifischen Sortierung des Waren- und Dienstleistungsangebotes (zum Bild eines Basars s. L 145, S. 35), (ethnische) Viertelsbildung, typische Bauwerke, wie die Moscheen, deren jedes Viertel eine besitzt, Türben (Grabmonumente), Medresen (Koranschulen), Bäder (hamam), Hane (Raststätten) und v. a. Wohnhäuser, die sich gewöhnlich auf einen oft mit viel Grün gestalteten Hof öffnen, der durch eine Mauer gegen die Straße abgeschlossen ist, und mit Holzgittern (kafes) vor den Fenstern versehen sind, die die Frauen vor den Blicken auf der Straße gehender Männer schützen sollten.

Die für Istanbul und andere osmanische Städte charakteristischen Sackgassen und die äußerst verschachtelte Bebauung, die auf das Zusammensiedeln von Sippen zurückgeführt werden (die familiale Organisation leitet sich aus dem Nomadentum ab), finden sich in Städten auf dem Gebiet des heutigen Griechenlands nur ansatzweise, da sich die städtische Entwicklung in osmanischer Zeit an bereits vorhandene Städte anlehnte und die familiale Struktur der in Griechenland als Militärs, Verwaltungsbeamte und Handwerker in den Städten ansässig gewordenen Türken sich zudem bereits geändert hatte.

In *Ioannina,* Residenz Ali Paschas, erhielt sich noch etwas von dem Bild einer osmanischen Residenzstadt, wie es in ungleich großartigerer Weise in Edirne (Adrianopel) und Istanbul (Konstantinopel) der Fall ist.

Die Städte besaßen in der osmanischen Zeit keine oder nur schwache Befestigungsanlagen. Sie dienten v. a. als Märkte und Verwaltungsmittelpunkte der Region. In ihnen lag gewöhnlich eine Garnison und lebten und arbeiteten die Handwerker, die Stadt und Umland mit ihren Produkten versorgten. In einigen Städten, wie z. B. denen Thessaliens (vgl. L 353), entwickelte sich Textilindustrie, die aber im Zuge des Niedergangs des Osmanischen Reiches durch die ausländische Konkurrenz erstickt wurde (Tyrnavos, Ambelakia!).

Mit der Entwicklung der Timare zu Tschiftliks, erblichen Gütern, die nach rentenkapitalistischer Manier bewirtschaftet wurden, zogen viel Tschiftlikbesitzer in die Stadt. Ihre Wohnbauten, aus Stein gebaut, zeichnen sich meist durch Stattlichkeit aus und ähneln den ländlichen Konaks, den Herrenhäusern der Tschiftliks.

Erhalten hat sich von den Bauten aus türkischer Zeit nur wenig. Das liegt nicht nur an der Verwendung von viel Holz und Lehm bei den Wohn- und Geschäftsbauten, sondern auch daran, daß sie für die Griechen Zeugnisse jahrhundertelanger Unterdrückung und einer fremden Kultur und Religion auf griechischem Boden waren und sind, die zu erhalten nicht im nationalen Interesse liegt. Einige – meist nur noch in Resten – erhaltene Basarviertel, in

Markthallen, Kinos und anderes umfunktionierte Moscheen mit gekapptem Minarett und wenige Wohnbauten sind die einzigen Zeugnisse dieser Vergangenheit in den griechischen Städten. Allein in den Städten Thrakiens mit muslimischer Minderheit (Xanthi, Komotini) erhielt sich das Bild der osmanischen Stadt.

Wie eine solche türkische Provinzstadt im südlichen Griechenland aussah, beschreibt Beuermann (1957) am Beispiel von *Tripolis* in Arkadien am Rande der hocharkadischen Becken.

Am Beginn des 18. Jh. verlegten die Türken den Regierungssitz des Paschaliks Morea von Navplion nach Dropolitsa, dem heutigen Tripolis (der Name ist verballhornt aus Dropolitzs und hat nichts mit „Dreistadt" zu tun). Erst Ende des Jahrhunderts erhielt es eine – nicht sehr mächtige – Befestigung. Zentrum der Stadt bildete der Basarbezirk mit der Hauptmoschee. In der Nähe des Basarplatzes, wo sich die Wochenmärkte (seit 1800 sonntags) abspielten, befanden sich die Gassen der Schuster, Schneider, Kupferschmiede und anderer Handwerker.

Gehandelt wurden v. a. Haschisch, Seidenkokons, Käse, Felle, Wolle und andere tierische Produkte.

Am Rande der Stadt lag der bei Neuanlage von Tripolis nach der Befreiung abgerissene und in eine Parkanlage umgewandelte Palast des Paschas (vgl. die Beschreibung L 505, S. 70ff.), am entgegengesetzten Ende der Stadtbefestigung eine Zitadelle.

In den Befreiungskriegen stark zerstört, geschah der Wiederaufbau der Stadt planmäßig und mit einem regelmäßigen Straßennetz. Dies nimmt hier jedoch Rücksicht auf noch verhandene Gebäudekomplexe und zeigt darum nicht denselben Schematismus wie in vielen anderen Städten, die nach der Befreiung neu geplant und aufgebaut wurden (z. B. Sparta, Kalamata, Patras).

7.2.2 Stadtentwicklung seit 1821

Das Fehlen von Städten als leistungsfähigen zentralen Orten und Verwaltungsmittelpunkten in vielen Bezirken und Landesteilen des neugegründeten Griechenlands machte die planmäßige Neuanlage zahlreicher Städte notwendig, die oft in Anlehnung an die mittelalterlichen Burgstädte geschah: so bei Patras, Pyrgos, Kalamata, Sparta oder Argos auf dem Peloponnes, Theben, Chalkis, Lamia oder Larisa in Mittelgriechenland. Sie alle zeichnen sich durch einen planmäßig-schachbrettförmigen Grundriß mit großer Platia im Zentrum aus. Auch Athen und Piräus gehören zu den planmäßigen Neuanlagen (von einer Erweiterung der mittelalterlichen Städte kann man kaum sprechen).

Die Stadtentwicklung seit 1821 innerhalb Griechenlands verlief sehr unplanmäßig (vgl. dazu Kap. 7.2.4): Athen entwickelte sich zum alles überragenden Zentrum mit ständig und rasant wachsender Bevölkerung, die einen immer größeren Anteil an der Bevölkerung Griechenlands ausmacht, gefolgt von Thessaloniki, das in Nordgriechenland die dominante Rolle spielt und ebenfalls einen ständig wachsenden Anteil an der Bevölkerung Griechenlands in sich vereinigt. Impulse bekamen viele Städte v. a. Nordgriechenlands und Athen durch den Zustrom von Flüchtlingen nach 1922, was zu großen planmäßigen Stadterweiterungen mit gitterförmigem Straßennetz führte.

Ein Vergleich der Rangfolge der Städte 1951–81 zeigt, daß sich bei den größten Städten keine Veränderungen in der Reihenfolge ergeben haben, in den unteren Bereichen allerdings zum Teil beträchtliche (s. Tab. A11).

Die auf der Achse der beiden größten Agglomerationen des Landes und deren Verlängerung liegenden Städte weisen das dynamischste Wachstum auf: Patras, Volos, Kavala. Hinzu kommen die beiden kretischen Städte Irakleion und Chania, während die übrigen größtenteils stagnierende, z. T. sinkende Bevölkerungszahlen aufweisen. Sofern deren Aktivitäten zum sekundären Bereich gehören, liegen sie im traditionellen Handwerk oder aber in Industrien, die sich durch ihren hohen Anteil un- und angelernter Arbeitskräfte und andere Merkmale peripherer Industrien auszeichnen.

Die trotzdem oft rege Bautätigkeit, die man gerade in Nordgriechenland beobachten kann, ist weniger das Produkt eigener Wirtschaftskraft als das der Gelder von Gastarbeitern. Sie legen diese vielfach, auch wenn sie im heimatlichen Dorf wohnen bleiben, in der Stadt im Wohnungsbau (Wohnung als Mitgift für Töchter!) an. Mit der jungen, exzessiven Bautätigkeit verschwanden die meisten Wohnbauten, die aus dem letzten Jahrhundert stammten oder älter waren.

Wesentliche Elemente dieser Bauten, die auch nach Ende der Türkenzeit noch verwendet wurden, sind der Tschardak, eine schmale, längliche, aus Holz gebaute Veranda, die von außen über eine freie Treppe zugänglich ist, oder die aus der Fassade herausragende, auf einem Steinsockel ruhende Veranda (Kiosk), die vom Obergeschoß aus zugänglich ist und keine Außentreppe besitzt (s. L 503, S. 187f.). Offene und geschlossene Veranden waren üblich bei den Wohnbauten in der Stadt und auf dem Lande.

Die junge Bautätigkeit in den Städten (und Dörfern) ist an Uniformität kaum noch zu überbieten: würfelförmige Bauwerke aus Stahlbeton und Fertigbauteilen mit vorgesetzten Balkonen, eine Bauform, die von Kreta bis Alexandroupolis in Thrakien reicht und sich der balkanischen Tristesse in diesem Bereich angleicht. Da wirkt es fast rührend, wenn die Kirchen wie eh und je in der traditionellen Form, wenn auch mit den neuen Materialien, gebaut werden.

Mangelndes historisches Bewußtsein oder ein gespaltenes Verhältnis zur historischen Vergangenheit des Landes führten zum gnadenlosen Abriß der alten Bausubstanz, so daß viele Städte wie die Dörfer weitgehend ihr Gesicht verloren haben. Von dem alten Thessaloniki blieb – abgesehen von den byzantinischen Kirchen und einigen anderen historischen Bauwerken und wenigen jüdischen Kaufmannshäusern – so gut wie nichts übrig.

Musterbeispiel für eine nach der Befreiung neu angelegte Stadt ist *Sparta* im südlichen Peloponnes, Hauptstadt des Nomos Lakonien (vgl. dazu L 503).

1834 wurde die Stadt nach den Plänen bayerischer Architekten auf dem Gebiet des antiken Sparta südlich des Akropolishügels neu angelegt. Als Gegenpol zu Athen gedacht (dem Philhellenen Otto mag die antike Konkurrenz der beiden Poleis vorgeschwebt haben), konnte sich die Stadt nie zu einem ernsthaften Konkurrenten Athens entwickeln, sondern blieb klein und im Rahmen der damaligen Grundrißplanung.

Dieser Grundriß hat im zentralen Teil die Gestalt eines Trapezes, an dessen Kopfende eine Parkanlage geplant war, an deren Stelle später das Stadion trat. Zentrale Achse bildet die Palaiologosstraße, die auf das vor dem Stadion stehende Leonidasdenkmal zuläuft bzw. von ihm ausgeht. Der Plan von 1833/4 wurde nur in wenigen Punkten verändert, so in der Anlage der Ausfallstraße nach Tripolis ohne Rücksicht auf die Einheitlichkeit der Plananlage. Der zentrale, rechteckige große Platz liegt beiderseits der Palaiologosstraße etwa in deren Mitte. Durch Bebauung beider Straßenseiten wurde er in der Mitte geteilt.

7.2.3 Innere Gliederung der Städte

Die meisten Städte zeigen eine mehr oder weniger deutliche funktionale und soziale Gliederung.

Die funktionale Gliederung sieht in den Grundzügen so aus, daß sich die wichtigsten geschäftlichen Funktionen um die zentrale Platia in deren Nähe und entlang der Hauptverkehrsachse(n) ballen. Nur in größeren Städten (s. Kap. 7.2.4) findet sich eine Citybildung.

An die Platia schließt sich in der Regel das alte Basarviertel an mit seinen vielen Handwerkern und kleineren Geschäften. Bisweilen erhielten sich noch die niedrigen, ein- bis zweigeschossigen Gebäude mit dem Laden bzw. Handwerksbetrieb im Erdgeschoß. Ein niedriges, mit dem ebenerdigen Untergeschoß verbundenes Zwischengeschoß dient oft als Lager. Die Dächer ragen weit vor und bieten Schutz vor der Witterung. Die noch beobachtbare Branchensortierung hat alte Tradition und oft auch praktische Gründe, wie Potyka (1981, S. 198) am Beispiel der Ballung von Autoreparatur- und Mechanikerwerkstätten in Sparta zeigte: Mangelhafte technische Ausstattung zwingt die Betriebe zur Zusammenarbeit. Nur wenige Betriebe besitzen eine Hebebühne, ein Radwechselgerät o. ä., so daß man auf sie angewiesen ist.

Die meisten Städte sind zugleich Nomoshauptorte mit den dazugehörenden Einrichtungen: Bezirksverwaltung (Nomarchie), Einrichtungen der öffentlichen Sicherheit (Polizei), des Schul- und Gesundheitswesens, Post und (getrennt) Telegrafenamt (OTE), Banken (Nationalbank, Agrarbank), zentralen Einrichtungen des öffentlichen Verkehrs u. ä.

Viele, wenn auch keineswegs immer alle Einrichtungen liegen im Zentrum der Städte. Die Nomoshauptorte sind zugleich Bischofssitze. Die Bischofskirche (Mitropolis) liegt gewöhnlich an der zentralen Platia oder in deren unmittelbarer Nähe. Zu den Einrichtungen der Nomoshauptorte gehört in aller Regel auch eine Garnison mit – meist am Rande der Stadt gelegenen – Kasernenanlagen.

Die Wohnviertel weisen oft ein deutliches soziales Gefälle auf. Ist die Stadt auf etwas hängigem Gelände erbaut, finden sich die besseren Wohnlagen gewöhnlich an den Hängen, während die weniger guten Wohngebiete in den Tallagen und in der Nähe der Industriebetriebe (ggf. des Industrieviertels) zu finden sind. Ungeplante, spontan bebaute Wohnbezirke mit einfachen Häuschen (Hütten) und fehlender technischer Infrastruktur, die v. a. in den Randbereichen der großen Städte größere Areale einnehmen, sind Ausdruck der ungebremsten Landflucht.

Dort, wo mehrere ethnische Gruppen in einer Stadt leben bzw. lebten, sind diese in der Regel an bestimmte Viertel gebunden, die durch sie zugleich ihre eigene Prägung erfuhren. EGGELING (1984, S. 78 ff. und Karte 9 kB) zeigt dies am Beispiel der Stadt Rhodos auf: Türken, Juden, auf Rhodos verbliebene orthodoxe Griechen, Italiener und nach der Befreiung (1947) zugewanderte Griechen prägten ihre Wohn- und Geschäftsbezirke. Das bauliche Grundgerüst dafür bildeten die großartigen, von den Italienern z. T. restaurierten oder wiederhergestellten Bauten der Johanniter, deren mächtige Stadtmauer und eine orientalisch geprägte Altstadt mit verwinkelten Gassen, Sackgassen und Plätzen.

Die heutige Verteilung der Wirtschafts- und Verwaltungsfunktionen in der Stadt orientiert sich noch an deren baulicher Struktur und – jetzt größtenteils verwischten – ethnischen Gliederung (L 164, S. 79).

7.2.4 Die Agglomeration Athen

Am Saronischen Golf, umgeben von den Gebirgen Imittos (Hymettos), Pentelikon, Parnis und Aigaleon, im Küstenhof des Kifisos gelegen, ist Athen die alle anderen Städte an Größe und Bedeutung weit überragende Hauptstadt des Landes.

Sie ist nicht nur Sitz der Regierung, sondern geistiger und wirtschaftlicher Mittelpunkt des Landes, der weit über dessen Grenzen hinaus glänzt. Universität, Technische Hochschule und zahlreiche weitere Hochschulen, Bibliotheken, Museen und andere Einrichtungen machen Athen zum kulturellen Zentrum des östlichen Mittelmeerraumes.

Nahezu alle bedeutenden Firmen des Landes, alle Banken und Reedereien haben ihren Sitz in Athen. Es ist Drehscheibe im nationalen und internationalen

Verkehr: Alle nationalen und internationalen Schiffahrtslinien des östlichen Mittelmeeres bündeln sich ebenso im Hafen von Piräus wie die Luftlinien auf dem Flughafen Hellenikon.

Die Agglomeration entwickelte sich aber auch zu einem wichtigen Industriestandort. Für ausländische Firmen und Vertretungen ist Athen Einfallstor und wichtiger Standort und damit Brückenkopf für den ausländischen Einfluß auf die wirtschaftliche Entwicklung des Landes.

Mit seiner bis in die Antike zurückreichenden Geschichte, seinen unvergleichlichen antiken Bauwerken auf der Akropolis und seiner geistigen Bedeutung für die Entwicklung des Abendlandes steht Athen für Griechenland, wurde es für die Griechen zum steingewordenen Inbegriff ihrer Kultur und Identität und das Ziel der Wünsche als Wohnort.

In der Entwicklung der Agglomeration Athen komprimiert sich die Entwicklung des neuen Griechenlands. Sie wird zum Spiegel der Entwicklung des griechischen Staates und aller seiner Probleme (vgl. L 382).

Innerhalb von nur 150 Jahren wuchs Athen von einer kleinen staubigen Landstadt mit wenigen tausend Einwohnern zu einer Metropole mit über 3 Mio. Einwohnern. Die Entwicklung führte nicht nur zu einer überdimensionalen Ballung, sondern auch zu einer spezifischen inneren funktionalen und sozialen Differenzierung.

Administrativ besteht die heute nahezu 450 qkm bedeckende Agglomeration aus 57 selbständigen Gemeinden, von denen die Gemeinden mit über 10000 Einwohnern den Status von Städten (dimoi), die mit weniger als 10000 Einwohnern den von Gemeinden (koinotites) besitzen. Die Spanne der in der Agglomeration zusammengefaßten Gemeinden bzw. Städte reicht von Gemeinden mit weniger als 2000 Einwohnern bis hin zum Dimos Athen mit über 600000 Einwohnern.

Athen und Piräus bilden die dominanten Zentren innerhalb der Agglomeration.

7.2.4.1 Die Entwicklung Athens seit der Unabhängigkeit

Als am Weihnachtsabend 1809 Lord Byron mit seinen Begleitern den in das Kifissos-Becken führenden Paß von Fyli überschritt, rief ihm sein griechischer Führer zu: „Herr, Herr, da ist das Dorf" (griech. to chorió), womit Athen gemeint war, das damals etwas über 5000 Einwohner zählte (L 280, S. 16).

Wie die Stadt in den ersten Jahrzehnten des 19. Jh. aussah, ist in den Bildern des englischen Malers Dodwell (1820, 1986), den Aquarellen Carl Rottmanns und seines Begleiters Ludwig Lange, die Griechenland im Auftrag König Ottos malend bereisten (s. L 111), und vielen anderen Darstellungen festgehalten.

Eine Mauer von geringer Höhe und Dicke, die man 1780 in großer Eile gegen räuberische Überfälle errichtet hatte, umgab ein Gewirr niedriger Häuser, über die nur die Kuppeln einiger kleiner byzantinischer Kirchen und die Minarette der Moscheen hinausragten.

Über das Gewirr erhob sich majestätisch die Akropolis. Sie diente als türkische Festung. Die Propyläen waren, nachdem die Florentiner Herzöge (1387–1456) sie in einen Palast umgewandelt hatten, Teil der Bastion geworden, in deren Mauern man später die Bruchstücke des Niketempels fand.

Das Erechtheion mit seiner berühmten Korenhalle, deren Karyatiden gerade noch aus dem Schutt der Jahrhunderte herausragten (s. L 145, S. 29) – eine Karyatide hatte Lord Elgin 1801 nach London verschleppt –, diente als Harem. In das Loch, das die Kanonade während der Belagerung der Akropolis durch Morosini 1687 in den Parthenon, in dem ein Pulvermagazin untergebracht war, gerissen hatte, war eine türkische Moschee hineingebaut. Zwischen den Ruinen der Antike tat sich ein Gewirr von Häusern und Gäßchen auf.

Zentrum der sich am Fuße der Akropolis ausbreitenden Stadt bildete der Basar. Hier trafen sich nicht nur die Bürger der Stadt, sondern auch die Menschen aus den umliegenden Dörfern. Dodwell schildert zu seinem Aquarell des Basars (1982, S. 34f.) sehr anschaulich das völkische und soziale Gemisch, das er dort antraf: Türken, Griechen und Albaner, die den größten Teil Attikas und der Inseln im Saronischen Golf besiedelten, Christen und Mohammedaner, sogar Schwarze, freigelassene türkische Sklaven.

Der als Wasseruhr gebaute Turm der Winde, „baukünstlerisches Phantasiewerk“ (L 280, S. 70) aus dem 1. Jh. n. Chr., diente den Derwischen als Teckeh oder Bethaus, wo sie auch ihre merkwürdigen Tanzriten ausführten (s. die Beschreibung von Chandler 1777, S. 146).

Das Lysikrates-Denkmal aus dem 4. Jh. v. Chr. war in ein französisches Kapuzinerkloster einbezogen, das viele Reisende, u. a. Lord Byron, als Herberge benutzten. Die Antike hatte überall in Athen mehr Präsenz als heute, war mehr in das Leben einbezogen und noch nicht zu musealen Schaustücken herabgesunken.

Als der junge König Otto am 18. 8. 1834 Athen zur Hauptstadt des neuen Griechenlands erklärte und den Umzug von Navplion, wo er bis dahin residiert hatte, noch für dasselbe Jahr anordnete, befand sich die Stadt in einem äußerst desolaten Zustand (vgl. L 589, S. 140). Die zweimalige Belagerung der Akropolis in den Freiheitskriegen durch alliierte Truppen (1822–31) und Rückeroberung durch die Türken 1827 nach einjähriger Belagerung hatte zur Zerstörung des größten Teils der Häuser geführt. Die Einwohnerzahl war auf weniger als 2000 gesunken. Der Archäologe und Begleiter des Königs auf seinen Reisen durch Griechenland Ludwig Ross schreibt (zit. nach L 589, S. 140): „Das ist nicht das ‘glänzende, veilchenumkränzte Athen’, es ist ein einziger ungeheurer Trümmerhaufen, eine gestaltlose, einförmig graubraune Masse von Schutt und Staub und von einem Dutzend Palmen und Cypressen überragt, die der allgemeinen Verwüstung widerstanden haben. Wenn es der Theseustempel zur Rechten des Weges, wenn es die Burg mit ihren

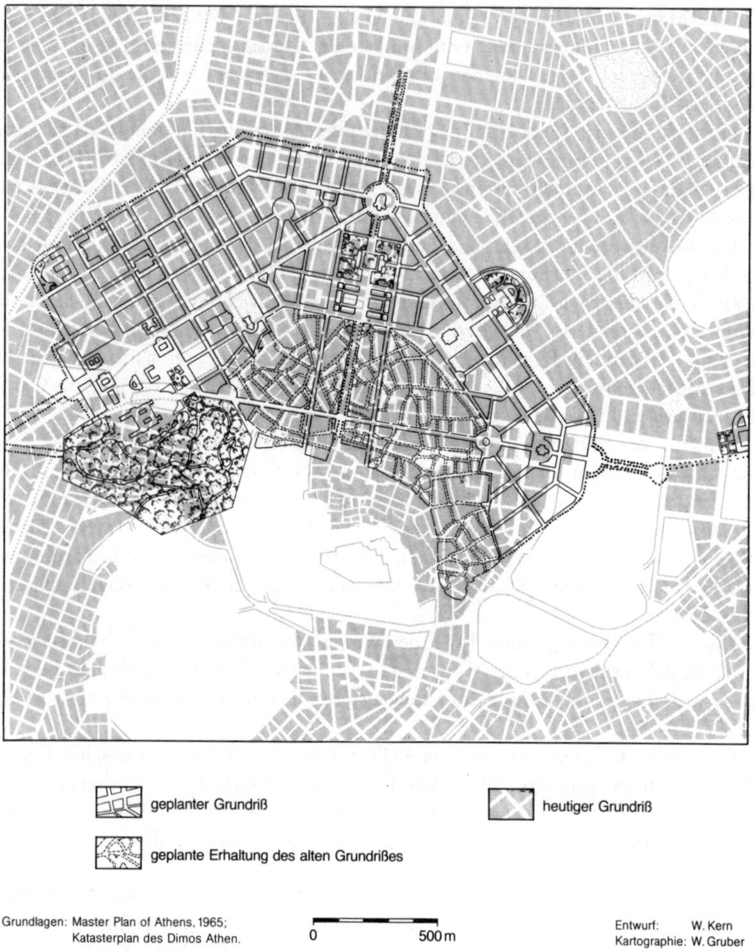

Abb. 17: Plan der Stadt Athen von Leo v. Klenze.

Resten nicht bestätigen, man würde Mühe haben, es zu glauben, daß man in Athen ist."

GUTENSOHN, Architekt im Dienste des Königs und von OTTO zur Begutachtung der Lage nach Athen entsandt, hatte Piräus als Hauptstadt vorgeschlagen, da dort dem Staat genügend Grund und Boden zur Verfügung stünde für die zu errichtenden Bauwerke und da von dort die Flucht per Schiff leichter möglich sei (!). Es siegten, wie LEO V. KLENZE es formulierte (n. L 589, S. 149), „die herrliche Lage von Athen, die großen Erinnerungen, die sich an dessen Namen knüpften, und mehrere Rücksichten höherer Politik".

Mit der Verlegung der Hauptstadtfunktion mußte Athen den neuen Erfordernissen angepaßt werden.

Den Entwurf für die Stadterweiterung, in der Schloß und öffentliche Bauten Platz finden konnten, lieferten die Architekten SCHAUBERT und KLEANTHES. Er zeigt eine regelmäßige Erweiterung nördlich der Akropolis und der Altstadt in Form eines Dreiecks, dessen Eckpunkte durch Plätze markiert sind.

Der Plan zeigt zweifellos Ähnlichkeiten mit Stadtgrundrissen absolutistischer Zeit. Trotzdem kann er kaum mit Plänen wie denen von Karlsruhe oder Versailles gleichgesetzt werden, da er eine doppelte Zentrierung besitzt: sowohl auf das Schloß, dessen Lage an der Spitze des Dreiecks, dem heutigen Omoneiaplatz, geplant war, wie auf die Akropolis mit ihren großartigen Bauwerken aus der Antike, an die das neue Griechenland bewußt anknüpfte.

Geldmangel und andere Einwendungen führten zu einer Überarbeitung v. a. durch KLENZE (s. Abb. 17). Sein Grundcharakter blieb aber trotz vieler Änderungen (Verengung der Achsen, Erhalt der Altstadt mit ihrem verwinkelten Straßennetz, Verzicht auf Straßendurchbrüche) erhalten. Die bewußte Zentrierung auf die Akropolis wird deutlich an der Ausrichtung der Athinas- und Aiolou-Straße. Jene hat als Blickpunkt die Propyläen, diese, benannt nach dem Turm der Winde, auf den sie zuführt, Erechtheion und Parthenon.

Wiewenig die im Plan angelegte Zentrierung auf das Schloß essentiell war, zeigt dessen mit der Korrektur durch KLENZE vorgenommene Verlegung an die westliche Ecke des Dreiecks. Dort wurde es dann aber auch nicht gebaut, sondern fand an der gegenüberliegenden Ecke (am heutigen Syntagmaplatz) seinen Standort.

Insgesamt betrachtet ist der Entwurf mit der Einbeziehung der antiken und mittelalterlichen Stadt unter Berücksichtigung der derzeitigen gesellschaftlichen Bedingungen eine hervorragende Leistung. Er fügt der Reihe der Plananlagen, die im antiken Abendland mit denen von HIPPODAMOS VON MILET beginnt, sich in denen der Römerzeit, des Mittelalters (z. B. Lübeck, Krakau), der Renaissance (z. B. Palmanova in Oberitalien), des Barocks (z. B. Karlsruhe) und in den Stadtgrundrissen der überseeischen Kolonien und der industriezeitlichen Stadterweiterungen und Neugründungen (z. B. Ludwigshafen) fortsetzt, eine neue Variante hinzu.

Mit der Verlegung der Hauptstadtfunktion nach Athen setzte dort eine außerordentlich rege Bautätigkeit ein. Repräsentative Bauten der Architekten KLENZE, GÄRTNER, SCHAUBERT, KLEANTHES, CHRISTIAN und THEOPHIL HANSEN, ZILLER und anderer geben ihr das Gesicht. Stellvertretend für alle hatte KLENZE formuliert: „Eine Anlage in Athen ist eine europäische Kunstangelegenheit und man ist dafür gewissermaßen ganz Europa Rechenschaft schuldig" (zit. aus L 589, S. 154).

Die klassizistische Bauweise dominiert dem Zeitgeschmack entsprechend, wird in Athen aber auch als bewußte Verbindung mit der Antike und als der darum für Griechenland adäquate Baustil verstanden. Man pflegte ihn deshalb dort noch zu einer Zeit, in der man in Deutschland und andernorts in Europa längst zu anderen Stilen übergegangen war. Viele Bauten wurden von – im Ausland lebenden – griechischen Mäzenen finanziert, wie das auch heute noch oft geschieht.

Trotz der großen Schwierigkeiten, die der junge Staat in der Regierungszeit OTTOS hatte, wuchs die Stadt kontinuierlich. Die Übernahme des zentralistischen Systems führte zu einer Konzentration aller staatlichen Einrichtungen auf die neue Hauptstadt. Mit der Erweiterung des Staatsgebietes 1864 und 1881 und der die wirtschaftliche und soziale Stabilität fördernden Politik der Regierung TRIKOUPIS (1882–85, 1887–90) beschleunigte sich das Wachstum der Stadt. Die – relativ – stabilen politischen Verhältnisse führten dazu, daß viele Auslandsgriechen, meist Großkaufleute, sich jetzt in Athen niederließen.

Die ersten neuzeitlichen Olympischen Spiele, die 1896 in dem auf antiken Fundamenten neu errichteten Olympiastadion stattfanden, brachten die gewachsene Bedeutung Athens zum Ausdruck.

Mit Athen zugleich wuchs die Hafenstadt *Piräus*, für die KLEANTHES (1834) den Grundrißplan entworfen hatte.

Vor der Griechischen Revolution bestand Piräus, das seinen ursprünglichen Namen verloren hatte und das von den Venezianern Porto di Leone oder Porto di Draco, von den Türken Aslan Limani genannt wurde, abgesehen vom Kloster Agios Spyridon lediglich aus einem Zollamt, dem Haus eines Kaufmanns und wenigen Magazinen. Alle Gebäude wurden in den Freiheitskriegen zerstört. Bereits 1844 aber schrieb der Architekt F. STAUFFERT: „Es möchte wohl wenig Städte in der Welt geben, die so schnell aus einem Nichts emporgewachsen sind, als die Stadt Piräus; und wenn auch noch nicht alle Bauplätze bebaut wurden, so ist doch unendlich viel geschehen, und es ist zu erwarten, wenn Friede und Eintracht in Griechenland herrscht, daß die Stadt binnen einiger Jahrzehnte sehr erweitert sein wird, worauf sie alsdann eine der schönsten Hafenstädte des Mittelmeeres sein wird. Was würde sie geworden sein, wenn man sie zur Residenz des jungen Königreiches gemacht hätte, und wenn zweckmäßigere Maßregeln der Regierung die Einwanderung betriebsamer Griechen aus der Türkei begünstigt haben würde, statt daß so viele dahin ausgewandert sind!"

Bis zum Ende des Ersten Weltkrieges sind beide Städte baulich voneinander getrennt.

Funktional entwickelte sich eine deutliche Differenzierung: Während sich in Athen die Funktionen der Regierungshauptstadt konzentrieren sowie die Einrichtungen von Kultur und Wissenschaft des ganzen, auch außerhalb der Staatsgrenzen bestehenden Griechentums (Athen als Hauptstadt der „Grecia irredenta", L 167, S. 349), darüber hinaus ein wesentlicher Teil des Handels, wird Piräus zum Knotenpunkt der Schiffahrt im östlichen Mittelmeer, Sitz von Reedereien, Handelsunternehmen und v. a. Industrien. Piräus drängte damit Syros, das bis um 1870 noch der größte Hafen Griechenlands und Knotenpunkt der Schiffahrt in der Ägäis gewesen war, aus seiner Rolle. Wesentlich wurde der Aufschwung von Piräus durch die Eröffnung des Kanals von Korinth (1893) gefördert.

Die funktionale Differenzierung besteht bis heute. Die hauptstädtischen Funktionen konzentrieren sich in Athen im Bereich zwischen Syntagmaplatz und Omoneiaplatz mit nach Norden reichender Verlängerung bis etwa zum Nationalmuseum. Hier liegen Ministerien und Botschaften, die nationalen Bildungseinrichtungen (Universität, Akademie, TH, aber auch Banken, teure Geschäfte, Büros der Fluggesellschaften usf. Hier vollzog sich das, was man als Cityentwicklung bezeichnet.

Der Geschäftsbereich füllt auch das „Athener Dreieck" mit dem Markt (incl. Folgeeinrichtungen) als Kristallisationspunkt an der Athinastraße und dem Bereich unterhalb der Plaka, wo sich der alte Basar noch in veränderter Form erhalten hat.

Ein typisches Ost-West-Profil durch die Innenstadt von Athen (vgl. L 309, S. 177) zeigt eine Dominanz von hochrangigen Administrativ- und Geschäftsfunktionen im Osten etwa mit den Achsen von Stadiou und Panepistimiou, die nach Westen an „Ranghöhe" bzw. Qualität abnehmen, um jenseits der Od. Athinas Großhandels- und Gewerbefunktionen zu weichen. Charakteristisch ist die noch häufige Vergesellschaftung von gleichem oder ähnlichem Warenangebot in einer Straße, einem Straßenbereich oder Bezirk.

Die Industrie konzentriert sich dagegen v. a. in Piräus und den westlichen Teilen der Agglomeration im Bereich der für eine Wohnbebauung ungeeigneten Kifisos-Mulde, um die Bucht von Elevsis und am Aigaleon.

Die Bevölkerung von Piräus wuchs ebenso rasant wie die von Athen. Seit 1869 sind beide Städte durch eine (1904 elektrifizierte) Schnellbahn miteinander verbunden. Es entwickelte sich die Doppelstadt, in der Athen und Piräus die Kerne der Agglomeration bilden. Industrie gab es bis zum Ersten Weltkrieg nur in Ansätzen.

Entscheidende Entwicklungsimpulse bekam die Industrialisierung und damit die weitere Entwicklung von Athen und Piräus durch den Zustrom von ca. 300 000 Flüchtlingen, die mit der Katastrophe des verlorenen Krieges 1922 Kleinasien verlassen mußten. Bis dahin bestehende Vororte wuchsen rasch, andere entstanden neu, wie die Namen Nea Ionia oder Nea Smyrni belegen. Vororte wie Kaisariani und Nea Ionia waren zu über 70 % von Flüchtlingen bewohnt (vgl. L 56, S. 151 ff.). Die Flüchtlinge brachten nicht nur das Rembetiko mit, sondern v. a. neue Industrien (vgl. Kap. 5.4.3), u. a. Tabak-, Textil- und Teppichindustrie, die als meist kleine Betriebe insbesondere in Piräus ihren Standort fanden. Bereits der Erste Weltkrieg, von dem Griechenland nur randlich tangiert war, hatte einen Industrialisierungsschub ausgelöst (zur Industrialisierung 1867–1917, 1917–35 s. Stat. Jb. 1930, IV, 1, 2, S. 177/8 und 1936, IV, S. 150). Der Flüchtlingszustrom nach 1922 macht sich deutlich als Versteilung der Bevölkerungswachstumskurve bemerkbar.

Auch der Zweite Weltkrieg und v. a. der anschließende Bürgerkrieg brachten der Stadt einen Zustrom von ca. 200000 Menschen, die aus der Provinz kommend hier Sicherheit und ein Auskommen suchten. Marshallplangelder wurden insbesondere in der Hauptstadt für Wohnungsbau und Arbeitsbeschaffung eingesetzt (L 56, S. 146).

Wenn das Wachstum von Agglomeration und Stadt allmählich immer weiter auseinanderdriftet, so deshalb, weil Athen in seinen administrativen Grenzen räumlich nur noch beschränkte Wachstumsmöglichkeiten besitzt.

Die bauliche und funktionale Entwicklung verlief weitgehend planlos. So ist es nicht zufällig und auch nicht ohne Ironie, daß 1933 in Athen, einem Musterbeispiel für das Gegenteil von funktionalistischem Städtebau, die bekannte „Charta von Athen“ verabschiedet wurde, die bei funktionaler Trennung der einzelnen Bereiche Wohnen, Industrie etc. eine menschengerechte Stadt propagierte.

Das rasante Wachstum der Stadt hat die natürlichen Grenzen des Kifisos-Beckens inzwischen längst überschritten. Die Bebauung frißt sich längs der attischen Küste voran, schwappt über in die das Becken führenden Pässe und greift auch auf die Insel Salamis über. Athen und Piräus sind fast lückenlos zusammengewachsen. Die Bucht von Elevsis säumt ein breites Band von Industriebetrieben, deren Abgase und Staubniederschläge das berühmte Heiligtum der Eleusinischen Mysterien, zu dem in der Antike alljährlich Zehntausende von Pilgern strömten, in ein trübes Grau hüllen.

Die Bebauungsdichte in der Agglomeration ist aufgrund enger Straßen und fehlender Grünanlagen hoch. Dies ist die Folge v. a. der verbreiteten ungesetzlichen Bebauung durch Zuwanderer.

Der funktionalen Differenzierung entspricht eine Abstufung in der Qualität der Wohnbereiche.

Während der östliche Teil der Agglomeration insgesamt die qualitativ besseren Wohngebiete der höheren sozialen Schichten aufweist, findet man die Wohnbereiche schlechterer Qualität der unteren sozialen Schichten eher im westlichen Teil in Piräus und an der Bucht von Elevsis. Die Ursachen dafür liegen ebenso in den natürlichen Voraussetzungen des Athener Beckens wie in der funktionalen Entwicklung der Stadt. Die Hänge von Lykabettos, Hymettos und seiner Vorhügel bieten im Osten die gesünderen Wohnlagen, ein Grund, warum auch das Schloß mit seinem Park an die östliche Ecke des Athener Dreiecks gesetzt wurde. Dies wiederum mußte sich auf die Struktur der Wohnbezirke und die funktionale Entwicklung dieses Teiles der Stadt auswirken.

Der westlich von Athen liegende tiefste Teil des Beckens bietet von den physischen Bedingungen her ungünstigere Voraussetzungen für Wohnbebauung. Die Kifisos-Mulde selbst wurde v. a. für Industrie- und Gewerbebetriebe erschlossen, was Auswirkungen auf die Qualität der benachbarten Wohnbezirke haben mußte (vgl. dazu das Modell von Kern, L 309, S. 122).

Im westlichen Teil der Agglomeration liegen auch zum überwiegenden Teil die Wohngebiete der Zuwanderer.

Erst in den letzten Jahren werden Ansätze einer – wirkungsvolleren – lenkenden Einflußnahme auf die Stadtentwicklung sichtbar.

Die Bevölkerungsentwicklung des Dezenniums 1971–81 zeigt denn auch als Folge davon eine deutliche Schwerpunktverlagerung. Zunahmen weisen v. a. der Nordosten und Südosten der Agglomeration auf, unterdurchschnittliche Zuwachsraten neben dem Dimos Athen die Gemeinden in der Umgebung von Piräus sowie dieses selbst. Einige Gemeinden sind hier sogar durch absolute Bevölkerungsabnahme gekennzeichnet. Bereits bestehende hohe Dichte, mangelnde Wohnqualität und die gezielte Ausweisung von Wohnbaugebieten in anderen Teilen der Agglomeration dürften die Ursachen dafür sein. Die Gemeinden im westlichen Teil am Aigaleon weisen eine mäßige Zunahme auf, so daß sich auch in der jüngsten Bevölkerungsentwicklung der Agglomeration wieder ein charakteristisches Profil ergibt (s. L 309, S. 49).

7.2.4.2 Athen – wachsende Kluft zwischen Stadt und Land

Mit über 3 Mio. Einwohnern ballte sich nach der offiziellen Statistik 1981 etwa ein Drittel der Bevölkerung Griechenlands in Athen, wobei zu berücksichtigen ist, daß die Agglomeration mittlerweile über ihre administrativen Grenzen hinauswuchs und ihr tatsächlicher Anteil an der Gesamtbevölkerung (ebenso wie den wirtschaftlichen Aktivitäten) deshalb noch höher liegt.

Die Ballung der wirtschaftlichen Aktivitäten geht weit über die der Bevölkerung hinaus (vgl. dazu L 124, S. 21, L 374, S. 21, L 695, S. 167). Von den 100 größten Industriebetrieben hatten 1975 90 ihren Sitz in Athen, wurden dort etwa zwei Drittel der Steuern aufgebracht. 68 % aller Gewerbebetriebe, 47 % aller Industriebeschäftigten und ein ebenso hoher Anteil der Großhandelsbetriebe mit 58 % aller im Großhandel beschäftigten Personen hatten ihren Standort in Athen. Im administrativen und sozialen Bereich ist die Konzentration noch stärker: 1975 praktizierten in Athen 58 % aller Ärzte und sogar 62 % aller Fachärzte, in Thrakien im Nordosten des Landes dagegen, das etwa 4 % der Bevölkerung des Landes besitzt, nur 1,8 % bzw. 1,4 %. Die Industrieverteilung war bereits zu Beginn der Industrialisierung, die mit dem Ersten Weltkrieg einsetzte und durch den Flüchtlingszustrom nach 1922 wesentliche Impulse erhielt, innerhalb des Landes sehr ungleich. Der Athener Raum beherbergte 1912 62 % aller Industriebetriebe und 47 % der Industriearbeiter des Landes (L 29, S. 130).

Von 135 in den Jahren 1922–29 v. a. durch Flüchtlinge neu gegründeten Teppichfabriken mit 7250 Arbeitern lagen 79 mit 4500 Arbeitern, d. h. fast zwei Drittel der Beschäftigten, im Raum Athen/Piräus.

Das Wachstum Athens basiert v. a. auf Wanderungsgewinn. Die Entwicklung von Stadt und Land verläuft interdependent: Während die traditionellen Herkunftsgebiete der Zuwanderer, Peloponnes, Mittelgriechenland, Teile von Epirus und die ägäischen Inseln, an Auszehrung leiden, erfährt Athen ein Wachstum, das es kaum sozial verkraften kann.

Sichtbar wird die interdependente Entwicklung an dem unkontrollierten baulichen Wachstum der Agglomeration einerseits, das sich zu beträchtlichen Teilen außerhalb oder am Rande der Legalität bewegt und bewegte (vgl. das Beispiel der westlich von Piräus gelegenen Randgemeinde Perama; L 124), andererseits an Aufgabe und Verfall von Siedlungen in der Peripherie des Landes (vgl. Kap. 7.1.4).

Die Tatsache, daß die Bevölkerungsentwicklung Athens v. a. auf Wanderungsgewinn basiert, drückt sich in demographischen Ungleichgewichten aus (s. L 295, Karte 2.12ff.). Ein großer Teil der heutigen Athener und deren Eltern sind nicht in Athen geboren, die meisten ohne Zwischenstation dorthin gekommen (Ronneberger und Mergl in: L 218, S. 372). Die Zuwanderer lassen sich z. T. noch in landsmannschaftlichen „Kolonien“ nieder.

Die Folgen dieser Entwicklung sind: chaotische Verkehrsverhältnisse, Luftverschmutzung, die Stein und Menschen angreift, und Wasserverschmutzung, die ein Baden im Saronischen Golf in Stadtnähe nicht mehr ratsam erscheinen läßt.

Noch vor 35 Jahren hatte E. Kirsten (in: L 495, I, 3, S. 938) die Luft in Athen als frei von Staub und Ruß und als besonders rein beschrieben. Heute gehört Smog besonders bei austauscharmen Hochdrucklagen im Winter zur Normalität. Die noch vorhandenen Reste des Parthenonfrieses, die Jahrtausende überdauert hatten, mußten vor den aggressiven Säuren, die sich mit dem Smog bilden, ebenso geschützt werden wie die berühmten Choren des Erechtheions, deren Gesichter immer mehr zur Unkenntlichkeit zerfielen, ein Schicksal, von dem nur die von Lord Elgin 1801 nach London verschleppte Chore, die dort Platz im British Museum fand, verschont blieb.

Der Krankenstand liegt nach einem Bericht des SPIEGEL (33, 1976) in Athen weit über, die Lebenserwartung unter dem Landesdurchschnitt.

Die Gründe für die Entwicklung sind vielfältiger Art: War mit der Verlegung der Hauptstadtfunktionen nach Athen und Übernahme des zentralistischen Verwaltungssystems die Initialzündung gegeben, so kommen weitere für die heute überdimensionierte Ballung hinzu.

Unter den äußerst liberalen wirtschaftspolitischen Bedingungen erfolgten die Entscheidungen für die Standorte von gewerblichen Unternehmungen, die sich zu großen Teilen in ausländischer Hand befinden und denen großzügige Konditionen gewährt wurden, eher aus betriebswirtschaftlicher denn aus volkswirtschaftlicher Sicht. Die gute Infrastruktur, vorhandene Fachkräfte, Fühlungsvorteile, also das, was man als Agglomerationsvorteile bezeichnet, und v. a. die Nähe zu den Regierungsstellen (persönliche Beziehungen spielen in Griechenland eine besonders wichtige Rolle) mußten zu Standortentscheidungen zugunsten der Agglomeration führen.

Die Selbstverstärkungseffekte einer einmal vorhandenen Ballung kommen hinzu.

Wie stark solche Agglomerationsvorteile wirken, zeigt sich u. a. an der Tatsache, daß sich an der nach Norden führenden Nationalstraße unmittelbar außerhalb der attischen Landesgrenze ohne Bindung an irgendeinen Siedlungskern eine Ansammlung von Industriebetrieben bildete, die offenkundig von der Agglomeration profitieren, in der ihnen – aus welchen Gründen auch immer – eine Ansiedlung versagt war bzw. wirtschaftlich wegen zu hoher Steuern, nicht gewährter Zuschüsse oder aus anderen Gründen nicht ratsam schien. Auch mittlerweile dezidierte Regionalentwicklungsprogramme konnten der anhaltenden Ballung noch nicht entscheidend entgegenwirken.

Schließlich dürften Name und historische Vergangenheit Athens, auf der das griechische Nationalbewußtsein wesentlich aufbaut, ebenso eine nicht zu unterschätzende Rolle spielen für den Sog, den die Stadt ausübt, wie die dort gebotenen vielfältigen Möglichkeiten zur Bildung, Unterhaltung und anderem, was Menschen heute unter Lebensqualität verstehen.

Die *Lage* der Stadt hat ihre Entwicklung gefördert. Sie ist innerhalb Griechenlands, bezieht man das Ägäische Meer und seine Inseln mit ein, zentral, und die Bucht von Piräus bietet fraglos sehr günstige Hafenmöglichkeiten, die allerdings auch zahlreiche andere Plätze in Griechenland geboten hätten. Großräumig hat Athen im östlichen Mittelmeerraum eine günstige Position als Vorposten Europas und Sprungbrett in den Nahen Osten, eine Position, die sich mit dem Niedergang von Beirut und der Verlagerung vieler Funktionen aus dem Libanon noch verbesserte.

7.2.4.3 Athen als Spiegel des Entwicklungsstandes Griechenlands

Stadtstruktur und Entwicklung Athens weisen viele Merkmale auf, die es ebenso von den mitteleuropäischen Großstädten wie von denen der Entwicklungsländer Afrikas, Lateinamerikas oder Asiens unterscheiden.

Diese besondere Stellung, die je nach theoretischem Hintergrund als Übergangsform auf dem Weg zur westeuropäischen Großstadt oder als langfristig beständiger Ausdruck von Dependenzen zwischen Griechenland und den europäischen und außereuropäischen Industrieländern und als Ausdruck der Brückenkopffunktion für ökonomische und politische Abhängigkeiten interpretiert werden kann, findet ihren Niederschlag in dem geschilderten rasanten Bevölkerungszustrom, in der wachsenden Kluft zwischen Stadt und Land, in der Hineinnahme und Tradierung ländlicher Verhaltensmuster, in dem unkontrollierten Randwachstum, in der äußerst heterogenen

Raumnutzung mit Funktionsmischung, dem Fehlen öffentlicher Grünanlagen für die Erholung und Regeneration der Luft und den spezifischen Bauformen.

Städtebauliche Maßnahmen griffen und greifen bislang zumeist nur nachträglich regulierend ein.

Zwar wurden zahlreiche Pläne entworfen, die die neu entstehenden Siedlungsteile mit der bestehenden Stadt verbanden und die Verkehrsprobleme großzügig zu bewältigen versuchten, nie jedoch kamen sie zeitgerecht zur Anwendung (vgl. L 413). So beschränkte sich die Planung neuer Stadtteile wie Psychikon, Ilioupolis, Nea Filadelfia (radial-konzentrischer Straßenplan) oder Nea Ionia, Kalamaki (Alimos), Nea Smyrni und Nikaia (Schachbrettplan) (s. L 309, S. 59) auf die Anlage eines mehr oder weniger phantasielosen regelmäßigen Straßennetzes ohne übergeordnete Gesichtspunkte mit mangelhafter Einbindung in das bestehende Straßennetz.

Ohne Genehmigung errichtete Bauten wurden in aller Regel insbesondere vor Wahlen nachträglich sanktioniert.

Wenn sich trotz fehlender Planung und squatterartiger Landnahme am Stadtrand keine Slums entwickelten, Elendsviertel aus Pappe und Blech ohne alle Infrastruktur wie in den meisten Entwicklungsländern, so liegt das darin begründet, daß die Übertragung traditionaler Verhaltensweisen vom Land in die Stadt Regulationsmechanismen bedingte, die es dazu weder im physiognomischen noch sozialen Sinne kommen ließen. Es entstanden randstädtische Siedlungen, die sich sukzessive konsolidierten. Das mehrfach zitierte Perama stellt ein Musterbeispiel dafür dar. Die Durchsetzung der Legitimierung erfolgt im allgemeinen im Rahmen des Klientelsystems über Politiker, die sich damit profilieren und ihre Klientel erhalten. So geschieht die Stadterweiterung zwar zunächst in großem Umfang illegal, erfährt jedoch regelmäßig ihre Legalisierung. Baulich wirkt sich das so aus, daß aufgrund der hohen Kosten nachträglich zu installierender Infrastruktur diese meist recht unvollkommen bleibt, Mängel unübersehbar sind und chaotische Verkehrsverhältnisse herrschen.

Die Zuwanderer und „Bauherren" ziehen keineswegs alle direkt vom Land in die randstädtischen Bereiche. Ein nicht unbeträchtlicher Teil wohnte, wie die Untersuchung von Crueger (1978) zeigte, bereits vorher in der Agglomeration, ohne dort allerdings geboren zu sein.

Der Wunsch nach eigenem Hausbesitz, der bei allen Griechen in der Werteskala ganz oben steht, ist die Triebfeder. Illegales Bauen beschränkt sich darum keineswegs nur auf die armen Bevölkerungsschichten. Viele illegale Bauten sind Produkte mangelnder Möglichkeiten in den inneren Bereichen der Agglomeration, sind Zweitwohnungen, Renditebauten und Anlagen für die Kinder (Mitgift, die sog. proika). Auch das mag aus der Hinübernahme ländlicher Denk- und Verhaltensstrukturen resultieren, wo Haus- und Landbesitz nicht nur üblich sind, sondern eine Lebenssicherung bei dem noch unvollkommen entwickelten staatlichen Versicherungssystem darstellen. Das drückt sich in dem Festhalten am Landbesitz auch bei den Gastarbeitern, die in die Bundesrepublik gingen, aus.

So äußert sich traditionales Verhalten nicht nur in der Fortführung ländlicher Lebensweisen, die im morgendlichen Hahnenschrei manchmal noch hörbaren Ausdruck finden, sondern in Verhaltensmustern, die z. T. kuriose Mischungen eingehen mit „modern"-städtischen.

Dadurch, daß die Regulation der Wohnverhältnisse weitgehend in der Hand der Betroffenen selbst liegt, bilden sich soziale Gemeinschaften, wohnen die Menschen oft in landsmannschaftlichen Verbindungen bzw. Nachbarschaften. Die Verbindungen mit den Heimatorten lassen sich so leichter aufrechterhalten. Das wiederum bedingt, daß Selbstmorde, psychische Erkrankungen, Kriminalität u. ä. bei weitem nicht ein solches Ausmaß erreichen wie in den westeuropäischen oder amerikanischen Großstädten. Jeder kann sich heute noch in jedem Stadtteil von Athen zu jeder Zeit bewegen, ohne Angst haben zu müssen, daß er überfallen und ausgeraubt wird.

In jenen mehrstöckigen, in Stahlbetonskelettbauweise errichteten Häusern für Eigentums- und Mietwohnungen, im Erdgeschoß z. T. mit Läden oder Werkstätten, den „polykatoikies" (sg. polykatoikia) findet die „Verstädterung" ihren baulichen Ausdruck. Sie bedecken nahezu die gesamte Fläche der heutigen Agglomeration.

Der oben genannte Wunsch nach Haus- und Landbesitz, der verbunden ist mit dem nach Anlagen zur Lebenssicherung, zumindest aber als Mitgift für eine gute Verheiratung der Töchter, das Bestreben nach preisgünstiger Errichtung, die mit Hilfe genormter Bautypen, Fertigbauteilen etc. erfüllbar ist, schließlich der Wunsch, sich der sozialen Kontrolle etwas mehr entziehen zu können, als es auf dem Lande möglich ist, bedingen eine bauliche Gleichförmigkeit, die den Neubaugebieten der griechischen Städte eine ungeheure Eintönigkeit verleiht. Das gilt für Athen wie für jede Provinzstadt.

Wenn diese Eintönigkeit trotzdem nicht jene Folgen zeitigt, wie sie MITSCHERLICH („Die Unwirtlichkeit unserer Städte", 1965) schildert, so hat das seine Gründe in dem Vorhandensein eines sozialen Netzes, sozialer Bindungen, deren Entstehung unmittelbar mit der Art des Stadtwachstums und der Verstädterung verknüpft ist.

Die Tatsache, daß bei etwa gleichen gesetzlichen Rahmenbedingungen wie in den westeuropäischen Industrieländern dieser Prozeß anders abläuft, zeigt, daß sich die Regulationsmechanismen grundsätzlich unterscheiden.

Die Illegalität der Anfangsphase mag an die Stadtentwicklung in Entwicklungsländern erinnern. Das Produkt ist jedoch ein anderes. Die Art des Verstädterungsprozesses verhinderte jene krassen Unterschiede, wie sie charakteristisch sind etwa für die lateinamerikanischen Großstädte.

Insofern spiegelt das Stadtwachstum Athens eindrucksvoll die Mittelstellung, die Griechenland auch hierin zwischen den west- und außereuropäischen Industrieländern, wo Stadtwachstum vollkommen durchgeplant verläuft, und Entwicklungsländern einnimmt, wo einer wilden Ansiedlung keine nachträgliche Legitimierung und Integration in den Stadtkörper folgt.

8. RÄUMLICHE DISPARITÄTEN

Landesnatur, historische Entwicklung, kulturelle Einflüsse von außerhalb und anderes führten zu einer Vielfalt unterschiedlich geprägter Landschaften in Griechenland, Mechanismen wirtschaftlicher Entwicklung bei unterschiedlichen Startvoraussetzungen zu gravierenden räumlichen Disparitäten.

Es muß in diesem Zusammenhang betont werden, daß unter *räumlichen Disparitäten* nur regionale Unterschiede im Lebensstandard, in den sozialen und wirtschaftlichen Lebensbedingungen verstanden werden, nicht bloße räumliche Unterschiede im ökologischen und ökonomischen Potential. Diese sind allerdings oft Voraussetzung für die Herausbildung räumlicher Disparitäten: Gebirgsnatur und damit verbundene Schwierigkeiten einer Inwertsetzung durch den Menschen können sich z. B. ebenso negativ auf die sozioökonomischen Lebensbedingungen auswirken wie Abseits- oder Insellage.

Deutliche Disparitäten hatten sich bereits bei einzelnen Indikatoren für 1981/3 gezeigt, wie etwa in der Verteilung der Ärzte (vgl. Abb. 13) oder der Schulbesuchsrate in der gymnasialen Oberstufe (vgl. Abb. 12), wobei ein Vergleich beider Verteilungen noch kein einheitliches Bild ergibt, wenn auch die herausragende Stellung von Athen und Thessaloniki bereits deutlich wurde.

Mit Hilfe einer Faktorenanalyse (Clusteranalyse), in die 32 Variablen eingingen, die die naturräumlichen Bedingungen, die sozialökonomische Struktur der Bevölkerung, ihren familiären Status, den wirtschaftlichen Entwicklungsstand und räumliche Bevölkerungsveränderungen beinhalten, gliedert WEISHAUPT (1983, S. 134ff.) die griechischen Nomoi in fünf nach der Variablenausprägung klar unterscheidbare Gruppen (s. Abb. 18).

Naturräumliche Bedingungen repräsentieren z. B. der Anteil der Wohnbevölkerung auf Inseln an der gesamten Bevölkerung und der Anteil der in Gebirgsregionen (über 800 m) lebenden Bevölkerung, die sozialökonomische Struktur (soziale Position und wirtschaftlichen Status) Variablen wie Schulabschlüsse, der Anteil von Erwerbspersonen in den verschiedenen Wirtschaftsbereichen und Anteile der Selbständigen an den Erwerbspersonen, den Wohnstandard solche Variablen, die Aussagen über die Qualität (Ausstattung) der Wohnungen machen. Der familiale Status wird durch den Anteil einzelner Altersgruppen an der Gesamtbevölkerung, die Verheiratetenquote sowie die Anteile der Einpersonenhaushalte und die Personenzahl in den Mehrpersonenhaushalten beschrieben, die Bevölkerungsmobilität u. a. durch Veränderung der Wohnbevölkerung 1961/71, Wanderungssaldo 1965–71, Mobilitätsquote (Umzüge 1965–71 in % der Wohnbevölkerung 1971) und das Verhältnis der De-jure- zur De-facto-Bevölkerung in den Nomoi, der wirtschaftliche Entwicklungsstand schließlich u. a. durch das

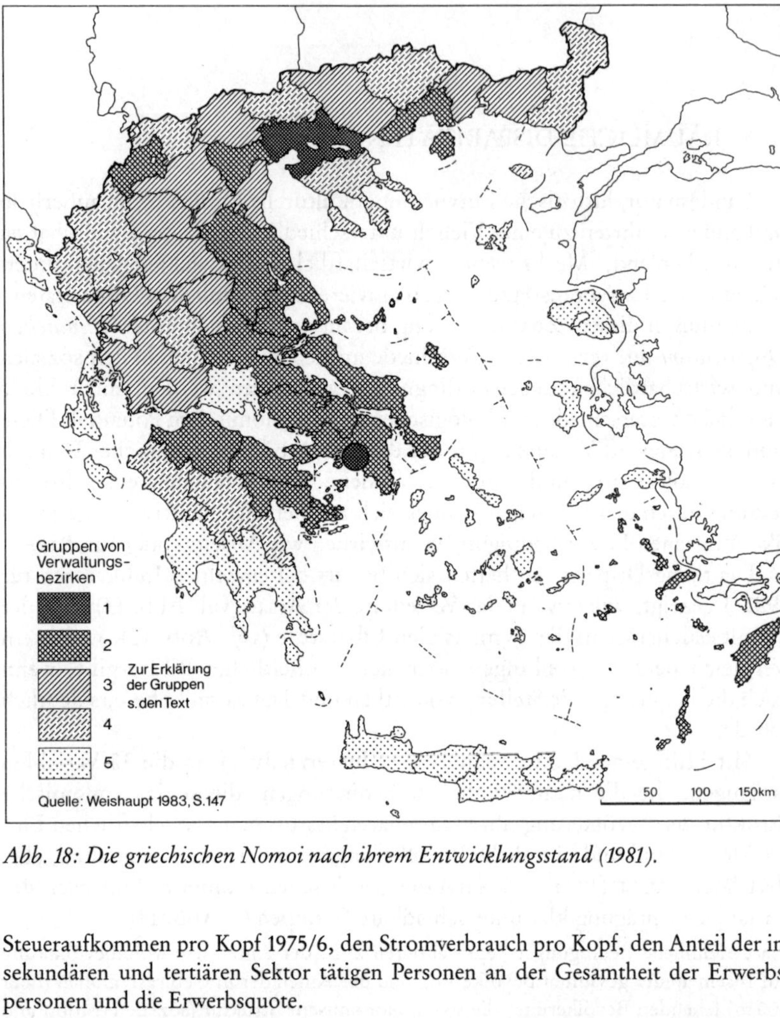

Abb. 18: Die griechischen Nomoi nach ihrem Entwicklungsstand (1981).

Steueraufkommen pro Kopf 1975/6, den Stromverbrauch pro Kopf, den Anteil der im sekundären und tertiären Sektor tätigen Personen an der Gesamtheit der Erwerbspersonen und die Erwerbsquote.

In die *erste Gruppe* fallen nur die beiden Agglomerationen Athen und Thessaloniki. Sie sind u. a. durch ihren hohen Industrialisierungsgrad, überdurchschnittliche industrielle Betriebsgrößen und Wanderungsgewinne gekennzeichnet und besitzen den bei weitem höchsten wirtschaftlichen Entwicklungsstand. Ihre familialen Strukturen sind gekennzeichnet durch den unterdurchschnittlichen Anteil der älteren Jahrgänge und den hohen Anteil von Kleinhaushalten.

Der Abstand der beiden Agglomerationen ist nicht nur innerhalb der Gruppe untereinander groß, sondern auch derjenige beider zusammen zu den übrigen Gruppen, die untereinander wesentlich ähnlicher sind als die Gruppe 2 mit der Gruppe 1.

Die Bezirke der *Gruppe 2* haben ebenfalls noch einen überdurchschnittlichen Entwicklungsstand, sind bezüglich des familialen Status ihrer Bewohner aber recht heterogen. Den Nomoi der *Gruppe 3 bis 5* gemeinsam ist ihr niedriger Industrialisierungsgrad, ihr hoher Anteil landwirtschaftlicher Erwerbspersonen, kleine industrielle Betriebsgrößen und Wanderungsverluste, insgesamt ein niedriger, im Landesvergleich unterdurchschnittlicher sozioökonomischer Entwicklungsstand. Ist die Streuung im Entwicklungsstand relativ gering (allein der Nomos Evritania fällt stark negativ heraus, Chios und die kretischen Nomoi Irakleion und Chania hingegen positiv), so unterscheiden sich die Gruppen stark im familialen Status ihrer Bewohner. Die Nomoi 3 und 5 nehmen dabei extreme Positionen ein, 4 eine vermittelnde.

Während die *Gruppe 3* den niedrigsten Bildungsstand ihrer Bewohner, die höchste Verheiratetenquote, die höchste Erwerbsquote, niedrigste Wohnfläche pro Person, den niedrigsten Anteil an Wohnbevölkerung über 65 Jahre und an Einpersonen- und hohen an Mehrpersonenhaushalten aufweist, tragen diese Variablen in Gruppe 5 die genau entgegengesetzten Vorzeichen.

Gruppe 4 zeichnet sich durch die niedrigste Bevölkerungsdichte und den niedrigsten Anteil im produzierenden Sektor tätiger Personen, die höchste Mobilitätsrate, die stärkste Bevölkerungsabnahme und den höchsten Anteil von Gebirgsbevölkerung aus.

Die Gruppen zeigen eine *klare räumliche Verteilung* (Abb. 18): Die der Gruppe 2 zugehörenden Nomoi liegen alle auf der Achse Athen – Thessaloniki mit deren Verlängerungen bis Kavala im Nordosten und Patras im Südwesten. Allein der Dodekanes mit den vom Tourismus profitierenden Inseln Rhodos und Kos fällt heraus.

Die bezüglich ihrer familialen Merkmale so unterschiedlichen Nomoi der Gruppe 3 und 5 weisen auch eine außerordentlich unterschiedliche Verteilung auf (vgl. dazu auch Kap. 2.2.4): Jene liegen alle in Nordgriechenland und im nordwestlichen Mittelgriechenland, diese auf dem Peloponnes und den Inseln. Für diese Verteilung mögen die unterschiedliche historische Entwicklung und die naturräumlichen Bedingungen besonders wirksam geworden sein; während der Peloponnes und der größte Teil des insularen Griechenlands bereits von Anfang an zu Griechenland gehörten bzw. früh hinzukamen (Ionische Inseln 1864), gehört die Mehrzahl der Bezirke der Gruppe 3 zu den Teilen Griechenlands, die dem Land erst in den Balkankriegen angegliedert wurden. Die besondere insulare Natur und die Tatsache, daß sich in den von Anfang an zu Griechenland gehörenden Teilen früh eine Auswanderungstradition nach Übersee bildete und viele Emigranten im Alter in ihre Heimat zurückkehren (vgl. Kap. 6.2.2), zudem die Attraktion und Ausstrahlung von Athen, mit dem die Inseln direkt durch Schiffsverkehr verbunden sind, überaus wirksam ist, mögen die Unterschiede der Gruppe 5 zu Gruppe 3 erklären. Es sind Unterschiede, die auch im Anteil der Arbeitsmigranten sehr auffallen (vgl. Kap. 6.2.3 und Abb. 15). Die Nomoi der Gruppe 4 sind v. a. durch Grenznachbarschaft zu den Anrainerstaaten Albanien, Jugoslawien, Bulgarien und Türkei und ihren gebirgigen Charakter bestimmt. Sie sind durch Lage und morphologische Struktur stark benachteiligt. Allein der Nomos Elis im westlichen Peloponnes besitzt weder Grenznachbarschaft zu einem der Anrainerstaaten noch ausgesprochenen Gebirgscharakter (vgl. L 372). Abseitslage trifft jedoch auch für ihn zu. Von den Nomoi der Gruppe 4 ist er jedoch in seinen Eigenschaften denen der Gruppe 3 am ähnlichsten (vgl. L 692, Abb. 1, S. 144).

Ähnliche Ergebnisse wie die Regionalisierung der Bezirke nach sozioökonomischen Kriterien von Weishaupt hatte bereits eine Distanzgruppierung von Heller (1979, S. 107 ff.) erbracht.

Die Typisierung auf Nomosebene darf nicht darüber hinwegtäuschen, daß auch innerhalb der Bezirke noch große Disparitäten bestehen können, wie das etwa in Elis der Fall ist mit großen Gegensätzen zwischen dem gebirgigen Inneren und dem Küstentiefland.

Insgesamt spiegeln sich in der räumlichen Ordnung naturräumliche Bedingungen und Prozesse der gesamtgesellschaftlichen Entwicklung wider.

Die räumlichen Disparitäten werden auch auf der höheren Ebene der administrativen Regionen (Tab. A12) und der Planungsregionen (Tab. A13) noch sehr deutlich. Die überragende Stellung der *Agglomeration Athen* bzw. der Planungsregion Östliches Mittelgriechenland und Inseln wird bei allen Indikatoren deutlich.

Die Kluft zwischen Athen und dem übrigen Griechenland – gemessen an vielen, den Lebensstandard anzeigenden Variablen – vergrößerte sich in den vergangenen Jahrzehnten ständig oder wurde zumindest kaum geringer. Nur wenige Variablen deuten einen Abbau der Kluft an, wie die Entwicklung im Anteil des Familieneinkommens, das von 60 % im Jahr 1974 auf 54 % 1983 fiel (vgl. Stat. Jb. 1984, S. 383), wobei Athen damit immer noch weit über seinem Bevölkerungsanteil liegt (vgl. Kap. 7.2.4.2).

Wenn an zweiter Stelle im Lebensstandard *Makedonien* bzw. Zentral- und Westmakedonien (Planungsregion) folgt, dann v. a. aufgrund der Wirtschaftskraft von *Thessaloniki*, das keine eigene Region wie der Großraum Athen bildet, sondern der flächenmäßig größten Region des Landes Makedonien zugehört. Es ist naheliegend, daß die räumlichen Disparitäten innerhalb dieser Region besonders groß sind. Schlußlicht bilden die Regionen *Epirus*, *Thrakien* und *(Ost-)Ägäische Inseln*. Betrachtet man die einzelnen, den Lebensstandard und die Wirtschaftskraft anzeigenden Indikatoren, so werden Zusammenhänge zwischen ihnen deutlich: Je höher etwa der Anteil der in der Landwirtschaft tätigen Erwerbspersonen ist, desto geringer ist das Prokopfeinkommen, desto mehr weisen die anderen Variablen auf wirtschaftliche Ungunst. Auch der Elektrizitätsverbrauch korrespondiert damit. Der Lebensstandardhöhe entspricht der Grad der Verstädterung: In den Regionen, in denen der Anteil der in der Landwirtschaft tätigen Erwerbspersonen hoch ist, mithin die Höhe des Prokopfeinkommens und der Lebensstandard niedrig, ist die Rate derer, die in Städten mit über 10000 Einwohnern leben, niedrig und umgekehrt. Allerdings sind die Korrelationen nicht ganz stringent: So lebte z. B. in *Thrakien* und auf *Kreta* ein größerer Anteil der Bevölkerung in Städten mit mehr als 10000 Einwohnern als auf dem *Peloponnes*, der nach den Lebensstandardvariablen über den beiden zuerst genannten Regionen steht.

9. REGIONALE GEOGRAPHIE

Die regionale Darstellung Griechenlands ließe sich unter verschiedensten Gesichtspunkten und mit unterschiedlichsten Merkmalen durchführen: nach physiogeographischen (Naturlandschaften), nach kulturlandschafts-genetischen (Kulturlandschaften), nach administrativen und anderen. Hier sollen, der Konzeption der Länderkunde folgend, die einzelnen administrativen Regionen, die sich weitgehend mit Planungsregionen decken, der Gliederung zugrunde gelegt werden, da nur auf dieser Basis hinreichend Daten vorliegen, die es ermöglichen, den Entwicklungsstand der Regionen zu kennzeichnen und sie etwa in der Reihenfolge ihres Entwicklungsstandes zu behandeln (s. Tab. A12 und A13).

9.1 Mittelgriechenland

Die Region Mittelgriechenland (Sterea Hellas, wörtl.: festes Griechenland) umfaßt den Landesteil zwischen Korinthischem und Saronischem Golf im Süden, den Regionen Epirus und Thessalien im Norden. Auf dem Isthmus von Korinth ist die Grenze zum Peloponnes nicht identisch mit dem Kanal von Korinth, sondern verläuft weiter westlich, etwa auf halbem Wege zwischen Loutraki und Megara. Die vom Festland nur durch einen wenige Meter breiten, von einer Drehbrücke überspannten Sund getrennte große Insel Euböa gehört ebenfalls zur administrativen Region Sterea Hellas. Die Planungsregion umfaßt nur das östliche Mittelgriechenland mit Euböa, bezieht dafür aber einen Teil der ägäischen Inseln (v. a. die Kykladen) ebenso mit ein wie die Agglomeration Athen, die in der administrativen Regionsgliederung eine eigene Region bildet. Zur administrativen Region gehören die Nomoi (in der Reihenfolge von W nach O): Ätolien und Akarnanien, Evritania, Fokis, Fthiotis, Böotien (Voiotia), Attika und Euböa (Evvoia). Die Region der Hauptstadt umfaßt neben dem Kifisosbecken mit den umgrenzenden Bergen die Inseln des Saronischen Golfes, einen kleinen Teil des östlichen Peloponnes mit der Halbinsel Methana und vorgelagerten Inseln (Hydra, Spetsai) sowie die Inseln Kythira und Antikythira vor der Südostspitze des Peloponnes.

Die Region Mittelgriechenland ist überwiegend gebirgig, mit den höchsten Bergen in Giona (2510 m) und Parnaß (2457 m). Aufgrund der West-Ost-Erstreckung sind die Niederschlagsmengen sehr unterschiedlich und reichen von Mengen über 1000 mm auf der Westseite bis unter 400 mm auf der Ostseite in Attika.

Hauptsiedlungs- und -anbaugebiete sind die Küstenhöfe, die Täler und Schwemmlandebenen der größeren Flüsse und die intramontanen Becken, so die Schwemmländer von Acheloos, Evinos, Spercheios und Asopos, die Küstenhöfe (z. T. Schwemmländer kleinerer Flüsse) von Athen, Elevsis, Megara und Itea und die Becken von Kopais in Böotien und der Mesogeia in Attika.

Angebaut werden v. a. Weizen, Baumwolle (Kopais), Tabak (Ätolien und Akarnanien), Wein, Oliven und Obst und Gemüse (v. a. im Umkreis der Agglomeration).

Die Bevölkerungsentwicklung Mittelgriechenlands (ohne Athen) zwischen 1961 und 1981 verlief kontinuierlich positiv, das jedoch v. a. wegen der Bevölkerungsentwicklung in den der Hauptstadt nahen Gebieten. Im einzelnen verläuft die Entwicklung sehr unterschiedlich und umfaßt eine breite Skala von positiver bis sehr negativer Entwicklung v. a. in den Gebirgsgebieten.

Alles überragendes wirtschaftliches und kulturelles Zentrum ist die *Agglomeration Athen*, in der sich nicht nur über ein Drittel der Bevölkerung Griechenlands ballt, sondern ein noch weit höherer Anteil der Industrieproduktion und der Industriebeschäftigten, des Handels (insbesondere des Großhandels), insgesamt der wirtschaftlichen Aktivitäten und der Wirtschaftskraft (vgl. Kap. 7.2.4).

Für sich allein – ohne die Agglomeration Athen – betrachtet, weist die Region in den Lebensstandardvariablen nur durchschnittliche Werte auf, in einzelnen allerdings unterdurchschnittliche, wobei etwa die Zahl bzw. der Anteil von Ärzten, Krankenhausbetten und anderen sozialen Diensten durch die Nähe von Athen beeinflußt ist, das hier Funktionen für die Region übernimmt (was etwa die Zahl der Krankenhausbetten in der Region als unterdurchschnittlich erscheinen läßt).

Die der Agglomeration benachbarten Nomoi Attika und Böotien, insbesondere wieder deren an die Hauptstadtregion angrenzenden Teile profitieren wirtschaftlich von der Nähe zur Agglomeration und der günstigen Verkehrserschließung (vgl. L 406, S. 141 f.). Die Industrieentwicklung im westlichen Attika, hier insbesondere entlang der Bucht von Elevsis mit zahlreichen großen Betrieben von Schiffbau und -reparatur, der chemischen Industrie und Zementindustrie, im östlichen Attika mit vielen Betrieben mittlerer Größe und die Industrien in Böotien, hier insbesondere die an der Regionsgrenze entlang der Nationalstraße angesiedelten, erklärt sich v. a. aus der Nachbarschaft zur Agglomeration. Wirtschaftliche Impulse erfahren die der Agglomeration benachbarten Nomoi aber auch durch den aus der luftverschmutzten, lärmreichen und hektischen Großstadt herausströmenden städtischen Erholungsverkehr: Von ihm v. a. leben die Orte entlang der „Attischen Riviera“ am Saronischen Golf und die Badeorte entlang des Petalischen Golfes (u. a. Rafina, Loutra), die durch regelmäßige Busverbindungen mit der Hauptstadt verknüpft sind. Schließlich entwickelte sich in den agglomerationsnahen Gebieten ein auf den Markt der Hauptstadt gerichteter Gartenbau und intensive Landwirtschaft. In den agglomerationsferneren Teilen beschränken sich die Industrien auf wenige Orte und Branchen. Wichtigste sind: Nahrungsmittelindustrie (Mesolongi, Theben), Tabakindustrie (Agrinion), Textil- und Bekleidungsindustrie (Levadia, Lavrion, Chalkis) sowie metallurgische Industrie und Zementherstellung (Chalkis, Larymna).

An die Rohstoffvorkommen gebunden sind die auf den Bauxitvorkommen des Parnaßgebietes basierende Aluminiumindustrie an der Bucht von Antikyra am Korinthischen Golf, auf die auch der überdurchschnittlich hohe Stromverbrauch der Region zurückzuführen ist, und die auf den Braunkohlevorkommen auf Euböa bei Aliverion sowie mehreren Wasserkraftwerken am Acheloos, Tavropos (einem nördlichen Zufluß des Acheloos) sowie am Mornos basierende Stromerzeugung, die im Regionalvergleich ebenfalls weit überdurchschnittliche Werte erreicht.

Die relativ günstigen, den Entwicklungsstand der Region charakterisierenden Werte verschleiern, daß die Disparitäten innerhalb der Region groß sind: Während die östlichen Nomoi positive Vorzeichen besitzen, tragen die westlichen negative. Am untersten Ende der Skala liegen die Gebirgsnomoi Evritania und – in etwas günstigerer Position – Fokis, das v. a. vom Tourismus nach Delphi profitiert.

9.2 Makedonien

Nimmt man das Prokopfeinkommen und andere Indikatoren als Maßstab, so folgt im Entwicklungsstand Makedonien, die flächenmäßig und nach ihrer Einwohnerzahl größte griechische Region. Sie ist in die Planungsregionen Zentral- und Westmakedonien einerseits, Ostmakedonien andererseits untergliedert.

Makedonien grenzt im Norden an die Nachbarstaaten Albanien, Jugoslawien und Bulgarien, im Süden und Osten an das Ägäische Meer und die griechische Region Thessalien, im Westen an Epirus.

Als Nachfahre des antiken Makedoniens, jenes v. a. von Philipp ausgebauten, von seinem Sohn Alexander d. Gr. zur Weltmacht gebrachten, von den Römern zerschlagenen Staates, trägt nicht nur die griechische Region, sondern auch die südlichste Republik Jugoslawiens den Namen Makedonien; auch der südwestlichste Teil Bulgariens wird dazugerechnet. Die griechische Region Makedonien umfaßt die Nomoi Grevena, Kastoria, Kozani, Florina,

Pella, Imathia, Pieria, Kilkis, Thessaloniki, Chalkidiki, Serrai, Kavala und Drama.

Die auf der östlichen Halbinsel der Chalkidike liegende Mönchsrepublik *Agion Oros* bildet eine (teil)autonome Einheit (s. Kap. 9.2.2).

Alles überragendes Zentrum Makedoniens ist *Thessaloniki* (s. Kap. 9.2.1). Die von Axios und Aliakmon geschaffene große Ebene am nordwestlichen Rand des Thermäischen Golfes („Makedonische Kampania") bildet das Herz der Wirtschaft und des Verkehrs Makedoniens (zur Ebene von Thessaloniki s. L 200). Über die Furchen von Langadasee/Volvisee und die nördlich davon gelegene mit dem Doiransee ist sie mit dem Ostmakedonischen Becken von Serres und Drama verbunden. Zahlreiche weitere Becken bilden in der gebirgigen Region die Siedlungskammern (zur Landesnatur Makedoniens siehe v. a. L. SCHULTZE-JENA 1927 und J. H. SCHULTZE 1937).

Grenze gegen Epirus bildet der von NW nach SO streichende Pindos mit seinem nördlichen Eckpfeiler, dem auf der Grenze zu Albanien liegenden 2520 m hohen Grammos. Zwischen ihm und den Gebirgsstöcken des Vernon (2128 m), Askion (2111 m) und Vourinos (1621 m) breitet sich ein tertiäres, vom oberen Aliakmon durchflossenes, stark zerschnittenes Hügelland, in dem heute die Kerne der Nomoi Kastoria und Grevena liegen. In der westlich folgenden Senkenzone zwischen den o. g. Gebirgen und den im Osten davon liegenden Gebirgsstöcken von Voras (2524 m) und Vermion (2052 m) befinden sich die Kernräume der Bezirke Florina und Kozani. Grenze gegen Thessalien bilden im Süden bzw. Südwesten die Gebirgsstöcke von Chasia (1482 m), Kamvounia (1476 m) und das Olymp-Massiv, mit 2917 m höchstes griechisches Gebirge.

Der Aliakmon verläßt im S des Nomos Grevena seine der Streichrichtung des Pindos folgende Fließrichtung und knickt, der Streichrichtung von Chasia und Kamvounia folgend, nach NO um. Zusammen mit dem Axios (Vardar) sorgte er durch Anschwemmung für die Entstehung jener großen Schwemmlandebene, die heute den wirtschaftlichen Kernraum der Region bildet, aber noch in der Antike großenteils Wasserfläche war (vgl. L 200).

Zwischen Makedonischer Kampania und Ostmakedonischem Becken bildet ein nur mäßig hohes Gebirgsland die Grenze. Die Senkenzone von Langada-(Koroni-) und Volvisee bezeichnet die Ansatzstelle der stark gegliederten, gebirgigen Halbinsel Chalkidike.

Wesentlich höher als das Makedonische Kampania und Ostmakedonisches Becken trennende Bergland sind die Ostmakedonien gliedernden Gebirge des Menoikion (1963 m) und Falakron (2229 m) sowie die Westrhodopen, Grenzgebirge gegen Bulgarien. In den Küstenbereichen und den zum Meer hin geöffneten Ebenen mediterran, trägt das Klima landeinwärts zunehmend kontinentale Züge. Die typisch mediterrane immergrüne Vegetation tritt in nur geringer Entfernung von der Küste hinter der laubabwerfenden ebenso zurück wie die typisch mediterranen Kulturpflanzen Wein, Ölbaum, Baumwolle hinter Weizen, Mais, Zuckerrüben und anderen Kulturpflanzen. Überall, v. a. aber im Hügel- und Bergland angebaut wird Tabak, die wichtigste Kulturpflanze dieser Region. Weidewirtschaft, insbesondere die Fernweidewirtschaft spielt noch eine wichtige Rolle.

Historisch zu den jüngsten Regionen Griechenlands zählend, die erst in den Balkankriegen aus dem osmanischen Herrschaftsbereich entlassen wurden, ist Makedoniens Kulturlandschaft geprägt v. a. durch den Bevölkerungsaustausch von 1923 und die Ansiedlung Hunderttausender aus Kleinasien vertriebener Griechen. Sie übernahmen das durch den Fortzug von Türken frei gewordene Land oder wurden auf solchem, das der Staat durch umfangreiche Meliorationsprogramme neu erschloß, angesiedelt. Ihre regelmäßig angelegten Dörfer und Stadtteile bestimmen das Siedlungsbild (vgl. Kap. 7.1.3). Das bis dahin in diesem Raum bestehende Völkergemisch („makedonischer Salat") fand damit ein Ende.

Von Thessaloniki abgesehen blieb die Industrialisierung Makedoniens eher bruchstückhaft und einerseits rohstoff-, andererseits arbeitskraftorientiert. In Ptolemais entstand auf der Basis der dort abgebauten Braunkohle nicht nur ein Elektrizitätswerk, sondern auch chemische Industrie (Düngemittelfabrikation). Rohstofforientiert ist auch die v. a. in Ostmakedonien angesiedelte Tabakindustrie, wobei zunehmend eine Konzentration dieser Industrie in Kavala und Thessaloniki stattfindet. Die Nahrungsmittelindustrien Veroias und Naousas (u. a. Weinherstellung) basieren auf den dortigen landwirtschaftlichen Kulturen. In mehreren Orten insbesondere West- und Zentralmakedoniens (u. a. Katerini, Edessa, Naousa und Florina) entwickelte sich Textilindustrie, die großenteils im Auftrag v. a. bundesdeutscher Firmen Teilfertigung betreibt. Ihre regionale Integration und die von ihr ausgehenden Impulse zur Regionalentwicklung sind gering (vgl. Ridder 1985). Eigenständig ist dagegen die Pelzherstellung in Kastoria, ein Gewerbe mit langer Tradition und heute weitreichenden Geschäftsverbindungen der Kastorianer Pelzhändler, die vor dem Zweiten Weltkrieg ein europäisches Zentrum in Leipzig hatten, heute in Frankfurt a. M. mit vielen Geschäftshäusern um Karl- und Niddastraße nordöstlich des Frankfurter Hauptbahnhofs.

Nach Entwicklungsstand und wirtschaftlicher Dynamik sind es v. a. die auf der Achse Kavala–Thessaloniki–Athen liegenden Nomoi, die positive Vorzeichen tragen. Wenn außerdem der Nomos Kastoria diese Vorzeichen trägt (s. Abb. 18), so dank des o. g. Pelzhandels und der Pelzherstellung. Struktur und Entwicklung der übrigen Nomoi tragen eher Merkmale von Unterentwicklung.

Die insgesamt positive Bevölkerungsentwicklung zwischen 1961 und 1981 täuscht darüber hinweg, daß die Entwicklung in den einzelnen Nomoi sehr unterschiedlich verlief. Im Zeitraum 1961–71 erfuhr die Mehrzahl eine negative Entwicklung, die sich erst im folgenden Dezennium mit dem Gastarbeiterrückstrom umkehrte. Ein Vergleich der regionalen Bevölkerungsentwicklung zwischen Griech.-Makedonien, Jug.-Makedonien und Albanien zeigte, daß der Konzentrationsprozeß in Griech.- Makedonien zwischen 1950 und 1980 aufgrund der wirtschaftlichen und gesellschaftlichen Rahmenbedingungen bei weitem am stärksten war (vgl. LIENAU in: L 378, S. 170ff.).

Die Arbeitsimigration als Antwort auf die Lebensbedingungen in diesem Raum wurde für Makedonien, wo die überwiegende Zahl der griechischen Arbeitsmigranten herstammt, in einschneidender Weise prägend (vgl. Kap. 6.2.3).

Die Tatsache, daß nahezu alle in ihre Heimat zurückkehrenden Gastarbeiter in der Bundesrepublik Deutschland arbeiteten, Kontakte von vielen in die Bundesrepublik ebenso bestehen wie umgekehrt von noch dort lebenden zu Griechenland, ließ Deutsch wie in den meisten Balkanländern zur „Lingua franca" werden und produzierte ein positives Deutschlandbild, das von der deutschen Kulturpolitik noch viel zu wenig genutzt wird.

Wirtschaftlich weniger wichtig und nur im Küstenbereich von prägendem Charakter ist der Tourismus, der sich auf die Küsten Pierias und der Chalkidike, insbesondere der Halbinsel Kassandra, weniger der Sithonia, sowie die Insel Thasos konzentriert. Hier investierten auch zahlreiche Gastarbeiter in Hotels, Gaststätten und Unterkünfte in der Hoffnung auf eine gute Rendite (vgl. L 253, L 376). Fast die Hälfte der ausländischen Touristen sind Jugoslawen.

Für die räumlich ungleichgewichtige Entwicklung der Region charakteristisch ist das große Gefälle des wirtschaftlichen Entwicklungsstandes und des Lebensstandards innerhalb der Region. Starkes Wachstum der Agglomeration Thessaloniki einerseits, Entleerung vieler Berggebiete, Stagnation und durch Gastarbeiterrücküberweisungen bedingte Scheinblüte vieler Gemeinden andererseits sind die Folge. Wie in Athen, so entstanden auch am Rande Thessalonikis ausgedehnte, der Planung entzogene Wohnviertel in der Art von Perama (vgl. Kap. 7.2.4.1).

9.2.1 Thessaloniki

Überragendes Zentrum Makedoniens und darüber hinaus ganz Nordgriechenlands ist Thessaloniki (dt. Saloniki von der türkischen Bezeichnung Selânik). Mit 706180 Einwohnern (1981) ist es die zweitgrößte Stadt Griechenlands. Das Wachstum Thessalonikis verlief in den vergangenen zwei Jahrzehnten rasant. Zwischen 1961 und 1981 verdoppelte sich die Einwohnerzahl nahezu.

Thessaloniki ist Wirtschaftszentrum und Verkehrsknotenpunkt Nordgriechenlands. Als Endpunkt des wichtigsten aus der Balkanhalbinsel herausführenden Verkehrsweges, der Morava-Vardar-(Axios-)Furche, gelegen, verdankt es wichtige Entwicklungsimpulse seinem Hafen (z. T. Freihafen).

Der Gefährdung des Hafens durch die Anschwemmungen von Axios und Aliakmon begegnete man durch Verlegung von deren Mündungen (Schmieder 1969, S. 214).

Die Standortgunst führte in den vergangenen Jahrzehnten zur Ansiedlung einer Reihe von Industrien, so u. a. petrochemischer Industrie, Düngemittelfabrikation, Schiffbau, Maschinen-, Papier-, Nahrungsmittel- und Tabakindustrie.

Als Zentrum des Handels hat die Stadt eine bedeutende Messe, die alljährlich im September stattfindet. Sie geht nach de Jongh (1980, S. 535) auf einen mittelalterlichen Markt zurück, der am Festtag des Stadtheiligen Agios Dimitrios zur Förderung des Handwerks abgehalten wurde.

Thessaloniki ist nicht nur wirtschaftliches Zentrum Nordgriechenlands, sondern auch sein kultureller und geistiger Mittelpunkt mit einer 1925 gegründeten Universität und vielen Schulen.

Die lange, in der städtischen Entwicklung kaum unterbrochene Geschichte der Stadt beginnt am Ende des 4. Jh. v. Chr. Die günstige verkehrsgeographische Stellung am Kreuzungspunkt der Via Egnatia, jener von Apollonia bzw. Dyrrachion (Durrës) an der Adria nach Konstantinopel führenden antiken Fernstraße, mit der der Morava-Vardar-Furche folgenden Straße aus dem Inneren der Balkanhalbinsel brachte Thessaloniki bereits in der Antike überregionale Bedeutung. Paulus' Brief an die Thessalonicher ist ein Zeugnis der Bedeutung der Stadt in jener Zeit.

Die Geschichte spiegelt sich in zahlreichen erhaltenen bedeutenden Bauwerken (s. L 280, S. 531 ff.) aus der Antike (u. a. Galeriusbogen und Rotonda) und insbesondere der byzantinischen Zeit. Eine mächtige Stadtmauer und mit wunderbaren Mosaiken und Fresken geschmückte byzantinische Kirchen aus früh- bis spätbyzantinischer Zeit sind Zeugnisse dieser langen Epoche, in der es nach Konstantinopel die wichtigste Stadt im Reich war. Die über 500 Jahre währende Türkenherrschaft hinterließ dagegen nur wenige bemerkenswerte Zeugnisse der Baukunst.

Die Bevölkerung bestand seit dem 15. Jh. zu einem großen Teil aus sephardischen, aus Spanien eingewanderten Juden, in deren Händen während der osmanischen Zeit der Handel lag. Ihre Existenz fand mit den Deportationen während der deutschen Besatzungszeit im letzten Weltkrieg ein Ende (s. Kap. 2.3.2).

Der Stadtplan von Thessaloniki zeigt eine Zweigliederung: Während die Oberstadt mit ihrem Gewirr von unregelmäßig geführten Straßen, Gassen und Sackgassen die typischen Merkmale einer gewachsenen Stadt hat, besitzt die Unterstadt ein ganz regelmäßiges Netz sich rechtwinklig schneidender Straßen.

Diese Zweiteilung ist nicht das Resultat einer planmäßigen Erweiterung der Altstadt wie in Athen, sondern Folge eines verheerenden Brandes im Jahr 1917, der die Unterstadt so zerstörte, daß man ihre vollständige Neuanlage beschloß. Nur die verstreuten byzantinischen Kirchen zeugen noch davon, daß auch dieser Teil bereits zur mittelalterlichen Stadt gehörte, die von der mächtigen Mauer eingefaßt war, die am weißen Turm beginnt, sich geradlinig bis zur Burg am Kopf der Altstadt hinzieht, um sich von dort mit mehreren Ausbuchtungen nach Westen zum Hafen hinabzuschwingen. Die breite, am Galeriusbogen vorbeiführende Od. Egnatias (Via Egnatia) – sie folgt nicht der antiken Straße, die einen Bogen um die Stadt machte – bildet die Hauptachse der Neuanlage. Elegante Hauptgeschäftsstraße ist allerdings die zwischen ihr und der breiten Hafenpromenade verlaufende Od. Megalou Alexandrou. Die die Oberstadt prägenden kleinen Häuser im balkanischen Stil wichen in den vergangenen Jahren kontinuierlich jenen gesichtslosen Wohnbauten aus Betonskelett und Fertigbauteilen. Erst neuerdings bemüht man sich um eine dem traditionellen Baustil angepaßte Erneuerung. Auch viele der jüngeren Bauten der Unterstadt, die nach dem Brand 1917 errichtet worden waren und noch nicht jene eintönigen Fassaden heutiger Bauten besaßen, mußten funktionsgerechteren und renditegünstigeren Bauten weichen (wobei für die neuen Konstruktionen allerdings auch die Erdbebengefährdung sprach).

Die Standorte der verschiedenen städtischen Funktionen zeigen eine deutliche räumliche Ordnung innerhalb der Stadt: Die Unterstadt etwa zwischen Od. Egnatias und Hafenpromenade ist das Einkaufs- und Geschäftszentrum. Die Oberstadt und der höhere Teil der geplanten Unterstadt haben v. a. (einfachere) Wohnfunktion. Die vornehmeren Wohnviertel liegen im Osten der Stadt, wo sich entlang der Küste Wohn- und Bürohäuser, Parkanlagen und zahlreiche Tavernen ziehen. Die industrielle Entwicklung vollzog sich dagegen v. a. im Westen der Stadt, wo sich Bahnhof und Hafen befinden. Das dynamische Stadtwachstum führte ebenso wie in Athen in den vergangenen Jahrzehnten zu einer nur mangelhaft durch Planung geregelten enormen Erweiterung der Stadt. An ihrem Rand entstanden durch Zuwanderung ausgedehnte, der Planung entzogene Stadtviertel. Auch hier läßt sich die Übertragung ländlicher Lebensformen in die Stadt und die Aufrechterhaltung der Verbindungen zu den ländlichen Herkunftsgemeinden beobachten, auch hier besteht noch jenes Netz sozialer Beziehungen zwischen den zugezogenen Bewohnern, das jene Anonymität des Lebens verhindert, deren Ausdruck hohe Kriminalität, psychische Krankheiten und anderes sind.

9.2.2 Die Mönchsrepublik Agion Oros

Als „sozialgeographisches Unikum" bezeichnet D. GOHL (1974, S. 162f.) die seit 1969 der Verwaltung des griechischen Staates unterstellte Mönchsrepublik Agion Oros („Heiliger Berg"), jenes auf dem östlichen Finger der Chalkidike, der Athos-Halbinsel, angesiedelte, über 1000 Jahre existierende religiöse Gemeinwesen, das geistlich dem Patriarchat in Konstantinopel/Istanbul untersteht.

Der 300 bis 500 m hohe Bergrücken, der das Rückgrat der 45 km langen und 333 qkm großen Halbinsel bildet, die nur durch einen schmalen Hals mit dem Rumpf der Chalkidike verbunden ist, wird an ihrem äußersten Ende überragt von dem 2033 m hohen Berg Athos, der sich steil aus dem Meer heraus erhebt.

Reichliche Niederschläge, die die Bäche auch im Sommer nie ganz austrocknen lassen, und geringe Kultivierung führten dazu, daß sich mediterrane Wälder erhielten, wie sie sonst nirgends in Griechenland zu finden sind (vgl. L 513).

Bereits im 8. Jh. auf der Flucht vor den kaiserlichen Soldaten während des Bilderstreites, zogen sich Mönche auf diese abgelegene und schwer zugängliche Halbinsel zurück (L 280, S. 613), die zuerst Ende des 9. Jh., dann im 10. und 11. Jh. von den byzantinischen Kaisern privilegiert wurde und die Bezeichnung „Agion Oros" bekam (zur Kultur der Mönchsrepublik vgl. v. a. L 143). „Soziales Unikum" ist die Mönchsrepublik insofern, als Frauen keinen Zutritt zu ihr haben, ja die Angst der Mönche vor dem Weiblichen so weit geht (ging), daß sogar die Haltung weiblicher Tiere in einigen Klöstern verboten ist bzw. war.

Die Mönche leben in 20 Großklöstern, die sich nach den Regeln des Zusammenlebens in koinovitische und idiorrhythmische gliedern, Skiten (Mönchsweilern) und Kellien (Einzelhäusern) (zu den Siedlungsformen vgl. Kap. 7.1.3), die jeweils Großklöstern zugeordnet sind und von diesen versorgt werden. Einige Mönche leben auch als Eremiten in Höhlen oder einfachsten selbst gebauten Unterkünften am Südhang des Athosberges.

Wenige Laien, die die Gärten mitbesorgen oder als Handwerker, Fischer und Arbeiter im Dienste der Mönche wirtschaftlichen Tätigkeiten nachgehen, kommen zur Bevölkerung hinzu, die seit Anfang dieses Jahrhunderts ständig sinkt. Lebten 1903 auf dem Athos 7437 Menschen, 1940 immerhin noch 4746, so sanken die Zahlen auf 2687 im Jahr 1961 und 1472 im Jahr 1981. Der Zugang von Novizen wird schwächer, zumal sich der Nachwuchs nur noch aus Griechen rekrutieren kann, während der Zustrom von Mönchen aus den anderen orthodoxen Ländern Südost- und Osteuropas mit der russischen Revolution und der neuen Gesellschaftsordnung in diesen Staaten versiegte. Eine „Aussteigerwelle", wie sie in manchen westlichen Gesellschaften zu beobachten ist und die Mönchszahlen steigen läßt, hat Griechenland noch nicht erfaßt.

Das russische Großkloster Panteleimonos (Rossikon), das einst an die 3000 Bewohner hatte, zählt heute ebenso wie das serbische Kloster Chilandari und das bulgarische Zografou nur noch wenige alte Mönche.

Ältestes Kloster auf der Athos-Halbinsel ist die Megisti Lavra, die 963 am südöstlichen Fuß des Athosberges von dem Mönch Athanasios Athonitis gegründet wurde, der auch die früheste Verfassung der Athos-Klöster schuf. Die wirtschaftlichen Aktivitäten des „Agion Oros" haben nur bescheidenen Umfang: Anbau von Gemüse, Wein und Obst für die Eigenversorgung, Ausfuhr von etwas Holz und Haselnüssen und Verkauf von Ikonen, die malende Mönche kopieren, ist alles. Touristen leben als Gäste der Klöster, wenn sie die Einreise genehmigt bekommen und sich in Karyai angemeldet haben, dem kleinen Hauptort, in dem die aus vier Mitgliedern bestehende Mönchsregierung residiert und wo sich einige Läden, Werkstätten, ein Priesterseminar und die Häuser der Klosterabgesandten um den zentralen Platz scharen.

Früher bezogen die Klöster Einkünfte aus ihnen gehörenden Gütern (metochia), meist frommen Stiftungen, die auf der Chalkidike, in der Makedonischen Kampania und anderswo lagen. Die meisten von ihnen wurden 1922 vom griechischen Staat jedoch für die Ansiedlung von Flüchtlingen enteignet. Die Klöster beziehen als Entschädigung dafür regelmäßige staatliche Zuwendungen.

Erreichen kann man die Athosklöster und ihren Hauptort Karyai nur per Schiff von Ierissos oder Ouranoupolis aus, zwei kleinen Hafenplätzen am Hals der Halbinsel. Von einem unbefestigten Fahrweg vom Hafenplatz Dafni zum Hauptort Karyai abgesehen, vollzieht sich der Verkehr auf der Athos-Halbinsel noch auf Saumpfaden.

9.3 Thessalien

Wie in seiner räumlichen Position, so nimmt Thessalien auch nach seinem Entwicklungsstand in Griechenland eine Mittelstellung ein. Administrativ gliedert es sich in die Nomoi Trikala, Karditsa, Larisa und Volos. Hauptort ist Larisa.

Zur geographischen Landeskunde Thessaliens gibt es nur wenige Arbeiten. Für das gesamte Thessalien sei besonders auf L 359, L 495, I, 1, L 599, L 600 und L 430, Bd. 3, S. 79–104, für Ostthessalien auf L 537 und L 264 verwiesen.

Den Kernraum Thessaliens bildet das große, allseitig von Gebirgen umschlossene Thessalische Becken, das größte intramontane Becken Griechenlands. Eine Hügelkette gliedert es in einen östlichen und einen westlichen

Teil. Zentren des Westthessalischen Beckens sind Trikala und Karditsa, des Ostthessalischen Larisa. Im Norden begrenzen Chasia (1565 m), Antichasia (1424 m), Kamvounia (1615 m) und Olymp (2917 m), im Osten Ossa (1978 m), Mavrovouni (1054 m) und Pilion (1548 m), im Süden der Othrys (1726 m) und im Westen die Kette des Südlichen Pindos (2184 m) das Becken. Vom Pagasitischen Golf mit seinem randlichen Küstenhof ist es nur durch eine niedrige Gebirgsschwelle getrennt. Entwässert wird es durch den Pineios und seine Nebenflüsse, deren wichtigste Enipevs und Titarisios sind. Der dem Pineios von Norden zufließende Titarisios bildet mit seinen von Olymp, Kamvounia und Antichasia herabkommenden Zuflüssen eine eigene, abgelegene Teillandschaft Thessaliens (Zentrum Elason), die nicht wie das übrige Thessalien schon 1881, sondern erst 1912 zu Griechenland kam. Im Tempetal (gr. koilás Tembón), dem berühmten antezedenten engen Durchbruchstal zwischen Ossa und Olymp, verläßt der Pineios das Becken, nicht ohne v. a. im Winter und Frühjahr aufgrund der schwierigen Abflußverhältnisse immer wieder Überschwemmungen verursacht zu haben. Das anhaltende Absinken des Beckens erhöht die Abflußschwierigkeiten, für die auch der abflußlose, in seinem Flächenumfang immer oszillierende und heute durch Meliorationsmaßnahmen trockengefallene Voiviissee Ausdruck ist.

Die Abriegelung des Beckens vom Meer durch hohe Gebirge geben dem Klima kontinentale Züge mit heißen Sommern und Wintern, in denen von den Gebirgen herabsinkende Kaltluft zu oft anhaltenden Frösten am Beckengrund führt und dort das Gedeihen von mediterranen Pflanzen verhindert.

Oliven und andere mediterrane Kulturen sind an die Hänge der randlichen Gebirge und sie begleitenden Hügel, an denen die Kaltluft abfließt, sowie die schmalen Küstenstreifen an der Ostseite von Ossa und Pilion und die Küstenhöfe am Pagasitischen Golf gebunden. In der Vertikalen zeigt Thessalien ein breites Spektrum mediterraner, submediterraner, kontinental- und westeuropäischer Arten, wie T. Raus (1979) am Beispiel der Ossa aufzeigt, die vegetationsgeographisch durch die klimatischen Unterschiede von West- und Ostseite besonders interessant ist (vgl. auch L 537, S. 114 ff.).

Menschen siedeln in dem Raum seit dem Paläolithikum (vgl. dazu L 264). Im Neolithikum entfalteten sie hier eine besonders reiche Kultur, deren Zeugen zahlreiche Magulen sind, Siedlungshügel, die durch immer neue Bebauung im Laufe der Zeiten in die Höhe wuchsen.

Die bevorzugten Siedlungsstandorte wechseln im Laufe der Zeiten, Folge veränderter Bewertungen der Raumqualitäten durch den siedelnden Menschen.

Historischer Kernraum war Thessalien nie, so daß besonders bemerkenswerte bauliche Reste fehlen. Die Meteora-Klöster sind ebenso wie die Piliondörfer mit ihren stattlichen Häusern (zum Bild der Dörfer s. L 145) Ausdruck der Abseitslage. Letztere genossen seit dem 17. Jh. durch Privilegien des

Sultans gewisse Freiheiten und Selbstverwaltung (L 264, S. 75). Dies machte sie zum Zufluchtsort unterdrückter Bevölkerung der Ebenen, aber auch zum Wohnort vieler „kapetani" und vieler Auswanderer (Ägypten), die später – oft zu Reichtum gekommen – in ihre Heimatdörfer zurückkehrten. Es ließ auch ein phantasiereiches Handwerk und Gewerbe und ein bedeutsames geistiges Leben entstehen, von dem die Bibliotheken in Milies und Zagora zeugen.

Wirtschaftlich muß Thessalien aufgrund seiner naturräumlichen Bedingungen zu den Gunsträumen Griechenlands gerechnet werden. In der Antike berühmt durch seine Pferde, war es immer eine Kornkammer. Nicht von ungefähr breitete sich in den Ebenen die türkische Tschiftlikwirtschaft aus, eine großbetriebliche Wirtschaft, die sich hier unter veränderten Vorzeichen bis zu den Reformen in diesem Jahrhundert hielt.

In der zweiten Hälfte des 18. Jh. entfaltete sich auf alten Wurzeln eine blühende Textilindustrie. In Tyrnavos, Ambelakia und vielen Piliondörfern wurde Gewebe aus Seide und Wolle hergestellt, kunstvoll gefärbt und exportiert. Die Kooperative von Ambelakia hatte Auslandsniederlassungen u. a. in Thessaloniki, Smyrna, Konstantinopel/Istanbul, Odessa, Triest, Budapest, Wien, Bayreuth, Leipzig, Dresden, Hamburg, Amsterdam, London und Lyon (L 264, S. 81). Die Textilindustrie erlag im beginnenden 19. Jh. dem englischen Konkurrenzdruck.

Die heutige Wirtschaft basiert immer noch wesentlich auf Landwirtschaft (Weizen, Mais, Baumwolle, Zuckerrüben, Obst, Wolle, Fleisch). Überdurchschnittliche Flächenausstattung der Betriebe, Flurbereinigung mit Regulierung des Wasserhaushaltes und Schaffung von Bewässerungseinrichtungen bedingen eine im innergriechischen Vergleich günstige Agrarstruktur.

Vor allem in den östlichen, auf der Achse Athen–Thessaloniki gelegenen Bezirken gewinnt die Industrie allerdings zunehmend an Bedeutung.

Tourismus stellt einen untergeordneten Wirtschaftsfaktor dar, da der Region sowohl längere attraktive Küsten wie auch bedeutende Ruinenstätten fehlen. Einzige Ausnahme bilden die auf bizarren Sandsteinfelsen am Austritt des Pineios aus dem Pindosgebirge bei Kalambaka liegenden Meteoraklöster, die jedoch Fremde kaum länger als eine Nacht binden. Die landschaftlich außerordentlich schöne Pilionhalbinsel mit ihren alten großen Dörfern ist v. a. bei Griechen als Sommerfrische beliebt.

Die Bevölkerung konzentriert sich heute zunehmend auf die Ebenen. Nahm die Einwohnerzahl zwischen 1961 und 1971 noch ab, so stieg sie in der nächsten Dekade recht kräftig an, v. a. dank der positiven wirtschaftlichen Entwicklung seiner östlichen Hälfte.

Die ursprüngliche ethnische Vielfalt erfuhr seit der Angliederung an den griechischen Staat 1881 eine weitgehende „Bereinigung".

1882 waren nach Sivignon (1977, S. 387) noch über ein Drittel der Bevölkerung Larisas Türken, knapp ein Drittel Juden, Zigeuner und Wlachen, der Rest Griechen.

Die Türken verließen nach der Befreiung fast ausnahmslos das Land, die Juden wurden im letzten Krieg deportiert. Sarakatsanen und Aromunen, für die Thessalien einen Schwerpunkt der Siedlung und Wirtschaft (Winterweidegebiete) in den Ebenen, Sommerweiden in den Hochlagen der Gebirge) und zeitweilig sogar potentielles Territorium eines aromunischen Staates darstellte, wurden verstärkt im und nach dem letzten Krieg seßhaft, auch wenn viele von ihnen noch der traditionellen Fernweidewirtschaft nachgehen (s. Kap. 5.3.4). Die Seßhaftwerdung v. a. in den hügeligen Randbereichen von Ossa und Olymp, aber auch in den Ebenen, brachte eine Gräzisierung und Aufgabe der traditionellen Volkskultur mit sich.

Allein die Zigeuner, oft in Zelten am Rande der Ortschaften lagernd, stellen immer noch ein auffallendes ethnisches Element dar.

Von dem Flüchtlingszustrom nach 1922 wurde Thessalien nur geringfügig und punktuell berührt, desgleichen von der Gastarbeiteremigration.

Wirtschaftliche Zentren sind das inmitten der Ostthessalischen Ebene gelegene Larisa und die Hafenstadt Volos.

Mit 102000 bzw. 107400 Einwohnern liegen die beiden Städte nach ihrer Größe an fünfter und sechster Stelle unter den griechischen Städten. Ihr kräftiges Wachstum (s. Tab. A11) zeigt die günstige wirtschaftliche Entwicklung dieses Raumes an.

Das an der Bahnlinie und Hauptstraße Athen–Thessaloniki gelegene Larisa, Hauptstadt der Region, fungiert immer noch in erster Linie als Zentrum der Landwirtschaft und des großen, die Stadt umgebenden ländlichen Raumes. Industriell dominiert entsprechend Nahrungsmittelindustrie (Zuckerfabrik, Gemüsekonserven). Hinzu kommt Baustoffindustrie, während in Volos Maschinen- und Fahrzeugindustrie neben Zement die wichtigsten Zweige darstellen. An Stadtarchitektur bieten weder Larisa noch Volos Bemerkenswertes.

In der Türkenzeit wichtiger zentraler Ort mit ausgedehntem Basar, erhielt sich von den typischen verwinkelten Gassen und Straßen mit den niedrigen Läden und Handwerksstätten Larisas nichts. Schon Ende des letzten Jahrhunderts kurz nach der Befreiung riß man große Teile der orientalisch geprägten Stadt ab und baute sie in einem regelmäßigen Grundriß mit Häusern im Stil jener Zeit auf. Ein schweres Erdheben zerstörte sie 1941 dann noch einmal fast vollständig. Volos erlangte erst mit der veränderten territorialen Zugehörigkeit und der großen griechischen Handelsflotte als Hafen Bedeutung, die sich mit dem Anschluß an die Eisenbahn (Zweigbahn von der Hauptstrecke Athen–Thessaloniki) und der Ansiedlung einer großen Zahl von Flüchtlingen 1923 noch erhöhte. Wenn Larisa sich trotz der günstigen Lagebedingungen von Volos schneller entwickelte als dieses (erst 1974 kam es dort zur Einrichtung einer Industriezone), dann mag das auch an einer politischen Bevorzugung des – im Gegensatz zu Volos – immer konservativ wählenden Larisa gelegen haben (L 264, S. 91).

9.4 Peloponnes

Als Planungsregion mit dem westlichen Mittelgriechenland und den Ionischen Inseln zusammengefaßt, nimmt der Peloponnes nach seinem Entwicklungsstand eine mittlere Position unter den griechischen Regionen ein. Die administrative Region umfaßt nur die Halbinsel, greift allerdings etwas über den Isthmus von Korinth hinaus und bezieht das Geraneiagebirge noch ein. Sie gliedert sich in die Nomoi Argolis, Korinth, Achaia, Ilia (Elis), Messenien, Lakonien und Arkadien.

Mit der Verzahnung von Land und Meer, den Gegensätzen von Hoch gebirgen und Tiefland, die besonders im Frühjahr bezaubernde Eindrücke gewähren, wenn sich hinter Apfelsinenbäumen mit reifen, leuchtend orangefarbenen Früchten oder buntem Blütenrasen schneebedeckte Berge erheben, mit seinem vollmediterranen Klima (s. L 379) und der ihm entsprechenden Vegetation sowie seinen bedeutenden antiken und mittelalterlichen Ruinenstätten (u. a. Mykene, Tiryns, Epidauros, Olympia, Tegea, Korinth, Mistra, Monemvasia) ist der Peloponnes für viele Reisende zum Inbegriff von Griechenland geworden.

Über den Peloponnes liegt eine recht reichhaltige landeskundliche Literatur vor, an deren Anfang die Landeskunde von PHILIPPSON 1892 steht. Zahlreiche Arbeiten zu Einzelaspekten desselben Verfassers kommen in den folgenden Jahrzehnten hinzu. Sie finden ihre Zusammenfassung in dem aus zwei Teilbänden bestehenden Teil III der 1959 nach dem Tode des Verfassers von E. KIRSTEN herausgegebenen „Griechischen Landschaften".

Als geographische Arbeiten zu Einzellandschaften sind u. a. die von H. LEHMANN (1931 und 1937) und F. SAUERWEIN (1971) über die Argolis, von letzterem auch über Messenien (1968) und vom Verf. dieser Länderkunde über Elis (1976) zu nennen.

Die Fastinsel – mit 21 400 qkm exakt so groß wie Hessen – ist durch die Golfe von Patras, Korinth und den Saronischen Golf vom mittelgriechischen Festland getrennt und mit diesem nur über den etwa 6 km breiten und bis 80 m hohen, aus jungtertiären und quartären Sedimenten bestehenden Isthmus von Korinth verbunden. Der 1893 vollendete Bau des 6,3 km langen, 25 m breiten und 8 m tiefen Kanals von Korinth, der nur von einer Eisenbahn- und einer Straßenbrücke (zuzüglich einer neuen Senkbrücke am westlichen Ausgang des Kanals) überspannt wird, unterstreicht den Charakter des Peloponnes als einer Fastinsel.

Im Süden und Osten gliedern der Argolische, Lakonische und Messenische Golf den Peloponnes in vier Halbinseln mit breitem Rumpf. Bis auf kleine Küstenhöfe und schmale Schwemmlandebenen, die nur in Elis etwas größere Breite erlangen, ist der Peloponnes gebirgig. Kyllini (Ziria), Aroania (Chelmos), Erymanthos (Olonos), Mainalon, Parnon und Taygetos sind aus mesozoischen Kalken aufgebaute Hochgebirge mit Höhen bis 2407 m, die die südliche Fortsetzung der Helleniden bilden. Eingelagerte intramontane Becken, wie das von Tripolis und Megalopolis, stellen im gebirgigen Inneren die wichtigsten Siedlungs- und Wirtschaftsräume dar, die sich im übrigen v. a. auf die Küstenhöfe beschränken.

Die Gebirgsmauer bedingt große klimatische und vegetationsgeographische Gegensätze zwischen West- und Ostseite (vgl. L 492, L 372, bes. S. 15, Abb. 3), die der auf antiken Spuren Reisende eindrucksvoll etwa an dem Gegensatz der Ausgrabungsstätten von Olympia und Mykene erlebt. Während jenes im Schatten immergrüner Aleppokiefern in einer auch im Hochsommer grünen Landschaft liegt, ist dieses baum- und strauchlos, was der Landschaft und den Ruinen einen zur Geschichte passenden heroischen Charakter verleiht.

Nur die Westseite hat mit Pineios und Alfeios, für Bewässerung großen Ausmaßes und sogar Wasserkraftgewinnung (am Ladon, rechtem Nebenfluß des Alfeios) nutzbare, das ganze Jahr hindurch Wasser führende Flüsse.

Die historischen Landschaften Korinth, Argolis, Lakonien, Messenien, Elis und Achaia, deren Zentren jeweils Küstenhöfe mit einer antiken Polis bildeten, gruppieren sich um das zentrale, gebirgige und rauhe Arkadien, dessen Zentrum damals wie heute im Becken von Tripolis (Tegea) lag.

Von Anfang an zum griechischen Staat gehörend, spielt der Peloponnes in den Freiheitskriegen eine gewichtige Rolle (vgl. Kap. 3.3) und trägt auch die erste Hauptstadt des jungen Staates Navplion (Nauplia).

Wichtigste Wirtschaftsfaktoren der Region sind Landwirtschaft und Tourismus.

Zu den landwirtschaftlichen Produkten gehören Korinthen, Rosinen, Oliven(öl), Gemüse, Agrumen und Obst.

Die wenigen Industriebetriebe verarbeiten v. a. Agrarprodukte (Patras, Pyrgos, Kalamata, Argos). Die Zigarettenfabrik Karelia in Kalamata basiert auf Tabaken, die aus anderen Regionen importiert werden, da aufgrund der Anbaulimitierungen Tabak auf dem Peloponnes nicht mehr angebaut wird.

Der Plan eines Schwerindustriekomplexes an der Bucht von Pylos, typisches Beispiel peripherer Industrialisierung, ist glücklicherweise fallengelassen worden.

Die Verkehrserschließung durch Bahn und Straße ist in vielen Teilen immer noch unzureichend. Die Leistungsfähigkeit der Schmalspurbahn, die Lakonien überhaupt nicht erreicht, ist gering, die Erschließung durch Straßen zwar besser (v. a. im Nordteil), durch die Gebirge aber doch sehr behindert.

Der Entwicklungsstand und die Entwicklungsdynamik der in der Region zusammengefaßten Nomoi ist unterschiedlich. Günstige Vorzeichen weisen die nördlichen Bezirke Argolis, Korinth und Achaia auf, die von der Nähe zur Agglomeration Athen und der Lage auf der verkehrsmäßig gut ausgebauten Achse Patras–Athen profitieren. Die Entwicklung der südlichen Nomoi trägt dagegen ebenso wie die des gebirgigen Arkadien negative Vorzeichen. Ihre Wirtschaftsstruktur ist schwach, Landwirtschaft und wenig Industrie sind ihre Stützen. Tourismus ist hier aufgrund der mangelhaften Erschließung der Küsten nur punktuell bedeutsam. Die im Becken von Megalopolis abgebaute und vor Ort verstromte Braunkohle besitzt nur lokale Bedeutung. Abwanderung nach Athen und eine bereits vor der Jahrhundertwende in die USA und nach Australien gerichtete Auswanderung ließen die Einwohnerzahlen seit 1961 kontinuierlich sinken. Die Bevölkerungsstruktur ist durch den überdurchschnittlichen Anteil höherer Altersgruppen, von Kleinhaushalten, hohe Sterbe- und niedrige Geburtenrate und hohen Ausbildungsstand gekennzeichnet, Merkmale, die historisch und durch die Migrationsfolgen erklärt werden müssen. Elis nimmt wirtschaftlich wie demographisch eine Übergangsstelle ein.

Hauptort der Region ist das im Nordwesten der Halbinsel gelegene Patras. Mit 154 596 Einwohnern (1981) ist es die drittgrößte Stadt des Landes, Ausfuhrhafen auf dem Peloponnes erzeugter Güter (v. a. Agrarprodukte) und wichtiger Fährhafen. Die kulturelle Bedeutung dokumentiert die wachsende Universität der Stadt. Unter den Industrien dominieren Textil („Piraiki-Patraiki") und Nahrungsmittel (u. a. „Achaia Clauss").

Der Stadtplan von Patras zeigt wie der vieler griechischer Städte eine typische Zweigliederung in eine Oberstadt mit unregelmäßigem Straßennetz und kleinen Häusern, überragt von einem Kastell, an dem die wechselnden Herren der Stadt bauten, und einer Unterstadt mit regelmäßig-rechtwinkligem Straßennetz, einer Anlage aus der Frühzeit des neuen Griechenlands. Ober- und Unterstadt sind durch eine malerische Treppenanlage miteinander verbunden.

9.5 Die Inseln des Ägäischen Meeres

Der administrativen Region „Ägäische Inseln" werden die Inselgruppen des Dodekanes (auch „Südliche Sporaden"), der Kykladen, Lesbos, Samos und Chios und die mit letzteren in einem Nomos verbundenen Inseln zugerechnet. Kreta bildet eine eigene administrative Region. Die nahe am Festland liegenden Inseln werden den jeweiligen Festlandsbezirken zugerechnet: Samothraki zu Evros, Thasos zu Kavala, die Nördlichen Sporaden Alonnisos, Skopelos und Skiathos zu Magnisia, Skyros zu Euböa, die Inseln des

Saronischen Golfes und vor der Ost- und Südostküste des Peloponnes (Hydra, Spetsai, Kythira, Antikythira) zu Attika.

Bei der Einteilung der Planungsregionen wurden die Kykladen zur Region Östliches Mittelgriechenland geschlagen und nur die ostägäischen Inseln neben Kreta als eigene Planungsregion ausgegliedert.

Die Ägäis spielt nicht nur als Wirtschaftsraum für Griechenland eine wichtige Rolle. Sie war eine kulturelle Brücke zwischen Orient und Okzident, in der die Wiege der europäischen Kultur stand, und sie ist heute ein hochbrisantes politisches Spannungsfeld.

Zur geographischen Landeskunde des Ägäischen Meeres und seiner Inseln sei hier u. a. verwiesen auf L 495, L 165, L 67, L 332, L 563, L 383.

Zu vielen Inseln gibt es, z. T. unter spezifischen Aspekten, Monographien; so von N. Creutzburg (1960) über die Mykonischen Inseln, von Beissel (1972) über Samothraki, von Wagstaff (1976) und von Riedl (1980) über Milos, von letzterem zusammen mit W. Kern, Hrsg. (1980–83), über Santorin, Mykonos, Karpathos, Syros und Sifnos, von W. Eggeling (1984) über Syros, Naxos und Rhodos, um nur einige Beispiele zu nennen.

Die Inseln des Ägäischen Meeres sind größtenteils Reste eines alten, aus kristallinen Gesteinen aufgebauten Festlandes, zu dem geologisch Rhodopen, Olympmassiv und die attische Halbinsel ebenso gehörten wie das Aydin-Gebirge in Kleinasien. Geologisch jünger ist der den Helleniden zugehörige, im Tertiär aufgefaltete Inselbogen, der sich an die zerbrochene Kykladenmasse anlehnt. Die Nahtstellen sind durch aktiven Vulkanismus (Santorin, Nisyros) oder jungvulkanische Gesteine als Zeugnisse vulkanischer Tätigkeit (Milos, Kos) und große Erdbebenhäufigkeit gekennzeichnet. Die Inseln gliedern das Ägäische Meer in mehrere Teilbecken (vgl. Kap. 4.3.2).

Die 200-m-Tiefenlinie verläuft vielfach weit vor der Küste, so daß ein breiter Schelf den meisten Küsten vorgelagert ist, dem die ostägäischen Inseln ebenso aufsitzen wie die der Westküste vorgelagerten. Auch die Kykladen liegen auf einer großen Schelfplatte, die nur durch eine schmale Rinne zwischen Andros und Euböa vom Festlandschelf getrennt ist (vgl. Karte 10).

Das Klima der Ägäis zeigt die mediterranen Eigenschaften in ausgeprägtester Form (vgl. Kap. 4.1). Die Sommer sind trocken und warm, die Winter milde, die Niederschläge aufgrund der Leelage gering (sie schwanken zwischen weniger als 400 mm östlich von Attika und 739 mm auf Lesbos). Die in den Sommermonaten beständig wehenden Etesien (Meltemia) wirken nicht nur erfrischend, sie verstärken auch die Trockenheit der Inseln und sind ein – bislang noch zu wenig genutzter – Energiespender. Wind, intensive Strahlung bei wolkenlosem Himmel und starke Ausstrahlung der vegetationsarmen Inseln lassen dem Reisenden das Klima auch im Sommer als herb erscheinen.

Die Vegetation ist den klimatischen Bedingungen angepaßt und zugleich deren Folge in Verbindung mit dem jahrtausendelangen Einwirken des Menschen. Wälder fehlen weitgehend, kahle Berghänge bestimmen das Bild, während die stärker ozeanisch geprägten, regenreichen Ionischen Inseln dichte Wälder, Macchien und Ölbaumhaine tragen.

Das für die ägäischen Inseln typische kubische, weißgetünchte Flachdachhaus ist diesen klimatischen Bedingungen angepaßt: Das Dach dient als Regenfänger; das Wasser wird in einer meist unter dem Haus gelegenen Zisterne gespeichert.

Die Bedingungen für Landwirtschaft sind aufgrund der morphologischen Struktur, v. a. aber des Klimas als ungünstig anzusehen.

Mit 1,2 Mio. Einwohnern lebten 1981 immerhin über 12% der Bevölkerung Griechenlands auf Inseln im Ägäischen Meer. Der größte Anteil entfiel dabei auf Kreta (502165 E). Es folgen: Euböa (185626 E), der Dodekanes (145071 E), die Kykladen (88458 E), Lesbos (104620 E), Samos (40519 E) und Chios (49865 E).

Ging die Inselbevölkerung zwischen 1961 und 1971 insgesamt um ca. 7% zurück, so verzeichnete sie nach der offiziellen Statistik zwischen 1971 und 1981 wieder einen leichten Anstieg. Im einzelnen zeigen sich jedoch große Unterschiede. Das Wachstum wird nur von wenigen Inseln getragen: Es sind die der Agglomeration nahen Inseln Ägina und Salamis, letztere bereits als Wohnvorort von Piräus, das festlandnahe Euböa mit der Industriestadt Chalkis, die Fremdenverkehrsinseln Kos, Rhodos und Mykonos und wiederum Kreta.

Die Masse der Inseln, darunter insbesondere die vielen kleineren, erleiden kontinuierliche Bevölkerungsverluste.

Die de facto auf den Inseln wohnende Bevölkerung dürfte noch geringer sein als in der offiziellen Statistik angegeben, da viele Insulaner sich aus Treue zu ihrer Heimat und um sie wirtschaftlich zu stärken (staatliche Zuwendungen sind u. a. von der Höhe der Einwohnerzahl abhängig) auf ihrer Heimatinsel registrieren lassen.

Abwanderung war schon immer ein Schicksal, das viele Inselbewohner auf sich nahmen, da ihre Heimat ihnen keine hinreichende Nahrungsgrundlage bot.

Gingen viele Emigranten früher nach Ägypten, so waren später Amerika und Australien bevorzugte Ziele der Emigranten. Viele Insulaner blieben aber auch im Land und suchten ihren Lebensunterhalt in der Agglomeration Athen/Piräus. Vereinigungen der ehemaligen Bewohner einer Insel (z. B. der Amorginer oder Naxioten) halten die Verbindung mit ihrer Insel und nehmen häufig noch wichtigen Einfluß auf deren Entwicklung.

Die schlechten Voraussetzungen für wirtschaftliche Aktivitäten – sieht man einmal vom Tourismus ab, der nur für einige Inseln eine wichtige wirtschaftliche Basis bildet – ließen viele Inseln zu unterentwickelten Teilen des Landes werden.

Die Insel *Amorgos*, östlich von Naxos und abseits der Hauptschiffahrtslinien gelegen, ist ein Musterbeispiel für diese Entwicklung (vgl. L 640, L 474).

Trotz ihrer relativen Größe (121 qkm) bietet die Insel nur wenige agrarisch intensiver nutzbare Flächen und keine abbauwürdigen Bodenschätze. Der Mangelfaktor Wasser läßt nur auf kleinen Flächen Bewässerung zu.

Die Bevölkerungsentwicklung verzeichnet seit der Jahrhundertwende, als 3500 Einwohner auf der Insel lebten, bis heute (1981: 1503 E) einen kontinuierlichen Rückgang. Die Bewohner wanderten nach Australien und Amerika aus oder gingen nach Athen. Innerhalb der Insel vollzog sich ein Konzentrationsprozeß auf den Hafenort Katapola.

Der moderne Massentourismus mied die Insel weitgehend, da sie weder attraktive Strände noch kunsthistorische Sehenswürdigkeiten – sieht man von dem Kloster der Panagia tis Chozoviotissas ab – zu bieten hat.

So konnten engagierte Hilfsprogramme der Deutsch-Griechischen Gesellschaften in der Bundesrepublik Deutschland in den Jahren nach 1964 (s. die Zeitschrift „hellenika" 1964 ff.), mit denen die Infrastruktur und die Wirtschaft der Insel verbessert werden sollten, der Bevölkerungsabwanderung keinen Einhalt gebieten, auch wenn unbestreitbar für manchen die Situation verbessert wurde.

Wenn heute die wichtigsten Einrichtungen für den – nicht sehr umfänglichen – sommerlichen Tourismus großenteils in der Hand von Auswärtigen (z. T. nach Athen abgewanderten Amorginern) sind, die sich nur wenige Monate auf der Insel aufhalten, und wenn die meisten Nahrungsmittel importiert (u. a. aus Kreta) und nicht mehr auf der Insel erzeugt werden, obgleich dies durchaus möglich wäre, so sind das Erscheinungen, die typisch sind für Unterentwicklung und Peripherisierung.

Etwas Landwirtschaft für die Eigenversorgung, etwas Fischfang, v. a. aber Zuwendungen von Abgewanderten und das, was vom sommerlichen Tourismus abfällt, bilden die materielle Lebensgrundlage der überalterten, dort noch dauerhaft wohnenden Bevölkerung.

Einige Spezialerzeugnisse wie Mastix (Chios), Loukoumi (Syros), Wein (Samos), Öl (Lesbos), Schwämme (Kalymnos) und einige Bergbauprodukte wie Schmirgel (Naxos), Bims bzw. Santorinerde (Santorin), Eisenerz (Sifnos) oder Bentonite (Milos) bilden zwar eine mehr oder weniger wichtige Ergänzung der Wirtschaft der jeweiligen Inseln, auf denen das Produkt gewonnen wird, aber kaum eine tragfähige Grundlage zur Ernährung der ganzen Bevölkerung, zumal für eine Weiterverarbeitung der Rohprodukte die Standorte ebenso wie für andere Industrien zu ungünstig sind.

Die Inseln des Ägäischen Meeres sind altes griechisches Siedlungsgebiet und kultureller Begegnungsraum zwischen Osten und Westen. Nicht zufällig lebten und wirkten hier Philosophen wie PYTHAGORAS (Samos) oder der Arzt HIPPOKRATES (Kos), der Begründer der wissenschaftlichen Medizin, in der sich im 5. Jh. v. Chr. wie in anderen Disziplinen rationales Denken Bahn bricht und das mythologische Denken ablöst, was den Beginn unserer abendländischen Kultur einleitet (vgl. LIENAU 1987 b).

Die unterschiedlichsten kulturellen (politischen) und wirtschaftlichen Einflüsse prägten die Inseln und gaben fast jeder ihr eigenes Gesicht (vgl. dazu u. a. L 164).

In den vergangenen 20 Jahren entwickelte sich die Ägäis zu einem Konfliktgebiet zwischen Griechenland und der Türkei. Streitpunkte sind die Nutzung des Schelfes, auf dem Erdöl vermutet wird, die Kontrolle über den Luftraum und die Militarisierung einzelner Inseln bzw. Küstenbereiche (vgl. dazu bes. L 563 und L 528).

Der territoriale Status quo in der Ägäis wurde im wesentlichen im *Vertrag von Lausanne* 1923 nach der Kleinasienkatastrophe von 1922 festgelegt.

Danach verzichtete Griechenland auf die ihm im Vertrag von Sèvres zugesprochenen Gebiete auf dem kleinasiatischen Festland, die vorwiegend von Griechen besiedelt waren, behielt aber die griechisch besiedelten Inseln im Ägäischen Meer mit Ausnahme von Imbros (Imroz) und Tenedos (Bozca ada), die der Türkei als Sicherung des Dardanellenzugangs zugesprochen wurden. Der Dodekanes verblieb bei Italien, das ihn im Italienisch-Türkischen Krieg 1912 besetzt und im Londoner Vertrag von 1915 von der Entente zuerkannt bekommen hatte. Es suchte ihn als Trittbrett für einen Zugriff auf die Türkei zu benutzen.

Bis 1973 respektierte die Türkei diesen Status, seitdem stellt sie immer wieder Ansprüche zu Lasten des griechischen Hoheitsgebietes. Hintergrund für die türkischen Ansprüche sind v. a. die vermuteten Erdölvorkommen auf dem Ägäisschelf. Die Türkei begründet ihre Ansprüche mit dem Argument, daß die Inseln keinen eigenen Schelf besäßen, dieser vielmehr zum Festland gehöre, was geologisch zweifellos richtig ist.

Die Genfer Konvention von 1958, die von der Türkei allerdings nicht unterzeichnet wurde (wohl von Griechenland), billigt indes – entgegen dem geologischen Begriff – auch den Inseln einen Festlandsockel zu.

Es heißt in Artikel 1 zur Bestimmung des Festlandsockels: Er bezeichnet „(a) den Meeresgrund und den Meeresuntergrund der an die Küste grenzenden Unterwasserzonen außerhalb des Küstenmeeres bis zu einer Tiefe von 200 Metern oder darüber hinaus, soweit die Tiefe des darüber befindlichen Wassers die Ausbeutung der Naturschätze gestattet; (b) den Meeresgrund und den Meeresuntergrund der entsprechenden an die Küste von *Inseln* grenzenden Unterwasserzonen" (zit. nach L 651, S. 21). Grenzt ein Festlandsockel an die Hoheitsgebiete von zwei oder mehr Staaten, deren Küsten einander gegenüberliegen, so grenzen diese Staaten nach der Genfer Konvention „die ihnen zugehörenden Sockelteile einvernehmlich gegeneinander ab. Kommt eine Einigung nicht zustande, so wird als Grenzlinie die mittlere Linie durch alle Punkte festgelegt, welche gleich weit entfernt sind von den nächstgelegenen Punkten der Basislinien, von denen aus die Breite des Küstenmeeres jedes dieser Staaten gemessen wird, es sei denn, daß besondere Umstände die Festlegung einer anderen Grenzlinie rechtfertigen."

Das Recht liegt damit eindeutig bei Griechenland. Die Türkei kann sich höchstens darauf berufen, daß sie diese international anerkannte Konvention nicht unterzeichnet hat. Eine Ausweitung der Hoheitsgewässer von 6 sm auf – nach internationalem Seerecht durchaus mögliche – 12 sm um die Inseln von griechischer Seite sieht die Türkei nach ihren Aussagen als Casus belli an (ungeachtet der Tatsache, daß die Türkei im Schwarzen Meer die Hoheitsgewässer auf 12 sm Küstenabstand ausgedehnt hat). Eine Ausweitung von seiten Griechenlands würde die Türkei in der Tat hart treffen, da Schiffe türkische Häfen an der kleinasiatischen Küste nicht erreichen könnten, ohne griechische Hoheitsgewässer zu berühren.

Ein weiterer Streitpunkt betrifft die Insel *Limnos*. Diese strategisch günstig vor dem Eingang in die Dardanellen gelegene ca. 480 qkm große Insel (1981: 17721 E) war 1912 vom Osmanischen Reich an Griechenland mit der Auflage gefallen, daß sie frei von Militär bleiben müsse, eine Vereinbarung, die im Vertrag von Lausanne 1923 noch einmal festgeschrieben wurde.

Während die Türkei 1936 in der Konvention von Montreux das Recht erhielt, militärische Einrichtungen zum Schutz der Dardanellen zu installieren, blieb die anfängliche Regelung für Limnos bestehen. Samos, Ikaria, Chios und Lesbos, für die Gleiches wie für Limnos galt, wurde Teilbewaffnung (zur Selbstverteidigung) zugestanden.

Die Türkei wirft Griechenland Tendenzen zur Militarisierung der Insel vor über die Hintertür von der NATO unterstellten, dort stationierten griechischen Truppenteilen. Im Gegenzug verfolgt Griechenland argwöhnisch die Stationierung nicht der NATO unterstehender türkischer, mit Landungsbooten ausgerüsteter Truppen im Raum Izmir.

Schließlich ist die FIR (Flight Information Region), d. h. der von Griechenland zur Sicherung des Luftverkehrs kontrollierte Luftraum, Gegenstand heftiger Auseinandersetzungen. Die Grenzen der FIR wurden von der Internationalen Zivilluftfahrtsorganisation (I.C.A.O.) auf der Grundlage des Vertrages „über die internationale Zivilluftfahrt" (Chicago 1944, ratifiziert 1947), den auch Griechenland und die Türkei unterzeichneten, festgelegt. FIR und nationaler Luftraum, über den ein Land die ausschließlichen Hoheitsrechte ausübt, müssen nicht identisch sein. Die FIR umfaßt in der Regel noch einen Teil des internationalen Luftraumes, der ja lückenlos zur Flugsicherung bestimmten FIRs zugeordnet sein muß. Die Ostgrenze des FIR Athen folgt einer Linie, die etwa zwischen den griechischen Ägäisinseln und dem türkischen Festland verläuft, die jedes Flugzeug (auch Militärmaschinen) kurz nach Überfliegen der kleinasiatischen Westküste Richtung Westen zwingt, sich bei der Leitstelle in Athen zu melden und die vorher eingereichten Flugpläne einzuhalten. Die unausbleiblichen Verletzungen des Luftraumes durch türkische Militärmaschinen führten immer wieder zu Protesten griechischerseits und zur zeitweiligen Sperrung des Luftkorridors

G-18, da Griechenland sich nicht in der Lage sah, für die Sicherheit der zivilen Luftfahrt zu garantieren. Die Türkei bemüht sich seit langem – im Rahmen der NATO-Aufgabenverteilung –, die militärischen Kontrollbefugnisse für die östliche Ägäis zu erhalten (Mittellinie), was wiederum Griechenland nicht akzeptiert, da dann die griechischen Inseln in der östlichen Ägäis den Türken mehr oder weniger schutzlos ausgeliefert wären. Die Zypernerfahrung erhöhte das Mißtrauen der Griechen.

9.6 Kreta

Auf der geographischen Breite Mitteltunesiens gelegen, ist Kreta nicht nur der südlichste Landesteil Griechenlands, sondern ganz Europas. Mit 8261 qkm ist es die größte griechische Insel, nur wenig kleiner als Zypern (9251 qkm), erheblich kleiner allerdings als Sizilien (25708 qkm) oder Sardinien (24090 qkm).

Zusammen mit einigen kleinen, dicht vor der kretischen Küste liegenden Inseln, u. a. Dia, Gavdos und Souda, bildet Kreta eine eigene administrative Region, die sich in die Verwaltungsbezirke Chania, Rethymni, Irakleion und Lasithion gliedert. Die Verwaltungsregion ist mit der Planungsregion identisch. Hauptort der Region ist Irakleion (1981: 110958 E).

Zur Landeskunde der Insel sei u. a. auf G. Burgel 1965, N. Creutzburg 1928, 1966, P. Y. Péchoux 1968, V. Vuidaskis 1977, V. Born 1984 und L. Hempel 1985 verwiesen.

Als Teil des Südägäischen Inselbogens begrenzt Kreta das Südägäische Meer gegen das östliche Mittelmeer. Bei einer West-Ost-Erstreckung von mehr als 260 km erreicht die Insel eine maximale Breite von nur 60 km. Über 2000 m hohe, aus mesozoischen, z. T. metamorphen Kalken aufgebaute, stark verkarstete Gebirgsstöcke bilden ihr Rückgrat: Levka Ori (2452 m), Ida (Psiloreitis, 2456 m), Dikti (2148 m) mit Lasithi-Hochebene, einem großen Polje, und Ori Siteias (1476 m). Sie nehmen von West nach Ost an Höhe und Ausdehnung ab. Nach Süden meist steil abfallend mit tief eingeschnittenen Schluchten (z. B. die berühmte Samaria-Schlucht in den Levka Ori) und nur in der Mesara größeren Siedlungsraum gewährend, gehen sie nach Norden in ein tertiäres, von Erosionsmaterial gebildetes Hügelland über, das in Verbindung mit den Küstenhöfen das vornehmliche Siedlungsland darstellt (zur Morphologie der Insel s. bes. N. Creutzburg 1928). Während die Südküste schwach gegliedert und hafenfeindlich ist, weist die Nordküste zahlreiche Buchten und günstige Siedlungsplätze auf. Hebungs- und Senkungserscheinungen der Küsten in historischer Zeit wurden in Kreta besonders intensiv studiert (s. L 222).

Das Klima der Insel ist voll mediterran mit warmen, langen Sommern und milden, regenreichen Wintern. Die Niederschläge übersteigen im Westteil der Insel in den Gebirgen 1400 mm, im Südosten unterschreiten sie dagegen 500 mm. Die Westhälfte der Insel empfängt generell mehr Niederschläge als die Osthälfte, die Nordseite mehr als die Südseite. Dezember und Januar sind die regenreichsten Monate. Im Westen sind auch November und Februar noch regenreich. Die warme, regenarme und damit tourismusgünstige Zeit reicht von März bis November. So hat Ierapetra Mitteltemperaturen im März und November von 14,7°C bzw. 18,3°C und empfängt in diesen Monaten durchschnittlich 49,1 mm bzw. 70,4 mm Niederschlag. Die natürliche Vegetation entspricht den klimatischen Bedingungen, ist durch die lange Kulturtätigkeit des Menschen allerdings stark degradiert. Charakteristisch sind viele endemische Arten. Wald ist bis auf geringe Reste verschwunden, an seine Stelle sind Macchie und Phrygana getreten.

Wirtschaftliche Standbeine der Insel sind Landwirtschaft und Tourismus, der in diesem Klima und bei den zahlreichen bedeutenden archäologischen Stätten (Knossos, Faistos, Agia Triada etc.) günstigste Voraussetzungen findet. Außer geringen Eisenerz- und Lignitvorkommen besitzt Kreta keine abbauwürdigen Bodenschätze. Zu den wichtigsten Anbaufrüchten gehören Olive, Wein (für Rosinen, Sultaninen, Tafeltrauben und Weinherstellung), Agrumen, Bananen, Frühkartoffeln, Gemüse und Blumen (v. a. Nelken). Viele Kulturen werden heute in Warmbeeten gezogen, auch z. B. die Bananen. In den Gebirgen herrscht extensive Weidewirtschaft mit Schafen und Ziegen vor.

Nach dem Prokopfeinkommen nimmt Kreta mit Thessalien und Ostmakedonien im Entwicklungsstand eine Mittelstellung ein. Insgesamt verlief die wirtschaftliche Entwicklung Kretas in den letzten beiden Jahrzehnten jedoch überdurchschnittlich positiv, stehen die Vorzeichen weiterhin günstig. Dazu trug nicht nur der expandierende Tourismus bei, sondern auch eine neuerungsbereite Landwirtschaft (vgl. L 233 und L 246), die Wahrnehmung der Chancen, die der nahe Markt der Agglomeration Athen und die EG bieten, und ein kretisches Selbstbewußtsein, das sich dem Zentralismus Athens nur bedingt unterordnete. Die Übernahme des Fährverkehrs in eigene Regie durch kretische Aktiengesellschaften ist nur ein Beispiel dafür.

Die wirtschaftlich dynamische Entwicklung vollzog sich an der Nordküste der Insel und brachte einen rasanten Wandel der Kulturlandschaft in den letzten Jahren mit sich (s. L 60).

Kernraum bildet – seit minoischer Zeit (Knossos) – das neogene Hügelland im zentralen Teil der Insel mit dem Hauptort Irakleion.

Die wirtschaftlichen Zentren an der Nordküste Chania, Rethymnon, wo sich eine Universität im Aufbau befindet, und Irakleion sind durch eine gut ausgebaute Straße miteinander verbunden, die nach Osten bis Siteia weiterführt. Sie bildet die Hauptverkehrsachse der Insel. Nur wenige Straßen queren das Gebirge zur Südküste, die keinerlei durchgehende Straße besitzt. Die wichtigste Nord-Süd-Verbindung führt von Irakleion in die Mesara. Die wichtigsten Städte sind durch Schiffslinien untereinander und mit Piräus verbunden. Flugplätze für Großflugzeuge besitzt die Insel in Chania und Irakleion.

9.7 Ionische Inseln

Nach Flächenumfang und Einwohnerzahl sind die Ionischen Inseln die kleinste griechische Region. Sie bilden keine eigene Planungsregion, sondern sind den festländischen Planungsregionen Epirus und Peloponnes/westl. Mittelgriechenland zugeordnet.

Zu der Region Ionische Inseln zählen die Inseln vor der Westküste von Epirus und Mittelgriechenland sowie Zakynthos und die Strofaden vor der Westküste des Peloponnes. PHILIPPSON (Griechische Landschaften II, 2, 1958, S. 418) bezeichnet sie als Westgriechische Inseln. Historisch gehörten zu den Ionischen Inseln auch die strategisch wichtigen Oinoussai-Inseln (Sapientza und Schiza) vor der Südküste Messeniens, die heute Teil des Nomos Messenien sind, sowie die geologisch dem Südägäischen Inselbogen zuzurechnenden Inseln Kythira und Antikythira vor der Südküste Lakoniens, die heute zum Nomos Attika gehören. Nördlichste Insel und zugleich nördlichster Punkt Griechenlands ist die auf der Höhe von Sarandë in Albanien liegende Insel Othonoi.

Administrativ gliedern sich die Inseln in die Nomoi *Kerkyra (Korfu)*, bestehend aus den Inseln Othonoi, Ereikoussa, Kerkyra, Paxoi und Antipaxoi, *Levkas* mit den Inseln Levkas, Meganision, Kastos und Kalamos (letztere wurde erst 1981 aus dem Nomos Kefallinia ausgegliedert und Levkas zugeschlagen), *Kefallinia (Kefalonia)* mit den Inseln Kefallinia, Ithaka und einigen kleinen, heute unbewohnten Inselchen sowie *Zakynthos (Zante)*, zu dem neben der gleichnamigen Insel noch die Strofadeninsel Stamfanion gehört.

Größte und wichtigste Stadt der Ionischen Inseln ist Kerkyra auf der gleichnamigen Insel.

Zur Landeskunde der Inseln sei auf J. PARTSCH 1887, E. FELS 1927, MÜLLER-MINY 1957, A. PHILIPPSON, Griechische Landschaften II, 2, 1958 nach dem Tode des Verfassers herausgegeben und mit Beiträgen zur historischen Landeskunde ergänzt von E. KIRSTEN sowie das Handbuch Bd. III der Naval Int. Division 1944 hingewiesen.

Die aus Kalk- und Flyschgebirgen aufgebauten Kerne der Inseln sind von Hügelland aus jungtertiären Sedimenten umgeben. Sie besitzen ein mildes Klima. Die Temperaturamplitude zwischen Winter und Sommer, zwischen Tag und Nacht ist geringer als auf den Inseln des Ägäischen Meeres. Der höhere Wasserdampfgehalt der Luft läßt die Farben und Konturen weicher erscheinen als auf jenen. Hohe Niederschläge begünstigen die Vegetation, die auch in den regenarmen Sommermonaten nicht verdorrt. Wälder, dichte Macchie, Oliven- und Obsthaine hüllen die Inseln in ein üppiges Grün. Bemerkenswert sind die Tannenwälder der nach der Insel benannten Spezies *(Abies cephalonica)* auf der Insel Kefallinia.

Landwirtschaft spielt neben Tourismus wirtschaftlich die wichtigste Rolle. Erzeugt werden Oliven, Wein, Tafeltrauben, Korinthen, Obst und Gemüse. Industrie gibt es praktisch noch nicht.

Vom Tourismus profitieren die Inseln sehr unterschiedlich. Den größten Anteil hat Kerkyra (Korfu), das nicht nur Anlegestelle der Fähren zwischen Griechenland und Italien ist, sondern auch über einen Flugplatz für Großflugzeuge verfügt, so daß die Touristen per Charterflugzeug dorthin verfrachtet werden können.

Historisch spielen die Ionischen Inseln eine Sonderrolle innerhalb Griechenlands. Anders als die übrigen Teile des heutigen Territoriums Griechenlands fielen sie – mit Ausnahme von Levkas, das nur durch einen schmalen, verlandenden Sund vom Festland getrennt ist – nie oder nur vorübergehend unter die Botmäßigkeit des Sultans. Nach dem Zusammenbruch der byzantinischen Herrschaft waren sie im Zuge des Vierten Kreuzzuges an Venedig gefallen und blieben bei der Markusrepublik bis zu den napoleonischen Kriegen. 1797 gingen sie an Frankreich, 1799 an Rußland über, das durch Vertrag mit dem Sultan aus den Ionischen Inseln, zu denen auch Kythira gehörte, die „Republik der Sieben Vereinigten Inseln" schuf. 1807 von Frankreich, 1809/10 von den Briten erobert, wurden sie auf dem Wiener Kongreß 1815 als „Vereinigter Staat der Sieben Ionischen Inseln" unter britischem Protektorat selbständig. 1864 trat Großbritannien sie an Griechenland ab.

Der lange italienische Einfluß macht sich deutlich im Bild der Kulturlandschaft bemerkbar. Die Stadt Korfu, einst wichtigste Stadt und Festung der Venezianer auf dem Weg zur Levante, wirkt italienisch. Sie tut dies nicht nur aufgrund der mächtigen, die Stadt umgebenden Festungsanlagen, auf deren Erbauer der in die Mauern als Wappen eingelassene Markuslöwe unübersehbar hinweist, sondern auch aufgrund des norditalienischen Bautypus der Häuser.

Italienisch beeinflußt waren aber auch bildende Kunst und Musik. Im 18. Jh. wurde überall auf den Ionischen Inseln die italienische Oper gepflegt, 1795 auf Korfu der Komponist Nikolas Mantzaros geboren (1893 gest. ebda.), der die griechische Nationalhymne des auf Zakynthos geborenen Dichters Solomos vertonte. Von Schülern des Mantzaros und anderen wurden Opern im italienischen Stil komponiert (L 549, S. 107f.). Die überwiegende Zahl der Bewohner der Inseln in venezianischer Zeit waren zwar Griechen sowie zugewanderte Albaner und Malteser; besonders auf Korfu und Zante lebten jedoch auch viele venezianische Großgrundbesitzer (L 495, II, 2, S. 419).

Auf der Rückseite Griechenlands gelegen, das sein Gesicht immer der Ägäis zugekehrt hat, liegen die Ionischen Inseln im wirtschaftlichen Abseits. Auch in der Antike trugen sie nur wenig zur Kulturentwicklung Griechenlands bei.

Die anhaltend negative Bevölkerungsentwicklung deutet darauf hin, daß die Inseln zu den unterentwickelten, peripheren Regionen des Landes gehören. Die Unterentwicklung wurde nach PARTSCH (1897) und PHILIPPSON (L 495, II, 2, S. 452) bereits unter venezianischer Herrschaft angelegt, als Korfu Venedig nicht nur als militärischer Stützpunkt, sondern auch als Ausbeutungsobjekt diente. Öl und Salz bezog die Republik von hier, wofür sie den Anbau von Getreide und anderen Feldkulturen planmäßig beschränkte und so von sich in der Versorgung abhängig machte.

9.8 Epirus

Epirus ist die nordwestlichste Region des Landes. Sie grenzt im Norden an Albanien, im Westen und Süden sind Makedonien, Thessalien und das westliche Mittelgriechenland die administrativen Nachbarregionen. Verwaltungseinheit und Planungsregion sind nur insofern nicht identisch, als die Planungsregion auch die vor der Küste liegenden Inseln mitumfaßt. Die Region gliedert sich in die Nomoi Ioannina, Thesprotia, Preveza und Arta. Hauptort ist die malerisch am gleichnamigen See gelegene alte Residenz- und Festungsstadt Ali Paschas Ioannina. Zur geographischen Landeskunde des Epirus sei v. a. auf A. PHILIPPSONS Griechische Landschaften Bd. II, 2 (1958) mit Beiträgen zur historischen Landeskunde im Anhang von E. KIRSTEN hingewiesen.

Durch die nur an wenigen Stellen (v. a. über den Paß von Metsovon) passierbare Gebirgsmauer des Pindos von der Osthälfte und dem wirtschaftlichen Rückgrat Griechenlands getrennt, bildet im Süden der Amvrakische Golf die natürliche Grenze. Da auch die Grenze nach Albanien in das z. T. griechisch besiedelte nördliche Epirus trotz des neu eröffneten Grenzübergangs bei Konitsa noch weitgehend undurchlässig blieb, ist das Epirus verkehrsmäßig stark isoliert und wirtschaftlich in einer Abseitslage, die die Entwicklung sehr hemmte. Ein Anschluß an das griechische Eisenbahnnetz besteht nicht. Die Hauptstraße Ioannina–Arta–Agrinion wurde erst in jüngster Zeit ausgebaut.

Die Region wird von vier mächtigen, aus Kalk und Flysch aufgebauten Gebirgsketten mit einer Streichrichtung von NNW nach SSO durchzogen. Hohe Niederschläge v. a. in den Wintermonaten lassen mehrere, das ganze

Jahr hindurch wasserführende, wasserreiche Flüsse im Gebirgsinneren entspringen, von denen der Aoos als Vjosë an der albanischen Küste, der Thyamis (Kalamas) mit einem größeren Delta gegenüber der Insel Kerkyra, der Acheron südlich von Parga und Louros und Arachthos, die beide der Wasserkraftgewinnung dienen, in den Amvrakischen Golf münden.

Siedlungsraum bilden vornehmlich die in die Gebirgszüge eingesenkten Becken sowie die vom Schwemmland der Flüsse Thyamis, Acheron, Louros und Arachthos gebildeten Schwemmländer bei Igoumenitsa, Parga und am Amvrakischen Golf. Größtes intramontanes Becken (Polje) ist das von Ioannina.

Auf der „Rückseite" Griechenlands gelegen, spielt Epirus in der griechischen Geschichte – sieht man einmal von dem Intermezzo mit Ali Pascha ab – immer eine eher nebensächliche Rolle. Die wenigen bedeutsamen Zeugnisse aus Antike und Mittelalter (Dodona, Nikopolis) sind Ausdruck dafür.

Bis zum letzten Krieg lebten in Epirus nicht nur Griechen und Aromunen, sondern auch noch viele Albaner. Während Albaner v. a. im westlichen Epirus (Thesprotia) siedelten, war die Bevölkerung des Pindos (Hauptort Metsovon) überwiegend aromunisch. Der größte Teil der Albaner wurde 1944 vertrieben, das von ihnen bewohnte Land von Griechen neu besiedelt.

Im 2. Weltkrieg Schauplatz des italienischen Vormarsches und dessen Zurückschlagung durch die Griechen, war Epirus, insbesondere der Nordosten der Region um das Dreiländereck, hart vom Bürgerkrieg betroffen. Die Gebirgsstruktur ließ trotz der hohen Niederschläge keine bedeutende Landwirtschaft entstehen. Epirus ist v. a. ein Hirtenland. Die steingebauten Dörfer der Aromunen im Gebirge, die neuen Stallanlagen an Hängen am Rande der Becken und die im Sommer über die Gebirgshöhen, im Winter durch die Becken, das Küstentiefland und niedere Bergland ziehenden, von scharfen Hunden bewachten Herden kennzeichnen den Charakter des Epirus eher als die Agrumenkulturen im Arachthos-Schwemmland bei Arta, dem einzigen bedeutenden Landbaugebiet der Region.

Industrie konnte sich bislang nicht in nennenswertem Umfang entwickeln, und Tourismus spielt für Epirus ebenfalls wirtschaftlich nur eine geringe Rolle. Er konzentriert sich v. a. auf den Küstenbereich um Parga, wenngleich die übrige Küste keineswegs ein ganz unentdecktes Paradies ist.

Zusammen mit Thrakien ist Epirus (einschließlich der Ionischen Inseln) heute die am wenigsten entwickelte Region Griechenlands, in der das durchschnittliche Prokopfeinkommen nur die Hälfte des Einkommens der Planungsregion „Östliches Mittelgriechenland und Inseln" (s. Tab. A13), folglich weit weniger als die Hälfte des Einkommens der in Athen lebenden Menschen beträgt. Viele weitere Indikatoren deuten in die gleiche Richtung. So verwundert es nicht, daß die Region Quelle eines starken Gastarbeiterstromes in die Bundesrepublik wurde. Ein beträchtlicher Teil der Bevölkerung wanderte aber auch nach Übersee aus oder ging nach Athen. Starke Bevölkerungsabnahme im Dezennium 1961–71 ist das Resultat davon. Wenn die Bevölkerung im folgenden Dezennium wieder leicht stieg, so geht das v. a. auf das Konto in ihre Heimat zurückkehrender Gastarbeiter. Ihre Rücküberweisungen und ihr in die Heimat mitgebrachtes Geld und im Ausland erworbenen Fähigkeiten konnten jedoch, wie das Beispiel der Gemeinde Margariti im Nomos Thesprotia zeigt (vgl. L 252), kein selbsttragendes Wachstum in Gang bringen. Die Investitionen, die hauptsächlich im Hausbau getätigt wurden, verpufften weitgehend als Folge der peripheren Situation.

Ein Vergleich der Geschäfte in diesem Ort (vgl. Kap. 6.2.3.2) zwischen 1963, wo sie von dem französischen Geographen B. Kayser erfaßt wurden (L 294), und 1980 demonstriert, daß die Veränderung der Struktur und v. a. die Art der neu hinzugekommenen Geschäfte ganz von den Konsumbedürfnissen und der Bautätigkeit der Gastarbeiterremigranten bestimmt ist.

Mit 44800 Einwohnern (1981) ist der Hauptort der Region Ioannina nur elftgrößte Stadt Griechenlands. Sie ist das wirtschaftliche und kulturelle Zentrum des Epirus mit der drittgrößten Universität des Landes. Ihren besonderen Charakter bezieht Ioannina nicht nur aus der Lage an und über dem gleichnamigen See mit herrlicher Bergkulisse im Hintergrund, sondern v. a. aus jener bewegten Zeit, als Ali Pascha sie am Ende des 18. Jh. zur Residenz und Festung machte, sie mit einer mächtigen, wenn auch schlecht gebauten Mauer versah und Palast und Moscheen errichten ließ, die ihr noch heute orientalisches Flair verleihen.

Von den alten zentralen Funktionen der am Rande eines großen Polje am Kreuzpunkt der wichtigsten Nord-Süd- und Ost-West-Straßen des Epirus gelegenen Stadt geben lebendige Basarstraßen, alte Hane und Kaufmannshäuser mit überdachten Erkern und Loggien noch heute Zeugnis. Von Ioannina gehen die Buslinien in die abgelegensten Teile des Landes, von wo die Menschen zum Einkaufen kommen. Die große Garnison deutet auf die Nähe der Grenze zu Albanien, mit dem erst 1987 der Kriegszustand offiziell beendet wurde. Unter den gewerblichen Tätigkeiten ragt das v. a. von Aromunen betriebene Silberschmiedehandwerk hervor.

Den Häfen der Region Igoumenitsa gegenüber von Korfu, Anlegeplatz der Fährlinien von Italien nach Patras und Piräus, und Preveza fehlt ein wirtschaftsstarkes Hinterland für ihre Entwicklung.

9.9 Thrakien

Nach Lage und Struktur peripher, gehört Thrakien mit 8579 qkm (= 6,5 % der Gesamtfläche Griechenlands) und 345220 Einwohnern (1981) zu den kleinsten Regionen des Landes.

Seiner Lage entsprechend, wurde es in der geographischen Literatur bislang nur am Rande behandelt. Verwiesen sei v. a. auf L 581, L 582, L 11, L 12.

Im äußersten Nordosten des Landes gelegen, grenzt die Region im Norden und Osten an die Türkei und Bulgarien, im Westen an die griechische Region Makedonien. Sie gliedert sich in die Nomoi Xanthi, Rodopi und Evros. Zu letzterem gehört auch die Insel Samothraki. Hauptort ist Komotini.

Die Naturlandschaft wird bestimmt durch den Gegensatz von Rhodope-Gebirge im Norden und Küstenebene von Xanthi-Komotini im Süden. Im Nomos Evros reichen die Rhodopen in einem sich allmählich abflachenden Berg- und Hügelland bis an das Meer und den Evros. Aus paläozoischen Schiefern, Gneisen und Graniten aufgebaut, erreichen sie ihre höchste Erhebung in der Region im Gyftokastron (1827 m) im Nomos Xanthi, während die östlichen Rhodopen sich nur bis zu Höhen von 800 bis 1200 m erheben. Sie sind hier begleitet von breiten, hügeligen bis welligen Fußflächen, die im Nordteil des Nomos Evros in den eozänen bis pliozänen Ablagerungen des Thrakischen Beckens besondere Ausdehnung erreichen. Hier reicht die ostthrakische Steppe in die Region hinein. Das Klima ist zwar noch mediterran, landeinwärts nehmen aber die kontinentalen Eigenschaften zu. Das drückt sich in einer Verschiebung der Trockenzeit in den Spätsommer und einer größeren Temperaturamplitude aus. Die Jahresmitteltemperaturen liegen mit 14 °C deutlich unter denen von Mittelgriechenland (18 °C). Der Winter bringt immer wieder Kaltlufteinbrüche, die die Mitteltemperaturen des Januar auf 3–6 °C absinken lassen. Die Monatsmittel des Juli entsprechen dagegen mit 24 °C etwa denen Griechenlands. Die Beschränkung der Ölbaumkulturen auf einen schmalen Küstenstreifen macht die kontinentalen Klimaeinflüsse deutlich sichtbar.

Während Berg- und Gebirgsland wenig günstige Voraussetzungen für Landwirtschaft bieten, sind die Ebenen landwirtschaftsgünstig, insbesondere dort, wo sie melioriert und Bewässerungseinrichtungen vorhanden sind. Die noch nicht meliorierten amphibischen Deltabereiche der Flüsse Nestos und Evros verfügen über eine artenreiche Fauna. Sie sollten ebenso für den Naturschutz reserviert werden wie die noch wenig berührten Berggebiete der Rhodopen (vgl. Kap. 10.3).

Die Verteilung der Bevölkerung zeigt generell eine Konzentration auf die Ebenen, in den Nomoi Xanthi und Rodopi auch auf die hügeligen Gebiete (Tabakanbau!). Ethnische Minderheiten haben einen großen Anteil an der Bevölkerung. Der überwiegende Teil der Bevölkerung lebt noch in ländlichen Siedlungen. Die Dörfer der Türken und Pomaken, unschwer an ihrer besonderen Gestalt (unregelmäßig gewachsener Grundriß, orientalische Hoftypen) und den Minaretts der Moscheen erkennbar, unterscheiden sich deutlich von den meisten griechischen Dörfern, die zur Ansiedlung von Flüchtlingen aus Ostthrakien und anderen Teilen des Osmanischen Reiches nach 1922 neu mit regelmäßigem Grundriß angelegt wurden. Der Anteil der Bevölkerung, der in Städten über 10000 Einwohnern lebt, ist geringer als in den anderen Regionen Griechenlands.

Die Anbindung Thrakiens an das übrige Griechenland geschieht – sieht man einmal vom innergriechischen Flugverkehr ab – über die in schlechtem Zustand befindliche, der alten Via Egnatia folgende Nationalstraße Kavala–Alexandroupolis und die noch unter osmanischer Herrschaft gebaute, eingleisige Eisenbahnlinie, die aus strategischen Gesichtspunkten die Küste meidet und nur sehr geringe Geschwindigkeiten erlaubt.

Die Verbindung der Region mit den Nachbarstaaten ist nicht besser, im Gegenteil: Nach Bulgarien gibt es immer noch keine direkte Straßenverbindung. Bei Ormenion, wo die Bahn die Grenze quert, soll allerdings ein Übergang eröffnet werden. Zur Türkei bestehen zwei Straßenübergänge, einer im Süden bei Ferai, ein zweiter bei Edirne sowie ein Bahnübergang bei Didymoteichon. Politische Gründe verhindern seit langem größeren Verkehr zwischen Griechenland und der Türkei, so daß die Transitfunktion der Region auch aus diesen Gründen beschränkt bleibt.

Die Häfen von Alexandroupolis und Porto Lagos leiden unter einem mangelhaften technischen Zustand, der schlechten Verkehrsanbindung und dem wirtschaftsschwachen Hinterland. Mit einer Öffnung der Grenzen könnten sowohl Alexandroupolis wie Porto Lagos (wenn ein Übergang nördlich von Komotini geschaffen würde) wichtige Umschlagfunktion für Bulgarien und andere sozialistische Staaten bekommen.

Insgesamt besitzt Thrakien eine ausgesprochene Abseitslage, die sich hemmend auf seine wirtschaftliche Entwicklung auswirken mußte.

Viele Merkmale deuten auf Entwicklungsmängel hin. Der Anteil der in der Landwirtschaft tätigen Erwerbspersonen ist in Thrakien am höchsten von allen Planungsregionen in Griechenland, aber die Produktivität in diesem Sektor liegt weit unter der gesamtgriechischen (vgl. L 11, S. 10ff.). Die Gründe dafür liegen v. a. in dem unterdurchschnittlichen Anteil an Bewässerungsland, aber auch an einem Festhalten an traditionellen Formen und wenig Neuerungsbereitschaft. Das gilt v. a. für die Minderheiten der Türken und Pomaken, die ganz überwiegend in den Nomoi Xanthi und Rodopi leben. Die Strukturmerkmale der Landwirtschaft sind deshalb im Nomos Evros auch wesentlich günstiger. Angebaut werden Getreide, Mais, Zuckerrüben (auf Bewässerungsland), in den Hügelzonen v. a. Tabak, dessen Anbau sich seit dem 19. Jh. verbreitete.

Dem hohen Anteil in der Landwirtschaft tätiger Personen entspricht ein niedriger im sekundären Sektor tätiger. Die vorherrschenden Branchen sind typisch für periphere Regionen: Nahrungsmittel, Textil und Bekleidung, Holz und Kork. Kleinbetriebe herrschen vor. Die Produktionskapazität der Betriebe ist nur in geringem Maße ausgelastet. Die Bekleidungsindustrie produziert weitgehend in ausländischem Auftrag. Ihre Existenz ist darum wie auch die anderer Betriebe, die v. a. auf den niedrigen Lohnkosten aufbauen, sehr gefährdet.

Gering sind gleichfalls Anteil und Produktivität der Erwerbspersonen im tertiären Sektor. Der Tourismus spielt nur punktuell (z. B. für die Insel Samothraki) eine gewisse Rolle.

Der geringe Entwicklungsstand führte zur Abwanderung vieler Menschen als Gastarbeiter in die Bundesrepublik Deutschland (E. Kolodny 1982: „Samothrace sur Neckar"), ein Strom, der allerdings relativ spät einsetzte (es brauchte einige Zeit, bis die „Innovation" Arbeitsmigration in diese Region vordrang), weshalb die Emigrationswelle vom Anwerbestopp auf ihrem Höhepunkt getroffen wurde. Emigration und Remigration der Gastarbeiter brachten der Region wenig positive Effekte (vgl. dazu L 253, L 12 und Kap. 6.2.3). Sie trug vielmehr zu ihrer Peripherisierung noch bei.

Thrakien kam erst 1919 im Vertrag von Neuilly endgültig zu Griechenland. Bereits auf dem Berliner Kongreß 1878 hatte es seine Forderung auf Makedonien und Thrakien angemeldet. Die Geschichte der Integration dieser Region in den griechischen Staat war für die Bevölkerung mit andauernder Unsicherheit verbunden, da auch Bulgarien Anspruch erhob und Zugang zur Ägäis zu erzwingen suchte (L 11, S. 12f.). 1885 besetzten bulgarische Truppen Ostrumeli, wie die osmanische Region derzeit hieß. Die Revolution der Jungtürken 1908 brachte eine verstärkte Unterdrückung der nichtmuslimischen Bevölkerung mit sich. Die bulgarische Besetzung 1885 blieb nicht die einzige. Es folgte die Okkupation im Zweiten Balkankrieg, in dem sich Serbien und Griechenland gegen Bulgarien verbündet hatten, und die im letzten Weltkrieg, in dem Bulgarien auf der Seite der Achsenmächte kämpfte. Mit dem Vertrag von Sèvres 1920 kam Ostthrakien hinzu, das aber 1923 nach der katastrophalen Niederlage gegen die Türkei wieder abgetreten werden mußte. Die Zuwanderung von über 70000 griechischen Flüchtlingen aus Ostthrakien und anderen Teilen des Osmanischen Reiches beeinflußte die Wirtschafts-, Siedlungs- und Bevölkerungsstruktur der Region erheblich.

An Städten über 10000 E besitzt die Region nur die Nomos-Hauptorte Xanthi (1981: 33897 E), Komotini (1981: 37487 E) und Alexandroupolis (1981: 35799 E) sowie das im Norden des Nomos Evros gelegene Orestias (1981: 14727 E). Das ebenfalls im nördlichen Teil des Nomos gelegene Didymoteichon bleibt mit 8571 E (1981) nur knapp unter diesem Schwellenwert.

Regionshauptort mit der regionalen Planungsbehörde ist Komotini, das bereits in osmanischer Zeit unter dem Namen Gümülcine Verwaltungszentrum des damaligen Sandschak war und seinen orientalischen Charakter in der Altstadt noch bewahrt hat. Auch Xanthi bewahrte im Kern noch etwas von dem Charakter der türkischen Landstadt. Die Wohngebiete der hier lebenden Türken, Pomaken und Griechen sind deutlich voneinander getrennt.

Im letzten Jahrhundert entwickelte sich Xanthi zum international bedeutenden Zentrum des Tabakhandels und der Tabakverarbeitung, eine Funktion, die es – sieht man von der Zigarettenfabrik in der neu ausgewiesenen Industriezone am Rande der Stadt ab – weitgehend an Kavala und Thessaloniki verlor. Die Gleichwertigkeit der beiden Städte führte dazu, daß die neu eingerichtete Universität der Region auf beide verteilt wurde.

Anders als Xanthi und Komotini entwickelte sich Alexandroupolis (türk. Dedeagač) erst ab der zweiten Hälfte des 19. Jh. aus einem unbedeutenden Fischerort zur Stadt. Solange Evros noch zum Osmanischen Reich gehörte, nahm Edirne (Adrianopel) die zentralörtlichen Funktionen, Enez (Aino) östlich der Mündung des Evros die Hafenfunktionen für diesen Bezirk wahr. Nur mit der Grenzziehung konnten sich im Nordteil des Nomos Orestias und Didymoteichon zu zentralen Orten entwickeln, was zu einer Zwei- bzw. Dreigliederung der zentralörtlichen Einzugsbereiche des Nomos führte, die eine administrative Neugliederung verlangt (s. L 11, bes. S. 61).

Die besondere Entwicklungsbedürftigkeit dieses peripheren Bezirks, der zu den am wenigsten entwickelten Griechenlands und der EG gehört, sicher aber auch die Grenzlage zur Türkei und zu Bulgarien und seine militärische Bedeutung, die sich in dem dort zahlreich stationierten Militär äußert, führten dazu, daß im Nomos Evros ein großes Entwicklungsprojekt ins Werk gesetzt wurde (s. Kap. 10.2).

10. RAUMORDNUNG UND REGIONALPLANUNG IN GRIECHENLAND

10.1 Allgemeine Aspekte, Träger und Organe der Planung

Unter Raumordnung wird die gesamte Palette direkter staatlicher Aktivitäten zur Verbesserung bzw. Veränderung räumlicher Strukturen verstanden, unter Regionalplanung die Raumordnung in Planungsregionen.

Die großen räumlichen Disparitäten innerhalb des Landes, die Strukturdefizite vieler Regionen und deren Peripheriecharakter, die daraus resultierenden und die Disparitäten verstärkenden Wanderungsströme, das exzessive und chaotische Stadtwachstum und schließlich die mit dem EG-Beitritt verbundenen strukturellen Anpassungsprobleme verlangen effektive raumordnerische Maßnahmen.

Im Vergleich mit den westeuropäischen Industrieländern entwickelten sich – auch das ein Zeichen des Entwicklungsrückstandes des Landes – raumordnerische Tätigkeiten in Griechenland erst spät. Sie waren zudem in der Anfangsphase wenig aufeinander abgestimmt (vgl. L 19).

Erst in den 60er Jahren setzten eine gezielte raumordnerische Gesetzgebung und das Suchen nach Organisationsformen für die Planung ein. Nach Beseitigung der Diktatur 1974 und der mit ihr verbundenen politischen Neuordnung fand Raumordnung erstmalig in der Verfassung (Art. 24) angemessene Berücksichtigung und wurde im Gesetz (360/76) über „Raumordnung und Umwelt“ sowie später folgenden Gesetzen konkretisiert.

Staatlicher Träger für räumliche Entwicklung ist das *Wirtschaftsministerium* (Ypourgeíon Ethnikís Oikonomías). Es übernahm unter der Regierung Papandreou 1981 die Aufgaben des bis dahin zuständigen Koordinationsministeriums (Yp. Syntonismoú), das aufgelöst wurde (s. L 346). Dem Ministerium direkt zugeordnet sind das KEPE (Kéntron Programmatismoú kai Oikonomikón Erevnón = Zentrum für Planung und Wirtschaftsordnung) und das Nationale Statistische Amt (Ethnikí Statistikí Ypiresía tis Elládas). Mit Stadt- und Regionalplanung insbesondere befaßte Abteilungen des Wirtschaftsministeriums sind die Abteilung für Öffentliche Investitionen (Ypiresía Dimosíon Ependýseon) und die Abteilung Raumordnung und Umwelt (Ypiresía Perifereiakís Politikís kai Anáptyxis). Dem Wirtschaftsministerium unterstehen die neun Regionalplanungsämter.

Weitere direkt mit Stadt- und Regionalplanung befaßte Ministerien sind das Ministerium für Öffentliche Arbeiten (Ypourgeíon Dimósion Érgon), das Landwirtschaftsministerium, das Industrieministerium, das Tourismusministerium sowie die Regionalministerien.

Wichtige staatliche Einrichtungen für die Raumplanung sind ferner (s. L 346):

- ETVA (Ellinikí Trápeza Viomichanikís Anaptýxeos = Griechische Bank für industrielle Entwicklung), die 1964 gegründet wurde und v. a. Objekte der Industrie und des Bergbaus, aber auch der Schiffahrt durch Kredite fördert;
- EOT (Ellinikós Organismós Tourismoú = Griechische Organisation für Tourismus). Als Körperschaft öffentlichen Rechts hat sie die Kompetenz, bestimmte Gebiete zu Touristikzonen zu erklären und Maßnahmen zur Förderung des Tourismus zu ergreifen;
- AOEK (Avtónomos Organismós Ergatikís Katoikías = Autonome Anstalt für Arbeiterwohnung). Ebenfalls Körperschaft des öffentlichen Rechts, untersteht sie dem Ministerium für Arbeit. Ziel der AOEK ist es, für Baukredite sowie für die Erstellung von Wohnungen für Arbeiter und Angestellte zu sorgen.

Die verschiedenen, nicht immer klar gegeneinander abgegrenzten Zuständigkeiten bedingen z. T. Kompetenzwirrwarr und behindern eine effektive Planung bzw. die Umsetzung von raumordnerischen Gesetzen.

Universitär wurden die Fachgebiete Raumordnung, Landes- und Stadtplanung an der TH Athen und der Universität Thessaloniki verankert.

Räumlich werden mehrere Planungsebenen unterschieden: auf der höchsten Ebene das Land insgesamt, auf der zweiten Ebene die Landesteile Peloponnes, Zentralgriechenland und Nordgriechenland mit den Zentren Patras, Athen und Thessaloniki, auf der dritten Ebene die Planungsregionen und auf der vierten schließlich die Verwaltungsbezirke (vgl. L 19, Sp. 1078 f.).

Das eigene Gewicht Nordgriechenlands wird durch das in Thessaloniki eingerichtete Ministerium für Nordgriechenland unterstrichen.

Wichtigste Ebene sind die Planungsregionen. Die ursprünglich sieben Planungsregionen (vgl. L 19, Sp. 1079 ff.) wurden auf neun erweitert (vgl. Tab. A13 und Abb. 19). Jede Planungsregion besitzt ein Bezirksplanungsamt (YPA).

Die Kriterien für die Abgrenzung der Regionen sind unscharf und heterogen. Vermutlich haben v. a. historisch-geographische Gesichtspunkte zusammen mit einigen praktischen Erwägungen die Abgrenzung bestimmt (L 11, S. 8). Das führte nicht nur zur Zusammenbindung sehr heterogener und funktional nicht miteinander verbundener Gebiete, sondern macht die Regionen nach Größe und Struktur auch schwer vergleichbar.

Die Planungsämter der Regionen fungieren als Zweigstellen des Ministeriums für Nationale Wirtschaft.

Planung in Griechenland war bis in die jüngste Vergangenheit stark zen-

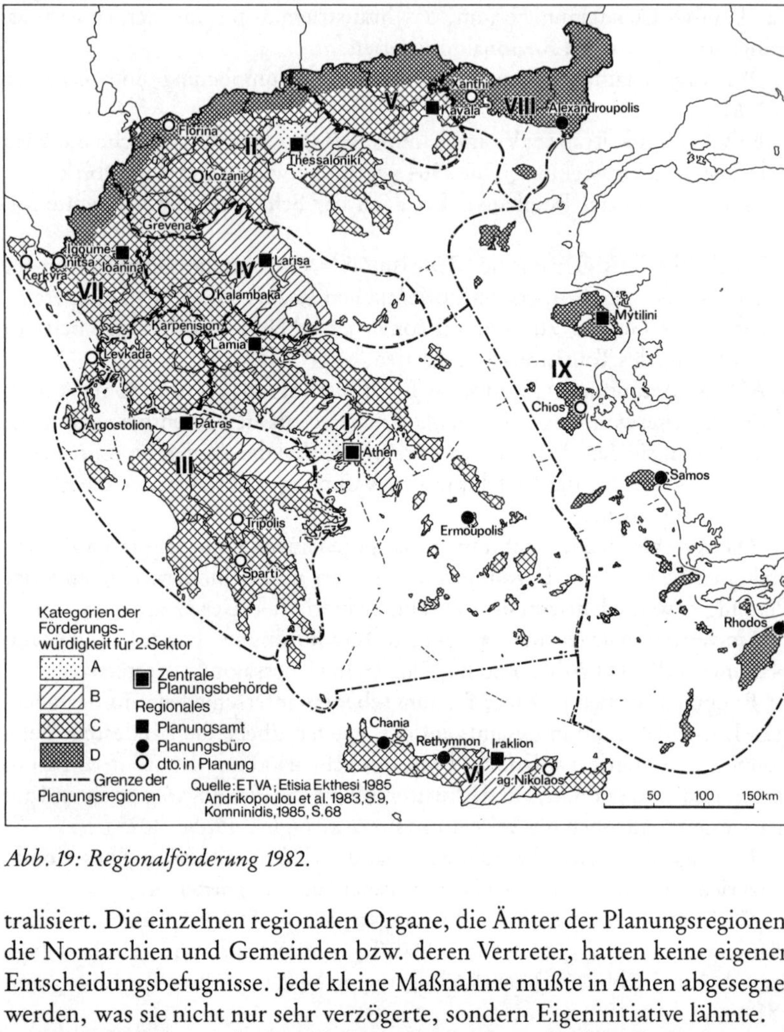

Abb. 19: Regionalförderung 1982.

tralisiert. Die einzelnen regionalen Organe, die Ämter der Planungsregionen, die Nomarchien und Gemeinden bzw. deren Vertreter, hatten keine eigenen Entscheidungsbefugnisse. Jede kleine Maßnahme mußte in Athen abgesegnet werden, was sie nicht nur sehr verzögerte, sondern Eigeninitiative lähmte.

Dezentralisierung der Entscheidungsbefugnisse, die sich alle Regierungen auf ihre Fahnen geschrieben hatten, wurde ernsthaft erst unter der Regierung PAPANDREOU versucht durch Verlagerung von Kompetenzen in die Nomarchien und Gemeinden und Stärkung von deren Eigenverantwortlichkeit. Die Durchsetzung der Dezentralisierung geht langsam und gegen manchen Widerstand in den Athener Zentralen voran.

Hauptkonzepte zur regionalen Entwicklung und zu einem Abbau der Disparitäten innerhalb des Landes sind die Ausweisung von unterschiedlich geförderten *Entwicklungsgebieten* und die schwerpunktmäßige Förderung entwicklungsfähiger Städte (Anziehungszentren) als Wachstumspole kleinerer Regionen.

Nach dem Gesetz 1262 von 1982 „Zur Gewährung von Anreizen zur Förderung der wirtschaftlichen und regionalen Entwicklung" werden, getrennt nach Industrie und Tourismus, vier Raumkategorien unterschiedlicher Förderungswürdigkeit unterschieden (s. Abb. 19).

Zur Kategorie A der Industrieförderungsgebiete gehören nur die beiden Agglomerationen Athen und Thessaloniki und deren Umland, zur Kategorie B die auf der Entwicklungsachse Thessaloniki–Athen–Patras liegenden Nomoi außer Piera und Fthiotis sowie der Nomos Irakleion auf Kreta, zur Kategorie D die grenznahen Bezirke der Nomoi des Epirus und Makedoniens, die gesamte Region Thrakien sowie die ostägäischen Inseln, seit 1987 auch Messenien. Die Kategorie C umfaßt alle übrigen Bezirke. Die Förderung erfolgt differenziert nach Art der Unternehmen (Industriebetriebe, Handwerksbetriebe, Energieerzeuger etc.). Höchste Förderung erfahren Unternehmen, die in der Raumkategorie D liegen bzw. angesiedelt werden sollen. Nur in Sonderfällen werden dagegen Betriebe in der Kategorie A gefördert. Hier versucht man eine Neuansiedlung zumindest bestimmter Branchen zu unterbinden.

Die Einteilung in touristische Förderregionen unterscheidet sich etwas von der der Industrieförderregionen: Zur Kategorie A gehören die Nomoi Attika und Thessaloniki ganz, zu B dagegen nur der östliche Teil des Nomos Argolis, die Insel Ägina, das westliche Euböa um Chalkis, die Insel Mykonos, Teile der Nomoi Irakleion und Lasithion, der nördliche Teil der Insel Korfu sowie Rhodos-Stadt. In die Kategorie der höchsten Förderungswürdigkeit sind die grenznahen Bezirke vollständig einbezogen.

Die jetzt gültige Einteilung in vier Kategorien löste andere Einteilungen und regionale Zuordnungen von 1978 und 1981 ab (vgl. L 216, 52, Apr. 1981). Im Konzept der schwerpunktmäßigen Förderung von Entwicklungspolen stimmt Griechenland mit dem Entwicklungskonzept vieler Industrie- und Entwicklungsländer überein.

Als Entwicklungspole dienen ausgewählte, als entwicklungsfähig angesehene Städte (zum Entwurf eines Konzeptes für Elis s. L 18, v. a. S. 287).

Ein anderes – bislang nicht umgesetztes – Konzept (s. L 386, v. a. S. 276ff.) geht von Entwicklungsachsen aus, in denen Städte als Verflechtungspunkte liegen.

Um den Ausbau der sozialen und kulturellen Infrastruktur in den ländlichen Gebieten so zu fördern, daß sie eine den städtischen Gebieten vergleichbare Qualität erreicht und damit die anhaltende Ballung gestoppt werden kann, schlägt Grammatikopoulou (1984) die Schaffung von „Nahbereichen" im ländlichen Raum vor. Mit eigener Entscheidungsbefugnis ausgestattet und sich selbst verwaltend, verfügen sie über die notwendigen sozialen und kulturellen Infrastruktureinrichtungen in einer für alle erreichbaren Entfernung.

Dem Vorschlag liegt die Erkenntnis zugrunde, die auch bereits Verf. (1976) in Elis gewonnen hatte, daß nicht allein und vielfach nicht einmal in erster Linie wirtschaftliche Motive die Abwanderung aus den ländlichen Räumen forcieren. Das Problem ist, daß nach Möglichkeit innerhalb der Nahbereiche auch genügend außerlandwirtschaftliche Arbeitsplätze geschaffen werden müssen, was sehr schwer sein dürfte.

Neben der allgemeinen Förderungspolitik gibt es spezifische Entwicklungsprojekte zur Verbesserung der Struktur unterentwickelter Regionen und der Lebensbedingungen der in ihnen lebenden Menschen.

Ein erstes solches Projekt galt der Entwicklung eines Teils von Epirus, ein weiteres Projekt, das hier näher beschrieben werden soll, dem nordöstlichsten Bezirk des Landes, Evros.

10.2 Das Evros-Entwicklungsprojekt

Das Evros-Entwicklungsprojekt (Evros Development Project, EDP) ist Teil des Gesamtprogrammes zur Entwicklung des Nomos Evros (zu dessen Struktur vgl. v. a. L 11).

Dieser nordöstlichste, zur Region Thrakien gehörende Bezirk grenzt im Osten an die Türkei, im Norden und Nordwesten an Bulgarien. Mit den einzigen Übergängen Griechenlands auf dem Landweg in die Türkei (Bahnübergang nach Konstantinopel/Istanbul und zwei Straßenübergänge) und einem Bahnübergang bei Ormenion nach Bulgarien bildet Evros einen – militärisch für Griechenland wichtigen – Brückenkopf, während die Transitfunktion aufgrund des gespannten Verhältnisses zu den Nachbarn gering ist (1979: 1,3 % des internationalen Straßenfernlastverkehrs, der griechische Grenzen überquerte).

Den westlichen Teil des Gebietes bedecken die bewaldeten, nur noch mäßig hohen Ausläufer der v. a. aus Gneisen und Graniten aufgebauten Rhodopen, die bei Souflion bis an den Evros heranreichen. In den übrigen Gebieten, besonders ausgedehnt im Norden, herrschen die tertiären Sedimentgesteine des Thrakischen Beckens, deren älteste aus dem Eozän unmittelbar an das Grundgebirge anschließen, während die jüngsten aus dem Pliozän den Evros begleiten und den größten Teil des nicht mehr zu Griechenland gehörenden Beckens ausmachen. Sie bilden eine wellige, ackerbaugünstige Fläche. Im mittleren Teil des Nomos bedecken tertiäre Basalte große Areale.

Das breite Tal des Evros, Grenzfluß zur Türkei, bildet mit den Nebentälern von Ardas und Erythropotamos fruchtbares alluviales Schwemmland, das sich gut für Bewässerungsfeldbau eignet. Das Deltagebiet erhielt sich noch als eine artenreiche amphibische Landschaft.

Nur im Küstenbereich herrscht mediterranes Klima mit warmen trockenen Sommern und relativ milden, regenreichen Wintern. Die nach Norden und Osten offene Ebene von Orestias im nördlichen Teil des Nomos hat dagegen bereits Steppenklima.

Die durchschnittlichen Jahresniederschläge liegen an der Küste und im nördlichen Teil des Bezirkes in der Ebene von Orestias zwischen 400 und 600 mm, im mittleren Teil zwischen 600 und 800 mm, die Jahresmitteltemperatur mit 14 °C ist deutlich niedriger als die von Mittelgriechenland (18 °C). Aufgrund der Öffnung nach Norden sinken die Januarmitteltemperaturen auf 3 °–6 °C, je nach Entfernung zum Meer. Die Verteilung des Ölbaums – er beschränkt sich auf einen schmalen Küstenstreifen – spiegelt die klimatischen Bedingungen.

Die Bevölkerungsdichte liegt mit 35 E/qkm unter dem Durchschnitt Thrakiens (40,2 E/qkm) und weit unter dem Griechenlands (73,5 E/qkm). Die Bevölkerung konzentriert sich auf die flacheren und niedrig gelegenen Teile des Nomos mit den Städten Alexandroupolis (1981: 35 799 E), Soufli (1981: 5 587 E), Didymoteichon (1981: 8 571 E) und Orestias (1981: 14 727 E), die sich am Rande des Evrostales mit weiteren kleinstädtischen Zentren als Knotenpunkte entlangziehen. Mit 34 % ist der Anteil der in städtischen Siedlungen über 10 000 E lebenden Bevölkerung sehr viel geringer als im griechischen Durchschnitt (58 %), während der Anteil der in der Ebene lebenden Bevölkerung mit 89 % weit über dem griechischen Durchschnitt (69 %) liegt.

Anders als in den thrakischen Nomoi Xanthi und Rodopi ist der Anteil von Türken und Pomaken an der Bevölkerung mit weniger als 10 % in Evros nur gering (s. L 11, S. 15 f.).

Unter den wirtschaftlichen Aktivitäten dominiert die Landwirtschaft, die 1985 noch 60 % (1971: 70 %) der Beschäftigten band, während in den anderen Wirtschaftssektoren nur 13 % bzw. 27 % der Erwerbstätigen beschäftigt waren.

Das Evros-Development Project wurde als Ergänzung und zur Koordination der staatlichen Entwicklungsaktivitäten angelegt. Es soll als Modell für integrierte Entwicklung dienen.

Die Gründe dafür, warum gerade der Nomos Evros als Projektgebiet gewählt wurde, dürften allerdings nicht nur in seinem Entwicklungsdefizit zu suchen sein, sondern auch in seiner Grenzlage: Eine wirtschaftliche Stärkung bedeutet nicht nur eine sicherere Grenze gegenüber dem sozialistischen Nachbarn Bulgarien, sondern auch gegenüber der – von Griechenland als gefährlicher angesehenen – Türkei. Der mit dem Projekt verbundene Ausbau der Infrastruktur kommt zugleich der militärischen Sicherung zugute.

Die Gesamtkosten des Projekts sind mit ca. 80 Mio. US-$ veranschlagt, wovon 35 Mio. die Weltbank als Darlehen zur Verfügung stellte. Es ist bis 1992 zurückzuzahlen. An Maßnahmen sind geplant und z. T. bereits ins

Werk gesetzt: der Bau von Bewässerungsanlagen und Hochwasserschutzeinrichtungen, Bau und Verbesserung von Straßen und Wegen, Anlage von Forststraßen und Aufforstung, Verbesserung der Ausbildung durch Einrichtung eines technischen Lyzeums und einer Berufsschule, Verbesserung der tiermedizinischen Versorgung und anderes. Der mit 26 Mio. US-$ vorgesehene Ausbau der Zuckerfabrik in Orestias ließ sich nicht realisieren. Die Quotenregelung für die Zuckerproduktion, der Griechenland mit seinem Beitritt zur EG unterliegt, erlaubt keine Erhöhung der Zuckerproduktion in Griechenland, so daß eine Kapazitätserhöhung von Orestias auf Kosten anderer Produktionsstandorte in Griechenland ginge, was politisch nicht durchsetzbar ist. Mit dem Scheitern dieser Ausbaupläne entfiel auch der geplante Ausbau des Zuckerrübenanbaus auf Bewässerungsland. Als Ersatz wird die Viehzucht verstärkt gefördert. Eine Fleischfabrik in Ferai dient der Verarbeitung des Schlachtviehs.

Mit der Förderung der Landwirtschaft und der auf sie aufbauenden Nahrungsmittelindustrie soll eine bessere vertikale Integration der Produktion als Voraussetzung weiterer Industrialisierung erreicht werden, als das bei Textil- und Bekleidungsindustrie der Fall ist, die den peripheren Charakter der Region eher verstärken.

Um eine zuverlässige Durchführung zu sichern und Reibungsverluste zu vermeiden, wurden die Entscheidungsbefugnisse weitgehend der Projektverwaltung übertragen. Sie umfaßt im einzelnen das Evros Project Office mit 15 ständigen Mitarbeitern, Wissenschaftlern und Verwaltungsfachleuten in Alexandroupolis, das Evros Regional Coordination Committee, bestehend aus Repräsentanten beteiligter Institutionen wie Landwirtschaftsamt, Straßenamt, Forstbehörde, aus dem Projektleiter, dem Vorsitzenden des regionalen Entwicklungsbüros (YPAT) und dem Nomarchen mit Sitz ebenfalls in Alexeandroupolis sowie das Evros Central Coordination Committee aus Mitgliedern der Ministerien und der Landwirtschaftsbank mit Sekretariat und Sitz in Athen. Nach Aussagen der beteiligten Planer funktioniert die Konstruktion gut.

10.3 Projekt „Europa-Park“ in NO-Griechenland

Griechen haben, bedingt durch ihre historische und kulturelle Entwicklung, ein anderes, viel materielleres Verhältnis zur Natur als Deutsche, deren Verhältnis wesentlich durch die Romantik geprägt wurde. Naturschutz spielt darum in der griechischen Planung eine noch geringere Rolle als in der Bundesrepublik. Nur wenige, flächenmäßig kleine Areale wurden bislang unter Schutz gestellt (vgl. Kostas Kassioumis: Protected areas in Greece; in: I Fysis 40, 1988, S. 48 ff.). Als *Nationalpark* wurden ausgewiesen: Teile der Bergregionen von Olymp, Parnaß und Parnis, alle nicht ganz 4000 ha groß, das Ainosgebirge auf Kefallinia mit seinen Wäldern der griechischen Tanne *Abies cephalonica* (2862 ha), die Samariaschlucht auf Kreta (4850 ha), das Oitigebiet in der Giona (7210 ha, Kernzone 3010 ha), der Pindospark (6927 ha, Kernzone 3393 ha), die Vikosschlucht in Epirus (12600 ha, Kernzone 3400 ha), das Prespaseegebiet (19470 ha, Kern 4900 ha) und Kap Sounion (3500 ha, Kernzone 750 ha).

Weitere Schutzkategorien bilden die sog. „ästhetischen Wälder“ (insgesamt 33106 ha), zu denen u. a. der 1988 durch Brand zerstörte Wald von Kaisariani bei Athen sowie die Wälder des Tempetales, der Ossa und der Insel Skiathos gehören, und *Naturdenkmäler* wie der Urwaldrest in den Rhodopen (s. u.), die paläontologisch äußerst interessanten „versteinerten Wälder“ der Insel Lesbos und die Hippokrates-Platane auf Kos. Schließlich gibt es *Jagdschutzgebiete* und von Griechenland, das der Konvention von Ramsar beigetreten ist, als international bedeutsam anerkannte und mit Schutzauflagen versehene Feuchtgebiete, zu denen u. a. Teile der Deltas von Evros und Nestos gehören.

Insgesamt ist der Umfang der unter Schutz gestellten Flächen bislang jedoch gering, die Einhaltung der Schutzbestimmungen zudem eher fragwürdig.

Die Einrichtung eines großen Nationalparkes in den Rhodopen und den Flußdelten (einschließlich der Lagunen und Strandseen) Thrakiens würde den Umfang der Schutzgebiete in Griechenland sehr erhöhen und Griechenland damit innerhalb der westeuropäischen Staaten im Naturschutz ein besonderes Gewicht verleihen. Bislang besteht das Schutzgebiet Rhodopen nur als Idee.

Der statt „Nationalpark“ benutzte Terminus „Europa-Park“ soll signalisieren, daß die Realisierung eines solchen Projektes nicht auf griechischen Schultern allein lasten kann, sondern mit Unterstützung der EG erfolgen muß, die ihrerseits ein großes Interesse daran haben sollte.

Das 4000 bis 5000 qkm Fläche umfassende Gebiet des Parks beinhaltet nach den Vorstellungen der Schumacher-Gesellschaft in München, die dieses Projekt als erste vorstellte (die nachfolgenden Informationen stammen v. a. aus dem Schumacher-Brief Nr. 8, 1986 dieser Gesellschaft), große Teile der grenznahen Rhodopen, die amphibischen Mündungsdeltas von Nestos und Evros sowie die Strandseen im südwestlichen Teil des Nomos Rodopi. Eingeschlossen ist auch der die Westthrakische Ebene fast symmetrisch teilende Vistonissee, der ursprünglich Teil der Bucht von Porto Lagos war, mit der er heute noch über einen inselreichen, dem Fischfang dienenden Wasserarm Verbindung hat. Die küstennahen und im Gebirge gelegenen Schutzgebiete sollen durch Landbrücken, die den Flußtälern folgen (Biotopverbund), miteinander verbunden sein.

Die Rhodopen, die den Charakter eines hohen Mittelgebirges tragen, liegen im Übergangsbereich von drei Großklimaten, dem ozeanisch geprägten Klima West- und Mitteleuropas, dem kontinental geprägten Osteuropas und dem Mediterranklima.

Der klimatische Übergangscharakter wird deutlich an der Niederschlagsverteilung und am Temperaturgang. Während die Südseite die für das mediterrane Klima typische Sommertrockenheit aufweist mit deutlicher Verschiebung in den Spätsommer im Ostteil, weist die Nordseite das für kontinentale Klimate charakteristische Sommermaximum der Niederschläge auf. Die nach Osten zunehmende Kontinentalität drückt sich im Temperaturgang in einer größeren Amplitude aus. Der ozeanische Einfluß im Westteil macht sich durch eine gleichmäßige Verteilung der Niederschläge über das Jahr bemerkbar. Die Übergänge innerhalb des Gebirges werden von Höhe und Exposition der Berghänge und der Richtung, in der sich die Täler öffnen, bestimmt. Die Wintertemperaturen sinken in den höheren Gebirgsteilen, die im Hauptkamm und im Falakrongebirge 2000 m überschreiten (höchste Erhebung 2232 m), auf −25 bis −30 °C.

Großklimatische Lage und Oberflächengestalt bedingen einen außerordentlich großen Artenreichtum in Fauna und Flora, ein Abbild der Flora und Fauna unseres Kontinents, wie er sich sonst nirgends in Europa auf einer so begrenzten Fläche findet.

NO-Griechenland ist gekennzeichnet durch Abseitslage im Grenzbereich zu Jugoslawien, Bulgarien und Türkei (bis vor kurzem waren große Teile militärisches Sperrgebiet, deren Betreten z. T. immer noch eine Sondergenehmigung erfordert), schlechte Verkehrserschließung und wirtschaftliche Unterentwicklung, die sich u. a. ausdrückt in einem weit unterdurchschnittlichen Prokopfeinkommen der Bevölkerung, in einer schlechten sozialen und technischen Infrastruktur, in einem hohen Anteil in der Landwirtschaft tätiger Erwerbspersonen, in vertikal und horizontal kaum integrierter Industrie, die v. a. die unqualifizierte, billige Arbeitskraft des Raumes nutzt, und einem hohen Anteil von Personen, die als Gastarbeiter in die Bundesrepublik gingen und z. T. wieder in ihre Heimat zurückkehrten.

Abseitslage, Unterentwicklung und militärische Sperrzone sind auch die Gründe für den Erhalt noch beachtlicher Flächen naturnaher Landschaft und der noch von traditionellen Elementen geprägten Kulturlandschaft.

Die Delten der mit vielen kleinen Wasserarmen unter Bildung von Altwässern, Strandseen und Lagunen in das gezeitenschwache Meer mündenden Flüsse Nestos und Evros, der Vistonissee und die Strandseen im südwestlichen Teil des Nomos Rodopi wurden von Griechenland bereits in die Liste der „Feuchtgebiete von internationaler Bedeutung“ aufgenommen.

Hier können u. a. noch Seeadler, Flamingo, Pelikan, Weißstorch, Löffler, Brauner Sichler, viele Reiher-, Seeschwalben- und Limikolenarten (u. a. Stelzenläufer), Brand- und Rostgans als ständige Bewohner beobachtet werden. Die Feuchtgebiete bilden darüber hinaus wichtigen Rastplatz für Vögel auf dem Zug von den Brutgebieten in die Überwinterungsgebiete in Afrika und zurück.

An Säugetieren und Amphibien leben in diesen Feuchtgebieten und deren Umgebung u. a. die in Europa selten gewordenen Tigeriltis, Goldschakal, Fischotter, Ziesel, Europäische Sumpfschildkröte und Kaspische Wasserschildkröte.

Gänse- und Mönchsgeier, Steinadler, Uhu, Wanderfalke, Auer- und Haselhuhn, Schwarzstorch und andere selten gewordene Arten gehören in den Rhodopen zum Vogelbestand, Bär, Wolf, Hirsch und Gemse zur Großtierfauna, Maurische Landschildkröte, Feuersalamander und viele Ottern- und Krötenarten zu den dort lebenden Reptilien.

Die Wirtschaft der im Gebirge lebenden islamischen Pomaken, die ganz ihre kulturelle Eigenart bewahren konnten (s. dazu Kap. 2.3.1), bilden mit der Naturlandschaft insofern noch eine harmonische Einheit, als die Bearbeitung der kleinen, mit Orienttabak bestellten Felder an den Hängen der Täler weitgehend mit der Hand und tierischer Zugkraft erfolgt.

Außer der von Pomaken betriebenen Landwirtschaft und einer extensiven Weidewirtschaft werden die Gebirgswälder in begrenztem Umfang forstwirtschaftlich genutzt. An der Grenze zu Bulgarien nordöstlich von Drama erhielt sich eine größere Urwaldfläche.

Auf den Flüssen und Seen wird Fischfang betrieben. Kommunale Abwässer und die Landwirtschaft bewirkten in den Flußunterläufen und den Seen bereits eine erhebliche Verschmutzung.

Potentielle Gefährdungen der Natur gehen jedoch nicht nur von diesen „Quellen“ aus, sondern auch und v. a. von der in Griechenland weitgehend unkontrollierten Jagd, von einer projektierten Panorama-Autostraße durch die Nestosschlucht, einem im Nestosdelta geplanten – zunächst allerdings ad acta gelegten – Schiffsabwrackwerk und forciertem Forststraßenbau, der nicht nur die Durchforstung bisher noch recht unberührter Waldgebiete ermöglichen, sondern die Jagd auch in den abgelegensten Gebieten wüten lassen wird.

Das Schutzgebiet sollte einem Nationalpark der Kategorie I entsprechen, der in Kernzone und Randzonen gegliedert ist. Während in der Kernzone jeglicher menschlicher Eingriff untersagt ist, bleiben in den Randzonen Formen der Wirtschaft mit unterschiedlichen Einschränkungen erlaubt.

Der „Europa-Park“ könnte u. E. wirtschaftlich für die abgelegenste und am wenigsten entwickelte Region in der EG durchaus profitabel sein, wenn sich mit dessen Einrichtung ein spezifischer – gelenkter – Tourismus entwikkelt und ökologische Forschungsstationen eingerichtet werden. Damit und mit dem notwendigen Aufsichtspersonal ließe sich hier eine erhebliche Zahl von Arbeitsplätzen neu schaffen, ohne daß die bestehende Wirtschaft (v. a. Landwirtschaft in den Rhodopen) aufgegeben werden müßte.

Schließlich könnte der Europa-Park und die mit ihm und dessen Einrichtung verbundenen Aktivitäten dem bislang unterentwickelten ökologischen Denken und Umweltbewußtsein in Griechenland eine Bresche schlagen und Gewicht verleihen.

Um der fortschreitenden Naturzerstörung entgegenzuwirken, ist schnelles Handeln notwendig.

Die Einrichtung eines Nationalparks scheint – bei allen Gefahren, die sich mit dessen Einrichtung für die Natur verbinden – immer noch das beste Schutzmittel. Planung und Realisierung müßten allerdings von Griechen getragen, dürften nicht von außen „aufgedrückt" werden. Die Bevölkerung der Region ist an der Planung zu beteiligen.

Nur die Einbettung des Nationalpark-Projektes in ein Gesamtkonzept für die wirtschaftliche Entwicklung NO-Griechenlands verspricht Erfolg auf dessen Realisierung, für die zugleich Hilfe von der EG notwendig ist.

11. GRIECHENLAND – EIN EUROPÄISCHES ENTWICKLUNGSLAND IN DER EG?

Als W. Wapenhans 1960 seine Arbeit „Griechenland, Untersuchungen über die Wirtschaft eines kontinentaleuropäischen Entwicklungslandes" betitelte, begriff er Griechenland auch in materieller Hinsicht als unterentwickelt. Das Land hat seitdem eine fast stürmisch zu nennende wirtschaftliche Entwicklung durchgemacht, so daß es nach dem Lebensstandard seiner Bevölkerung heute kaum mehr als Entwicklungsland eingestuft werden kann, auch wenn die durchschnittlichen Einkommen, die soziale Absicherung und vieles andere noch lange nicht den Standard etwa der Bundesrepublik erreicht haben.

Griechenland blieb trotzdem mit Merkmalen behaftet, die Entwicklungsländern eigen sind und Entwicklungsdefizite signalisieren: große räumliche Disparitäten mit breiter Kluft zwischen Stadt und Land, Auswanderung nach Übersee und Gastarbeiterwanderung, eine mit großen Strukturmängeln behaftete Landwirtschaft, sektoral einseitig strukturierte, horizontal und vertikal wenig integrierte Industrien, ein aufgeblähter Dienstleistungssektor, Klientelismus und soziales Gefälle, Außenhandelsdefizite und Auslandsabhängigkeit, um nur einige Stichwörter dazu zu nennen.

Auf die etwas sophistisch klingende Formulierung „entwickelte Unterentwicklung oder unterentwickelte Entwicklung?" spitzten Hermanns und Lienau (1982) darum die Problematik zu.

Griechenland teilt seine strukturellen Merkmale mit den anderen Staaten der europäischen Südperipherie (Süd-)Italien, Spanien und Portugal, auch wenn sie im einzelnen unterschiedlich ausgeprägt sind.

Ihnen allen gemeinsam sind die o. g. Strukturdefekte der Wirtschaftssektoren, große räumliche Disparitäten innerhalb des Landes, mangelhafte soziale Absicherung, ein großes soziales Gefälle usf.

Den Gegensätzen zwischen Katalonien und Andalusien etwa in Spanien, zwischen Norden und Süden in Italien („Mezzogiornoproblem") entsprechen in Griechenland die zwischen Athen/Thessaloniki und den übrigen Landesteilen.

In allen südeuropäischen Peripheriestaaten führten die strukturellen Mängel dazu, daß sich, von den europäischen Industriestaaten angeworben und angelockt, ein Heer von Arbeitskräften in Richtung auf diese in Bewegung setzte. Auf Zeit angelegte Arbeitsmigration trat an die Stelle der bis dahin praktizierten Auswanderung bzw. ergänzte sie als „Problemlösungsstrategie".

In keinem der Länder konnten Remigration und Rücküberweisungen der Gastarbeiter zur anfänglich erhofften Verbesserung der Struktur der Herkunftsgebiete und damit einem Abbau der räumlichen Disparitäten innerhalb der Länder und zwischen Herkunfts- und Zielländern der Migranten wesentlich beitragen. Die Gründe dafür müssen v. a. in den Bedingungen der Herkunftsgebiete und Zielgebiete der Rückwanderung gesucht werden. Zu groß sind die Strukturmängel, zu groß die Abstände im Entwicklungsstand, als daß die Arbeitsmigration ihnen die entscheidenden Entwicklungsimpulse geben konnte.

Wie im Freihandel positive Folgewirkungen erst dann wirklich eintreten, wenn die in Handelsaustausch tretenden Gesellschaften sich auf annähernd gleichem Niveau befinden, wie selbsttragende Entwicklung erst dann in Gang kommt, wenn die Modernisierung der Agrarstruktur und Industrieentwicklung etwa im Gleichschritt erfolgt (s. L 590, S. 62), so lassen sich positive Auswirkungen von Arbeitsmigration vermutlich ebenfalls erst unter etwa gleichen Voraussetzungen erwarten.

Allen südeuropäischen Peripheriestaaten gemeinsam ist auch der alljährliche Zustrom sonnenhungriger Touristen aus den west-, mittel- und nordeuropäischen Industrieländern, die den Frühling wärmer und früher erleben oder den üblicherweise verregneten Sommern und (naß)kalten Wintern (das gilt v. a. für viele Rentner) entfliehen möchten. So entspricht dem wirtschaftlichen Gefälle ein Strom und Gegenstrom von Menschen (Migranten, Touristen), die die europäischen Mittelmeerländer fest mit den mittel- und nordeuropäischen Ländern verknüpfen.

Weder die Rücküberweisungen der Gastarbeiter noch die Einkünfte aus dem Tourismus und andere „unsichtbare" Einkünfte konnten die allen Staaten gemeinsamen Außenhandelsdefizite ausgleichen mit der Folge einer wachsenden Verschuldung gegenüber den Industrieländern, wachsender Abhängigkeit von diesen und größer werdenden absoluten Unterschieden im Durchschnittseinkommen der Bevölkerung und anderen Größen innerhalb der Länder der europäischen Südperipherie.

Die Wurzeln für die heutigen Raumstrukturen liegen in einer Vergangenheit, die bei aller Verschiedenheit viele Gemeinsamkeiten aufweist.

Weniger die lange Herrschaft der Osmanen als die diesen aufgezwungenen Handelskapitulationen im 16. Jh. leiteten den Prozeß der Unterentwicklung ein, ein Prozeß, der dem in Portugal durch die ihm von England im 17. und 18. Jh. aufgezwungenen wirtschaftlichen Restriktionen vergleichbar ist.

Aber auch die Geschichte Süditaliens zeigt jene Verbindung von Fremdbestimmung und spezifischen gesellschaftlichen Strukturen, die Wurzel für den heutigen Gegensatz von Norden und Süden in diesem Land sind, während in Spanien allein die gesellschaftlichen Strukturen der Grund dafür waren, daß es sich wie eine Peripherieökonomie entwickelte (L 590, S. 207). So blieb es für die heutigen strukturellen Probleme letztlich unerheblich, ob die Staaten über Kolonien verfügten wie Spanien und Portugal oder nie im Besitz von Kolonien waren wie Griechenland, das das Schicksal mit Ländern teilte, die als Kolonien zu Spanien und Portugal gehörten, die sich in der ersten Hälfte des 19. Jh. aus der kolonialen Unterdrückung befreiten.

Versucht man Griechenlands Entwicklung mit Hilfe von Entwicklungstheorien zu verstehen, so tragen zweifellos die *dependenztheoretischen Ansätze* viel zur Erklärung bei, ohne indessen alle Winkelzüge des Entwicklungsweges und alle aktuellen Strukturmerkmale verständlich zu machen. Diese lassen sich nur aus den individuellen räumlichen und gesellschaftlichen Bedingungen und dem eigenen Entwicklungsweg heraus erklären.

Die für Griechenland und Länder ähnlichen Entwicklungsstandes verwendete Bezeichnung als „Schwellenland", ein Begriff, der eher modernisierungstheoretischen Ansätzen verhaftet ist, suggeriert, daß diese Länder an der Schwelle dazu stehen, selbst in absehbarer Zeit ein entwickelter Staat im Sinne des Entwicklungsstandes der westeuropäischen Industriestaaten zu sein.

Die Bezeichnung verschleiert dabei, daß sie trotz verbesserter Lebensbedingungen ihrer Bevölkerung noch nicht jene Merkmale abschütteln konnten, die sie mit Entwicklungsländern gemeinsam haben, und daß es in besonderem Maße auf die sozialen und politischen Bedingungen ankommt, ob sie den Schritt zu einem entwickelten Staat im obigen Sinne werden machen können.

So stellt sich denn für alle südeuropäischen Länder auch die Frage, ob die Mitgliedschaft in der Europäischen Gemeinschaft die Entwicklung so positiv beeinflußt, daß die Defizite abgebaut werden und sie sich dem Standard der Gründungsmitglieder der Gemeinschaft angleichen können. Die Antworten darauf für Griechenland fallen außerordentlich kontrovers aus nicht nur unter den Politikern und Parteien, sondern auch unter den Wissenschaftlern.

Die bislang zu dem Thema vorhandene Literatur begnügt sich zumeist mit Strukturbeschreibungen und Spekulationen über die Auswirkungen des EG-Beitritts. Zu nennen wären u. a. L 74, L 339, L 345, L 219. Daß es bislang v. a. bei Spekulationen blieb, liegt nicht zuletzt an der methodischen Schwierigkeit, die Einflußgröße EG-Beitritt von anderen Größen, die die wirtschaftliche Entwicklung bestimmen, zu isolieren. Ein Ende 1987 begonnenes, von der Stiftung Volkswagenwerk gefördertes Forschungsprojekt unter Leitung des Verf. soll etwas mehr Klarheit bringen zu dem Problem. Das Projekt untersucht die Auswirkungen des EG-Beitritts auf die Entwicklung des produktiven Sektors an drei ausgewählten Regionen, und zwar Thrakien, Thessaloniki und Volos. Besonderes Augenmerk gilt dabei der Selbsteinschätzung der Unternehmer bezüglich des Einflusses der EG-Mitgliedschaft auf die betriebliche Entwicklung.

Je nachdem wie die Antworten auf die Auswirkungen der EG-Mitgliedschaft ausfallen, stellen sich Hoffnungen oder Befürchtungen ein, wird Zustimmung oder Ablehnung gegen den Beitritt formuliert.

Die Befürworter setzen auf komparative Vorteile im Agrarsektor, in verschiedenen Bereichen des produktiven Sektors, im Tourismus und v. a. im Handel.

Die griechischen Agrarprodukte haben, da sie zu denen der Sechsergemeinschaft weitgehend komplementär sind, mit dem Beitritt besonders gute Marktchancen, die nur durch die Konkurrenz der anderen südeuropäischen Staaten und die außerordentlich ungünstige griechische Agrarstruktur gemindert werden. Die Befürworter rechnen auch bei mit dem Eintritt in die EG verbundenen stabileren politischen Verhältnissen mit verstärkten Investitionen des Auslands im produktiven Sektor und damit dessen starker Belebung. Im Handel könnte schließlich nicht nur die große griechische Handelsflotte wesentlich profitieren, sondern Griechenland für die EG auch zum Tor für bzw. in den Orient werden.

Die Gegner befürchten dagegen mit dem Fallen der Zollschranken, daß die bis dahin stark subventionierte Industrie dem ausländischen Konkurrenzdruck nicht gewachsen ist, viele Betriebe schließen müssen, die Wirtschaft einen Niedergang erfährt und die Abhängigkeit vom Ausland größer wird.

Manche Beobachtung scheint in der Tat diese Befürchtungen zu bestätigen: Wenn man heute in ein griechisches Lebensmittelgeschäft kommt, sieht man auf allen Regalen Erzeugnisse aus der EG: Käse aus Frankreich, deutsche Gemüsekonserven usf. Auf den Frühstückstischen der Hotels erscheinen abgepackte Butter aus dem Allgäu und Marmelade aus Italien, Produkte, die in Griechenland hergestellt werden (könnten), aber billiger zu importieren sind. Wer griechische Industrie- und Handwerksbetriebe kennt, muß für viele um deren Konkurrenzfähigkeit fürchten.

Wenn Verf. sich trotzdem (noch) zu denen rechnet, die den EG-Beitritt mit positiven Erwartungen für die wirtschaftliche Entwicklung verbinden, so v. a. deshalb, weil mit dem Zugehörigkeitsgefühl zur Europäischen Gemeinschaft emotionale Kräfte wirksam werden, die im Verbund mit den Geldern, die aus der Gemeinschaftskasse nach Griechenland fließen, den Peripherisierungsdruck auffangen können. Massive Hilfe dazu ist allerdings notwendig.

Die Frage nach den Auswirkungen des EG-Beitritts auf die wirtschaftliche Entwicklung des Landes ist zugleich die – heiß umstrittene – Frage nach den Auswirkungen freien Handels auf und den Möglichkeiten für nachholende Entwicklung von Ländern der Semiperipherie (vgl. L 590, S. 53). Ist eine Entwicklung ohne Abkoppelung vom Weltmarkt und im Verbund mit stärkeren Wirtschaftspartnern möglich, Wirtschaftspartnern, deren billige Importwaren, Produktionsstätten und eindringendes Kapital die heimische Wirtschaft in die Knie zwingen können? Beispiele wie Schweden sprächen für diese Möglichkeit. Dort herrschten allerdings andere soziale Bedingungen als bislang in Griechenland, die es diesem bis dahin nicht möglich gemacht hatten, den Peripherisierungsdruck aufzufangen. Die sich in Griechenland durch den engen Kontakt mit den EG-Partnern abzeichnenden gesellschaftlichen Veränderungen lassen jedoch günstigere Bedingungen für die Zukunft erwarten.

ANHANG

TABELLEN

Tab. A1: Die verwendete Umschrift griechischer Buchstaben in deutsche

α	a, z. B.	Καλαμάτα: Kalamata
αι	ai, z. B.	Αθήναι: Athinai (trotz Aussprache des αι wie ε)
αύ, αυ	av, z. B.	Γαύδος: Gavdos
άυ, αϋ	ay, z. B.	Ταΰγετος: Taygetos
β	v, z. B.	Εβρος: Evros
γ	g, z. B.	Αμοργός: Amorgos (auch wenn das γ wie j ausgesprochen wird)
γγ	ng, z. B.	Βάγγος: Vangos
γκ	G	am Wortanfang, z. B. Γκιώνα: Giona
	ng	im Wortinneren, z. B. Αγκίστριον: Angistrion
δ	d, z. B.	Ανδρος: Andros
ε	e, z. B.	Ελλάς: Ellas (ε als offenes e gesprochen)
ει	ei, z. B.	Αλφειός: Alfeios (obgleich ει wie ι gesprochen wird)
ευ	ev, z. B.	Αγ. Ευστράτιος: Ag. Evstratios
ζ	z, z. B.	Ζάκυνθος: Zakynthos (z wie stimmhaftes s ausgesprochen)
η	i, z. B.	Τήνος: Tinos
ϑ	th, z. B.	Θερμοπύλαι: Thermopylai
ι	i, z. B.	Σίφνος: Sifnos
κ	k, z. B.	Κεφαλληνία: Kefallinia
λ	l, z. B.	Λέρος: Leros
μ	m, z. B.	Μήλος: Milos
μπ	B	am Wortanfang, mb im Wortinneren, z. B. Μπαμπίνη: Bambini (Gemeindenamen im Nomos Aitolien und Akarnanien)
ν	n, z. B.	Ανδρος: Andros
ντ	nt, z. B.	Αντικύθηρα: Antikythira (obgleich ντ meist wie nd oder d ausgesprochen wird)
ξ	x, z. B.	Αξιός: Axios
ο	o, z. B.	Βόλος: Volos
οι	oi, z. B.	Βέροια: Veroia (obgleich οι wie i ausgesprochen wird)
ου	ou, z. B.	Αλεξανδρούπολις: Alexandroupolis
π	p, z. B.	Πάρος: Paros
ρ	r, z. B.	Αργος: Argos

Tab. A 1 (Forts.)

σ, ς	s, z. B.	Λάρισα: Larisa (unabhängig davon, ob das σ, ς scharf oder weich ausgesprochen wird)
τ	t, z. B.	Τήλος: Tilos
υ	y, z. B.	Πύργος: Pyrgos (trotz Aussprache des υ wie i)
φ	f, z. B.	Φάρσαλα: Farsala
χ	ch, z. B.	Χίος: Chios
ψ	ps, z. B.	Ψαρά: Psara
ω	o, z. B.	Κως: Kos

Die Umschrift lehnt sich an die Vorschläge im von D. Grothusen herausgegebenen Griechenland-Handbuch (1980, S. 10f.) an. Wo sich deutsche Umschriften bzw. deutsche Namen fest eingebürgert haben, werden sie (entgegen der Tabelle) benutzt: z. B. Delphi (statt Delfoi oder Delphoi), Delos (statt Dilos), Euböa (statt Evvoia), Rhodos (statt Rodos) etc.

Tab. A 2: Strukturdaten ausgewählter Staaten

	Fläche in 1000 qkm	Bev. in Mill. E. (1983)	BSP pro Kopf 1983 in US-$	BSP-Zuwachs in %, Ø aus 1973–82	Ø Nahrungsmittelprod. 1981–83 (1974–76 = 100)	kultivierte Fläche in %	Düngemittel (in 100 g Nährstoff) pro Kopf/ha 1982	Rohstoffanteil am Export in % 1982	Verarb. Gewerbe in % des Exports 1982	Nahrungsmittel in % des Imports 1982	Leistungsbilanzsaldo in Mill. US-$ 1983	Bruttowährungsreserven in Mill. US-$ 1983	Schuldendienst in % des BSP 1983	Kindersterblichkeit (1–4 J.) in ‰ 1983	Einw./Arzt 1980	Grundschüler in % der Altersgruppe[1] 1982	Terms of trade 1983 (1980 = 100)
Griechenland	132	9,9	3970	2,2	102	30	1606	49	25	13	–1868	2381	3,8	1	430	106	88*
Portugal	92	10,2	2190	1,9	82	39	720	25	32	14	– 983	8179	9,5	1	540	121	. .
Jugoslawien	256	23	2570	4,3	108	31	1199	22	37	6	275	1686	2,2	2	550	101	101
Ungarn	93	10,7	2150	5,6	119	58	2885	36	26	7	46	2148	9,3	1	400	100	95
Türkei	781	48,3	1230	1,4	104	36	535	57	18	3	–1880	2710	4,6	8	1630	102	67*
Malawi	118	6,8	210	1,1	101	24	138	88	3	11	– 72	29	4,5	38	41460	62	126
Bangladesch	144	96,7	130	3.2	101	68	512	38	11	26	– 77	546	1,3	19	7810	60	102
Schweden	450	8,3	12400	0,8	108	7	1612	21	35	7	– 929	6349	–	1*	490	99	96
BR Deutschland	249	61,2	11420	2,3	113	31	4350	13	35	13	3998	78968	–	2*	450	100	98

[1] Der Anteil kann 100 % überschreiten, da es Grundschüler über und unter der willkürlich festgelegten Altersgrupe gibt.
* Zahlen erheblich älter.

Quelle: Fischer Weltalmanach '87, Frankfurt/M. 1986.

Tab. A3: Einwohner 1961, 1971 und 1981 nach Regionen und Bezirken (in 1000)

	1961	1971	1981	Entwicklung (in %) 1961/71	1971/81
Groß-Athen	1853	2540	3027	37,1	19,2
Übriges Mittelgriechenland und Euböa	969	991	1100	2,3	11,0
Aitolien und Akarnanien	238	229	220	− 3,7	− 4,0
Attika (Rest)	205	258	342	25,5	32,8
Böotien	108	107	117	− 0,3	9,0
Euböa	173	173	188	0,0	9,2
Evritania	36	27	26	−24,8	− 4,5
Fthiotis	161	156	162	− 3,6	4,1
Fokis	48	41	44	−13,5	6,9
Peloponnes	1096	987	1103	−10,0	2,6
Argolis	90	89	93	− 1,6	4,9
Arkadien	135	111	108	−17,6	− 3,0
Achaia	240	241	275	0,2	14,3
Elis (Ileia)	188	164	160	−12,6	− 2,3
Korinth	113	113	123	0,5	8,8
Lakonien	119	96	93	−19,2	− 2,7
Messenien	212	173	160	−18,3	− 7,7
Ionische Inseln	213	184	183	−13,2	− 1,0
Zakynthos	36	30	30	−15,0	− 0,6
Kerkyra (Korfu)	102	93	99	− 8,7	7,0
Kefallinia	45	36	31	−20,2	−12,9
Levkas	30	25	22	−16,2	−13,8
Epirus	353	310	325	−12,0	4,6
Arta	84	80	80	− 5,4	0,4[1]
Thesprotia	52	41	41	−21,9	1,5
Ioannina	155	135	147	−13,3	9,4
Preveza	61	55	56	− 9,2	1,2
Thessalien	692	661	196	− 4,5	5,2
Karditsa	152	133	125	−12,5	− 6,1
Larisa	232	233	254	0,5	9,1
Magnisia	164	161	182	− 1,5	12,9
Trikala	144	133	134	− 7,3	0,6
Makedonien	1896	1891	2122	− 0,3	12,2
Grevena	43	35	36	−19,0	5,1
Drama	121	91	95	−24,8	4,1
Imathia	114	117	134	3,1	13,9
Thessaloniki	546	712	872	30,3	22,4
Kavala	141	122	135	−13,6	11,2

	1961	1971	1981	Entwicklung (in %) 1961/71	1971/81
Kastoria	48	46	53	– 4,3	14,6
Kilkis	102	83	82	–18,0	– 2,0
Kozani	150	133	147	–10,8	10,2
Pella	133	126	132	– 5,4	5,0
Pieria	98	92	107	– 6,0	15,7
Serrai	248	203	196	–18,2	– 3,3
Florina	70	54	52	–22,5	– 3,6
Chalkidiki	79	73	79	– 7,4	7,7
Ag. Oros (Athos)	2,7	1,7	1,5	–35,5	–15,0
Thrakien	357	330	345	– 7,6	4,7
Evros	158	189	148	–11,9	6,8
Xanthi	90	83	89	– 7,5	7,1
Rodopi	109	108	108	– 1,4	0,3
Ägäische Inseln	477	418	429	–12.5	2,6
Dodekanes	123	121	145	– 1,6	19,9
Kykladen	100	86	88	–13,6	2,5
Lesbos	140	115	105	–18,1	– 8,9
Samos	52	42	41	–19,8	– 2,9
Chios	62	54	50	–13,3	– 7,6
Kreta	483	457	502	– 5,5	10,0
Irakleion	208	210	244	0,6	16,2
Lasithion	74	66	70	–10,4	5,8
Rethymnon	70	61	63	–12,9	2,8
Chania	131	120	126	– 8,6	5,1
Griechenland	8289	8769	9740	4,5	11,1

[1] Die %-Werte errechnen sich aus den nicht abgerundeten Zahlen.

Quelle: Stat. Jb. 1984, S. 17f.

Tab. A4a: Die höchsten Berge Griechenlands

Name	Höhe (m)	Name	Höhe (m)
Olymp	2917	Tymfristos	2315
Smolikas	2637	Falakron (Prof. Ilias)	2229
Voras	2524	Erymanthos	2224
Grammos	2520	Orvilos	2212
Giona	2510	Pieria	2190
Tymfi	2497	Oiti	2152
Athamanon Ori	2469	Dikti	2148
Parnaß	2457	Askion	2111
Ida (Psiloreitis)	2456	Vermion	2052
Levka Ori	2452	Athos	2033
Vardousia	2437	Kerkini	2031
Taygetos	2407	Ossa	1978
Kyllini	2376	Pangaion	1956
Aroania	2341	Koula (Dyt. Rodopi)	1827

Quelle: Stat. Jb. 1984, S. 5, u. Scholikos Atlas, Athen o. J. [1987].

Tab. A4b: Die wichtigsten Flüsse (in km Länge auf griech. Territorium)

	km		km
Aliakmon	297	Evrotas	82
Acheloos	220	Louros	80
Pineios (Thessalien)	205	Spercheios	80
Evros	204	Megdovas (Tavropos)	78
Nestos	130	Axios	76
Strymon	118	Aoos	70
Thyamis	115	Gallikos	70
Alfeios	110	Ladon	70
Arachthos	110	Mornos	70
Enipevs	84	Pineios (Peloponnes)	70

Quelle: Stat. Jb. 1984, S. 5.

Tab. A 4c: Die wichtigsten Seen (in qkm Fläche auf griech. Territorium)

	qkm		qkm
Trichonis	96,5	Ioannina	19,2
Volvi	75,6	Doiran	15,0
Vegoritis	72,5	Petra	14,2
Koroneia	47,9	Amvrakia	13,6
Vistonis	45,6	Lysimachia	13,2
Kleiner Prespa	43,1	Cheimaditis	10,8
Großer Prespa	38,3	Ozeros	10,0
Kastoria	28,6	Voulkaria	9,1
Yliki	22,7	Stymfalia	3,3

Quelle: Stat. Jb. 1984, S. 5.

Tab. A 5: Klimawerte ausgewählter Stationen

1. Alexandroupolis (40°51′N, 25°57′E, 4 m, 1951–1970)

	J	F	M	A	M	J	J	A	S	O	N	D	Jahr
1	5,2	6,2	8,2	13,1	18,3	23,0	26,0	25,9	21,3	15,9	11,6	7,7	15,2
2	8,5	9,9	12,0	17,0	22,2	27,0	30,3	30,6	26,3	20,2	15,5	11,2	19,2
3	1,6	2,2	3,4	7,1	11,4	15,2	17,9	17,9	14,5	10,6	7,4	3,7	9,4
4	82	63	52	38	39	32	15	14	33	45	94	94	601
5	8	7	6	6	5	4	2	1	3	4	7	9	62
6	–												
7	12	12	12	13	17	20	23	24	22	19	16	13	

2. Athen (37°58′N, 23°43′E, 107 m, 1951–1970)

	J	F	M	A	M	J	J	A	S	O	N	D	Jahr
1	9,5	10,3	11,5	15,5	20,2	24,9	27,5	27,6	23,5	18,6	15,1	11,5	18,0
2	13,1	14,2	15,6	20,1	24,9	29,7	32,6	32,9	28,6	22,9	19,0	14,9	22,4
3	6,6	7,2	8,1	11,5	15,8	20,1	22,8	23,0	19,3	15,1	12,0	8,7	14,2
4	61	36	36	21	26	10	3	4	16	60	57	65	395
5	8	5	6	4	4	2	1	1	2	5	6	8	52
6	126	144	159	244	294	323	378	354	275	206	151	119	2773
7	14	14	14	15	18	22	24	24	23	21	19	16	

3. Florina (40°48′N, 21°25′E, 662 m, 1954–1970)

1	0,8	2,9	6,6	11,7	17,0	21,0	23,5	23,2	18,6	13,1	8,4	3,5	12,5
2	4,2	7,5	11,1	16,6	21,8	26,0	28,8	29,2	24,9	19,0	13,1	7,1	17,4
3	–3,7	–2,1	1,3	5,2	9,4	12,7	14,6	14,7	11,4	7,1	3,6	–0,8	6,1
4	77	56	67	50	68	55	43	31	44	84	98	103	776
5	10	9	9	8	9	7	4	3	5	7	9	11	91

4. Ioannina (39°40′N, 20°51′E, 484 m, 1952–1970)

1	4,8	6,1	8,8	12,7	17,4	22,0	25,2	24,5	20,7	15,4	10,5	6,7	14,6
2	9,1	10,7	13,7	17,7	22,7	27,4	30,9	31,6	27,1	21,4	15,4	11,0	19,9
3	0,6	1,3	3,7	6,8	10,3	13,8	15,9	16,0	13,3	9,2	5,7	2,3	8,2
4	182	140	99	79	82	56	31	26	57	117	190	194	1253
5	13	11	11	9	9	7	4	3	5	9	13	15	109

5. Irakleion/Kreta (35°20′N, 25°11′E, 48 m, 1951–1970)

1	12,2	12,6	13,7	16,7	20,5	24,5	26,3	26,4	23,5	20,1	17,1	14,1	19,0
2	15,6	16,2	17,1	20,1	23,7	27,5	29,0	29,2	26,6	23,5	20,8	17,4	22,2
3	8,7	8,8	9,6	11,6	14,8	19,1	21,3	21,7	19,1	16,2	13,5	10,8	14,6
4	100	65	55	28	13	2	0	1	22	81	45	81	493
5	12	7	8	4	2	1	0	0	2	6	6	10	58
6	105	132	178	242	318	348	394	364	292	201	170	124	2868
7	16	15	16	16	19	22	24	25	24	23	20	17	

Tab. A 5 (Forts.)

6. Korfu (39°37′N, 19°55′E, 2 m, 1951–1970)

	J	F	M	A	M	J	J	A	S	O	N	D	Jahr
1	9,6	10,1	11,9	15,2	19,5	24,1	26,7	26,7	22,9	18,3	14,7	11,4	17,6
2	13,8	14,2	15,9	19,1	23,6	28,1	31,0	31,5	27,7	23,1	19,1	15,7	21,9
3	5,0	5,4	6,7	9,1	12,2	15,9	18,0	18,4	16,4	13,0	10,2	7,0	11,4
4	190	138	95	63	43	11	6	14	94	155	209	221	1239
5	13	11	9	7	5	2	1	1	5	9	12	15	90
6	128	130	176	233	297	329	387	347	272	208	134	99	2740
7	14	14	14	16	18	21	23	24	23	21	18	16	

7. Larisa (39°37′N, 22°25′E, 73 m, 1951–1970)

	J	F	M	A	M	J	J	A	S	O	N	D	Jahr
1	5,2	7,2	9,4	14,0	19,8	25,0	27,6	27,3	22,4	16,4	11,7	7,1	16,1
2	9,7	12,6	14,7	19,8	25,8	31,2	33,5	33,7	28,8	22,1	16,6	11,7	21,7
3	0,7	1,5	3,4	6,2	10,8	15,3	17,8	17,6	14,5	10,3	6,6	2,4	8,9
4	42	35	43	25	41	27	15	10	33	63	55	62	451
5	6	6	7	5	6	4	2	1	3	6	8	7	61
6	104	129	156	228	272	295	339	326	259	170	130	83	2491

8. Limnos (Insel) (39°53′N, 25°04′E, 17 m, 1951–1970)

1	8,8	9,4	10,4	14,4	19,2	23,6	25,9	26,0	22,3	17,6	14,2	11,0	16,9
2	11,6	12,1	13,0	17,4	22,5	27,1	29,5	29,6	25,6	20,4	16,7	13,4	19,9
3	6,5	6,5	7,3	10,6	14,7	18,8	21,3	21,4	18,3	14,5	11,6	8,3	13,3
4	100	58	48	22	25	15	8	11	23	46	61	10	510
5	10	7	6	4	3	2	1	1	2	4	7	10	57
6	85	121	166	236	305	335	376	352	279	205	124	83	2667
7	14	13	13	14	17	20	23	23	21	19	16	15	

9. Milos (Insel) (36°43′N, 24°25′E, 182 m, 1951–1970)

1	11,0	11,4	12,1	15,2	19,5	23,4	25,2	25,4	22,5	18,9	16,0	12,8	17,8
2	13,6	14,3	15,0	18,5	23,1	27,0	28,4	28,8	25,8	22,1	19,1	15,3	20,9
3	8,8	9,0	9,6	12,2	16,1	19,9	21,9	22,3	19,7	16,4	13,8	10,7	15,0
4	86	39	54	20	15	4	0	0	9	56	64	91	438
5	11	6	7	3	2	1	0	0	1	5	6	10	52
6	–												
7	16	15	15	16	18	21	23	24	24	22	20	17	

Tab. A 5 (Forts.)

10. Rhodos (Insel) (36°23′N, 28°06′E, 37 m, 1951–1970)

	J	F	M	A	M	J	J	A	S	O	N	D	Jahr
1	11,5	12,0	13,4	16,4	20,6	25,0	27,2	27,6	24,8	20,5	16,5	13,2	19,1
2	15,4	15,9	17,2	20,5	25,0	29,5	31,9	32,6	29,4	25,3	21,1	17,1	23,4
3	7,4	7,7	8,8	11,3	14,6	18,9	21,3	21,9	19,2	15,3	12,0	9,2	14,0
4	196	102	90	22	19	1	1	0	10	78	111	211	841
5	14	10	8	3	3	0	0	0	1	6	7	13	65
6	138	150	211	260	314	347	388	379	321	244	190	137	3079
7	17	16	16	17	19	21	23	25	24	22	20	18	

11. Thessaloniki (40°32′N, 23°01′E, 31 m, 1951–1970)

1	5,5	7,3	9,6	14,5	19,7	24,5	27,0	26,9	22,4	16,8	12,2	7,7	16,2
2	9,6	12,0	14,1	19,6	24,8	29,6	32,3	32,7	27,9	22,0	16,7	12,0	21,1
3	1,4	2,4	4,6	7,9	12,6	16,9	19,4	19,5	16,1	11,6	7,9	3,4	10,3
4	41	32	38	29	48	32	23	17	29	45	53	54	441
5	7	6	7	5	7	4	3	2	3	6	7	7	64
6	106	121	144	202	263	276	344	308	242	172	114	89	2381
7	12	12	13	14	18	22	24	25	23	20	16	14	

12. Tripolis, Peloponnes (37°33'N, 22°21'E, 663 m, 1951–1970)

1	5,3	6,1	7,9	11,8	16,9	22,0	24,9	25,0	20,3	14,7	10,7	7,1	14,4
2	9,6	11,1	12,8	17,2	22,5	27,4	30,2	30,8	26,5	20,6	16,2	11,6	19,7
3	1,1	1,4	2,6	4,9	8,1	12,5	14,9	15,1	12,1	8,6	5,6	3,1	7,5
4	132	94	85	48	39	34	14	10	34	79	122	153	844
5	12	9	10	7	6	4	2	1	3	7	9	13	83

1 = Mittlere Tagesmittel der Lufttemperatur (°C)
2 = Mittlere tägliche Maxima der Lufttemperatur
3 = Mittlere tägliche Minima der Lufttemperatur
4 = Mittlerer Niederschlag (in mm)
5 = Mittlere Zahl der Tage mit 1 mm Niederschlag
6 = Mittlere Sonnenscheindauer in h/Mt
7 = Mittlere Wassertemperatur an der Meeresoberfläche (°C)

Quelle: Dt. Wetterdienst, Klimadaten von Europa, T. II, Offenbach 1981.

Tab. A6: Anbauflächen 1971/2 und 1981/2 in 1000 Stremma (= 100 ha), Anteile an der LNF und Erträge (dz/ha) 1975 und 1982

	∅ 1971/2	∅ 1981/2	Anteil an LNF 1971/2	Anteil an LNF 1981/2	Erträge (dz/ha) 1975	Erträge (dz/ha) 1982
Weichweizen	7436	7708	20,9	21,6	21	30
Hartweizen	1873	2894	5,2	8,1	18	26
Gerste	3948	3084	11,1	8,6	23	26
Roggen	795	504	2,2	1,4	14	18
Mais	1662	1769	4,7	5,0	38	87
Reis	151	159	0,4	0,4	51	51
übrige	90	63	0,3	0,2		
zusammen	15955	16181	44,9	45,3		
Hülsenfrüchte z. Essen	835	491	2,4	1,4		
dto. für Futter	439	181	1,2	0,5		
Tabak	874	911	2,5	2,5	12	15
Baumwolle	1567	1352	4,4	3,8	27	22
Zuckerrüben	238	411	0,7	1,1		
Rest	307	162	0,9	0,5		
Industriepflanzen insgesamt	2986	2836	8,4	7,9		
Futterpflanzen	4011	3612	11,3	10,1		
Melonen u. Süßkartoffeln	330	267	0,9	0,7	29	25
Frühkartoffeln	176	223	0,5	0,6	} 15	} 16
Sommerkartoffeln	143	207	0,4	0,6		
Spätkartoffeln	196	194	0,6	0,5		
Melonen u. Kartoffeln zus.	845	891	2,4	2,5		
andere Feldfrüchte	49	16	0,1	0,0		
Feldfrüchte insgesamt	25120	24203	70,7	67,8		
Gemüse u. andere Gartenfrüchte	1163	1268	3,3	3,5		
Wein f. Weinherstellung	1151	961	3,2	2,7		
Tafeltrauben	196	201	0,6	0,6		

	Ø 1971/2	Ø 1981/2	Anteil an LNF 1971/2	1981/2	Erträge (dz/ha) 1975	1982
Korinthen	411	310	1,2	0,9		
Sultaninen u. andere	418	360	1,2	1,0		
Wein insgesamt	2176	1832	6,1	5,1		
Zitrusfrüchte	439	491	1,2	1,4		
Obst	557	684	1,6	1,9		
Nüsse etc.	590	771	1,7	2,1		
Oliven u. Rest	5455	6470	15,4	18,1		
Baumkulturen insgesamt	7041	8416	19,8	23,6		
Kulturen insgesamt	35500	35719	100,0	100,0		

Quelle: Stat. Jb. 1975 und 1984.

Tab. A7: Viehbestand (in 1000 Tieren) 1971/2 und 1981/2

	∅ 1971/2	∅ 1981/2
Pferde	204,8	90,5
Maultiere	166,1	102,5
Esel	335	214
Rinder	1020,5	811
davon: Ochsen, Bullen	265	237,5
Kühe	755,5	573,5
Büffel	9,1	1,0
Schafe	7796	8185,5
davon in Fernweidewirtschaft gehalten	849,5	768
Ziegen	4223	4581,5
davon in Fernweidewirtschaft gehalten	329,5	275
Schweine	547,5	1038
Hühner	29653	29898
Milchkühe	423	324
davon: einheimisch	72	28
verbessert	307	245
fremde Rassen	44	51

Quelle: Stat. Jb. 1975 und 1984.

Tab. A 8: Wertschöpfung und Beschäftigung in der verarbeitenden Industrie 1977 (Anteile in %)

Branche	Wertschöpfung	Beschäftigung
Nahrungsmittel	11,6	12,8
Getränke	3,7	2,6
Tabakverarbeitung	2,1	2,6
Textilien	16,7	17,5
Schuhe und Bekleidung	5,6	10,3
Holzverarbeitung	2,0	2,5
Möbelindustrie	1,3	2,1
Papier- und Pappeindustrie	2,2	2,1
Druckerei und Vervielfältigung	2,7	2,6
Lederverarbeitung	0,9	1,2
Kunststoff- und Gummiindustrie	4,1	4,0
Chemische Industrie	8,4	5,7
Erdölverarbeitung	1,9	1,0
Nichtmetallische Mineralien	8,4	6,3
Metallindustrie	6,7	2,7
Metallwarenindustrie	6,2	6,7
Maschinen- und Gerätebau	2,4	3,1
Elektrogeräteindustrie	4,6	5,2
Transportmittelindustrie	7,7	7,8
Sonstige Industrien	0,8	1,2
total	100,0	100,0

Quelle: National Statistical Service of Greece: Annual industrial survey for the year 1977, Athen 1982, S. 18ff., eigene Berechnungen.

Tab. A 9: Wertzuwachs und Beschäftigungseffekte in der verarbeitenden Industrie in Griechenland (in %) 1958–1969

Branche	Wertzuwachs	Beschäftigungseffekt
Nahrungsmittel	7,2	−2,3
Getränke	7,0	5,7
Tabakverarbeitung	0,5	−9,4
Textilien	5,8	0,7
Schuhe und Bekleidung	4,4	−2,6
Holzverarbeitung	3,4	−2,1
Möbelindustrie	6,2	−0,4
Papier- und Pappeindustrie	9,4	6,1
Druckerei und Vervielfältigung	8,4	2,3
Lederverarbeitung	1,6	2,0
Kunststoff- und Gummiindustrie	0,7	−0,5
Chemische Industrie	13,9	1,8
Erdölverarbeitung	13,6	1,8
Nichtmetallische Mineralien	10,8	4,6
Metallindustrie	10,8	4,6
Metallwarenindustrie	24,2	5,6
Maschinen- und Gerätebau	9,0	5,4
Elektrogeräteindustrie	16,1	7,6
Transportmittelindustrie	10,6	−1,0
Sonstige Industrien	9,9	11,4
Verarbeitende Industrie total	7,6	0,2

Quelle: Ridder 1985, S. 13 u. 15.

Tab. A 10: Auswanderung nach Übersee 1851–1977

Jahr	insgesamt	USA	andere Staaten
1851–1860	31	31	–
1861–1870	72	72	–
1871–1880	213	210	3
1881–1890	2310	2308	2
1891–1900	16979	16979	–
1901–1910	173513	167519	5994
1911–1920	196119	184201	11918
1921–1930	91369	69675	21694
1931–1940	30500	21903	8597
1941–1950	20176	9317	10859
1951–1960	152470	43536	108934
1961–1970	256001	76177	179824
1971–1977[1]	78818	39037	39781

[1] Bis 1. Sept. 1977.

Quelle: Stat. Jb. 1984, S. 46.

Tab. A 11: Die Städte Griechenlands mit über 15 000 E (in 1000) 1940–1981

	1940	1951	1961	1971	1981
Groß-Athen	1124,1	1378,6	1852,7	2540,2	3027,3
Thessaloniki (Aggl.)	278,1	297,2	378,4	557,4	706,2
Patras (Aggl.)	83,1	93,0	102,2	120,8	154,6
Irakleion (Aggl.)	44,7	58,3	70,0	84,7	111,0
Volos (Aggl.)	54,9	65,1	67,4	88,3	107,4
Larisa	32,7	41,0	55,4	72,3	102,0
Chania (Aggl.)	30,1	35,9	44,8	53,0	62,0
Kavala	49,7	42,1	44,5	46,2	56,4
Serres (Serrai)	34,6	36,8	40,1	39,9	45,2
Agrinion (Aggl.)	20,5	24,5	30,7	42,0	45,1
Chalkis	19,8	23,8	24,7	36,3	44,8
Ioannina	21,9	32,3	35,0	40,1	44,8
Kalamata (Aggl.)	34,9	37,8	40,3	40,4	43,2
Lamia	15,6	22,4	21,5	37,9	41,7
Trikala	18,9	24,1	27,9	35,0	40,9
Rhodos	21,7	23,6	27,4	32,1	40,4
Acharnai	8,7	11,9	11,3	24,6	40,2
Katerini (Aggl.)	21,6	29,1	30,1	30,5	39,9
Veroia	16,4	21,8	25,8	29,5	37,9
Drama	30,4	29,5	32,2	29,7	36,1
Alexandroupolis	15,5	16,6	18,7	23,0	34,5
Komotini	31,2	29,7	28,6	28,9	34,1
Kerkyra	20,0	27,4	27,0	28,6	33,6
Xanthi	29,0	25,7	26,4	24,9	31,5
Kozani	14,0	17,7	21,5	23,2	31,0
Chios (Aggl.)	32,3	29,2	28,8	30,0	29,7
Karditsa	14,0	18,5	23,7	25,7	27,3
Aigion (Aggl.)	15,3	15,1	17,8	23,8	25,7
Mytilini	24,6	25,5	25,8	23,4	24,1
Korinth	12,7	17,7	15,9	20,8	22,7
Ptolemais	7,7	8,8	12,7	16,6	22,1
Pyrgos	16,9	18,0	20,6	20,6	22,0
Tripolis	15,0	17,6	18,5	20,2	21,3
Giannitsa	13,0	16,6	20,0	18,2	21,1
Argos	12,1	13,2	16,7	18,9	20,7
Salamis	8,9	8,3	11,2	18,3	20,4
Elevsis	9,2	11,2	15,5	18,5	20,3
Naousa	12,6	12,6	12,6	17,4	19,3
Theben (Thivai)	12,2	12,6	15,8	16,0	18,7
Arta	8,4	12,9	16,9	19,5	18,3
Rethymnon	8,6	11,1	15,0	15,0	17,7
Megara	12,3	13,9	15,5	17,3	17,7

	1940	1951	1961	1971	1981
Kastoria	10,2	9,5	10,2	15,4	17,1
Levadia	11,6	10,9	12,6	15,4	16,9
Ano Liosia	–	–	–	11,4	16,9
Ermoupolis (Aggl.)	21,7	26,2	16,4	16,1	16,6
Edessa	12,4	14,9	15,5	14,0	16,1

Anm.: Die Zahlen für 1961 weichen in den Stat. Jahrbüchern z. T. voneinander ab.
Quelle: Stat. Jb. 1969 (für 1940–1961), 1981 (für 1971 u. 1981).

Tab. A 12: Strukturmerkmale der griechischen Regionen

	E 1961 in 1000	E 1971 in 1000	E 1981 in 1000	E 1981/1961	E 1981/1971	% an Gesamtbevölkerung 1961	% an Gesamtbevölkerung 1981	Bevölkerung in Städten > 10000 E 1981	Lebendgeborene 1983 (in 1000)	Geburtenrate 1983 in ‰	Sterberate 1983 in ‰	Anzahl Klinikbetten 1983 in 1000
Agglomeration Athen	1853	2540	3027	1,63	1,19	22,1	31,1	100	43,4	14,3	8,1	27,9
Mittelgriechenland und Euböa	969	991	1100	1,34	1,11	11,6	11,3	29,5	14	12,7	9,2	2,5
Peloponnes	1096	987	1013	0,92	1,03	13,1	10,4	34,6	13,3	13,1	11	3,4
Ionische Inseln	213	184	183	0,86	0,99	2,5	1,9	20,2	2,1	11,5	13,7	1,0
Epirus	353	310	325	0,92	1,05	4,2	3,3	24	4,3	13,2	9,8	0,9
Thessalien	692	661	696	1,01	1,05	8,2	7,1	42	9,5	13,6	9,9	2,7
Makedonien	1896	1891	2122	1,12	1,12	22,6	21,8	51,6	28	13,2	8,9	12,1
Thrakien	357	330	345	0,97	1,05	4,3	3,5	35,4	5	14,5	9,6	1,2
Ägäische Inseln	477	418	429	0,90	1,03	5,7	4,4	32,4	5,7	13,3	12,1	3,1
Kreta	483	457	502	1,04	1,10	5,8	5,2	38	7,2	14,3	9,6	2,8
Griechenland	8389	8769	9740	1,16	1,11	100,1	100	58	132,5	13,6	9,3	57,5

Tab. A 12: Strukturmerkmale der griechischen Regionen (Forts.)

	% an Gesamtbettenzahl	% Ärzte an Gesamtzahl der Ärzte 1983	% der S-II-Schüler an Gesamtzahl der S-II-Schüler 1983	% der im 2. Sektor Tätigen 1978	Installierte kW (in 1000) 1983	% an Gesamtenergieerzeugung 1983	% Energieverbrauch 1983	% häuslicher Energieverbrauch 1983	% industrieller Energieverbrauch 1983	häuslicher Energieverbrauch/E 1981	häuslicher Energieverbrauch 1968/E 1971
Agglomeration Athen	48,5	56,3	38,6	42	470	7,7	32,6	49,7	20,2	1,11	0,42
Mittelgriechenland und Euböa	4,3	3,7	9,4	13,7	1824	29,9	22,4	5,6	37,6	0,35	0,05
Peloponnes	5,9	5,8	9,5	7,7	622	10,2	7,8	7,3	6,9	0,49	0,07
Ionische Inseln	1,7	1,1	1,5	0,8	24	0,4	0,9	1,4	0,2	0,52	0,08
Epirus	1,6	2,2	3,5	1,5	310	5,1	1,4	1,8	0,9	0,38	0,05
Thessalien	4,7	3,6	6,8	5,6	130	2,1	7,5	4,7	9,5	0,46	0,06
Makedonien	21,0	21,4	21,0	22,2	2310	37,9	21,1	20,5	22,7	0,65	0,01
Thrakien	2,1	1,4	2,4	1,8	1	0	1,5	1,8	0,8	0,35	0,04
Ägäische Inseln	5,4	2,0	3,0	2,0	218	3,6	2,3	3,5	0,6	0,55	0,09
Kreta	4,9	2,5	4,3	2,7	186	3,1	2,5	3,7	0,6	0,5	0,08
Griechenland	100,1	100	100	100	6093	100	100	100	100		

Quelle: Stat. Jb. 1984.

Tab. A 13: Strukturmerkmale der griechischen Planungsregionen

Merkmale / Planungsregionen	Aktive Bevölkerung 1985 in Mio.	Bruttoregionalprodukt 1984 in Preisen von 1970 in Mio. Drs.	Bruttoregionalprodukt pro E. in Drs. (1984)	Beschäftigte in den Wirtschaftssektoren 1981 (in %)		
				1. Sekt.	2. Sekt.	3. Sekt.
1. Östliches Mittelgriechenland u. Inseln	1,406	210198	52604	8	38	54
2. Zentral- u. Westmakedonien	0,61	70883	41801	28	36	36
3. Peloponnes u. westl. Mittelgriechenland	0,512	50176	38788	51	21	28
4. Thessalien	0,255	26125	37555	48	24	28
5. Ostmakedonien	0,159	8951	37282	50	24	26
6. Kreta	0,198	17780	35407	51	18	31
7. Epirus	0,178	14436	32376	45	22	33
8. Thrakien	0,148	10114	22297	59	18	23
9. Ostägäische Inseln	0,123	11666	34304	32	23	45
10. Griechenland	3,589	427269	43866	29	30	41

Quelle: Eurostat., Griech. Wirtschaftsmin., Reg. Entwicklungsplan 1986–1990 (Athen).

LITERATURVERZEICHNIS

Abkürzungsverzeichnis

Ann. Géogr.	Annals de Géographie
BAE	Berichte aus dem Arbeitsgebiet Entwicklungsforschung, hrsg. v. Cay Lienau, Institut f. Geographie, WWU Münster
BfAI	Bundesstelle für Außenhandelsinformationen
CNRS	Centre National de Recherches Sociales (Athen); s. auch NCSR
Erde	Zeitschrift Die Erde
Erdk	Zeitschrift für Erdkunde
FR	Frankfurter Rundschau
Geogr. Rdsch.	Geographische Rundschau
Geogr. Rev.	Geographical Review
Gr. Rev. Soc. Res.	Greek Review of Social Research
G. Z.	Geographische Zeitschrift
Met. Rdsch.	Meteorologische Rundschau
MGA	Münstersche Geographische Arbeiten
NCSR	National Center of Social Research (Athen); s. auch CNRS
Pet. Mitt.	Petermanns Mitteilungen
Rev. Geogr. Lyon	Revue de Géographie de Lyon
RMS	Research Monograph Series
Soc. Rev.	Sociological Review
Stat. Jb.	Statistical Yearbook of Greece
TAG	Tijdschrift van het Kgl. Nederl. Aardrijskundig Genotschap
TESG	Tijdschrift voor Economische en Sociale Geografie
Z. f. ausl. Ldw.	Zeitschr. f. ausländ. Landwirtschaft.
Z. Ges. Erdk. Berlin	Zeitschrift der Gesellschaft für Erdkunde Berlin

Literatur

1. Adamović, Lujo: Die Vegetationsverhältnisse der Balkanländer; in: Vegetation der Erde, Vol. 11, Leipzig 1909.
2. Afentakis, M. J.: L'économie générale du Tabac de la Grèce; in: UNITAB: Les Travaux de Xéme Congrès de l'UNITAB, Kavala 4.–11. 9. 1966, Athen o. J. [1966], S. 23–29.
3. Agapitides, Sotirios: Emigration from Greece; in: Migration 1, Genf 1961, S. 53–61.
4. Ders.: Déplacement de la population en Grèce; in: Balkan Studies 18, 1977, S. 273–283.

5. Agi, Michael: Wetter und Klima im östlichen Mittelmeergebiet unter besonderer Berücksichtigung des Zyperntiefs; Met. Abh. 75, 4, Berlin 1975.
6. Ahrens, Christian: Musikalische Traditionen der Griechen im Salento (Apulien); in: Hellenika 1982, S. 92–125.
7. Alexandrakakis, Nicos E.: Tourism as a leading sector in economic development: a case study of Greece; Ph. D. Univ. of Kentucky, Ann Arbor Univ. microfilms 1978.
8. Alpheis, Hannes: Integration von rückkehrenden Migranten in Ioannina, Griechenland; in: Zeitschr. f. Soziologie 13, 1984, S. 371–376.
9. Ancel, Jaques: La Macédoine, son évolution contemporaire; Paris 1930.
10. Andreadis, K. G.: I mousoulmaniki meionotis tis dytikis Thrakis [die muslimische Minderheit in W-Thrakien]; Thessaloniki 1956.
11. Andrikopoulou, Eleni; Hermanns, Hartmut; Kafkalas, Grigoris, und Napoli, Olga: Regionalstruktur von Thraki; BAE 11, Münster 1983.
12. Andrikopoulou, Eleni; Hermanns, Hartmut; Kafkalas, Grigoris; Lagopoulos, Alexandros-Ph.; Lienau, Cay, und Schulte, Reinhart: Industrialization, regional labour market and productive investment by remigrants in a peripheral region: the case of Thraki; BAE 13, Münster 1985.
13. Andrikopoulou, Eleni; Kafkalas, Grigoris, und Lagopoulos, Alexandros Ph.: Viomichanía sti Thessaloniki [Industrie in Thessaloniki]; Thessaloniki 1985.
14. Andromedas, John Nicolas: The Inner Maniat community type. A study of the local community's changing articulation with society; Ph. D. Columbia Univ. 1962, Ann Arbor Univ. microfilms 1966.
15. Ante, Ulrich: Zur Entwicklung des Großraumes Athen; in: Geogr. Rdsch. 40, 1988, S. 20–26.
16. Antoniadis-Bibicou, Hélène: Villages désertés en Grèce. Un bilan provisoire; in: École Pratique des Haute Études, VIe Sect. Centre de Rech. Historique, Les Hommes et la Terre 11, Paris 1965, S. 343–417.
17. Apel, Hans: Bulgarien und Griechenland. Ein Systemvergleich wirtschaftlicher und sozialer Nachkriegsentwicklung; in: Osteuropa 26, 1976, S. 271–286.
18. Aravantinos, Athanasios, et al.: Regionalplanung und Vorschlag für eine Siedlungsumordnung im Raum Ilia (Elis) im West-Peloponnes; in: Erde 98, 1967, S. 279–291.
19. Ders.: Griechenland; in: Handwörterbuch d. Raumforsch. u. Raumordn., 2. Aufl., Hannover 1970, Sp. 1075–1091.
20. Argyris, Athanassis: Griechenlands regionale Wirtschaftsentwicklung. Das Problem der Disparitäten und der Investitionsanreize zu ihrer Überwindung; Südosteuropa Mitt. 1/2, 1981, S. 23–38.
21. Austen, Harriet: Land- und Forstwirtschaft; in: Grothusen, D. (Hrsg.), 1980, S. 291–307.
22. Aubouin, Jean: Contribution à l'étude géologique de la Grèce septentrional; les confins de l'Épire et de la Thessalie; Ann. Géol. Pays Hellén. (Athen) I, 10, 1959.
23. Axt, Heinz-Jürgen: Wandel und Kontinuität in Griechenland; in: Beilage zur Wochenzeitung Das Parlament, B 26/85 vom 29. 6. 1985, S. 21–37.
24. Ders.: Die Griechen sind nun mal anders; in: EG-Magazin Nr. 9–10, Dez. 1985, S. 12–14.

25. Ders.: Die gegenwärtige griechische EG-Politik und ihre innenpolitischen Voraussetzungen; Stiftung Wissenschaft und Politik, Aufzeichnung SWP-AZ 2428, Fo. Pl. I. 2/85, Ebenhausen, April 1985.
26. Baedeker, Karl: Griechenland, Handbuch für Reisende; 1. Aufl., Leipzig 1883.
27. Bähr, Jürgen, und Stewig, Reinhard (Hrsg.): Beiträge zur Theorie und Methode der Länderkunde. Oskar Schmieder zum Gedenken; Kieler Geogr. Schr. 52, 1981.
28. Bairaktari, Agnes, und Hinrichs, Thomas C.: Zwischen Ursprünglichkeit und Verwertung. Die Sfakia, eine Gebirgsregion an der westlichen Südküste Kretas. Beschreibung für Planer; in: Bauwelt 5/6, 1980, S. 178–211.
29. Banco, Irmela: Studien zur Verteilung und Entwicklung der Bevölkerung von Griechenland; Bonner Geogr. Abh. 54, Bonn 1976.
30. Baxevanis, John J.: The Growth of Greater Athens since 1940; in: Ann. of the Ass. of American Geographers 54, 1964, S. 413.
31. Ders.: Population, internal migration and urbanization in Greece; in: Balkan Studies 6, 1965, S. 83–98.
32. Beckinsale, Monica und Robert: Southern Europe, a systematic geographical study; New York 1975.
33. Beissel, Otfried: Wirtschaftsgeographischer Strukturwandel auf Samothraki; in: Geogr. Rdsch. 24, 1972, S. 420–427.
34. Benas, D.: I eisvolí tou xénou kefalaíou stin Elláda [Das Eindringen ausländischen Kapitals in Griechenland]; Athen 1976.
35. Bennison, David J.: Internal migration in Greece since 1951; Newcastle upon Tyne: Univ., Dept. of Geography, Seminar Papers No. 32, 1976.
36. Ders.: The structural characteristics of the central place system in West Thessaly; in: Gr. Rev. Soc. Res. 35, 1979, S. 111–127.
37. Benseler, Arthur: Das Becken von Thessalien. Eine der reichsten landwirtschaftlichen Regionen Griechenlands; in: Z. f. Wirtschaftsgeogr. 9, 1965, S. 123–127.
38. Benz, Ernst: Geist und Leben der Ostkirche; Hamburg 1957.
39. Bergmann, Christel: Schwellenländer. Kriterien und Konzepte; Forschungsberichte des Bundesministeriums für Wirtschaftliche Zusammenarbeit (BMZ) 41; München, Köln 1983.
40. Bergmann, Hellmuth: Flurbereinigung bei griechischen Bewässerungsvorhaben; in: Z. f. ausl. Ldw. 4, 1965, S. 73–76.
41. Bernard, H. R.: Kalymnian sponge diving; in: Human Biology 39, 1967, S. 103–130.
42. Beuermann, Arnold: Kalyviendörfer im Peloponnes; in: Abh. d. Akad. f. Raumforsch. und Landespl. 28, Bremen 1954, S. 229–238.
43. Ders.: Typen ländlicher Siedlungen in Griechenland; in: Pet. Mitt. 1956, S. 278–285.
44. Ders.: Die Waldverhältnisse im Peloponnes unter besonderer Berücksichtigung der Entwaldung und Aufforstung; in: Erdk. 10, 1956, S. 122–136.
45. Ders.: Strukturwandel ländlicher Siedlungen in Griechenland; in: Verh. d. Dt. Geographentages Hamburg 1955, Bd. 30, Wiesbaden 1957, S. 409–415.
46. Ders.: Tripolis und seine Umwelt. Ein Beitrag zur Landeskunde des Peloponnes; in: Erde 88, 1957, S. 255–274.

47. Beuermann, Arnold: Studien zur griechischen Agrarlandschaft; in: Verh. d. Dt. Geographentages Würzburg 1957, Bd. 31, Wiesbaden 1959, S. 456–464.
48. Ders.: Fernweidewirtschaft in Südosteuropa; Braunschweig 1967.
49. Ders.: Junge ländliche Siedlungsformen in Griechenland; in: Braunschweiger Geogr. Stud. 3, Braunschweig 1971, S. 145–153.
50. Biris, Kostas E.: Ai Athínai, apó tou 19ou eis ton 20on aióna [Athen im 19. und 20. Jh.]; Athen 1966.
51. Birot, Paul, und Dresch, Jean: La Méditerranée et le Moyen-Orient; 2 tom., Paris 1953, 1956.
52. Blanc, André; Drain, Marc, und Kayser, Bernard: L'Europe méditerranéenne; Paris 1967.
53. Blanchard, Raul: The exchange of populations between Greece and Turkey; in: Geogr. Rev. 15, 1925, S. 449–456.
54. Blumenthal, Ekkehard: Die altgriechische Siedlungskolonisation im Mittelmeerraum unter besonderer Berücksichtigung der Südküste Kleinasiens; Tübinger Geogr. Stud. 10, 1963.
55. Bobek, Hans: Lautensachs geographischer Formenwandel – ein Weg zur Landschaftssystematik; in: Erdk. 7, 1953, S. 288–293.
56. Böhme, Hans: Die Gestalt des modernen Athen; in: Dt. Geogr. Blätter 47, 3, Bremen 1954/55, S. 125–188.
57. Bon, Ant: L'île de Thasos. Études de géographie comparée ancienne et moderne; in: Ann. Géogr. 41, 1932, S. 269–286.
58. Ders.: Le Péloponnèse byzantin jusqu'en 1204; Bibliothèque Byzantine, études 1, Paris 1951.
59. Bonnefont, Jean-Claude: Recherches sur les paysages agraires de Crète centrale et orientale; in: Rev. Géogr. de l'Est 11, 1971, S. 3–22.
60. Born, Volker: Kreta – Gouves, Wandel einer Agrarlandschaft in ein Fremdenverkehrsgebiet; in: Hempel, L. (Hrsg.), 1984, S. 121–213.
61. Bossel, Lothar; Hornung, Klaus, und Mergl, Georg: Blick vom Olymp: Griechenland heute. Geschichte, Wirtschaft, Staat, Gesellschaft; Stuttgart 1973.
62. Botsas, Eleutherios N.: Some economic aspects of short-run Greek labor emigration to Germany; in: Weltwirtsch. Archiv 105, 1970, S. 163–173.
63. Bougioukos, Georges, et al. (Hrsg.): Griechenland vor dem Beitritt zur EG; Materialien zum Siedlungs- und Wohnungswesen und zur Raumplanung 16, Münster 1977.
64. Boulanger, François Louis Florimond: Ambelakia, ou les associations et les municipalités helléniques; Paris 1875 (repr. Athen 1970).
65. Boulay, Juliet du: Portrait of a Greek mountain village; London 1975 [rez. von P.-Y. Péchoux; in: Étud. Rur. 68, S. 167].
66. Bousquet, B.: La Grèce du Nord-Quest. Interprétation géomorphologique de l'Épire, de l'Acarnanie et des Îles Ioniennes, Paris 1974.
67. Bradford, Ernle: Die Griechischen Inseln; 2. Aufl., Reutlingen 1969.
68. Bratzel, Peter, und Müller, Heribert: Regionalisierung der Erde nach dem Entwicklungsstand der Länder; in: Geogr. Rdsch. 31, 1979, S. 131–136.
69. Dies.: Armut und Reichtum. Eine Weltkarte des Entwicklungsstandes der Länder der Erde; in: Geogr. Rdsch. 31, 1979, S. 145–148.

70. Brenke, Siegfried: Stadtplanung in Athen – Grundlagen, Probleme, Perspektiven; in: Bougioukos, G., et al. 1977, S. 167–194.
71. Bronny, Horst: Die Entwicklung der griechischen Industrie unter dem Aspekt des Beitritts Griechenlands zur Europäischen Gemeinschaft; in: Hellenika 1980, S. 14–25.
72. Brunn, Jean H.: Contribution à l'étude géologique du Pinde septentrional et d'une partie de la Macédoine occidentale; in: Ann. Géol. Pays Hellén. (Athen) I, 7, 1956, S. 1–358.
73. Bucher, Hansjörg: Das Wohnungswesen in Griechenland; in: Bougioukos, G., et al. 1977, S. 195–205.
74. Buck, Karl Hermann: Griechenland und die Europäische Gemeinschaft. Erwartungen und Probleme des Beitritts; Schriften des Inst. f. Europ. Politik, Bd. 50, Bonn 1978.
75. Büdel, Julius: Aufbau und Verschüttung Olympias. Mediterrane Flußtätigkeit seit der Frühantike; in: Verh. d. Dt. Geographentages Heidelberg 1963, Bd. 34, Wiesbaden 1965, S. 179–183.
76. Büse, Kunigunde: Die Darstellung des griechisch-türkischen Konflikts in griechischen Schulbüchern; in: Münchner Zeitschr. f. Balkankunde 3, 1980, S. 1–23.
77. BfAI (Hrsg.): Marktinformationen, laufend; Köln o. J.
78. Burberg, Paul-Helmuth: Die Landwirtschaft in Griechenland – Struktur, Probleme, Agrarpolitik; in: Bougioukos, G., et al. 1977, S. 41–127.
79. Burgel, Guy: Pobia. Étude géographique d'un village Crétois; Athen 1965.
80. Ders.: Les comptabilités bancaires, méthode d'étude des dynamismes régionaux: l'exemple de la banque commerciale de Grèce; in: Rev. Geogr. Lyon 45, 1970, S. 163–178.
81. Ders.: La condition industrielle à Athènes; 2 Bde., Athen 1970–1972.
82. Ders.: Utilisation d'un échantillon de population à l'étude de la division sociale de l'espace urbain; in: Bull. Ass. Géogr. franc. Nr. 395, 1972, S. 37–47.
83. Ders.: Mytilène, exemple grec d'inégalités foncières dans une économie de monocultures (l'olivier); in: Actes du Coll. de Géogr. agraire, Madrid 23–27 mars 1971, Aix-en-Provence 1972, S. 163–165.
84. Ders.: Athènes. Trois methodes pour l'étude d'une agglomération millionaire; in: L'Espace Géographique 1/2, 1972, S. 163–165.
85. Ders.: Athènes. Étude de la croissance d'une capitale méditerranéenne; Lille 1975.
86. Ders.: A l'origine du sous-développement insulaire: l'exemple de Leucade (Grèce); in: Bull. Ass. Géogr. franc. Nr. 435–436, 1976, S. 215–219.
87. Ders.: Agrotikés erévnes stin Elláda [Untersuchungen zur Landwirtschaft in Griechenland]; in: Gr. Rev. Soc. Res. 30–31, 1977, S. 190–213, 33–34, 1978, S. 190–213.
88. Ders. (Hrsg.): Villes en parallèle, capitales et métropoles mediterranéennes; Nanterre 1978.
89. Ders.: La Grèce rurale revisitée; in: Gr. Rev. Soc. Res., num. spec. 1981, S. 11–17.
90. Bursian, Karl: Geographie von Griechenland; 2 Bde., Leipzig 1862, 1872.
91. Busch-Zantner, Richard: Agrarverfassung, Gesellschaft und Siedlung in Südosteuropa unter besonderer Berücksichtigung der Türkenzeit; Beih. z. Leipz. Vierteljahresschr. f. Leipzig, 1938.

92. Busch-Zantner, Richard: Albanisches Volkstum in Griechenland; in: Volksforschung 5, 1941, S. 28–37.
93. Byron, Lord George Cordon Noël: The poetical works; London 1859.
94. Campbell, J. K.: Honour family and patronage. A study of institutions and moral values in a Greek mountain community; Oxford 1964 [rez. Loukatos; in: Balkan Studies 5, 1964, S. 363–377; Stoianovich, ebda. 7, 1966, S. 501–505].
95. Ders., und Sherrard, Philip: Modern Greece; London 1968.
96. Carter, Francis W.: Population Migration to Greater Athens; in: TESG 59, 1968, S. 100–105.
97. Ders. (Hrsg.): An historical geography of the Balkans; London, New York, San Francisco 1977.
98. Celet, Paul: Contribution à l'étude géologique du Parnasse-Kiona et d'une partie de région méridonale de la Grèce continentale; Ann. Géol. Pays Hellén. (Athen) I, 13, 1962.
99. Chalikiopoulos, Leonidas: Wirtschaftsgeographische Skizze Thessaliens; in: G. Z. 11, 1905, S. 445–475.
100. Chandler, Richard: Reisen in Griechenland (Übers. d. Originals „Travels in Greece", Oxford 1777); Hildesheim, New York 1976.
101. Charalambous, D.: Geological and physiographical bibliography of Greece; Inst. for Geology and Subsurface Research, Athen 1961.
102. Chassaing, M.: Le complexe industriel d'aluminium de Grèce; in: Méditerranée 7, 1966, S. 295–311.
103. Chatsimichali, Angeliki: Sarakatsanoi [Die Sarakatsanen]; 2 Bde., Athen 1967.
104. Chazitheodorou, Georg: Bodenschätze und Bergbau Griechenlands; in: Glückauf 110, 1974, S. 96–100.
105. Chloros, N. A.: Waldverhältnisse Griechenlands; Diss. München 1884.
106. Christidis-Frohne, Doris: Der westeuropäische Tourismus als Entwicklungsfaktor Griechenlands; in: Gumpel, W. (Hrsg.) 1980, S. 151–158.
107. Clogg, Richard (Hrsg.): The movement for Greek independence, 1770–1821, a collection of documents; London 1976.
108. Clutton, Elizabeth, and Kenny, André: Crete; Newton Abbot 1976.
109. Cockerell, Samuel Pepys (Hrsg.): Travels in Southern Europe and the Levant 1810–1817. The Journal of C. R. Cockerell, R. A.; London, New York, Bombay 1903.
110. Collaros, Titsa A., and Moussourou, Loukia M.: The return home. Socioeconomic aspects of reintegration of Greek migrant workers returning from Germany; Athen 1978.
111. Commercial Bank of Greece (Hrsg.): Greek landscapes after the war of independence. Aquarelles and drawings by C. Rottmann and L. Lange; Athen 1978.
112. Commission of the European Communities DG XI: Integrated environmental study of Prespa National Park, Greece. Final report by M. D. Pyrovetsi et al., Univ. of Thessaloniki, Greece 1984 (Ms.)
113. Common, R.: Some recent developments in Greece; in: TESG 49, 1958, S. 253–266.
114. Ders.: Population changes on the Salonika Campagna; in: The Canadian Geographer, 1959, S. 31–40.

115. Constantopoulos, C.: Thessaloniki, sein Hinterland und sein Hafen; Diss. Hamburg 1940.
116. Coutsoumaris, George: The location pattern of Greek industry; Athen 1962.
117. Credner, Wilhelm: Joseph Ponten als Geograph; in: G. Z. 49, 1943, S. 139.
118. Creutzburg, Nikolaus: Die Landschaften der Insel Kreta; in: Verh. d. 22. Dt. Geographentages Karlsruhe 1927, Breslau 1928, S. 155–163.
119. Ders.: Kreta, Leben und Landschaft; in: Z. Ges. Erdk. Berlin 1928, S. 16–38.
120. Ders.: Die ländlichen Siedlungen der Insel Kreta; in: Klute, F. (Hrsg.): Die ländlichen Siedlungen in den verschiedenen Klimazonen, Breslau 1933, S. 55–66.
121. Ders.: Alfred Philippson „Griechische Landschaften"; in: Erdk. 9, 1955, S. 69.
122. Ders.: Die Mykonischen Inseln, insbesondere ihre Siedlung und Wirtschaft; in: Regio Basiliensis 1959/1960, S. 212–232.
123. Ders.: Die südägäische Inselbrücke; in: Erdk. 20, 1966, S. 20–30.
124. Crueger, Hans Eberhard: Perama. Eine Zuwanderergemeinde am Stadtrand von Groß-Athen; Diss. Bonn 1978.
125. Currie, Jean: Rhodos und die Inseln des Dodekanes; Stuttgart 1972.
126. Curtius, Ernst: Peloponnesos; 2 Bde., Gotha 1851–52.
127. Cvijić, Jovan: Die ethnographische Abgrenzung der Völker der Balkanhalbinsel; in: Pet. Mitt. 59, 1913, S. 113–118, 185–189, 244–246.
128. Ders.: La Péninsule Balkanique; Paris 1918 [rez. Krebs; in: G. Z. 27, 1921, S. 120–126; Hassert; in: Pet. Mitt. 1922, S. 233].
129. Dafis, Spyros, und Landolt, Emil Alfred (Red.): Zur Vegetation und Flora von Griechenland. Veröff. d. Geobot. Inst. d. TH, Stiftung Rübel, Zürich, H. 55 u. 56, Zürich 1975 u. 1976.
130. Damaskinidis, Antonis N.: Problems of the Greek rural economy; in: Balkan Studies 6, 1965, S. 21–34.
131. Delivanis, Dimitrios J.: Planning and economic development in Greece; in: Balkan Studies 4, 1963, S. 47–66.
132. Ders.: Die wirtschaftliche Entwicklung und außenwirtschaftliche Verflechtung Griechenlands insbesondere seit 1950; in: Balkan Studies 18, 1977, S. 227–242.
133. Ders.: Verkehrswege und Infrastruktur; in: Grothusen, D. (Hrsg.), 1980, S. 348–361.
134. Dercourt, Jean: Contribution à l'étude géologique d'un secteur du Péloponnèse septentrionale; Ann. Géol. Pays Hellén. (Athen) I, 15, 1964.
135. Deutscher Wetterdienst (Hrsg.): Klimadaten von Europa, T. II: Südwesteuropa und Mittelmeerländer, bearbeitet v. B. Hänle u. M. Kalb, Offenbach 1981.
136. Deutsches Hydrographisches Institut Hamburg (Hrsg.): Mittelmeer-Handbuch, 6. Aufl., Hamburg 1972.
137. Dicks, Brian: Greater Athens and the Greek planning problem; in: TESG 58, 1967, S. 271–275.
138. Ders.: Piraeus, the port of Athens; in: Town Planning Review 39, 1968, 2, S. 140–148.
139. Ders.: The Greek: how they live and work; Newton Abbot 1972.
140. Dimitras, Elie: Enquêtes sociologiques sur les émigrants grecs; 3 Bde., Athen 1971.
141. Ders.: The socio-demographic evolution in Greece; in: Gr. Rev. Soc. Res. 1971, S. 66–78.

142. Dimopoulos, Christos: Die Entwicklung der Nahrungsmittelindustrie Griechenlands im Rahmen der EWG; Diss. Köln 1968.
143. Dölger, Franz: Mönchsland Athos, München 1945.
144. Dodwell, Edward: Views in Greece, from drawings by E. Dodwell; 2 Bde., London 1820.
145. Ders.: Klassische Stätten und Landschaften in Griechenland. Impressionen von einer Reise um 1800; erläutert und mit einem Nachwort von Ulrich Sinn, Die bibliophilen Taschenbücher Nr. 325, 2. Aufl., Dortmund 1986.
146. Dogas, Elias: Abhängige Entwicklung in einer Bauernkultur des Mittelmeergebietes. Dargestellt am Beispiel des Dorfes Pera Melana in Griechenland; München 1982.
147. Doukas, Kimon A.: Agrarian Reform in Greece; in: Am. Journ. of Economics and Sociology 5, 1945, S. 79–92.
148. Doumanis, Orestis B., und Oliver, Paul (Hrsg.): Shelter in Greece; 2. Aufl., Athen 1979.
149. Doxiadis, Konstantinos Apostolos: The capital of Greece; in: Ekistics 20, 1965, S. 53–82.
150. Ders.: Athens and its future; in: Ekistics 40, 1975, S. 309–312.
151. Dragos, Giannis: Entwicklung und Zukunft des Nomos Serron. Ein Beitrag zur Regionalplanung; Diss. TU Berlin 1972.
152. Ders.: Das Wachstum der griechischen Hauptstadt Athen; in: Plan 4, 1983, S. 6–9 und 5, 1983, S. 7–10.
153. Drakatos, Constantine G.: The determinants of birth rate in developing countries: an econometric study of Greece; Economic Development and Cultural Change 17, 1969, S. 596–603.
154. Drettakis, Emmanuel G.: A method to estimate the impact of migration on the sex and age structure of a population with application to the case of Greece; in: Spoudai (Athen) 26, 1976, 1, S. 17–42.
155. Dryllerakis, John C.: Incentives for regional and sectoral development in Greece; in: Mezzogiorno d'Europa, Naples/London 1983, 1, S. 7–31.
156. Dubisch, Bill J.: The city as resource: migration from a Greek island village; in: Urban Anthropology 6, 1977, S. 65–82.
157. Duckwitz, Gert: Rhodos, ein Beitrag zur Geographie eines mediterranen Fremdenverkehrsortes; in: Hellenika 1974, S. 63–83.
158. Durant, Will: Das Leben Griechenlands; 2. Aufl., Bern 1957.
159. Durell, Lawrence: Greek islands; London 1978.
160. Eberle, Georg: Pflanzen am Mittelmeer; 2. Aufl., Frankfurt/M. 1975.
161. Economidou, Evangelia: Bibliographie botanique sur la Grèce (Plantes vasculaires-végétation). Veröff. Geobot. Inst. ETH, Stiftung Rübel, Zürich, 56, 1976, S. 190–240.
162. Economopoulos, Cléomenis P.: La minorité Musulmane en Thrace occidentale; in: Revue Hellénique de Droit International 20, 1967, S. 194–196.
163. Eggeling, Willi Johannes: Der Naturraum Südgriechenlands in seiner Bedeutung für die Ausprägung der Kulturlandschaft; in: Südostforschungen 43, 1984, S. 1–20.
164. Ders.: Rhodos–Naxos–Syros. Die heutige Kulturlandschaft der südlichen Ägäis

als Resultat anthropogeographischer Wandlungen unter besonderer Berücksichtigung ethnischer Gegensätze; Wuppertaler Geogr. Studien 4, 1984.
165. Eggers, Heinz: Leben und Wirtschaftsweise auf den griechischen Kykladen im Umbruch; in: Verh. d. Dt. Geographentages Heidelberg 1963, Bd. 34, Wiesbaden 1965, S. 140–151.
166. Eideneier, Hans: Hellenen und Philhellenen; in: Griechen und Deutsche, Bilder vom anderen; Württemberg. Landesmus. Stuttg./Hess. Landesmus. Darmstadt (Hrsg.), 1982, S. 63ff.
167. Engel, Eduard: Griechische Frühlingstage; 2. Aufl. Jena 1904.
168. Enkyklopaideia Papyros, Larous, Britannika, tomos 3, Artikel Athen, Amarousion Attikis, Athen 1981.
169. Ethniki Statistiki Ypiresia tis Ellados s. National Statistical Service of Greece.
170. Eumorphopoulos, Leonidas: Veränderung des Golfes von Thessaloniki; in: Geogr. Helvetica 18, 1963, S. 269–277.
171. Evangelinides, Maria: Core-periphery relations in the Greek case; in: Seers, D., et al. (Hrsg.), 1979, S. 177–195.
172. Eystratiadis, D.: Die Eisenbahnen Griechenlands; in: Jahrb. des Eisenbahnwesens 10, 1959, S. 74–103.
173. Fairchild, Henry P.: Greek immigration to the United States; New Haven 1911.
174. Fakiolas, Ross: Industrialization and employment. The Greek experience; in: Wirtschaft und Betriebswirtschaftslehre in Griechenland und Deutschland, Wiesbaden 1971, S. 89–110.
175. Fallmerayer, Jacob Philipp: Geschichte der Halbinsel Morea während des Mittelalters; Stuttgart/Tübingen 1830 (T. I) und 1836 (T. II).
176. Faugères, Lucien, und Kolodny, Emile Y.: Samothrace: Étude géographique d'un milieu insulaire; in: Recherches sur la Grèce rurale, Paris (Centre National de la Recherche Scientifique, Mémoires et Documents Année 1972, nouv. série) vol. 13, 1972, S. 63–124.
177. Fels, Edwin: Der Ölbaum in Griechenland und seine wirtschaftliche Bedeutung; in: Hellas 5, 1925, S. 38–43.
178. Ders.: Korfu – Kefallenia – Ithaka. Ein wirtschafts- und kulturgeographischer Vergleich; in: Mitt. Geogr. Ges. München 20, 1927, S. 148–178.
179. Ders.: Landgewinnung in Griechenland; in: Pet. Mitt. Erg.-H. 242, 1944.
180. Ders.: Die griechischen Seen; in: Erde 1, 1949/50, S. 38–45.
181. Ders.: Landgewinnung in der Kopais-Senke in Griechenland; in: Geogr. Rdsch. 3, 1951, S. 34–36.
182. Ders.: Die westmakedonischen Seen in Griechenland; in: Erde 85, 1954, S. 316–335.
183. Ders.: Die ostmakedonischen Seen; in: Erde 88, 1957, S. 275–297.
184. Ders.: Verzeichnis seiner wissenschaftlichen Arbeiten; in: Erde 89, 1958, S. 185–192.
185. Fermor, Patrick Leigh: Mani – Reise ins unentdeckte Griechenland; 2. Aufl., Salzburg 1974.
186. Fiedler, Karl Gustav: Reise durch alle Teile des Königreiches Griechenland im Auftrag der Königl. Griechischen Regierung in den Jahren 1834–1837; 2 Teile, Leipzig 1840 und 1841.

187. Filias, Vasilios: Esodo agricolo e ristrutturazione fondiaria in Grecia; in: Rivista di Economia agraria 23, 1968, S. 102–119.
188. Fischer, Theobald: Studien über das Klima der Mittelmeerländer; Pet. Mitt. Erg.-H. 58, 1897.
189. Ders.: Mittelmeerbilder. Gesammelte Abhandlungen zur Kunde der Mittelmeerländer; 2. Aufl., Leipzig/Berlin 1913.
190. Ders.: Der Ölbaum; in: Pet. Mitt. Erg.-H. 147, 1904.
191. Ders.: Mittelmeerbilder; Leipzig 1906, neue Folge, Leipzig 1908, Nachdruck 1922.
192. Fischer, W., und Rondholz, E.: Revolution und Konterrevolution in Griechenland 1936–1970; in: Das Argument 57, 1970, S. 95–163.
193. Flohn, Hans: Zur Kenntnis des jährlichen Ablaufs der Witterung im Mittelmeergebiet; in: Geofisica pura e appl. 13, Messina 1948, S. 167–188.
194. Foss, Arthur: The Epirus; London 1978.
195. Fotiadis, Sawas: Die Bedeutung der politischen und ökonomischen Strukturen Griechenlands für seine Integration in die EG; Diss. Tübingen 1979.
196. Fouqué, Ferdinand André: Santorin et ses éruptions; Paris 1879.
197. Freund, Bodo: Spanien, Portugal und Griechenland – Elemente eines agrarstrukturellen Vergleichs in den neuen südeuropäischen Mitgliedstaaten der EG; in: Ztschr. f. Land- u. Agrarsoz. 2, 1985, S. 477–491.
198. Friedl, Ernestine: Vasilika: A village in modern Greece. Case studies in cultural anthropology; New York 1962. [Rez. Rexine; in: Balkan Studies 4, 1963, S. 435–436 und Sanders; in: Balkan Studies 8, 1967, S. 323–325.]
199. Dies.: Kinship, class and selective migration; in: Peristiany, J. G. (Hrsg.), 1976, S. 363–388.
200. Füldner, Eckart: Agrargeographische Untersuchungen in der Ebene von Thessaloniki; Frankfurter Geogr. H. 44, 1967.
201. Gaitanidis, Johannes: Griechenland ohne Säulen; 2. Aufl., München 1962.
202. Galanopoulos, G. A.: Erdbebengeographie von Griechenland; in: Ann. Géol. Pays Hellén. (Athen), 6, 1955, S. 83–121.
203. Geck, Hinrich M.: Die griechische Arbeitsmigration; Materialien zur Arbeitsmigration und Ausländerbeschäftigung Bd. 3, Königstein/Ts. 1979.
204. Gell, Sir William: Narrative of a journey in the Morea; London 1823.
205. Georgalas, Georgios Konstantinos, und Gabreseas, P.: Megáli Geografía-Atlas tis Elládos; Bd. 1, Athen 1960.
206. Giannitsis, Anastasios: Private Auslandskapitalien im Industrialisierungsprozeß Griechenlands (1953–1970); Diss. FU Berlin (West) 1974.
207. Godfriaux, J.: Étude géologique de la région de l'Olympe (Grèce); in: Ann. Géol. Pays Hellén. (Athen) 19, 1968, S. 1–281.
208. Gohl, Dietmar: Der Berg Athos – ein sozialgeographisches Unikum; in: Z. f. Wirtschaftsgeogr. 18, 1974, S. 162–163.
209. Goussios, D., und Péchoux, P.-Y.: Un nouveau rôle pour le port de Volos (Grèce) en Méditerranée orientale; in: Méditerranée 44, 1982, S. 39–45.
210. Gradman, Robert: Das länderkundliche Schema; in: G. Z. 37, 1931, S. 540–548.
211. Grammatikopoulou, Eleni: Umordnung ländlicher Gebiete. Beitrag zur regionalen Planung Griechenlands. Das Beispiel Nomos Imathias; Diss. TH Berlin, ISR Diskussionspapiere Nr. 16, Berlin 1984.

212. Grandjot, Werner: Reiseführer durch das Pflanzenreich der Mittelmeerländer; 3. Auflage, Bonn 1965.
213. Gregorovius, Ferdinand: Geschichte der Stadt Athen im Mittelalter; München 1980 [Nachdruck der Erstausgabe von 1889].
214. Greuter, Werner: Die Insel Kreta – eine geobotanische Skizze; in: Veröff. des Geobot. Inst. der ETH, Stiftung Rübel, Zürich, 55, 1975, S. 141–197.
215. Griechische Botschaft (Hrsg.): Griechenland aktuell. Informationen aus Politik, Wirtschaft und Kultur; Griech. Botsch. Bonn, Presse- und Informationsbüro, div. Jg.
216. Dies.: Griechenland – Informationen; div. Jg.
217. Grisebach, August: Reise durch Rumelien und nach Brussa im Jahre 1839; Göttingen 1841.
218. Grothusen, Klaus-Detlev (Hrsg.): Griechenland. Südosteuropa-Handbuch Bd. 3; Göttingen 1980.
219. Gumpel, Werner (Hrsg.): Griechenland und die Europäische Gemeinschaft; München/Wien 1980.
220. Hadjimichalis, Costis, und Varou-Hadjimichalis, Dina: Penetration of multinational capital into backward regions: a policy analysis in Greece; in: Antipode 12, 1980, S. 17–24.
221. Haebler, Claus: Grammatik der albanischen Mundart von Salamis; Albanische Forschungen Bd. 3; Wiesbaden 1965.
222. Hafemann, Dietrich: Die Niveauveränderungen an den Küsten Kretas seit dem Altertum; Mainzer Akad. d. Wiss. u. d. Lit., math.-nat. Kl. 1965, 12, Mainz 1966.
223. Hagedorn, Jürgen: Beiträge zur Quartärmorphologie griechischer Hochgebirge; Göttinger Geogr. Abh. 50, 1969.
224. Hahn, Johann Georg von: Albanesische Studien; Jena 1854.
225. Hammond, Nicolas G.: Epirus. The geography, the ancient remains, the history and the topography of Epirus and adjacent areas; Oxford 1967.
226. Ders.: A history of Macedonia. Historical geography and prehistory; Vol. I, Oxford 1972.
227. Haralambous, D.: Geological and physiogeological bibliography of Greece, Athen 1961.
228. Harder, Elisabeth: Rückkehr oder Verbleib. Eine Befragung griechischer Arbeiter in Nordrhein-Westfalen; Melle 1980.
229. Hasluck, Frederick William: Albanian settlements in the Aegean Islands; in: Ann. of the British School at Athens 15, 1908, S. 223–228.
230. Hassid, Joseph: Die griechische Industrie und die EG; in: Gumpel, W. (Hrsg.), 1980, S. 57–72.
231. Hehn, Victor: Kulturpflanzen und Haustiere in ihrem Übergang aus Asien nach Griechenland und Italien sowie das übrige Europa; Berlin 1894 (7. Aufl. 1911).
232. Heinritz, Günter: Der Griechisch-türkische Konflikt in Zypern und seine siedlungs- und bevölkerungsgeographischen Konsequenzen bis zum Sommer 1974; in: Geogr. Rdsch. 27, 1975, S. 93–99.
233. Ders., und Jacob, Elke: Junge Wandlungen der Ölbaumkulturen auf Kreta; in: Marb. Geogr. Schr. 84, 1981, S. 119–129.

234. Heldreich, Theodor von: Die Nutzpflanzen Griechenlands; Athen 1862.
235. Heller, Wilfried: Räumliche Bevölkerungsentwicklung in Griechenland und Rumänien; in: Erdk. 29, 1975, S. 300–314.
236. Ders.: Regionale Disparitäten und Urbanisierung in Griechenland und Rumänien; Gött. Geogr. Abh. 74, Göttingen 1979.
237. Ders., und Sauerwein, Friedrich: Industrialisierung Griechenlands; in: Z. f. Wirtschaftsgeogr. 23, 1979, S. 1–10.
238. Ders.: Griechenland – ein unterentwickeltes Land in der EG; in: Geogr. Rdsch. 34, 1982, S. 188–195.
239. Hempel, Ludwig: Wenn der Boden zum Skelett abmagert. Die Lebensbasis der Mittelmeerländer ist in Gefahr; in: Umschau 79, 1979, S. 405–411.
240. Ders.: Mensch und/oder Klima? Neue physiogeographische Beobachtungen über das Lebens- und Landschaftsbild Griechenlands seit der Eiszeit; in: Hellenika 1981, S. 61–71.
241. Ders.: Jungquartäre Formungsprozesse in Südgriechenland und auf Kreta; Forschungsberichte des Landes NRW, Nr. 3114, Fachgr. Physik/Chemie/Biologie, Opladen 1982.
242. Ders. (Hrsg.): Geographische Beiträge zur Landeskunde Griechenlands; MGA 18, Paderborn 1984 (a).
243. Ders.: Beobachtungen und Betrachtungen zur jungquartären Reliefgestaltung der Insel Kreta; in: Hempel, L. (Hrsg.), 1984 (b), S. 9–40.
244. Ders.: Geomorphologische Studien an Schuttfächern in Ostkreta; in: Erdk. 38, 1984 (c), S. 187–194.
245. Ders.: Geoökodynamik im Mittelmeerraum während des Jungquartärs. Beobachtungen zur Frage „Mensch und/oder Klima?" in Südgriechenland und auf Kreta; in: Geoökodynamik 5, 1984 (d), S. 99–140.
246. Ders.: Beharrungsvermögen und jüngste geographische Wandlungen in Dorf und Flur der Küstenebene Nordkretas; in: Hellenika 1985, S. 117–138.
247. Ders.: The „Mediterraneanization" of the climate in Mediterranean countries – a cause of the unstable ecobudget; in: Geo Journal 14, 1987, S. 163–173.
248. Hendl, Manfred: Systematische Klimatologie; Berlin 1963.
249. Hering, Gunnar; Demetriou, Georg, und Kelpanides, Michael: Politisches System; in: Grothusen, D. (Hrsg.), 1980, S. 54–121.
250. Hermanns, Hartmut: Die Rückwanderung griechischer Gastarbeiter – Umfang, Verlauf und Probleme der Reintegration mit Beispielen aus dem Nomos Drama; in: Hellenika 1979, S. 130–138.
251. Ders., und Lienau, Cay: Rückwanderung griechischer Gastarbeiter und Entwicklung ländlicher Räume in Griechenland; in: Weber, P. (Hrsg.): Periphere Räume, MGA 4, Paderborn 1979, S. 51–86.
252. Dies.: Siedlungsentwicklung in Peripherräumen Griechenlands – außengesteuerte Wiederbelebung in Abhängigkeit von Tourismus und Arbeitsmigration; in: Marb. Geogr. Schr. 84, 1981, S. 233–254.
253. Dies. (Hrsg.): Untersuchungen zum Problem der Reintegration griechischer Gastarbeiter im Nomos Pieria/Nordgriechenland; BAE 7, Münster 1981.
254. Dies.: Rückwanderung griechischer Gastarbeiter und Regionalstruktur ländlicher Räume in Griechenland; BAE 10, Münster 1982 (a).

255. Dies.: Griechenland – ein europäisches Entwicklungsland?; in: Erde 113, 1982 (b), S. 133–150.
256. Dies.: Emigration und Reintegration griechischer Gastarbeiter – ein Beitrag zur Entwicklung Griechenlands; in: Hellenika 1982 (c), S. 170–188.
257. Hermanns, Hartmut, und Napoli, Olga: Bibliographie zur Wirtschafts- und Sozialgeographie von Griechenland; BAE 6, Münster 1981.
258. Hess, F.: Der Bergbau in Griechenland; in: Zeitschr. f. angewandte Geologie, Berlin 1963.
259. Hettner, Alfred: Das länderkundliche Schema; in: Geogr. Anz. 33, 1932, S. 1–6.
260. Hiller, Hilde, und Cobet, Justus: Die Akropolis von Athen. Verwandlungen eines klassischen Monuments; Führer des Regionalmuseums Xanten 21, Köln 1985.
261. Hiller von Gaertringen, F.: Die Insel Thera in Altertum und Gegenwart; 4 Bde., Berlin 1899–1903.
262. Hochholzer, Hans: Strukturen unbd Probleme des griechischen Wirtschaftslebens; in: Z. f. Wirtschaftsgeogr. 7, 1967, S. 193–205.
263. Höhler, Gerd: Begegnung mit Griechenland; Düsseldorf/Wien 1982.
264. Höper, Hermann-Josef: Beobachtungen über den Wandel von Siedlungen und Behausungen in Thessalien (Griechenland); in: Hempel, L. (Hrsg.), 1984 (a), S. 41–120.
265. Hoffmann, Barbara (Hrsg.): Griechenland. Ein Reisehandbuch; Berlin 1985.
266. Hoffmann, Georg W.: The problem of underdeveloped regions in Southeast Europe: a comparative analysis of Romania, Yugoslavia and Greece; in: Ann. of the Ass. of American Geographers 57, 1967, S. 637–666.
267. Ders.: Thessaloniki: the impact of a changing hinterland; in: East European Quarterly 1968, S. 1–27.
268. Ders.: Regional development strategy in Southeast Europe. A comparative analysis of Albania, Bulgaria, Greece, Romania and Yugoslavia; New York 1972.
269. Horvat, Ivo: Die Grenze der mediterranen und mitteleuropäischen Vegetation in Südosteuropa im Lichte neuerer pflanzensoziologischer Forschungen; in: Ber. d. Dt. Bot. Ges. 75, 1962, S. 91–104.
270. Ders.; Glavač, Vjekoslav, und Ellenberg, Heinz: Vegetation Südosteuropas. Geobotanica selecta Bd. IV, Stuttgart 1974.
271. Houston, James M.: The western mediterranean world; London 1964.
272. Hudson, Ray, and Lewis, Jim (Hrsg.): Uneven development in Southern Europe; London/New York 1985.
273. Hütteroth, Wolf-Dieter: Türkei; Wissenschaftliche Länderkunden Bd. 21, Darmstadt 1982.
274. Hummen, Wilhelm: Die entwicklungspolitische Strategie Griechenlands im Lichte einer Integration in die EG; in: Gumpel, Werner (Hrsg.), 1980, S. 19–34.
275. Huttary, Josef: Die Verteilung der Niederschläge auf die Jahreszeiten im Mittelmeergebiet; in: Met. Rdsch. 3, 1950, S. 111–119.
276. Ikonomou, E. A.: Models in planning: a case Study of the region of Athens; in: Gr. Rev. Soc. Res. 29, 1977, S. 141–175.
277. Islamoglu, Huri, und Keyder, Caglar: Ein Interpretationsrahmen für die Analyse des Osmanischen Reiches; in: Senghaas, Dieter (Hrsg.): Kapitalistische

Weltökonomie – Kontroversen über ihren Ursprung und ihre Entwicklungsdynamik, Frankfurt/M. 1979, S. 201–234.

278. Jacobshagen, Volker (Hrsg.): Geologie von Griechenland. Beiträge zur regionalen Geologie der Erde Bd. 19, Stuttgart 1986.

279. Jong, F. de: Names, religious denomination and ethnicity of settlements in W. Thrace. A supplement to the „Ortsnamenkonkordanz der Balkanhalbinsel"; Leiden 1980.

280. Jongh, Brian de: Griechenland; 3. Aufl., München 1980.

281. Kalfelis, Petros: Die Auswirkungen der Fabrikarbeit auf das traditionelle Rollenverhalten der Frau in Megara, Griechenland; Diss. Heidelberg 1975.

282. Kallianos, Theodoros: Die Binnenwanderung in Griechenland; Frankfurt/M. 1981.

283. Kanetakis, Michael: Entwicklungspolitik in den rückständigen Regionen der Europäischen Gemeinschaft unter besonderer Berücksichtigung Griechenlands; Diss. Marburg 1981.

284. Kartakis, Eleutherios A.: Le développement industriel de la Grèce: Centre de Recherches Européennes, Lausanne 1970.

285. Kartsaklis, George A. B.: Economic system; in: Grothusen, D. (Hrsg.), 1980, S. 223–266.

286. Ders.: Foreign economic relations; ebda., S. 308–347.

287. Kasakos, Panos: Entwicklungsprobleme und wirtschaftspolitische Optionen im Griechenland der achtziger Jahre; in: Aus Politik und Zeitgeschichte, Beilage z. Wochenzeitung Das Parlament B14–15/88, 1. 4. 1988, S. 36–46.

288. Kastanis, Dimitrios: Bodenbildende Bedingungen und Verteilung der Hauptbodentypen in Griechenland; Diss. Gießen 1965.

289. Katsioupis, Pavlos: Struktur des Bankwesens in Griechenland; Frankfurt/M. 1984.

290. Kausel, Teodoro: Räumliche Struktur, Siedlungsstruktur und Raumplanung in Griechenland; in: Bougioukos, G., et al. (Hrsg.), 1977, S. 129–153.

291. Kavadias, Georges B.: Pasteurs nomades méditerranéens: Les Saracatsans de Grèce; Paris 1965. [Rez. I. Stoianovich, Balkan Studies 8, 2, 1967, S. 488–493.]

292. Kayser, Bernard: Géographie humaine de la Grèce; Paris 1964 (a). [Rez. Negreponti-Delivanis; in: Balkan Studies 5, 2, 1964, S. 395–397.]

293. Ders.: Les transformations de la Grèce du Nord; in: Bull. de l'Assoc. d. Géogr. Franc. 1964 (b), S. 59–70.

294. Ders.: Margariti, village d'Épire; Athen 1964 (c).

295. Ders., und Thompson, Kenneth: Social and economic atlas of Greece (engl., franz., griech.); Athen 1964.

296. Ders.: Développement régional et régionalisation de l'éspace en Grèce; in: Tiers Monde 24, 1965, S. 1003–1025.

297. Ders.: Emigration and the labour market in Greece; OECD, Paris 1969.

298. Ders.: Les problèmes de l'environnement sur le littoral Grèc; in: Rev. Géogr. Lyon 48, 1973, S. 305–314.

299. Ders.; Péchoux, Pierre-Yves, und Sivignon, Michel: Exode rural et attraction urbaine en Grèce; Athen 1971.

300. Ders.: Dynamics of regional integration in modern Greece; in: Annals of the New York Acad. of Sc. 268, 1976, S. 10–17.

301. Kelch, Kai: Strukturwandel durch Agrarreform in Griechenland; in: Inf. d. Inst. f. Raumforsch. u. Raumord., Bonn 1953, S. 205–210.
302. Kelletat, Dieter: Eine eustatische Kurve für das jüngere Holozän, konstruiert nach Zeugnissen früherer Meeresspiegelstände im östlichen Mittelmeergebiet; in: N. Jb. f. Geologie u. Paläontologie, Monatshefte 1975, S. 360–374.
303. Ders., und Zimmermann, L.: Die Wasserhose vom 3. März 1977 vor Iraklion, Kreta; in: Met. Rdsch. 30, 1977, S. 157–159.
304. Dies.: Die schleichende Ölpest am Beispiel der Küsten Kretas; in: Abh. d. Braunschweigischen Wiss. Ges. 29, 1978, S. 47–55.
305. Ders.: Geomorphologische Studien an den Küsten Kretas. Beiträge zur regionalen Küstenmorphologie des Mittelmeerraumes; Abh. d. Akad. d. Wiss. in Göttingen, math.-phys. Klass., Folge 32, 1979.
306. Kelpanides, Michael: Schulsystem und Volksbildung; in: Grothusen, D. (Hrsg.), 1980, S. 448–471.
307. Kenna, Margaret E.: The idiom of family; in: Peristiany, J. G. (Hrsg.), 1976, S. 347–362.
308. KEPE: Schédio prótypsis makrochrónias anáptyxis tis Elládas [Modell für eine langfristige Entwicklung Griechenlands]; Athen 1972.
309. Kern, Wolfgang: Athen. Studien zur Physiognomie und Funktionalität der Agglomeration des Dimos und der Innenstadt; Salzburger Geogr. Abh. 14, Salzburg 1986.
310. Kestin, Hakki: Die Türkei – vom Osmanischen Reich zum Nationalstaat. Werdegang einer Unterentwicklung; Berlin (West) 1981.
311. Kienitz, Friedrich-Karl: Existenzfragen des griechischen Bauerntums. Agrarverfassung, Kreditversorgung und Genossenschaftswesen. Entwicklung und Gegenwartsprobleme; Berlin 1960. [Rez. Delivanis; in: Balkan Studies 2, 1961, S. 156.]
312. Kioukis, Konstantin: Die Industrialisierung als Mittel zur wirtschaftlichen Entwicklung Griechenlands unter besonderer Berücksichtigung der regionalen Struktur; Diss. Freiburg 1979.
313. Kirsten, Ernst: Beiträge zur historischen Landeskunde des westlichen Mittelgriechenlands und der vorgelagerten Inseln; in: Philippson 1950–59, II, 2, S. 558–662.
314. Ders.: Beiträge zur historischen Landeskunde von Epirus und Kerkyra; in: Philippson ebda., II, 1, S. 202–291.
315. Ders.: Die griechische Polis als historisch-geographisches Problem des Mittelmeerraumes; Coll. Geographicum 5, Bonn 1956.
316. Ders.: Raumordnung und Kolonisation in der griechischen Geschichte; in: Historische Raumforschung II, Forschungs- u. Sitzungsber. d. Akad. f. Raumforsch. u. Landesplanung, Bd. 10, Bremen 1958, S. 25–46.
317. Ders., und Kraiker, Wilhelm: Griechenlandkunde. Ein Führer zu klassischen Stätten; 4. Aufl., Heidelberg 1962.
318. Kilzer, Franz: Remigration und Reintegration griechischer Gastarbeiter; IBS-Materialien Inst. f. Bevölkerungsforsch. u. Sozialpolitik d. Univ. Bielefeld, 1984.
319. Kitsopanidis, George I.: Types of farming in Central Macedonia, Greece. A comparative economic analysis; Thessaloniki 1972.

320. Klebelsberg, Raimund v.: Vom Westhang des Taygetos; in: Z. d. Ges. f. Erdk., Berlin 9/10, 1875, S. 367–372.
321. Knapp, Rüdiger: Die Vegetation von Kephallinia, Griechenland. Geobotanische Untersuchung eines mediterranen Gebietes und einige ihrer Anwendungsmöglichkeiten in Wirtschaft und Landesplanung; Königstein/Ts. 1965.
322. Knidlberger, L.: Santorin; München 1965.
323. Knödler, Otto: Der Bewässerungsfeldbau in Mittelgriechenland und im Peloponnes; Stuttgarter Geogr. Stud. 81, Stuttgart 1970.
324. Knüppel, Helge: Produktivkräfte und Produktionsverhältnisse eines unterentwickelten Landes. Die sozialökonomische Entwicklung Griechenlands bis zum Ersten Weltkrieg; Marburg 1975.
325. Kober, Leopold: Beiträge zur Geologie von Attika; Akad. d. Wiss. Wien, math.-nat. Kl., Abh. I, Bd. 138, 7, Wien 1929, S. 299–327.
326. Koder, Johannes: Topographie und Bevölkerung der Ägäisinseln in spätbyzantinischer Zeit; in: Byzant. Forsch. 5, 1977, S. 217–234.
327. Ders.: Der Lebensraum der Byzantiner. Historisch-geographischer Abriß ihres mittelalterlichen Staates im östlichen Mittelmeerraum; Darmstadt 1984.
328. Kolodny, Emile Y.: La Crète: mutations et évolution d'une population insulaire grècque; in: Rev. Géogr. Lyon 43, 1968, S. 227–290.
329. Ders.: Constitution et évolution démographique d'un isolat en montagne: le Bassin du Lasithi en Crète; in: Rev. Géogr. Lyon 44, 1969, S. 195–225.
330. Ders.: Hermoupolis Syra: naissance et évolution d'une ville insulaire grècque; in: Méditerranée 10, 1969, S. 189–219.
331. Ders.: L'olivier dans la vie rurale des îsles de la Grèce; in: Actes du Colloque de Géographie agraire, Madrid 23–27 mars 1971, Aix-en-Provence (Inst. de Géogr.) 1972, S. 157–161.
332. Ders.: La population des îsles de la Grèce. Essai de géographie insulaire en Méditerranée orientale; 3 Bde., Aix-en-Provence 1974. [Rez. in: Études Rurales 68, 1977, S. 181–182.]
333. Ders.: Neokaisaria, Piére: Exemple d'émigration massive récente à partir d'un village de Macédoine occidentale vers l'Allemagne Fédérale; Centre National de la Recherche Scientifique, R. c. P. No 397, Aix-en-Provence 1979.
334. Ders.: Samothrace sur Neckar, des migrants Grécs dans l'agglomération de Stuttgart; ebda. No 397, Aix-en-Provence 1982.
335. Komninidis, Nicos: Raumordnung und Regionalplanung in Griechenland; in: Raumordnung und Regionalplanung in europäischen Ländern, Teil 3: Südosteurop. Länder, Hannover 1985 (Veröff. d. Akad. f. Raumforsch. u. Landesplanung Bd. 86).
336. Kosack, Hans-Peter: Epirus. Beitrag zur Kenntnis einer nordgriechischen Landschaft; in: Geogr. Helvetica 4, 1949, S. 78–92.
337. Ders.: Kartographische Ergebnisse von Luftkrokierungen in Nordgriechenland; in: Pet. Mitt. Erg.-H. 264, 1957, S. 287–302 (Haack-Festschrift).
338. Ders.: Luftkrokieren. Ein Beitrag zur Frage geographischer Kartierungsmethoden, dargestellt am Beispiel Nordgriechenlands; in: Stuttgarter Geogr. Studien 69, 1957 (Lautensach-Festschrift), S. 83–90.
339. Koumoundouros, Zois: Die Bedeutung eines EG-Beitritts Griechenlands für die Überwindung von Unterentwicklung; Diss. Frankfurt/M. 1979.

340. Kourvetaris, George A.: First and second generation Greeks in Chicago; Athen 1971.
341. Kriesis, Anthony (Hrsg.): Ancient Greek Town Building; Athen 1965.
342. Krugler, Herbert: Die Windverhältnisse im östlichen Mittelmeer und seinen Randgebieten; Diss. Berlin 1912.
343. Kubiena, Walter Ludwig: Bestimmungsbuch und Systematik der Böden Europas; Stuttgart 1953.
344. Kuls, Wolfgang: Bevölkerungsgeographie; Stuttgart 1980.
345. Kyriazis, Nicolaus: Griechenlands Beitritt zur EG. Auswirkungen auf die Industrialisierung; Diss. Bonn 1979.
346. Lagopoulos, Alexandros Philippos: To sýstima programmatismoú stin Elláda [Das System der Planung in Griechenland]; Polytechniki Scholi Panepistimiou Thessalonikis 1980. Neufassung (mschr.) 1988.
347. Ders.: Social formation and settlement network in Greece; in: Geoforum 17, 1986, S. 39–56.
348. Lambiri, Ioanna: Social change in a Greek country town; Athen 1965. [Rez. Sanders; in: Balkan Studies 8, 2, 1967, S. 320–323.]
349. Dies.: The impact of industrial employment of the position of women in a Greek country town; in: Peristiany (Hrsg.) 1968, S. 261–268.
350. Lambros, Kostas D.: Abhängigkeit und fortgeschrittene Unterentwicklung dargestellt am Beispiel der Landwirtschaft Griechenlands; Frankfurt/M. 1981.
351. Lauffer, Siegfried: Die Bergwerkssklaven von Laurion. Arbeits- und Betriebsverhältnisse, Rechtsstellung; Akad. d. Wiss. u. Lit., Wiesbaden 1956.
352. Lautensach, Hermann: Der geographische Formenwandel. Studien zur Landschaftssystematik; Coll. Geographicum 3, Bonn 1953.
353. Lawless, Richard I.: The economy and landscapes of Thessaly during Ottoman rule; in: Francis W. Carter 1977, S. 501–533.
354. Leake, William Martin: Travels in Northern Greece; London 1835.
355. Leggewie, Claus, und Nikolinakos, Marios (Hrsg.): Europäische Peripherie. Zur Frage der Abhängigkeit des Mittelmeerraumes von Westeuropa. Tendenzen und Entwicklungsperspektiven; Meisenheim/Glan 1975.
356. Lehmann, Herbert: Über die potentielle Volkskapazität im Peloponnes; Diss. Berlin 1927.
357. Ders.: Zur Flüchtlingsansiedlung in Griechenland; in: Z. Ges. Erdk. Berlin 1929, S. 113–122.
358. Ders.: Zur Kulturgeographie der Ebene von Argos, in: ebda. 1931, S. 38–59.
359. Ders.: Thessalien; in: G. Z. 38, 1932, S. 335 ff.
360. Ders.: Argolis. Landeskunde der Ebene von Argos und ihrer Randgebiete; Athen 1937.
361. Ders.: Die Siedlungsräume Ostkretas im Wandel der Zeiten; in: G. Z. 45, 1939, S. 212–228.
362. Ders.: Aufgaben und Methoden morphographischer Karten; in: Jb. d. Kartographie 1941, S. 109–133 (darin: morphographische Karte von Makedonien 1:1 Mio.).
363. Ders.: Die mykenische Landschaft; in: Erde 84, 1953, S. 1–14.
364. Ders.: Alfred Philippsons Lebenswerk. Mit einer Bibliographie von A. Philipp-

son; in: Kirsten, E.: Die griechische Polis als historisch-geographisches Problem des Mittelmeerraumes, Coll. Geographicum 5, Bonn 1956.

365. Leonhard, Richard: Die Insel Kythera. Eine geographische Monographie; in: Pet. Mitt. Erg.-H. 128, 1899.

366. Leydecker, Günther: Seismizitätsstudien im Bereich des Peloponnes aufgrund von Präzisionsherdbestimmungen; Diss. Frankfurt/M. 1975.

367. Leyden, Rudolf von: Der Vulkanismus des Golfes von Ägina und seine Beziehungen zur Tektonik; Zürich 1940.

368. Lianos, Theodore P.: Flows of Greek out-migration and return migration; in: International Migration 12, 1975, S. 119–133.

369. Ders., und Prodromidis, K. P.: Aspects of income distribution in Greece; Athen 1974.

370. Ders., et al.: Changes in postwar Greek agriculture; Athens School of Economics and Business, Athen 1986 (mschr.).

371. Lienau, Cay: Mehrfachnutzung von Land und Mischkulturen im westlichen Peloponnes als Ausdruck der ökonomischen Situation; in: Patella, L. (Hrsg.): I paesaggi rurali Europei, Atti del convegno internazionale indetto a Perugia 1973, Deputazione di Storia Patria per l'Umbria, App. al Boll. N. 12, Perugia 1975, S. 331–339.

372. Ders.: Bevölkerungsabwanderung, demographische Struktur und Landwirtschaftsform im W.-Peloponnes. Räumliche Ordnung, Entwicklung und Zusammenhänge von Wirtschaft und Bevölkerung in einem mediterranen Abwanderungsgebiet; in: Gießener Geogr. Schr. 37, 1976.

373. Ders.: Die Turmsiedlungen der inneren Mani (Peloponnes). Über Zusammenhänge von Siedlungsgestalt und Gesellschaftsstruktur; in: Kreisel, Werner; Sick, Wolfgang, und Stadelbauer, Jörg (Hrsg.): Siedlungsgeographische Studien, Berlin/New York 1979 (a), S. 171–196.

374. Ders.: Griechenland – Kluft zwischen Stadt und Land; in: Hellenika 1979 (b), S. 21–27.

375. Ders.: Beobachtungen zur Siedlungsentwicklung in ländlichen Räumen Griechenlands; in: G. Z. 70, 1982, S. 230–236.

376. Ders.: Remigration – was danach?; in: Geogr. Rdsch. 35, 1983, S. 67–72.

377. Ders.: Zurückgekehrte Gastarbeiter im Industrialisierungsprozeß in Griechisch-Thrakien; in: Hellenika 1984, S. 125–142.

378. Ders., und Prinzing, Günter (Hrsg.): Albanien. Beiträge zur Geographie und Geschichte; BAE 12, 2. Aufl., Münster 1986.

379. Ders.: Das Klima des Peloponnes; in: Hellenika 1986, S. 134–147.

380. Ders.: Struktur und Entwicklung der Bevölkerung in Albanien; in: BAE 12, 1986, S. 160–174.

381. Ders.: Rückkehr oder Verbleib?; in: MGA 28, 1987, S. 239–249.

382. Ders.: 150 Jahre Athen Hauptstadt des neuen Griechenlands. Von der Landstadt zur Metropole; in: MGA 27, 1987 (a), S. 219–232.

383. Ders.: Die Ägäis, kulturelle Brücke, politisches Spannungsfeld; in: Hellenika 1987 (b), S. 219–232.

384. Löhnert, Eckart, und Nowak, Helmut: Die Braunkohlenlagerstätte von Khoremi im Becken von Megalopolis/Peloponnes; in: Geol. Jb. 82, 1965, S. 847–868.

385. Louis, Herbert, und Fischer, Klaus: Allgemeine Geomorphologie, 4. Aufl., Berlin u. New York 1979.
386. Loukakis, Pavlos: Regionale Strukturprobleme in Griechenland unter besonderer Berücksichtigung des wachsenden Industrialisierungsprozesses; Diss. TH Aachen 1976.
387. Loukissas, Ph.: Tourism and environment in conflict: The case of the Greek island of Myconos; in: Tourism and Change 6, 1978, S. 589–603.
388. Luetkens, Christian: Die unglückliche Rückkehr – Die Remigrationsproblematik am Beispiel griechischer Arbeitsemigranten aus dem Nomos Drama; Frankfurt/M. und New York 1981.
389. Mack, Ernst: Die Goldvorkommen in Griechisch-Mazedonien; in: Erzmetall 17, 1, 1964, S. 9–18.
390. Ders.: Berechnung und Schätzung der Bauxitvorräte im Parnaß-Goina-Gebirge; in: Berg und Hüttenmetall 109, 6, 1964, S. 218–223.
391. Ders.: Die Erkundung und Bewertung der Mineralvorkommen auf der Insel Milos; in: ebda. 122, 29, 1977, S. 48–57.
392. Marinescu, Marina, und Kiefl, Walter: Ein „Lebensprogramm" griechischer Gastarbeiter; Vortragsmanuskript f. 12. Europ. Kongreß für Ländliche Soziologie vom 24.–29. 7. 1983 in Budapest.
393. Mariolopoulos, Elic, und Civathenos, Athanasios N.: Atlas climatique de la Grèce; Athen 1935.
394. Ders.: An outline of the climate of Greece; Publ. of the Met. Inst. of the Univ. of Athens 6, Athen 1961.
395. Markgraf, Friedrich: Die Südgrenze mitteleurop. Vegetation auf der Balkanhalbinsel; in: Ber. d. Dt. Bot. Ges. 60, 1942, S. 118–127.
396. Ders.: Zur Abgrenzung der Mittelmeervegetation; in: Vegetatio 3, 1952, S. 324–325.
397. Markl, Otto: Ortsnamen Griechenlands in „fränkischer" Zeit; Graz/Köln 1966.
398. Mattfeld, Johannes: Aus Wald und Macchie in Griechenland; in: Mitt. d. Dt. Dendrologischen Ges. 38, 1927, S. 106–151.
399. Maull, Otto: Beiträge zur Morphologie des Peloponnes und des südlichen Mittelgriechenlands; A. Pencks Geograph. Abh. X, 3, Leipzig 1921.
400. Ders.: Griechisches Mittelmeergebiet; Breslau 1922.
401. Ders.: Länderkunde von Südeuropa; Leipzig und Wien 1929.
402. Maurer, Georg L. von: Das griechische Volk vor und nach dem Freiheitskampf; 3 Bde., 1835 (Nachdruck Otto Zehler, Osnabrück 1968).
403. McKenzie, D. P.: Plate tectonics of the Mediterranean region; in: Nature 229, 1970, S. 239–243.
404. McNall, Scott G.: Barriers to development and modernization in Greece; in: Regional variation in modern Greece and Cyprus. Towards a perspective on the ethnography of Greece, hrsg. von Dimen, M., und Friedl, E., New York 1976.
405. Megali Elliniki Enkyklopaideia [Große Griechische Enzyklopädie]; Athen 1926–1934.
406. Meibeyer, Wolfgang: Junge Wandlungen in der Bevölkerungsverteilung der Bezirke Attika, Böotien, Korinth und Argolis in Griechenland; in: Rother, K. (Hrsg.): Aktiv- und Passivräume im mediterranen Südeuropa, Düsseldorfer Geogr. Schr. 7, 1977, S. 135–151.

407. Meinardus, Roland: Die Türkei-Politik Griechenlands. Der Zypern-, Ägäis- und Minderheitenkonflikt aus der Sicht Athens (1967–1982), Frankfurt/M. 1985.
408. Melidonis, Nikolaos G.: Beitrag zur Kenntnis der Torflagerstätte von Philippi (Ostmazedonien); in: Telma 11, 1981, S. 41–63.
409. Mendras, Henri: Six villages d'Épire – Problèmes de développement socio-économique; UNESCO, Paris 1961.
410. Mendelssohn-Bartholdy, Karl: Geschichte Griechenlands; 2 Bde., Leipzig 1870–1874.
411. Mercier, Jacques: Étude géologique des zones internes des Hellénides en Macédoine centrale (Grèce); in: Ann. Géol. Pays Hellén. (Athen) I, 20, 1969.
412. Mexis, Dimos N.: I Máni kai oi Maniátes [Die Mani und die Maniaten]; Athen 1977.
413. Michael, Johannes M.: Entwicklungsüberlegungen und -initiativen zum Stadtplan von Athen nach dessen Erhebung zur Hauptstadt Griechenlands; Diss. TH Aachen 1969.
414. Ders.: Städtebaupolitik und Immobilienbesteuerung in Griechenland; in: Bougioukos, G., et al., 1977, S. 155–165.
415. Michaelidis, Konstantin E.: Hydra: a Greek Island Town. Its growth and form; Chicago 1967.
416. Michaelis, Kostas: Die neuere Agrar- und Siedlungsgesetzgebung Griechenlands; in: Sering, M. (Hrsg.): Die agrarischen Umwälzungen im außerrussischen Osteuropa, Berlin/Leipzig 1930, S. 447–483.
417. Milojević, Borivoje Z.: La ville de Salonique et ses environs; in: Bulletin Géographique Aix-Marseille 80, 1959, S. 5–13.
418. Mommsen, August: Neugriechische Bauernregeln; Schleswig 1873.
419. Moustaka, Calliope: The internal migrant. A comparative study in urbanization; Athen 1964. [Rez. Baxevanis; in: Balkan Studies 6, 1965, S. 456–457.]
420. Mouzelis, Nicos: Modern Greece. Facets of underdevelopment; London 1978.
421. Müller-Miny, Heinrich: Die Wandlung der Landschaft auf den mittleren Jonischen Inseln seit den Reisen von J. Partsch; in: Verh. d. Dt. Geographentages Hamburg 1955, Bd. 30, Wiesbaden 1957, S. 397–406.
422. Ders.: Katastrophe und Landschaft. Ein Beitrag zur Kulturlandschaftserforschung am Beispiel griechischer und deutscher Landschaft; in: Ber. z. dt. Landesk. 23, 1959, S. 95–124.
423. National Statistical Service of Greece: Statistical Yearbook of Greece; div. Jg., Athen.
424. Dass.: Récensement des établissements industriels et commerciaux effectué le 27 septembre 1969, Athen 1973.
425. Dass.: Résultats du récensement des industries manufacturières-artisanat et des industries extractives – effectué le 29 septembre 1973; Athen 1975.
426. Dass.: Distribution of the country's area by basic categories of land use (Precensus data of agriculture – livestock census of march 14, 1971); Athen 1975.
427. Dass.: Résultats du récensement des industries manufacturières-artisanat, du commerce et autres services, effectué le 30 septembre 1978; volume II, Athen 1981.
428. Dass.: Annual industrial survey for the year 1977; Athen 1982.

429. Dass.: Population de fait de la Grèce au récensement du 5 avril 1981; Athen 1982.
430. Naval Intelligence Division: Greece; Geographical Handbook Series B.R. 516, 3 Bde., London 1944–1945.
431. Neumann, Carl, und Partsch, Josef: Physikalische Geographie von Griechenland mit besonderer Rücksicht auf das Alterthum; Breslau 1885.
432. Nikolinakos, Marios: Der heutige Entwicklungsstand Griechenlands; in: Hellas, Zeitschr. z. Förderung d. dtsch.-griech. Beziehungen 6, Bonn 1967.
433. Ders.: Das ländliche Genossenschaftswesen in Griechenland; in: Archiv f. öfftl. u. freigemeinnützige Unternehmen 9, 1970, S. 139–156.
434. Ders.: Materialien zur kapitalistischen Entwicklung in Griechenland; in: Das Argument 57, 1970, S. 164–215 und 58, 1970, S. 340–374.
435. Ders.: Zur Frage der Auswanderungseffekte in den Emigrationsländern; in: Das Argument 68, 1971, S. 782–799.
436. Ders.: Widerstand und Opposition in Griechenland: vom Militärputsch 1967 zur neuen Demokratie; Darmstadt 1974.
437. Ders.: Transnationalization of production, location of industry and the deformation of regional development in peripheral countries: the case of Greece; in: Hudson, R., und Lewis, J. (Hrsg.), 1985, S. 192–210.
438. Oberdorfer, Erich: Gliederung und Umgrenzung der Mittelmeervegetation auf der Balkanhalbinsel; in: Ber. d. Geobot. Forschungsinst. d. Rübel-Stiftung d. ETH Zürich 1947, Zürich 1948, S. 84–111.
439. OECD (Hrsg.): Economic Survey, Greece; Paris 1976, 1983.
440. Oestreich, Karl: Die Bevölkerung von Makedonien; in: G. Z. 11, 1905, S. 268–292.
441. Ders.: Die Oberfläche Mazedoniens; in: G. Z. 16, 1910, S. 560–572.
442. Ders.: Mazedonien; in: Z. Ges. Erdk. Berlin 1916, S. 129–157.
443. Ders.: Die Seen Mazedoniens; in: ebda., S. 111–116.
444. Ogilvie, Alan G.: Physiography and settlements in Southern Macedonia; in: Geogr. Rev. 11, 1921, S. 172–197.
445. Oltersdorf, Bernhard: Beginn einer Neuorientierung der Landwirtschaft auf Kreta; in: Coll. Geographicum 16, 1983, S. 319–335.
446. Ostrogorsky, Georg: Die ländliche Steuergemeinde des byzantinischen Reiches im X. Jahrhundert; in: Vierteljahresschrift f. Sozial- u. Wirtschaftsgeschichte 20, 1927, S. 1–108.
447. Ders.: Geschichte des byzantinischen Staates; München 1965.
448. Ott, Alfred Eugen, und Wenturis, Nikolaus (Hrsg.): Griechenland vor dem Beitritt in die Europäische Gemeinschaft; Frankfurt/M. 1980.
449. Pangalos, Theodor: Die Grenzen des Ausschlußcharakters der abhängigen kapitalistischen Entwicklung: Der Fall Griechenland; in: Leggewie, Claus, und Nikolinakos, Marios (Hrsg.), 1975, S. 186–195.
450. Pantelouris, E. M.: Greece, an introduction; Glasgow 1980.
451. Papalekas, Johannes: Zur Problematik der griechischen Sozialstruktur; in: Hellenika 1964, 1, S. 38–47.
452. Papenhusen, Fritz: Das Vardargebiet. Ein Beitrag zur Landeskunde Mazedoniens; Mitt. d. Ver. f. Erdk. Dresden, N.F., Jahrheft 1930. [Rez. Burchard; in: Pet. Mitt. 1932, S. 209 und Oestreich; in: G. Z. 39 (1933), S. 54–55.]

453. Papenhusen Fritz: Die Neubesiedlung Griechenlands; in: Z. Ges. Erdk. Berlin 1933, S. 34–52.
454. Partsch, Josef: Die Insel Korfu. Eine geographische Monographie; Pet. Mitt. Erg.-H. 88, Gotha 1887.
455. Ders.: Die Insel Leukas; ebda. H. 95, Gotha 1889.
456. Ders.: Kephallenia und Ithaka; ebda. H. 98, Gotha 1890.
457. Ders.: Die Insel Zante; Pet. Mitt. 37, 1891, S. 161–174.
458. Pausanias: Beschreibung Griechenlands; übers. und hrsg. v. Ernst Meyer, Zürich 1954.
459. Patiniotis, Nikitas: Strukturelle Abhängigkeit und Arbeitsemigration, dargestellt am Beispiel Griechenlands (1955–1975); Diss. Frankfurt/M. 1979.
460. Péchoux, Pierre-Yves: Recherches morphologiques dans la région du Parnasse et du Kiona (Grèce centrale); in: Bull. Ass. Géogr. Franç., Paris 1964, S. 10–28.
461. Ders.: Les problèmes du travail et de l'emploi dans une ville de province en Grèce: l'exemple de Kavala (Macédoine orientale); in: Rev. Géogr. Lyon 41, 1966, S. 339–365.
462. Ders.: Des bauxites du Parnasse à l'aluminium de Grèce; in: Bull. Ass. Géogr. Franç. 348, 1966, S. 53–67.
463. Ders.: La polje de Lassiti (Crète orientale); in: Rev. Géogr. Lyon 43, 1968, S. 395–414.
464. Ders.: Les paysans de la rive orientale du bas Nestos (Thrace grecque); CNRS 4, Athen 1969.
465. Ders., und Sivignon, Michel: Les Balkans; Paris 1971.
466. Ders.: Remarques sur les espaces matrimoniaux en Grèce; in: CNRS, Mém. et Doc. 13, 1972, S. 125–138.
467. Ders., und Roux, Michel: Stagnation démographique et mouvement d'urbanisation en Grèce; in: Méditerranée 2, 1972, S. 1–10.
468. Ders.: La reforme agraire en Grèce; in: Rev. Géogr. Lyon 50, 1975, S. 317–332.
469. Penck, Alfred: Joseph Partsch und sein Lebenswerk; in: Z. Ges. Erdk. Berlin, 1928, S. 81–98.
470. Pentzopoulos, Dimitrios: The Balkan exchange of minorities and its impact upon Greece; Den Haag 1962. [Rez. Ioannou; in: Balkan Studies 6, 1965, S. 238–244.]
471. Pepelasis, Adam A., und Yotopoulos, Pan A.: Surplus labour in Greek agriculture 1953–1960; NCSR, RMS 2, Athen 1962, S. 19–187.
472. Peristiany, Jean G. (Hrsg.): Contributions to mediterranean sociology; Athen 1968.
473. Ders. (Hrsg.): Mediterranean family structures; Cambridge 1976.
474. Perreiter, Georg: Stand und Entwicklungsmöglichkeiten der Wirtschafts- und Sozialstruktur der Kykladeninsel Amorgos; Diss. München 1967.
475. Pfeffer, Karl Heinz: Landesplanung im Rahmen der Staats- und Wirtschaftsplanung. Griechenland als Beispiel; in: Forsch.- u. Sitzungsberichte d. Akad. f. Raumforsch. u. Landespl. V, 3, Bremen 1957, S. 5–16.
476. Ders., und Schaafhausen, Irma: Griechenland. Grenzen wirtschaftlicher Hilfe für den Entwicklungserfolg; Schr. d. Hamburger Weltwirtschafts-Arch., Sonderreihe Nr. 9, Hamburg 1959.

477. Philippides, Dimitris: The autonomous settlement of Ilissos in Athens; in: Doumanis, O. B., und Oliver, Paul (Hrsg.), 1979, S. 159–171.
478. Philippson, Alfred: Über Besiedlung und Verkehr in Morea; in: Verh. d. Ges. Erdk. Berlin 15, 1888, S. 442–455.
479. Ders.: Über den Anbau der Korinthe in Griechenland; in: Naturwiss. Wochenschrift, 3, 1889, S. 173–174.
480. Ders.: Der Isthmos von Korinth. Eine geologisch-geographische Monographie; in: Z. Ges. Erdk. Berlin 25, 1890, S. 1–98.
481. Ders.: Bericht über eine Reise durch Nord- und Mittelgriechenland; ebda., S. 331–406.
482. Ders.: Zur Ethnographie des Peloponnes; in: Pet. Mitt. 36, 1890, S. 1–11, 34–41.
483. Ders.: Der Peloponnes. Versuch einer Landeskunde auf geologischer Grundlage; Berlin 1892.
484. Ders.: Der Kopaissee in Griechenland und seine Umgebung; in: Z. Ges. Erdk. Berlin 29, 1894, S. 1–90.
485. Ders.: Reisen und Forschungen in Nordgriechenland; in: Z. Ges. Erdk. Berlin 30, 1895, S. 135–225, 417–498; 31, 1896, S. 193–294, 385–450; 32, 1897, S. 244–302.
486. Ders.: Thessalien und Epirus. Reisen und Forschungen im nördlichen Griechenland; Berlin 1897.
487. Ders.: Die griechischen Inseln des Ägäischen Meeres; in: Verh. d. Ges. f. Erdk. Berlin 24, 1897, S. 264–280.
488. Ders.: Beiträge zur Kenntnis der griechischen Inselwelt; in: Pet. Mitt. Erg.-H. 134, 1901.
489. Ders.: Das Mittelmeergebiet. Seine geographische und kulturelle Eigenart; Leipzig 1904 (4. Aufl. 1922).
490. Ders.: Land und See der Griechen; Bonn 1947 (Ndr. v. Dt. Rundschau 122, 1905, S. 365–389).
491. Ders.: Landgewinnung in Griechenland; in: Erdk. 1, 1947, S. 109–111.
492. Ders.: Griechenlands zwei Seiten; in: Erdk. 1, 1947, S. 144–162.
493. Ders.: Das Klima Griechenlands; Bonn 1948.
494. Ders.: Vollständiges Werkverzeichnis (regional und nach Sachgruppen geordnet); in: Kirsten 1956, S. 15–25.
495. Ders.: Die Griechischen Landschaften (unter Mitwirkung von Lehmann, Herbert, und Kirsten, Ernst), 4 Bde., Frankfurt/M. 1950–1959.
496. Photiadis, John D.: Changes in the social organization of a Greek village; in Sociologia Ruralis 16, 1976, S. 25–40.
497. Pichler, Hans, und Stengelin, Rudolf: Petrochemische und nomenklatorische Revision der Vulkanite des süd-ägäischen Raumes; in: Geol. Rdsch. 57, 1968, S. 795–810.
498. Ders., und Schiering, Wolfgang: Der spätbronzezeitliche Ausbruch des Thera-Vulkans und seine Auswirkungen auf Kreta; in: Archäologischer Anzeiger 1980, S. 1–37.
499. Ders., und Friedrich, Walter L.: Mechanism of the Minoan eruption of Santorin; in: Thera and the Aegean World II, London 1980, S. 15–30.

500. Pichler, Hans, Günther, D., und Kussmaul, S.: Inselbildung und Magmen-Genese im Santorin-Archipel; in: Naturwissenschaften 59, 1972, S. 188–197.
501. Ponten, Josef: Griechische Landschaften; Stuttgart 1914.
502. Poser, Hans: Klimamorphologische Probleme auf Kreta; in: Z. f. Geomorph. N. F. 1, 1957, S. 113.
503. Potyka, Johann: Die Stadt Sparta; in: Riedl, H. (Hrsg.), 1981, S. 161–223.
504. Poulopoulos, S.: Bildung und Entwicklung der griechischen Kulturlandschaften; in: Münchener Stud. z. Sozial- u. Wirtschaftsgeogr. 7, 1973, S. 17–29.
505. Pouqueville, François-Charles H. L.: Voyage en Morée, à Constantinople, en Albanie . . . 1798–1801; Paris 1805 (Dt. v. Müller, K. C. M., Leipzig 1805).
506. Pratt, Michael: Britain's Greek Empire: reflections on the history of the Ionian Islands from the fall of Byzantium; London 1978.
507. Prentice, A., und Common, R.: Some observations on the lowland Macedonian village; in: TESG 47, 1956, S. 223–227.
508. Pückler-Muskau, Fürst Hermann von: Südöstlicher Bildersaal. Griechische Leiden; Stuttgart 1840 (Ndr. Stuttgart/Heilbronn 1968).
509. Rackham, Oliver: Observations on the historical ecology of Boeotia; in: The Annual of the British School at Athens 78, 1983, S. 291–351.
510. Raftis, Triantafyllos: Die Problematik der griechischen Zahlungsbilanz unter dem Gesichtspunkt einer EG-Mitgliedschaft; in: Gumpel, Werner (Hrsg.), 1980, S. 91–123.
511. Rambaud, Jacques: L'émigration grecque; in: Ann. Géogr. 19, 1910, S. 177–182.
512. Ranke, Leopold von: Die Venezianer in Morea 1685–1715; Werke Bd. 42, 3. Abt., Leipzig 1878, S. 277–360.
513. Rauh, Werner: Klimatologie und Vegetationsverhältnisse der Athos-Halbinsel und der ostägäischen Inseln Lemnos, Evstratios, Mytiline und Chios; Sitzungsber. Akad. Wiss., math.-nat. Kl., Jg. 1949, 12. Abh., Heidelberg 1949.
514. Raus, Thomas: Die Vegetation Ostthessaliens; I–II, Bot. Jb. 100, 4, 1979, S. 564–601; 101, 1, 1979, S. 17–82 und 101, 3, 1980, S. 313–361.
515. Rechinger, Karl H.: Grundzüge der Pflanzenverbreitung in der Ägäis; in: Vegetatio 2, 2–3, 1949–1950, Den Haag 1950, S. 55–119, 239–308 und 365–386.
516. Ders.: Bericht über die botanische Erforschung von Griechenland; in: Webbia 18, 1963, S. 237–259.
517. Reck, Hans: Santorin. Der Werdegang eines Inselvulkans und sein Ausbruch 1925–28; 2 Bde., Berlin 1936.
518. Regel, Constantin v.: La végetation du Pinde et du Taygéte; in: Bull. Soc. Bot. Genève 27, 1935, S. 97–100.
519. Ders.: Die Wälder Griechenlands; in: Verh. d. Schw. Naturforsch. Ges. 118, 1937, S. 154–156.
520. Ders.: Über die Grenze zwischen Mittelmeergebiet und Mitteleuropa in Griechenland; in: Ber. d. Dt. Bot. Ges. 55, 1937, S. 82–91.
521. Ders.: Über die Depression der Waldgrenze in Griechenland; in: Rep. Spec. Nor. Regni, Veg. Beih. 100, 1938, S. 28–37.
522. Ders.: Über die Grenze zwischen Mittelmeergebiet und Mitteleuropa in Griechenland; in: Ber. d. Dt. Bot. Ges. 58, 1940, S. 155–165.

523. Ders.: Pflanzengeographische Studien aus Griechenland und Westanatolien; in: Bot. Jb. Syst. 73, 1943, S. 1–98.
524. Renz, Carl: Die Tektonik der griechischen Gebirge; in: Pragmateiai 8, Athen 1940, S. 1–171.
525. Ders.: Die vorneogene Stratigraphie der normalsedimentären Formationen Griechenlands; Athen 1955.
526. Richter, Heinz: Griechenland zwischen Revolution und Konterrevolution (1936 bis 1946); Frankfurt/M. 1973.
527. Ders.: Greece and Cyprus since 1920. Bibliography of contemporary history; Heidelberg 1985.
528. Ders.: Der griechisch-türkische Konflikt und die Haltung der Sowjetunion. Berichte des Bundesinstituts für ostwissenschaftliche und internationale Studien Köln 8, 1987.
529. Ders.: Aspekte der griechischen Zeitgeschichte; in: Aus Politik und Zeitgeschichte, Beilage zur Wochenzeitung Das Parlament, B 14–15/88 vom 1. 4. 1988, S. 25–35.
530. Ridder, Michael: Die Bekleidungsindustrie im Nomos Pieria (Griechenland), BAE 14, Münster 1985.
531. Riedl, Helmut: Zum Spitzenwachstum der Stadt Athen; in: Z. f. Wirtschaftsgeogr. 3, 1964, S. 84–88.
532. Ders.: Beiträge zur Initialgenese des Gebietes der Meteora in Thessalien; in: Die Höhle 25, 1974, S. 85 ff.
533. Ders.: Beiträge zur regionalen Geographie des Beckens von Sparta und seiner Nachbarräume unter besonderer Berücksichtigung der geomorphologischen Verhältnisse; in: Riedl (Hrsg.), 1976, S. 365 ff.
534. Ders.: Die Formenelemente im Bereich des Arkadischen Zentralzuges und des Westarkadischen Gebirges auf der Peloponnes; in: Ann. Géologique des Pays Hellén. (Athen) 46, 1978 (a), S. 210 ff.
535. Ders.: Industriegeographische Leitlinien Griechenlands; in: Z. f. Wirtschaftsgeogr. 22, 1978 (b), S. 178–185.
536. Ders. (Hrsg.): Beiträge zur Landeskunde von Griechenland I und II; Arb. a. d. Inst. f. Geogr. d. Univ. Salzburg 6 u. 8, Salzburg 1976 und 1981.
537. Ders.: Das Ossa-Bergland, eine landschaftskundliche Studie zur regionalen Geographie der ostthessalischen Gebirgsschwelle; in: Riedl, H. (Hrsg.), 1981, S. 79–159.
538. Ders.: Griechenlands Strukturwandel im Zuge junger sozialgeographischer Prozesse; in: Arb. a. d. Inst. f. Geogr. Graz 25, 1983, S. 153–168.
539. Ders.: Die Reliefgenerationen Griechenlands; in: Österr. Osthefte 26, 1984, S. 156–176.
540. Ders., und Kern, Wolfgang (Hrsg.): Geographische Studien auf Santorin und Mykonos (mit einem Beitrag über Karpathos), auf Syros, auf Naxos und auf Siphnos; Salzburger Exkursionsberichte 6, 7, 8 und 9, Inst. f. Geogr. d. Univ. Salzburg 1980, 1981, 1982 und 1983.
541. Riedel, Jürgen: Kritische Untersuchung über die regionale Wirtschaftsplanung in Griechenland; Diss. TH Darmstadt 1969.
542. Ries, Adrien: Struktur der griechischen Agrarwirtschaft und die gemeinsame

Agrarpolitik. Griechenland und die Gemeinschaft – Beitrittsprobleme; in: Berichte über Landwirtschaft 56, 1978, S. 240–253.

543. Rikli, Martin, und Rübel, Eduard: Über Flora und Vegetation von Kreta und Griechenland; in: Vierteljahresschr. d. Naturforsch. Ges. Zürich 68, 1923, S. 103–227.

544. Ders.: Das Pflanzenkleid der Mittelmeerländer; 3 Bde., Bern 1943–1948.

545. Rodakis, P.: Klassen und Schichten in der neugriechischen Gesellschaft; Athen 1975.

546. Romanos, A.: Illegal settlements in Athens; in: Oliver, Paul (Hrsg.), Shelter and society, London 1969, S. 137–155.

547. Ronneberger, Franz: Sozialstruktur; in: Grothusen, D. (Hrsg.), 1980, S. 362–375.

548. Ders., und Mergl, Klaus: Bevölkerungsstruktur; in: Grothusen, D. (Hrsg.), 1980, S. 376–399.

549. Rosenthal-Kamarinea, Isidora: Griechenland. Geistige Länderkunde; Nürnberg 1965.

550. Ross, Ludwig: Reisen auf den griechischen Inseln des Ägäischen Meeres; 4 Bde., Stuttgart 1840–1845.

551. Ders.: Reisen des Königs Otto und der Königin Amalia in Griechenland; Halle 1948.

552. Rothmaler, Werner: Die Waldverhältnisse im Peloponnes; in: Intersylva 3, Berlin 1943, S. 329–342. [Rez. Fels; in: Pet. Mitt. 90, 1944, S. 294.]

553. Russack, Hans Hermann: Deutsche bauen in Athen; Berlin 1942.

554. Saloutos, Theodor: The Greek in the United States; Cambridge/Mass. 1964.

555. Sanders, Irwin T.: Rainbow on the rock – The people of rural Greece; Cambridge/Mass. 1962. [Rez. Vouras; in: Balkan Studies 3, 1962, S. 207–208.]

556. Sandis, Eva E.: Refugees and economic migrants in Greater Athens. A social survey; Athen 1973.

557. Saridis, Emmanuel: Zum Verhältnis von Befreiungsbewegungen und Imperialismus; Frankfurt/M. 1980.

558. Ders.: Ethnische Minderheit und zwischenstaatliches Streitobjekt. Die Pomaken in Nordgriechenland. Ethnizität und Gesellschaft, Arbeitsstelle f. Politik des Vord. Orients, Occasional Papers 11; Berlin 1987.

559. Sauerwein, Friedrich: Landschaft, Siedlung und Wirtschaft Innermesseniens (Griechenland); Frankfurter Wirtsch.- u. Sozialgeogr. Schr. 4, Frankfurt/M. 1968.

560. Ders.: Das Siedlungsbild der Peloponnes um das Jahr 1700; in: Erdk. 23, 1969, S. 237–244.

561. Ders.: Die moderne Argolis. Probleme des Strukturwandels in einer griechischen Landschaft; Frankfurter Wirtschafts- u. Sozialgeogr. Schr. 9, Frankfurt/M. 1971.

562. Ders.: Griechenland. Land, Volk, Wirtschaft in Stichworten; Wien 1976.

563. Ders.: Spannungsfeld Ägäis; Frankfurt/M. 1980.

564. Ders.: Rohstoffe für moderne Technologien: Bentonite und Perlite von der Kykladeninsel Milos/Griechenland; in: Z. f. Wirtschaftsgeogr. 25, 1981, S. 33–40.

565. Ders.: Landwirtschaft in Griechenland. Entwicklung, Probleme, Tendenzen bei einem jungen mediterranen Partner der EG; in: Z. f. Agrargeogr. 1, 1983, S. 321–350.

566. Ders.: Ursachen, Formen und Folgen eines räumlichen Umwertungsprozesses in den Küstenregionen Griechenlands; in: Erlanger Geogr. Arb., Sonderbände, 17, 1985, S. 125-147.
567. Ders.: Ein Karstphänomen im Heiligtum von Delphi (Griechenland), in: Erdk. 41, 1987, S. 326–331.
568. Ders.: Zentralismus und Peripherie in Griechenland; in: Geogr. Rdsch. 40, 1988, S. 6–11.
569. Schaffer, Franz Xaver: Landeskunde von Thrakien; Schr. z. Kunde d. Balkanhalbinsel 19, Sarajewo 1918.
570. Schamp, Heinz: Die Etesien, ein Luftkörper; in: Met. Rdsch. 7, 1954, S. 174–177.
571. Ders.: Der Turm der Winde in Athen und die Luftkörperklimatologie; in: Erde 7, 1955, S. 119–128.
572. Schmalfuss, Helmut, et al.: Die Fauna der Ägäis-Insel Santorin; in: Stutt. Beitr. z. Naturkunde Ser. A, T. 1, Nr. 347, 1981, S. 1–14, bis T. 5, Nr. 371, 1984, S. 1–16.
573. Schmieder, Oskar: Die alte Welt, Bd. II; Kiel 1969.
574. Schneider-Carius, Karl: Die Etesien; in: Met. Rdsch. 1, 1948, S. 464–470.
575. Schott, Carl: Die Entwicklung des Badetourismus an den Küsten des Mittelmeeres; in: Erdk. Wissen, Beihefte zur G. Z. 33, 1972, S. 302–322.
576. Ders.: Die Mittelmeerforschung der deutschen Geographie vor dem Zweiten Weltkrieg; in: Düsseldorfer Geogr. Arb. 7, 1977, S. 7–20.
577. Schreiner, Peter: Die Produkte der byzantinischen Landwirtschaft nach den Quellen des 13.–15. Jahrhunderts; in: Bulgarian Historical Rev. 2, 1982, S. 88–95.
578. Schukalla, Karl-Josef: Ethnische Minderheiten in Albanien und Albaner als Minderheit – eine vergleichende Darstellung; in: Lienau, Cay, und Prinzing, Günter (Hrsg.), 1986, S. 175–222.
579. Schultze, Joachim Heinrich: Geographie der Malaria in Neugriechenland; in: Geogr. Wochenschr. 1934, S. 1–7.
580. Ders.: Die neugriechische Kolonisation Ostmakedoniens; in: Geogr. Anz. 35, 1934, S. 457–490.
581. Ders.: Die neugriechische Kolonisation Westthrakiens; in: Geogr. Anz. 36, 1935, S. 172–178 und S. 198–207.
582. Ders.: Neugriechenland. Eine Landeskunde Ost-Makedoniens und West-Thrakiens mit besonderer Berücksichtigung der Geomorphologie, Kolonistensiedlung und Wirtschaftsgeographie; in: Pet. Mitt., Erg.-H. 233, Gotha 1937.
583. Ders.: Geomorphologische Forschungen in Neugriechenland; in: W. Hartke (Hrsg.), Festschr. z. Hundertjahrfeier des Vereins für Geographie u. Statistik zu Frankfurt a. M., Frankfurt/M. 1936, S. 311–336.
584. Ders.: Die Lehren der griechisch-türkischen Umsiedlung 1922/23; in: Abh. d. Akad. f. Raumforsch. u. Landespl. 1, Bremen 1950.
585. Schultze-Jena, Leonhard: Makedonien. Landschafts- und Kulturbilder; Jena 1927.
586. Seers, Dudley; Schaffer, Bernard, und Kuljunen, Marja-Liisa: Underdeveloped Europe. Studies in core-periphery relations; Hassocks 1979.
587. Sefertzis, Giorgios: Mousoulmánoi tis dytikís Thrákis: I istoría enós pollaploú drámatos [Muslime West-Thrakiens: die Geschichte eines vielfachen Dramas]; in: Tetradia 11, 1985, S. 59–66.

588. Seidensticker, August: Waldgeschichte des Altertums; 2 Bde., Frankfurt/O. 1886.
589. Seidl, Wolf: Bayern in Griechenland; München 1981.
590. Senghaas, Dieter: Von Europa lernen. Entwicklungsgeschichtliche Betrachtungen; Ed. Suhrkamp 1134, NF Bd. 134, Frankfurt/M. 1982.
591. Siampos, George S.: The influence of current demographic change on social structure in Greece; in: Mawra, M. (Hrsg.): The effect of current demographic change in Europe on social structure, Beograd 1979, S. 113–123.
592. Ders. (Hrsg.): Recent population change calling for policy action; Athen 1980.
593. Sibbles, P. L.: Ano Vlasia. Analyse van een bergdorp in de Peloponnes; in: TAG 77, 1960, S. 177–200.
594. Ders., und Schrijvers, A. J.: Vrynena. Analyse van een bergdorp in Midden-Griekenland; ebda. 79, 1962, S. 315–332.
595. Sibthorp, J., und Smith, J. E.: Prodromus florae graecae; 2 Bde., London 1806–1816.
596. Sieberg, August: Untersuchungen über Erdbeben und Bruchschollenbau im östlichen Mittelmeergebiet; in: Denkschr. d. Medizin.-Naturwiss. Ges. Jena 18, 1932, S. 161–273.
597. Simopoulou, K.: Xénoi taxidiótes stin Elláda [Ausländische Reisende in Griechenland], 4 Bde.; Athen 1970–1975.
598. Sivignon, Michel: Les pasteurs du Pinde Septentrional; in: Rev. Geogr. Lyon 43, 1968, S. 5–43 (= Centre des Sciences Sociales d'Athènes, Lyon).
599. Ders.: La Thessalie. Analyse géographique d'une province grecque; Lyon 1975.
600. Ders.: The demographic and economic evolution of Thessaly (1881–1940); in: Carter, F. W. (Hrsg.), 1977, S. 379–407.
601. Ders.: La Grèce sans monument; Paris 1978.
602. Ders., und Péchoux, Pierre-Yves: L'énergie en Grèce; in: Information géographique 31, 1967, S. 110–118.
603. Social Sciences Centre, Athen (Hrsg.): Essays on Greek Migration; Athen 1967 (= Migration Series Nr. 1).
604. Spethmann, Hans: Einige Grundgedanken der dynamischen Länderkunde; Geogr. Anz. 33, 1932, S. 207–213.
605. Stadtmüller, Georg: Geschichte Südosteuropas; 2. Aufl., München/Wien 1976.
606. Stanek, Norbert: Von Ikarus zu Olympic Airways. Geschichte der griechischen Luftfahrt; Wien 1979.
607. Ders.: Mastix von Chios – ein vielseitiges Naturprodukt aus Griechenland; in: Z. f. Wirtschaftsgeogr. 24, 1980, S. 214–216.
608. Stanley, Daniel Jean, und Wezel, Forese-Carlo (Hrsg.): Geological evolution of the Mediterranean Basin; New York/Berlin/Heidelberg/Tokyo 1985.
609. Statistisches Bundesamt Wiesbaden: Griechenland, Länderberichte; div. Jahre (= Allg. Statistik d. Auslandes), Stuttgart/Mainz.
610. Stavrianos, Leften Stavros: The Balkans since 1453; New York 1958. [Rez. Arnakis; in: Balkan Studies 2, 1961, S. 322–323.]
611. Ders.: The Balkans 1815–1914; New York 1963. [Rez. Rexine; in: Balkan Studies 5, 1964, S. 178–179.]
612. Steigleder, Ulrich: Das ländliche Genossenschaftswesen in Griechenland; Marburger Schr. z. Genossenschaftswesen Reihe A, Bd. 36, Marburg 1967.

613. Steinhaus, Kurt: Politische und soziale Grundlagen der türkischen Revolution; Diss. Marburg 1968.
614. Stoianovich, Traian: The conquering Balkan orthodox merchant; in: The Journ. of Economic History 20, 1960, S. 234–313.
615. Straube, Hannelore: Türkisch sprechende Minderheiten in Griechenland (Westthrakien); (mschr.) Frankfurt/M. 1980.
616. Struck, Adolf: Zur Geschichte der Eisenbahnen Griechenlands; in: Dt. Rdsch. f. Geogr. u. Stat. 24, 1902, S. 193–204.
617. Ders.: Die macedonischen Seen; in: Globus 83, Nr. 14, Braunschweig 1903, S. 213–219, 238–243.
618. Supan, Alexander: Die Trockenlegung des Kopaissees; in: Pet. Mitt. 35, 1889, S. 71–73.
619. Svoronos, Nicolas G.: Histoire de la Grèce moderne; Paris 1953.
620. Ders.: Le commerce de Salonique au XVIIIe siècle; Paris 1956. [Rez. Kyriakides; in: Balkan Studies 1, 1960, S. 157–160.]
621. Sykianakis, Georg: Einflüsse der Europäischen Gemeinschaft auf die regionale Wirtschaftsentwicklung Griechenlands; in: Gumpel, Werner (Hrsg.), 1980, S. 35–55.
622. Tank, Heide: Wandel und Entwicklungstendenzen in der Agrarstruktur Kretas seit 1948; in: Erde 108, 1977, S. 342–346.
623. Teperoglou, Aphrodite: Mitgift als ein sozioökonomisches Problem; in: Epitheórisis Koinonikón Erévnon 9–10, 1971, S. 132–136.
624. Thiem, Wolfgang: Vergleichende Beobachtungen zur Flußdynamik und Stratigraphie des Jungpleistozäns in Griechenland; in: Landschaftsgenese und Landschaftsökologie 5, Braunschweig 1979, S. 87–91.
625. Ders.: Beobachtungen zur Differenzierung des Klimas während des Pleistozäns in Griechenland anhand von Untersuchungen zur Talentwicklung; in: Verh. d. Dt. Geographentages Göttingen 1979, Bd. 42, Wiesbaden 1980, S. 278–280.
626. Ders.: Untersuchungen an Schwemmfächern auf der Peloponnes sowie in Epirus – ein Beitrag zur Klärung von Geomorphodynamik und Lithostratigraphie des Würm in Griechenland; in: Würzburger Geogr. Arb. 53, 1981, S. 269–312.
627. Thompson, Kenneth: Farm fragmentation in Greece: the problem and its setting with 11 village case studies; Athen 1963.
628. Tichy, Franz: Italien. Eine geographische Landeskunde; Wiss. Länderkunden Bd. 24, Darmstadt 1985.
629. Töllner, Hanns: Die Etesien der Ägäis, ein niederschlagsarmer Sommermonsun; in: Riedl, H. (Hrsg.), 1981, S. 49–61.
630. Tripatzis, Aristidis: Nomos Lesbos: Seine Entwicklung und Entwicklungsmöglichkeiten. Ein Beitrag zur Regionalplanung Griechenlands; Diss. TU Berlin 1973.
631. Troll, Carl, und Paffen, Karlheinz: Karte der Jahreszeiten-Klimate der Erde; in: Erdk. 18, 1964, S. 5–28.
632. Troll, Carl: Herbert Lehmann (mit Schriftenverzeichnis); in: Erdk. 20, 1966, S. 1–5.
633. Ders.: In memoriam Hermann Lautensach und Herbert Lehmann; in: Erdk. 25, 1971, S. 161–163.

634. Trotta-Treyden, Hans von: Die Entwaldung in den Mittelmeerländern; in: Pet. Mitt. 62, 1916, S. 248–253 und 286–292.
635. Tsatsos, Konstantin: La Grèce et l'Europe; Centre de Recherches Européennes, Lausanne 1977.
636. Tsigakou, Fani-Maria: Das wiederentdeckte Griechenland in Reiseberichten und Gemälden der Romantik; Bergisch Gladbach 1982 (Übers. aus dem Englischen, London 1981).
637. Tsoukalis, Loukas (Hrsg.): Greece and the European Community; Farnborough 1979.
638. Tzermias, Pavlos: Neugriechische Geschichte; Tübingen 1986.
639. Tziafetas, Georgios N.: Regional mobility in Greece; in: European Demographic Information Bull. 12, 1981, S. 49–55.
640. Uhlenbrock, Karlheinz: Amorgos – Land ohne Volk? Bemerkungen zur Bevölkerungsentwicklung einer Ägäisinsel; in: Hellenika 1982, S. 227–243.
641. Umlauft, Friedrich: Zur Geschichte der Eisenbahnen Griechenlands; in: Dt. Rdsch. f. Geogr. u. Stat. 24, 1902, S. 193–204.
642. Unger, Klaus: Die Rückkehr der Arbeitsmigranten; Bielefelder Stud. z. Entwicklungssoziologie 17, Saarbrücken/Fort Lauderdale 1983.
643. Vafiadis, Victor: Städte auf den Kykladen; Diss. Berlin 1938.
644. Vagiakakos, Dikaios B.: Oi pýrgoi tis Mánis [Die Türme der Mani]; in: Peloponnisíaki Protochrónia 3, 1959, S. 81–95.
645. Vakalopoulos, Apostolos E.: La retraite des populations Grecques vers des régions éloignées et montagneuses pendant la domination Turque; in: Balkan Studies 4, 1963, S. 265–276.
646. Ders.: A history of Thessaloniki; Thessaloniki 1972.
647. Ders.: History of Macedonia, 1354–1833; Thessaloniki 1973.
648. Ders.: Griechische Geschichte von 1204 bis heute; Köln 1985.
649. Valaoras, Vasilios G.: Urban-rural population dynamics of Greece 1950–1995. A preliminary report; Nat. Stat. Serv. Athen, Athen 1974.
650. Vassiliou, Katia F.: Militärdiktatur und Demokratie in Griechenland 1950–1978; Diss. Stuttgart-Hohenheim 1979.
651. Verband der Redakteure der Athener Tageszeitungen: Bedrohung in der Ägäis, o. O. und o. J. [Athen 1987].
652. Vergopoulos, Kostas: Le capitalisme difforme et la nouvelle question agraire. L'exemple de la Grèce moderne; Paris 1977.
653. Ders.: L'hégémonie americaine après la seconde guerre mondiale et la formation de la bourgeoisie périphérique en Grèce; in: Les Temps Modernes 392, 1979, S. 1474–1503.
654. Vlachos, Evangelos C.: The assimilation of the Greeks in the United States; Athen 1968.
655. Voliotis, Dimitrios: Beziehungen zwischen Klima, Boden und Vegetation und Vegetationszonen in Griechenland; in: Ann. Sci. Phys. Math. Fak. Univ. Thessaloniki 13, 1973, S. 221–240.
656. Ders.: Die Gehölzvegetation und die Vegetationszonierung des nordgriechischen Gebirgszuges Voras–Vermion–Pieria–Olymp–Ossa; in: Bot. Jb. Syst. 97, 1976, S. 120–154.

657. Vonderlage, Bernhard: Thessaloniki; Hamburg 1953.
658. Vooys, Adrian C. de, und Piket, J. J. C.: A geographical analysis of two villages in the Peloponnes; in: TAG 75, 1958, S. 30–55.
659. Ders.: Western Thessaly in transition; in: TAG 76, 1959, S. 31–54.
660. Ders.: Messinia and Ilia. An analysis of two currant-growing regions; ebda. 77, 1960, S. 58–69.
661. Ders.: Griekenland. Het heden van Hellas; Meppel 1962.
662. Vouras, Paul P.: The changing economy of Northern Greece since World War II; in: Balkan Studies, Beiheft 57, Thessaloniki 1962. [Rez. Negreponti-Delivanis; in: Balkan Studies 4, 2, 1963, S. 459–462.]
663. Voyatzis, Basil: Das griechische Dorf; in: Ronneberger, F., und Teich, G. (Hrsg.): Von der Agrar- zur Industriegesellschaft. Sozialer Wandel auf dem Lande in Südosteuropa; Darmstadt 1968, S. 1–25.
664. Vuidaskis, Vassilios: Tradition und sozialer Wandel auf der Insel Kreta; Meisenheim/Glan 1977.
665. Wace, J. B., und Dawkins, R. M.: The towns and houses of the Archipelago; in: Burlington Magazine 26, 1914–15, S. 99–107.
666. Wagner, Friedrich Christoph: Die Töpfersiedlungen auf der Insel Siphnos, 2. Aufl., Karlsruhe 1975.
667. Wagstaff, John Malcolm: An outline of the agriculture in the Mani region of Southern Greece; in: TAG 82, 1965, S. 270–280.
668. Ders.: House types as an index in settlement study: A case study from Greece; in: Transactions of the Inst. of Brit. Geogr. 37, 1965, S. 69–75.
669. Ders.: Traditional houses in modern Greece; in: Geography 226, 1965, S. 58–84.
670. Ders.: The economy of the Mani Peninsula in the 18th century; in: Balkan Studies 6, 2, 1965, S. 293–304.
671. Ders.: A small coastal town in Southern Greece. Its evolution and present condition; in: The Town Planning Review 37, 1967, S. 255–270.
672. Ders.: The study of Greek rural settlements: a review of the literature; in: Erdk. 23, 1969, S. 306–317.
673. Ders.: Aspects of landuse in Melos; Dept. of Geogr., Univ. of Southampton 1976.
674. Ders.: This changing world. Rural migration in Greece; in: Geography 53, 1968, S. 175–179.
675. Ders.: War and settlement desertion in the Morea, 1685–1830; in: Transactions, New Ser. 1977, Vol. 3, 3, S. 295–308.
676. Ders.: The development of rural settlements. A study of the Helos Plain in Southern Greece; Avebury 1982.
677. Walker, Donald Smith: The mediterranean lands; London/New York 1960.
678. Walter, Heinrich: Die tropischen und subtropischen Zonen; in: Walter, Heinrich (Hrsg.): Die Vegetation der Erde in öko-physiologischer Betrachtung, Vol. I, 3. Aufl., Stuttgart 1973.
679. Ders.: Betrachtungen zur Höhenstufenfolge im Mediterrangebiet (insbesondere Griechenland) in Verbindung mit dem Wettbewerbsfaktor; in: Veröff. d. Geobot. Inst. d. ETH Stiftung Rübel, Zürich, 55, 1975, S. 72–83.

680. Wapenhans, Willi: Griechenland. Untersuchung über die Wirtschaft eines kontinentaleuropäischen Entwicklungslandes; in: Gießener Abh. z. Agrar- u. Wirtschaftsforschung d. europ. Ostens 15, Gießen 1960.
681. Ward, Benjamin: Problems of Greek regional development; Center of Econ. Research, RMS 4, Athen 1962.
682. Wardenga, Ute: Probleme der Länderkunde? Bemerkungen zum Verhältnis von Forschung und Lehre in Alfred Hettners Konzept der Geographie; in: G. Z. 75, 1987, S. 195–206.
683. Dies.: Probleme der Länderkunde; in: Ges. der Freunde der Univ. Mannheim, Mitt. Nr. 2, 1987, S. 34–41.
684. Warnecke, W.: Grundzüge der Sozialstruktur Griechenlands; in: Sozialer Fortschritt 16, 1967, S. 87–91.
685. Weber, Max: Die protestantische Ethik (hrsg. v. Johannes Wunschelmann); Gütersloh 1979.
686. Wegner, Max (Hrsg.): Land der Griechen. Reiseschilderungen aus sieben Jahrhunderten; ausgew. und mit einem Nachwort versehen, 3. Aufl., Berlin 1955.
687. Weickmann, L.: Luftdruck u. Winde im östlichen Mittelmeergebiet; München 1922.
688. Weigand, Gustav: Die Aromunen, 2 Bde., Leipzig 1894/5.
689. Ders.: Ethnographie von Makedonien; Leipzig 1924.
690. Weinmann, Bernhard: Die Böden der Insel Kefallinia (mit einer Bodentypenkarte); Gießener Abh. z. Agrar- u. Wirtschaftsforsch. d. europ. Ostens 28, Gießen 1964.
691. Ders.: Die Böden der Kykladeninsel Amorgos (Griechenland) und ihre landwirtschaftliche Nutzung; ebda. Bd. 36, Wiesbaden 1967.
692. Weishaupt, Horst: Regionale sozioökonomische Struktur und Bildungsdisparitäten in Griechenland; in: Frankfurter Studien zur Bildungsforschung 1, 1983, S. 131–171.
693. Wenturis, Nikolaus: Die soziopolitischen und ökonomischen Strukturen Griechenlands im Hinblick auf seine Integration in die EG; Frankfurt/M. 1977.
694. Ders.: Das politische System Griechenlands, eine sozialpolitische Analyse; Stuttgart 1984.
695. Westebbe, Richard M.: Industry, handicraft and tourism; in: Grothusen D. (Hrsg.), 1980, S. 267–290.
696. Wilhelmy, Herbert: Hochbulgarien I: Die ländlichen Siedlungen und die bäuerliche Wirtschaft; Schr. d. Geogr. Inst. d. Univ. Kiel 4, 1935.
697. Wirth, Eugen: Zur wissenschaftstheoretischen Problematik der Länderkunde; in: G. Z. 66, 1978, S. 241–261.
698. Wirth, Peter: Grundzüge der byzantinischen Geschichte; Darmstadt 1976.
699. Wunderlich, Hans Georg: Gebirgsbildung der Gegenwart im Mittelmeerraum; in: Umschau 67, 1967, S. 509 b–514.
700. Yotopoulos, Pan A.: Allocative efficiency in economic development. A crosssection analysis of Epirus farming; Center of Planning and Econ. Research, RMS 18, Athen 1967.
701. Zachariadou-Tsokos, Elena: Bevölkerungsbewegungen in Mazedonien. Ein Beitrag zur Erforschung des regionalen Strukturwandels in Griechenland; Diss. Aachen 1978.

702. Ziegler, Gert: Griechenland in der EWG; Südosteuropa Studien 4, München 1962.
703. Ders.: Griechenland. Industriestruktur; BfAI, Köln 1983.
704. Ziegler, Konrad, und Sontheimer, Walter: Der Kleine Pauly. Lexikon der Antike, 5 Bde., Stuttgart 1964–1975.
705. Zimmermann, Lutz: Auswirkungen der schleichenden Ölpest auf Ökologie und Formungsdynamik mediterraner Karbonatgesteinsküsten; in: F. von Richthofen Symposium, Kurzform d. Vorträge, zusammengestellt von G. Stäblein, Berlin 1983.
706. Zolotas, Xenophon: Griechenland auf dem Wege zur Industrialisierung; Leipzig/Berlin 1926.
707. Ders.: Economic development and private enterprise; Bank of Greece, Papers and Lectures 10, Athen 1962.
708. Ders.: International labor migration and economic development; Bank of Greece, Papers and Lectures 21, Athen 1966.
709. Ders.: Greece in the European Community; Bank of Greece, Papers and Lectures 28, Athen 1975.
710. Ders.: Guidelines for industrial development in Greece; Bank of Greece, Athen 1976.
711. Ders.: The positive contribution of Greece to the European Community; Bank of Greece, Athen 1978.
712. Zurrer, Werner: Die ‚griechische Frage‘ auf den Friedenskonferenzen von 1919/20; in: Südostforschung 35, 1976, S. 183–246.

REGISTER